한국의 비구니문중

하춘생 지음

한국의 비구니문중

추천의 글

비구니의 자존을 선언하다

속절없이 흐르는 세월 속에 수행의 고삐를 쥐고 해가 저무는 것을 안타까이 여기고 있던 참에 반가운 사람이 찾아왔다. 오랫동안 교계기자로 활동하다가 지금은 대학 강단에서 후학들을 가르치고 있는 하춘생 박사였다. 하 거사의 얼굴을 보는 것만으로도 반가운데, 새로이 출간을 준비하고 있다는 책『한국의 비구니문중』에 대한 이야기를 들으면서 말로 다 표현할 수 없을 정도로 환희로웠다.

하 거사와 마주 앉아 책 이야기와 나와의 인연 등 이런저런 이야기를 나누다 보니 지난 세월이 주마등처럼 흘러갔다. 그러고 보면 하 거사는 비구니승가의 위상을 높여 한국불교를 발전시키려고 이 땅에 온 원력보살이라는 생각이 든다. 어느덧 20년 넘는 세월이 훌쩍 흘렀다. 하 거사가 교계기자로 있던 1991년도부터 10여 년에 걸쳐 기획·연재한 '한국의 비구니'는 당시 큰 반향을 불러 일으켰다. 아마도 오늘날 한국 비구니들에 대한 교단안팎의 관심과 비구니승가의 위상이 높아지기 시작한 것은 그때부터가 아닌가 싶다.

돌아보건대, 수십 년 동안 한 길을 올곧게 걸어간다는 것은 쉽지 않은 일이다. 게다가 근·현대기 비구니의 삶과 사상을 학문영역으로 견인해 초지일관 천착한 결과 전인미답의 비구니문중에 대해 연구·정리한 결실을 책으로 출간한다니 얼마나 고마운 일인가.

사실, 하 거사가 '한국의 비구니' 연재를 시작하기 전 나를 찾아와 기획취지를 설명하고 도움을 청하는데, 나로서는 내심 우리 비구니들이 해야 할 일을 재가자가 대신 하겠다고 하니 한없이 기쁘고 기특하기도 해서 힘껏 도와야겠다는 마음을 내었다. 크나큰 족적을 남기셨으나 세상에 알려지지 않은 비구니 선지식들을 소개하고, 때론 "은사의 행장을 세상에 드러내는 게 절집 성향에 맞지 않으며, 자칫 은사스님께 누를 끼칠까 두렵다"며 취재에 응하지 않는 비구니들을 설득해 취재에 응할 수 있도록 주선하기도 하였다. 내가 그렇듯 하 거사의 행보를 적극 거들고 나선 것은 당시 비구니승가의 위상정립이 무엇보다도 절실하다는 생각 때문이었다.

하 거사가 '한국의 비구니' 기획물을 손질해 1998년도에 출간한 『깨달음의 꽃』(부제: 한국불교를 빛낸 근세비구니)의 추천사를 쓸 당시의 감회는 지금도 잊을 수 없다. 2001년도에는 『깨달음의 꽃』 두 번째 책을 출간하는 등, 하 거사는 근·현대기 비구니고승들의 발자취를 정리하고 조명하는 일을 멈추지 않았다. 비구니고승들의 행장과 사상을 담은 『깨달음의 꽃』 1,2권은 한국 비구니계에 새로운 활력을 불어넣어 주었다. 비구니승가 스스로 비구니 연구활동을 활발히 전개하는 전기를 마련해 주었기 때문이다.

중앙승가대 교수로 있는 본각스님이 2000년도에 한국비구니연구소를 설립해 한국 비구니사 연구에 포문을 열고, 전국비구니회가 2006년도에 처음으로 '한국 비구니 수행전통에 대한 포럼'을 개최하는 등 비구니의 수행과 삶을 본격 조명하기 시작한 일이 그것이다. 한국비구니연구소가 학술논문과 신문·잡지 등에 실린 내용을 집대성하고 『한국비구니수행담록』, 『한국비구니명감』 등을 간행한 일과 전국비구니회가 펴낸 『한국 비구니의 수행과 삶』(전2권)이라는 단행본은 그러한 성과물들이다. 또한 얼마 전 전국비구니회가 주관해 '비구니승가의 위상과 역할'을 주제로 개최한 세미나 소식을 접하면서도 하 거사가 생각났다. 물론 지금도 만족할 정도는 아니지만 20여 년 전에 비한다면 비구니승가의 위상이 많이 높아진 게 사실이니, 하 거사에게 늘 고마운 마음을 갖고 있기 때문이다.

『한국의 비구니문중』은 그동안 누구도 관심을 갖지 않았던 한국의 비구니

문중을 일목요연하게 정리하고, 비구니승가의 자존과 위상정립방안까지 제시하고 있는 책이다. 비구니문중을 살펴봄으로써 비구니승가의 역동성을 그대로 보여주고 있는 것이다. 비구니문중의 사자상승(師資相承) 법맥구도를 밝혀줌으로써 그동안 곡해되고 소외되어온 비구니승가의 위상을 현실 속에 드러내주는 가장 실질적인 책이라고 할 수 있다. 나아가 비구니승가 비구승가와 어깨를 나란히 하여 한국불교를 발전시키는 주춧돌이 되기에 충분한 책이다.

내 살아생전 가슴에 품고 있던 소원을 하 거사가 이루어 주었으니 고마움을 무어라 표현해야 할지 모르겠다. 이 책의 추천사를 기꺼이 써주는 것으로 고마움을 대신하고자 하는 것도 그저 미안할 따름이다. 이제는 하 거사의 원력에 각성해 우리 비구니들 스스로가 위상을 정립해 한국불교발전에 기여하고 대중의 행복과 안락을 위해 더욱 힘써야 할 것이다.

이 책을 추천하면서 한국의 비구니로서 자긍심을 갖고 수행과 전법교화에 용맹정진할 것을 나 스스로, 또한 다른 비구니들에게도 거듭 부탁하는 바이다.

2013년 1월
서울 정각사 도량에서 광우 합장

출간에 부쳐

인연에 감읍하며…

　교계의 지인들은 필자를 보고 "전생에 비구니스님이 아니었을까"라고 말한다. '한국의 비구니' 하면 필자가 가장 먼저 떠오르기 때문이라고 한다. 그때마다 필자의 답변은 한결같다. "부부의 연을 맺기 전부터 출가의 뜻을 품었던 아내가 저를 만나 꿈을 잠시 미루었다는 그 시절인연에 감읍해서 그런가봅니다"라고.
　필자를 만난바 없는 분들과 인사를 건네다 보면 이름에서 느껴지는 이미지 때문인지, "여성불자 또는 (학술논문 성격상 본명을 쓰는) 비구니스님인 줄 알았다"고 하는 분들도 있다. 그분들 다수가 비구니들이었다.
　그랬다. 필자가 20여 년 전 교계기자 시절에 신문지상에서 '한국의 비구니'와 인연 맺고, 10여 년 전 불교학계로 돌아온 이후에도 학문영역으로 끌어들여 연구에 천착하게 된 배경은 분명 기연(機緣)이라고 할 수 있다.
　오래 전, 그러니까 한국불교를 빛낸 근대기 비구니고승들의 발자취를 발굴해 그분들의 삶을 정리한 『깨달음의 꽃』을 출간할 당시 나 스스로 약속한 내용이 있다. 교단 이면에서 전개되고 있는 비구니문중의 내력을 수면 위로 끌어올려 비구니승가의 역동성을 추동해보겠다는 다짐이었다. 필자가 교계기자의 삶을 접고 학계로 돌아올 수 있었던 전기는 그러한 내 자신과의 약속을 가장 신빙성 있는 성과로 내놓기 위한 의지의 소산이었다.
　필자는 30여 년 전 동국대 불교학과 입학당시 나름의 다부진 뜻을 세운 바 있다. 불교학문을 통한 불교발전에 일정한 기여를 해보겠다는 입지(立志)였다.

그런데 군 복무를 마치고 학부 4학년 때 뜻하지 않게 주어진 인연은 교계의 신문사였다. 입학당시 세웠던 대학원 진학의 꿈은 교계언론과의 인연 속에 얼마동안 묻어둬야 했다. 기자생활에 적응하기 시작한 입사 4개월경부터 '당초의 입지를 실현하는 일이 불교언론을 통해서도 일정하게 가능할 수 있겠다'는 생각이 앞섰던 것이다. 기자생활 15년과 '한국의 비구니'와의 시절인연은 그렇게 주어졌다.

'한국의 비구니'와의 인연은 열악한 불교언론환경에서의 고난한 삶을 지탱해준 한줄기 빛이었고, 나름의 소명의식을 불러일으킨 불꽃이었다. 그것은 여러모로 희유한 일이었다. 한국불교를 빛낸 근대기 비구니 선지식들과의 만남을 통해 신문지상에 그분들의 삶을 소개하고, 그렇게 서른두 분의 삶을 모아 엮은 것이 1998년과 2001년에 출간한 두 권의 책 『깨달음의 꽃』이다. 그분들이 바로 한국의 비구니문중을 탄생시킨 주역들이다.

필자는 이후 비구니 선지식들의 후학들을 다시 찾아 비구니문중과 관련된 구체적인 내력을 확보하기 시작했다. 필자가 학계로 돌아와 '한국의 비구니문중'을 학문영역으로 끌어들여 연구작업에 들어간 것이 그즈음이다. 부족하나마 박사학위논문으로 학계에 돌아온 흔적을 남기고, 금번에 다시 한 권의 책으로 결실을 내놓게 된 소이가 그와 같다. 하지만 비구니승가 앞에 놓인 교단의 현실은 여전히 성차별의 전형을 보여주고 있는 우리 사회 대표적인 시공간으로 남아 있다. 20여 년의 세월동안 자의든 타의든 필자에게 주어진 '비구니'의 이미지가 버겁게 다가서는 이유는 그 때문이다.

그래서다. "비구니는 위상정립의 주체이면서 동시에 의식개혁의 대상"이라는 자조 섞인 조언을 귀담아 들어야 한다. 우리 사회의 모든 분야에서 퇴출된 지 이미 오래된 성차별현상이 여전히 만연해 있는 교단의 구조적인 모순을 개선하기 위해서는 비구니 스스로의 정당하고도 당당한 목소리가 조직적이고도 지속적으로 이뤄져야 한다는 주문이다. 이 책이 주는 가치와 교훈을 예서 찾을 수 있다면 큰 보람이겠다.

사실, 『한국의 비구니문중』을 세간에 내놓는 시절인연에 감읍하도록 필자를 이끌어주신 선지식은 어머니다. 40여 년 전 선친을 일찍 여의고 갖은 고생을 감내하면서도 필자를 동국대 불교학과에 입학시켜 부처님 공부를 할 수 있도록 인도해주신 분이 바로 어머니이기 때문이다. 구순(九旬)을 바라보는 세납에도 염불(念佛)을 놓지 않고 있는 어머니보살님께 항하사(恒河沙) 가운데 한 톨의 정도라도 보은이 될까 싶은 간절함을 담아 이 책을 봉헌하는 까닭이다.

아울러 필자를 20년 넘도록 분에 넘치게 아끼며 비구니와의 인연에 더욱 감읍할 수 있도록 배려해주신 어머니 같은 노(老)스님이 계신다. 전국비구니회장 재임 당시에 오늘날 한국 비구니승가의 위상을 보여주고 있는 전국비구니회관 건립의 주인공이신 서울 정각사 광우(光雨)스님이다. 금번 『한국의 비구니문중』의 출간을 준비하고 있다는 소식을 전해드리자 노납에도 불구하고 성성한 기억력으로 기꺼이 추천의 글을 써주신 광우스님께 고개 숙여 감사드린다.

이 책의 근간인 박사학위논문 −한국 근·현대 비구니의 문중형성과 그 의의− 이 완성되기까지 다년간 성심으로 지도해주신 동국대 불교학과 신성현 지도교수님을 비롯해 심사과정에서 애정 어린 지도편달로 학위논문의 모양새를 갖출 수 있도록 마음을 써주신 동국대 불교학과 교수 서윤길 선생님과 해주스님, 중앙승가대 불교학과 교수 본각스님과 이화여대 김영미 교수님께도 감사의 마음을 표한다. 어려운 시절인데도 흔쾌히 책을 내겠다고 마음을 내주신 도서출판 해조음 이주현 대표와 편집진에게도 지면을 빌어 고마운 마음을 전한다.

"한국불교의 보루는 비구니다."

이 외침이 선언으로 그치지 않고 반드시 실현될 수 있기를 발원한다.

2013년 1월
宇晟 하춘생 두손모음

목차

추천의 글
출간에 부처
일러두기

I. 서론
1. 연구배경과 목적 ······ 13
2. 선행연구의 검토 ······ 18
3. 연구범위와 방법 ······ 20

II. 비구니승가의 전통과 계승
1. 초기 비구니승가의 성립과 전승 ······ 23
2. 한국 비구니승가의 태동과 전개 ······ 37
   1) 삼국시대 여성출가와 첫 비구니의 탄생 ······ 38
   2) 고려시대 국가불교 전개와 비구니 ······ 42
   3) 조선시대 숭유억불과 여성출가 ······ 47
   4) 근·현대기 비구니와 세계형성 ······ 54
3. 한국 비구니의 수계전통과 복원 ······ 59

Ⅲ. 근·현대 비구니 세계의 전개방식과 현황

1. 은상좌연과 문중형성 …………………………………… 69
2. 강백출현과 강학전등 …………………………………… 70
3. 수선전통과 선풍호지 …………………………………… 84
4. 계율수학과 전계의식 …………………………………… 90

Ⅳ. 근·현대 비구니의 문중형성과 계보현황

1. 문중형성의 배경과 특징 ………………………………… 96
2. 문중개요와 개창연대 …………………………………… 107
3. 문중형성과 계보현황 …………………………………… 112
   1) 청해문중 ……………………………………………… 115
   2) 계민문중 ……………………………………………… 131
   3) 법기문중 ……………………………………………… 147
   4) 삼현문중 ……………………………………………… 172
   5) 수정문중 ……………………………………………… 195
   6) 봉래문중 ……………………………………………… 204
   7) 육화문중 ……………………………………………… 216
   8) 실상문중 ……………………………………………… 233
   9) 보운문중 ……………………………………………… 245
   10) 일엽문중 …………………………………………… 252
   11) 보문종문중 ………………………………………… 256
   12) 기타문중 …………………………………………… 259

V. 근·현대 비구니 문중형성의 의의와 전망

1. 비구니 문중형성의 의의와 한계 ·················· 264
   1) 비구니 위상증대와 문중형성 의의 ············ 265
   2) 비구니 문중형성의 한계와 과제 ·············· 269
   3) 한계극복을 위한 합리적 모색 ················ 273
2. 비구니승가의 현재 위상과 비판적 검토 ·············· 277
3. 비구니승가의 위상정립방안과 전망 ················ 290

VI. 결론   298

부록

사진으로 보는 비구니 문중형성의 주역들 ············ 309
비구니문중 세계도 ································ 329
참고문헌 ·· 443
찾아보기 ·· 453

 일러두기

1. 본 저술은 학술연구서라는 특징에 따라 이름(법호/법명) 표기에 있어서 특별한 경우를 제외하고는 존칭을 생략했다.

2. 본문 제IV장에서 각 문중계보 또는 세계(世系)를 기술해가는 과정에서 보이는 괄호 속의 숫자는 당해 문중의 세수(世數) 또는 대수(代數)를 나타낸다.

3. 본문 제IV장 제3절 각 문중별 말미의 〈표: 문중개요〉에 수록된 '대표문도'는 문중을 대표하는 절대구성원을 지칭하지 않는바 일부 해당문도가 누락될 수 있다.

4. 비구니문중을 탄생시킨 실질적 주인공인 근·현대기 비구니고승들의 사진일람과 본문 제IV장에서 기술하고 있는 각 문중별 계보현황의 근거자료인「문중세계도(門中世系圖)」를 부록으로 넣었다. 이들의 이해를 돕기 위한 일러두기는 당해 부록에 별도로 수록했다.

5. 석가모니 부처님 재세 시의 인명·지명과 용어 등은 한역을 혼용하되 되도록 빨리어의 한글표기를 따랐으며, 표기방식은 학회의 일반적 표준을 기준으로 삼았다.

6. 본문에서 보이는 '부처님'은 모두 인간 붓다의 고유명사를 나타내는 석가모니 부처님을 뜻하며, 보통명사로서의 각자(覺者)를 의미하는 경우는 '붓다(Buddha)'로 표기했다.

7. 본문 각주의『대정장』은 대정신수대장경을, Vin은 Vinayapiṭaka(빨리율)를 나타낸다.

8. 찾아보기는 인명을 중심으로 표기했으며, 색인이 필요하다고 판단되는 일부 지명이나 용어 등과 구분 없이 일괄 가나다순으로 정리했다.

Ⅰ. 서 론

1. 연구배경과 목적

한국 승가의 문중을 형성하고 있는 토대는 대체로 선종에서 계승해온 법통 내지 법맥의 역사성에서 연유한다. 선불교를 종지로 삼고 있는 한국불교 교단의 세계(世系)에 따르면 법맥의 연원은 멀게는 인도불교의 과거칠불과 현세 석가모니불을 그 배경으로 볼 수 있으며, 가까이는 선불교의 전통에 따른 서천 제28대 조사 달마를 중국선종의 초조로 삼아 이후 육조혜능과 그의 법손인 임제의 법맥을 잇는 고려 말 태고법통의 문중계보에서 찾을 수 있다.

오늘날 회자되고 있는 승가의 문중은 대체로 선맥의 전법계보를 중심으로 이뤄져 왔다. 한국 승가의 문중계보를 살펴보면 근대기 한국 선불교의 중흥조로서 호암파(虎岩派) 계보를 잇고 있는 경허(鏡虛)의 계맥(系脈)으로서 만공(滿空)·한암(漢岩)·혜월(慧月)·수월(水月)의 문중선맥[넉숭문중]과 금계파(錦溪派) 계보를 잇고 있는 용성(龍城)의 문중선맥[범어문중]이 지금까지 계승되면서 한국 승가의 문중을 대표하고 있다. 이들 문중선맥은 조선조 청허휴정(淸虛休靜)과 부휴선수(浮休善修) 이후 확립된 법통 내지 법맥관계로 상재(上梓)되어 하위분파를 형성하며 오늘에 이르고 있다. 물론 한국 선불교의 수용과정에서 보이는 7세기 달마선법의 유입과 9세기 구산선문의 개산을 바라보는 시각에서 한국 선불교의 역사성과 흐름 등을 구명(究明)하는 일도 법맥의 근원을 찾아가는 일환일 수 있다.

승가의 문중세계(門中世系)는 그렇듯 시종 비구의 전유물처럼 인식되어왔던 게 사실이다. 흔히 법통 내지 법맥관계를 논하는 입실면수(入室面授) 또는 전법게 수수(授受) 등의 사자상승(師資相承) 관계는 오로지 비구에만 해당하는 개념일 뿐 상대적으로 비구니계 저변에 통용된 개념은 아니었기 때문이다. 이는 선맥의 전법계보는 물론 강맥전승과 율맥전수 등의 세계(世系)에서도 대체로 같은 현상이며, 여전히 지금도 유효한 명제라고 할 수 있다.

물론 근·현대기를 대변하는 지난 세기연간을 지나오면서 이러한 명제를 해결하기 위한 일련의 움직임이 없지 않았고, 그 결과 다행히 근래 들어 비구니의 위상이 어느 정도 향상되고 불법전등의 제 분야에서 비구니승가의 독립적 체계가 차츰 자리매김하고 있는 현실은 매우 고무적인 현상이 아닐 수 없다. 다만, 이러한 불교교단의 긍정적인 변화에도 한국 승가에서 보이고 있는 비구니에 대한 차별현상은 부인할 수 없는 현실과제로서 우리 앞에 놓여 있다.

주지하다시피 석가모니 부처님은 재세 시 인도사회에 뿌리 깊게 내려온 사성제도(四姓制度)의 혁파를 주창하며 교단 내 평등성을 지향하는 화합승가의 비원(悲願)을 현실 속에 구현해갔다. 태생적 숙업에 의해 계급화되어 있던 인도사회의 모순을 과감하게 부정하고 만인 평등을 구현하는 인격실현의 구심처로서 승가의 기능을 담보했던 것이다.

화합승가는 흔히 사부대중, 즉 비구·비구니·우바새·우바이로 구성된다. 이는 석가모니 부처님 재세 시 이미 성립을 본 교단구성의 기본조건이다. 하지만 불교교단은 불멸 이후 인도지역이나 남·북방 불교권은 물론, 특히 한국불교는 숭유억불(崇儒抑佛)의 조선조를 거치면서 유교적 폐습으로 말미암은 남녀 차별적 비구 중심 구조를 형성해왔다고 볼 수 있다. 사향사과(四向四果)에 도달한 여성수행자에 대한 초기불전의 기록들을 비롯해 시공간을 초월해 역사 속에 이름을 남긴 적잖은 비구니들의 발자취를 무색하게 만드는 교단 내 이러한 모순은 동서고금을 망라한 성차별 현상의 전형을 보여주는 내용이다.

비구 중심의 교단운영체계는 한국불교사에서 어렵지 않게 찾아볼 수 있는 현상이다. 사료에 비구니의 수계 등 여성출가의 빈번한 사례가 수록되어 있음에도 자세한 행적이나 심지어 이름까지도 전하지 않는 까닭은 비구 중심의 교단운영체계에서 그 원인을 찾을 수 있을 것이다. 비구니승가에 대한 연구가 활발발하게 이뤄져야 하는 당위성은 부처님의 근본 가르침을 실현하는 일이거니와 교단 내 인격 평등성을 구현해 불교의 발전적 미래를 담보해야 한다는 소명에 갈음할 수 있다.

필자가 한국의 비구니, 특히 근·현대기 비구니에 관심을 두고 문중연구에 천착하게 된 배경은 몇 가지 나름의 이유에 근거하고 있다. 그 배경은 곧 본 연구의 목적성과 그 의의를 던져주기에 충분하다.

첫째, 필자는 교계 언론사에서 취재기자로 활동한 경력이 있다. 당시 필자는 '한국의 비구니'라는 제하의 비구니 관련 기사를 기획해 수년간 근·현대기를 가르며 지계(持戒)와 수선(修禪)과 강학(講學)의 전통 승풍을 북돋우며 한국불교의 희망을 담보했던 근대기 비구니들의 후학들을 찾아가 선조의 '삶'을 직접 청취했다. 현장취재기사를 신문에 게재하면서 주장자를 들고 있거나 법상에 오른 노(老) 비구니의 사진을 실었는데, 이 과정에서 중진의 비구 몇몇이 필자에게 직접 항의하는 일이 발생하곤 하였다. 감히 비구니가 주장자를 든다거나 법상에 오른 사진을 어찌해 공공의 신문지상에 게재될 수 있느냐는 정도였다. 교단 내 성 차별성을 여실히 확인하는 순간이었다. 만인의 인격평등을 주창했던 석가모니 부처님의 가르침을 구현하는 노정에서 출·재가의 역할론에 따른 평등성 실현과 더불어 출가양중의 차별성을 해결하는 일은 교단이 해결해야 할 시급한 과제라는 생각에 이르렀다. 현장취재를 통해 신문지상에 근대기 비구니의 행장을 소개할 당시의 소박함이 이내 소명의식을 불러일으킨 것이다. 외람될뿐더러 개인적인 소망에 불과할지라도 불가에서의 성차별은 근본적으로 잘못되었다는 인식을 언론에 공론화함으로써 작은 불씨라도 되겠다는 사고의 확대였다. 이에 비구 못지않은 수행력과 출가자가 지녀야 할 이력을 남기고 있는 비구니들의 문중 관계를 살펴 역사 속에서 끊임없이 그 세계(世系)를 형성하고 전개해온 비구니승가의 역동성을 확인하는데 연구의 첫 번째 목적을 두었다.
 둘째, 근대기 비구니들을 취재하는 과정에서 비구니 스스로 계율에 갇혀 출가승단의 당당한 일원으로 나서지 못한 저간의 사정을 알게 되었고, 이러한 모순된 현상들이 교단 내 성차별 현상을 오히려 부추겨 왔다는 사실에 비구니승가에 감히 책임을 묻고 싶은 생각도 비구니에 관심을 두게 된 이유의 하나였다. 법랍이 높은 비구니일수록 비구에 대한 종속을 당연한 일처럼 여겼던 사고는 교단 내 평등성은 물론 불교의 근본 가르침에도 어긋나는 이율배반적인 현상이 아닐 수 없다는 필자 나름의 강변이었다. 현대기에 들어서서 비로소 세계(世系)가 확실한 문도 간의 회동을 통해 계보를 정리하고 문도들을 결집해 마침내 문중을 확립시킨 일련의 움직임에 착안해, 이는 분명 교단사 전개과정에서 간과할 수 없을뿐더러 나아가 학문적 연구의 한 분야로 끌어들일 수 있다는 판단이 두 번째 목적이다.
 셋째, 작금의 불교교단을 구성하고 있는 출가양중의 문중 현황을 살펴보더라도 상호 간의 비등한 위세를 엿볼 수 있다. 그런데도 비구니 문중의 경우 당해 문중의 제한된 구성원이나 일각의 비구니계에서만 문중을 이해하거나 교감함으로써 승가 문중은 오로지 비구 문중만이 존재하는 것처럼 각인된 현실을 부인할 수 없다. 선조사들의 뿌리를 찾아 그 맥을 이어나가야 할 막중한 책임을 절감하는 사고의식이 비구니승가 전체로 확산되지 못하고 있는 현실을 확연하게 보여주고 있는 것이다. 비구니승가가 원하든 원하지 않든 현재 존재하고 있는 문중의 실체를 드러내고 문중별 법계 현황을 세세히 밝혀 일각에서나마 족벌의식 운운하는 부정적 시각에 대한 불식과 궁극적으로 비구니들의 위상정립은 물론 그들로 하여금 인류사회와 불교발전에 일정한 역할을 담보하게 해야 한다는 강한 의욕을 갖게 된 것은 그 때문이다. 물론 비구니 문중의 내면을 들여다보면 사적(史的) 연유를 위시한 사상이나 법계의 면에서 비구 문중과 비교·응대할 수 있는 사료적 정황이 현실적으로 매우 미약해 문중연구에 대한 문제 제기가 거론될 수 있는 것도 부정할 수 없는 현실이다. 그럼에도 산일해 있는 각 단위 문중을 모두 섭수해 수면 위로 드러내고, 문중별 계보현황을 상세히 기술함으로써 역사 속에서 의도적으로 소외되어왔던 비구니승가의 세계(世系) 방식과 문중연구의 실마리를 제공하는 것만으로도 일정한 가치를 부여할 수 있다는 자위(自慰)가 연구를 추동하게 된 배경이요 목적이 된 것이다.

넷째, 원론적인 논제이거니와 거듭 강조하는 명제일 수 있겠으나 필자가 근·현대 비구니 세계(世系)에 관심을 두고 문중 현황을 연구하게 된 또 하나의 배경이자 목적은 출가승가의 한 축을 형성하고 있는 비구니의 위상정립은 물론 그들의 역할과 의미를 제고해 상구보리 하화중생(上求菩提 下化衆生) 즉 지혜와 자비, 자리와 이타를 궁극적 목표로 삼고 있는 불교의 본질적 개념에 비구니들의 소명을 확산하고자 하는 데 있다.

기실, 한국 현대사회에서 문중의 보편적 개념은 긍정적 측면보다 부정적 측면이 강하다. 비구승가의 경우 문중 간 세력다툼과 집단이데올로기에 기반을 둔 이권 야합 등으로 초유의 '종단사태' 등을 여러 번 일으켜 출가집단에 대한 교단 안팎의 불신을 조장해왔기 때문이다. 승려사회의 문중연구가 현상파악과 비판일변도로 경도될 수 있는 여지가 많은 까닭이 여기에 있다.

따라서 비구니 문중에 대한 접근방식도 이러한 교단 현실에 비추어 저간의 부정적 시각을 용해할 수 있는 환경을 찾는 일이 현실적 급무일 것이다. 비구니 문중을 바라보는 시각에서 비구 승가중심의 교단운영체계가 주는 긍정적 효과는 역설적으로 비구니승가의 부정적 요소나 갈등관계가 비구승가의 경우처럼 수면 위로 부상하지 않는다는 점에 있다. 그렇다고 누누이 밝혀온 바와 같이 교단 내 출가양중의 차별성을 방치할 수는 없는 일이다. 미래비전을 제시하며 현대사회를 선도해가야 하는 교단의 발전적 변화상에 결코 도움이 되지 않기 때문이다. 한국 근·현대 비구니의 문중 연구를 상고하는 궁극적 목적이 그것이다.

2. 선행연구의 검토

현대기에 들어서서 문중의 당위성과 문도 결집의 필요성에 따라 비로소 그 성립을 보게 된 비구니 문중에 대한 구명(究明) 작업은 그동안 학문분야에서 논외였다고 볼 수 있다.

본 연구의 배경과 목적에서도 밝혔듯이 교단 내 비구니에 대한 차별은 그 역사만큼이나 오랜 시간 지속하여 왔으며 지금도 주요명제로서 논란을 낳고 있는 것처럼 여전히 숙제로 남아 있는 현실이다. 그런 만큼 비구니승가에 대한 저간의 적잖은 연구성과는 역사 속에 나타난 비구니의 출현과정과 불전에 보이는 출가양중의 차별상, 사료에 보이는 여성출가상, 비구니의 위상과 역할 등을 다룬 연구가 대다수였다고 볼 수 있다. 교단사 연구 자체가 비구 중심 교단운영체계에 대한 역사성과 그에 따른 변화와 의의 등을 살펴보는 일이었고, 비구니는 그에 부속된 한 분야로서 거론하는 정도로 접근해 왔기 때문이다. 승가의 문중과 관련해서 논의하면 대체로 비구승가의 문중개념으로 이해되는 까닭은 그 때문이다.

그렇다고 비구승가의 문중연구가 성하게 이루어져 온 것은 아니다. 연구논문을 통한 문중연구는 물론이거니와 신문·잡지 등에 기고한 기획기사 형식의 문중 조명까지 다해도 일천한 현실이 그의 반증이다. 한국불교통사 차원에서 법통 내지 법맥관계를 다룬 연구논문이나 저서 등은 일일이 열거할 수 없을 정도로 많지만[1] 오늘날 현실 속에 나타나고 있는 승가의 문중

---

1) 한국불교의 법통 내지 법맥관계를 다루고 있는 저서는 성철(1976), 『한국불교의 법맥』(합천, 해인총림) ; 한국불교학회(1989), 『한국조계종의 성립사적 연구: 조계종 법통문제를 중심으로』(서울, 민족사) 등을 들 수 있다. 연구논문으로는 김영태(1985), 「조선선가의 법통고 -서산 가통의 구명」,(『불교학보』 제22집, 서울, 동국대 불교문화연구원, pp.11~44) ; 고익진(1985), 「벽송지엄의 신자료와 법통문제」,(『불교학보』 제22집, 서울, 동국대 불교문화연구원, pp.203~212) ; 최병헌(1988), 『조선시대 불교법통설의 문제』(『한국사론』 19, 서울대 인문대학 국사학과, pp.281~293) ; 이봉춘(1997), 「조선후기 선문의 법통고: 경허의 법맥계보를 중심으로」,(『한국불교학』 제22집, 서울, 한국불교학회, pp.68~91) ; 박해당(2000), 「조계종 법통설의 형성과정과 문제점」,(『불교평론』 3, 서울, 불교평론사. pp.212~232) 등이 있다. 이밖에도 한국불교의 법통·법맥관계를 다룬 저서나 논문은 일일이 열거할 수 없을 만큼 다수의 성

연구는 그 역동성에 비해 미약하기 그지없는 것이다.

현대 승가의 문중연구와 관련된 논문으로는 황정수(태진)의 박사학위논문 「경허·만공의 선사상연구-덕숭산문 형성을 중심으로」(동국대, 1998)를 들 수 있다. 하지만 이 논문은 제목에서도 알 수 있듯이 한국 승가의 문중 전체를 조망하기보다는 덕숭산문의 경허법맥계보를 중심으로 다루고 있을 뿐이다. 현대 승가의 문중에 관한 본격적인 연구는 박미연의 석사학위논문 「승려사회에서의 문중 형성」(영남대, 2003)이 그나마 기대에 부응하고 있다. 이 논문은 오늘날 조계종단에 존립하고 있는 덕숭·범어 등 양대 문중과 백파문중, 통도사·송광사·동화사를 본산으로 하는 독립 문중에 대한 계보와 전개과정·분파체계 등을 규명해 현대 승려사회의 문중 현황을 고찰했다. 그러나 이 논문도 비구승가의 문중 형성과 기능만을 소재로 삼아 연구의 성과를 내놓았을 뿐 비구니승가에 대한 언급은 전혀 없다. 또 한편의 짧지만 주요한 논문으로는 조지훈의 「한국불교의 종파변천: 주로 그 법맥과 종파 분합에 대하여」(『월간불교』 제103~104호, 1980년 7월~8월, 월간불교사)가 있다. 이 글은 월정사 외전강사를 역임한 조지훈(趙芝薰, 1920~1968)[2] 시인이 고려대 민족문화연구소장을 지내던 1963년 5월 25일자 「고대신문」에 처음 기고한 글을 『월간불교』에 다시 게재한 것이다. 이 기고 논문은 불교수용 이래 교학의 발전과 구산선문의 유래, 보조지눌의 선교융섭과 태고법통 관계 등을 조망하고, 조선조 제종파의 축소와 통폐합 이

과물이 나와 있다. 이들 저서나 논문들은 대체로 한국불교사에서 종조론과 관련한 법통·법맥관계를 다루고 있어 현대 승가문중에 대한 직접적인 접근과는 개념을 달리한다고 볼 수 있다.

2) 본명은 동탁(東卓). 한국 현대시의 주류를 완성한 청록파 시인 중 1인으로서, 수필가이자 한국학 연구가이며 민속학과 민족운동사에 공헌한바 크다. 이승만 정권 말기에는 현실에 관심을 갖게 되어 민권수호국민총연맹과 공명선거추진위원회 등에 적극 참여하면서 시집 『역사 앞에서』와 수필집 『지조론』등을 썼다. 주요작품으로 『승무』등이 있다. 1939년 정지용의 추천으로 『문장』지 등단, 1941년 3월 혜화전문 졸업 이후 오대산 월정사 불교강원 외전강사, 1946년 박목월 시 15편·박두진 시 13편·조지훈 시 12편을 모아 『청록집』 간행, 1947년 동국대 강사, 1948년 고려대 교수, 1963년 고려대 민족문화연구소 초대소장, 1967년 한국시인협회 회장 등을 역임했다.

후의 변천 과정을 통해 조계 1종으로 자리매김하게 된 한국불교교단사의 흐름을 약술하고 있다. 하지만 이 역시 비구중심의 선맥구도에 초점을 맞추고 있어 비구니 법맥구도와는 무관하다.

한국 승가의 문중과 관련해 일반잡지에 기고한 글로는 이규원의 「조계종 문중을 해부한다」(『월간경향』 1986.11, pp.194~203, 경향신문사), 최영주의 「불교조계종의 양대 법맥: 범어·덕숭문중의 계보」(『월간중앙』1991.5, pp.406~418, 중앙일보시사미디어), 김홍균의 「중생 속에 진리 있다: 종단사와 법맥」(『WIN』1998.5, pp.272~283, 중앙일보사) 등이 대표적이다. 이들 잡지에 기고된 글은 현재적 시각에서 조계종 비구승가의 문중 계보를 간략하게 정리하면서 대체로 문중의식에 대한 비판적 시각을 가하고 있을 뿐 학문적 접근이나 연구논문의 성격과는 거리가 있다.

이처럼 한국 승가의 문중에 관한 관심이나 연구가 미약하나마 진전되어 왔으나 그마저도 비구승가에 제한되거나 주로 문중 위세에 따른 갈등과 분쟁의 폐해 등을 다루었을 뿐, 비구니의 문중연구는 사실상 전혀 없는 실정이라고 할 수 있다. 이 또한 비구 중심의 역사성이나 현실성에서 기인한 교단의 인식도를 가늠하게 하는 척도이다. 긍정적 성과나 폐해를 논하든 아니면 비판적 시각의 접근이라고 할지라도 교단 내 출가양중의 한 축을 논외로 치부해온 일련의 현상은 분명 재고가 필요하다고 하겠다.

3. 연구범위와 방법

오늘날 한국 승가의 문중 관계는 앞서 서술한 바와 같이 크게 경허의 계보를 잇는 덕숭문중과 용성의 계보를 잇는 범어문중이 양대 축을 형성하고 몇몇 독립 문중이 존립하고 있는 가운데 그 후손들의 분파에 의한 문도 형성이 주류를 이루고 있다. 물론 비구의 문중계보에 국한되고 있어 비구니의 문중계보를 파악하는 데는 일정한 한계를 가질 수밖에 없다. 다만, 승가의 문중개념과 그의 역사성을 비롯해 현실적 명제를 이해하는데 일정 정도 참고할 수 있겠다.

오늘날 비구니 문중은 개화-근대기에 태어나 현대기를 가르는 생애를 살아온 노(老) 비구니를 상수로 해서 상·하·좌·우·직·방계의 인맥도를 중심으로 문도회를 구성하면서 비로소 그 형성을 보았다. 불멸 이후의 불교통사 내지 한국불교통사 차원의 법통 내지 법맥도를 기조로 성립한 비구의 문중과는 태생적으로 그 성격을 달리할 수밖에 없는 배경이 그것이다.

현대기로 접어들면서 결집하기 시작한 비구니승가의 각 문도회는 그로부터 자파문도의 계보를 정리하면서 인맥도의 상위계보를 따라 역사를 역산해 마침내 초조 내지 개창조를 이끌어냈다. 각 문도회의『문중계보』는 그렇게 탄생했으며, 비구니 문중에 관한 선행연구를 아직은 찾아볼 수 없기에 현존하는 각『문중계보』와 근대기 비구니 고승 32명의 행장을 처음 정리한 졸저『깨달음의 꽃』1, 2권을 본 연구의 1차 참고자료로 삼았다.

필자는 앞서 밝혔듯이 교계언론사 재직 때 근대기 비구니들의 발자취를 정리하기 위해 직접 후학들을 찾아 현장취재를 한 경험이 있다. 당시 근대 비구니 선지식들과의 만남을 위한 필자의 길 물음에 흔쾌히 응해준 후학 비구니들로부터 선조들과 관련된 유·무형의 자료를 다수 입수할 수 있었다. 빛바랜 흑백사진부터 간접적이나마 당시의 교단정황을 살필 수 있는 친필 행장이나 유고집 등을 비롯해『문중계보』에 나타난 역사성과 주요인물은 물론 근·현대사에 이름을 남기고 있는 불가의 인맥교류 등을 기록한 당시의 취재수첩 등도 연구의 주요한 자료로 수용했음을 밝힌다.

필자는 이처럼 직접 경향 각지의 현장을 좇으며 결코 쉽지 않게 입수한 소중한 자료를 토대로 이후의 지속적인 보강취재와 함께 역사적 사실성을 확인해주는 사료와 비구니 관련 제 논문 및 저서 등을 비롯해 근·현대사를 가르는 교단의 변천사 등을 포괄적으로 접하여 연구의 지남(指南)으로 삼았다.

필자는 이와 같은 연구방법을 토대로 다음과 같이 그 연구범위를 본 저술의 구성체계로 수용했다.

앞서 연구의 배경과 목적을 밝히고 선행연구를 검토해 연구의 당위성을 제시한 바와 같이 연구주제를 뒷받침해주기 위한 길잡이로서, 먼저 초기 비구니승가의 성립과정과 삼국시대 불교수용 이후 근·현대기에 이르기까지 한국 비구니승가의 전통과 계승의 대강을 정리했다. 연구의 핵심주제를 구명해가는 과정에서 근대기 이후 본격적으로 나타나기 시작한 비구니 세계(世系)의 보편적 전개방식인 △은상좌연과 문중 형성 △강백출현과 강학전등 △수선전통과 선풍호지 △계율수학과 전계의식 등의 실제를 조망하고, 문중 형성과정과 계보현황을 사실적이고 구체적으로 서술했다. 물론 계보파악의 1차 참고자료로 수용한 당해 문중의 『문중계보』에 수록된 인물과 계보발간 이후 필자가 지속해서 보강 취재한 주요인물의 지손세계(支孫世系)를 중심으로 기술한바, 문중별로 후손세계의 일부는 계보현황에서 제외될 수 있었음을 밝힌다.

아울러 연구주제의 특성을 극대화하기 위해 본문에서 기술한 문중 계보현황의 전거자료로서 문중별 「세계도(世系圖)」를 권말부록에 수록했다. 이 세계도는 비구니 문중의 세계와 계통-계열의 분파현황을 한눈에 살필 수 있는 소중한 자료로서, 본 연구의 취지와 가치를 더욱 상승시키는 역할을 가져다줄 것이다. 이와 함께 문중 형성이 지니는 의의와 한계 등을 고찰해 합리적인 대안을 모색하고, 이 과정에서 제기될 수 있는 비구니의 현재 위상과 역할 등을 살펴 비구니승가의 재정립방안을 구명함으로써 연구의 가치와 의의 등을 거듭 천명할 것이다.

Ⅱ. 비구니승가의 전통과 계승

1. 초기 비구니승가의 성립과 전승

최초의 불교교단은 석가모니 부처님이 무상정등정각 직후 와라나시 녹야원을 찾아 고행시절 도반이었던 다섯 비구에게 초전법륜을 설한 시점에서 출발한다. 불교교단의 최초 구성원인 비구승가의 성립을 일컫는다.

물론 비구승가의 구성은 부처님의 본래 의도가 아니었다. 부처님은 설법 초기 승가를 구성해 체계적으로 지도하려는 의도가 없었고, 승가구성 원칙을 전제하지 않았기 때문이다.[3] 다섯 비구와 야사, 야사의 친구 54명이 초기에 집단적으로 행동하고 한 곳에 머문 것은 오직 한 번, 전법선언 때의 모임에서만 볼 수 있으며, 그 이후에는 모두 법을 전하기 위해 각자 길을 나섰기 때문에 교단의 모습을 갖추지 못했다. 그들은 이미 아라한이 되어 더 이상 부처님의 지도가 필요하지 않았고, 깨달음을 위한 수행도 필요하지 않아 고통받는 중생에게 각자 깨달은 법을 전하러 나섰던 것이다.[4]

---

3) 석가모니 부처님의 초기 가르침이 일관성을 지니지도, 계획적이지도 않은 형태로 전해졌다는 내용은 Vinayapitaka(빨리율) vol. I을 참고할 수 있다. 이에 따르면 부처님은 아지노 아지위카에게는 단순한 깨달음을 이룬 승리자라고 주장했으며(p.8), ; 다섯 비구에게는 중도, 사성제, 팔정도, 오온의 무상·고·무아를 설했고, 야사에게는 보시·지계·천상의 이야기, 욕망의 위험, 무익함, 더러움, 벗어남에 대한 이득을 설했으며, 야사의 어머니와 전처에게는 보시·지계·천상의 이야기 등을 야사와 같이 설명했고(p.10), ; 야사 비구의 친구 4명과 50명에게도 동일하게 설했다(p.19). 부처님은 제자들의 기질과 상황에 맞추어 설법을 했으며, 율장의 바라제목차의 암송교육과 달리 가르침이 체계적이지 않았다. 부처님의 사후에야 비로소 제자들에 의해 경전의 암송체계가 형성되었으므로 초기에는 가르침의 구체적인 체계성은 없었다고 생각된다. 백도수(2010), 「초기불교 비구니승가와 비구니」(『한국 비구니승가의 역사와 활동』, 김포, 한국비구니연구소 창립10주년기념 학술연구논문집, p.16. 각주3에서 재인용.

그 후 의도하지 않았던 우루웰라깟사빠(Uruvelakassapa)・나디깟사빠(Nadīkassapa)・가야깟사빠(Gayākassapa) 형제 등을 포함한 1천 명이 제자가 되었고, 마가다국의 빔비사라왕을 방문해 그곳에 머물게 되면서 공동생활이 시작되었다. 여기에는 자연적 이유와 인위적 이유가 있다. 자연적 이유는 바로 인도의 기후이다. 인도는 3~4개월간의 우기가 있는데, 이때는 생물을 밟거나 우마차에 방해되어 수행자가 돌아다니기 좋지 않았다. 인위적 이유는 승가집단의 거주를 위해 빔비사라왕이 처음으로 지어준 죽림정사(Veluvana)의 영향 때문이었다. 이때부터 함께 거주함으로써 처음으로 승가의 모습을 갖추기 시작했다.[5] 다시 말해 승가의 최초 구성은 부처님의 의도에 의해서라기보다는 비구들의 자발적인 모임과 급증한 비구대중의 단체생활에서 자연스럽게 형성된 것으로 볼 수 있겠다.

비구승가와 함께 출가양중의 한 축인 비구니승가의 성립에 대해서 가장 오래된 자료 가운데 하나인 『사분율』「비구니건도」의 기록에 따르면, 최초의 비구니승가는 석가모니 부처님의 이모이자 양모인 마하빠자빠띠 고따미(Mahāpajāpatī-Gotamī)를 비롯한 석가종족 500여인의 출가로부터 시작되었다. 마하빠자빠띠 고따미는 석가모니 부처님이 성도하신 후 고향인 까삘라국을 처음 방문했을 때 그의 설법을 듣고 출가를 세 번씩이나 요청했으나 모두 거절당했다. 부처님이 웨살리로 전도에 나섰을 때도 그녀 역시 단념하지 않고 그를 따라가 거듭 출가의 허락을 간청했다. 이 과정에서 이를 가엽게 여긴 시자 아난다(Ananda)의 권청에 힘입어 마침내 출가의 허락을 받을 수 있었다. 마하빠자빠띠 고따미 등 석가종족 500여인들이 출가의 허락을 받는 경위를 구체적으로 살필 수 있는 불전[6]의 내용을 옮기면 다음과 같다.

---

4) 백도수(2010), 「초기불교 비구니승가와 비구니」, 앞의 책, p.16.
5) 백도수(2010), 「초기불교 비구니승가와 비구니」, 앞의 책, pp.16~17.
6) 최초의 여성출가자인 마하빠자빠띠 고따미를 비롯한 석가종족 500여인이 석가모니 부처님께 출가를 허락받는 과정이 곧 비구니승가의 성립을 알게 하는 근본자료가 된다. 그 자료의 출처를 정리하면 다음과 같다.
①『사분율』권48 「비구니건도」(『대정장』22, pp.922~930).

석가모니 부처님이 까삘라성 니그로다 동산에 계실 때 마하빠자빠띠 고따미는 석가종족 500여인과 함께 부처님의 처소에 나아가 머리를 조아려 발에 예배하고 아뢰었다. "원컨대 부처님이시여! 여인이 불법 가운데에 출가해 도를 닦도록 허락해주소서." 부처님이 말씀하셨다. "그만 두세요 고따미여! 그러한 말을 하지 마세요. 여인이 불법 가운데에 출가해 도를 닦게 되면 불법이 오래 머물지 못하게 됩니다." 마하빠자빠띠 고따미는 부처님의 발에 예배하고 물러갔다. 부처님은 1,250인의 제자와 함께 꼬살라국으로 갔다가 다시 사왓띠의 기원정사로 돌아오셨다. 그때 마하빠자빠띠 고따미는 부처님이 기원정사에 계시다는 말씀을 듣고 500여인과 함께 머리를 깎고 가사를 입고 정사를 찾았다. 발이 터지고 먼지를 뒤집어 쓴 채 문밖에 서서 눈물 흘리며 부처님의 허락을 기다렸다. 이때 아난다가 그 모습을 보고 부처님께 가서 여쭈었다. "500여인이 왜 그러한 모습으로 서 있습니까?" 부처님이 말씀하셨다. "그녀들은 지금 출가의 허락을 받기 위해 그리하는 것이니라." 아난다는 부처님께 나아가 예배하고 500여인의 출가를 허락해 주실 것을 간청했다. 부처님이 다시 말씀하셨다. "여인의 출가를 허락할 수 없느니, 여인이 불법 중에 출가해 대계(大戒)를 받으면 불법이 오래 머물지 못하기 때문이니라. 비유컨대 장자의 집에 남자가 적고 여인이 많으면 그 집은 쇠멸하는 것과 같느니라. 또 좋은 곡식밭에 서리나 우박이 내리면 곧 파괴되어 버리는 것과 같느니라." 아난다가 다시 아뢰었다. "마하빠자빠띠 고따미

---

② 『오분율』권29 「팔비구니법」(『대정장』22, pp.185~190).
③ 『근본설일체유부비나야잡사』권29-30(『대정장』24, pp.350~352).
④ 『십송율』권40(『대정장』23, p.290下); 권47(『대정장』23, pp.345~346).
⑤ 『마가승기율』권30(『대정장』22, pp.471~476).
⑥ 『구담미경(중아함28)』(『대정장』1, pp.605~607).
⑦ 『불설구담미기과경』(『대정장』1, pp.856~858).
⑧ 『중본기경』권下 「구담미래작비구니품」(『대정장』4, pp.158~159).
⑨ 『대애도비구니경』(『대정장』24, pp.945~955).
⑩ 『율장소품』「비구니건도」(『남전』4, pp.378~384).
⑪ 『증지부경』「구담미품」(『남전』21, pp.194~202).

는 부처님께 큰 은혜를 입혔으니, 부처님의 어머니께서 돌아가신 뒤 젖을 주어 양육했나이다." 다시 부처님이 말씀하셨다. "맞느니라. 나는 그분에게 큰 은혜를 받았음이니. 하지만 나 또한 그분에게 은혜를 베풀었으니 불·법·승 삼보를 알고 믿게 했느니라. 세상 사람들에게 불·법·승을 알리고 오계를 수지하고 고·집·멸·도 법에 의해 모든 악을 끊고 결정을 얻어 바른 진리에 들어가게 했느니라." 아난다가 다시 여쭈었다. "여인이 불법 가운데에 출가하게 되면 수다원 내지 아라한과를 얻을 수 있습니까?" 부처님이 "얻을 수 있느니라"고 대답하시니, 아난다가 재차 아뢰었다. "저 여인들이 아라한과를 얻을 수 있다면 원컨대 출가를 허락해 주시옵소서." 부처님이 아난다에게 말씀하셨다. "이제, 저 여인들을 위해 목숨이 다하도록 가히 어기지 못하는 여덟 가지의 법을 제정하리니, 만약 능히 이를 실천하면 곧 계를 받은 것과 같게 되느니라." 7)

이상과 같이 비구니승가는 비구승가의 경우와 마찬가지로 비구니의 자발적인 모임과 출가의지, 여기에 아난다의 도움 등이 더해져 부처님의 결단으로 형성되었다는 사실을 알 수 있다. 하지만 위 율장의 내용에서도 알 수 있듯이 마하빠자빠띠 고따미 등의 여성출가에 대한 부처님의 허락은 여덟 가지 법, 즉 「비구니팔경계법」의 수지봉행을 전제로 한 '조건부 수락'이었다. 「팔경계법(八敬戒法)」은 전하는 자료마다 팔중법(八重法)·팔경법(八敬法)·

---

7) 『사분율』권48 「비구니건도」(『대정장』22, pp.922下~923上). 이 율전의 내용을 보면 부처님이 여성출가를 허락한 장소가 사왓띠의 기원정사로 묘사되어 있다. 하지만 최초의 여성출가는 일반적으로 빨리율전에 근거한 웨살리의 대림중각정사(Mahāvana-kūtagārasālā)로 알려져 있다. 당시 웨살리는 발달된 상업도시로서 여타지역에 비해 개방적이고 진보적인 성향이 강한 곳이었다. 불멸 100년 경 웨살리에서 10사 비법논쟁에 따른 제2차 결집이 전개된 까닭도 이곳 비구들의 진보적 성향에 따른 것으로, 부처님이 여성출가를 수락할 수 있었던 것도 웨살리 비구들의 진보적·개방적 성향이 일정한 영향을 끼친 것으로 볼 수 있다. 여성의 출가과정과 관련해 본문에서 『사분율』「비구니건도」의 내용을 옮긴 것은, 다만 여성출가의 경위를 여타의 불전에 비해 가장 생동감 있게 묘사하고 있는 사실에 따른 것이다.

팔경지법(八敬支法)·팔존사법(八尊事法)·진형수불가과법(盡形壽不可過法)·팔불가월법(八不可越法)·필추니팔존경법(苾芻尼八尊敬法) 등으로 나타나 있다. 『사분율』「비구니건도」에 명시된 「팔경계법」의 내용을 살펴보자.

① 비록 백세의 비구니라 할지라도 이제 갓 수계한 비구를 보면 모름지기 일어서서 우러러 예를 갖추고 깨끗한 자리를 펴서 내주며 청하여 앉게 할지니, 이 법을 존중하고 공경 찬탄하여 목숨이 다하도록 지킬지니라[비구니만백세(比丘尼滿百歲)].

② 비구니는 비구를 욕하거나 책망하지 말아야 한다. 계를 범했다, 소견을 깨뜨렸다, 위의를 깨뜨렸다 하지 말라. 이 법을 존중하고 공경 찬탄하여 목숨이 다하도록 지킬지니라[비구니불득매비구설추죄(比丘尼不得罵比丘說麤罪)].

③ 비구니는 비구의 죄를 드러내거나 기억시키거나 자백시키지 못하며, 비구들이 죄를 찾는 일이나 설계하는 일이나 자자하는 일을 막지 못한다. 또 비구니는 비구를 꾸짖지 못하나 비구는 비구니를 꾸짖을 수 있다. 이 법을 존중하고 공경 찬탄하여 목숨이 다하도록 지킬지니라[폐비구니언로(閉比丘尼言路)].

④ 식차마나니계를 꼭 배운 뒤에 비구에게 구족계를 받으라. 이 법을 존중하고 공경 찬탄하여 목숨이 다하도록 지킬지니라[이세학계이부승중수구족(二歲學戒二部僧中受具足)].

⑤ 비구니가 승잔죄를 범했거든 2부 대중 앞에서 보름마다 마나타 갈마를 행하라. 이 법을 존중하고 공경 찬탄하여 목숨이 다하도록 지킬지니라[반월행마나타(半月行摩那埵)].

⑥ 비구니는 보름마다 비구들에게 포살하는 교수를 해주기를 청하라. 이 법을 존중하고 공경 찬탄하여 목숨이 다하도록 지킬지니라[반월문포살구교계(半月問布薩求敎誡)].

⑦ 비구니는 비구가 없는 곳에서 안거를 하지 말라. 이 법을 존중하고 공경 찬탄하여 목숨이 다하도록 지킬지니라[무비구주처불득안거(無比丘住處不得安居)].

⑧ 비구니가 안거를 마치거든 비구들에게 가서 보고 듣고 의심한 세 가지 일을 마음대로 들추어 자자해주기를 청하라. 이 법을 존중하고 공경 찬탄하여 목숨이 다하도록 지킬지니라[안거경이부승중구자자(安居竟二部僧中求自恣)].

이상에서 제시한 「팔경계법」의 내용을 들여다보면 비구와 비구니 사이의 엄한 규칙이 전제되고 있으며, 이러한 규칙은 모두 출가양중의 평등성을 벗어나는 내용으로 일관하고 있어 문제제기의 원인을 제공하고 있다. 「팔경계법」의 항목은 전하는 율본[8]마다 모두 일치하지만 설하는 순서가 율본마다

---

8) 「비구니 팔경계법」을 설하고 있는 율전문헌은 다음과 같다.
　①『사분율』권48 「비구니건도」(『대정장』22, p.923上~中).
　②『마가승기율』권30(『대정장』22, pp.471上~476中).
　③『십송율』권47(『대정장』23, p.345下).
　④『오분율』권29 「팔비구니법」(『대정장』22, pp.185下~186上).
　⑤『근본설일체유부비나야잡사』권29(『대정장』24, pp.350下~351上).
　⑥『율장소품』「비구니건도」(『남전』4, pp.380~381).
　⑦『율이십이명료론』(『대정장』24, p.670下).
　「팔경계법」을 전하고 있는 이상의 율본(율장 6종, 율주석서 1종)과 관련해『사분율』은 법장부,『마가승기율』은 대중부,『십송율』은 설일체유부,『오분율』은 화지부,『근본설일체유부비나야잡사』는 근본설일체유부,『율장소품(빨리율)』은 상좌부가 각각 전지한 율이며,『율이십이명료론』은 정량부가 전지한 율 주석서이다. 이러한 율본 외에『중본기경』권下「구담미래작비구니품」(『대정장』4),『구담미경(중아함28)』(『대정장』1),『불설구담미기과경』(『대정장』1),

각각 다르다는 점에서 석가모니 부처님의 진의가 불멸 이후 비구들에 의해 일정하게 왜곡되지 않았는가라는 의구심을 자아내는 것도 사실이다.9) 「팔경계법」을 전하는 율본마다 일치하지 않는 항목의 순서를 서로 대조해 표로 나타내면 다음과 같다.

〈표1〉「팔경계법」순서 대조표10)

항목 \ 율본	사분율	마하승기율	십송율	오분율	근본유부율	빨리율	율22명료론
비구니만백세 (比丘尼滿百歲)	1	1	1	8	6	1	2
비구니불득매비구설추죄 (比丘尼不得罵比丘說麤罪)	2	3	8	5	4	7	5
폐비구니언로 (閉比丘尼言路)	3	4(不先受)	7	6	5	8	6
이세학계이부승중수구족 (二歲學戒二部僧中受具足)	4	2	2	4	1	6	1
반월행마나타 (半月行摩那埵)	5	5	3	7	7	5	4
반월문포살구교계 (半月問布薩求敎誡)	6	6	6	1	2	3	3
무비구주처불득안거 (無比丘住處不得安居)	7	7	4	2	3	2	7
안거경이부승중구자사 安居竟二部僧中求自恣	8	8	5	3	8	4	8

『대애도비구니경』(『대정장』24) 등의 경전에서도 「팔경계법」의 내용을 확인할 수 있다.

9) 팔경법의 문제점을 처음으로 제기한 논문은 리영자(1985), 「불교의 여성관의 새로운 인식」(『한국여성학』 창간호, 서울, 한국여성학회, pp.56~82)이다. 이후 발표된 전해주(1986), 「비구니교단의 성립에 대한 고찰」(『한국불교학』 제11집, 서울, 한국불교학회, pp.311~340) ; 세등(2002), 「팔경법의 해체를 위한 페미니즘적 시도」(『성평등연구』 제6집, 가톨릭대학교 성평등연구소, pp.35~56) ; 이수창(2006), 「비구니 팔경법에 대한 고찰」(『불교학연구』 제15호, 서울, 불교학연구회, pp.187~222) 등 3편의 논문이 주목된다. 전해주와 이수창의 논문은 최근 한일불교유학생교류회(2011)가 발간한 『계율연구논문집』(한국불교연구 논문선집총서①, 정우서적, 각각 pp.93~124, pp.347~380)에 수정·보완해 재게재 되었다. 다만, 이수창(마성)은 논문에서 "팔경법은 당시 인도의 사회적 문화배경에서 나온 시대적 산물"이라고 정의하면서도 "팔경법은 비구니계의 바일제법에 명시되어 있으며 이부승제도에서 나온 것이기 때문에 이부승제도가 존속되고 있는 한 팔경법은 여전히 유효하다"고 주장하고 있다. 한일불교유학생교류회(2011), 같은 책, pp.376~377.

여하튼 석가모니 부처님이 마하빠자빠띠 고따미 등에게 여성출가의 조건으로 내세운 「팔경계법」의 수지는 곧 비구니계율의 구족(具足)을 의미했고,11) 이로써 비구니승가의 성립을 보게 된 것이었다.12) 시기적으로 보면 부처님이 보리수 아래에서 위없는 원만하고 완전한 깨달음을 성취한[무상정등정각] 이후 20년이 되는 세납 55세, 마하빠자빠띠 고따미의 세납 75세 전후로 보인다.13) 비구니 계보의 기원이 이로부터다.

비구니승가는 이후 부처님의 재세 시부터 사향사과(四向四果)에 도달한 탁월한 비구니들의 출현을 통해 차츰 교단의 규모를 키워가며 그 위상을 확보해갔다.14) 사향사과라 함은 초기 부파불교에서의 4단계 수행목표[향]와 그 도달경지[과]를 의미한다. 즉 수다원[예류(預流)], 사다함[일래(一來)], 아나함[불환(不還)], 아라한[무학도(無學道)]의 넷에 각각 향과 과를 배정한

---

10) 이 대조표는 평천창(2011), 『비구니율의 연구』(석혜능 옮김, 서울, 민족사, p.104)의 대조표를 참고해 필자가 재편집한 것이다. 대조표에 보이는 『마하승기율』의 제4법(不先受)은 '비구니는 비구보다 먼저 음식·방사·상욕(床褥)을 받을 수 없다'는 내용으로서, 다른 율본의 항목과 일치하지 않는 항목이다. 다만, 『마하승기율』의 일곱 항목을 다른 율본의 항목과 배대하고 남은 항목이 제4법이기 때문에 다른 율본의 '비구니의 언로를 닫는다'는 의미의 '폐비구니언로' 항목에 배대한 것이다.

11) 『남전』4, pp.380-381.

12) 비구니승가의 성립과 관련한 포괄적이고 구체적인 내용은 전해주(1986), 「비구니교단의 성립에 대한 고찰」(『한국불교』 제11집, 서울, 한국불교학회, pp.311~340)을 참고할 수 있다.

13) 수야홍원(1972), 『석존의 생애』, 동경, 춘추사, p.205, pp.211~212. 비구니교단의 성립시기와 관련해서는 전해주(1986), 「비구니교단의 성립에 대한 고찰」(앞의 책)과 이창숙(1993), 「인도불교의 여성성불사상에 대한 연구」(서울, 동국대대학원 박사학위논문)도 수야홍원의 입장을 따르고 있다.

14) 마하빠자빠띠 등 석가종족 500여인의 의지·아난다의 권청·부처님의 결단 등으로 비로소 성립을 본 비구니승가는 부처님의 허락과 함께 부처님과 비구대중이 있던 승원경내에 머물며 차츰 그 위상을 확보해갔던 것으로 보인다. 초기 비구니들은 출가를 허락받은 웨살리 교외의 대림중각정사(Mahāvana-kūṭagārasālā) 경내에 속하는 한쪽 경계에 머물렀던 것으로 전한다. 이곳에 불교역사상 최초의 비구니승원터가 있었던 것으로 알려진 것은 최근의 발굴에 따른 것으로, 현지인의 증언이 이를 뒷받침해주고 있다. 비구니승원터 발굴에 관한 내용은 이학종(2006), 『인도에 가면 누구나 붓다가 된다』(오래된미래, pp.84~90)를 참고할 수 있다.

수다원향·수다원과, 사다함향·사다함과, 아나함향·아나함과, 아라한향·아라한과 등 8단계를 말한다.

사향사과에 도달한 비구니들은 초기불교 당시에 만들어진 『장로니게(Therīgāthā)』나 『증일아함』「비구니품」에서 그 존재를 확인할 수 있다. 『장로니게(Therīgāthā)』에 등장하는 93인의 장로비구니는 최고의 경지인 아라한과를 증득해 만인의 존경을 받았으며, 『증일아함』「비구니품」에 나오는 50인의 비구니는 각각 두타·지혜·신족·천안·지율 등의 방면에서 수승함을 보여 부처님으로부터 직접적인 찬사를 받고 있다. 부처님의 찬사를 들어보자.

"내 성문 중 첫 번째 비구니인 마하빠자빠띠 고따미[대애도구담미(大愛道瞿曇彌)]는 오랫동안 도를 배워 국왕의 존경을 받고 있으며, 지혜롭고 총명한 비구니로서 케마[식마(識摩)]가 있다. 우빨라꽃빛[우발화색(優鉢華色)] 비구니는 모든 신들을 감동시킬 정도로 신족을 갖추었으며, 키사고따미[기리사구담미(機梨舍瞿曇彌)] 비구니는 두타법의 열한 가지 어려운 일을 행하고 있다. 또 하늘눈이 으뜸이어서 걸림 없이 비추는 이로서 사쿨라[사구리(奢拘梨)] 비구니와 앉아서 선정에 들어 마음이 흩어지지 않는 이로서 사마(奢摩) 비구니가 있다. 파두란사나(波頭蘭闍那)는 이치를 분별해 널리 도를 펴는 비구니이며, 계율을 받들어 범하지 않는 이로서 파타차라[파라차나(波羅遮那)] 비구니를 들 수 있다. 믿음의 해탈을 얻어 다시는 물러나지 않는 이가 깟짜나[가전연(迦旃延)] 비구니요, 네 가지 변재(辯才)를 얻어 두려워하지 않는 이로서 최승(最勝) 비구니가 있다. 자기 전생의 수없는 겁의 일을 아는 이는 밧타까뻴라얀[발타가비리(拔陀迦毘離)] 비구니요, 혜마도(醯摩闍)는 얼굴이 단정하여 남으로부터 존경과 사랑을 한 몸에 받고 있는 비구니이다. 외도를 항복받아 바른 교를 세우는 이로서 소나[수나(輸那)] 비구니가 있으며, 이치를 분별하여 널리 갈래를 설명하는 이는 담마딘나[曇摩提那)] 비구니이다. 더러운 옷을 입고도 부끄러워하지 않는 이는 우다라(優多羅) 비구니요, 모든 감관이 고요하고 그 마음이 한결같은 이는 광명(光明) 비구니이다. 옷을 잘 바루어 언제나 법다운 이는 선두(禪頭) 비구니요, 여러 가지를 의논하되 의심이나 걸림이 없는 이는 단다(檀多) 비구니이다. 또한 게송을 잘 지어 여래의 덕을 찬탄하는 이는 천여(天與) 비구니요, 많이 듣고 널리 알며 은혜와 지혜로 아랫사람을 대하는 이는 구비(瞿卑) 비구니이다."15)

석가모니 부처님이 입멸한 후 인도에서 비구니 중에 뛰어난 사람을 배출했다는 것은 알려지지 않고 있다. 비구니승가는 부처님에 의해 성립되었지만 불멸 이후에는 그다지 발전하지 못하고 힘이 약해졌으며, 교단의 발전에 영향을 준다고 할 정도의 일도 없었던 것으로 전한다.16) 다만 『마하승기율』을 포함한 모든 율본에 5중, 즉 비구・비구니・정학녀・사미・사미니 등이 열거되어 있는 것으로 보아 초기불교시대에 여성출가자는 분명히 존재하고 있었던 것으로 보인다.17) 특히 여성출가자에 대한 수계작법 등이 갈마법 관련문헌 등에 구체적으로 기술되고 있는 점으로 보아도 그 존재는 확실하다. 수계작법에 따른 수구의식(受具儀式)은 뒤에서 언급하기로 한다.

여하튼 부처님의 조건부 허락으로 비로소 그 성립을 본 비구니승가는 기원전 3세기경부터 스리랑카・버마(미얀마)・중국[대만] 등 남방과 북방아시아 각국으로 전승되었고, 중국을 통해 한국과 일본・베트남 등지로 속속 전파되었다.

스리랑카불교는 기원전 3세기 인도에서 계를 수지한 비구와 비구니, 즉

---

15) 『증일아함』권3, 「비구니품」(『대정장』2, pp.558下~559下).
16) 평천창(2003), 『원시불교의 연구: 교단조직의 원형』, 석혜능 옮김, 서울, 민족사, p.94.
17) 『마하승기율』권19(『대정장』22, p.379上) ; 『사분율』권16(『대정장』22, p.676上) ; 『오분율』권9(『대정장』22, p.69中) ; 『십송율』권16(『대정장』23, p.114下) ; 『근본설일체유부비나야』「장타의발계」(『대정장』23, p.851上~下).

아쇼카왕의 아들인 마힌다 등과 딸인 상가밋따 등에 의해 출가교단의 성립을 보았다.18) 스리랑카불교는 이후 중국불교, 특히 비구니 이부승수계의식(二部僧授戒儀式)에 비구니들이 10사(師)로 참여할 정도로 활발한 활동력을 보여주었다. 하지만 11세기 경 남인도 콜라(Cola)족의 침입에 의해 불교가 거의 소멸된 이후 비구승가는 복원되었으나 비구니승가는 더 이상 복원되지 못했다.19) 버마(미얀마)불교는 5세기 스리랑카 상좌부불교가 들어오면서 시작되었으나 얼마 후 밀교로 바뀌었다가 11세기에 다시 상좌부불교로 재흥되었다. 비구니승가와 관련해서는 동남아시아에서 유일하게 비구니법계를 전승한 나라로 알려져 있으나 13세기 이후 자취를 감춘 것으로 전한다.20) 태국불교는 8세기 무렵 밀교가 처음 전해져 성행하다가 버마로부터 상좌부불교를 전해 받았으며, 13세기말에는 스리랑카 상좌부불교를 전해 받았다. 캄보디아와 라오스불교는 13세기 말부터 타이족의 침입으로 태국의 상좌부불교를 전해 받은 후 오늘에 이르고 있다.

오늘날 이들 남방권의 국가에서 비구니승가는 사라졌으나, 견습생 정도의 '실마따(silmātā, 계모戒母)'라고 불리는 여성수행자는 존재한다. 비구니가 존재하지 않기 때문에 비구계사로부터 10계를 수지하게 되는 이들은 10계를 시킨다는 의미에서 '나사실마따(dasasilmata)'라고도 하는데, 보통 황의(黃衣) 내지 분홍색 옷을 걸치고 생활한다. 비구니도 아니고 우바이(여성재가자)도 아닌, 사미니에 가까운 개념으로 볼 수 있다.21)

---

18) 스리랑카 출가양중의 효시와 관련해서는 평송우사(1932), 『대사』(명고옥, 파진각서방)와 『선견율비바사』(『대정장』24) 등을 참고할 수 있다.
19) Nancy J. Barnes(2003), 「아시아의 여성불교인과 비구니교단」, 『평화와 행복을 위한 불교지성들의 위대한 도전: 아시아의 참여불교』, 서울, 초록마을, pp.348~349.
20) Nancy J. Barnes(2003), 「아시아의 여성불교인과 비구니교단」, 앞의 책, pp.363~364.
21) 이와 관련해 최근 상좌부불교국가의 비구니승가를 복원시키려는 움직임이 일고 있다. 1997년 11월과 1998년 2월 인도 붓다가야에서 세계 비구니수계식이 거행되었는데, 한국과 대만의 비구·비구니들에 의해 당시 수계식에 참석한 100여 명 이상의 여성 불교도들이 구족계를 수지했다. 참가자 가운데 30여 명은 스리랑카에서 건너온 여성 불교도들이었는데, 스리랑카에서 견습생으로 교육받아온 여성 불교도들이 당해 수구의식을 통해

물론 남방권의 불교국가는 현재 비구니승가의 재탄생을 시도하고, 기타 세계 여러 나라에 새로운 교단을 형성하기 위한 목표를 세우고 실천해가는 과정에 있다. 그러한 일을 이루기 위해서는 기존 비구니승가의 적극적인 도움과 관련여성들의 의지와 노력이 절대적으로 필요하다. 모든 여성들이 부처님의 가르침에 따라 수행해 행복을 추구할 권리를 누릴 수 있도록 비구승가의 합의와 비구승가 지도자들의 올바른 결단을 촉구하는 노력도 요청된다. 그것이 우리가 초기불교 비구니승가와 비구니들에게서 배울 수 있는 가르침이고 힘이기 때문이다.[22]

한국과 중국·베트남 등지의 북방권에서는 비구니승가가 지금까지 활발히 계승되어 전해오고 있다. 북방의 대표적인 대승불교권인 중국불교에 있어서는 보창(寶唱)이 517년에 지은 것으로 알려진 『비구니전』[23]에 중국 최

비구니로 탄생한 것이다. 스리랑카는 이후 외국비구니들에게 의존하는 일 없이 자체적으로 구족계를 실행할 수 있게 되었으며, 이에 따라 1,000여 년간이나 끊겼던 비구니의 맥이 다시 살아났다. 하지만 상좌부불교국가에서 비구니승가의 진정한 복원이 실현되었다고 보기는 어려울 듯싶다. 붓다가야에서의 수계식을 통해 새롭게 탄생한 비구니들은 상좌부불교의 전통적인 수구의식을 통해 상좌부불교의 비구니로 태어난 것이 아닌, 대승불교권의 비구니들에 의한 수계의식을 통해 대승교단의 비구니로 태어났기 때문이다. 결국 상좌부불교권의 불교도로부터 정식 구성원으로 인정받기 위해서는 상좌부불교의 전통을 이어받은 출가자로부터 구족계를 수지하는 것만이 유일한 방법이다. 기존 승단은 이미 비구니승가의 맥이 끊겨 이부승수계를 실행할 수 없기 때문에 더 이상 비구니는 탄생할 수 없다는 논리를 견지하고 있다. 이는 곧 상좌부불교국가에 이들의 흐름을 이어받은 정식 비구니승가가 더 이상 존재할 가능성이 없다는 사실을 말해준다. 이자랑(2006), 「율장을 통해 본 승단과 현대사회의 조화: 율 제정의 배경을 중심으로」, 『한국불교학』 제45집, 서울, 한국불교학회, pp.161~162 참조.
22) 백도수(2010), 「초기불교 비구니승가와 비구니」, 앞의 책, p.44.
23) 『비구니전』은 달리 『보창전』이라고도 한다. 이 책에는 중국불교 초기에 여성들의 어릴 적 가정생활로부터 시작해 출가하기까지의 과정과 출가동기, 그리고 선과 각종 경·율·론의 학습 및 저술활동과 강경·법문·교화 및 입적에 관한 행적이 소상하게 기록되어 있다. 보창(생몰연대 미상)은 양나라 사람으로 18세에 건초사에서 승우(僧祐)에게 출가해 경과 율을 배운 뒤 다시 재가불자 고도광(顧都曠)·여승지(呂僧智) 등에게 경서와 사서, 장자와 주역을 배웠다. 양도 장엄사에 주석했으며 여러 곳을 노닐었다. 박학다식하고 고행(高行)했으며 고원한 뜻을 품은 인물이지만 어디서 세상을 떠났는지 알 수 없다. 『속법륜론』·『경율이상』·『반성승법』·『명승전』·『비구니전』·『중경목록』 등 약 300여 권의 저술을 남겼다. 『중국불교인명대사전』(상해, 상해사서출판사, 1999), p.1116.; 이미령(2010),

초의 비구니인 정검(淨檢)을 비롯해 남북조시대에 활약한 비구니 65인의 수행과 교화행적이 적시되어 있다. 동진 목제 승평연간(東晉 穆帝 升平年間, 357~361)부터 양(梁)나라 천감연간(天監年間, 502~519)까지의 남조인 진(晉)・송(宋)・제(齊)・양(梁)시대에 활약했던 비구니들을 왕조별로 서술한 총 4권의 『비구니전』에는 65인의 전기[정전(正傳)]와 이들의 제자나 수행과 교화를 함께 한 비구니 40여명의 이름[부전(附傳)]이 보인다. 이로보아 보창의 『비구니전』을 통해 후세에 이름을 남긴 비구니들은 모두 100여명에 이른다.24)

중국불교 최초의 여성출가와 관련해서는 정검 이전의 인물로 한나라 명제(明帝) 재위기간(58~75)에 출가한 중국 최초의 니승(爲中國有尼之始)으로서 낙양출신인 아반(阿潘)을 들 수 있다.25) 하지만 이 시기는 중국불교에 있어서 출가양중을 아직 갖추지 못한 공전기(公傳期) 이전의 시기로서 아반은 비구・비구니에 의한 수계절차, 즉 이부승수계의식에 의한 것이 아니라 다만 삼귀의에 의한 개인적인 출가로 보고 있다. 마치 한국불교사에서 최초

「초기 중국불교 비구니승가의 성립과 배경-보창의 비구니전을 중심으로」,(『한국 비구니승가의 역사의 활동』, 김포, 한국비구니연구소 창립10주년기념 학술연구논문집), pp.97 98에서 재인용.

24) 『비구니전』에 등장하는 65인의 비구니 명단은 다음과 같다. ▶진나라 비구니(13인): 정검(淨檢), 안령수(安令首), 지현(智賢), 묘상(妙相), 강명감(康明感), 담비(曇備), 혜담(慧湛), 승기(僧基), 도형(道馨), 도용(道容), 령종(令宗), 지묘음(支妙音), 도의(道儀). ▶송나라 비구니(23인): 혜과(慧果), 법성(法盛), 혜옥(慧玉), 도경(道瓊), 도수(道壽), 현조(玄藻), 혜경(慧瓊), 보조(普照), 혜목(慧木), 법승(法勝), 승단(僧端), 광정(光靜), 선묘(善妙), 승과(僧果), 정칭(靜稱), 법상(法相), 업수(業首), 법변(法辯), 수종(首綜), 혜준(慧濬), 보현(寶賢), 법정(法淨), 혜요(慧耀) ▶제나라 비구니(15인): 법연(法緣), 담철(曇徹), 승경(僧敬), 승맹(僧猛), 묘지(妙智), 지승(智勝), 승개(僧蓋), 법전(法全), 정휘(淨暉), 담간(曇簡), 정규(淨珪), 혜서(慧緒), 초명(超明), 담용(曇勇), 덕락(德樂). ▶양나라 비구니(14인): 정수(淨秀), 승념(僧念), 담휘(曇暉), 풍(馮), 혜승(慧勝), 정현(淨賢), 정연(淨淵), 정행(淨行), 령옥(令玉), 승술(僧述), 묘의(妙褘), 혜휘(惠暉), 도귀(道貴), 법선(法宣). 보창(1885), 『비구니전』, 금릉, 금릉각경처 ; 『비구니전』 1, 『한글대장경』 277 ; 『비구니전』의 정전과 부전에 수록된 100여명에 대한 명단은 이미령(2010), 「초기 중국불교 비구니승가의 성립과 배경-보창의 비구니전을 중심으로」(앞의 책), pp.98~99에도 기술되어 있다.

25) 『중국불교인명대사전』, p.326.

의 여성출가자인 모례(毛禮)의 누이 사씨(史氏)와 같은 경우라고 볼 수 있다. 정검을 중국불교사에서 그나마 최소한의 법다운 격식을 갖춰 처음 계를 수지한 정식 비구니로 인정하는 이유는 그 때문이다.

중국불교사에서 비구니와 관련해서는 또, 이연수(李延壽)가 640~659년 사이에 찬술한 것으로 보이는 『북사(北史)』를 통해 왕비나 후궁들에 대한 50여 편의 전기를 살필 수 있으며, 이들 고위층 여성 15명이 비구니승단으로 출가해 종교적으로 뛰어난 역량을 발휘한 것으로 보인다.26)

진화(震華, 1909~1947)가 1942년에 편찬한 전체 6권의 『속비구니전』은 남북조시대부터 근대 중화민국까지 비구니고승 200여명의 전기를 수록하고 있다. 『속비구니전』은 진화가 1923년 무렵부터 착수해 9년 여 만인 1932년 일단 완성을 보았으나, 1937년 7월 중일전쟁이 발발하면서 내용 일부가 유실되는 등의 어려움을 겪은 끝에 다시 자료를 수집하는 노력을 기울여 마침내 1942년 출간되었다.27) 진화의 본명은 당전심(唐全心)인데, 일찍 출가해 1929년 구족계를 수지하고 진강(鎭江)의 죽림사 불학원에서 수학했다. 1938년 죽림사 주지를 역임하고 1940년 상해 옥불사 주지직을 수행하던 중 이곳에서 1947년 세납 39세로 입적했다. 진화는 생전에 『비구니전』 출간 이래 1천4백년이 지나도록 비구니전기집을 발행하지 못한 것은 불교계가 봉건사상에 의해 비구니를 경시해온 것으로 볼 수 있다고 유감을 표명했다. 근대기 중국불교에서 여성과 관련해 가장 중요한 출판물로 평가받는 『속비구니전』의 찬술은 진화의 그 같은 결심에 따른 것이다.

베트남불교는 중국과의 교섭으로 6~7세기경 대승불교를 전해 받은 후 임제계통의 선불교 중심으로 번창하면서 지금에 이른다.

---

26) Ding-hwa Everlyn Hsieh(2004), 「동아시아 대승불교의 팔경법: 중국 비구니승단을 중심으로」, 『동아시아의 불교전통에서 본 한국 비구니의 수행과 삶』, 안양, 한마음선원, pp.220~221.
27) 진화(2005), 『속비구니전』, 『중화불교인물전기문헌전서』41, 북경, 선장서국(영인본) ; 『속비구니전』에 관한 내용과 편찬자에 대해서는 조승미(2007), 「근대 중국불교의 부흥운동과 여성」,(『불교와 문화』 창간호, 부산, 동아시아불교문화학회), pp.155~157, pp.167~170을 참고할 수 있다.

2. 한국 비구니승가의 태동과 전개

한국불교는 수용초기 여성들의 적극적인 신불(信佛)에 힘입어 삼국과 통일신라・고려・조선시대를 거치면서 여성출가에 따른 비구니들의 활약상을 다양하게 보여주고 있다.[28]

선대(先代) 비구니들의 유교(遺敎)를 계승한 적지 않은 비구니들이 교학과 수행에 수범을 보이며 그 이름을 후세에 남기고 있는가 하면 국가와 사회에 봉사하는 다양한 모습도 엿볼 수 있다. 불교수용 이래 백제의 법명(法明)과 신라의 이원(理願) 등 많은 비구니들의 활동과 그로 인한 불법전파가 이웃나라인 일본에까지 이루어졌음을 알 수 있으며,[29] 그 같은 역사성을 토대로 고려와 조선조를 거치며 비구 못지않은 수행이력을 남기고 있는 비구니들이 적지 않았음도 주지의 사실이다. 특히 19세기 말 개화기에서 일제 강점기로 대변되는 근대기와 광복이후 현대사를 가르는 세기연간에 법맥전승의 횃불이 되어 오늘날 비구니승가의 위상을 드높인 인물들을 결코 간과할 수 없으니, 본 연구의 배경적 동기를 부여한 근대기 이름 높은 비구니 고승들이 바로 그들이다.

본 절을 통해 한국역사 속에서의 여성출가와 비구니 출현의 대강을 살펴보고자 하는 것은 그와 같은 비구니의 역사성에 갈음해, 연구주제인 비구니의 세계(世系)와 문중형성의 당위성을 이해하고자 하는데 그 취지를 둔 것이다.

---

28) 한국불교사에서 여성출가의 사료적 정황을 살핀 본 내용은 하춘생(2009), 「한국 근・현대 비구니의 강맥전승과 그 의의」,『한국불교학』제53집, 서울, 한국불교학회, pp.137~169)에서 약술한 내용을 대폭 가필・윤문해 재구성한 것이다.

29)『일본서기』,『원흥사가람연기』,『삼국불법전통연기』등 현존 일본문헌은 고구려・백제・신라 삼국의 남녀백성과 다수의 승려들이 도일하여 활동한 사실을 전하고 있다.[김영태(2000), 「신라의 여성출가와 니승직 고찰-도유나랑 아니를 중심으로」,『명성스님 고희기념 불교학논문집』, 청도, 운문승가대학출판부, p.51. ; 김영태(1985), 「백제의 니중수계와 니승직 관계-일본사료와 신라 및 남조의 사례중심」,『문산 김삼룡 박사 화갑기념 한국문화와 원불교사상』, 익산, 원광대출판부, pp.530~532]

1) 삼국시대 여성출가와 첫 비구니의 탄생

사료[30]에 나타나고 있는 한국의 여성출가, 즉 비구니의 효시는 언제부터일까. 그 사실(史實)을 알기 위해서는 먼저 신라에 불교가 유입되는 전후사정을 살펴볼 필요가 있다.

사료에 따르면 고구려나 백제에 비해 공인연도가 가장 늦은 신라에 한국불교의 공전기년(公傳紀年: 372년 고구려 제17대 소수림왕의 불교수용)보다 1세기나 앞선 서기 263년(제13대 미추왕2)에 고구려승 아도(我道)가 들어와 일선군(지금의 경북 선산) 모례(毛禮)의 집에 숨어 있었다는 기록을 볼 수 있다. 공주의 병을 고쳐준 것을 계기로 천경림에 절을 짓고 교화활동을 했는데, 왕이 승하한 뒤 사람들이 다시 해하고자 하니 이를 피해 모례의 집에서 숨어 살다가 입적했다고 한다.

『삼국유사』「아도본비」에 의하면 아도는 중국 위나라 사신 아굴마(我堀摩)와 고구려 여인 고도령(高道寧) 사이에서 태어난 인물이다. 16세 때 위나라로 가서 부친을 만난 뒤 현창(玄彰)화상에게 공부하고 19세에 귀국했는

---

[30] 우선 대표적인 사료로는 김부식 등 11명의 편사관이 1145년(고려 인종23)에 편찬한 『삼국사기』와 일연이 1281년(고려 충렬왕7)에 저술한 사서로서 우리나라 고대의 역사·지리·문학·종교·언어·민속·사상·미술·고고학 등 총체적인 문화유산의 원천적 보고로 평가받고 있는 『삼국유사』를 손꼽을 수 있다. 각훈이 1215년(고려 고종2)에 저술한 『해동고승전』은 우리나라에서 가장 오래된 승전이다. 삼국시대 불교에 큰 영향을 끼친 고승들의 행적을 기록한 사료로서, 한국불교의 수용과 정착과정을 알 수 있을 뿐만 아니라 한국고대사를 연구하는데 매우 귀중한 불교사서이다. 왕조실록인 『고려사』와 『조선왕조실록』에 보이는 적지 않은 불교관련 내용들은 당대 불교의 현재적 모습을 알게 해주는 소중한 기록들이다. 범해각안이 1894년(조선 고종31)에 탈고한 한국 역대고승들의 전기집 『동사열전』, 속장경에 수록되어 있는 저자 미상의 한국 고승집인 『동국승니록』, 1913년부터 1919년까지 일본학자 가쓰라기 스에하루(葛城末治)가 삼국시대부터 조선시대까지의 대표적인 금석문을 엮어 간행한 『조선금석총람』 등을 통해서도 불교사에 큰 자취를 남긴 불교 인물들의 행적을 살필 수 있다. 근대기 역사학자이자 불교학자인 이능화가 1918년에 편찬한 『조선불교통사』는 한국불교 최초의 종합역사서로서 그 가치가 매우 높다. 이밖에도 중국 사서인 『양고승전』·『당고승전』·『송고승전』 등을 통해 삼국시대 불교인들이 중국으로 건너가 구법 활동한 사실을 엿볼 수 있으며, 대표적인 일본사서인 『일본서기』·『부상약기』·『원흥사가람연기』·『삼국불법전통연기』·『원형석서』·『본조고승전』 등의 사료를 통해 삼국시대 불교인들이 일본에서 전법 활동한 사실을 확인할 수 있다.

데, 모친의 권유에 따라 '과거칠불시대의 일곱 군데 절터(전불시 7처설)'[31] 가 있다는 신라로 넘어와 교화한 것이 미추왕 2년(263)의 일이라고 한다. 『해동고승전』에서 인용한 『박인량수이전』에서도 이 같은 내용을 확인할 수 있다. 선산의 도리사는 모례가 아도를 위해 지어준 사찰로서, 1976년 아도의 석상이 발견되어 화제를 불러일으켰다.

『삼국사기』『해동고승전』『삼국유사』등의 사서에는 또, 제19대 눌지왕 때(417~458) 고구려에서 사문 묵호자(墨胡子)가 들어와 모례의 집에 머물렀다는 설과 제21대 비처(소지)왕 때(479~500) 아도(阿道)가 시자 3인과 들어와 모례의 집에 머물렀다는 설도 기록되어 있는 사실을 확인할 수 있다. 불교가 공인된 그 해, 제23대 법흥왕 14년(527) 3월 11일 아도가 모례의 집에 도착하니 모례가 놀라 이르기를, "전에 고구려승 정방(正方)과 멸구자(滅垢玭)가 왔다가 죽임을 당했다"며 아도를 사람들의 눈에 띄지 않게 숨겨 모셨다는 내용도 살필 수 있다.

사료에 수록된 이상의 기록에 의하면 신라에는 불교공인(527) 훨씬 이전부터 이름을 밝히지 않은 전법승들이 숨어 활동했던 사실을 알 수 있다. 이는 곧 시기가 전혀 다른 인물이 '아도'라는 동일한 이름으로 전해지고 있다는 점에서 가늠할 수 있으며, 이로보아 '아도'는 특정 승려이름이 아니라 사람들에 의해 전법승으로 통칭된 말이며, '묵호자'도 그와 유사한 경우로 이해할 수 있다.

다만, 우리는 신라의 불교유입설에 깊이 연관되어 있는 '모례'라는 인물에 주목할 필요가 있다. 신라 땅으로 끊임없이 숨어 들어와 포교활동을 벌인 전법승들의 실체를 아도 내지 묵호자와 같은 통칭명으로 전하고 있는 반면, 이들을 숨어 지내게 한 인물에 대해서는 한결같이 일선군(경북 선산)의 모례로 귀결되고 있기 때문이다. 모례의 집을 당시 포교활동의 근거지로

---

31) 과거칠불은 ①비바시불 ②시기불 ③비사부불 ④구류손불 ⑤구나함모니불 ⑥가섭불 ⑦석가모니불이고, 신라 땅의 7처는 ①흥륜사 ②영흥사 ③황룡사 ④분황사 ⑤영묘사 ⑥사천왕사 ⑦담엄사 등 일곱 군데 사찰이다.

볼 수 있는 당위와 신라의 불교전래설에 관한 사료의 내용이 이와 같다.

신라의 불교전래설과 함께 '모례'라는 이름에 특히 주목해야 할 당위는 또 있다. 한국 여성출가의 기원을 알 수 있는 전거가 바로 '모례'라는 이름으로부터 출발하기 때문이다.

사료에 처음 보이는 한국의 여성출가자는 신라에 불교를 전한 아도화상을 은거시켰던 모례[또는 모록(毛祿)]의 누이 사씨(史氏)다.32) 한국 비구니사의 여명을 알리는 첫 여성출가자의 시원이 이로부터다. 이후 제23대 법흥왕의 비인 파도부인(巴刀夫人)이 사씨의 유풍을 사모해 영흥사를 짓고 묘법(妙法)비구니가 되어 영흥사에 살다가 몇 년 후 세상을 마쳤다.33) 파도부인은 왕이 만년에 흥륜사로 들어가 법공(法空)이라고 이름하고 삭발염의하자 뒤이어 득도수계하고 비구니가 되었는데, 그 시기가 영흥사를 창건한 지 2년 후로써 대체로 537년 전후로 보인다. 이 묘법을 한국의 실질적인 최초의 비구니로 보기도 한다.34) 진흥왕비 사도부인(思刀夫人)도 말년에 출가해 법운(法雲)이라고 이름 한 진흥왕을 따라 묘주(妙住)비구니가 되어 영흥사에서 살았으며,35) 삼국통일의 주역인 김유신의 부인 지소부인(智炤夫人)도 삭발하고 비구니가 되었다는 사실을 확인할 수 있다.36)

---

32) 『삼국유사』권3 흥법3, 「아도기라」, "毛祿之妹名史氏 投師爲尼 亦於三川岐創寺而居名永興寺.";『해동고승전』권1, 「석아도」, "毛祿之妹名史侍 亦投爲尼 乃於三川岐立寺曰永興 以依住焉."

33) 『삼국유사』권3 흥법3, 「원종흥법 염촉멸신」, "初興役之乙卯歲 王妃亦創永興寺 慕史氏乙遺風 同王落彩爲尼 名妙法 亦住永興寺 有年而終."

34) 신라는 제24대 진흥왕 5년(544) 3월에 국가가 일반백성들에게 공식적으로 출가를 허락함으로써 이때를 신라불교의 실질적인 시작으로 보아 그 이전시기에 해당하는 사씨의 경우 공식적인 출가로 보지 않는 일부 학자의 견해도 있다. 『삼국사기』권4, 진흥왕 5년 3월조. 김영태는 신라 최초의 여성출가자로서 사씨의 문제점을 ①시기의 사실성(史實性) ②사씨의 구족계 수계여부 ③사씨의 출가에 대한 전설의 허구성 등 세 가지 측면에서 제기하고 있다. 김영태는 계속해서 사료의 기록상 구족계를 수계한 법흥왕비 묘법이 실질적인 최초의 비구니라고 주장하고 있다. 김영태(2000), 「신라의 여성출가와 니승직 고찰-도유나랑 아니를 중심으로」, 앞의 책, pp.41~46.

35) 『삼국사기』권4 신라본기 제4, 「진흥왕조」, "王幼年卽位 一心奉佛 至末年祝髮被僧衣 自號法雲以終其身 王妃亦效之爲尼 住永興寺."

고대 삼국은 불교수용 이후 대체로 불교의 국교화와 제도화에 공헌하게 되는 승직제도를 시행했다. 고구려에서는 승통[국통=사주]과 도유나, 백제에서는 승정과 승도 등의 승직명을 볼 수 있다. 승록사니 왕사니 국사니 하는 승관제는 고려조에 들어와 시행된다.

신라도 승관제를 실시했는데, 고구려와 백제에서 보이지 않는 특이한 내용을 살필 수 있다. 대국통-국통[승통]-도유나랑(여승 최고책임자)-대도유나(남승 최고책임자)-대서성 등의 단계적인 승직명이 보이는데, 여승 책임자가 남승 책임자보다 상위개념에 놓여 있었다는 사실이다. 진흥왕대 비구니교단의 최고 승직으로 보이는 도유나랑에 아니(阿尼)라고 하는 비구니가 임명되었는데,37) 이는 당시 비구니승가의 위상을 반증해주는 대목이 아닐 수 없다. 이밖에도 신라 제26대 진평왕 때(579~632) 지혜(智惠)라고 하는 비구니의 이름이 보이는데, 평소 어진 일을 많이 행했으며 안흥사의 불전을 수리했다는 기록을 볼 수 있다.

한국 최초 비구니의 탄생과 함께 비구니승가의 위상이 상당했을 것으로 보이는 삼국시대 비구니들의 해외에서의 활발발한 전법활동은 현존 일본문헌인 『일본서기』『부상약기』『원흥사가람연기』『삼국불법전통연기』『원형석서』『본소고승선』 등의 사료에서도 확인할 수 있다. 이들 사서에 따르면 제26대 성왕 16년(538) 일본에 처음 불교를 전한 백제가 577년(제27대 위덕왕 24) 일본에 파견한 율사·선사 등으로 구성된 교화승단에 비구니도 포함되어 있었다는 사실을 알 수 있다. 특히 일본 출가승의 시초가 되는 선신(善信)·선장(禪藏)·혜선(惠善) 3인의 여승이 당시 일본에서 교화활동을 하고 있던 고구려승 혜편(惠便)에 의해 삭발득도한 후, 588년경 백제로 건너와 3년 동안 계율수학과 함께 비구니계를 수지한 뒤 일본으로 돌아갔다는 기록으로 보아 당시 백제에는 비구니교단이 상당한 위세를 갖추고 있었

---

36) 『삼국사기』권43 열전3, 「김유신下」 "後智炤夫人 落髮衣褐爲比丘尼."
37) 『삼국사기』권40 잡지9, 「직관下 무관조」"國統 一人(一云寺主) 眞興王十二年 以高句麗惠亮法師爲寺主 都唯那娘一人 阿尼 大都唯那一人 眞興王始以寶良法師爲之"

던 것으로 보인다. 이는 또, 비구 10사와 비구니 10사가 갖춰진 이부승수계의식이 이뤄졌다는 사실을 말해준다. 제31대 의자왕 15년(655)에는 법명(法明) 비구니가 일본으로 건너가 유마경 독송으로 병자를 고쳤다고 하는 바, 나중에 성행했던 일본의 유마회는 그의 영향에 의한 것이라고 전해진다.[38] 구한말 유학자이자 항일운동가인 최익현이 유배되었던 쓰시마(대마도) 지역의 수선사를 창건한 인물도 백제의 비구니 법묘(法妙)라고 전한다. 수선사는 1906년 유배지에서 순국한 최익현의 유해를 부산으로 이송하기 전까지 안치했던 곳으로, 1986년 8월 경내에 건립한 최익현순국비를 통해 이 같은 사정을 전하고 있다.

삼국시대 일본에서의 전법활동은 신라에도 나타나고 있다. 앞서 언급한 신라의 이원(理願) 비구니는 일찍이 일본으로 건너가 나라 좌보산 기슭에 위치한 당시 재상 대반안마(大伴安麿)의 저택 안에 정사를 짓고 30여 년간 교화활동을 하다가 제33대 성덕왕 34년(735)에 입적했다고 한다.[39]

이렇듯 작금의 서양인들이 불교의 전부라고 믿고 있는 일본불교의 출발과 자리매김에 백제를 비롯한 삼국시대 비구니들이 끼친 영향은 매우 지대했던 사실을 알 수 있다.

2) 고려시대 국가불교 전개와 비구니

불교가 우리나라에 수용되면서 삭발염의하고 출가하는 일은 중국불교의 경우[40]와 마찬가지로 국가의 승인에 의해 이루어졌다. 신라 제24대 진흥왕

---

38) 김영태(1997), 『한국불교사』, 서울, 경서원, p.48.
39) 김영태(2000), 「신라의 여성출가와 니승직 고찰-도유나랑 아니를 중심으로」, 앞의 책, pp.51~52.
40) 중국불교 수용초기에는 출가행각을 교단의 자율에 맡겼으나 승려의 증가로 사회경제적인 폐단이 발생하자 국가차원의 규제와 승인을 요구받기 시작했다. 그의 시초가 남북조시대인 북위 고종 문성제(재위:452~465) 때이다. 이후 수와 당시대를 거치면서 제도정비가 이루어지고 승적관리와 도첩제 등이 국가차원에서 시행되었다. 중국에서의 이 같은 공도제 정비와 출가규제 등에 관해서는 제호입웅(1990), 『중국불교제도사의 연구』(평하출

5년(544)에 신라 최초의 사찰인 흥륜사가 완성되자, 그해 3월 백성들에게 승니가 되어 봉불할 수 있도록 출가를 정식으로 허락했다는 사료의 기록이 그 같은 사실을 말해준다.41) 고구려와 백제의 경우에는 불교수용 이래 각각 제18대 고국양왕 9년(391)과 제17대 아신왕 원년(392)에 "불법을 숭신하여 복을 구하라(崇信佛法求福)"는 영을 내려 백성으로 하여금 불교를 숭신하도록 권장했으나, 출가의 국가적 승인을 언제부터 시행했는지는 전하는 자료가 없다.

국가가 출가를 통제하게 되면서 출가승려들은 국가로부터 도첩을 받고 국가가 관리하는 승적에 이름을 올렸다. 비구들의 경우 신라 말 이래 관단이 설치되어 수계했는데, 그 과정에서 시험을 치고 승려가 되는 경우와 왕의 질병 등 특별한 상황에서 출가하게 되는 경우가 있었다.42)

출가의 국가적 관리는 고려시대에 들어오면서 국가불교라는 특징적 가치 속에서 더욱 강화되었다. 『고려사』를 살펴보면 3년에 한 번씩 국가차원에서 승적을 정리한 사실을 알 수 있는데,43) 대체로 이 같은 승적관리는 고려 광종대 과거제도 실시에 따른 승과제도(958)가 도입되면서 보다 체계적으로 이루어졌던 것으로 보인다. 시험에 합격한 자에게 출가를 허락하는 제도인 시경도승(試經度僧)이 행해진 사실에서 이를 확인할 수 있으며, 제10대 정종 2년(1036)에 영통사·숭법사·보원사·동화사 등의 계단에서 경율을 시험했다44)는 사실(史實)이 그를 반증해준다. 이는 중국 당나라 때의 시경도승제를 따른 것이라고 볼 수 있다.

국가로부터 출가를 허락받은 자는 수계 후 계첩을 발급받고 출가본사

판사)를 참고할 수 있다.
41) 『삼국사기』권4, 진흥왕 5년 3월조.
42) 김영미(2010), 「한국 비구니승가의 태동과 전개」, 『한국 비구니승가의 역사와 활동』, 김포, 한국비구니연구소 창립10주년기념 학술연구논문집, p.175.
43) 『고려사』권84 지38, 형법1.
44) 『고려사』권6 세가, 정종 2년(1036) 5월조, "制…於靈通嵩法普願桐華等戒壇 試所業經律."

에 승적을 올린 후 3년에 한 번씩 국가기구인 승록사와 예부가 실시하는 승적관리절차에 따랐다. 고려시대의 이 같은 출가제도는 남녀불문하고 동일하게 이루어졌던 것으로 보인다.

고려시대 여성출가자들의 활동은 국가차원의 출가승인제도에 의거해 대체로 왕실 또는 지배층의 비구니원이었던 정업원(淨業院)을 중심으로 이루어졌다. 정업원은 의종 18년(1164) 이전 개성에 이미 설치되어 있었고,45) 고종 38년(1251) 몽고의 침입으로 도읍을 강화도로 옮겼을 당시에도 박훤(朴暄, ?~1249)46)의 집을 정업원으로 지정해 성내의 니승을 머물게 한 기록47) 등이 전한다. 우왕 9년(1383)에 처음 나타나는 안일원(安逸院)도 비구니사찰이었던 것으로 보인다.48)

정업원과 안일원의 명칭이 이처럼 사료에 처음 나타나는 시기가 비록 의종대와 우왕 때이지만, 왕이 행차하는 등의 전후정황으로 보아 그 이전부터 지배층 여성이 출가해 머물렀던 사찰로 이해할 수 있겠다. 정업원과 안일원은 이후 조선후기에 이르기까지 존속하면서 비구니들의 주처로서의 기능을 담당했다.

---

45) 『고려사』권18 세가18, 의종 18년(1164) 윤11월조, "乙亥移御淨業院"
46) 박훤은 고려 무신집권기 문신이다. 본관은 공주이고 어릴 적 이름은 문수(文秀)이다. 과거에 급제한 이후 최우의 가신이 되었는데, 변론을 잘해 화요직에 올랐다. 정방(최우가 자기 집에 설치해 인사행정을 취급하던 기관)에 들어가 김창·송국첨 등과 함께 인사를 담당하면서 권세를 잡았고, 사관의 수찬이 되어 최우의 공적을 허무맹랑하게 과장해 만든 책 5, 6권을 지어 바쳤다. 형부상서 재임당시 쌍봉사 승려로 있던 최우의 아들 최만종·최만전 형제가 무뢰배를 시켜 경상도에서 저축한 쌀 50만석을 대부한 뒤 가을에 곡식이 익자마자 혹독하게 징수하는 등 백성들을 괴롭히자 이 사실을 최우에게 알려 곡식을 돌려주고 무뢰배를 잡아들였다. 최만종 형제가 최우에게 이를 하소연하자 최우가 부자간을 이간시켰다고 해서 흑산도에 유배되었다. 이때 최만전은 환속하고 이름을 항으로 고쳤다. 그후 오래지 않아 최우가 더불어 의논할 자가 없다고 하여 유배를 해제하고 조정으로 불러들였으나 올라오는 도중에 최우가 죽자 정권을 잡은 최항의 자객에게 살해당했다. 일찍이 신흥창을 세워 흉년에 대비하는 등 어려운 백성들을 보살폈다.
47) 『고려사』권24 세가24, 고종 38년(1251) 6월조, "是月 以朴暄家爲淨業院 集城內尼僧居之"
48) 『고려사』권135 열전48, 우왕 9년(1383) 3월조, "禑 率林㮋等十餘騎 如惠妃殿…又 如安逸院 院尼寺也."

이와 같이 국가불교를 지향했던 고려시대에 이름을 남기고 있는 비구니들은 신라 말 도선국사의 유언에 따라 고려 태조왕건의 명으로 922년에 창건된 서울시내 대표적 전통사찰인 종로구 숭인동 청룡사의 제1세 주지 혜원(慧圓, 851~938)을 비롯해 혜원의 뒤를 이어 청룡사를 중창한 만선(萬善, 996~1060)·지환(知幻, 1261~1312) 등을 손꼽을 수 있다.49)

강종 2년(1213)에는 종민(宗敏)이 청원(淸遠)·희원(希遠)·요연(了然) 등 비구니 법형제 3인과 함께 수선사에서 90일간 하안거에 동참한 기록을 확인할 수 있는데,50) 이들은 모두 국가의 공식 허락을 받고 출가했을 것으로 보이는 비구니들이다. 청혜(淸惠)는 고종 39년(1252)에 재가자들과 함께 지리산 안양사의 반자(飯子)를 조성하는데 시주했고,51) 모이(某伊)는 충숙왕 10년(1323)에 지금의 장단군 용암산록에 있었던 낙산사의 「관경십육관변상도」를 조성하는데 여성 불자들의 동참과 권선을 이끌어내는 등 기여한바 컸다.52)

충렬왕의 세자시절 원나라 수종신으로 2등 공신에 책봉된 김변(金賆)의 처 허씨(1255~1324)는 충숙왕 2년(1315)에 61세의 나이로 출가해 성효(性曉) 비구니가 되었는데, 성효가 입적하자 국가는 '변한국대부인 진혜대사(卞韓國大夫人 眞慧大師)'라는 시호를 내렸다.53) 성효는 낭시 공식석으로 출가를 허락받고 10여 년간 비구니로 활동한 발자취가 뚜렷한 인물로서, 그녀가 출가할 때 계단주는 백수(白修)였고 10명의 계사들이 있는 계단에서 정식으로 출가했음을 알 수 있다.54) 비록 시호이나 승과에 합격한 후

---

49) 탄허택성 記(1972), 「청룡사 중창사적비기」.
50) 『조계진각국사어록』(『한불전』 6) pp.24下~28中, 「시종민상인」 "崇慶二年癸酉夏 宗敏道人 與淸遠希遠了然等三兄弟 到祉設會 仍以此軸 求指示打此葛藤以遺之", 「示希遠道人」 "崇慶二年癸酉夏 希遠道人 與淸遠宗敏了然等三人 偕行到祉 九旬聽法 將歸以此軸 求法語 拈出 古佛委曲垂慈底數段葛藤以遺之".
51) 「안양사반자」, 『한국금석전문』 중세 下, p.1040.
52) 국죽순일·정우택(2000), 『고려시대의 불화•해설편』, 시공사, p.81.
53) 김영미(1999), 「고려시대 여성출가」, 『이화사학연구』 제25·26 합집, 서울, 이화사학연구소, p.52.

받는 대덕보다 한 단계 위의 승계인 '대사'의 호칭을 받은 것도 성효가 유일하다.

고려 말에도 여성출가는 끊이지 않아 태고보우의 문도 묘안(妙安)55)과 나옹혜근의 문도로 기록된 당시 정업원의 주지 묘봉(妙峯)·묘덕(妙德)·묘간(妙玕)·묘신(妙信)·묘해(妙海) 등 많은 비구니들이 출가한 사실을 알 수 있다.56) 이 가운데 묘덕은 백운경한의 저작인 현존 세계 최고의 금속활자본 『직지』와 『백운화상어록』의 실질적인 간행비용을 시주한 인물이기도 하다.57) 공민왕비 혜비(惠妃) 이씨와 신비(慎妃) 염씨도 왕이 시해된(1374) 이후 출가한 인물들이다.58) 이들 또한 모두 공식적인 출가절차에 따라 비구니가 된 인물로 추정된다.

이상에서 살펴본 바와 같이 고려시대는 대체적으로 국가불교라는 특징을 갖는다. 이는 곧 불교가 국가의 관리체제에 들어가 통제를 받는다는 의미이기도 하다. 현재 전하고 있는 고려시대 비구니 관련 자료는 대체적으로 국가차원의 금지나 규제에 관한 내용이 대부분이다. 그 내용의 일례를 살펴보면 고려시대 세 번에 걸쳐 출가금지령이 이루어지는데, 현종 8년(1017) 정월59)·공민왕 8년(1359) 12월60)·창왕 1년(1388) 12월61) 등이 그것이다. 특히 현종대에는 여성의 출가만을 금하고 있는 사실을 볼 수 있는데, 이렇듯 출가금지령 등 국가가 비구니에게 가했던 잦은 규제는 역으로 그만큼

---

54) 김영미(2010), 「한국 비구니승가의 태동과 전개」, 앞의 책, p.176.
55) 이지관(1997), 「양주 태고사 원증국사 탑비문」, 『교감역주 역대고승비문-고려편4』, 서울, 가산불교문화연구원, p.455.
56) 이지관(1997), 「여주 신륵사 보제선사 사리석종비문」, 앞의 책, p.375.
57) 이세열(2000), 「직지와 비구니 묘덕에 관한 연구」, 『중원문화논총』 제4집, 청주, 충북대 중원문화연구소, p.67.
58) 『고려사』권89 열전2, 혜비이씨·신비염씨 조, "恭愍旣見弑剃髮爲尼."
59) 『고려사』권85 지38, 형법2 금령.
60) 『고려사』권85 지38, 형법2 금령.
61) 『고려사』권111 열전24, '조돈' 항 '조인옥' 조 ; 『고려사절요』권33,

여성들의 출가가 많았고 활동도 활발했다는 정황을 대변해준다고 하겠다. 물론 당시의 여성출가가 전쟁참화 등 사회적 혼란기에 급증한 일면도 없지 않으나, 대체적으로 국가불교라는 사회적 정서에 기인한 것도 부인할 수 없다고 할 것이다.

여하튼 고려시대 국가차원의 규제나 금지 등 갖가지 제한 속에서도 끊이질 않았던 여성들의 잇단 출가행각은 조선시대 숭유억불 하에서도 비구니 승가의 영속성을 담보해준 동력이었으며, 수행과 교화와 가람호지에 비구니들의 역할이 적지 않았다는 사실을 말해준다고 하겠다.

3) 조선시대 숭유억불과 여성출가

조선시대 불교교단은 숭유억불(崇儒抑佛)에 따른 승니의 도성출입금지정책과 맞물려 대체적으로 산중불교의 정중동(靜中動) 역사로 지탱해왔던 시기라고 할 수 있다.

고려시대 극성했던 불교교세는 이 시대 몇몇 신불군왕들의 호불정책에도 불구하고 유자(儒者)들의 끊임없는 불교배척과 정책적인 불교 억압에 의해 이른바 억불척승(抑佛斥僧)의 법난에 직면하면서 깊숙한 산중으로 밀려나고 말았다.

조선시대 배불억승(排佛抑僧)의 정책적 분위기는 급기야 태종 7년(1407)에 이르러 당시 11종이던 불교종파를 7종으로 축소하고 세종 6년(1424)에 다시 선교양종으로 통폐합하더니, 중종 2년(1507)에 승과마저 폐지해 불교교단을 완전히 무력화시켰다. 출가승려의 신분은 조선조 8천민의 하나로 전락했고, 숭유억불의 법난시대는 1895년 승니의 도성출입금지 해제 때까지 지속되었다.

조선시대 불교교단은 이처럼 국가의 일방적 불교탄압정책에 억눌려 무종파시대를 감내해야 했던 암울한 시기의 연속이었다. 물론 이 시대 억불에 대해 고려불교의 타락성이 가져다준 인과응보라고 보는 시각이 만만치 않은 것도 사실이나, 국가불교를 전개하면서도 불교와 유교를 동일하게 숭상했던 고려시대 정책기조와 비교할 경우 조선 유학자들의 경도된 편협성이 던져준 결과임은 부인할 수 없다.

　조선시대 이 같은 척불정서 속에서도 초기부터 왕실을 중심으로 불교를 숭신(崇信)하는 일단의 부류가 있었으니, 궐내에 불당을 마련해놓고 신행활동을 멈추지 않았던 왕실 또는 사족(士族)의 여인들이 바로 그들이다. 궐내에 설치된 불당은 흔히 왕실비구니원이라고 불렸는데, 정업원62)을 비롯해 자수원(慈壽院)·인수원(仁壽院)·안일원 등이 있어 조선조 무종파 시대 비구니승가의 실질적인 신행활동과 수행처 기능을 담당했다.

　정업원은 고려 의종 18년(1164) 이전 개성에 이미 설치되어63) 조선시대까지 내려오던 전통적인 비구니사원이었고, 안일원도 고려 우왕 9년(1383)에 처음 나타나64) 조선시대까지 신행 근거지가 되었던 비구니사원이었다. 명종 대 문정대비 섭정 당시 5천여 명의 비구니가 수행했다고 전하는65) 자수원과 인수원은 처음에는 전왕(前王) 후궁들의 거처로 설치되었으나, 이곳으로 들어온 이들이 모두 불교를 숭신하게 되면서 점차 정업원과 같이 불당화된 곳이다. 이들 비구니사원은 유생들의 끊임없는 감시와 상소로 철폐(撤廢)·복립(復立)·중수(重修) 등을 반복하는 곡절의 시련에 시달렸다. 급

---

62) 조선조 정업원과 관련한 선학연구는 다음과 같다.
　① 현창호(1961), 「정업원의 치폐와 위치에 대하여」, 『향토서울』 제11집, 서울, 서울시편찬위.
　② 한우근(1993), 「정업원과 니승·니사 제한」, 『유교정치와 불교』, 서울, 일조각.
　③ 정석종·박병선(1998), 「조선후기 불교정책과 원당-니승의 존재양상을 중심으로」, 『민족문화논총』 제18·19 합집, 대구, 영남대 민족문화연구소.
　④ 김응철(1999), 「정업원과 사승방의 역사로 본 한국의 비구니승가」, 『전통과 현대』 통권 7호, 서울, 도서출판 전통과 현대.
　⑤ 이기운(2001), 「조선시대 정업원의 설치와 불교신행」, 『종교연구』 제25집, 서울, 한국종교학회.
　⑥ 황인규(2008), 「조선전기 정업원과 비구니주지」, 『한국불교학』 제51집, 서울, 한국불교학회.
63) 각주45와 같음.
64) 각주48과 같음.
65) 고교형(1971), 『이조불교』, 서울, 보련각영인본. p.735. "持律之尼不減於五千餘指."

기야 인조원년(1623)에 승니도성출입금지 조치와 함께 정업원이 축폐되었고,66) 현종 2년(1660)에 자수원과 인수원마저 완전히 철폐되면서67) 고려시대부터 내려오던 궐내 불당 중심의 공식적인 비구니 활동은 자취를 잃었다. 이에 앞서 성종 6년(1475)에는 배불폐사(排佛弊寺)를 촉구하는 유생들의 맹렬한 상소로 도성근교 23개 비구니사원이 철폐당하기도 했다.68)

조선시대 이와 같은 억불정책 하에서 첫 여성출가의 사실(史實)은 태조 이성계가 제1차 왕자의 난 이후 3녀인 경순공주(慶順公主)로 하여금 머리를 깎고69) 정업원으로 출가하도록 한『조선왕조실록』의 기록에서 찾을 수 있다.

고려 공민왕비 혜비 이씨가 정업원 주지를 역임하다가 태종 8년(1408) 2월에 입적하자 소도군(昭悼君) 방석(芳碩)의 처 심씨가 정업원 주지로 임명되었는데, 이 역시 왕자의 난 이후 정업원으로 출가한 사례이다.70) 정종의 비 정안왕후의 언니인 김씨도 태종 11년((1411)에 이곳의 주지를 역임했

---

66) 권상로(1990),『퇴경당전서』권3, 서울, 전서간행위원회, p.326(『한국사찰전서』下). "仁祖元年 禁僧尼入城 院逐廢."
67) 고교형(1971), 앞의 책 p.734. ; 권상로(1990), 앞의 책 p.226, p.241에는 자수·인수 양원 모두 "인조원년(계해)폐"로 기록되어 있다.
68) 권상로(1990), 앞의 책 p.326. 이때 비구니사원의 훼철로 도성근교에는 청룡사·청량사·보문사·미타사 등 4개 사찰만 남게 되었는데, 이로부터 이들 비구니사찰을 '사승방'이라고 불렀다. 이는 곧 당시 조정에 의해 이 4개의 승방만이 비구니사찰로 공식 인정되었다는 것이다.[김응철(1999),「정업원과 사승방의 역사로 본 한국의 비구니승가」, 앞의 책, pp.80~81]. 그러나 그러한 사실을 뒷받침해줄 만한 기록을 아직 찾을 수 없어 아쉽기 그지없다. 다만, 화기에 의하면 고종대 이후 미타사를 제외한 3개의 사찰에서 비구니들의 존재를 확인할 수 있다. 즉 1867년 보문사에 도식(道植)·학성(學性)·포일(布日)·성화(性華) 등의 비구니들이, 1868년 청룡사에 의□(義□)·정□(淨□)·영□(永□) 등의 비구니들이, 1871년 청량사에 취윤(取允)·선홍(善弘)·영수(永壽)·승철(勝喆)·응벽(應壁) 등의 비구니들이 활동했던 사실을 찾을 수 있다.[황인규(2011),『조선시대 불교계 고승과 비구니』, 서울, 혜안, p.365. 각주10]
69)『정종실록』권2, 정종 1년(1399) 9월 10일조, "太上王使敬順宮主爲尼 宮主 李濟之妻也 臨剃髮, 泫然泣下."
70)『태종실록』권15, 태종 8년(1408) 2월 3일조,「혜화궁주 이씨 졸기」"賻惠和宮主李氏之喪 宮主 高麗侍中齊賢之女 恭愍王無子 選入後宮 封惠妃 後爲尼 時住淨業院 賻米豆三十石 紙百卷 以昭悼君妻沈氏 代爲淨業院住持."

다.[71]

세종 4년(1422)에 태종이 세상을 떠나자 그의 후궁이었던 신녕궁주 신빈 신씨(?~1435)와 의빈 권씨 등 후궁들도 잇달아 출가해 정업원에 머물렀다.[72]

세조 때는 즉위 2년(1456)에 발생한 단종복위운동의 여파로 단종과 그의 자형 정종(鄭悰, ?~1461)이 유배되어 죽자, 그들의 처인 정순왕후(定順王后)와 경혜공주(敬惠公主)[73]가 출가해 비구니가 되었다. 이들은 올케와 시누이 사이로 출가 이후 동병상련의 심정으로 서로의 마음을 위로하며 살았을 것으로 추정된다. 이때 희안(希安)·지심(智心)·계지(戒智) 등도 함께 출가했다. 현재 단종비 정순왕후와 관계되는 비석과 돌산 봉우리가 지금까지도 서울시내에 전해오고 있는데, 서울 숭인동 청룡사 경내에 영조가 친히 썼다는 '정업원구기(淨業院舊基)'라는 다섯 글자의 비석과 그 위쪽으로 정순왕후가 단종을 그리며 유배지 영월 쪽을 바라보았다고 해서 불리고 있는 '동망봉(東望峯)'이 그것이다.[74]

세조 9년(1463)에 정업원 주지를 지낸 해민(海敏)[75]을 비롯해 수양대군이 주도한 계유정난의 3등 공신인 유자환(柳子煥, ?~1467)의 처 윤씨·수

---

71) 『태종실록』 권22, 태종 11(1411) 9월 27일조, "上曰 朴子靑 祖宗陵寢 監督勤勞 淨業院住持 金氏 上王大妃姉也 韓幹 有三代侍從之勞 所收別賜田 皆欲還給…."

72) 『세종실록』 권16, 세종 4년(1422) 5월 20일조, "懿嬪權氏 愼寧宮主辛氏不啓於上 剃髮爲尼 後宮爭相剃髮 備梵唄之具 晨夕作法 上禁之不得."

73) 『성종실록』 권38, 성종 5년(1474) 1월 1일조, "傳旨戶曹 賜敬惠公主賻米 豆幷七十碩 正布 五十匹 紙一百卷 石灰六十碩 燭蠟三十斤 史臣曰 初鄭悰誅死 公主祝髮爲尼貧甚 世祖憐之 還其臧獲 令內需司 構第賜之"

74) 『영조실록』 권117, 영조 47년(1771) 9월 6일조, "上率王世孫 詣昌德宮 仍詣淨業院 …而其時光廟憐定順王后孤子無依 欲賜第於京中 后願得東門外望東地居之 命賜材木造成 卽淨業院基址 …稱淨業院住持魯山君夫人…上聞淨業院遺址之在此 故竪碑識之 及碑成 上先詣昌德宮 口奏竪碑事於眞殿 仍幸淨業遺址 奉審碑閣 行四拜禮於閣前…親書東望峰三字 命鐫於院之對案峰石上 峰卽定順王后登臨望寧越之處也."

75) 『세조실록』 권30, 세조 9년(1463) 6월 12일조, "淨業院住持尼僧海敏啓曰 强盜二十餘人到京畿高陽淨水庵 …."

춘군 이현의 부인 정씨·연산군의 후궁 곽씨 등도 모두 정업원 주지를 역임했다. 유자광의 이복 형인 유자환의 처 윤씨는 성종 4년(1473) 7월경 정업원 주지에 임명되었는데,76) 이때 혜선(惠善)·혜명(惠明)·학혜(學惠)·성계(性戒)·계윤(戒允) 등을 데리고 함께 출가했다. 수춘군 부인 정씨는 앞서 남편을 잃고 시어머니(세종의 후궁 혜빈 양씨)마저 단종복위사건 때 연좌되어 죽임을 당하자, 홀로 살다가 성종 9년(1478)에 출가해 성종 13년(1482)에 정업원 주지에 임명된 후 성종 23년(1492)까지 이곳에 주석했다.77) 연산군의 후궁 곽씨도 중종 17년(1522)에 정업원 주지를 역임했는데,78) 이때 함께 출가한 비구니로서 원일(元一)·묘심(妙心) 등의 이름이 보이고 있다.79)

조선시대 법명을 남기고 있는 비구니로는 또,「자탄(自歎)」80)이란 한시를 남긴 예순(禮順, 1587~1657)을 비롯해 혜정(慧定)·담도(潭桃) 등이 있다.81) 예순은 인조반정 공신 가운데 한 사람인 연평부원군 이귀(1557

---

76)『성종실록』권32, 성종 4년(1473) 7월 21일조,"淨業院尼僧等, 邀請士族婦女, 上寺至於留宿, 以法斷之, 則首倡者尼僧, 而只論婦女於法, 何如? <중략> 況住持尹氏, 其夫柳子煥死, 未出葬, 不恤喪事, 逃出爲尼, 至其發引之日, 亦不臨送, 本是薄行無節者也."

77) 수춘군 이현은 세종의 후궁인 혜빈 양씨의 아들이다. 혜빈은 슬하에 한남군 어·수춘군 현·영풍군 전을 두었는데, 세종의 명에 따라 단종이 태어나자 젖을 먹여 양육했다. 세조 2년(1456) 단종 복위사건 때 연좌되어 혜빈은 죽임을 당하고 한남군과 영풍군은 유배당했으나, 수춘군은 앞서 죽어 사건의 영향을 받지 않았다.『성종실록』권90, 성종 9년(1478) 3월 10일조, "今者壽春君夫人鄭氏 以王子君妻 不顧亡夫神主 削髮出家 ….";『성종실록』권138, 성종 13년(1482) 2월 2일조, "大司憲金升卿 大司諫姜子平啓曰'壽春君夫人 今爲淨業院住持 宗室之婦 而爲尼固已非矣 ….'";『성종실록』권268, 성종 23년(1492) 8월 5일조, "壽春君玹妻鄭氏 欲以福城正穎子安陽副守玉山爲後 告禮曹."

78)『중종실록』권44, 중종 17년(1522) 3월 3일조,"第因廢主後宮郭氏爲其院住持 …."

79)『중종실록』권44, 중종 17년(1522) 3월 3일조,"元一妙心等在淨業院 今可捉來推閱 弟囚廢主後宮郭氏 爲其院住持 本府擅自推捉未安故敢啓."

80) 한시의 내용은 다음과 같다. "祇今衣上汚黃塵 何事靑山不許人 寰宇只能囚四大 金吾難禁遠遊身."(어느새 이 몸 풍진에 더럽혔으니, 청산마저 이 몸 싫다고 하는구나. 하늘 땅 넓다 해도 이 몸 하나 둘 곳 없네. 의금부 도사인들 어찌 멀리 떠도는 이 몸 잡을 수 있으리.)

81) 이향순(2007),「조선시대 비구니의 삶과 수행」,『한국 비구니의 수행과 삶』, 서울, 전국비구니회, pp.112~125.

~1633)의 딸로서 15세에 혼인했으나, 남편 사후 서울 숭인동 청룡사로 출가해 주지를 역임했다.[82] 이밖에 주석했던 사찰에 비문을 남기고 있는 비구니도 보인다. 금강산 신계사 낙암당(洛庵堂) 사신(思信, 1694~1765)의 부도비 내용이 『유점사본말사지』에 수록되어 있으며,[83] 묘향산 보현사 정유(定有, 1717~1782)의 부도비명 내용도 채제공의 『번암집57』에 실려 있다.[84] 이들 사신과 정유는 여대사(如大師)라는 칭호를 받고 있어 주목된다. 이밖에도 당대 비구고승의 비문이나 사찰연혁 또는 중창기 등에 이름을 보이고 있는 비구니들이 있는데, 현종 때 표훈사의 법장(法壯)[85]·덕종(德宗)[86]·법선(法宣), 숙종 때 대구 파계사의 의성(義性)[87]·학눌(學訥)·성학(性學)·석인(釋仁)[88], 영조 때 장안사의 덕훈(德訓),[89] 순조 때 장안사 관음암의

---

82) 예순의 출가 전 이름은 여순(女順) 또는 영일(英日)이다. 15세에 인조반정 공신인 김자점의 동생 김자겸과 혼인했으나, 가정생활 중에도 불교공부에 힘을 쏟았다. 남편도 불교를 좋아해 친구 오언관과 함께 불도 닦기를 좋아했으나, 여순의 나이 20세 때 병사했다. 여순은 남편의 유언에 따라 오언관과 자주 불교를 논하고 배움을 받았다. 여순은 마침내 타심통을 얻고 몸에서 향내와 영묘한 광채를 보여 사람들로부터 생불로 추앙받았다. 결국 부친에게 글을 남기고 광해군 2년(1610) 23세에 서울 숭인동 청룡사에서 도심(道心)을 은사로 축발득도하고 예순이라고 이름했다. 예순은 출가 후 깨우침에 대한 갈증이 날로 더해가자 참나를 찾아 나서기로 결심하고 덕유산에서 유유자적하고 있을 적에 오언관이 광해군 5년(1614) '칠서의 옥'에 연루된 양반집 서자 7명 중 한 사람인 박치의로 오인되어 함께 붙잡혀 국문을 받게 되었다. 오언관은 국문을 당하다 죽고 예순은 감옥에 갇혔으나 광해군의 방면으로 풀려난 후 지수궁(지수원)에 머물다가 인조반정 후 청룡사로 돌아왔다. 감옥에 있을 때 남동생에게 불교에 대한 투철한 인식과 확고한 믿음을 엿볼 수 있는 한 편의 시를 남겼는데, 「자탄」이라는 한시가 그것이다. 예순의 생애와 관련해서는 『조선왕조실록』과 우리나라 최초의 야담집인 유몽인(1559~1623)의 『어우야담』(신익철 역, 돌베개, 2006), 효종의 다섯째 딸 숙정공주의 남편인 동평위 정재륜(1648~1723)의 『공사견문록』 등을 참고할 수 있다.
83) 이지관(2000), 「고성 신계사 비구니 낙암당 사신비문」, 『한국고승비문총집-조선조·근현대』, 서울, 가산불교문화연구원, p.480.
84) 이지관(2000), 「영변 보현사 비구니 정유여대사비문」, 앞의 책, pp.554~555.
85) 이지관(2000), 「회양 표훈사 풍담당 의심대사비문」, 앞의 책, p.224.
86) 이지관(2000), 「영변 안심사·회양 표훈사 허백당 명조대사비문」, 앞의 책, p.237.
87) 이지관(2000), 「대구 파계사 현응당 영원대사비문」, 앞의 책, p.308.
88) 학눌·성학·석인은 모두 홍윤식(1995), 『한국불화화기집』 1, 서울, 가람사연구소, p.67 참조.
89) 「유명 조선국 회양부 금강산 장안사 만천교중건비」, 『유점사본말사지』, p.357.

선근(善根)[90]과 영천 은해사의 처일(處一)·세찰(世察),[91] 헌종 때 표훈사 청련암의 정근(淨根),[92] 철종 때 신계사 문수암의 상엽(尙曄),[93] 고종 때 표훈사 신림암의 법정(法正)[94] 등이 대표적이다.[95]

이상에서 살펴본 바와 같이 숭유억불의 조선시대 여성들의 출가행각과 비구니승가의 영속성을 담보해준 배경은 정업원을 비롯한 자수원·인수원·안일원 등의 왕실 비구니원이었다. 당시 억불척승의 시대적 한계성을 극복하지 못하고 급기야 17세기 중반 이후부터 공식적인 자취를 잃고 말았으나, 비구니원을 중심으로 이뤄졌던 비구니승가의 역동성은 조선후기왕실의 비공식적인 숭불경향과 산중불교 저변에서의 계맥전승 등 신행활동에 적잖은 영향을 끼쳤던 것으로 보인다.

그 같은 정황은 근대기 적지 않은 비구니들이 비구 못지않은 구도행각의 족적을 남기고 있는 사실과 현대기로 접어들면서 이들 비구니들에 의해 형성된 세계(世系)의 초조 내지 개창조의 기원이 대체로 17세기 중반 이후라는 점에서 어렵지 않게 확인할 수 있다. 이는 곧, 숭유억불정책과 폐불군주에 의해 비록 왕실 비구니원을 중심으로 한 비구니승가의 공식 활동은 자취를 감췄으나, 산중승단의 저변에서 수행과 교화와 가람호지 등 불교본연의 역할을 지속하면서 비구니의 계맥(系脈)을 면면히 전승해온 사실을 말해준다.

이 같은 사실은 영국의 여성작가이자 지리학자인 이사벨라 버드 비숍(Isabella Bird Bishop, 1832~1904)이 1894년 2월 한국에 처음 도착한 이래 1897년까지 4차례에 걸쳐 중국과 한국을 오가며 왕실로부터 빈민에 이

---

90) 「금강산 장안사 관음암 개화기문」, 『유점사본말사지』, p.382.
91) 이지관(2000), 「영천 은해사 영파당 성규대사비문」, 앞의 책, p.597.
92) 「표훈사 청련암 중창기」, 『유점사본말사지』, p.480.
93) 「신계사 연혁」, 『유점사본말사지』, p.204.
94) 「표훈사 연혁」, 『유점사본말사지』, p.417.
95) 황인규(2011), 『조선시대 불교계 고승과 비구니』, 서울, 혜안, pp.366~368.

르기까지 당시 한국의 정치·경제·사회·문화·풍속을 체험으로 기록한 견문록 『한국과 그 이웃나라들(Korea and Her Neighbours)』(1898년 저술)에도 잘 기록되어 있다. 이에 따르면 장안사의 여승방에는 어린 사미니부터 87세에 이르는 노승에 이르기까지 100~120명의 비구니들이 있었다.[96] 금강산 42개소 사찰에는 400여명의 비구와 50여명의 비구니들이 수행하고 있었는데, 특히 유점사·장안사·신계사·표훈사 등 금강산 4대 사찰에는 300여명 이상의 승려가 주석했으며,[97] 그 가운데 유점사에만 70명의 비구와 20명의 비구니들이 주석하고 있었다.[98]

그렇듯 조선후기를 지나면서 도성근교의 비구니사원이 철폐당하는 수모를 겪었으나 산중사찰에 머물며 수행과 가람호지에 앞장서는 비구니들의 숫자는 지속적으로 증가하는 현상을 낳았다. 조선후기의 이러한 흐름은 자연스레 근·현대기로 접어들면서 비구니고승들의 출현을 예고하는 것이었다.

4) 근·현대기 비구니와 세계형성

근·현대기에 들어와서도 적지 않은 비구니들이 오롯한 구도행각으로 비구 못지않은 족적을 남기고 있는 사례를 확인할 수 있다. 특히 이 시기 뚜렷한 족적을 남기고 있는 비구니들을 중심으로 비구니승가의 세계(世系)가 형성되고 문도결집이 가시화된 사실은 매우 고무적인 현상일뿐더러 역사적인 사건이라고 해도 과언이 아닐 것이다. 독립적인 은상좌연(恩上佐緣)과 선풍호지활동을 비롯해 강맥전승과 율맥전수 등의 활발발한 계맥형성이 마침내 문중확립으로 결실을 보았기 때문이다. 불가의 고승은 비구만이 존재해왔다는 저간의 사정과 문중개념의 비구독점 시각을 비로소 교정하기 시

---

96) Isabella Bird Bishop(1994), 『한국과 그 이웃나라들』, 이인화 옮김, 서울, 살림출판사, p.162
97) Isabella Bird Bishop(1994), 『한국과 그 이웃나라들』, p.170.
98) Isabella Bird Bishop(1994), 『한국과 그 이웃나라들』, p.175.

작한 것은 이로부터다.

근·현대기를 수놓으며 이름을 남긴 비구니는 한국불교사상 그 법맥을 알 수 없었던 비구니 선맥의 중창조라고 할 수 있는 묘리법희(妙理法喜, 1887~1975)를 비롯해 일생동안 일대사인연의 출가본분사를 오롯이 지켜온 상근(祥根, 1872~1951)·긍탄(亘坦, 1885~1980)·금룡(金龍, 1892~1965)
· 성문(性文, 1893~1974)· 월혜(月慧, 1895~1956)· 일엽(一葉, 1896~1971)
· 자현(慈賢, 1896~1987)· 만성(萬性, 1897~1975)· 수인(守仁, 1899~1997)
· 도준(道準, 1900~1992)· 혜옥(慧玉, 1901~1969)· 수옥(守玉, 1902~1966)
· 정행(淨行, 1902~2000)· 대영(大英, 1903~1985)· 도원(道圓, 1904~1971)
· 법일(法一, 1904~1991)· 진오(眞悟, 1904~1994)· 선경(禪敬, 1904~1996)
· 만선(萬善, 1906~1989)· 본공(本空, 1907~1965)· 쾌유(快愈, 1907~1974)
· 윤호(輪浩, 1907~1996)· 인홍(仁弘, 1908~1997)· 은영(恩榮, 1910~1981)
· 천일(天日, 1912~1977)· 광호(光毫, 1915~1989)· 장일(長一, 1916~1997)
· 창법(昌法, 1918~1984)· 혜춘(慧春, 1919~1998)· 응민(應敏, 1923~1984)
· 세등(世燈, 1926~1993) 등[99]과 특기할만한 인물로 제주불교의 중흥조로

---

[99] 근·현대기를 살면서 비구니 문중형성의 전기를 제공했던 비구니 고승들의 삶과 가르침을 조명한 책으로는 '비구니열전'이라고 할 만한 하춘생의 『깨달음의 꽃-한국불교를 빛낸 근세비구니』1,2권(서울, 여래, 1998, 2001)이 처음이다. 이후 대한불교조계종 전국비구니회가 2006년 6월 1일 개최한 '한국 비구니 수행전통에 대한 포럼'을 시작으로 한국 비구니의 수행과 삶을 본격 조명하기 시작했다. 전국비구니회는 이를 토대로 『한국 비구니의 수행과 삶』1,2권(서울, 예문서원, 2007, 2009)을 출간했다. 해주는 이 책 1권(「한국 근·현대 비구니의 수행」, 『한국 비구니의 수행과 삶』, pp.129~164)에서 근·현대 비구니의 수행양상과 그 특징을 고찰하고 있다. 이와 함께 한국의 비구니를 조명한 학술서로는 한마음선원이 2004년 5월 20일~22일 개최한 국제학술대회 발표논문집 『동아시아의 불교전통에서 본 한국 비구니의 수행과 삶』이 있다. 특히 중앙승가대학 교수 본각이 2000년 한국비구니연구소를 설립해 한국 비구니사 연구에 천착하면서 2005년까지 비구니 관련 학술논문과 신문·잡지 등에 실린 내용을 집대성한 자료집을 발간하고, 2007년에는 근·현대기 비구니들의 행장과 이력을 각각 정리한 『한국비구니수행담록』(상·중·하)과 『한국비구니명감』을 간행했다. 본 절에서 다루고 있는 일단의 비구니 고승들은 비구니 문중형성에 직접적인 전기를 제공하거나 주도한 대표적인 인물들로서, 이들의 행장은 앞서 제시한 하춘생의 『깨달음의 꽃-한국불교를 빛낸 근세비구니』1,2권에 상세히 수록되어 있다. 이 비구니 고승들을 비롯해 이들과 직·방계 존·비속의 사자관계에 있는 주요 인

추앙받는 봉려관(蓬廬觀, 1865~1938)[100]이 대표적인 인물들이다. 바로 이 비구니들을 중심으로 근·현대기 비구니승가의 독립적 세계(世系)를 형성하며 오늘에 이르고 있다.

근·현대기 비구니 법맥상전의 효시는 강맥전승을 통해 현실화되었다. 근·현대기 비구니 3대 강백으로 이름을 남긴 금룡·혜옥·수옥이 그 기점에 있었고, 최초로 비구니가 비구니에게 건당한 주인공인 광우(光雨, 1926~현재)[101]를 비롯해 운문사승가대학장 명성(明星, 1931~현재)[102]·봉녕사승가대학장을 역임한 묘엄(妙嚴, 1931~2011)[103]·삼선승가대학장 묘순(妙洵, 1946~현재)·동학사 전 승가대학장 일초(一超, 1943~현재) 등이 비구니 강맥전승의 전통을 세우기에 이른 것이다.

금룡은 구하(九河)에게 당호를 수지하는 등 비구에게 건당한 최초의 비구니로 알려져 있다. 오늘날 운문사 비구니전문강원의 기틀을 마련하고 비구

물들의 특징은 III, IV장에서 제시한다.
100) 봉려관의 행장은 혜전(2007), 「봉려관 스님과 제주불교의 중흥」, 『한국 비구니의 수행과 삶』, 서울, 전국비구니회, pp.343~366을 참고할 수 있다.
101) 광우는 현재 서울 성북구 삼선동 정각사 회주로 있다. 광복이전 남장사 관음강원에서 수옥에게 불교전문과정을 수학했으며, 비구니 최초로 동국대 불교학과를 졸업(1956)했다. 1958년 금룡으로부터 가사와 대단주 등의 법장을 전수받아 비구니가 비구니에게 건당한 최초의 주인공이 되었다. 조계종 전국비구니회의 전신인 우담바라회 창립(1968)에 주도적인 역할을 담당했으며, 1995~2003년 전국비구니회 제6, 7대 회장을 역임하면서 비구니회의 숙원사업인 전국비구니회관 법룡사를 건립·개관(2003.8)했다. 2007년 10월 명성·묘엄과 함께 비구니 최고법계인 명사법계를 품수 받았다.
102) 명성은 현재 운문사 회주와 운문승가대학 학장직을 수행하고 있다. 1983년 당시 통도사 조실 월하화상의 증명으로 근대기 비구니 3대 강백인 수옥에게 위패건당함으로써 광우에 이어 비구니가 비구니에게 건당한 두 번째 주인공이 되었다. 2003~2011년간에 조계종 전국비구니회 제8,9대 회장을 역임하면서 한국 비구니의 국제적 위상을 높이는데 기여했다. 2007년 10월 광우·묘엄과 함께 비구니 최고법계인 명사법계를 품수 받았다.
103) 묘엄은 1974년 경기 수원 봉녕사에 비구니전문강원인 승가학원을 설립한 이래 봉녕사 승가대학 학장과 1999년 세계 최초로 개원한 비구니전문율원인 금강율원 율주를 역임하고 2011년 12월 2일(음11.8) 세수 80세 법랍 67세로 입적했다. 성철의 선과 자운의 율과 운허의 경을 이어받는 등 당대 고승으로부터 선·교·율 삼장을 모두 전수받은 비구니계 거목으로 추앙받고 있다. 2007년 10월 광우·명성과 함께 비구니 최고법계인 명사법계를 품수 받았다.

니 법맥전승의 물꼬를 튼 대강백으로 이름을 남겼다. 혜옥은 세납 불과 15세 때 법상에 올라 『초발심자경문』을 강설하니 대중이 크게 감명받고 큰 절을 올릴 정도로 일찍부터 전법의지를 드날렸던 인물이다. 법을 설할 때 나타났던 몇 차례 방광의 이적은 지금도 후학들에게 회자되고 있다. 수옥은 비구니로서 당대 보기 드문 일본 유학승 출신이다. 귀국 후 비구니가 비구니를 가르치는 최초의 강백으로서 역사에 이름을 올렸다. 구도 여정에서 느낀 감성을 59수의 한시로 읊었는데, 후학들에 의해 『화산집』으로 묶여 전해오고 있다.

비구니 강학전등제도의 자리매김을 의미하는 전강의식에 따라 오늘날 강맥을 전수받은 비구니들은 대체적으로 당해 사찰의 비구니전문강원 또는 동국대와 중앙승가대학 등지에서 강사 내지 교수로서 후학교육에 성심을 다하고 있다.

근·현대기 비구니 선맥전승은 법희·성문·월혜·일엽·만성·수인·도준·정행·대영·도원·법일·진오·선경·본공·쾌유·윤호·인홍·천일·광호·장일·창법·혜춘·응민·세등·봉려관등에 의해 그 명맥을 호지할 수 있었다. 다만, 비구니 선맥전승은 비구의 전유물처럼 인식되어온 사자간 입실면수 또는 전법게 수수104)에 의한 '전법' 개념이 아니라, 선풍호지 차원의 개별적 수행방편으로 이어져왔다고 보는 것이 타당하다고 하겠다. 만공(滿空)에 의해 1916년 1월 수덕사에 개설된 견성암선원을 시작으로 근대기 이후 비구니전문선원의 잇단 개설과 비구니 납자들의 안거수선 등을 통한 선풍진작은 비구니 전법계승의 현실적 구현을 가능케 하는 단초라고 할 수 있다.

근래 비구니전문강원이 있는 가람을 중심으로 전문율원을 개설해 비구니가 비구니에게 계율을 수학하고 있는 현실도 매우 고무적인 현상이다. 1999년 5월 21일 경기도 수원 봉녕사 금강율원이 비구니율원으로서는 세계

---

104) 대한불교조계종, 「종헌」, 제7조.

적으로 처음 문을 연 이래, 2007년 4월 18일 경북 김천 청암사율원과 2008년 4월 4일 경북 청도 운문사 보현율원이 공식 개원하는 등 율맥 전승의 기초를 쌓은 것이다. 이들 3곳의 비구니전문율원을 통해 2001년부터 매년 졸업생을 배출하는 한편, 전계의식을 거행함으로써 비구니승가의 독립적인 율맥 전승을 공식화했다. 금강율원은 2007년 5월 7일 제1회 전계식을 거행했는데, 이때 율주 묘엄이 심인적연(心印寂然)과 소림신해(少林信海)에게 전계함으로써 비구니율맥을 공식 전수하기에 이른 것이다. 묘엄은 그해 9월 14일 제2회 전계식을 통해 정지대우(正智大愚)에게 전계하고,105) 이후 2011년 1월과 입적 직전인 2011년 11월엔 또다시 의천과 도혜[혜정]·선나에게 전계했다.

근·현대기 비구니승가의 독립적인 체계와 법맥상전을 담보하는 세계(世系)로서 출가득도사인 스승과 제자간의 인연관계인 은상좌연의 사자관계를 빼놓을 수 없다. 근·현대기를 대표했던 비구니 고승들을 중심으로 독자적인 세계를 확립해 각각의 문중을 형성하니, 청해·계민·법기·삼현·수정·봉래·육화·실상·보운·일엽문도 등의 결집이 그것이다. 세계 유일의 비구니종단인 「대한불교보문종」을 기반으로 사회복지사업에 진력해오고 있는 긍탄문도의 보문종문중도 빼놓을 수 없는 비구니문중의 하나이다. 그렇듯 은상좌연의 사자상승 구도는 오늘날 비구니 문중형성의 실질적인 인적 토대를 이루었다고 볼 수 있다. 이와 관련한 각 문중별 계보현황을 비롯해 강맥전승과 율맥전수의 계맥관계·선풍호지활동 등의 내용은 본문 제Ⅲ, Ⅳ장에서 구체적으로 기술하고자 한다.

이상에서 살펴본 바와 같이 한국역사 속에서 여성출가는 불교수용 이래 끊임없이 이루어져온 역사적 진실임을 알 수 있다. 우리의 역사 속에 엄연히 존재하면서 대중과 함께 호흡해온 그들의 행적은 물론 교단의 변천을 이끌어온 그들의 진정한 모습을 바로 보고, 이를 후손에 전하기 위한 노력

---

105) 봉녕사승가대학(2007), 『세주묘엄주강오십년기념논총』, 수원, 봉녕사, pp.698~699.

은 역사적 과실에 대한 반성이요 시대적 요청임을 잊어선 안 된다는 주장을 제기하는 것은 그 때문이다.

3. 한국 비구니의 수계전통과 복원

한국 승가의 특징적 가치를 보여주고 있는 근·현대 비구니의 문중형성은 초기 비구니승가의 성립을 의미하는 마하빠자빠띠 고따미 등 석가종족 500여인들의 출가에서 원인(遠因)을 찾을 수 있으며, 불교수용 이후 지금에 이르기까지 그 계맥(系脈)을 면면히 이어온 한국 여성들의 적극적인 신불과 출가행각에서 근인(近因)을 찾을 수 있다. 이는 곧 여성들의 강한 출가의지로부터 비구니승가의 성립을 볼 수 있으며, 이후 출가양중의 한 축으로서 교단 안팎에서의 기능과 역할을 담보함으로써 비로소 독립적인 교단 형성과 문중 성립도 가능하다는 사실을 말해준다. 바로 그러한 조건을 충족하는 첫 관문이 여성의 출가절차와 수구의식(受具儀式)이다.

주지하다시피 비구니승가의 성립이후 교단에 들어오는 모든 여성출가자들은 「팔경계법」의 수지와 함께 수구의식(upasampadā)을 거쳐야 비로소 출가자로서의 위의를 인정받을 수 있었다. 비구니의 수구의식이라 함은 비구계사 앞에서만 이루어지는 비구의 수구의식과는 달리 비구·비구니 양중 승가의 계사들에 의한 구족계 수계절차를 의미한다.

먼저 『사분비구니갈마법』[106]이나 『근본설일체유부백일갈마』권2[107] 등을 보면 사미니의 수계작법이 구체적으로 기술되어 있는데, 그 내용을 살펴보면 다음과 같다.

여성출가자는 먼저 비구니승가의 허락이 필요하다. 다음에 삭발염의한

---

106) 『대정장』22, p.1065下.
107) 『대정장』24, p.460上~中.

뒤 삼귀의를 세 번 외움으로써 출가입문하게 되고, 그 다음에 사미니 10계를 수지한다. 나이는 사미의 경우와 같으나, 18세가 되면 사미와 달리 식차마나(sikkhamānā, śikṣamānā: 정학녀)의 과정을 거쳐 2년 후 비구니계를 수지할 수 있다. 정학녀(正學女)는 2년 동안 견습 기간을 두어 6법[108]의 학계(學戒)를 배우면서 여성으로서 임신유무를 판단하기 위한 과정의 여성 출가자를 말한다. 사미니에서 바로 비구니로 나아가는 것은 허락되지 않았던 것이다. 다만, 비구니율 바야제법[109]에는 정학녀 과정을 필수로 하고 있으면서도 '십이세이가녀(十二歲已嫁女)'라고 해서 일찍 결혼한 여성은 20세가 되지 않고 12세로 비구니가 되어도 좋다는 규칙이 있다. 그러나 12세에 결혼한 여성이라고 하더라도 2년간 정학녀의 신분으로 6법을 배우지 않은 자에게 구족계를 줄 수 없다고 하여 10세 때 정학녀 기간을 두도록 하고 있다. 이는 12세에 이미 결혼한 여성의 경우 사미니 단계를 거의 거치지 않을 수도 있다는 점을 보여준다는 점에서 나이 어린 과부가 많았던 고대 인도의 사회생활상을 엿보게 한다.

다음으로 비구니의 수구의식과 관련해 『비니모경』권1[110]을 보면 다섯 가지 종류의 수구를 살필 수 있다. 즉, 사법수구(師法受具)[111]·백사갈마수구

---

108) 6법의 내용은 모든 율장이 일치하지는 않는다. Vinayapitaka (vol. IV, p.319)와 『남전』2, (p.514)에는 '①이살생(離殺生)을 2년 동안 수지해야 한다. ②이불여취(離不与取)를 2년 동안 수지해야 한다. ③비범행(非梵行)을 멀리함을 2년 동안 수지해야 한다. ④이망어(離妄語)를 2년 동안 수지해야 한다. ⑤이음주(離飲酒)를 2년 동안 수지해야 한다. ⑥이비시식(離非時食)을 2년 동안 수지해야 한다'로 되어 있고, 『근본설일체유부필추니비나야』(권18, 대정장23, pp.1004下-1005上)에는 '①혼자서 길을 걸어가지 말라. ②혼자서 강을 건너지 말라. ③남자의 몸에 접촉하지 말라. ④남자와 함께 자지 말라. ⑤중매를 서지 말라. ⑥니(尼)의 중죄를 감추지 말라'라고 되어 있다.
109) 『마하승기율』 니율바일제법 제98조(권38, 『대정장』22, p.535上) ; 『사분율』 니율바일제법 제123조(권28, 『대정장』22, p.756中) ; 『십송율』 니율바일제법 제11조(권45, 『대정장』23, p.326中).
110) 『대정장』24, p.803中~下.
111) 사법수구는 마하빠자빠띠 고따미가 「팔경계법」을 수지함으로써 출가와 구족계를 동시에 갖추게 된 것을 말한다. 팔중득이라고도 한다.

(白四羯磨受具)112)・수구(遣使受具)113)・선래수구(善來受具)114)・상수구(上受具)115) 등이 그것이다.116) 또한『십송율』권56117)에서는 자연득(自然得)・견제득(見諦得)・자서득(自誓得)・논의득(論議得)・변오득(邊五得)・수중득(受重得)・견사득(遣使得)・선래득(善來得)・삼귀득(三歸得)・갈마득(羯磨得) 등 10종 수구를 제시하고 있는데,118) 이 가운데 수중득과 견사득이 비구니 수구이고 선래득과 갈마득은 비구・비구니에 모두 해당한다.119)『살바다부비니마득륵가』권5120)에서도 열 가지 종류의 수구를 들고 있는데, 이 가운데 비구니는 팔중득・견사득・이부승득의 수구족계가 있음을 밝히고 있다.121)

비구니의 구족계와 관련해서는『빨리율』122)의「비구니건도」와『사분율』123)의 니율바일제 제124조 및「비구니건도」를 비롯해『오분율』124) 건도부의

---

112) 백사갈마수구는 양중승가에서 백사갈마에 의해 구족계를 받아 지니는 것을 말한다. 갈마득 또는 이부승득이라고도 한다.
113) 견사수구는 수계자가 위험한 상황에 처하게 되어 비구계단에 이르지 못할 경우 대리인을 보내 구족계를 받게 하는 것을 말한다.
114) 선래수구는 붓다가 "잘 왔구나, 비구니여"라고 말을 함으로써 구족계를 수지하게 되는 것을 말한다.
115) 상수구는 붓다의 설법을 듣고 아라한이 된 것으로 수구가 이루어진 것을 말한다.
116) 비구니 수구의 다섯 가지 절차에 대한 상세한 내용은 신성현(2008),「비구니 교육에 있어서 수구과정의 변천과 정립」,『종교교육학연구』제26권, 서울, 한국종교교육학회, pp.17~35)을 참고할 수 있다.
117)『대정장』23, pp.410上~418下.
118) 10종 수구와 관련해서는 좌등밀웅(1991),『초기불교 교단과 계율』, 김호성 옮김, 서울, 민족사, pp.76~80에 자세히 기술되어 있다.
119) 수중득은 사법수구, 견사득은 견사수구, 선래득은 선래수구, 갈마득은 백사갈마수구와 같은 의미이다.
120)『대정장』23, p.594中.
121) 신성현(2008),「비구니 교육에 있어서 수구과정의 변천과 정립」, 앞의 책, pp.18~19.
122) Vinayapiṭaka vol. II, p.271. ;『남전』4, p.403 이하.
123)『사분율』권27~28(『대정장』22, pp.756下~758下) ; 권48~49(『대정장』22, pp.924中~926上).
124)『오분율』권29(『대정장』22, pp.187下~189上).

「비구니법」, 『십송율』125) 니율바야제법 제127조 안의 「비구니단문」, 『마하승기율』126) 「잡송발거법」 속의 「비구니법」 등을 참고할 수 있다.127) 이 율본들을 토대로 비구니 구족계 수지와 관련한 의식절차의 대강을 살펴보기로 한다.

화상니는 법랍 12세 이상이어야 하며, 사미니는 화상니 밑에서 구족계 수지자격을 갖추는 수련을 닦는다. 수계식에 임하여 사미니는 비구니계단에 나아가 수계절차에 따른다. 이때 수계를 증명할 비구니 10인이 있어야 한다. 물론 화상니는 승가로부터 제자를 수구족시키는 허가를 얻어야 한다. 수구족의 대상자는 정학녀이고 2년간 6법의 학계를 배우고 승가의 허가를 받은 자여야 하기 때문이다. 사미니는 비구니 계사로부터 계를 받아 지니는 것이 적절한지에 대하여 질문을 받는다. 이때 가사와 발우를 받게 되는데, 수계자는 △5겹의 비구니 가사만을 입을 것 △발우로 탁발해 살아갈 것 △아플 때는 율장에서 처방한 약만을 사용할 것 등을 맹세한다. 그런 연후 비구니회의를 통해 수계자격에 적합판정을 받으면 교단의 신임자로서의 수계가 증명되고 율장의 바라제목차에 따라 출가생활을 규정짓는 비구니로서 지켜야 할 모든 계율을 배운다. 이러한 계율의 수는 부파의 율장에 따라 290계에서 380계까지 다양하다.128)

비구니승가에서 구족계를 수지하고 나면 당일에 해당지역 비구계단에 나아가 거듭 수계의식을 다시 치러야 한다. 비구계단 역시 최소한 10인의 비구로 구성되어 있어야 한다. 양중승가에서 두 번의 수계의식을 치러야 비로소 비구니로서 인정되는 것이다. 이로부터 여성출가자의 교단 편입은 공식화되고 비구니로서 위의와 행보가 시작된다고 할 수 있다. 비구니승가에서 수계의식을 마친 '당일'에 비구승가에 가서 다시 구족계를 수지해야 하는

---

125) 『십송율』권46(『대정장』23, pp.331上~334下).
126) 『마하승기율』권30(『대정장』22, pp.471下~473下).
127) 평천창(2003), 『원시불교의 연구: 교단조직의 원형』, p.539.
128) Nancy J. Barnes(2003), 「아시아의 여성불교인과 비구니교단」, 앞의 책, pp.347~348.

것은 "비구니는 사람을 위해서 구족계를 주고, 하룻밤을 지나고 비구승가에 가서 구족계를 받게 하면 바일제이다"라는 여러 율본들의 니율바일제법에 따른 것이다. 곧 비구니에게 구족계를 준다면 '즉일'에 비구승가에 가서 구족계를 받아야 한다는 의미이다.[129]

이처럼 비구니승가는 비구니들에 의해 자체적으로 운영되었다고 하나, 여성출가자가 비구니로서 정식 인정받기 위해서는 비구·비구니 양중승가에 의한 수계절차, 즉 이부승수계의식을 거쳐야 가능했던 것이다. 다시 말해 비구니의 이부승수계의식이란, 식차마나(sikkhamānā, śikṣamānā: 정학녀)가 2년 동안 비구니계를 배우고 6계를 수지한 후 비구니승가의 수계의식에 따른 비구니 3사7증으로부터 비구니계를 먼저 받은 다음, 다시 비구의 처소로 가서 비구 10사와 비구니 10사 등 이부승니로부터 구족계를 수지해야 비로소 비구니의 자격을 얻을 수 있는 절차를 말한다.

앞서 살펴보았듯이 율장에 따르면 이부승수계의 전통은 비구니승가의 성립을 본 인도에서부터 계승한 사실을 알 수 있다. 이부승니 가운데 만약 한 스님이라도 부족할 경우 득계(得戒)는 성립되지 않았을 뿐만 아니라 3사7증도 죄를 범하게 되는 것이었다.[130]

이부승수계의식과 관련해 중국불교에서도 대체로 인도의 비구니수계절차를 따른 것으로 보인다. 중국 최초의 정식 비구니로 인정받고 있는 정검은 당시 비구니가 참여하지 않은 상황에서 비구로부터 두 번에 걸쳐 사미니 10계와 구족계를 수지했다. 정식으로 계를 수지했으나 이부승수계의식의 조건을 충족하지는 못한 것이다. 출가양중인 이부승을 갖추고 수계의식을 치를 수 있었던 것은 유송(劉宋) 때인 원가11년(434)에 혜과(慧果)와 승과(僧果)를 비롯한 3백여 명의 비구니들이 이부승수계의식에 따라 계를 수지하게 된 사례를 들 수 있다.[131] 또한 불암서옥(佛庵書玉, 1645~1721)이 지은

---

129) 평천창(2003), 『원시불교의 연구: 교단조직의 원형』, p.540.
130) 가산지관(2005), 『한국불교계율전통』, 가산불교문화연구원출판부, p.105.

『이부승수계의식연기』[132])에 의거하면 명말청초에 비구니의 이부승수계의식이 개최되었음을 확인할 수 있다.

한국불교는 불교수용 이후 비구니의 이부승수계를 알게 해주는 직접적인 기록을 찾아볼 수 없다. 다만, 비구니들의 수행생활을 규정하고 있는 「팔경계법」이 시행되었다는 사실은 몇몇 자료를 통해 확인할 수 있다. 먼저 일본 자료인 『원흥사가람연기』의 한 대목을 살펴보자.

> "비구니들의 수계법이란 먼저 비구니사찰에서 10명의 비구니스승을 청해 본계를 받고 난 후 곧 비구사찰로 가서 10명의 비구스승을 청해 10명의 비구니스승과 합쳐 20명의 스승으로부터 본계를 받는다. 그러나 이 나라에는 비구니스승만 있고 비구사찰과 비구스승이 없으므로 만약에 비구니들이 법대로 수계하려면 비구사찰을 세우고 백제국의 승니들을 초청해 계를 받아야 할 것이다." [133])

『원흥사가람연기』에 전하는 이 내용은 위덕왕 34년(587)에 일본에 건너간 백제의 사신들이 일본의 비구니수계의식을 설명하는 대목이다. 이와 관련해서 일본불교를 잠깐 언급하고 가자면, 일본의 최초 여성출가자는 고구려승으로서 가장 먼저 일본에 건너간 혜편(惠便)에 의해 584년 무렵 삭발염의하게 된 선신(善信)·선장(禪藏)·혜선(惠善)이다. 이들 3니는 일본 출가승의 시초가 된다. 선신은 도래인 사마달등(司馬達等)의 딸이다. 이후 일본의 대신 소아마자(蘇我馬子)가 백제승을 청해 수계의 법을 물었고, 다시 선신 등 3니가 불법을 배우고자 588년 백제로 건너와 3년 동안 머물면서 계율을 공부하고 비구니가 되어 590년 돌아갔다.[134])

---

131) 『비구니전』2, 『한글대장경』277, p.592, pp.603~604.
132) 『만속장』107, p.230.
133) 「원흥사가람연기」, 『일본불교전서』신85권, 사지부3, p.2上 ; 김영태(1986), 『백제불교사상연구』, 동국대출판부, pp.74~75에서 재인용.

『원흥사가람연기』의 내용은 일본 출가승의 시초가 되는 3니의 비구니수계와 관련 있는 것으로 보인다. 여기서 확인할 수 있는 내용은 백제에서도 비구니의 수계가 이부승수계, 즉 출가양중수계에 의해 이루어지고 있었다는 사실이다. 이는 또한 인도의 구법승인 겸익(謙益)이 범본율부를 갖고 귀국한(526) 이후의 계율연구와 무관하지 않은 것으로 보인다.

비구니의 양중수계는 신라에서도 시행된 것으로 추정해볼 수 있는 내용이 있다. 신라승 의적(義寂)이 『범망경』 제8경계 '존비차제계(尊卑次第戒)'를 풀이하면서 비구와 비구니의 차별적인 관계를 언급하고 있는 내용을 살필 수 있는데, 옮기면 다음과 같다.

> "이 경문에서는 노소를 불문한다고 했으므로 그 생년의 차례를 따르지 않는다. 비구와 비구니란 이중으로서 모두 각각 계 받는 것으로써 차례를 삼는 것이지, 먼저 받은 비구니가 나중에 받은 비구의 위에 앉는다는 것은 아니다. 남녀의 존비는 본래 뒤섞일 수 없기 때문이다." 135)

의적이 해석하고 있는 이 내용은 「팔경계법」의 제1칙과 상통하다. 신라 불교계가 「팔경계법」에 준하는 이러한 해석에 의거했다면 비구니의 양중수계 또한 백제의 경우와 다르지 않았을 것으로 볼 수 있다. 다만 신라에는 비구니 승관으로서 도유나랑이 있었고, 신문왕 때 국통이었던 경흥(憬興)의 근심병을 웃음으로 치유하고 깨우쳤던 비구니가 관음보살의 화신이었다는 사실(史實)136) 등은 백제의 경우와 차이를 보이면서 당시 비구니의 위상을

---

134) 선신 등 3니가 백제에서 구족계를 수지하고 돌아가자 출가승들이 급증했다고 한다. 이 때 남성출가자들도 선신 등을 통해 출가 득도한 것으로 보이는데, 선신의 동생으로 추정되는 덕제(德齊)가 일본의 첫 비구가 된다. 조동종니승사편찬회(1955), 『조동종니승사』, 동경, 조동종니승단본부, p.115.
135) 의적, 『보살계본소』권下, 『한국불교전서』2, pp.292~293. ; 김영미(2010), 「한국 비구니승가의 태동과 전개」, 『한국 비구니승가의 역사와 활동』, 김포, 한국비구니연구소 창립10주년기념 학술연구논문집, p.195에서 재인용.

엿볼 수 있는 대목이라고 하겠다.

고려시대 승려들에 대한 계율은 대체적으로 『사분율』에 의거했으므로 여전히 「팔경계법」은 지켜졌다. 고려 말 천태종 승려 운묵무기(雲黙無奇)는 충숙왕 15년(1328)에 쓴 『석가여래행적송』137)에서 비구니가 수명이 다할 때까지 「팔경계법」을 잘 지키면 정법이 다시 1,000년을 머물 것이라고 하였다.138) 비구교단에 예속된 사실을 말해주는 비구니의 양중수계를 비롯한 「팔경계법」이 고려 말에 이르기까지 지속되었던 사실을 반증해주는 내용이다.

조선조에 들어와서는 숭유억불정책에 따라 구체적인 기록을 찾아볼 수 없으나, 고려 말의 제도를 대체적으로 계승하지 않았을까 추정할 뿐이다. 왕실은 불교에 대한 유생들의 견제와 핍박 속에서 비구니원의 치폐를 반복하면서도 비구니승가를 끝내 유지시켰다. 하지만 저변에서의 흥불 경향이 지속되었다고 하더라고 비구니승가의 수계의식이 어떻게 이루어지고 계단

---

136) 『삼국유사』권5, 감통7 '경흥우성'.
137) 운묵무기, 『석가여래행적송』, 『한국불교전서』6, pp.484~540.
138) 『석가여래행적송』에 수록된 「팔경계법」의 내용은 다음과 같다. 김영미는 운묵무기가 정한 이 「팔경계법」은 「대애도비구니경」 또는 「중본기경」에서 언급하고 있는 「팔경계법」을 고려 말 당시의 시대상황에 맞춰 정리한 것으로 보았다.[김영미(2010), 「한국 비구니 승가의 태동과 전개」, 앞의 책, pp.196~198에서 재인용]
 ① 비구가 대계를 지녔으면 비구니는 마땅히 그를 좇아 정법을 받아야 하니, 경솔하게 자만하거나 희롱해서는 안 된다.
 ② 비구가 대계를 받은 지 반달 이상이 지났으면 비구니는 마땅히 예로써 비구를 섬겨 새로 배우는 [비구의] 뜻을 어지럽게 해서는 안 된다.
 ③ 비구와 비구니는 함께 거주하거나 머물러서는 안 된다.
 ④ 스스로의 모습을 점검하고 헤아려서 만약 삿된 말을 듣더라도 그대로 받아들여 앙갚음하지 않아야 하니, 들어도 듣지 않음 같고 보아도 보지 않음 같아야 한다.
 ⑤ 스스로 허물과 잘못을 반성하고 소리 높여 큰소리를 내서 그 욕심을 나타내서는 안 된다.
 ⑥ 비구와는 다만 경율의 내용만을 묻고 세간의 급하지 않은 일을 함께 이야기해서는 안된다.
 ⑦ 법과 계율을 어겼으면 마땅히 보름 안에 대중에게 나아가 참회해야 한다.
 ⑧ 비구니가 비록 백 년 동안 대계를 받아 지녔더라도 마땅히 새로 대계를 받은 비구의 아래에 앉아 겸손히 공경하고 예를 올려야 한다.

이 어떻게 유지되었는지 확인할 수 있는 자료는 아직 찾지 못하고 있는 실정이다.

다행히 근래에 이르러 자운성우(慈雲盛祐, 1911~1992)가 봉녕사와 진관사 등의 비구니도량에서 10여 차례 비구니계율 특강을 시행하면서 이부승수계의식의 제도화에 일대 전기를 제공한 사실은 전통을 계승한다는 차원에서 매우 고무적인 일로 평가받았다.139) 그를 계기로 대한불교조계종 중앙종회는 1982년 6월 비구니 이부승구족계수계제도를 종법으로 정하고 그해 10월 15일부터 20일까지 이 제도에 따라 부산 범어사 대성암에서 구족계 수계의식을 거행하니, 한국 비구니승가의 이부승구족계수계의식이 다시금 복원된 신기원을 여기에서 찾을 수 있다. 하지만 지금까지 살펴본 바와 같이 이부승수계의식의 절차가 비구와 비구니의 차별성을 나타낸다는 점에서 비구니승가 입장에서는 이의 복원을 단지 긍정적으로만 받아들일 수 없다.

---

139) 자운성우는 비구율사인 일우종수(一愚宗壽)·동곡일타(東谷日陀)·가산지관(伽山智冠)·무봉성우(無縫性愚)·석엽철우(石葉鐵牛) 등에게 계맥을 전수하는 한편 비구니 보월정행(寶月淨行)·원허인홍(圓虛仁弘)·법계명성(法界明星)·세주묘엄(世主妙嚴) 등에게도 계맥을 전수해 비구니 별소계단을 통한 이부승구족계수계산림을 전승하도록 하였다.

Ⅲ. 근·현대 비구니 세계의 전개방식과 현황

흔히 세계(世系)라 함은 선조로부터 이어져 내려오는 대대의 계통을 말한다. 세간에서는 종친의 족보가 이에 해당한다. 달리 보첩·세보·가승·가첩·가보·성보라고도 하며, 한 나라의 사승(史乘)과 같다. 조상을 향한 존경과 종족의 단결을 모색해 촌수의 멀고 가까움을 떠나 후대에 이르도록 '화목'의 풍습을 이루게 하는데 그 목적을 두었다.

불교의 세계는 대체로 사자상승(師資相承)의 원칙에 의해 후대로 전해져 왔다. 사자상승이라 함은 스승이 제자에게 법을 전하여 계승하는 것을 의미하는데, 그 전개방식을 살펴보면 보통 은상좌세계를 토대로 선맥·강맥·율맥의 계보로 전승되어 오고 있다. 은상좌세계는 삭발을 허락하고 계를 주는 스승(득도사)과 그의 제자간의 계통을 말한다. 흔히 법맥·법통 개념으로 이해되고 있는 선맥은 사자간 입실면수 또는 전법게 수수로써 전승되는 계통이며, 강맥은 강학전등에 의한 '전강' 형식으로 계승되는 세계이다. 계법을 전하는 율맥은 계율수학에 의한 '전계' 의식으로써 율주 또는 전계사로 통칭되는 계보를 말한다. 출가인연을 맺어준 스승을 득도사(得度師)라고 지칭하는 것에 대해 선맥·강맥·율맥을 이어받는 계통의 스승을 사법사(嗣法師)라고 통칭한다. 사법사 관계는 득도사 관계와 동일할 수도 있고 그렇지 않을 수도 있다.[140]

사자상승에 의해 그 계통을 이어받는 불교의 세계는 그렇듯 은상좌 계통을 중심으로 선맥·강맥·율맥 등의 계보로 전승되며, '법을 잇고 등불을 전한다'는 의미의 이러한 사법전등을 법맥상승이라고 한다. 그런데 불교사

---

140) 하춘생(2010), 「근·현대 비구니사의 전개와 문중확립」, 『한국 비구니승가의 역사와 활동』, 김포, 한국비구니연구소 창립10주년기념 학술연구논문집, pp.308~309.

에서 법맥의 계계승승은 오로지 비구의 전유물처럼 이해되어왔던 게 사실이다. 다행히 근·현대기로 접어들면서 비구니전문선원의 잇단 개설을 통한 선풍진작과 비구니강백의 출현으로 말미암은 강맥 전등의 물꼬가 트이고, 최근 비구니전문율원을 중심으로 거행되고 있는 전계의식과 은상좌 문도들을 결집해 문중성립을 보게 된 일련의 정황들은 매우 고무적인 현상이 아닐 수 없다. 이는 곧 비구니승가 차원에서도 득도사와 사법사의 계통관계를 아우르는 온전한 법맥상승 구도가 얼마든지 가능하다는 사실을 의미한다.[141]

1. 은상좌연과 문중형성

'은상좌연(恩上佐緣)'은 글자풀이 그대로 은사와 상좌간의 관계를 의미한다. 은사라고 함은 삭발을 허락하고 계를 주는 스승인 득도사(得度師)를 지칭하고, 상좌라고 함은 곧 제자를 일컫는다. 다시 말해 은상좌연은 득도사와 그의 제자간의 인연관계를 말한다. 출가득도라는 일대사인연의 노정에서 처음 맺게 되는 스승과 제자간이 법연(法緣)관계를 은상좌연이라고 정의한 것이다. 이는 대대손손 세계를 계승하는 가장 근원적인 인연관계라는 점에서 흔히 혈연으로 맺어진 세간의 부모와 자식으로 비유되는 관계라고 할 수 있다. 현대기로 들어서면서 활발발하게 조성되기 시작한 문도회 내지 문중성립의 토대는 보통 이러한 은상좌연의 인맥구도 안에서 이루어졌다고 볼 수 있다.

한국불교의 세계와 관련해 오늘날 불교교단을 대표하는 조계종단에 존립하고 있는 비구중심의 문중은 근대기 경허성우(鏡虛惺牛, 1849~1912)와 용성진종(龍城震鍾, 1864~1940)을 태두로 하는 덕숭문중과 범어문중을 비롯

---

141) 하춘생(2010), 「근·현대 비구니사의 전개와 문중확립」, 앞의 책, pp.309~310.

해 조선후기를 풍미했던 연담유일(蓮潭有一, 1720~1799)·백파긍선(白坡亘璇, 1767~1852)의 계맥을 잇고 있는 연백문중과 통도사·송광사·동화사를 본산으로 하는 몇몇 독립문중 등을 들 수 있다. 이 가운데 덕숭·범어 양 대문중이 사실상 종단을 대표하고 있으며, 대체로 득도사 개념의 은상좌연 계통이 선맥·강맥·율맥의 전승을 의미하는 사법사(嗣法師) 계통의 세계를 포섭하고 있다고 보아도 무방하다.

비구니계의 문보전승도 비구계의 유형과 별반 다르지 않다. 세계의 가장 보편적 전개방식인 은상좌연 계통을 중심으로 사법사 계통을 아우르는 가운데 세계선상의 구성원들을 결집해 독립적인 문도회를 결성하고 각각의 문중계보를 전승해오고 있는 현실이 그것이다. 오늘날 비구니 계맥(系脈)의 전승현황을 살펴보더라도 대체로 득도사와 그의 제자 관계로 구성된 은상좌연 계통의 문도회를 중심으로 문중을 형성하고 세계를 계계승승하고 있는 사실을 알 수 있다. 이와 관련한 각 문중별 계보현황은 그 내용의 비중을 고려해 Ⅳ장에서 구체적으로 기술하고자 한다.

이에 본 장에서는 세계의 또 다른 전개방식인 근대기 비구니 계맥의 물꼬를 튼 강학전등, 흔히 법맥전승으로 이해되고 있는 선풍호지의 수선행각, 지율정신을 회복하겠다는 신념으로 율맥전수의 전기를 마련한 계율수학 등의 현황을 고찰한다.

2. 강백출현과 강학전등

한국불교사를 시대적으로 구분하면 대체적으로 ①교학시대(불교수용~라말 선불교 유입) ②교선병립시대(라말 선불교 유입~천태종 개립) ③교선융섭시대(천태종 및 조계종 개립~조선초) ④선교양종시대(조선초~청허휴정시대) ⑤선교겸학시대(청허휴정시대~근·현대)로 대별142)할 수 있다.143)

한국불교사의 이러한 시대적 구분은 조선개국 이후 국가적 강제 통폐합에 의해 한국불교의 교단사적 흐름이 교학중심에서 다분히 선종중심으로 전환되고 있음을 보여준다. 오늘날 교단의 법맥관계를 논할 때 임제정맥의 조계선 법통을 내세워 중국선종의 계맥을 잇는 전등관계만을 주로 다루고 있는 사실은 선종중심의 교단현실을 반증해주는 대목이다.

선종 위주의 교단사적 전개는 조선후기 승니도성출입금지 이후 산중불교시대로 접어든 이래 일제강점기를 거쳐 현대사를 수놓은 교단분규의 험로(險路)를 지나오는 과정에서 심각한 교학(또는 강학)의 도외시 현상을 낳았다. 특히 현대기로 접어들면서 간화선 중심의 수행구조는 한국불교의 특징으로 표현되는 제종포괄 원융종통의 회통불교와는 매우 이율배반적인 현상을 낳고 있음을 부인하기 힘들다.

한국불교사의 시대적 구분에서도 알 수 있듯이 교단의 승가교육은 교학시대에 해당하는 불교수용 초기부터 사료에 보이는 강당을 통해 이루어졌다고 볼 수 있다.144) 역사 속에 이름을 남기고 있는 많은 출가승려들의 위의는 당대의 지성을 선도했으며, 선불교 유입이후 선종이 수면 위로 부상하

---

142) 한국불교사의 이러한 시대적 구분은 오늘날 학계의 대체적인 통설로 정리되고 있다. 이에 앞서 근대 한국불교학 정립의 공로자로 평가받고 있는 이능화·권상로의 시대구분을 참고할 수 있다. 이능화는 ①경교창흥시대(經敎創興時代) ②선종울흥시대(禪宗蔚興時代) ③선교병융시대(禪敎並隆時代) ④선교통일시대(禪敎統一時代) ⑤선교보수시대(禪敎保守時代)로 대별했고[이능화(1972), 『조선불교통사』下, 서울, 보련각영인본, pp.4~7], 권상로는 ①불교향상시대(佛敎向上時代)[불교수입시대(佛敎輸入時代), 교종분립시대(敎宗分立時代), 선종울흥시대(禪宗蔚興時代)] ②불교평행시대(佛敎平行時代)[여열계승시대(餘烈繼承時代), 쇠퇴조맹시대(衰退兆萌時代)] ③불교쇠퇴시대(佛敎衰退時代)[압박절정시대(壓迫絶頂時代), 중간명멸시대(中間明滅時代), 유지잔천시대(維持殘喘時代)] ④갱생과도시대(更生過渡時代)로 구분했다.[권상로(1990), 『퇴경당전서』권8, 서울, 전서간행위원회, pp.1110~1179, 「조선불교사개설」]

143) 본 절은 하춘생(2009), 「한국 근·현대 비구니의 강맥전승과 그 의의」(앞의 책, pp.144~161)에서 다룬 내용을 대폭 수정·보강한 것이다. 하춘생(2010), 「근·현대 비구니사의 전개와 문중확립」(앞의 책, pp.297~304)의 소절에서도 이의 핵심내용만을 약술한 바 있다.

144) 『삼국유사』 권4 의해 제5, 「자장정율」, "又於皇龍寺 演菩薩戒本七日七夜 天降甘澍 雲霧暗靄 覆所講堂 四衆咸服其異."; 권3 탑상 제4, 「남백월이성 노힐부득 달달박박」, "又塑彌陀像 安於講堂."

는 고려후기에 접어들어서도 교학의 경계만큼 놓지 않았던 사실을 다수의 인물 전기를 통해 확인할 수 있다. 그들은 조선조 억불정책 하에서도 선·교를 겸학하며 사교입선(捨敎入禪)의 본의를 저버리지 않는 가운데, 선수(禪修)와 강학(講學)과 염불(念佛)을 함께 닦는 삼문수업(三門修業)의 가풍을 결코 잃지 않았다. 당시 산중의 큰 절 대다수가 선방(좌선당)·강당(간경방)·염불방(만일회당)을 모두 갖추고 있었던 사실145)이 그의 반증이라고 하겠다.

교학에 기반한 승가의 전문적인 교육은 전술한 바와 같이 강당에서 이루어졌고, 조선중기 이후 정착된 강원교육은 이를 두고 이른 말이다. 그러나 선·교를 겸학하는 강원제도의 유래에 대해서는 아직 명백한 것이 없다. 다만, 고려 보조지눌(普照知訥, 1158~1210)이 정혜결사(定慧結社)를 조직해 돈오점수(頓悟漸修)를 시작한 데서 그 원류를 찾고 있다. 이후 태고보우(太古普愚, 1301~1382)를 거쳐 조선 초 벽송지엄(碧松智嚴, 1464~1534)에 의해 사집과가 정해지고, 명종 때를 전후해 부용영관(芙蓉靈觀, 1485~1571)과 경성일선(慶聖一禪, 1488~1568) 등에 의해 사교·대교과의 기틀이 마련된 후 선조 때 청허휴정(淸虛休靜, 1520~1604)과 부휴선수(浮休善修, 1543~1615)에 의해 제도적으로 정비되었다. 17세기 인조~숙종 때 편양언기(鞭羊彦機, 1581~1644)의 법손되는 월담설제(月潭雪霽, 1632~1704)·월저도안(月渚道安, 1638~1715)·상봉정원(霜峰淨源, 1627~1709) 등과 벽암각성(碧巖覺性, 1575~1660)의 법손되는 백암성총(栢庵性聰, 1631~1700)이 강경(講經)에 전업(專業)함으로써 마침내 사미·사집·사교·대교의 강원제도가 완비되어 오늘에 이르고 있는 것으로 파악된다.146)

그와 같이 한국불교사에서의 교학전승은 강원을 중심축으로 하는 강학전등의 전통을 세우며 임제정맥의 선종계통과 함께 한국불교의 양대 법맥

---

145) 김영태(1997), 『한국불교사』, 서울, 경서원, p.312.
146) 남도영(1997), 「승가교육사와 강원」, 『강원총람』, 서울, 조계종 교육원, pp.33~34.

도를 형성하고 있다. 하지만 근대기 이전의 강원교육과 전등의 대상은 오로지 비구중심이었으며, 비구니를 대상으로 하는 강학 내지 비구니 스스로 교육에 눈을 뜨기 시작한 것은 근대기에 이르러 비로소 이루어졌다고 할 수 있다.

불교의 근대화는 주로 교육부분에서 나타났다. 승니의 도성출입금지 해제 4년 후인 1899년 동대문 밖 창신초교 자리에 전국사찰을 통할하는 원흥사(元興寺)147)를 세우고, 이를 토대로 창립된 불교연구회가 1906년 지금의 동국대 전신인 명진학교(明進學校)를 설립하면서 비로소 근대교육의 기틀을 마련한 것이다. 명진학교는 이후 불교사범학교(1910)-불교고등강숙(1914)으로 계승되었고, 불교교단은 1915년경 불교고등강숙을 개편해 불교최고학부로서 중앙학림(전문학교)제도를 확립하고, 그 기초학교로서 본산을 중심으로 각각 지방학림(중·고교)과 보통학교(초등학교)과정을 두게 함으로써 근대 승가교육제도를 정비했다. 보통학교-지방학림-중앙학림으로 이어지는 3단계 교육체계는 전통강원교육을 고수하고자 하는 흐름과 반목하는 현상을 낳기도 했으나, 본사와 종단의 대세는 근대적 교육방식을 수용하는 방향으로 가닥을 잡아갔다.148)

당시의 이러한 흐름 속에서도 비구니 강원교육의 현황을 일말이나마 알게 해주는 단서를 찾아볼 수 있는 것은 그나마 다행한 일이다. 1918년 7월 20일자 발행된 「조선불교총보」는 '니생강당(尼生講堂)'이란 제목으로 "경상남도 양산군 불찰대본산 통도사에서 대정 7년도 위시하야 니생강당

---

147) 원흥사의 창건연대와 관련된 기록은 ①1899년설[고교형(1971), 『이조불교』, 서울, 보련각(영인본)] ②1902년설[이능화(1972), 『조선불교통사』(上·下), 서울, 보련각(영인본) ; 권상로[1990], 『퇴경당전서』권8, 서울, 전서간행위원회 ; 김영수(1939), 『조선불교사』, 서울, 중앙불교전문학교] ③1906년설[황현(2006), 『매천야록』, 허경진 역, 파주, 서해문집] 등 세 가지가 전한다. 근래 학계의 연구방향은 1899년 소흥사(紹興寺)로 창건되었다가 1902년 원흥사로 개칭된 것으로 보아 1899년설을 뒷받침하고 있다. 김경집(2002), 「근대 원흥사의 창건과 시대적 의의」, 『회당학보』 제7집, 회당학회, pp.93~118.
148) 남도영(1997), 「승가교육사와 강원」, 앞의 책, p.46.

을 산내말사 옥련암에 설립하고 해담율사(海曇律師)를 강사로 정하였는데, 사방 니생이 운집한다 하니 이로 인하여 장래 여승교육이 크게 발전되리라고 일반이 기대하더라."149)는 내용의 기사를 보도한 사실이 그것이다.

그렇다고 당시 강원교육에 의한 비구니 교육이 체계적으로 시행되었다고 보기보다는 다만 배움에 뜻을 둔 비구니가 개별적으로 비구강원 또는 비구강사를 찾아가 이력을 마쳤다고 보는 것이 타당하다고 할 것이다.150) 수경(修鏡)은 논문(2007)151)을 통해 광복이전 비구니들이 강원교육을 받았던 사찰로서 동학사·통도사·해인사 국일암·서울 응선암·청암사·법주사·운문사·보문사·남장사 관음암 등으로 정리하고, 이 가운데 국일암·남장사·보문사는 비구니들만 따로 공부했던 곳이라고 밝히고 있다. 당시 강원에서 비구니들에게 이력을 가르친 대표적인 비구강백들은 해담(海曇)·해련(海蓮)·타불·운허(耘虛)·만우(萬愚)·고경(古鏡)·혜봉(慧峰)·대은(大隱)·경봉(鏡峰)·대운(大雲)·제응(濟應)·고봉(高峰)·성능(性能)·호경(湖鏡)·관응(觀應)·지관(智冠) 등이다. 그나마 비구니교육의 필요성을 일찍이 절감하고 비구니에게 전강한 비구강백도 없지 않았으니, 운허(耘虛)·만우(萬愚)·대은(大隱)·경봉(鏡峰)·고봉(高峰)·성능(性能)·호경(湖鏡)·관응(觀應)·지관(智冠) 등을 들 수 있다.152) 근·현대사 공간에서 비구니만의 전문강원을 개설하기 이전의 비구니 교육과 그 맥을 계승하기 위한 전강 등은 주지하다시피 주로 비구강사들에 의해 이루어졌던 것이다.

근대기 비구니 교육은 그렇듯 참선수행의 경우와 마찬가지로 전적으로 비구들의 지도하에 이루어졌다. 근대기 이후 비구들의 구도행각 못지않게 한국불교의 중심에서 구도열정을 불사른 기라성 같은 비구니들의 행적을

---

149) 「조선불교총보」, 제10호(1918.7.20), p.90.
150) 수경(2007), 「한국 비구니강원 발달사」, 『한국 비구니의 수행과 삶』, 서울, 전국비구니회. p.22.
151) 앞의 논문.
152) 불학연구소(1997), 『강원총람』, pp.57~59, pp.359~509.

살펴보더라도 대다수가 비구회하에서 참선과 강학을 배웠던 사실을 알 수 있다.

살펴본 바와 같이 여성출가에 따른 비구니들의 존재는 불교수용 이래 줄곧 역사 속에 있어왔으나 강학전등의 중요성에 눈을 뜨거나 은상좌 계보를 잇는 문중개념의 정립을 보기 시작한 것은 근대기 후반에서 현대기로 접어든 이후부터다. 그 효시를 이룬 근·현대기 비구니 강백의 출현은, 그래서 한국불교사는 물론 비구니 교단사에서 획기적인 사건의 하나라고 할 수 있다.

한국 비구니승가의 일대 전기를 불러온 비구니 강학전등의 효시는 근·현대기 비구니 3대 강백으로 이름을 남기고 있는 월광당(月光堂) 금룡(金龍, 1892~1965, 금광金光이라고도 한다)·정암당(晶岩堂) 혜옥(慧玉, 1901~1969)·화산당(華山堂) 수옥(守玉, 1902~1966)에 의해서 비롯되었다. 오늘날 비구강원과 견주며 비구니 교육도량으로 거듭나고 있는 비구니전문강원의 개설과 그로 인한 비구니 강맥 전승의 단초를 마련하게 된 것이 비로소 이들로부터 시작되었다고 볼 수 있기 때문이다. 이들은 때로는 각각 화엄과 열반·법화산림 등을 설시해 수많은 대중에게 감화를 불러일으켰으며, 때로는 세 강백이 한 자리에 모여 연합산림을 개설하는 등 비구니 설단의 전형을 보여주기도 했다. 이들 3명의 비구니와 비구니전문강원의 인연관계를 살펴보자.153)

광복이전 근대기 비구니만의 전문강원은 1940년대 초 수옥이 상주 남장사 관음선원 조실 혜봉보명(慧峰普明, 1874~1956)의 요청에 의해 강주로 취임하면서 관음강원을 새롭게 개설한 것이 그 효시다.154) 남장사 관음강

---

153) 이하 금룡·혜옥·수옥의 주요 이력은 하춘생(1998), 『깨달음의 꽃』1, pp.183~220을 참고할 수 있다.
154) 수옥에 의한 남장사 비구니전문강원의 개설 시기는 전하는 자료마다 약간의 차이를 보이고 있는데, 그 내용은 다음과 같다.
 ①수옥의 유일한 저서 『화산집』(양산: 천성산내원사, 1990증보판)은 수옥의 이력을 기록함에 있어 1934년 3월 일본유학길에 올라 1937년 3월 귀국하여 남장사 강사로 취임

원을 비구니강원의 효시로 본 것은 비구니가 비구니에게 교수하고 전강하는 '비구니전문강원'에 초점을 두고 개념을 잡은 것이다. 비구니가 교육받을 수 있었던 비구니강원은 앞서 기술한 통도사 옥련암 니생강당(1918) 또는 해인사 국일암(1910년대)과 탑골승방 보문사(1936)에 개설된 강원을 최초라고 할 수 있으나 비구니강원의 효시로 보지 않은 것은 비구니가 비구니에게 전강한 것이 아닌, 비구가 다만 비구니에게 교수한 것이기 때문이다.

당시 수옥을 강주로 모시고 남장사 관음강원에서 직접 불교전문과정을 수료한 비구니는 사집과의 벽안(碧眼)·광우(光雨)·묘선(妙善)·인순(仁順)·덕수(德修)·문수(文珠)·자호(慈毫)·태호(泰鎬) 등 8명과 사미과의 보인(寶仁)·수련(修蓮)·혜련(慧蓮) 등 3명이다.155) 모두가 오늘날 존립하고 있는 비구니문중의 핵심일원으로서 그 이름을 남기고 있는 인물들이다. 이곳에서 벽안(碧眼)·광우(光雨)·지형(志亨)은 1944년 대교과를 수료했으나, 그 직후 관음강원은 일제의 정신대 강제징집을 피하기 위해 문을 닫고 말았다.156) 남장사 관음강원과 수옥의 이 같은 이력은 국내 최초 비구니전문강원으로서의 위상과 공인된 비구니 강사로서의 지위를 확인해주는 단면이라고 할 수 있다.

했다고 적고 있다.
②양산 내원사에 건립 봉안된 「양산 내원사 비구니 화산당 수옥화상 비문」[이지관(2000) pp.1194~1198]은 수옥이 1935년 일본유학한 뒤 1938년 귀국하여 남장사 강주로 취임했다고 적고 있다.
③일제시대 불교계 월간신문이었던 「불교시보」 제48호(1939.7.1)와 제49호(1939.8.1) 6면에 수옥의 '내지불교견학기(內地佛敎見學記)'가 두 번에 걸쳐 연재되어 있는 사실을 확인할 수 있다. 수옥이 직접 쓴 이 기고문에 따르면 1937년 일본에 건너가 1938년 일련종 사찰에서 1년간 공부하다가 1939년 봄부터 여승을 가르치는 임제종 사찰의 니중학림에서 공부하고 있는 중이라고 적시되어 있다.
④「불교시보」 제96호(1943.7.15) p.3. '교계소식'란에는 경북 상주 남장사 니승전문수학강원인 관음강원이 수옥의 지도아래 3년 만에 첫 사미-사집과 수료식을 거행했다는 기사가 실려 있다.

155) 「불교시보」 제96호(1943.7.15) p.3. 자호(慈毫)는 자기(慈基)로 오기한 신문기사를 바로잡은 것이다. 이는 당시 함께 수학했던 광우의 증언에 따른 것이다.
156) 광우스님 대담집(2008), 『부처님 법대로 살아라』, 서울, 조계종출판사, pp.57~58.

수옥은 일찍이 불교교학에 뜻을 두고 19세 때 해인사강원을 찾아 고경(古鏡)회하에서 2년간 사미·사집과를 수료하고, 서울 서대문 응선암에서 김대은(金大隱) 강백을 강사로 사교·대교과를 수료했다(28세). 1937년에는 유학에 뜻을 두고 일본으로 건너가 일련종 사찰과 교오토에 소재한 임제종 묘심사파 종립학교 전문도량인 '미농니중학림(美濃尼衆學林)'에서 전문과정을 마쳤다. 귀국직후 상주 남장사 관음강원과 인연을 맺었으며, 1947년 3월부터는 탑골방 보문사강원 강사로 부임해 3년 간 비구니교육에 심혈을 기울였다. 당시 수옥과 내전강의를 담당했던 강사는 권상로(權相老)·윤주일(尹柱逸)·안진호(安震湖) 등 당대의 학승이요 대강백들이었다. 오늘날 한국 비구니계 후학들 다수가 그의 강의를 듣지 않은 이가 없을 정도로 강설과 수행의지를 드날렸던 것으로 후학들은 기억하고 있다.

남장사 비구니전문강원의 폐쇄 이후 비구니 강원교육이 활기를 되찾은 것은 1956년 동학사에서 경봉용국(鏡峰容國, 1885~1969)을 제11대 강주로 모시고 비구니전문강원을 개설하면서부터다. 당시 비구니학인들을 교수한 강사는 경봉용국(鏡峰容國)·호경기환(湖鏡基煥)·소하대은(素荷大隱) 등이었고, 여기에서 배출된 비구니들이 다시 비구니전문강원을 설립해 교육을 하게 된 것이다. 동학사는 만화보선(萬化普善)이 1864년 강원을 개설한 이후 금봉지원(金峰智遠)·경허성우(鏡虛惺牛)·동은(東隱)·만우상경(萬愚尙景)·초월동조(初月東照)·운문영현(雲門永賢)·지원동수(智圓東洙)·무불성관(無佛性觀)·운허용하(耘虛龍夏) 등 10대 강주까지 비구강원으로 운영되어왔으나, 1956년 2월 비구니 대현(大玄, 1916~1963)이 주지로 부임하면서 비구니전문강원을 개설함으로써 오늘날 동학사승가대학의 전형을 갖추기 시작했다.

오늘날 비구니사관학교로 불리는 청도 호거산 운문사는 금룡이 1954년 말 광복이후 초대주지[157]로 부임해 당시 통도사 강주 오해련(吳海蓮) 강백

---

157) 운문사는 1945년 단일교단 '조선불교' 출범이후 1954년 교단분규 발생이전까지 제1세

을 모시고 강당을 개설하면서 비구니강원으로의 전환을 모색하기 시작했다. 다시 임제응(林濟應) 강백을 모시고 도제양성에 진력하는 등 비구니 교육도량의 초석을 다지면서 종단이 공인하는 운문승가학원으로 거듭나니 1958년의 일이다.158) 운문사 비구니전문강원의 효시가 이로부터다. 이때부터 금룡이 직접 강사직을 맡게 되었다. 그것은 비구니가 비구니를 직접 가르치는 교육체계의 일대 혁신이었다. 비구가 강(講)하고 비구(니)159)로 학인을 구성하고 있었던 당시의 강원교육체계에 새로운 변화를 불러일으킨 것이다.

물론『계민문중계보』에 따르면 금룡의 맏상좌로서 보문종 종정을 역임한 일조(日照, 1910~1990)가 1934년 운문사 강원을 졸업했다는 기록160)으로 보아 이전부터 운문사에 강원이 존재했음을 알 수 있다. 그럼에도 필자가 오해련·임제응 강백 등을 강사로 초빙해 강당을 개설하고 금룡이 강사직을 수행한 시기를 운문사 비구니강원의 효시로 정리한 것은 광복이후 교단 분규과정을 거치면서 이전의 대처승 주지체제를 마감하고 새 주지로 부임한 금룡에 의해 새롭게 정비된 것에 의미를 둔 것이다.161)

금룡은 일찍이 구하천보(九河天輔, 1872~1965)에게 입실해 월광(月光)이라는 당호를 수지하고(1922) 강맥을 전수받은 최초의 비구니 법사이다. 비구니가 법상에 오르는 것조차 인정되지 않았던 당시 불교계의 정서에도 불

김상명부터 제4세 박상웅까지 대처승이 주지직에 있었다. 당시 정화운동의 공로로 정금광(금룡) 비구니가 주지로 취임해 제8차 중창불사를 이룩했는데, 이를 '대한불교조계종 운문사 초대주지'로 정리한 것에 따른 것이다. 운문사홈페이지(www.unmunsa.or.kr) 운문사>역사 속의 운문사.

158) 1958년 당시 운문사 주지는 유수인(兪守仁)이다. 금룡이 초대주지로 부임할 당시 수인은 총무소임을 보았으며, 이후 1955년 8월 15일부터 1966년 12월 30일까지 2, 3대 주지를 역임했다. 하춘생(2001),『깨달음의 꽃』2, pp.76~79. ; 운문사홈페이지(www.unmunsa.or.kr) 운문사>주지스님>역대주지스님.

159) 이 경우 비구(니)는 정확히 표기하자면 사미(니)로 표기해야 옳다. 지금의 승가대학 체계가 이루어지기 전에는 비구(니)와 사미(니)의 구별 없이 강원교육을 받았고, 비구(니)가 출가자의 보편적 용어임을 감안해 본 논문의 흐름상 비구(니)로 통일했다.

160)『계민문중계보』, p.44.

161) 각주157 참조.

구하고 1929년부터 2년간 운문사 강사로서 『화엄경』을 교설하는 등 1년 평균 3개월씩 법화 또는 화엄산림을 개설했다. 광복직후부터는 부산 소림사162)를 인수해 화엄・법화산림을 시설하고 10여 년간 법회를 주도했다. 마침내 운문사 주지로 부임해 비구니강원의 단초를 마련했는가 하면, 평소 비구니도 법맥을 이을 수 있다는 소신에 따라 직접 강사직을 맡게 된 그해 (1958) 평소 아끼던 후학 광우(光雨)에게 가사와 대단주 등의 법장(法藏)을 전했다. 그것은 최초의 비구니 강맥전승이요 비구니가 비구니에게 건당(建幢)한 초유의 일이었다. 이 모두가 비구니 대강백의 긍지를 드높인 좋은 본보기라고 하겠다.

비구니전문강원의 한 곳인 김천 청암사는 나이 불과 15세에 법상에 올라 『초발심자경문』을 강설한 것으로 유명한 혜옥의 숨결이 깃든 곳이다. 청암사강원은 본래 벽암각성(碧巖覺性)의 강맥을 이은 화엄종장 모운진언(慕雲震言, 1622~1703)에 의해 전문강원으로 개설된 것이 그 효시이다. 대강백 회암정혜(晦庵定慧, 1685~1741)가 융창 발전시킨 이후 대운병택(大雲丙澤, 1868~1936)에 이르러 크게 중창되어 오늘에 이르고 있으며, 박한영(朴漢永, 1870~1948) 강백이 가르치던 일제강점기에는 그 명성을 드날렸던 것으로 전한다.163)

혜옥은 『초발심자경문』의 '구시화문(口是禍門)'을 교훈삼아 1914년 청암사에서 사미과를 수료했는데 세수 불과 14세, 그때부터 강백의 자질을 보였다. 혜옥은 예서 멈추지 않고 해인사 국일암과 법주사 수정암에서 사집과와 대교과를 수료하는 등 배움의 열정을 놓지 않았다. 대운병택은 일찍이 혜옥의 이 같은 강백으로서의 자질을 보고 설단을 마련해주었는데, 15세에 법상

---

162) 일본 승려 송영(松永)이 1913년 창건한 사찰을 해방과 함께 금룡이 인수하였고, 1948년 한국식 불단으로 개조한 이후 부산지역 도심포교도량으로서의 역할을 기하는 가운데 금룡의 상좌 해운(海雲)-정일(淨日) 등으로 전승되면서 오늘에 이르고 있다. 소림사홈페이지(http://sorimsa.or.kr).
163) 불학연구소(1997), 『강원총람』, pp.476~482.

에 올라 『초발심자경문』을 강설한 기연(機緣)이 그것이다.

혜옥은 이후 용성진종(龍城震鍾, 1864~1940)에게 정암당(晶岩堂)이라는 당호를 받고(1929) 큰스님 대접을 받으며 대중강설에 혼신을 바치던 중 1955년 마침내 정화 이후 청암사 초대주지로 부임해 임기를 만료하는164) 동안 쇠락해가던 강원의 위용을 이어갔다. 1960년대 청암사강원은 용성의 제자 고봉태수(高峰泰秀, 1901~1969)를 강백으로 모시고 비구·비구니가 공학(共學)했던 것으로 전한다.165) 청암사강원은 고봉의 입적과 당시 강사였던 고산(杲山) 등이 범어사 강주로 옮겨가고 백련암에서 강학의 열정을 불태웠던 혜옥마저 입적(1969.5)하면서 그 맥이 단절될 위기에 처했으나, 다행히 1987년 3월 지형(志炯)166)이 주지로 부임하면서 상덕(常德)167)과 함께 비구니전문강원을 개설해 오늘날 승가대학의 위용을 바로 세웠다.

현하 비구니전문강원으로 빼놓을 수 없는 곳이 수원 봉녕사와 서울 삼선승가대학이다. 봉녕사168)는 1971년 묘전(妙典)이 주지로 부임해 요사와 선원을 신축하고 봉녕선원을 개원하면서 새로운 전기를 맞기 시작했다. 1974년 묘엄(妙嚴)169)을 강사로 승가학원을 설립하니 비구니전문강원의 시작이

---

164) 『계민문중계보』, p.171.
165) 고산스님 회고록(2009), 『지리산 무쇠소』, 서울, 조계종출판사, pp.256~291. 고봉은 이 기간(1961.11~1968.3)에 제자 우룡과 고산을 강사로 임명하고 비구(니)학인들을 제접했다. 당시 비구는 극락암에, 비구니는 백련암에 거주하면서 수학했다고 한다. 고산은 이 책에서 당시 강사로 있던 중 청암사 정화불사를 직접 단행했다고 회고하고 있다. 이로 보아 청암사는 혜옥이 정화이후 초대주지를 역임했으나 1960년대 다시 대처승 체제로 넘어가 있었음을 알 수 있다.
166) 지형은 현재 청암사승가대학 학장과 2007년 4월 18일 개원한 청암사율원 율원장을 겸임하고 있다. 1973년 동학사강원을 졸업하고 동학사강원 중강과 화운사승가대학 강주를 역임했다. 1981년 서울 경국사 법보강원 제1회 졸업생으로서 가산지관으로부터 전강받았다.
167) 상덕은 현재 청암사 주지로서 청암사승가대학 강사와 청암사율원 교수사로 재직하고 있다. 1969년 개심사강원에서 성능복문에게 사사받은 이후 1973년 동학사강원을 졸업하고 화운사승가대학과 청암사승가대학 중강을 역임했다.
168) 봉녕사의 연혁에 대해서는 불학연구소(1997), 『강원총람』, p.392. 또는 봉녕사홈페이지 (www.bongnyeongsa.org) 봉녕사>봉녕사 소개 및 연혁을 참고할 수 있다.

다. 1979년부터 묘엄이 주지와 학장을 겸임하면서 1983년 봉녕사승가대학으로 개칭한 이래 오늘에 이르고 있다. 삼선승가대학은 1978년에 설립자 지광(志光, 1934~현재)170)을 학장으로, 묘순(妙洵, 1946~현재)171)을 강사로 하여 경기도 의정부시 호원동에 위치한 약수선원에서 '주림승가강원'으로 개원했다. 1979년 서울시 성북구 동소문동으로 이전하면서 삼선강원-삼선승가대학으로 개명하고 포교원을 개원해 도심교육과 포교의 장을 함께 열었다.172) 삼선승가대학은 현재 묘순을 학장으로 모시고 통학하면서 이력을 배울 수 있는 유일한 통학강원 형태로 운영되고 있다.173)

오늘날 비구니전문강원의 독립적인 개설과 강맥전승의 전기를 마련한 것은 그렇듯 금룡·혜옥·수옥 등 비구니 3대 강백의 출현에 힘입었음을 알 수 있다. 모두 근대기 초에 태어나 근·현대기를 가르며 강백 혹은 법사로 이름을 드높인 이들은 오늘날 한국 비구니계의 독보적인 존재로서 그 위상을 후학들의 기억 속에 깊게 남기고 있다. 현재의 비구니계를 선도하고 있는 비구니들의 대다수가 이들의 강의를 듣지 않은 이 없었고, 그로부터 비구니강사의 등장과 비구니가 비구니를 전문적으로 가르치는 비구니 교육체계를 비로소 확립할 수 있었기 때문이다.

---

169) 각주103과 같음. 묘엄은 1956년 경봉용국, 1957년 운허용하로부터 전강받았다. 수경(2007), 「한국 비구니강원 발달사」, 앞의 책, p.26. ; 봉녕사홈페이지(www.bongnyeongsa.org) 학장스님>우리스님 이야기.

170) 지광은 대한불교조계종이 1977년 임명한 비구니포교사 제1호이다. 주림승가강원을 설립해 오늘날 삼선승가대학이 있게 한 주인공이다. 1978년 신도들과 함께 10평 남짓의 월세포교당을 개설한 지 2년여 만에 국보 제20호 분황사 모전석탑을 모델로 한 탑주양식의 대형포교당을 건립했다. 지금의 삼선포교원과 삼선승가대학이다. 지광은 이후 1991년부터 2000년까지 충북 진천 보련산 자락에 보탑사를 창건하고, 경내에 황룡사 9층 목탑을 3층으로 재현한 3층 목탑을 세웠다.

171) 묘순은 1974년 소하대은으로부터 전강받았다. 수경(2007), 「한국 비구니강원 발달사」, 앞의 책, p.27.

172) 불학연구소(1997), 『강원총람』, p.418.

173) 삼선승가대학은 2011학년도부터 신입생을 받지 않고 있다. 2012년 현재 3학년생이 졸업하는 2014년 2월 이후부터 강원을 폐원한다는 방침에 따른 것이다.

이제 비구니전문강원을 토대로 비구니 강맥전승의 현황을 살펴보자. 전술한 바와 같이 남장사 관음강원이 광복이전 최초의 비구니전문강원이었다고 한다면 광복이후 현존하는 최초의 비구니전문강원은 동학사에 개설되었다. 동학사 강원의 초대 문하생인 혜성(蕙性)은 1967년 경봉용국으로부터 전강받고 이곳의 강사와 강주를 역임했으며, 1977년 호경기환(1904~1987)으로부터 전강받은 일초(一超)[174]와 봉녕사승가대학장 묘엄의 전강제자 일연(一衍)이 동학사 비구니강주의 맥을 이었다.

광복이후 비구니전문강원은 전술한 동학사·운문사·청암사·봉녕사·삼선승가대학 등 5곳을 비롯해 서울 옥수동 미타사(개설기간: 1945~1950)·충남 서산 개심사(개설기간: 1968~1979)·경기도 용인 화운사(개설기간: 1974~1985)·전북 전주 정혜사(개설기간: 1954~1994) 등 20여 곳에 개설된 것으로 보이나 대다수 폐원되고 상기 5곳만 현존한다.[175] 전남 화순의 유마사승가대학[176]이 2007년 3월 호남지역 최초의 비구니강원으로 개원했으나, 2011학년도부터 선학승가대학원으로 변경해 구족계를 수지한 비구니들만을 대상으로 학사운영에 임하고 있다. 따라서 오늘날 비구니 도제양성의 실질적인 심장역할을 담당하고 있는 대표적인 비구니 전문교육기관은 상기 5곳이라고 할 수 있다. 이들 가운데 동학사·운문사·청암사·봉녕사는 승가대학이라는 명칭 아래 전통사찰에서 전통승가교육과 현대학문을 원융한 강원교육을 시행하고 있으며, 삼선승가대학은 현재 서울 성북구 동선동에서 도심포교와 함께 통학강원 형태로 운영하고 있다. 다만, 삼선승가대학은 2012년 현재 3학년생이 졸업하는 2014년 2월 폐원방침에 따라 2011학년도부터 신입생을 받지 않고 있다.

---

174) 수경(2007), 「한국 비구니강원 발달사」, 앞의 책, p.27. ; http://donghaksa.or.kr 동학승가대학>승가대학>역대 강주스님.
175) 수경(2007), 「한국 비구니강원 발달사」, 앞의 책, pp.33~35.
176) 유마사홈페이지(www.yumasa.com). 이 강원을 개설한 일장(日藏)은 중앙승가대학을 졸업하고 일본 동경 입정대학에서 석·박사학위를 취득했다.

현재 비구니전문강원을 대표하고 있는 학장 내지 강주들은 일찍이 당대의 비구강백으로부터 전강받은 비구니들이 대다수인데, 이들은 근·현대 비구니 3대 강백의 출현 이후 근·현대사를 가르며 비구니가 비구니에게 건당하거나 전강하는 사례들이 점차 정례화 되면서 비구니가 비구니교육을 직접 담당하게 되는 강원제도 변화에 주체적인 역할을 담당했던 인물들이다. 비구니가 비구니교육을 직접 담당한다는 의미는 비구니강사가 비구니에게 교수하고 전강함으로써 비구니 강맥전승의 전통을 세웠다는 뜻이다.

1958년 당대 비구 대강백인 성능복문에게 전강받은 운문승가대학장 명성(明星)이 근·현대 비구니 3대 강백인 수옥에게 위패건당[177]한 이후 1985년 홍륜(興輪)·일진(一眞)에게 강맥을 전수한 사실은 본격적인 비구니 강맥전승의 물꼬를 튼 사례로 지목된다. 명성은 계속해서 1990년 계호(戒昊)·묘정(妙靜)에게, 1999년 진광(眞光)에게, 2003년 세등(世燈)·운산(雲山)·영덕(暎悳)·은광(殷光)에게, 2007년 2월 효탄(曉呑)·일진(壹珍)·명법(明法)·법장(法藏)에게 전강식을 통해 강맥을 전수했다.[178]

비구니강사가 비구니에게 전강한 사례는 명성만이 아니다. 봉녕사승가대학장 묘엄은 1992년 일연(一衍)·성학(聖學)·혜정(慧貞)·대우(大愚)·일운(一耘)을 비롯해 1997년 탁연(卓然)·적연(寂然), 2004년 상일(祥日), 2007년 본각(本覺)에게 전강했다.[179] 삼선승가대학장 묘순은 1989년 일홍(一弘)과 1997년 도안(度安)·수경(修鏡)에게, 동학사 전 승가대학장 일초는 2005년 수정(秀靜)·명선(明宣)·보련(普蓮)·경진(慶鎭)·행오(行吾)·도일(道一)·법송(法松)에게 각각 전강했다.[180]

---

177) 1983년 수옥의 기제일에 즈음해 당시 통도사 조실 월하화상(月下和尙)이 수옥의 유고집 『화산집』 가운데 한 게송을 전법게로 삼아 명성에게 전한 사실을 말한다. 전법게송을 옮기면 "明明活路立斯身 天下叢林是我隣 一自破除有漏見 都然無事任遊人"이다. 「운문회보」 제4호(1983.4.15) 1면. 이는 1958년 금룡이 후학 광우에게 법장을 전한 이후 비구니가 비구니에게 건당한 두 번째 실례다. 명성에 관해서는 각주102 참조.
178) 운문사홈페이지(www.unmunsa.or.kr) 운문사>회주스님>전강의 맥.
179) 봉녕사홈페이지(www.bongnyeongsa.org) 학장스님>전강.

비구니강사로부터 강맥을 전수받은 비구니들은 대체로 당해 비구니전문 강원이나 중앙승가대학 등지에서 강사 내지 교수로서 후학교육을 담당하고 있다. 비구니강사가 비구니에게 교수하고 전강하는 비구니 강학전등제도가 비로소 자리매김 현상을 보이고 있는 것이다.

이렇듯 근·현대 비구니강백으로 이름을 남기고 있는 금룡·혜옥·수옥 등 세 비구니의 출현 이후부터 비구니가 비구니에게 건당하거나 전강하게 되는 단초가 마련되었음을 알 수 있다. 그것은 한국불교사의 한 획을 긋는 일대 사건이었고, 이러한 평가는 광복이전의 사례들을 살펴볼 경우 더더욱 명확해진다. 앞서 밝힌 바와 같이 광복이전 대다수 비구니들은 비구강사들이 주도하는 강원교육을 통해 이력을 마쳤기 때문이다.

3. 수선전통과 선풍호지

한국불교사 전개과정에서 최초의 선불교는 7세기 법랑(法朗, ?~?)이 중국 선종 제4조 도신(道信, 580~651)의 법을 받아온 달마선법에서 그 기원을 찾을 수 있다. 법랑이 들여온 달마선법은 이른바 5조 홍인(弘忍) 이후 육조혜능(六祖慧能, 638~713)과 대통신수(大通神秀, ?~706)로 대별되는 '남돈북점(南頓北漸)' 분리이전의 선법이라고 할 수 있다. 또한 8세기경 법랑의 법을 받은 신행(神行, 704~779)은 당으로 건너가 대통신수의 제자 화엄보적(華嚴普寂, 651~739)의 문인 지공(志空)의 법을 계승해 북점선[북종선] 계통의 선법을 이 땅에 처음 들여왔다.

하지만 오늘날 조계종으로 대변되는 한국 선불교는 라말려초에 개산된 남돈선[남종선] 계통의 구산선문에 뿌리를 두고 있다. 신행이 북점선을 들여온 지 40여년 후에 가지산문의 개조 도의(道義)가 이 땅에 남돈선을 처음

180) 동학사홈페이지(www.donghaksa.or.kr) 동학승가대학>승가대학>교수소개.

전한 것이 구산선문 개산의 시작이다. 이때부터 약 1세기에 걸쳐 개창된 구산선문은 대체로 육조혜능의 법손인 마조도일(馬祖道一, 709~788) 문하의 법을 받아오면서 한국 선불교의 토대를 이루었다.181)

한국 선불교는 이처럼 최초 달마선법과 이른바 돈오점수로 상징되는 북종선이 먼저 들어왔으나, 구산선문의 개창자들이 대체로 육조혜능 계통의 법을 계승해옴으로써 남종선의 전통을 세우게 되었다. 다만, 희양산문의 법계에 있어서 지증도헌(智證道憲, 824~882)은 신행의 북종선 계통을 계승했으나, 그의 법손이자 산문을 개산한 정진긍양(靜眞兢讓, 878~956)에 이르러서는 마조문하의 남종선 계통으로 법계를 새로 세운 기록이 그의 비명에 전한다.182) 북종선이 한국 선불교 계통에서 쇠퇴하게 된 저간의 사정이다. 한국 선맥은 마조도일 이후 백장회해(百丈懷海, 749~814)-황벽희운(黃檗希運, ?~850)의 법을 계승한 임제의현(臨濟義玄, ?~866)의 선법계통을 법맥의 전등으로 삼아 오늘에 이르고 있다.

현하 조계종의 뿌리가 육조혜능의 조계선법을 계승해 우리나라에 남돈선을 처음 전한 가지산문의 도의에 있다는 사실관계와 임제정맥을 계승한 태고법통설이 한국불교의 정통법맥으로 자리매김한 원인(遠因)을 예서 찾을

---

181) 수미산문과 희양산문의 개산조는 석두희천(石頭希遷) 계통의 법을 받았는데, 희양산문의 경우 훗날 비명에서 마조도일 계통으로 법계를 새로 세웠다. 수미산문을 개창한 이엄(利嚴)은 896년 당으로 건너가 석두희천의 증법손인 동산양개(洞山良价)의 제자 운거도응(雲居道膺) 문하에서 6년 수행 끝에 법인을 얻고 911년 귀국한 뒤 932년 황해도 해주 수미산에 광조사를 세우고 선법을 떨쳤다. 희양산문의 개산조 정진긍양은 900년 당으로 건너가 석두희천의 증법손인 석상경제(石霜慶諸)의 적사(嫡嗣) 곡산도연(谷山道緣)에게 법을 얻고 924년 귀국한 뒤 폐허가 되어 있던 경북 문경의 희양산 봉암사를 중창하고 935년 산문을 열었는데, 그의 비명에는 마조문하의 계통으로 법계를 새로 세우고 있다. 김영태(1997), 『한국불교사』, pp.169~171.

182) 희양산 봉암사에는 지증도헌과 정진긍양의 비명이 함께 봉안되어 있다. 이 비명에 의거하여 구산선문의 형성과 관련한 희양산문의 기록을 보면 도헌의 비명에는 북종신수-보적-지공-신행-준범-혜은-도헌-양부로 계통을 세워 북종선 법맥을 계승하고 있는 반면, 긍양의 비명에는 마조도일-창주신감-진감혜소-지증도헌-양부-정진긍양으로 법계를 세워 도헌과 긍양 자신이 남종선 계통을 계승한 것으로 기술하고 있다. 이는 당시 해동선도(海東禪道)의 주류가 남돈선으로 바뀌면서 당대의 선세(禪勢)를 따르고자 하는 의향을 짐작하게 한다. 정광(1992), 『지증대사비명소고』, 서울, 경서원, pp.336~338, p.383, p.422.

수 있다. 특히 오늘날 법맥전승의 한 축을 형성하는 선맥의 전법계보를 살펴볼 경우 선불교의 중흥기를 맞는 근대기로 접어들면서 호암파 계보를 잇고 있는 경허 이후 만공·한암·혜월·수월과 금계파 계보를 잇고 있는 용성 등의 문중선맥이 한국불교교단을 대표하며 지금까지 계승되고 있는 사실에 이의를 제기하는 사람은 아마도 없을 것이다.

한국 선불교가 단절됨 없이 오늘에 이른 근원(近遠)의 인과관계가 이와 같다. 그러나 모든 법맥관계를 포섭하고 있는 한국 선불교의 흐름에서 비구니 선가풍이나 선맥 등에 대해서는 전하는 자료에서조차 찾아보기 힘들 정도로 철저히 소외되어왔다. 조계종의 법맥상승과 관련해 「종헌」 제7조에 명시된 '사자간 입실면수 또는 전법게 수수'에 의한 사법은 오로지 비구만이 향유해오고 있는 개념일 뿐 비구니의 사자사승 방편과는 거리가 먼 것이 사실인 것이다. 비구니 스스로 수행방편으로서 선풍을 호지하며 가행정진 힘써온 결과 근대기 비구니 수행에 가장 큰 영향을 끼쳤던 만공에 의해 1916년 1월 덕숭산 수덕사에 견성암선원이 개설된 이래 지금까지 30~40여 개의 비구니전문선원[183]을 잇달아 개설하면서 비구니납자들의 안거수선 등을 통한 선풍진작은 그나마 다행스러운 변화라고 할 것이다.[184]

비구니만의 전문선수행도량이 근대기 이후 지속적으로 개설된 이 같은 사실은 비구니 선맥전승의 단초를 제공해줄 수 있는 매우 고무적인 현상일 뿐더러 비구니납자들의 성성한 구도처로서 위상을 자랑하는 등 비구니승가의 미래를 밝게 해준다고 하겠다.[185] 근대기 이후 비구니전문선원의 잇단 개설사례를 살펴보자.[186]

---

183) 근·현대기 비구니전문선원의 현황과 관련해서는 불학연구소(2000), 『한국 근·현대불교사 연표』(서울, 조계종교육원, pp.227~305)를 참고할 수 있다.
184) 하춘생(2010), 「근·현대 비구니사의 전개와 문중확립」, 앞의 책, pp.294~295.
185) 하춘생(2010), 「근·현대 비구니사의 전개와 문중확립」, 앞의 책, p.295.
186) 비구니전문선원의 개설사례를 살핀 본 내용은 하춘생(2009), 「한국 근·현대 비구니의 강맥전승과 그 의의」(앞의 책, pp.156~157)와 하춘생(2010), 「근·현대 비구니사의 전개와 문중확립」(앞의 책, pp.295~297)에서 각각 약술한 내용을 수정하고 보강한 것이다.

근대기 비구니전문선원의 효시는 만공에 의해 1916년 1월 수덕사에 개설된 견성암선원을 들 수 있다. 그 후 1924년 세만(世萬)이 내장사에 소림선실을, 1928년 성문(性文)이 직지사 서전(지금은 소실됨)과 동화사 부도암선원을 각각 개설했다. 1931년에는 문경 사불산 대승사의 윤필암을 비구니선원(사불선원)으로 전환했으며, 1937년 12월 본공(本空)이 오대산 지장암선원[187]을, 1944년 대원(大圓)이 해인사 국일암선원[188]을 각각 개원했다.[189]

현대기에 들어와서도 비구니전문선원의 개설은 지속되었다. 광복되던 그 해 성문이 개설한 해인사 삼선암 반야선원을 시작으로 1957년 법일(法一)이 지리산 대원사 사리전에 동국제일선원을, 1957년~1963년 인홍(仁弘)이 가

---

187) 본공이 1937년 12월 개원한 오대산 지장암선원은 북방 최초의 비구니전문선원이다. 1943년에 만공이 비구니 수좌들에게 참선을 지도하였고, 6.25한국전쟁으로 폐허가 된 이후 1961년에 본공의 셋째 상좌 경희(慶喜)·경희의 사숙 성진(性眞)·성진의 상좌 혜종(慧宗)이 재건불사에 착수해 오늘에 이르게 하였다. 1996년 경희의 상좌 명인(明印)이 도감을 맡으면서 '기린선원(麒麟禪院)'이라 명명했다. 『유점사비구니봉래문중계보』(대구, 2008), pp.180~183.

188) 해인사 국일암은 1970년대 중반까지 비구니선원으로 운영되었는데, 이후부터는 보현암·약수암·삼선암이 그 기능을 계승했다. 국일암의 창건연대는 알려진 바 없으며, 다만 조선조 부휴선수의 문하인 벽암각성(1575~1660)이 인조 15년(1637)에 중건했다는 기록만 전한다. 님한신앙을 축성한 공적으로 인조로부터 '보은천교원조국일도대선사(報恩闡教圓照國一都大禪師)'라는 시호를 받았는데, 암자이름은 여기서 유래한다. 국일암 비구니선원의 첫 개설시기는 자료마다 약간의 차이를 보이고 있는데 내용을 살펴보면 다음과 같다.
①불학연구소(2000), 『한국 근·현대불교사 연표』, p.254는 1944년 대원이 개설한 것으로 기술하고 있다. 해주, 「한국 근·현대 비구니의 수행」, 『한국 비구니의 수행과 삶』, 서울, 전국비구니회, 2007, p.133. ; 하춘생(2009), 「한국 근·현대 비구니의 강맥전승과 그 의의」, 앞의 책, p.156도 이 내용을 따르고 있다.
②『유점사비구니봉래문중계보』, p.64, p.84는 본공의 약력과 계보의 이력에서 1948년 해인사 국일암에 선방을 개설하고 5년 안거했다고 적고 있다.
③진광(2007), 「본공당 계명선사의 삶과 수행」, 『한국 비구니의 수행과 삶』, 서울, 전국비구니회, p.306은 1948년 본공이 국일암에 최초의 비구니선원을 개설하고 입승을 사셨다고 기록하고 있다. 그 근거에 대해서 경주 흥륜사에 주석하고 있는 노 비구니 혜해(慧海)의 증언을 출처로 삼았다.
④해인사 포털사이트(http://sanmun.com)는 1950년대 교단정화운동 이후 비구니 성원이 국일암 감원으로 머물면서 산내 처음 비구니선방을 열었다고 소개하고 있다.

189) 불학연구소(2000), 『한국 근·현대불교사 연표』, pp.230~254.

지산 석남사에 정수선원과 심검당선원을, 1958년 수옥(守玉)이 천성산 내원사에 동국제일선원을 잇달아 개원했다. 1958년에는 성련(性蓮)이, 1959년에는 장일(長一)이 각각 동화사 경내 양진암선원과 내원암선원을 개설했다. 1972년에는 혜춘(慧春)이 해인사 보현암선원을, 1978년에는 일휴(一休)가 불영사 천축선원을, 1987년에는 종현(宗顯)이 예산 보덕사선원을, 1990년에는 법중(法中)이 위봉사 위봉선원을 개설했다.[190] 1999년에는 석남사 정수선원이 조계종립 비구니특별선원으로 지정되는 등 비구니 전문선수행도량은 오늘날 저변확대 되고 있는 상황이다.

이들 선원과 함께 현재 비구니전문선원으로서 그 기능을 담당하고 있는 선수행도량은 범어사 대성암선원·은해사 백흥암선원·탈골암 대휴선원·복전암 복전선원·법주사 수정암선원·육수암 칠보선원·용흥사 백운선원·흥륜사 천경림선원·백양사 천진암 백암선원·운문사 문수선원·신광사 조인선원·승가사 제일선원·회룡사선원 등을 들 수 있다.

비구니 전문 선수행도량의 위상을 확보하고 있는 이들 선원들은 매년 동안거와 하안거를 맞아 니승대중의 방부를 촉(促)하고 있다. 이 같은 사실은 아래의 표에서 적시한 최근의 『선사방함록』 안거현황을 살펴보면 어렵지 않게 확인할 수 있다.

〈표2〉 선사방함록 안거현황[191]

안거 시기 \ 선원 (선원_대중수)	총림		비구		비구니		합계	
	선원	대중	선원	대중	선원	대중	선원	대중
무자년(2008) 동안거	5	193	58	1186	34	916	97	2295
기축년(2009) 하안거	4	177	55	1127	36	933	95	2237
경인년(2010) 동안거	5	214	59	1202	36	826	100	2242

---

190) 불학연구소(2000), 『한국 근·현대불교사 연표』, pp.254~281.

신묘년(2011) 하안거	5	188	54	1186	36	813	95	2187
신묘년(2011) 동안거	5	202	58	1201	36	979	99	2382
임진년(2012) 하안거	5	172	55	1172	35	780	95	2124

최근의 『선사방함록』을 통해 안거현황을 살펴본 바와 같이 비구니의 경우 무자년(2008) 동안거에는 선원 34곳에서 916명의 대중이, 기축년(2009) 하안거에는 선원 36곳에서 933명의 대중이, 경인년(2010) 동안거에는 선원 36곳에서 826명의 대중이, 신묘년(2011) 하안거에는 선원 36곳에서 813명의 대중이, 신묘년(2011) 동안거에는 선원 36곳에서 979명의 대중이, 임진년(2012) 하안거에는 선원 35곳에서 780명의 대중이 방부를 들였다. 총림대중을 포함한 비구의 안거수행과 비교해 비구니의 수행이 결코 작지 않다는 사실을 알 수 있다.

비구니 전문 선수행도량의 잇단 개설과 니승대중의 활발발한 수행가풍을 보여주고 있는 이 같은 사실은 비구의 전유물처럼 인식되어온 법맥전승에 있어서 오늘날 비구니 계맥형성의 토대를 제공해준다고 할 수 있다. 하지만 비구니의 선풍호지는 강맥전승 내지 율맥전수와 견주는 비구승가의 사법방식으로서의 전법개념이 아니라 개별적인 수행방편으로 계승되어왔다고 보는 것이 보다 더 타당하다고 하겠다. 다시 말해 비구니 선맥은 법맥상전의 개념보다는 선풍을 호지하는 가운데 수행전통을 진작해왔다고 볼 수 있으며, 이는 대체로 은상좌연 계통의 문중세계 안에 포섭되어 있다고 보아도 무방하다. 비구니승가의 전통승풍을 확립하기 위한 비구니계의 독립적인 사자상승 제도화가 정당하고도 시급하게 이루어져야 한다는 주장이 설득력을 얻는 것은 그 때문이다.

---

191) 전국선원수좌회(2009/2011/2012), 『무자년 동안거 선사방함록』; 『기축년 하안거 선사방함록』; 『경인년 동안거 선사방함록』; 『신묘년 하안거 선사방함록』『신묘년 동안거 선사방함록』; 『임진년 하안거 선사방함록』.

4. 계율수학과 전계의식

불교교단은 철저한 지계지율정신에 의한 화합중이다. 지계지율은 곧 승가를 원만하게 유지하게 하는 승가의 기본규범이다. 계율을 제정한 목적은 『사분율』에 '결계십구의(結戒十句義)'로 잘 표현되고 있다. 결계십구의는 승가의 기강을 바로 세우고 교법을 진흥시키기 위해 계율을 정하는 열 가지 의의를 말하는 것으로 그 항목을 열거하면 다음과 같다.

①대중을 잘 거두어 준다[섭취어승(攝取於僧)].
②대중을 화합하게 한다[영승화합(令僧和合)].
③대중을 안락하게 한다[영승안락(令僧安樂)].
④다스리기 어려운 이를 순순히 따르게 한다[난조자영조순(難調者令調順)].
⑤부끄러워하고 뉘우치는 이를 안락하게 한다[참괴자득안락(慚愧者得安樂)].
⑥믿음이 없는 이에게 믿음이 생기도록 한다[미신자영신(未信者令信)].
⑦믿음이 있는 이에게 더욱 신심을 내게 한다[이신자영증장(已信者令增長)].
⑧현세의 번뇌를 끊도록 한다[단현세번뇌(斷現世煩惱)].
⑨후세에 욕망과 악을 끊도록 한다[단후세욕악(斷後世慾惡)].
⑩정법을 오래 머물게 한다[영정법득구주(令正法得久住)].[192]

결계십구의의 내용을 통해서 알 수 있듯이 이미 믿음이 있는 자에게는 더욱 신심을 내게 한다는 것이 계율에 의한 수행의 진정한 의미라고 한다면, 철저한 수행이라고 함은 곧 철저한 계율호지와 다르지 않다는 사실을 말해준다. 불교교단의 핵심구성원이요 수행의 주체라고 할 수 있는 출가양중의 위의가 사회일반의 대중과는 달리 계율에 의해 확립되고 유지되며 공경받을 수 있는 까닭이 그것이다.[193]

조계종단사에서 단일계단 수계산림의 성립은 자운성우(慈雲盛祐,

---

192) 『사분율』권1(『대정장』22, p.567下).
193) 이하 내용은 하춘생(2010), 「근·현대 비구니사의 전개와 문중확립」(앞의 책, pp.304~308)에서 약술한 내용을 수정하고 보강한 것이다.

1911~1992)에 의해 1981년 2월 17일 제1회 사미·사미니계 수계산림을 거행하면서부터다. 자운은 『사분율』에 의한 250개 조문을 모아 계목을 작성하는 등 전통적인 불가의 모습을 되찾는데 기여한 당대의 지계제일 율사였다. 일제강점기 오대산 적멸보궁에서 100일기도를 하면서 계율홍포의 원을 발한 적이 있는데, 이후 서울 대각사에 머물면서 국립도서관을 찾아 율장을 일일이 사서하고 내용을 섭렵했다.194) 작금의 율사로 이름난 일우종수(一愚宗壽)·동곡일타(東谷一陀)·가산지관(伽山智冠) 등에게 계율을 강의하고 수십 만 권의 계본을 인출해 단일계단 수계산림의 기초를 다진 것이 이로부터다. 근·현대기에 접어들면서 비로소 단일계단이 설치되고 이를 통해 율장에 근거한 출가양중의 배출절차가 여법하게 이루어지기 시작한 배경을 예서 찾을 수 있다.

단일계단의 설립취지는 의식의 통일화와 의제 및 사상의 단일화를 모색함으로써 종단의 정체성을 확립하는데 근본취지를 두고 있다. 대승불교국가로서 보살사상을 실천하는 일이 급무나, 승가의 청정성과 수행성을 담보할 수 있는 불가의 정통성 계승은 계율의 호지로써 가능하기 때문이다. 율장에 입각한 수계의식과 지계사상의 철저함이 바탕되지 않는다면 사상·신앙·의례·문화·대사회봉사·포교·역경 등 그 어느 것도 주체성을 가질 수 없다195)는 주장이 설득력을 얻는 것도 그 때문이다.

근·현대기 전문율원 개설을 통한 비구니의 본격적인 계율수학은 1982년 10월에 실시된「비구니 이부승구족계수계의식」의 복원196)에서 그 의미를 되

---

194) 당시 국립도서관은 명동에 있었는데, 율장을 열람할 수 있는 유일한 곳이었다고 한다. 자운이 사서한 율장은 석암(昔岩)에게 전해져 현재 부산 내원정사 도서관에 보관되어 있다.
195) 조계종계단위원회(2001), 『단일계단 20년』, 서울, 도서출판 토방, p.188.
196) 한국의 비구니 이부승구족계수계의식에 관한 사실(史實)은 한국에서는 찾아볼 수 없으나, 『일본서기』『원흥사가람연기』『삼국불법전통연기』 등 현존 일본사료에 의하면 일본 최초의 비구니들이 백제로 건너와 수계하고 돌아갔다는 기록이 전한다. 이로보아 삼국시대에 이미 율장에 근거한 비구니 이부승구족계수계제도가 확립되어 고려시대까지 계승되었던 것으로 보이나 조선시대에 들어와서 숭유억불정책에 따라 단절된 것으로

찾게 되었다고 볼 수 있다. 비구니 이부승구족계수계제도의 복원은 자운이 1982년 초 조계종중앙종회에 그 필요성을 제안했는데, 이를 중앙종회가 수용해 그해 6월 종법을 제정한197) 것에 근거하고 있다. 당해연도 10월 단일계단에 별소계단을 설치해 마침내 비구니 이부승구족계수계의식을 치른 것은 이로부터다. 한국전쟁이 한창이던 1951년 자운에게 율서를 배웠던 세주묘엄(世主妙嚴)198)이 이때 또다시 자운으로부터 수계의식에 대한 실수(實修)를 학습하고 근대 한국불교사상 최초로 비구니율사로 임명되어 비구니 이부승구족계수계제도의 복원을 위한 위원회를 이끌게 되면서199) 비로소 비구니 계율호지의 전거를 마련한 것이었다. 이때부터 매년 거행된 단일계단 수계산림에 비구니별소계단이 설치되어 비구니 이부승구족계수계산림을 실시해 오고 있다.

비구니 수계산림이 비구니 스스로 계율의 수학과 호지에 힘을 쏟게 한 것은 당연한 수순이었다. 그 결실이 비구니전문율원의 개설이다. 대체적으로 지계제일·지계청정·섭화중생을 슬로건으로 내세우고 대소율장의 전문적인 연구습의·예참의 올바른 전승·율학을 전승한 율사의 양성 등을 근본목표로 삼고 있다.200)

비구니전문율원은 1999년 5월 21일 개원된 수원 봉녕사 금강율원이 세계적으로도 처음이다. 금강율원은 초대율주로 지관(智冠)을 추대하고 율원장

추정된다. 삼국시대 여성출가와 니승의 수계와 관련해서는 김영태(1985), 「백제의 니중수계와 니승직 관계-일본사료와 신라 및 남조의 사례중심」(앞의 책) ; 김영태(2000), 「신라의 여성출가와 니승직 고찰-도유나랑 아니를 중심으로」(앞의 책) ; 김영미(1999), 「고려시대 여성출가」(『이화사학연구』25·26합집, 서울, 이화사학연구소) ; 김영미(2002), 「고려시대 비구니의 생활과 사회적 지위」(『한국문화연구』1, 서울, 이화여대 한국문화연구소) 등을 참고할 수 있다.

197) 석담(2007), 「현대 한국 비구니 이부승 구족계 수계제도의 부활」, 『세주묘엄주강오십년 기념논총』, 수원, 봉녕사승가대학, p.486.
198) 당시 묘엄과 함께 묘영(妙英)과 묘희(妙熙)가 자운에게 율서를 배웠다.
199) 석담(2007), 「현대 한국 비구니 이부승 구족계 수계제도의 부활」, 앞의 책, pp.485~486.
200) 봉녕사홈페이지(www.bongnyeongsa.com) 금강율원>율원소개. ; 운문사홈페이지(www.unmunsa.or.kr)보현율원>보현율원소개.

에 묘엄이 취임했다. 이후 2007년 1월 6일 제2대 율주에 묘엄이 취임했으며, 2007년 3월 20일 제2대 율원장에 적연(寂然)에 이어 2009년 3월부터 대우(大愚)가 제3대 율원장의 소임을 맡았다. 묘엄이 입적한 이후인 2012년 현재 율주는 봉녕사승가대학장인 도혜[혜정]가, 율원장은 적연이 다시 그 소임을 수행하고 있다. 2년 과정으로 운용하고 있는 금강율원은 개원 이래 현재까지 제1회 4명(탁연·상일·적연·신해, 2001.2.13), 제2회 2명(동명·의천, 2003.1.13), 제3회 5명(설오·자원·원오·선해·여등, 2005.1.28), 제4회 4명(도우·태원·혜원·선욱, 2006.1.18), 제5회 6명(여범·여림·수현·동원·경현·동진, 2007.2.3), 제6회 3명(선나·동화·능행, 2008.1), 제7회 2명(원혜·도과, 2009.1.12), 제8회 5명(혜정·도공·일훈·여서·도연, 2010.1.29), 제9회 6명(본과생: 정일·천륜·태민·여등·영명 등 5명, 연구생: 의천 1명, 2011.1.18), 제10회 3명(하연·도생·법성, 2012.1), 제11회 4명(정원·성담·오담·정명, 2013.1.25) 등 2013년 1월 현재까지 총 44명의 졸업생을 배출했다.[201]

근·현대기에 들어서면서 강맥전승의 독립적 위상을 확보한 비구니승가가 사법계맥(嗣法系脈)의 한 축으로서 율맥전승의 기초를 쌓은 역사적 전기는 이처럼 비구니전문율원 개설을 통한 후학배출에 이어 계맥(戒脈)을 잇는 전계의식으로써 포문을 열었다. 금강율원은 2007년 5월 7일 제1회 전계식을 거행했는데, 이때 율주 묘엄은 심인적연(心印寂然)과 소림신해(少林信海)에게 전계함으로써 비구니 율맥의 독립적 계승을 공식화했다. 묘엄은 그해 9월 14일 제2회 전계식을 통해 정지대우(正智大愚)에게 율맥을 전하고,[202] 이후 2011년 1월 18일 금강율원 졸업식을 기해 연구과정을 이수한 의천에게 전계증 수여와 함께 율맥을 전했다. 묘엄은 입적직전인 2011년 11월 도혜[혜정]와 선나에게 또다시 전계함으로써 생전에 총6명의 비구니율사를 배

---

201) 봉녕사승가대학(2007), 『세주묘엄주강오십년기념논총』, pp.706~707.; 봉녕사홈페이지 (www.bongnyeongsa.org) 금강율원>율원졸업앨범.
202) 봉녕사승가대학(2007), 『세주묘엄주강오십년기념논총』, pp.698~699.

출하는 등 비구니 율맥전승의 기반을 튼튼히 했다.

금강율원은 비구니전문율원의 잇단 개설에 일대 전기를 마련해주었다. 비구니전문강원의 한 곳인 청암사와 운문사에 율원이 각각 개설되기에 이른 것이 그것이다.

청암사율원은 청암사승가대학장 의정지형(義淨志炯)을 초대 율원장으로 선임하고 2007년 4월 18일 공식 개원했다.[203] 금강율원과 동일하게 2년 과정으로 운용하고 있는 청암사율원은 개원 이후 제1회 5명(범정·혜명·명관·불림·청명, 2009.1.11), 제2회 6명(정묵·운효·능관·수법·정진·자안, 2010.1.30)[204]을 비롯해 2011년 1월 19일 제3회 졸업식에서 4명, 2012년 1월 8일 제4회 졸업식에서 6명, 2013년 1월 27일 제5회 졸업식에서 7명(본과생 6명, 연구생 1명)의 학인을 배출하는 등 2013년 1월 현재 전문계율을 수학한 총 28명의 비구니를 양성했다.

운문사 보현율원은 부처님의 지고지순한 계행을 전문적으로 익히고 연구한다는 이념아래 2008년 4월 4일 정식 개원했다. 자장율사의 남산율맥을 계승해 수행자의 청정지계 가풍을 확립하고 대애도(마하빠자빠띠) 비구니의 계율정신에 의거해 청정수행과 중생교화에 기여함을 설립목적으로 내세우고 있다. 초대율주에 운문사승가대학장 법계명성(法界明星)이, 율원장에 흥륜(興輪)이 취임했다. 흥륜은 현재 제2대 율주소임을 맡고 있다. 보현율원은 개원 이후 제1회 졸업생 8명(운광·현광·성원·천월·주호·지응·도융·지공, 2010.1.28)[205]을 배출하고, 2010년도부터 명칭을 한문불전대학원으로 변경한 이래 2011년 1월 18일 제2회 졸업생 3명, 2012년 1월 6일 제3회 졸업생 2명, 2013년 1월 24일 제4회 졸업생 6명 등 2013년 1월 현재까

---

203) 청암사홈페이지(www.chungamsa.org) 戒>율원소개.
204) 본각(2010), 「한국 비구니승가의 교육과 법계제도」, 『한국 비구니승가의 역사와 활동』, 김포, 한국비구니연구소 창립10주년기념 학술연구논문집, p.371.
205) 운문사홈페이지(www.unmunsa.or.kr) 보현율원>보현율원소개>율원생 ; 본각(2010), 「한국 비구니승가의 교육과 법계제도」, 앞의 책, p.371.

지 총 19명의 학인을 배출했다.

이상에서 살펴본 바와 같이 비구니전문율원 3곳에서 2013년 1월 현재까지 배출된 전문계율수학승은 91명에 이른다. 이렇듯 비구니전문율원을 개설해 비구니들에게 계율을 가르치고 호지전승할 율원생을 배출하고 있는 사실은 비구니 수계의식을 정립하고 나아가 율맥전승의 독립적 세계를 확립한다는 차원에서 매우 고무적인 현상이 아닐 수 없다. 다만, 비구니전문율원의 역사가 일천한 현실이다 보니 율주(또는 율원장) 및 율원생의 구성이 아직은 강원의 인맥과 크게 다르지 않다는 점에서 세계(世系)의 확산을 요구받고 있는 실정이라고 하겠다.

Ⅳ. 근·현대 비구니의 문중형성과 계보현황

1. 문중형성의 배경과 특징

흔히 문중이라 함은 공동조상을 제사지내는 자손들로 이루어진 혈연집단을 말한다. 고려 말 종법제도(宗法制度)[206]에 의해 제사가 행해지고 봉사(奉祀)의 범위가 확대되면서 형성되기 시작한 혈족집단이 곧 문중이다. 조선 후기인 17세기 이후부터 이러한 문중의식이 강화되면서 점차 보편화되기 시작했다. 문중의 기능을 살펴보면 대체적으로 조상의 제사를 기본으로 지손 간 유대와 친목을 통한 일체감 형성·혈연질서의 수립·후손교육과 사회화·족보와 문집발간 등이다. 곧 제사집단·생활집단·위세집단으로서의 성격을 규정지을 수 있으며, 문중이 개별집보다 우선하고 종손 또는 종가와 문장의 역할이 중요시된다.

우리가 흔히 이해하고 있는 세간의 문중개념이 이와 같다. 동일한 조상의 자손들로서 지손 간 혈연관계를 강조하고 심리적으로 일체감을 갖도록 하여 단합된 모습을 보여주고자 하는 문중의 기능은 불가에서도 어렵지 않게 살펴볼 수 있다.

승가에는 두 종류의 스승이 있다. 하나는 삭발을 허락하고 계를 주는 스승[득도사(得度師)]이고, 또 하나는 마음을 깨우쳐 법을 이어받게 해주는 스승[사법사(嗣法師)]이다. 만약 수계한 스승에게서 마음을 깨우쳐 법을 전해 받게 되면 두 종류의 스승을 겸하게 되지만, 다른 스승으로부터 마음을 깨

---

[206] 종법제도라 함은 혈족관념의 기본이 된 동족의 친친사상과 조상숭배를 중심으로 봉건적 씨족제도의 기본이 된 존존사상에 의해 구성된 종족결합의 제도를 말한다. 주자가례에 따른 이러한 유교적 종법사상이 우리 사회에 뿌리내리게 된 것은 사회적 혼란과 타락에 대한 공동체 윤리회복의 요청과 종족의 정체성 확인 및 결속이 중시되면서 역사상 공동 조상의 인정·계보관계의 상호인정·생활상의 상호관력에 연유된다고 한다.

우쳐 법을 전수받게 되면 법을 전해 받은 스승을 따로 정하게 된다.[207] 전자의 득도사 관계는 은상좌연을 말하고, 후자의 사법사 관계는 선맥·강맥·율맥을 이은 스승의 계통을 말한다. 사자상승 내지 사법전등은 이들의 계통에 의해 계계승승 이어지게 되며, 이 계보선상에 있는 문도들을 중심으로 문중의 성립을 보게 된다.

특히 선가에서의 사법전등은 의발전수·게송인가·임종게 전수 등의 다양한 방법으로 이어져왔는데, 이는 곧 법의 계승을 인정받는 일에는 반드시 스승이 필요하다는 사실을 반증해주는 불교고유의 법식이다. 선가의 이러한 독특한 사자상승의 가풍은 육조혜능 이후 중국과 한국불교사에서 선불교의 전성기를 불러왔으며, 승가의 문중형성에 직접적인 요인으로 작용했다.[208]

임제정맥의 정통성을 자부하고 있는 한국불교의 경우 법통·법맥과 선맥을 동일시해 온 것도 부인할 수 없는 사실이다. 문중형성이 대체로 선맥계통의 법맥선상에 있는 문도들을 중심으로 이루어져온 저간의 사정은 그 때문이다. 득도사와 사법사가 대체적으로 동일한 것도 문중의 성격을 규정짓는 요인의 하나라고 할 수 있다. 사법전등에 의한 법맥상전 내지 법통관계가 근·현대기를 거치면서 인맥구도에 의한 문중의식을 낳고, 현대불교사에서 야기된 교단 내 대다수의 분쟁이 문중간의 갈등에서 발생한 사실은 승려사회의 문중이 갖는 고질적인 병폐라고 할 것이다. 사법전등의 사실여부를 확인하는 기준이 깨달음, 곧 진리가 아닌 인맥에 의한 계보형성을 바탕으로 이루어지고 있는 현실이 오늘날 승려사회 문중의 자화상인 것이다.

한국 승가의 문중은 그렇듯 법맥의 연원과 그 뿌리를 같이하면서 인맥형성을 토대로 하고 있다는 사실을 알 수 있다. 법맥의 연원은 멀리는 석가모니 부처님 재세 시 사법제자인 10대 제자들을 중심으로 사법전등이 이루어

---

207) 퇴옹성철(1990), 『한국불교의 법맥』, 합천, 장경각(증보판), p.11.
208) 하춘생(2010), 「근·현대 비구니사의 전개와 문중확립」, 앞의 책, p.312

진 역사성에서, 가까이는 중국 선불교 개산 이래 오늘에 이르기까지 법통을 이어오고 있는 사자상승의 전통에서 찾을 수 있다. 중국의 선종법계는 사자상승의 이념에 의거해 장자중심의 사고를 가졌던 중국인들이 만들어낸 개념으로서, 성리학적 질서가 조선사회에 자리 잡게 되면서 조선후기 선종승려들에게 강한 영향을 끼친 것으로 볼 수 있다. 오늘날 한국불교의 법계를 말해주는 법통확립이 조선후기 청허휴정과 그의 문하들에 의해 이루어졌다는데 의심의 여지가 없기 때문이다. 이는 또, 조선후기인 17세기경부터 급속 확산되기 시작한 족보편찬과 문중의식 강화라는 사회적 현상과도 무관하지 않다는 점에서 일각에서는 '사조(思潮)의 편승'으로 보려는 시각도 없지 않다.[209)]

기실, 한국불교교단이 선가의 법통·법맥구조를 통해 불교의 정통성과 한국불교사 전반의 의의를 담보하고자 하는 경향이 현저한 것은 부인할 수 없는 사실이다. 선교의 다양한 종파들이 조선조 숭유억불에 의해 통폐합되면서 당시의 불교를 대표할 수 있었던 것은 오직 산중의 선문[조계선종] 뿐이었다. 하지만 종파의 통폐합과 혼재과정에서 사자상승의 원칙으로 삼아온 선가의 법맥은 어느새 매몰되고 만다. 법맥단절의 위기의식 속에서 어떤 형

---

209) 사료를 살펴보면 신라시대와 고려시대는 혈연집단이 존재하지 않았던 것으로 분석된다. 친손과 외손, 아들과 사위가 거의 차별 없이 집단을 형성했으며, 재산 또한 자녀균등상속에 의해 아들과 딸을 차별하지 않았다. 묘지명에 친손과 외손이 모두 기재된 것도 그러한 사회현상을 반증해준다. 씨족이 형성되기 시작한 것은 조선후기로 접어드는 16·7세기경부터이며, 17세기 중엽 이전까지는 재산상속에 아들과 딸의 차별이 없었다. 16세기 후반까지의 족보에 친손(친손의 친손)과 외손(외손의 외손)을 차별 없이 모두 기재하던 체제를 바꿔 외손기재의 범위를 제한축소하고, 자녀의 기재순위를 출생순위에서 선남후녀(先男後女) 순으로 바꾸게 된 연대도 모두 17세기경부터이다. 양자의 비율이 높아진 것도 17세기경부터이며, 자녀간의 윤행(輪行)·분담(分擔)의 제사가 없어지고 완전히 장남 단독봉행으로 옮겨간 시대도 17·8세기이다. 조선후기로 들어오면서 자리잡기 시작한 이러한 사회적 정서가 곧 문중형성으로 이어졌으며, 이에 따르면 문중의 초기형태는 16세기에 출현하고 보다 더 조직화된 것은 17세기로 보인다[최재석(1983), 「조선시대의 문중의 형성」,『한국학보』32, 서울, 일지사, pp.6~8]. 조선후기 당시의 이 같은 사회적 정서는 양반가의 문중형성을 촉진시켰으며, 숭유억불에 의한 종파통폐합에 따라 단절위기에 놓였던 법계체제를 다시 세우고자 했던 움직임이 바로 법통·법맥의 형성이었고, 이것이 바로 승가의 문중형성을 의미한다고 볼 수 있다.

식으로든 그것을 다시 수립하지 않을 수 없었던 까닭이 그것이다. 이 같은 선문의 전통을 이은 것이 바로 오늘날 한국불교교단인 것이다. 법통·법맥에 대한 관심이 지금까지 지대할 수밖에 없는 저간의 사정이 그와 같으며, 법통·법맥에 대한 관심 자체가 한국불교 역사과정의 한 반영인 것으로 이해할 수 있다.[210]

그에 따르면 조선조 법계보의 양대산맥을 이루고 있는 인물은 청허휴정과 부휴선수다. 청허의 법맥은 특히 편양언기·사명유정·정관일선·소요태능 등 4파가 주류를 이루었고, 부휴의 법맥은 벽암각성·고한희언 등 7파가 주류를 이루었다. 이들은 대체로 조선말기에 이르러 뚜렷한 인물을 배출하지 못해 소멸되었으며, '편양문중'이라고 불리는 편양언기의 법맥만이 오늘날의 정통법맥으로 계승되고 있다. 소요태능과 벽암각성의 법맥도 광복직후까지 명맥을 유지했으나 교단정화운동 당시 소요문중은 쌍계사와 대흥사에서, 벽암문중은 송광사에서 각각 몰락한 것으로 보인다.[211]

물론 법통 내지 법맥 자체가 문손들의 세계를 의미한다는 점에서 문중개념과 크게 다르지 않으나, 그래도 개화기 이전까지는 어느 정도 진리에 의거한 사법전등이 일정하게 우선되는 긍정적인 면도 없지 않았다. 하지만 이러한 법통관계마저도 일제강점기와 광복직후 정화운동기를 거치면서 오늘날 교단 내 인맥중심의 문중을 형성하는 단초를 제공했다. 근대기 경허성우와 용성진종을 태두로 하는 덕숭문중과 범어문중이 오늘날 비구문중을 대표하고 있는 현실은 그와 같은 역사성의 산물이다. 이들 비구문중은 일제강점기 교단의 왜색화 움직임에 따른 일련의 행보를 비롯해 광복직후 이른바 비구-대처승 분규당시 수적 열세에 따른 힘의 조직화, 통합종단 출범이후 종권을 둘러싼 지난한 내부갈등 등에 따른 이합집산 등의 현상들로 말미암아 법 중심의 사자상승, 즉 사법전등보다는 인맥을 토대로 한 가계 중심의

---

210) 이봉춘(1997), 「조선 후기 선문의 법통고-경허의 법맥계보를 중심으로」, 앞의 책, p.69
211) 박미연(2003), 「승려사회에서의 문중형성」, 영남대대학원 석사학위논문, pp.23~24.

문중으로 변질되기에 이른 것이다. 교단 내 작금의 문중 세력을 곱지 않은 시각으로 바라보는 까닭을 여기에서 찾을 수 있다. 이는 곧 비구니문중에 대한 접근이 조심스러울 수밖에 없는 배경이기도 하다.

비구니문중은 지금까지 살펴본 비구문중의 형성배경과는 성격을 달리한 다고 볼 수 있다. 오늘날 비구문중이 이전의 사법전등의 법통관을 토대로 하면서도 시대성을 대변하며 힘의 결집과 조직화 등의 필요성으로 문중을 이용한 일면이 없지 않다고 본다면, 비구니문중은 선대 스승들의 유훈을 받들어 수행과 교화에 힘쓰고자 하는 한편 선조의 기일이나 탄신일을 맞아 지손들의 조우를 촉(促)하기 위한 방편으로 문도회를 결성하고 문중을 형성 했다고 보기 때문이다.

비구니문중이 실질적으로 형성되기 시작한 것은 1970년대를 전후한 시기부터다. 근·현대기를 가르며 한국불교의 비구니승풍을 진작했던 대표적인 비구니 고승들[212]을 중심으로 은상좌연 계통에 있는 선대 스승의 기일이나 탄신일을 맞아 후손들이 한자리에 모이게 되면서 문도결집과 계보발간의 필요성, 그에 따른 문중형성의 급진전을 보게 된 것이다. 소박하면서도 비구니승가의 체계정립을 위한 다부진 결의였다. "마하빠자빠띠와 야소다라가 비구니로서 교단사에 이름을 드날린 이후 교단의 기나긴 역사 속에서 크고 작은 역할로 영고성쇠에 고락을 함께 했을 것이거늘, 한국불교 1,700여 년사 신라·고려·조선 어디에도 비구니 전등에 대한 기록이 없으니 실로 안타까움을 금할 길 없다"[213]는 자조와 "한 그루의 나무에도 근(根)·간(幹)·지(枝)·조(條)의 흔적이 있듯이 우리에게도 그 뿌리를 찾고 맥을 이어나가야 할 막중한 책임의 사명을 절감"[214]한데 따른 것이었다. 사자간의 인연과 법맥을 보존하고 수행에 피차 탁마하기를 바라며, 지손들의 흩어짐

---

212) 이와 관련해 하춘생(1998/2001), 『깨달음의 꽃』1,2권에 수록된 근대기 비구니 고승들을 참고할 수 있다.
213) 『법기문중계보』, p.5.
214) 『봉래문중계보』, p.8.

을 예방하기 위한 첫걸음을 내딛고자 한 결의가 곧바로 문중형성의 결실로 나타나기 시작한 것이다.

　비구니 문중형성의 순수한 동기부여는 법통·법맥을 계승하기 위한 사법전등의 개념과는 일정한 차이를 두고 있는 것도 사실이나, 일반사회에서든 불가에서든 문중형성의 본래 취지라고 할 수 있는 선조사들의 기제(忌祭)를 비롯해 길흉사협조와 질서수립이라고 할 수 있는 법계정립·후손교육 등의 보편적 기능을 그대로 답보하고 있다는 점에서 고무적인 현상으로 보는 것이 상례라고 할 것이다.

　비구니의 문중형성은 그렇듯 오늘날 비구문중이 보여주고 있는 모습과는 그 본질을 달리하고 있다는 사실을 알 수 있다. 물론 비구 중심의 교단운영 체계이다 보니 비구니문중의 부정적 요소가 수면 위로 부상하지 않는 현상으로 보는 시각도 없지 않다. 일각에서는 1970년대 우리 사회에 여성학이 본격 도입되면서 여권신장에 대한 의식이 일기 시작한 현상의 하나로 보아, 17·8세기 문중의식 강화라는 사회적 현상이 당시의 비구승단에도 반영되었던 것처럼 단순한 '사조(思潮)의 편승'으로 보는 경향이 있는 것도 부인할 수 없다.

　하지만 비구니의 문중형성이 단순히 사회적 현상을 반영한 사조의 편승으로만 볼 수 없는 이유는 분명하다. 단지 교단참정에서 벗어나 있다고 해서 그들의 부정적인 요소가 드러나지 않는다고 보는 시각도 현실을 곡해하는 일면이 크다고 하겠다. 이와 관련해서 1970년대 이후 최근 30~40년 사이 은상좌연의 세계를 중심으로 문도결집과 이를 통한 문중형성이 급속 확산된 배경을 살펴볼 필요가 있다. 비구니의 문중형성을 단순히 비구문중을 통해 학습한 시각으로 족벌 내지 파벌 강화개념으로 치부하기에는 비구니의 위상정립은 시대적 요청이며, 교단 내 성차별에 따른 평등성 구현은 불교발전의 절대적 요인이라는 점을 간과해선 안 되기 때문이다. 더욱이 비구니의 문중형성이 현대기로 접어들면서 가시화된 사실은 비구니의 위상이 그만큼 강화되었다는 반증이라고 볼 수 있다. 비구니의 문중형성을 강하게 추동한 교단 안팎의 동인(動因)에 관심을 가질 수밖에 없는 이유는 그 때문이다.

이에 문중성립의 배경이라고 할 수 있는 비구니승가의 급속성장 원인을 분석하면 다음 몇 가지로 정리할 수 있겠다. 교단내적으로는 비구니의 위상증대 차원에서의 고찰이고, 교단외적으로는 불교 또한 사회 속의 한 분야라는 점에서 사회적 현상에 따른 원인분석이다.

먼저 비구니의 위상증대 차원에서 그 배경을 살펴보면 첫째, 비구니의 수적 증가를 들 수 있다. 숭유억불에 따른 조선후기 산중불교시대를 거치면서 약화되었던 출가양중의 수적 열세는 개화·근대기를 거치면서 점차 증가추세를 보였다. 일제강점기 평균 7천여 명이었던 출가승려의 숫자는 광복 이후 일정한 증가세를 보이다가 최근 들어 미세한 감소현상을 보이고 있다. 현재 대한불교조계종의 승려 수는 사미(니)를 포함해 1만4천여 명 안팎으로 집계되고 있다. 이러한 통계흐름에서 재미있는 사실은 출가양중의 수적 비율로 볼 때 비구의 숫자는 큰 변동이 없는 반면, 일제강점기 15% 안팎에 불과했던 비구니의 비율이 광복이후 꾸준한 성장세를 보이면서 지금은 거의 출가양중 절반의 비율로 급성장했다는 것이다. 비구니의 수적 성장은 교단 내에서의 역할이 그만큼 커질 수밖에 없다는 반증이며, 각 분야에서의 다양한 역할은 비구니의 위상강화로 직결된다고 할 수 있다.[215]

---

215) 대한불교조계종 출가승려의 연도별 통계수치는 <표>와 같다. 비구·비구니의 수치는 사미·사미니를 포함한 숫자이다.[출처: 『조선총독부통계연보』(1920~1942), 『한국종교총람』(주간종교사, 1973.1.20.刊), 『한국종교연감』(한국종교사회연구소, 1996~1997), 조계종통계자료(www.buddhism.or.kr>종무자료실)]

년도	승려 수			사찰 수	년도	승려 수			사찰 수
	비구니	비구	총계			비구니	비구	총계	
1925	869	6,133	7,002	885	1972	5,153	8,251	13,404	1,255
1935	986	5,932	6,918	1,337	1996	5,444	6,022	11,466	2,024
1940	1,036	5,621	6,657	1,326	2005	6,220	6,815	13,035	2,368
1942	1,030	5,795	6,825	1,326	2008	6,525	7,335	13,860	2,501

둘째, 비구니 법계와 관련해 은상좌연의 사자관계를 비롯해 선맥·강맥·율맥을 의미하는 지선(持禪)·지혜(持慧)·지율(持律)의 분야에서 괄목할 만한 성장을 보인 것도 문중성립의 한 배경으로 작용했다고 볼 수 있다. 본문 제Ⅲ장에서 이미 고찰한 바와 같이 지선·지혜·지율의 분야에서 독립적인 법맥구도를 형성함으로써 수선행각을 통한 활발발한 선풍호지활동과 강학전등·율맥전수 등의 세계를 계승해오고 있는 현실이 그것이다. 그렇듯 삼학분야에서 비구니 계보를 형성할 정도로 영향력 있는 비구니의 수적 증가는 수행자로서의 위의는 물론 비구니승가의 위상증대를 말해준다고 볼 수 있다. 아울러 득도사와 사법사를 아우르는 은상좌연의 사자관계는 오늘날 문중형성의 근간을 이루었다.

셋째, 광복직후 1950년대에 전개된 교단정화과정에서 비구니들의 괄목할 만한 활약은 오늘에 이르면서 교단 내 비구니의 위상을 한층 드높였다고 할 수 있다.216) 1954년 9월 28일~29일 선학원에서 열린 제2차 전국비구승대회에 비구니 30명(비구 116명)이 참석한 것을 비롯해 그해 10월 6일 개최된 제3차 전국비구승대회에는 비구니 221명이 참석해 비구 211명을 넘어섰다. 그해 12월 11일~13일에도 500여 명의 비구·비구니들이 참석한 가운데 전국비구·비구니대회를 개최하고 경무대 앞에서 시위행렬을 이루며 정화를 주창했는데, 이때 몇 백 명의 비구니가 참석해 비구의 두 배를 넘어섰다.217) 당시 치안국에 제출된 불교정화대책안에 명기된 승려명단을 보더라도 비구니가 441명을 차지해 비구 366명보다 많았다.218) 또한 1954년 11월

---

216) 근·현대기 교단정화운동과 비구니의 활약에 대한 연구는 황인규(2008)의 「근·현대 비구니와 불교정화운동」(『불교정화운동의 재조명』, 조계종교육원 불학연구소, pp.267~308)과 이 논문을 윤문가필해 2011년 출간한 단행본의 부록에 실린 「근·현대 비구니와 정화운동」(『조선시대 불교계 고승과 비구니』, 혜안, pp.392~423)을 참고할 수 있다. 정화운동 당시 비구니의 활동상을 살필 수 있는 자료집으로는 한국불교승단정화사편찬위원회가 1954년 8월 24일부터 1955년 8월 16일까지 358일간의 자료를 모아 1996년에 간행한 『한국불교승단정화사』가 있다.
217) 「경향신문」, 1954.12.15, 「비구승들 시위, 13일 경무대 앞에서」.
218) 1950년대 교단정화운동에 적극 참여했던 비구니계 대표인물은 금룡·수옥·법일·인홍

3일 열린 임시중앙종회에서 종회의원 50명 가운데 비구니 10명[219]이 처음 정식 종회의원으로 선출되고 비구니가 교구본사 주지에 최초로 임명[220]되는 등 교단참정과 정화불사에 적극 참여하는 모습을 보여 정체성과 주체성을 확보한 것은 매우 특기할만한 사실(史實)이다. 비구니들의 이 같은 집단적 응집력은 이후 지금까지 있어왔던 수차례의 종단개혁과정에서 매번 역량을 과시하는 저력으로 작용해왔다. 비구니승가의 결집력은 1968년 2월 최초의 전국비구니조직인 '우담바라회'의 발기와 1985년 9월 우담바라회의 정신을 계승한 '전국비구니회'의 창립으로 나타났다.[221] 성격은 좀 달리하나 세계 최초의 비구니종단인 대한불교보문종이 1972년 4월에 창립된 것도 비구니의 결속력을 보여준 일면이었다. 독립적인 위상확보와 함께 오늘날 문중형성으로 결실을 보이고 있는 비구니승가의 역사성이 그와 같다.

·혜춘·성우·연진·혜운·자호·묘전·묘찬·덕수·보인·정화·법령·법형·제석·쾌유·김정행·도련 등을 들 수 있다.(한국불교승단정화사편찬위원회(1996), 『한국불교승단정화사』)

[219] 비구니 3대 강백으로 이름난 금룡·수옥을 비롯해 인홍·혜춘·성우·연진·혜운·자호·묘전·묘찬 등 10명이다. 1955년 8월에는 혜옥·수옥·정행·법일·인홍·성우·혜진 등 7명이 종회의원으로 선출되었다. 한국불교승단정화사편찬위원회(1996), 『한국불교승단정화사』, p.110, p.651.

[220] 성문이 1955년 비구니로서 최초로 교구본사인 팔공산 동화사 주지에 부임했다. 총무부장 인홍, 교무부장 법일, 재무부장 정안이 임명되었다. 비구니의 본사주지 취임은 정화운동의 공로를 인정받은 결과로서 비구니계는 동화사를 전국비구니총림으로 개설하고자 했으나 종단사정으로 청도 운문사와 맞바꿨다[본각(2007), 「원허당 인홍선사와 비구니승가 출가정신의 확립」, 『한국 비구니의 수행과 삶』, 전국비구니회, p.329]. 광호도 전국비구니계의 추천으로 1956년 조계산 선암사 주지에 부임했다[하춘생(1998), 『깨달음의 꽃』, pp.161~162].

[221] 우담바라회는 전국 비구니들의 조직적인 최초 모임이다. 1968년 2월 발기 당시 발기위원회는 3대 강령으로 ①비구니총림 건립 ②포교의 합리화 ③복지사회건설을 내세웠다. 1971년 공식 발족하고 1985년 9월 5일 석남사에서 「대한불교조계종 전국비구니회」로 재결성되어 오늘에 이르고 있다. 광우(서울 정각사 회주)가 회장 재임시절인 1998년 9월 10일 '전국비구니회관 법룡사' 기공식을 갖고 2003년 8월 19일 개관기념법회를 봉행함으로써 비구니승가의 독립적 위상을 확보했다. 최초 발원한 3대 강령 가운데 포교의 합리화와 복지사회건설은 오늘날 비구니승가가 보여주고 있는 가장 모범적인 실천사례로 평가받고 있으나, 비구니총림의 건립을 비롯해 비구와의 동등한 참정권 확보 등은 여전히 숙제로 남아 있다.

넷째, 1980년대까지 비구선승들의 목소리가 절대적인 영향력을 끼쳤던 최상승 수선주의(修禪主義)에 대한 절대적인 권위가 흐려지기 시작하면서 비구들이 주도하던 승단이 오랫동안 보여 온 부패와 권력투쟁에 대비되어 비구니들의 수행이 상대적으로 강하게 부각된 점을 들 수 있다. 특히 현대 한국사회가 전통사회와 결별하면서 사원이란 인적자원과 물적자원이 함께 존재하는 곳이고 이것을 잘 경영하는 것이 중요하다는 사실을 점차 인식하게 되면서 엄격한 계율과 단정한 수행태도 자체를 재인식하는 계기가 되었다.222) 이는 곧 종교의 사회적 역할에 대한 중요성을 인식하는 계기가 되었고, 불교고유의 출가정신에 기반한 사회적 위상과 역량강화에 비구니들의 역할이 상당히 부각되었다는 점을 말해준다.

다음으로 문중형성에 일정한 영향을 끼칠 수 있는 요인으로서 비구니승가가 급속성장하게 된 사회적 배경이 무엇인가에 대한 고찰이다. 이와 관련해 조은수는 현대기 비구니승가의 급속성장의 원인을 여성주의적 시각에서 고찰한 논문을 발표한 바 있다. 조은수는 한국의 비구니승가가 최근 괄목할 만한 성장을 보인 원인을 여섯 가지로 나누어 정리하고 있는데, 비구니의 문중형성이 던져주는 시대적 배경과 공유되는 내용이 있어 그 핵심만을 간추려 옮긴다.223)

첫째, 1970년대 이후 급속한 경제발전에 따라 한국승가의 경제력도 빠르게 개선됨으로써 내적으로는 비구니들에게 수행인으로서 그리고 포교자로서 스스로 자신감을 갖게 하였고, 외적으로는 수행과 대사회적 활동의 깊이와 폭을 넓히게 되어 외적신뢰의 기반을 확대하는 계기가 되었다는 점을

---

222) 조은수(2010), 「한국의 비구니교단에 대한 여성주의적 고찰」, 『불교평론』42, 서울, 만해사상실천선양회, p.176.
223) 조은수(2010), 「한국의 비구니교단에 대한 여성주의적 고찰」, 『불교평론』42, 서울, 만해사상실천선양회, pp.175~178. 이 논문은 2004년 5월 20일~22일 안양 한마음선원에서 개최된 국제학술회의 '동아시아의 불교전통에서 본 한국 비구니의 삶과 수행'의 컨퍼런스 프로시딩에 실린 「서문에 대신하여」라는 제목의 글을 수정 보완해 2010년 3월 1일 발행한 『불교평론』제42집에 재게재한 것이다.

들 수 있다.

둘째, 한국사회가 다변화하고 거대화되면서 승가도 대규모 조직체로 확장되기 시작함으로써 안으로는 전법과 대중교화의 중요성이, 밖으로는 근대 한국승가의 수행제일주의 아래에서 거의 무시되어왔던 종교적 이타행과 대사회적인 역할 등의 문제점들이 새로이 제기되었다는 사실이다. 승가에 대한 이러한 기대는 비구니들의 내·외적 복지구현을 불러왔다.

셋째, 근대 한국사회에서 여성의 역할과 지위가 급격히 제고됨에 따라 이런 변화가 비구니의 위상에도 큰 영향을 준 것을 들 수 있다. 종교가 사회를 리드하거나 적어도 발맞춤 정도는 할 수 있어야 한다는 압박감 속에서 일반인들이 불교를 구식이고 봉건적이며, 정치적으로는 보수적이고 의식은 권위적이라고 보는 시각을 교정하려는 노력의 일환으로서 불교계도 이러한 경향에 참여하고자 모색하게 된 것이다.

넷째, 전통적으로 대가족사회를 지향하던 한국이 핵가족적 가족사회로 변화하고 육아와 교육에 대한 관심이 높아지는 추세 속에서 가정과 개인 간의 심리적이고 감정적인 갈등에 대해 보다 더 잘 공감하고 그러한 문제의 미세함을 읽을 줄 아는 여성성직자[비구니]들이 신도들과 제자들과의 의사소통에 보다 성공적이고 설득력을 가지게 되었다는 점이다.

이러한 분석은 1970년대 이후 여성인권이 신장되고 그 역할이 확대되었던 한국사회의 전반적인 변화가 비구니의 위상강화는 물론 문중형성에도 일정한 영향을 끼쳤다는 사실을 알게 해준다. 그렇듯 근대기 이후 현대기로 접어들면서 비구니의 역동성은 자발적 의지와 사회적 추동에 의해 더욱 강화되었으며, 교단 내에서의 사회적 지위 또한 점차 향상되고 있다는 점을 말해준다.

기실, 비구니승가의 위상강화와 문중형성은 현대적 가치와 전근대적 형태라는 점에서 서로 대척관계라고 볼 수 있다. 하지만 문중형성을 단지 전근대적 족벌 내지 파벌강화 수단으로 부정하기에 앞서 대사회적 역량강화와 교단 내 평등성 구현에 일정한 역할을 담보하는 방안으로 작용된다면, 비구니승가의 역사성을 돌아보는 입장에서의 문도 결집은 당위론적 사회현상으로 정의할 수 있다. 오늘날 한국사회에서 비구니들이 보여주고 있는 수행과 교화, 복지와 다양한 문화활동 등을 통한 포교확산, 청정도량 가꾸기 등의 면면을 보더라도 비구니의 문중형성이 힘의 조직화를 배경으로 하고 있는 비구문중의 경우와는 궤를 달리하고 있다는 점을 확인할 수 있기 때문이다.

2. 문중개요와 개창연대

현대기로 접어들면서 은상좌연 계통의 문도를 결집해 독자적인 문중을 형성한 사실은 비구니승가의 독립적인 체계와 법맥상전을 담보할 수 있는 매우 고무적인 사례로 지목된다. 비구니의 문중형성은 근·현대기를 가르는 세기연간에 당대를 풍미한 기개 높은 비구니들과 그들의 유지를 계승한 후학들을 주축으로 문도결집과 그를 통한 문도회를 결성하면서 비로소 그 성립을 보았다.

비구니문중의 성립은 비구문중에 대한 부정적 시각이 강한 현상과는 달리 지율(持律)·지선(持禪)·지혜(持慧)의 삼학을 계승하고, 나아가 가장 이상적인 사제지간을 상징하는 줄탁동시(啐啄同時)[224]의 사자관계를 통해 세

---

224) 병아리가 달걀 안에서 장차 나오려고 쪼는 것을 '줄', 병아리가 나오려고 쪼아댈 적에 어미닭이 밖에서 때맞춰 달걀을 쪼아주는 것을 '탁'이라 하는데, 줄탁동시는 이 두 가지 일이 동시에 행해진다는 뜻이다. 몇 가지로 의미를 부여하고 있는데, ①선가에서 두 사람의 대화가 서로 응하는 일 ②사제간의 인연이 어느 기회를 동시에 맞아 더욱 두터워지는 것 ③놓쳐서는 안 될 좋은 시기 ④가장 이상적인 사제지간을 지칭하는 것 등이다. 『벽암록』제16칙 본칙에 있는 공안이다. 어떤 스님이 경청도부(鏡淸道怤, 866~937)스님에게 물었다. "학인이 줄을 하겠으니, 스님께서는 탁을 해주십시오(擧僧問鏡淸. 學人啐. 請師啄.)" 이에 대해 평창에서 다음과 같이 부연했다. 경청도부스님은 설봉스님의 법을 이어받았으니 본인·현사·소산·태원부 등과 같은 시대의 인물이다. 처음 설봉스님을 뵙고 종지를 얻은 뒤 항상 줄탁의 기연으로 후학을 일깨우니 근기에 딱딱 맞

계를 형성한 특징을 보이고 있다는 점에서 긍정적 역할에 대한 일정한 기대치를 부여받고 있다. 다만 본문 제Ⅲ장에서 고찰한 바와 같이 선풍호지를 위시해 강학전등과 율맥전수 등 사법전등의 계맥이 엄연히 존재하고 있음에도 불구하고 오늘날 문중성립이 대체로 은상좌연의 득도사 계통으로 이뤄진 것은 비구니승가가 향후 풀어가야 할 숙제이다. 즉 강맥과 율맥의 전등법계가 근대기 이후부터 현재에 이르기까지 호지되고 있는 것처럼 은상좌연의 득도사 계통을 중심으로 형성된 문중세계를 앞으로는 지율·지선·지혜의 사법관계로 구분한 전등방식으로 전환해야 한다는 것이다. 이러한 과제는 작금의 비구문중에게도 별반 다르지 않게 적용된다는 점에서 승가의 법통·법맥구도에 대한 종합적인 검토와 제고가 요구되는 현실이다.

여하튼 오늘날 독립적인 세계를 형성하고 있는 비구니문중은 대체로 10여 개 정도로 파악되고 있다. 물론 대한불교조계종 중심의 비구니문중을 일컫는다.225) 이들은 각각 자파의 초조 내지 개창조를 세워 『문중계보』를 정리하고 세계를 잇고 있는데, 그에 의거해 현황을 대별하면 청해·계민·법기·삼현·수정·봉래·보운·육화·실상·일엽문중과 보문종문중 등이 그들이다. 비구니문중의 이 같은 현황은 비구문중과 비교해 결코 소외될 수

추어 설법했다. 그는 대중법문에서 이르기를 "무릇 수행하는 사람이라면 줄탁동시의 안목을 갖추고 줄탁동시의 작용이 있어야만 바야흐로 납승이라 일컬을 수 있다. 이는 마치 어미닭이 쪼려 하면 병아리도 쪼지 않을 수 없고, 병아리가 쪼려고 하면 어미닭도 쪼지 않을 수 없는 것과 같다"고 했다(鏡淸承嗣雪峰. 與本仁玄沙疏山太原孚輩同時. 初見雪峰. 得旨後. 常以啐啄之機. 開示後學. 善能應機說法. 示衆云. 大凡行脚人. 須具啐啄同時眼. 有啐啄同時用. 方稱衲僧. 如母欲啄. 而子不得啐. 子欲啐. 而母不得啄).

225) 비구승가와 함께 출가양중의 한 축인 비구니승가가 독립적인 세계와 문중을 형성하고 있는 종단은 대한불교조계종이 유일하다. 물론 재단법인 선학원을 포섭하고 있다. 세계유일의 비구니종단인 대한불교보문종을 창종한 긍탄·은영의 계맥을 잇고 있는 보문종문중도 독립적인 비구니문중에 해당하나 현실적으로는 조계종에 포섭되어 있는 관계로 본 저술에서는 조계종 비구니승가의 일원으로 수용했다. 태고종은 비구와 비구니간의 은상좌연을 자유의사에 맡기고 있으나 대체로 비구를 은사로 모시는 관습이 일반화되어 있다. 이외 기타종단의 비구니도 대체로 당해종단의 비구를 은사로 모시는 관습 내지 제도적 장치에 의해 비구니승가의 독립적인 세계 내지 문중형성과는 거리가 멀다고 할 수 있다.

없는 비등한 면모를 자랑한다고 할 수 있다. 이밖에 문도 형성으로 보기에는 미흡하나 대표인물 내지 단위사찰 중심으로 독립적인 세계를 이어오고 있는 몇몇의 기타문중도 산재한다. 하지만 이들 기타문중은 초조 내지 그 이후의 구체적인 세계를 파악하지 못한 일면을 갖고 있다.

각 문도회가 발행한 『문중계보』와 필자가 당해문중의 주요 비구니들을 직접 취재한 내용에 의거해 각 문중과 당해문중의 초조 내지 개창조의 연대 등을 살펴보면 다음과 같다. 각 문중별 개창조의 연대는 최초로 문중형성의 전기와 토대를 제공했던 근대기 비구니 고승들[226]의 연보를 기준으로 세대를 역산해 산출해낸 것이다. 『문중계보』에서 개창조의 시기를 알게 해주는 은·계사 내지 사적(史的)정황을 밝히고 있는 청해문중과 계민문중을 제외한 여타문중의 개창연대는 필자의 구명(究明)에 따른 것이다.

비구니문중 가운데 그 기원이 가장 빠른 청해문중은 고려후기(14세기 후기) 금강산 유점사에서 중국의 취진쌍운(翠眞雙運)을 은사로, 나옹혜근(懶翁慧勤, 1320~1376)을 계사로 득도수계한 도한(道閑)과 대유(大宥)의 계통을 계승하고 있다.[227] 도한계통으로 청암사 백련암·경기 의정부 석림사·동화사 내원암·경북 상주 용흥사 등 4개 계열, 대유계통으로 해인사 약수암 1개 계열 등 다섯 계열이 계파를 형성한 가운데 세계를 이어오고 있다.

계민문중은 조선조 제16대 인조(재위년도 1623~1649) 때 경북 영천 은해사로 출가한 계민(戒珉)의 세계를 잇고 있는데, 문도들은 계민의 신분을 17세기 중반기의 왕실여인으로 추정하고 있다.[228]

법기문중은 근세의 인물인 대원(大願)을 초조로 삼아 그 세계를 계승해오고 있다.[229] 이후 충휴를 문중 제2대조로 모시고 처금(處金)과 창섬(昌暹)

---

226) 하춘생(1998/2001), 『깨달음의 꽃』1,2권에 수록된 근·현대기 대표적인 비구니 고승들을 말한다.
227) 『청해문도계보』, p.2.
228) 『계민문중계보』, pp.1~2.
229) 『법기문중계보』, p.6.

을 제3대조로 삼아 계통을 잇고 있으며,230) 이들 3대조를 중심으로 다시 4개 계열로 분파되어 오늘에 이르고 있다. 창섬은 복전암계열의 선조사이고, 처금은 청룡사·석남사·미타사(금수암)계열의 선조사이다. 전하는 사료에 따르면 법기문중 초조의 연대는 18세기 후반기에서 19세기 전반기의 인물로 보인다.231)

---

230) 처금과 창섬은 『법기문중계보』 초판(1984.12.20)과 증보판(1994.9.20)에서는 초조로 수록된 인물이다. 법기문중은 최근에 개정증보판(2008.9.15)을 발행하면서 초조와 2대를 각각 대원과 충휴로 배대하고 처금·창섬을 3대로 수정·명기했다. 이는 아마도 문중을 구성하고 있는 계열계파의 본찰연혁에 의거해 교정한 것으로 보인다. 그런데 초조 대원의 연보와 관련해 『법기문중계보』의 간행사에서는 근세의 인물로 밝히고 있는데 반해, 책 말미에 수록한 문중계열의 일파인 미타사(금수암)계열의 본찰연혁에서는 신라 선덕여왕(재위 632~647) 대의 인물인 것처럼 명기하고 있다. 대원이 어명에 의해 선덕여왕 7년(638)에 미타사 금수암 창건에 착수했으나 불사를 끝내지 못하고 입적하자 충휴가 불사를 이어 낙성했다고 기록하고 있기 때문이다(『법기문중계보』, p.244). 이는 일설로 전하는 내용과 사료의 기록을 정치하게 대조확인하지 못한 결과가 아닌가 생각된다. 문중계열의 또 다른 일파인 청룡사계열의 본찰이 되는 서울 숭인동 청룡사 사지에 따르면, 이 절의 주지를 역임한 처금은 대체로 18세기 후반기에서 19세기 전반기의 인물로 보이기 때문이다. 『법기문중계보』에서도 처금은 충휴를 은사로 득도했다고 밝히고 있어 충휴와 그의 은사이자 문중초조인 대원의 연보를 신라 선덕여왕 대로 올려 보는 것은 신빙성이 없어 보인다. 따라서 문중초조인 대원과 3대 처금·창섬의 연대는 근세로 보는 것이 보다 더 정확성이 있다고 하겠다. 좀더 사실적(史實的)인 연구는 향후과제로 남긴다.

231) 법기문중 초조인 대원의 연보에 대해서는 문중계열의 일파인 미타사(금수암)계열의 사찰연혁을 참고할 수 있다. 앞의 각주에서 서술한 바와 같이 대원이 638년(선덕여왕7)에 미타사 금수암을 창건했다는 『법기문중계보』의 기록과 관련해서 미타사 창건에 대한 다음과 같은 또 다른 이야기도 전한다. 사찰에 내려오는 일설에 따르면 미타사는 888년(신라 진성여왕2)에 비구니 대원이 금호동 골짜기에 창건했다고 전하며, 1115년(고려 예종10)에 봉적(奉寂)과 만보(萬寶)가 지금의 종남산으로 옮겨 극락전을 창건했다고 한다. 하지만 1943년 안진호가 편찬한 『종남산미타사약지』에 따르면 미타사는 19세기 초반에 무량수전을 처음 지은 사실이 가장 오래된 기록이다. 1827년(순조27)에 쓰인 『종남산미타사무량수전초창기』를 보면, 1824년 3월 비구니 대원이 무량수전을 짓기 시작했는데, 3년 만에 갑자기 입적하자 그의 상좌 환신(幻信)이 뒤를 이어 1827년에 불사를 완성하고 사찰의 모습을 일신했다고 한다. 『종남산미타사약지』에 의하면 1884년(고종21)에 비구니 봉적과 취희(就羲) 등이 대방을 새로 짓고, 1897년(고종34)에 비구니 만보가 칠성전 개금중수와 불화를 조성했다는 기록을 확인할 수 있다. 또한 1911년 비구니 원만(圓滿)과 묘정(妙定)이 화주해 중종을 조성하고, 1915년 치해(致海)가 괘불을 조성하고, 1918년 조상종(趙尙鍾)이 전경각(全敬覺) 등 여섯 비구니와 함께 양주군 별내면 산곡리의 토지 2,689평을 매입했다는 기록도 볼 수 있다. 이에 따르면 봉적과 만보가 1115년(고려 예종10)에 대원이 금호동 골짜기에 지은 미타사를 지금의 종남산으로 옮겨 극락

삼현문중은 제1세 염평(念平)과 제2세 만선(萬善)을 개창조로 추앙하고 있고,232) 수정문중은 제1세 관선(觀先)과 제2세 능행(能行)을 개창조로 삼고 있다.233) 삼현문중과 수정문중 개창조의 연대는 같은 시기인 18세기 중·후반기로 추정된다.

봉래문중은 최선(最善)과 최상(最祥)을 초조로 하여 세계를 잇고 있으며,234) 보운문중은 제1세 윤함(允咸)·제2세 선유(善有)·제3세 정엽(靜燁)을 개창조로 삼아 법맥을 계승하고 있다.235) 봉래문중과 보운문중 개창조의 연대추정은 19세기 전반기로 동일하다.

육화문중은 제1세 국인(國仁)과 제2세 보학(普學)을 개창조로 삼고 있는데,236) 18세기 초·중반기의 인물로 추정된다. 육화문중은 제7세 유활(有活)의 유풍을 기리는 유활문도회가 별도의 '문중 속의 문중'으로 분파되어 세계를 잇고 있다.237)

전을 창건했다는 일설은 정황상 전후가 맞지 않아 단지 일설에 지나지 않을 개연성이 높다. 『법기문중계보』에 따르면 봉적은 대원-충휴-창섬-유증의 법계를 이은 복전암계열의 문중 제5대손으로서, 문하에 성기·만보·치해를 제자로 두었다. 이 가운데 만보는 상종(相宗)을 제자로 두었고, 치해는 원만을 제자로 두었다. 여기서 미타사약지에 수록된 조상종이 계보상의 상종과 동일한 인물인지의 여부가 관건이다. 다행히 동일한 인물로 볼 수 있는 정황이 있는데, 문중일원인 서울 월계동 기원사 수지 지연(知衍)의 계보에서 확인할 수 있다. 한국비구니연구소가 2007년 5월에 발행한 『한국비구니명감』 (p.463)에 따르면 지연은 '상종(尙鍾)'문중에 소속되어 있다. 지연의 계보는 『법기문중계보』 초판(1984.12.20)과 증보판(1994.9.20)에서는 빠져 있었는데, 최근 개정증보판(2008.9.15)에 수록되면서 지연의 노사(老師)로 '상종(相宗)'이 배대되었다. 이로보아 尙鍾(상종)과 相宗(상종)은 동일인물인 것으로 볼 수 있다. 정확한 한자명의 확인 작업이 요구되는 대목이다. 이상에서 살펴본 내용을 토대로 계보상의 세계를 역산으로 계산하거나 미타사약지에 기술된 구체적인 연보를 참고해 분석해보면 법기문중이 초조로 모시고 있는 대원은 대체로 18세기 후반기에서 19세기 전반기의 인물로 보는 것이 옳을 듯싶다. 『종남산미타사무량수전초창기』에 보이는 대원의 상좌(환신)와 『법기문중계보』에 수록된 대원의 상좌(충휴)가 서로 다른 것은 숙제로 남는다.

232) 『삼현문보』, p.6.
233) 『수정문중계보』, p.4.
234) 『봉래문중계보』, p.14.
235) 『보운문중계보』, 「서문」.
236) 『육화문중계보』, p.5.

실상문중은 만공의 친가 모친인 의선(義善, ?~1923)을 문하에 두면서 비로소 문도번창의 전기를 마련한 문도로서, 제1세 실상(實相)과 제2세 순동(順同)을 개창조로 삼고 있다.238) 제3세 의선의 연보를 기준할 경우 실상문중의 개창조는 19세기 중반기의 인물로 보인다.

일엽문중은 근대 신문학 초창기 신여성운동을 주도하며 여성개화운동에 앞장선 여류문인으로서 금강산 서봉암에서 이성혜(李性慧)를 은사로 출가한 뒤 다시 만공문하로 득도수계한 일엽(一葉, 1896~1971)의 계통세계를 말한다.239)

종단개념차원에서는 대한불교조계종과 그 체계를 달리하고 있으나, 현실적으로는 조계종에 포섭되어 운영되고 있는 종단이 세계(世界) 유일의 비구니종단인 대한불교보문종이다. 보문종문중은 서울시 성북구 보문동에 위치한 보문사를 총본산으로 삼아 1972년 창종한 보문종에 기반을 두고 창종주역인 긍탄(亘坦)을 비롯해 상수제자 은영(恩榮)과 그의 항렬계통을 중심으로 내려오고 있는 계보이다.

3. 문중형성과 계보현황

비구니문중은 비구문중이 법통 내지 법맥관계를 불교의 전파경로를 거슬러 중국 선불교와 인도의 초기불교로까지 연계해 전등법계를 세운 것과는 달리, 한국불교사 안에서 자파문도들에 의해 공인된 법계관계를 산출해 초조 내지 개창조를 세우고 이후의 법계보를 전승해왔다는 특징을 보이고 있

---

237) 하춘생(1998), 『깨달음의 꽃』1, p.123.
238) 『실상문도계보』, p.1.
239) 이와 관련해서는 하춘생(1998), 『깨달음의 꽃』1(pp.67~86)과 문도와 법손들이 중지를 모아 일엽의 입적 30주기 추모사업의 일환으로 시송·법어·선문 등을 한데 묶어 간행한 김일엽(2001), 『일엽선문』(서울, 문화사랑)을 참고할 수 있다.

다. 모든 비구니문중이 대체로 조선후기의 인물을 초조 내지 개창조로 세워 문중계보를 이어오고 있는 사실은 법계보가 인위적인 아닌 지극히 소박한 역사성에 기반하고 있다는 것을 확인해준다.

오늘날 비구니문중은 앞서 개요에서 밝힌 바와 같이 은상좌연의 법연관계를 맺고 있는 자파문도의 결집을 통해 확립된 10여개이다. 비구문중과 견주어 비구니문중의 비등한 위세를 엿볼 수 있는 교단현실에 부쳐, 본 절에서는 현대기에 들어와 비로소 확립된 비구니문중의 구명을 통해 각 문중의 연기와 성격, 종문본찰과 문중인연 등을 고찰하고 계보현황을 구체적으로 기술함으로써 비구니문중의 전체를 조망하고자 한다.[240]

다만, 각 문중별 은상좌연의 세계관계를 대체로 나열식으로 기술하고 있는 점은 본 연구의 한계이자 향후 과제임을 밝힌다. 비구니문중에 대한 연구가 처녀(處女)에 가깝고 연구의 1차 자료로 참고한 각 문도회의 『문중계보』가 전반적으로 정치(精緻)하지 못한 현실이 그 첫 번째 이유일 것이나, 비구니문중 연구에 보다 천착할 수 있는 직접적 동기를 부여하는 배경이기도 하다. 대체로 비구니승가 내지 당해 문중 안에서만 회자되고 있는 문중현황의 실체를 밝히고 산일(散逸)해 있는 단위문중을 한 곳으로 집중해 일별하는 것도 나름대로 의미 있는 작업이 될 수 있다고 판단하는 것은 그 때문이다. 비구니의 문중형성에 대한 전반적인 개념과 현황을 이해하고 보다 심화된 학문적 연구의 단초를 제공하는 일이 될 것이기 때문이다. 이와 관련해서 문중형성의 의의와 한계, 그 전망 등에 대해서는 본문 Ⅴ장에서

---

240) 본문에서 기술되는 문중별 세계는 각 문도회가 발행한 『문중계보』와 하춘생(1998/2001)의 『깨달음의 꽃』1,2권을 1차 참고자료로 삼았다. 필자가 교계 언론사 재직시절 「한국의 비구니」 제하의 기획기사를 연재할 당시 근대기 비구니 고승의 후학들로부터 직접 청취한 취재수첩과 그 이후 지속적으로 보강, 취재한 내용을 2차 자료로 활용했다. 문중형성의 전기를 제공한 근대기 비구니 고승들의 행적과 후학들의 증언 등은 연구에 큰 도움을 주었다. 본문 가운데 각 『문중계보』에 없는 일부 인물들의 세계와 일화·회고·구술증언 등은 그러한 필자의 직접취재에 따른 보강내용이다. 각 문중을 구명하는 과정에서 세계의 분파를 의미하는 '계통'과 '계열' 등의 구분은 복잡한 문중계보를 쉽게 이해할 수 있도록 필자가 독창적으로 연구·분류한 방식에 따른 것이다.

별도로 구명하고자 한다.

 문중계보를 서술하는 방식은 각 문중에 따라 계통이나 계열 또는 계파가 뚜렷이 갈라지는 세수[대수]를 기준 삼아 '계통'과 '계열'로 구분하고 각각 절로 나눴다. 초조 또는 개창조를 포함해 처음 분파되는 가장 상위의 세계는 '계통'으로 구분하고, 계통 이후의 세계가 다시 분파되어 각 계파를 형성하게 되는 세계부터는 '계열'로 구분했다. 각 문중에 따라서 어느 문중은 종문의 본찰 중심으로 계통 내지 계열로 나누고, 어느 문중은 세계를 대표하는 문도 중심으로 계통 내지 계열로 나누는 등 계통과 계열의 구분은 문중별 세계의 성격에 따라 기준을 달리 적용했다.

 문중계보를 구명하는 과정에서도 세계의 이해를 돕는다는 차원으로 법명과 함께 세수[대수]를 괄호 속에 표기했다. 따라서 각 문중의 세계를 서술해가는 과정에서 보이는 괄호 속의 숫자는 모두 당해문중의 세수[대수]를 나타낸다. 특히 은상좌연의 사자관계를 기술하면서 법(法), 법맥(法脈), 법계(法系), 계맥(系脈), 전등(傳燈), 사사(師嗣), 전승(傳承), 계승(繼承), 상전(相傳), 상승(相承) 등의 용어를 차용해 사용했다. 앞서 밝힌 바와 같이 문중세계는 대체로 은상좌연에 포섭되고 있다는 점에서 선맥·강맥·율맥 등의 전등법계가 뚜렷하지 않은바 사실이나, 선·교·율을 아우르는 사자관계라는 의미를 부여해 편의상 당해 용어들을 혼용해 사용했다는 점을 밝힌다.

 아울러 각 문중 말미에 문중 내력을 한눈에 이해할 수 있도록 당해문중의 핵심을 간추린 「문중개요」를 〈표〉로 정리해 수록하고, 문중계보를 계통-계열별로 상세히 기록한 「문중세계도(門中世系圖)」를 권말부록에 첨부했다. 본문의 문중세계와 계보현황을 구체적으로 기술하는데 전거 자료로 활용된 이 세계도는 각 문중별 전체구도와 분파세계를 한눈에 볼 수 있도록 세분화한 것으로서, 문중별 계보현황은 물론 법맥상전의 인연관계를 이해할 수 있는 자료적 가치를 톡톡히 던져줄 것이다.

1) 청해문중

가) 문중형성과 성격

청해문중(靑海門中)은 금강산 유점사에서 고려 말 나옹혜근(1320~1376)을 계사로, 중국의 취진쌍운(翠眞雙運)을 은사로 득도수계한 도한(道閑)과 대유(大宥)를 초조로 모시고 있는 대표적인 비구니문중이다. 문중기원은 초조의 계사가 되는 나옹화상의 생몰연대에 따라 14세기 후반기로 보이며, 이는 비구니문중 가운데 그 기원이 가장 높은 연대이다. 초조의 득도수계본사 인연관계에 따라 금강산 유점사를 종문의 구법종찰로 삼아 그 법맥을 계승하고 있다. 1960년 당시 문중의 원로비구니였던 도한계통 제6세인 기수(琪守)가 유점사에 『화엄경』 1질을 기증·봉안케 하면서 유점사에 대한 선조들의 구법종찰로서의 위의를 확인해주었다.

청해문중은 이후 1966년 6월 15일 해인사 약수암에서 계보편찬에 관한 자료수집을 숙의했다가 보류하고, 다시 1975년 5월 12일 청암사 백련암에서 청해문도회를 발기241)하면서 문중성립의 기초를 다졌다. 마침내 1985년 10월 27일 문중을 대표하는 혜춘(慧春)·장일(張一)·상덕(想德)·묘관(妙觀)·태구(泰具)·보각(寶覺)·성원(性元)·용운(龍雲) 등 50여 명의 문도가 모여 청해문도회를 발족하니, 비구니 청해문중의 공식 태동이다.242) 문도회는 당시 문중고문으로 근행(勤行)·장윤(長允, 이상 도한7세)·종덕(種德)·혜춘(慧春)·성원(性源)·상희(祥喜)·덕순(德順, 이상 도한8세)·보현(普賢)·학련(鶴蓮)·태구(泰具, 이상 대유8세) 등을 추대했다.243)

청해문중은 이후 1988년 부처님오신날인 음력 4월 초파일에 『청해문도계보』를 발행해 문중세계를 시방에 드러냈다. 『청해문도계보』는 문중세계의 순서를 석가모니 부처님으로부터 기산해 초조격인 도한과 대유를 제16

---

241) 『청해문도계보』, 「서문」.
242) 하춘생(2001), 『깨달음의 꽃』2, p.71.
243) 『청해문도계보』, 「서문」.

세로 기록하고 있다. 즉, 제1세 석가모니불-제2세 마하빠자빠띠-제3세 야소다라-제4세 월신(月信)-제5세 연주당(蓮住堂) 영보(永普)-제6세 정원(淨元)-제7세 자성당(自性堂) 신원(信源)-제8세 계순(戒順)-제9세 쾌헌(快軒)-제10세 수형(守亨)-제11세 청신(淸信)-제12세 성철(性哲)-제13세 고월당(古月堂) 대민(大敏)-제14세 각오(覺悟)-제15세 취진당(翠眞堂) 쌍운(雙運)까지의 계보를 일별하고 제16세 도한·대유부터 구체적인 세계를 정리하고 있다. 본 저술에서는 청해문중의 계보를 기술하는데 있어서『청해문도계보』의 표기방식을 따르지 않고 도한과 대유를 제1세로 환산해 이후의 세수를 적용했다.

청해문중의 명칭은 도한계통과 대유계통의 문도를 각각 대표하는 청암사 백련암계열과 해인사 약수암계열의 첫 글자를 차용한데서 유래한다.

나) 문중계보와 분파현황

청해문중은 청암사 백련암·경기 의정부 석림사·동화사 내원암·경북 상주 용흥사·해인사 약수암 등 다섯 계열로 문중을 형성하고 있다. 청암사 백련암·경기 의정부 석림사·동화사 내원암·경북 상주 용흥사 등 4개 계열은 도한(道閑)계통의 세계를 잇고 있으며, 해인사 약수암계열은 대유(大宥)계통의 세계를 계승하고 있다. 도한계통에서 청암사 백련암·석림사·동화사 내원암 등 3개 계열은 도한의 맏상좌 계밀(戒密)의 법맥을, 용흥사계열은 도한의 둘째 상좌 의밀(議密)의 법맥을 상전하고 있다.

(1) 도한계통의 세계

(가) 청암사 백련암계열

①백련암과 문중인연

청암사 백련암계열은 초조 도한의 법을 이은 계밀의 다섯 상좌 상욱(尙旭)·성문(性文)·광우(光宇)·태일(泰日)·덕진(德眞) 가운데 첫째 상욱의 유일한 제자 우경(宇景)의 법을 계승하고 있는 계파이다. 계밀의 둘째 상좌인 성문의 세계도 이 계파에 해당한다.

도한계통의 문중 제4세인 우경은 앞에서 거론한 바와 같이 유점사에 『화엄경』 1질을 기증·봉안케 하면서 유점사에 대한 선조들의 구법종찰로서의 위의를 확인해준 기수(琪守)의 노스님이다. 우경이 문하에 법성(法性)·유안(有安)·치영(致永)·태선(泰禪)·법언(法彦) 등 다섯 제자를 두면서 백련암계열의 문도번성을 가져다주었다.

도한계통 제5세가 되는 이들 5명 가운데 특히 서울 대감집 자녀로 알려진 유안이 백련암에서 18세에 출가한 이후 67년간 수행정진에 힘쓰던 중 대중을 수용할 수 있는 규모의 암자 증축을 발원한 지 1년 만에 극락전을 비롯한 3동의 전각과 대방 21칸 곡수(穀櫢) 5칸으로 장대하고 아름답게 낙성하니 1906년 가을이다. 유안의 원력으로 중건되기 전 백련암의 사세는 초옥 몇 칸의 협소한 암자에 불과했다고 한다. 당시 암자증축에 기부한 금액은 유안의 9천 냥[논3천평]과 유안의 발원에 감동해 불사에 동참한 회진(會眞, 도한4세: 동화사 내원암계열)과 초운(草雲)이 각각 화주한 1천 냥과 2백 냥 등 총 1만2백 냥에 달한다. 청암사 백련암이 도한5세인 유안의 발원에 힘입어 문중일파의 종찰로 자리매김하게 된 연원이 그와 같다.

②백련암계열의 문중세계

권말부록에 제시한 「청해문중 세계도」1에 의하면 유안의 사형이 되는 도한계통 우경문도의 맏상좌인 법성(法性, 5)은 기수(琪守)·기선(琪善)·선주(善周, 6) 등 3명의 제자를 두었다. 이들 중 첫째인 기수(6)는 도행(道行)·장윤(長允)·복만(福萬, 7)을 배출했고, 이들의 세계는 도행(7)-덕순(德順)·법천(法天, 8), 장윤(7)-성원(性元)·성일(性一)·성주(性柱, 8)-선현(善賢)·선재(善財, 이상 性一상좌, 9), 복만(7)-상룡(祥龍)·상덕(祥德)·상희(祥喜)·상원(相源)·상인(祥仁)·지선(志宣, 8)-지운(智雲, 상룡상좌)·재현

(在玄, 상덕상좌) · 명진(明珍, 상희상좌) · 보일(寶日) · 보림(寶林, 이상 상원상좌) · 지효(智曉, 상인상좌) · 선우(禪雨, 지선상좌, 9)로 이어져오고 있다. 기수의 법맥을 계승하고 있는 문도 가운데 장윤 · 덕순 · 상희 등은 문도결집의 일원으로 참가하면서 문중성립의 산파역할을 담당했다. 법성의 둘째 상좌 기선(6)은 홍민(洪旼, 7)-정오(正旿, 8)-혜진(慧眞, 9)의 계맥으로 내려오고 있다. 법성의 셋째 상좌 선주는 별도로 독립해 석림사계열의 세계를 형성했다.

도한계통 우경문도의 둘째 상좌인 유안(5)은 위성(爲成, 6)에게, 위성은 학선(學善, 7)에게 계맥을 전했다.

도한계통 우경문도의 셋째 상좌인 치영(5)은 단일제자 묘연(妙演, 6)에게 법을 전했고, 묘연은 충림(忠林) · 재흔(在炘) · 해탈(解脫, 7)을 제자로 두었다. 이들 가운데 충림이 문하에 정화(正化) · 정운(正芸) · 세진(世鎭, 8) 등 3명을 배출했는데, 정화의 세계는 도욱(道郁, 9)으로, 세진의 세계는 덕주(德柱) · 현주(賢柱) · 양주(良柱) · 연덕(緣德, 9)으로 계승되었다. 덕주가 경향(京香, 10)을, 연덕이 법향(法香, 10)을 상좌로 두고 있다.

도한계통 우경문도의 넷째 상좌인 태선(5)은 재각(在覺, 6)에게 사사하고, 재각은 월인(月仁, 7)에게 법맥을 전해주었다. 월인이 문하에 덕현(德鉉) · 현암(賢岩) · 도윤(道允) · 덕심(德心) · 혜련(慧練) · 정모(貞慕, 8) 등 6명의 상좌를 배출하면서 후계제자를 확장했다. 제8세인 이들 중 맏이인 덕현은 인창(仁昌) · 봉덕(奉德) · 도일(道一) · 인광(仁光, 9)-근수(勤修, 봉덕상좌) · 지해(智海, 도일상좌, 10)로, 둘째인 현암은 법찬(法讚, 9)-벽해(碧海) · 정혜(定慧, 10)로, 다섯째 혜련은 법주(法主, 9)로 계맥을 전했다.

도한계통 우경문도의 막내 다섯째 상좌인 법언(5)은 지명(智明, 6)-보문(普門, 7)으로 세계를 계승했다.

초조 도한의 법을 받은 계밀의 다섯 상좌 중 둘째인 성문의 세계도 백련암계열에 해당한다. 제3세 성문의 법맥은 법신(法信, 4)-재문(在文, 5)-명완(明完, 6)-법수(法壽)·법성(法性, 7)으로 이어져 오늘에 이르고 있다.

(나) 석림사계열

①석림사와 문중인연

경기도 의정부 석림사계열은 도한계통의 청암사 백련암계열 제5세인 법성의 셋째 상좌 선주의 후학들이 번창하면서 형성된 문중계파이다. 도한6세인 선주는 상인(相仁)·정안(正眼)·근행(勤行)·시현(示現)·시법(示法) 등 5명의 제자를 두었는데, 맏상좌 상인(1896~1973)이 제자인 보각(寶覺)과 함께 터만 남아있던 석림사를 중창하면서 청해문중의 일파를 형성하게 되었다.

경기도 의정부시 장암동 산147번지에 위치한 수락산 석림사는 조선 현종 12년(1671)에 석현(錫賢)화상과 상좌 치흠(致欽)이 창건한 석림암에서 유래한다. 조선 숙종 때 문신이자 학자인 서계(西溪) 박세당(朴世堂, 1629~1703)이 암자명을 지었다고 전한다.244) 유담(裕談)화상이 1676년 7월에 삼소각

---

244) 박세당은 자신이 살던 수락산 서쪽에 이곳과 깊이 연관있는 매월당 김시습을 기념할만한 절이 없음을 더욱 한스럽게 여기고 은선암의 승려 석현과 치흠에게 사찰건립을 권유했다고 한다. 치흠이 이에 동조해 숙고 끝에 암자의 건립지를 채운봉의 서남쪽, 향로봉의 북쪽으로 정하고 박세당에게 원조를 요청했다. 박세당은 공역에 드는 대부분의 비용을 부담했으며, 1년 후 암자가 낙성되었다. 절진이속(絶塵離俗)의 청정지대에 암자가 들어서자 박세당은 흔쾌한 마음을 감추지 못하고 암자에 '석림암(石林菴)'이란 이름을 붙여주었다. 오늘날의 석림사이다. 석림암을 낙성한 박세당은 김시습을 위한 영당건립을 서둘렀다. 이는 홍산의 사림들이 부여 무량사에 봉안된 김시습의 영정을 모실 새로운 영당을 건립한 것이 계기가 되었다. 무량사는 김시습이 생을 마감한 곳으로 생전에 김시습이 직접 그린 영정이 보존되어 있었다. 이 영정은 율곡 이이에 의해 김시습의 작품으로 인정된 명품의 초상화였다. 박세당은 이 기회에 수락산에 영당을 건립해 김시습의 자필영정을 모사해서 봉안할 계획을 세웠다. 박세당은 자신과 석림암, 은선암의 승려들만으로는 막대한 공역을 충당할 수 없다고 판단하고 의연금요청문을 지어 유지자의 협력을 촉구했다. 『서계집』에 수록된 「매월당영당권연문」이 바로 그것이다. 이 글은 은선암의 승려들을 위해 지은 장문의 호소문으로서 박세당의 문장실력이 발휘된 명문이기도 하다. 이런 과정을 거쳐 1680년(숙종6) 마침내 수락산의 동봉 아래에 영당이 완성되었다. 1686년(숙종12)에는 무량사의 영정을 모사한 진영을 봉안하고 봄·가을로 제사를 지냈다. 당초 영당의 공식적인 명칭은 김시습의 아호를 딴 '동봉사우(東峯祠宇)'였으며, 박세당을 중심으로 약15년간 제사가 이뤄진 것으로 보인다. 1700년(숙종26) 양주

(三笑閣)을 짓는 등 암자의 규모를 키웠으나, 1698년 2월에 대홍수로 유실되었다. 그후 나라에서 매월당 김시습을 기리는 청절사(淸節祠)를 세우고 그 옆에 축원당으로서 석림암을 복원했다고 사지는 전한다. 1745년 7월에 다시 홍수로 유실되었던 것을 익명의 스님이 복원한 뒤 석림사(石林寺)라고 개칭했는데, 6.25 한국전쟁 당시 또다시 전소되었다. 1960년 상인이 상좌 보각과 함께 이 절터에 들렀다가 중창의 원력을 세우고 수년간 근고(勤苦)한 결실에 힘입어 1963년부터 불사에 착수한 지 3년 만에 38평의 극락보전·4평의 칠성각·3평의 독성각·2동 14평의 요사채·5평의 창고·동사(東司) 등을 신축하고 3존불과 도량석탑을 조성·건립하니 오늘날의 석림사가 우뚝 섰음이다. 보각이 1980년 10월 퇴락한 요사를 35평의 적묵당으로 신축하고 전기·전화시설과 870미터의 진입로를 폭 5미터의 시멘트포장길로 확장공사한 이래 오늘에 이르고 있다.

②석림사계열의 문중세계

권말부록의 「청해문중 세계도」2에 따르면 도한계통 선주문도의 맏형인 상인(7)은 문하에 10명의 제자와 법손들을 배출해 석림사계열에서 가장 성한 문도를 자랑하고 있다. 상인문하 10명의 제자는 보각(寶覺)245)·보명(寶明)·보택(寶澤)·보련(寶蓮)·보혜(寶慧)·보덕(寶德)·보림(寶林)·보경(寶鏡)·보장(寶藏)·법은(法恩) 등으로, 이 가운데 보각·보혜·보덕이 문중성립의 핵심일원이다. 이들 제8세손의 계맥은 보각(8)-능인(能仁)·흥인(興仁)·혜인(慧仁, 9), 보명(8)-형문(亨門, 9), 보택(8)-수전(修田)·덕전(德田, 9), 보련(8)-정욱(淨旭)·인춘(仁春)·수진(守眞, 9), 보혜(8)-성진(性眞, 9), 보

사림들에 의해 사액청원운동이 전개되었고, 이듬해인 1701년(숙종28)에 조정으로부터 '청절사'라는 편액이 내려졌다. 1698년 2월 대홍수로 유실된 석림암이 축원당으로 복원된 것은 이로부터다. 서계문화재단 홈페이지 http://www.seogye.com 서계선생>생애>청장년기>석천, 추모의 공간.

245) 보각은 경기도 의정부 석림사 주지이며, 현재 청해문도회 회장이다.

덕(8)-오준(寤晙)·덕만(德滿)·도안(度岸)·지종(知宗, 9)-명선(明宣, 10, 오준상좌), 법은(8)-일주(一珠)·월도(月道, 9)-인득(仁得)·인공(印空, 10, 이상 일주상좌)으로 각각 전해오고 있다.

도한계통 선주문도의 둘째인 정안(7)은 현오(玄悟)·용현(蓉現)·성호(性昊)·무주(無住)·법능(法能, 8) 등 5명의 상좌를 두었다. 현오는 탁연(卓然)246)·기성(起性)·초연(草然)·태연(泰緣)·태경(泰炅, 9)에게, 용현은 원석(圓錫, 9)에게, 성호는 지관(智觀, 9)에게, 법능은 경석(景錫, 9)에게 세계를 잇도록 했다.

도한계통 선주문도의 셋째인 근행(7)은 보현(寶賢, 8)에게 법을 전했으나, 이후의 세계를 잇지 못했다. 근행은 청해문중 발족당시 고문으로 추대되었던 인물이다.

도한계통 선주문도의 넷째인 시현(7)은 보문(普門)·보영(寶永)·보운(寶雲)·보완(普完)·보행(寶行, 8) 등 상좌 다섯을 배출했다. 보문이 지선(智禪, 9)으로 세계를 계승하고 있다.

도한계통 선주문도의 다섯째 막내 상좌인 시법(7)은 당대에서 세계를 마쳤다.

(다) 동화사 내원암계열

①내원암과 문중인연

동화사 내원암계열은 팔공산 동화사 말사인 내원암에 연원을 두고 있는 계파이다. 초조 도한의 법을 이은 계밀의 다섯 제자 중 셋째인 광우의 세계를 잇고 있는 문파로서, 내원암을 일신중건한 장일(長一)과 조계종 전국비

---

246) 봉녕사승가대학 강사를 지낸 탁연은 대한불교조계종 출범 이후 비구니로서는 최초로 2003년 3월 총무원 문화부장에 임명되었다. 탁연의 문화부장 부임은 당시 조계종 제31대 총무원장 법장(法長)이 총무원 내에 독립적인 '비구니부' 신설을 선거공약으로 내세웠으나 종단내부의 반대에 부딪쳐 공약실천이 어려워지자 그 대안으로 제시한 문화부장 비구니 임명소신에 따른 결실이다. 제32대 총무원장에 선출된 지관(智冠)체제가 출범하면서 2005년 11월 재임명되어 2007년 5월까지 총 4년 여간 문화부장직을 수행했다.

구니회 초대회장을 역임한 혜춘(慧春) 등의 세계가 이에 해당한다. 도한8세인 장일과 혜춘을 비롯한 청해문중 태동의 주역인 상덕(想德, 도한8세)과 성원(性源, 도한8세) 등도 모두 내원암계열에 속하는 인물들이다.

대구광역시 팔공산에 위치한 동화사 내원암은 조선 인조4년(1626)에 유찬(惟讚)이 창건하고 순조27년(1827)에 제월(霽月)이 중창한 이래 1937년에 보월(寶月)이 3창했다. 그 후 수십 년간 보수를 하지 못해 퇴락해가던 암자를 당시 해인사 국일암에 주석하고 있던 장일(長一)이 화주 김무득심(金無得心) 보살의 정재에 힘입어 당우 36칸을 중건해 오늘에 이르고 있다.

②내원암계열의 문중세계

권말부록의 「청해문중 세계도」3에 의하면 도한계통 계밀문도의 셋째 상좌인 광우(3)는 회진(會眞, 4)에게, 회진은 정은(正恩) · 법신(法信, 5)에게 법맥을 전수했다. 정은이 재희(在喜) · 재운(在雲) · 성호(性護, 6)를 두면서 이로부터 세계가 급속 번창하기 시작했다. 법신의 세계는 당대에서 단절되었다.

도한6세인 재희는 문하에 오전(伍田) · 창호(彰浩) · 보명(普明) · 정각(正覺) · 묘각(妙覺) · 각선(覺善, 7) 등 6명의 법제자를 배출했다. 동화사 내원암계열의 세계는 사실상 이들의 문도로 형성되어 있다고 볼 수 있으며, 청해문중을 대표하는 인물 다수도 이들의 문도에 속해 있다.

도한계통 재희문도의 첫째 상좌인 오전(7)은 장일(長一) · 운영(雲榮) · 성원(性源) · 도성(道成) · 법선(法善) · 무주(無住) · 운성(雲聖) · 장수(長秀, 8) 등 8명의 상좌에게 법맥을 계승했다. 이들 가운데 일평생 인욕과 청빈과 보시를 신조로 삼아 촌음도 수행의 자리에서 벗어나지 않았던 도림당(道林堂) 장일(1916~1997)[247]이 문하에 33명의 제자를 배출하고 법손자에 이르기까

---

[247] 장일은 6·25 한국전쟁으로 폐허가 된 팔공산 동화사 내원암을 여법한 비구니 참선도량으로 탈바꿈시킨 주인공이다. 혜춘과 함께 청해문도회를 결성하는데 핵심역할을 담당했다. 그의 행장은 하춘생(2001), 『깨달음의 꽃』2, pp.139~156을 참고할 수 있다.

지 문도의 번영을 누리고 있다. 권말부록에 제시한 「청해문중 세계도」3-1 에 의하면 서른세 명의 법제자 묘찬(妙璨)·벽해(碧海)·원명(圓明)·백연(栢演)·법종(法宗)·혜원(慧圓)·덕형(德衡)·태성(泰性)·주광·명안·정행(正行)·지도(智道)·정현(正現)·원종(圓宗)·도명(道明)·휴심(休心)·무암·명지(明智)·정근(正勤)·백명성(白明惺)·영조·소애·법륜·혜우·혜총·혜연·혜공(慧空)·영진·지적·진화·태허(泰虛)·원오·혜경(9) 등과 법손자인 도의(道義)·법장(法杖)·영인(瑩印)·원정(圓靜, 이상 묘찬상좌)·현종(賢宗)·현행(賢行)·현주(玄珠, 이상 벽해상좌)·정주(正珠)·정목(正牧, 이상 원명상좌)·무궁(無窮, 백연상좌)·정관·묘관·원성(源性)·현성(玄性, 이상 혜원상좌)·혜송(慧松)·수정(修正, 이상 덕형상좌)·일묵·금봉·종권·대우·종엽(宗葉, 이상 태성상좌)·무궁(주광상좌)·자해(정현상좌)·다라(원종상좌)·보리(菩提)·문수(文殊, 이상 도명상좌)·도진·도무(이상 무암상좌, 10) 등의 문손이 장일의 선지를 계승하고 있는 것이다.

오전의 둘째 상좌 운영(8)은 지수(智首)·혜강(慧江)·혜공(慧空)·근수(勤修)·금련·보현(普賢, 9) 등 6명을 제자로 두었고, 지수가 수미(水米)·묘우(妙雨, 10)로 세계를 이었다. 오전의 셋째 상좌 성원(8)도 문중성립의 핵심으로서, 법경(法炅)·지행(智行)·법룡(法龍)·도공(道空)·각명(覺明)·진조(眞照)·지광(智光)·지은(智恩)·명운(明雲)·유법(有法, 9) 등 10명의 제자에게 법을 전했다. 이들 중 첫째 법경이 소명(素明, 10)에게, 둘째 지행이 선재(善財, 10)에게 계맥을 전해 오늘에 이르고 있다. 오전의 넷째 상좌 도성(8)은 수문(修門, 9)에게, 다섯째 상좌 법선(8)은 정한(正閒, 9)에게, 여섯째 상좌 무주(8)는 묘각(妙覺, 9)-혜명(慧明, 10)에게, 여덟째 상좌 장수(8)는 성련(聖蓮)·대현(大玄)·호정(昊靜, 9)-서원(誓願, 10, 성련상좌)에게 각각 법맥을 상전했다.

도한계통 재희문도의 둘째 상좌인 창호(7)는 혜춘(慧春)·상덕(想德, 8)을 법제자로 삼아 법맥을 계계승승하도록 당부했는바, 혜춘·상덕248)은 장일과 함께 문중성립의 핵심으로 활약한 비구니들이다. 특히 혜춘(1919~1998)[249]은 후학들로부터 '한 생을 푸른 눈으로 수행한 무욕(無慾)의 납자요, 또 진리를 보지 못하는 뭇 중생에게 법을 설하고 진리를 깨우쳐 주는 지혜와 자비의 화신으로 살아가기를 갈망하고 구현했던 대비구니'로 칭송받고 있는 인물로서 그 명성이 지금까지도 자자하다.

권말부록의 「청해문중 세계도」 3-2에 의하면 혜춘은 문하에 서용(瑞庸)·정안(正眼)·정명(正明)·보현(普賢)·현웅(玄雄)·종각(宗覺)·현조(玄照)·법진(法眞)·현응(玄應)·정지(正智)·정광(正光)·일운(一雲)·일여(一如)·선운(禪雲)·묘련(妙蓮)·일석(一錫)·선애(禪崖)·선주(禪洲)·삼행(三行)·종일(宗一)·종광(宗光)·대광(大光)·보명(普明)·적연(寂然, 9) 등 24명의 제자를 두어 세계의 번성을 불러왔다. 혜춘은 세납 33세에 출가했는데 법랍 20년이 넘도록 일체 상좌를 받지 않았다. 제방의 선방에서 납자도반들과 공부하는 것을 출가의 도리요 낙으로 삼았기 때문이다. 혜춘이 제자들을 거두기 시작한 것은 1972년 가야산 산록에 비구니전문선원인 보현암을 창건하고 납자제접을 시작한 이후부터였다. 이때 혜춘의 세납 54세였다. 눈 밝은 스승의 제자 되기를 청하는 납자들이 보현암에 입방하기를 서둘렀다. 24명의 직상좌들을 비롯해 법손으로서 문중 제10세손이 되는 일광(昳光)·일탁(昳卓)·경후(徑厚)·진후(眞厚)·근후(根厚)·덕현(德現)·자유(慈惟)·정효(靜孝)·효원(曉垣, 이상 서용상좌)·반공(半空)·선종(禪宗)·법수(法水)·명선(明禪, 이상 정안상좌)·천호(千湖)·선본(禪本, 이상 정명상좌)·자홍(慈弘, 보현상좌)·선일(禪一)·선인(禪仁)·하윤(河閏, 이상 종각상좌)·본각(本覺)·능교(能敎, 이상 현조상좌)·천문(天門)·혜문(慧門)·혜광(慧光, 이상 법진상좌)·지원(智原)·동완(東琓)·동조(東照, 이상 현응상좌)·선덕(禪德)·선명(禪明)·선우(禪優)·소영(素英)·선정(禪定, 이상 정지상좌)

---

248) 『청해문도계보』에는 상덕이 창호의 사제인 문중 제7세로 잘못 기록되어 있다.
249) 혜춘은 조계종 전국비구니회 초대회장을 역임했다. 그의 행장은 하춘생(2001), 『깨달음의 꽃』 2, pp.59~73을 참고할 수 있다.

・선욱(禪煜, 정광상좌)・도명(道明, 일운상좌)・관묵(觀黙, 일여상좌)・덕제(德堤, 선운상좌)・동효(東曉, 종일상좌) 등과 11세손인 현우(炫牛)・현정(玄頂, 이상 일광상좌) 등이 그들이다. 혜춘의 사제인 상덕(8)은 해성(海成)・해관(海觀)・도경(道冏)・준용(準用)・동우(東佑, 9) 등 5명의 제자를 배출했으며, 이들 9세손 가운데 해성이 종민(宗珉)・범조(梵早, 10)에게 사사했다.

도한계통 재희문도의 셋째 상좌인 보명(7)[250]은 더 이상 후손을 배출하지 않고 당대에서 세계를 마쳤다.

도한계통 재희문도의 넷째 상좌인 정각(7)은 성명(性明)・성륜(性輪)・덕성(德成)・인덕(仁德)・성혜(性慧, 8) 등 5명에게 법을 전했다. 8세손의 맏이인 성명이 선도(善道)・현오(玄悟, 9)-지행(智行, 선도상좌)・지원(智元, 현오상좌, 10)에게, 셋째 덕성이 정오(正悟, 9)에게 세계를 잇도록 부촉했다.

도한계통 재희문도의 다섯째 상좌인 묘각(7)은 단일제자 홍인(弘仁, 8)에게 전승하고, 홍인이 대청(大淸)・대현(大玹)・일장(日藏, 9)에게 각각 세계를 형성해가도록 당부했다.

도한계통 재희문도의 여섯째 상좌인 각선(7)은 성안(性晏)・현정(玄晶, 8)에게 법을 전했으며, 성안이 국정(國靜, 9)에게 세계를 이었다.

동화사 내원암계열의 세계를 형성하고 있는 도한계통 계밀문도의 셋째 상좌 광우(3)의 법손인 정은(5)의 법맥을 잇고 있는 인물은 재희(6)와 함께 재운・성호(6)가 있다. 재운은 성율(成律)・법명(法明, 7) 등 2명의 제자를 두었는데 성율의 세계는 상현(常賢)・보광(普光, 8)으로, 법명의 세계는 혜주(慧珠, 8)로 계승되었다. 성호는 원만(圓滿, 7)에게 법을 전해주었다.

---

250) 『청해문도계보』에는 보명이 문중 제8세에 해당하는 혜춘의 사제로 잘못 기록되어 있다.

(라) 용흥사계열

①용흥사와 문중인연

경북 상주 용흥사계열은 도한의 법을 이은 두 제자 계밀과 의밀 가운데 의밀의 계보를 잇고 있는 계파이다. 의밀의 제자 덕징(德澄, 3)은 스승과 마찬가지로 도정(道淨, 4) 한 명만을 상좌로 두었는데, 도정 아래로 영한(永閑)·영주(永周)·영유(永宥, 5) 등 3명의 제자가 법을 계승하면서 세계의 융성을 보았다. 특히 영주의 법을 법희(法希)·응섭(應攝, 6)이 계승했는데, 응섭의 제자 수인(修仁, 7)이 다섯 상좌를 두면서 더욱 번창했다.

도한7세인 수인은 용흥사에서 22년간 염불정진하다가 세납 102세로 입적한 바, 후학들이 사찰경내에 공덕비를 세우고 다비 때 출현한 사리5과를 사찰이 자리잡고 있는 갑장산(연악산) 극락봉에 봉안했다. 수인의 맏상좌이자 문중성립의 핵심일원인 종덕(鍾德)이 용흥사 주지로 부임하면서 1967년 박정희 전 대통령의 누나 박재희로부터 시주받아 선방 수십 칸을 증축하고 사찰을 일신했는데, 이로부터 수인과 종덕의 세계를 중심으로 문도의 번성을 이루니 청해문중 용흥사계열의 연원이 그와 같다.

사적비에 따르면 용흥사는 신라 문성왕 1년(839) 진감혜소(眞鑑慧昭, 774~850)가 창건했으나 5백여 년간 방치되어오다가 고려 공민왕 때 나옹혜근(懶翁慧勤, 1320~1376)이 중창한 이후, 조선 인조25년(1647)에 인화(印和), 숙종6년(1680)에 홍치(弘治), 숙종33년(1707)에 도인(道仁), 순조6년(1806)에 정화(淨和)가 각각 중수 또는 중건했다고 한다. 조선후기에 편찬된 『상산지(商山誌)』에 사찰이름과 조선 중기 유학자인 만오(晩悟) 황면(黃緬, 1600~1670)의 '유용흥사시(遊龍興寺詩)'가 전하는 것으로 보아 꾸준히 명맥을 이어왔음을 알 수 있다.

②용흥사계열의 문중세계

권말부록에 제시한 「청해문중 세계도」4에 의하면 앞서 살펴본 바와 같이 청해문중 용흥사계열은 도한(1)-의밀(2)-덕징(3)-도정(4)으로 세계를 이어오는 가운데 제4세 도정 대에서 영한·영주·영유(5)로 갈라졌다.

도한5세손의 맏형인 영한은 보영(普英, 6)-대운(大雲, 7)-성관(性觀, 8)-법전(法田, 9)-명범(明梵, 10)으로 단일세계를 형성해오고 있다.

도한5세손의 둘째인 영주는 법희(法希, 6)-순명(順明, 7)의 세계와 응섭(應攝, 6)-수인(修仁, 7)의 세계로 분파되어 오늘에 이르고 있다. 특히 수인이 종덕(鍾德)·경휴(京休)·회진(回眞)·정명(淨明)·태호(太湖, 8) 등 5명의 제자를 배출하면서 사실상 용흥사계열의 세계를 상징하고 있다고 볼 수 있다. 수인의 수(首)상좌 종덕은 성현(性現)·혜문(慧門)·혜주(慧珠)·선용(善用)·정묵(淨黙)·법정(法正, 9) 등 6명을 법제자로 삼았다. 이들은 이후 성현(9)-견진(堅鎭, 10), 혜문(9)-정민(靖旼)·정안(正安)·정엄(正嚴)·정인(正印, 10), 혜주(9)-각성(覺性)·인찬(仁讚)·정수(精修, 10), 선용(9)-정륜(正輪)·정법(正法, 10)으로 세계를 이었다. 수인의 둘째상좌 경휴는 수현(修賢, 9)을, 셋째상좌 회진은 성원(性源, 9)을, 넷째상좌 정명은 석경(石鏡, 9)을, 다섯째 상좌 태호는 법진(法眞)·진성(眞性, 9)을 각각 제자로 삼아 법맥을 계승했다.

도한5세손의 셋째인 영유는 영한과 마찬가지로 응조(應照, 6)-일현(一賢, 7)-영수(暎修, 8)로 단일세계를 형성하며 오늘에 이르고 있다.

(2) 대유계통의 세계: 해인사 약수암계열

 (가) 약수암과 문중인연

해인사 약수암계열은 도한의 사제인 대유계통의 세계를 계승하고 있는 계파이다. 청해문중 4개 계열이 도한계통의 세계인 반면 유일하게 대유의 계보를 잇고 있다.

대유5세인 성주(性主, 1822~1921)가 지리산 천은사 도계암에서 수행하다가 1903년 가야산 남쪽계곡의 마르지 않는 샘을 발견하고 이곳에 가람을 창건하니 지모암(智母庵)이다. 덕망이 높았던 성주는 이후 지모암의 명칭을 약수암으로 바꾸고 많은 후계승들을 배출했는데, 청해문중 일파로서 번성을 이룬 것과 약수암이 종문의 본찰로 자리매김한 것은 그로부터 연유한다. 청해문중 태동 당시 고문으로 추대된 보현(普賢)·학련(鶴蓮)·태구(泰具)와 문중태동의 주역인 묘관(妙觀)·용운(龍雲) 등이 모두 이 계열에 속한다. 약수암은 성주의 네 번째 상좌 도삼(道三)이 1927년 1차 중건했으며, 두 번째 상좌 의영(義永)의 증손인 법공(法空)이 1969년 중창하고 선방(죽림선원)을 개설해 비구니납자들로 하여금 수선정진할 수 있도록 도량을 일신한 이후 오늘에 이르고 있다.

(나) 약수암계열의 문중세계

권말부록의 「청해문중 세계도」5에 의거해 대유계통 약수암계열을 살펴보면 초조 대유가 월림(月林, 2)에게, 월림은 원준(圓準, 3)에게 법맥을 전했는데, 원준 대에 이르러 보례(普禮)·지언(智彦, 4)으로 분파되어 세계를 형성하고 있다. 원준의 상좌 보례는 기엽(基葉, 5)만을 제자로 두었는데, 基葉의 계보는 이후 석진(錫眞, 6)-묘희(妙熙)·정민(政敏)·혜관(慧觀)·혜문(慧文, 7)-지원(知圓, 8, 묘희상좌)의 세계와 도석(道錫, 6)-성각(性覺, 7)-길상(吉祥, 8)의 세계로 나뉘어 계승되었다. 원준의 또 한명의 상좌 지언은 성주(5)에게 법맥을 전했는데, 이로부터 문도번성을 이룸으로써 청해문중 해인사 약수암계열의 실질적인 문손은 성주의 후손들이라고 해도 과언이 아니다. 성주는 영찬(永讚)·의영(義永)·법륜(法輪)·도삼(道三, 6) 등 4명의 제자를 배출했는데, 이들의 문손들이 활짝 만개하면서 문중을 대표하는 각각의 문도로 자리매김했다.

대유계통 성주문도의 맏형인 영찬(6)은 정인(貞仁, 7)에게 법맥을 전하고, 정인은 묘관(妙觀)·혜정(慧靜)·법종(法宗, 8) 등 3명에게 계맥을 부촉했다. 맏형인 묘관은 문중성립의 핵심일원으로서 문중을 대표하고 있으며,

문하에 자홍(慈弘)·홍제(弘齊)·청호(靑浩)·경조(鏡照, 9) 등 4명의 제자를 두고 법계를 이어오고 있다. 둘째인 혜정은 도림(道林)·자원(慈圓)·보경(普鏡) 등 3명을 상좌로 두었다.

대유계통 성주문도의 둘째인 의영(6)은 예전(禮典)·지인(智仁, 7)을 법제자로 삼아 세계를 이었는데, 이들로부터 문중을 대표하는 다수의 문도가 배출되었다. 의영문하의 맏이인 예전은 제자로 보현(普賢)·경훈(敬訓, 8)을 두었으며, 보현이 용운(龍雲)·인선(印善)·홍인(弘仁, 9)-자우(慈佑, 용운상좌)·삼우(三愚)·묘법(妙法, 이상 인선상좌, 10)으로, 경훈이 법공(法空, 9) - 원정(源靜, 10)-지관(志官)·지명(志明, 11)으로 각각 세계를 이었다. 보현-용운과 경훈-법공 등이 모두 문중을 대표하고 있는 세계이다. 특히 법공은 1969년 종문의 본찰인 해인사 약수암을 중창하고 선방인 죽림선원을 개설함으로써 약수암을 비구니 수행처로 일신한 인물이기도 하다. 의영문하의 둘째인 지인은 유섭(有燮)·태구(泰具, 8)에게 법맥을 전했다. 유섭은 보명(普明)·재희(在喜)·재문(在汶, 9)에게 세계를 계승했는데, 맏상좌 보명이 혜운(慧雲, 10)-성지(惺智, 11)를 후손으로 두었고, 재희는 민제(民帝)·수본(守本)·형견(荊見, 10)을, 재문(9)[251]은 부간(夫斡)·혜원(憓元)·현성(賢惺)·효진(孝眞, 10)을 상좌로 삼아 계맥을 전해주었다. 유섭은 문중대표의 일원으로서, 1950년대 교단정화 이후 운문사가 비구니도량으로 거듭날 당시 산내암자인 내원암의 초대 원주로 부임해 암자를 일신한 인물이다. 문중을 대표하는 인물 가운데 한명인 태구는 문하에 영우(英佑)·송벽(松碧)·성모(性模)·성관(性觀)·보경(保慶)·동엽(東曄, 9) 등 6명을 제자로 두었다. 이들 6명의 9세손 가운데 둘째 송벽이 월송·세등(世燈, 10)에게, 셋째 성모가 혜정(慧正)·혜연(慧然)·타욱(陀煜)·용운(龍雲, 10)에게, 넷째 성관이 해주(海住, 10)[252]에게, 다섯째 보경이 능혜(能慧, 10)에게 각각 세계를

---

251) 재문은 은사인 유섭의 뒤를 이어 원주를 맡게 된 1992년부터 중창불사를 시작해 무량수전·멱우선실·상성각·요사 등을 새로 짓고, 1998년 4월 초파일에 법당 앞 삼층석탑을 조성해 탑내에 천탑을 봉안하는 등 오늘날 내원암의 사격을 갖추는데 공헌했다.

이었다.

　대유계통 성주문도의 셋째인 법륜(6)은 단일제자 봉원(奉願, 7)에게, 봉원도 단일제자 학련(鶴蓮, 8)에게 법맥을 전수했다. 학련도 문중성립의 핵심일원으로서 문중을 대표하는 인물 중 한명이다. 문하에 묘성(妙性)·혜안(慧眼)·지현(智現)·정늑(正犘, 9)등 4명의 제자를 배출했다. 묘성이 일운(日芸, 10)에게, 혜안이 수현(修玄, 10)에게 세계를 계승했다.

　대유계통 성주문도의 넷째인 도삼(6)은 6명의 제자를 두었는데, 정원(正願)·부련(芙蓮)·신행(信行)·총율(總律)·법련(法蓮)·용안(容眼, 7) 등이 그들이다. 이들 중 맏이인 정원은 법련(法蓮, 8)에게, 둘째 부련은 실상(實相, 8)에게, 셋째 신행은 보선(普善, 8)-자용(慈容, 9)에게, 넷째 총율은 성월(性月)·혜명(慧明)·응진(應眞, 8)-자도(慈度)·동기(東幾)·자항(慈恒)(이상 성월상좌)·현수(玄秀, 혜명상좌)·일묵(一黙, 응진상좌, 9)에게 각각 세계를 잇고 있다. 다섯째 법련은 내영(來瑩)·지행(智行)·은우(恩雨)·은주(恩柱)·지성(智性)·지종(智宗)·지영(智暎)·지운(智雲)·불회(佛會)·명공(明空, 8) 등 10명의 상좌와 송인(松仁)·혜륜(慧輪)·혜찬(慧讚)·혜욱(慧旭, 이상 내영상좌)·덕수(德修, 지행상좌)·탁용(卓勇, 은우상좌)·법정(法頂, 지영상좌, 9) 등의 법손들을 배출해 세계의 번영을 누렸다. 여섯째 용안은 정수(正守, 8)-진광(眞光, 9)으로 법맥을 상전했다.

〈표3〉 청해문중 개요

초조(개창조)	道閑·大宥
득도사	은사: 翠眞雙運(중국), 계사: 懶翁慧勤
연대(추정)	14세기 후반기[초조의 계사인 懶翁慧勤(1320~1376) 연보기준]

---

252) 해주는 현재 동국대 불교학과 교수로 재직하고 있으며, 가산지관으로부터 전강받았다. 비구니전문강원인 동학사승가대학 제17대 학장직을 수행(2007.11.~2009.7)하는 동안 전통과 현대식 교육방법을 도입해 강원교육의 새로운 지평을 열었다는 평가를 받았다. 지금은 동학사승가대학 선덕으로 있다.

문중성립	①1966년 6월 15일 해인사 약수암에서 계보편찬 자료수집 숙의-보류 ②1975년 5월 12일 청암사 백련암에서 청해문도회 발기 논의 ③1985년 10월 27일 50여명의 문도가 모여 청해문도회 발족 ④1988년 음력 4월 8일『청해문도계보』발행
명칭유래	청암사(백련암_도한계통)와 해인사(약수암_대유계통)의 첫 글자를 차용
문도회장	寶覺(의정부 석림사 주지)
대표문도 (괄호안:世數)	• 道閑계통: 道行(7)-德順(8), 長允(7)-性元・性一(8), 福萬(7)-祥龍・祥喜・相源(8), 學善・在炘(7), 正昕(8)-慧眞(9), 道一(9)-智海(10)(이상 청암사 백련암계열), 張一(8)-碧海(9)-賢宗(10)/圓明(9)-正珠(10), 性源(8)-法炅(9), 長秀(8)-聖蓮(9), 慧春(8)-瑞庸(9)-旿光(10)/正眼(9)-半空(10), 想德(8)-海成(9)(이상 동화사 내원암계열), 相仁(7)-寶覺(8)-能仁(9)/寶慧(8)-性眞(9)/寶德(8)-寗晙(9), 玄悟(8)-卓然(9), 普門(8)-智禪(9)(이상 경기도 의정부 석림사계열), 性觀(8)-法田(9)-明梵(10), 鍾德(8)-性現・善用(9)(이상 경북 상주 용흥사계열) • 大宥계통: 妙熙(7)-知圓(8), 妙觀(8)-慈弘(9), 普賢(8)-龍雲・印善(9), 有燮(8)-普明(9)-慧雲(10)/在喜(9)-民帝(10)/在汶(9)-夫幹(10), 泰具(8)-松碧(9)-월송・世燈(10)/性模(9)-慧正(10)/性觀(9)-海住(10), 鶴蓮(8)-妙性(9), 法蓮(7)-來瑩・智行・恩雨(8)-松仁(9), 正守(8)-眞光(9)(이상 해인사 약수암계열)

2) 계민문중

가) 문중형성과 성격

계민문중(戒珉門中)은『계민문중계보』에서 초조로 추앙하고 있는 계민(戒珉)의 출가 전 신분을 조선 제16대 인조(재위년도 1623~1649)의 옹주로 적고 있다. 병자호란 때 은해사로 피난해 있다가 난이 평정된 이후에도 환궁하지 않고 남아 있으면서 백운암(또는 백흥암)을 짓고 수행했다고 추정하고 있다.『계민문중계보』에 따르면 옹주는 백운암을 짓고 촌음을 아껴 수행하며 밤이면 열반경을 독송하다가 '제행무상 시생멸법 생멸멸이 적멸위락(諸行無常 是生滅法 生滅滅已 寂滅爲樂)'이란 구절에서 크게 느낀 바, 만화(萬

化)화상에게 삭발수계하니 법명을 계민(戒珉)이라고 했다는 것이다.

사실(史實)에 따르면 인조는 7남1녀를 두고 있는데 1녀는 귀인(貴人) 조씨(趙氏) 사이의 효명옹주(孝明翁主)이다. 옹주는 결혼도 하고 궁궐에 살면서 불상을 모시고 기도하면서 살았다고 하는데 말년의 전하는 기록이 없어 계민과의 연관성에 대한 보다 심층적인 사실(史實)연구가 요구된다.[253]

문중성립과 관련해서는 광복이후 비구니로서는 최초로 교구본사(동화사) 주지를 역임한 문중 제11대손 성문(性文)이 살아생전 계보발간의 뜻을 세우고 입적하자, 후학들이 유지를 계승해 박차를 가한 인연에 의거한다. 후학들은 1991년 3월 4일 1차 문도회의를 개최해 계민문도회를 결성하고, 2003년 12월 30일 『계민문중계보』를 발행하면서 그 세계를 시방에 드러냈다.

『계민문중계보』에 따른 계보를 살펴보면 부처님 재세 시 최초의 여성출가자로서 비구니교단의 시작을 의미하는 마하빠자빠띠를 제1대로 추앙하고 실질적인 문중초조인 계민을 제2대로 적시하고 있다. 본 저술에서는 계민문중의 대수를 표기함에 있어서 『계민문중계보』의 표기방식을 그대로 따랐다. 따라서 계민문도의 대수는 여타의 문중에서 기술한 대수[세수]의 수적 개념과는 달리 사실상 1대[세]가 늦춰져 표기되었음을 밝힌다.

계민문중은 현재 수백여 명의 법손들이 경향각지에서 사자상승의 법맥구도를 형성하고 있다. 문중계보는 계민 이하 승운(承雲, 3)-학천(學天, 4)-보련(普蓮, 5)-복증(福增, 6)까지 단일문손으로 내려오다가 제7대손에서 정공(定空)·우영·원공(圓空)계통으로 갈라졌으며, 대체로 정공의 법손들이 문도의 다수를 차지하고 있다.

나) 문중계보와 분파현황
  (1) 정공계통의 세계

권말부록에 제시한 「계민문중 세계도」1에 의하면 문중 제7대 항렬의 맏

---

253) 하춘생(2009), 「한국 근·현대 비구니의 강맥 전승과 그 의의」, 앞의 책, p.155.

형인 정공(定空)은 그의 법을 처석·최성·봉징·봉연·각천·시운·계심·
봉전(奉典, 8) 등 8명의 제자에게 전했고, 처석과 봉전의 후손만이 지금까
지 계승되고 있다. 처석(8)의 세계가 치문(治文, 9)-법순(法淳, 10)-송덕(頌
德, 11)-신오(信悟, 12)-자행(慈行, 13)에 이르는 현재까지 단일손으로 내
려오고 있음에 따라 계민문중의 세계는 대체로 문중 제8대손의 막내인 봉
전의 후손들로서 번영을 누리고 있다고 볼 수 있다.

봉전은 문하에 장홍(壯弘)·불일(佛日)·경원(敬圓, 9) 등 3명을 법상좌
로 두고 세계를 계승해가도록 했다. 제9대 항렬의 맏상좌인 장홍은 관수(觀
修)·상준·선덕(善德)·보찬(普讚)·경신(10) 등 5명에게 계맥을 전해주었
고, 둘째 상좌인 불일은 도덕(道德)·태영·태안·도안·지승·정법·보명
·혜광·대신·대의·영관(10) 등 11명을 상좌로 삼아 계보를 계승했으며,
셋째 상좌인 경원은 혜순·문오(文悟)·성관(10) 등 3명의 제자에게 법을
사사했다.

이들 문중 제10대손 가운데 문도가 번성해 계민문중을 사실상 대표하고
있는 인물은 장홍의 제자 선덕(善德)·보찬(普讚), 불일의 제자 도덕, 경원
의 제자 문오 등 4개 문파의 세계이다.

(가) 장홍계열

문중 제9대 장홍의 계열은 셋째 상좌 선덕의 세계가 가장 번성해 문중을
대표하고 있다. 권말부록의「계민문중 세계도」1-1에 따르면 선덕(10)은 문
하에 성우(性祐)·성안(性安)·청정·금룡(金龍, 11) 등 4명의 제자를 두었
다. 이들 제11대 항렬 가운데 맏형인 성우는 지성(志成)·범행(範幸)·정영
(正英, 12) 등 3명의 상좌를 배출했다. 이들 3명 가운데 지성(12)의 세계는
지원(知元)·도원(道元)·유신(有信, 13)-법륜(法輪)·인환(仁睆)·인화(仁和)
·법수(法受)·법운(法運)·법경(法敬, 이상 지원상좌)·일진(一眞, 도원상
좌)·상화(相和, 유신상좌, 14)-동완(東完, 법륜상좌)·무주(無住, 인환상좌,

15)로 계승되었고, 범행(12)의 세계는 보현(寶賢, 13)으로 이어졌으며, 정영(12)의 세계는 법준(法俊, 13)-정수(貞守)·정일(正一, 14)-선공(禪恭)·선진(禪眞, 정수상좌, 15)으로 전해오고 있다. 제11대 항렬의 둘째인 성안은 연진(蓮眞)·원각(圓覺, 12)에게 법을 전해주었다. 연진(12)의 세계는 영오(永悟)·상락(常樂)·명철(明哲)·도성(道成, 13)-정명(淨明)·정근(淨根)·수혜(修慧)·무연(無緣, 영오상좌)·법기(法基)·혜도(慧道)·서림(瑞林, 상락상좌, 14)-광석(光石)·주융(周融)·주형(周亨)·주광(周廣, 정명상좌)·휴아(休我, 혜도상좌, 15)-형준(亨俊)·성목(成牧)·성범(成梵, 이상 광석상좌, 16)으로 계승되고 있으며, 원각(12)은 명관(明觀, 13)만을 제자로 삼았다. 제11대 항렬의 셋째인 청정은 후손을 두지 않았다.

선덕문하 제11대손 가운데 세계가 가장 번창해 문중을 대표하고 있는 인물은 넷째인 금룡(1892~1965)[254]이다. 근대기 비구니 3대 강백의 한분으로 이름 높았던 금룡은 18세 때 호거산 운문사에서 선덕을 은사로 축발득도했다. 이후 1922년에 당시 비구고승이었던 구하(九河)에게 '월광(月光)'이라는 당호를 받고 비구니로서는 최초로 비구에게 입실건당한 사례와 1958년에는 후학 광우(光雨)에게 가사와 대단주 등 법장을 전함으로써 최초로 비구니가 비구니에게 건당한 실례를 남겼다. 대강백으로서 근대기 비구니법맥의 물꼬를 텄던 금룡은 달리 금광(金光)[255]이라고도 불리는데, 문하에 일조(日照)·영춘(永春)·해운(海雲)·법일·혜명·도정(道淨)·형을(炯乙)·정일(淨日)·법상(法相)·승열(承烈)·벽운(碧雲)·도경(道鏡)·장경(藏鏡)·운종(雲鐘, 12) 등 14명의 제자를 두었다.

금룡의 14제자 가운데 첫째 상좌인 일조(12)는 무착(無着)·대인(大仁)·

---

254) 금룡의 행장은 하춘생(1998), 『깨달음의 꽃』1, pp.183~194를 참고할 수 있다.
255) 『계민문중계보』는 금광(金光)으로 표기하고 있다. 금룡은 평소 즐겨 독송했던 화엄경의 주불인 비로자나불의 광명을 상징하는 '광(光)'자를 좋아해 '금룡(金龍)'보다 '금광(金光)'으로 불리기를 원했다는 일설이 전한다. 『계민문중계보』는 아마도 이에 따른 것으로 보인다. 필자는 근현대기 3대 비구니법사(강백)로 이름을 드날렸던 출가당시의 득도수계명인 '금룡'을 기본으로 표기했음을 밝힌다.

도종(道宗)・인화(仁化)・혜선(慧鮮)・신원(信湲, 13) 등 6명의 제자에게 법을 사사했다. 이후 무착은 자은(慈恩)・월해(月海, 14)-성륜(性輪, 15, 자은상좌)으로, 대인은 금주(錦珠, 14)-상법(祥法, 15)으로, 도종은 자성(慈晟)・현석(賢石)・성우(星祐, 14)-선경(善京, 15, 자성상좌)으로, 인화는 법민(法敏, 14)으로, 신원은 범지(凡智, 14)로 각각 세계를 잇고 있다.

금룡의 둘째 상좌인 영춘(12)은 단일제자 재근(在根, 13)에게 법을 전했다. 재근이 성혜(性慧)・혜륜(慧輪)・혜묵(慧黙)・성정(性淨)・법준(法準)・혜원(慧沅)・성수(性首)・성범(性汎, 14) 등 8명에게 법계를 이었고, 이들의 법맥은 성혜의 상좌 원행(元行, 15)에게 전해져 지금에 이르고 있다.

금룡의 셋째 상좌인 해운(12)의 법은 종근(宗根)・종인(宗仁)・일현(一玄)・명현(明鉉)・대안・성명(13) 등 6명에게 계승되었다. 종근(13)은 상덕(象德)・유인(有忍, 14)에게, 종인(13)은 자원(慈圓)・자묵(慈黙)・대수(大修)・자율(慈律)・우성(玗聲)・우석(玗錫, 14)에게 각각 세계를 잇고 있다.

금룡의 여섯째 상좌 도정(12)의 법은 성희(性喜, 13)-법우(法祐, 14)로 전해졌으며, 일곱째 상좌 형을(12)의 법은 일우(一雨)・일심(一心, 13)-현오(賢悟)・대돈(大頓)・보욱(輔郁)・해광(海光, 이상 일우상좌)・선법(善法, 일심상좌, 14)에게 계승되었다. 여덟째 상좌 징일(12)은 혜전(慧典)・호성(湖星)・문선(文瑄)・원영(原咏)・종우(宗雨, 13) 등 5명을 제자로 두었고, 아홉째 상좌 법상(12)의 법은 문수(文水)・수봉(修奉, 13)-자인(慈仁, 문수상좌)・관수(觀修, 수봉상좌, 14)로 전해졌다.

금룡의 열 번째 상좌 승열(12)의 세계는 지현(志炫, 13)-선원(禪源, 14)으로, 열한 번째 상좌 벽운(12)은 종현(鍾玄)・종진(宗眞, 13)-해각(海覺, 종현상좌, 14)으로, 열세번째상좌 장경(12)은 법성(法性)・선혜(13)-성관(性觀, 법성상좌, 14)으로 계승되었다. 금룡의 넷째 상좌 법일・다섯째 상좌 혜명・열두 번째 상좌 도경・열네 번째 상좌 운종은 당대에서 세계를 마쳤다.

권말부록의 「계민문중 세계도」1-2에 의하면 문중 제9대 장흥의 넷째 상좌인 보찬(10)은 성문(性文)·명성(明性)·성인(性仁)·도일(道一)·도원(道原, 11) 등 5명에게 법맥을 전수했다. 문중 제11대손인 이들 다섯 제자 가운데 성문의 문도가 번성을 이루어 금룡문도와 함께 문중을 대표하고 있다. 당시, 아직은 비구니 강사나 포교사가 드물던 시절에 후학들에게 배움의 의식을 일깨워 일찍부터 한국 비구니계의 선지자적인 인물로 평가받고 있는 혜월당(慧月堂) 성문(1895~1974)[256]은 13세 때 해인사 삼선암에서 보찬을 은사로 수계득도한 이후 줄곧 선교겸수와 염불정진에 매진했으며, 1945년 삼선암에 반야선원을 개설하기도 했다. 성문의 스승인 보찬은 비구니 삼현문중 제6세인 지종(智鍾)과 함께 1904년에 삼선암을 중건한 인물이다. 지종은 조계종 최초의 비구니전계사였던 정행(淨行)의 노스님이다.

성문의 문중세계는 제1대 마하빠자빠띠와 제2대 계민 이후 제3대 승운(承雲)-제4대 학천(學天)-제5대 보련(普蓮)-제6대 복증(福增)-제7대 정공(定空)-제8대 봉전(奉典)-제9대 장흥(壯弘)-제10대 보찬(普讚)의 법을 계승한 제11대 문손에 해당한다. 보찬은 금룡의 스승인 선덕의 바로 아래 사제이다. 성문이 법을 전한 직제자는 수한(守漢)·태호(泰鎬)·태희(泰喜)·광우(光雨)·태경(泰鏡)·태응(泰應)·태헌(泰憲)·태인(泰仁, 12) 등 8명이다. 권말부록에 제시한 「계민문중 세계도」1-2-1에 의거해 성문의 세계를 살펴보면 다음과 같다.

성문의 8제자 가운데 첫째 상좌인 수한(12)은 정륜(定輪)·정심(正心, 13)을 제자로 두었고, 정륜이 명조(明祚)·명성(明性)·명은(明恩, 14)에게, 정심(13)이 진명(眞明, 14)[257]에게 법을 전했다.

성문의 둘째 상좌인 태호(12)는 정훈(正訓)·정관(正觀)·정민(正敏)·정

---

256) 성문의 자세한 행장은 하춘생(1998), 『깨달음의 꽃』1, pp.41~52를 참고할 수 있다.
257) 진명은 2011년 5월 20일부로 조계종총무원 문화부장에 임명되어 탁연-수경-효탄에 이어 역대로 네 번째 비구니 문화부장직을 수행하고 있다. 진명은 동국대 불교대학 선학과를 졸업하고 대학원에서 석사과정을 수료했으며, 1997년~2005년에 BBS불교방송 '차 한 잔의 선율' 진행자로 활동했다. 2006년부터 중국 베이징 만월사 주지를 역임하며 해외포교에 남다른 열정을 보여 오던 중 문화부장에 부임했다.

탄(正吞)・현정(玄定)・정일(正一, 13) 등 6명에게 세계를 이었고, 이들의 법계는 명준(明俊)・명완(明岏)・명수(明秀)・명현(明泫)・명오(明悟, 이상 정훈상좌)・명진(明珍)・명담(明淡)・묘봉(妙峯, 이상 정관상좌)・명견(明見, 정민상좌)・지송(志松)・지묵(智黙)・문수(文殊, 현정상좌, 14)-지견(知見, 명준상좌, 15)으로 전해오고 있다.

성문의 셋째 상좌인 태희(12)는 정덕(淨德)・정수(淨洙)・정원(淨圓)・정운(正雲)・효광(曉光)・사유(思惟)・정도(正道)・묘법(妙法)・범명(梵明, 13) 등 9명을 문하에 두었으며, 영명(永明)・지현(知昡)・경우(耕牛)・해선(海宣, 이상 정덕상좌)・법률(法律)・법연(法延, 이상 정수상좌)・요현(了現, 정원상좌, 14)-유잠(幽岑, 영명상좌)・현송(泫松, 법률상좌, 15)으로 세계를 이었다.

성문의 넷째 상좌인 광우(1926~현재)[258]는 정업(正業)・정유(正惟)・정현(正賢)・정목(正牧)・정주(頂珠)・정묘(正妙)・정도(正道)・정수(正受)・정등(正燈)・정범(正梵, 13) 등 10명에게 계맥을 전했고, 이들의 법계는 현진(玄眞, 정유상좌)・현산(玄山)・현동(玄東)・현오(玄悟)・현견(玄見)・현조(玄照, 이상 정목상좌, 14)가 잇고 있다.

성문의 다섯째 상좌 태경(12)은 정효(正曉)・정선(正璿)・정법(正法)・정탁(止卓)・성봉(止峰)・성오(止悟)・성석(止錫)・정밍(正明)・정준(正俊)・징국(正國)・정욱(正勖)・정진(正眞, 13) 등 12명을 제자로 배출했으며, 동민(東愍)・동주(東周, 이상 정효상좌)・동원(東園, 정선상좌, 14)이 세계를 잇고 있다.

성문의 여섯째 상좌 태응과 일곱째 상좌 태헌은 상좌를 배출하지 않았다. 성문의 여덟째 상좌 태인(12)은 정안(正眼)・정련(正蓮)・보정(補靜, 13)에게 법맥을 전했고, 정련이 대원(大願)・현효(炫曉)・현묵(炫黙, 14)등 3명의 제자를 두고 있다.

성문의 사제들로서 보찬(10)의 둘째 상좌 명성(11)은 태전(泰田, 12)만을

---

258) 각주101과 같다. 현재 계민문도회 회장이다.

상좌로 두었고, 보찬의 셋째 상좌 성인(11)은 대도(大道) · 대행(大行, 12)-자성(自省) · 지용(智用, 이상 대도상좌) · 쾌현(快賢) · 성오(星悟, 이상 대행상좌, 13)-계선(戒宣, 쾌현상좌, 14)으로 세계를 이었다. 보찬의 넷째 상좌 도일(11)은 태연(泰淵) · 태화(泰和) · 태우(泰雨) · 태정(泰正, 12) 등 4명을 제자로 삼아 현수(賢修) · 현탁(賢卓) · 현산(賢山) · 현보(賢輔) · 현섭(賢涉, 이상 태연상좌) · 현주(賢柱) · 승현(乘賢) · 법성(法腥, 이상 태화상좌) · 현명(賢明) · 현진(賢珍, 이상 태우상좌, 13)-동묘(東妙, 현수상좌, 14)로 세계를 이었다. 보찬의 다섯째 상좌 도원은 상좌를 두지 않았다.

이와 함께 장흥문하의 맏상좌 관수(10)는 일원(一圓, 11)-정법(淨法, 12)-명주(明珠) · 명은(明恩) · 명종(明鐘) · 명탄(明誕, 13)-지인(智仁) · 청욱(靑旭, 이상 명주상좌) · 지견(智見) · 지훈(智薰) · 지연(智淵, 이상 명은상좌) · 선우(善宇) · 계현(啓賢, 이상 명종상좌) · 지오(智悟, 명탄상좌, 14)로 세계를 이어오고 있다. 장흥의 둘째상좌 상준(10)은 수영(11)-수만(12)-시각(13)-보인(14)-명현(15)으로 계보를 잇고 있다. 장흥의 다섯째인 막내 상좌 경신(10)은 보익(11)-장흥(12)-해인(海印, 13)-여일(如一) · 묘주(妙珠, 14)로 계맥을 계승하고 있다.

(나) 불일계열

권말부록의 「계민문중 세계도」2에 의하면 정공의 제자 봉전(8)에서 갈라진 제9대손 가운데 둘째인 불일은 문하에 도덕 · 태영 · 태안 · 도안 · 지승 · 정법 · 보명 · 혜광 · 대신 · 대의 · 영관(10) 등 11명을 두었는데, 이들 중 도덕 문도가 가장 번성해 문중을 대표하고 있는 문도 가운데 하나이다.

도덕은 명주(明珠) · 영명(永明, 11)을 법제자로 삼아 법맥을 전했다. 명주 · 영명은 친가 자매지간이며 금룡의 친가 동생들로서 근대기 빼놓을 수 없는 비구니고승이다. 명주(1904~1986)는 전북 전주 정혜사(완산선원)의 실질적인 창건주요, 세계 최초이자 유일한 비구니교단인 「대한불교보문종」의 창종주역으로서 제1,2대 종정을 역임한 긍탄(亘坦)의 뒤를 이어 제3,4대 종정을 지내는 등 한국 비구니사에 새로운 장을 열었던 인물이다. 명주의 동생인 영명은 보문종의 총본산인 서울 보문사 초대강주를 역임했다.

도덕문하 문중11대손 명주는 혜명(慧明)·혜일(慧日)·혜월(慧月)·혜진(慧眞)·혜원(慧苑)·선행(善行)·혜석(慧石, 12) 등 제자 7명을 두었다. 권말부록의 「계민문중 세계도」2-1에 의거해 이들의 계맥을 살펴보면 혜명(12)의 세계는 지향(智向)·지섭(智涉)·지엽(智燁)·지관(智觀, 13)-법수(法修)·법공(法空)·법련(法蓮)·법밀(法密)·법등(法燈, 이상 지향상좌)·법중(法重)·법성(法成, 이상 지섭상좌)·법은(法殷, 지엽상좌, 14)으로, 혜일(12)의 세계는 지정(智晶)·지현(智賢)·지영(智映)·지선(智禪)·지각(智覺, 13)-법경(法鏡, 지정상좌)·법인(法印)·법운(法会, 이상 지영상좌, 14)으로 계승되고 있다. 혜월(12)의 세계는 지환(智環)·지인(智仁)·지문(智文)·지필(智苾, 13)-법희(法熹)·법능(法能)·법운(法雲)·법전(法田)·법묵(法黙)·법종(法種)·법송(法松)·법천(法泉)·법견(法見, 이상 지환상좌)-법우(法宇)·법신(法晨)·법열(法悅)·법근(法根, 이상 지문상좌, 14)-선오(禪悟, 법희상좌)·선민(禪珉, 법능상좌)·선열(禪悅, 법운상좌)·선빈(禪彬, 법묵상좌, 15)으로, 혜진(12)의 세계는 지해(智海)·지용(智湧)·지순(智筍, 13)-법찬(法燦)·법춘(法春, 이상 지해상좌)·법민(法愍)·법지(法持, 이상 지용상좌)·법초(法草, 지순상좌, 14)로 이어오고 있다. 혜원(12)은 지형(智亨, 13)을, 혜석(12)은 선지(先智, 13)를 각각 제자로 두었다.

도덕문하 문중11대손 영명은 유일한 제자 혜안(慧眼, 12)에게 법맥을 전했다. 혜안(12)의 세계는 지련(智蓮)·지택(智澤)·지륜(智輪)·지민(智珉)·지복(智福, 13)-법선(法善)·효원(曉圓)·오도(悟道)·법수(法樹, 이상 지련상좌)·법성(法星)·보성(普盛)·명규(明奎)·태현(太賢)·신우(信牛, 이상 지택상좌)·법현(法玄, 지륜상좌)·정인(淨因)·원각(圓覺, 이상 지민상좌)·사백(師白, 지복상좌, 14)-도은(道隱)·도영(道英)·진성(眞性, 이상 법선상좌)·

정묵(定黙, 효원상좌)·정엽(正葉)·범해(梵海, 이상 법성상좌)·정각(正覺)·정오(正悟, 이상 태현상좌)·명륜(明輪, 신우상좌, 15)으로 계승되어 지금에 이르고 있다.

문중 제9대 불일의 세계는 이밖에도 다섯째 상좌인 지승(10)이 혜경(慧鏡)·인허(印虛, 11)-정원(靜園)·선재·태정(兌禎, 이상 혜경상좌)·자인(慈印)·자윤(慈允, 이상 인허상좌, 12)-지석(智石, 선재상좌, 13)으로 세계를 계승했으며, 열 번째 상좌 대의(10)가 평탄(11)-두선(12)-정원(13)-행신(行信, 14)-계진(戒眞)·법우(法雨, 15)로, 열한 번째 상좌 영관(10)이 도엽(11)-상현(12)-기우(13)-지안(智岸, 14)-현도(賢途)·성욱(晟旭)·성원(性園, 15)으로 각각 세계를 이어오고 있다. 여섯째 상좌 정범(10)이 도천(11)을 제자로 두었으나 더 이상 세계를 잇지 못했으며, 둘째 태형·셋째 태안·넷째 도안·일곱째 보명·여덟째 혜광·아홉째 대신 등은 당대에서 세계를 마감했다.

(다) 경원계열

권말부록의 「계민문중 세계도」3에 의거해 경원계열의 세계를 살펴보자. 정공의 제자 봉전(8)에서 갈라진 제9대손 가운데 셋째인 경원은 혜순·문오(文悟)·성관(10)에게 법맥을 각각 전수했다. 경원의 맏상좌 혜순(10)은 도선(11)-찬일(12)-정화(正華, 13)-명주(明珠)·현수(賢秀, 14)-혜안(慧岸, 명주상좌, 15)으로 계보를 잇고 있으나, 이들 3제자 중 가장 번성해 오늘날 계민문중을 대표하고 있는 문도는 둘째 상좌 문오의 세계이다. 셋째 성관(10)은 문장(11)-경옥(12)까지만 세계를 형성했다.

문오는 성월(性月)·혜옥(慧玉)·지부(志赴)·경수·도여(道如)·태연·도명(道明)·태령(泰靈)·도운(道雲, 11) 등 9명의 제자를 두었으며, 이들 중 성월·혜옥·지부의 세계가 가장 번창했다.

문오의 세계를 잇고 있는 문중 제11대손의 맏형인 성월은 복석(福石)·정인(貞仁)·지형(志亨)·정광·지해(智海)·지원·정안·명원(12) 등 8명을 제자로 배출했다. 12대손이 되는 이들의 계보를 살펴보면, 첫째 복석(12)은 재운(在芸, 13)-무아(無阿)·민욱(旻煜)·민홍(玟弘, 14)으로, 둘째 정인(12)은 종식(宗識)·상경(祥鏡)·묘광(妙光, 13)-재홍(在弘, 종식상좌)·대호(大胡)·대안(大安)·향음(香音)·지선(智禪)·명심(明心)·관미(觀美, 이상 상경상좌)·능현(能賢)·계현(戒賢)·자항(慈航, 이상 묘광상좌, 14)-보광(寶光, 재홍상좌)·영조(靈照)·지영(志英)·지철(志哲)·지훈(旨薰, 이상 대호상좌)·영선(映宣)·지오(智悟, 이상 계현상좌, 15)로 각각 세계를 계승하고 있다. 셋째 지형(12)은 광수(光守)·광호(光浩)·광원(光元)·광일(光日)·광운(光雲, 13)-능인(能仁)·정원(正願, 이상 광수상좌)·경민·도행(道行)·도윤(道允, 이상 광호상좌, 14)으로, 넷째 정광(12)은 도원·도우(到佑)·명우·보은(普恩, 13)-정행(正行, 도우상좌)·승본(承本, 보은상좌, 14)으로 계맥을 잇고 있다. 다섯째 지해(12)는 명각(明覺)·현정(賢貞, 13)을 제자로 삼았다.

문오문하 제11대 항렬의 둘째인 혜옥(1901~1969)[259]은 금룡과 함께 근대기 비구니 3대 강백의 한분이다. 세 살 때 해인사 삼선암에서 문오를 스승으로 동진출가의 연을 맺었다. 세수 불과 열다섯 살 때 법상에 올라 『초발심자경문』을 강설할 정도로 강백의 기질을 보였던 혜옥은 '걸어다니는 대장경'으로 회자되며 비구니계의 선지식으로 우뚝 섰던 인물이다. 혜옥의 문중세계도 성문·금룡과 마찬가지로 봉전(8)의 셋째 상좌인 경원(9)-문오(10)의 법을 이은 문중 제11대손에 해당한다. 정헌(正憲)·인완(仁完)·정봉(正奉, 12) 등 3명의 제자에게 유지를 넘겼다. 스승 문오가 입적하자 삼선암 부근에 부도를 모셨다. 첫째 상좌 정헌(12)은 법영(法永, 13)-우하(雨夏, 14)를, 둘째 상좌 인완(12)은 제철(齊哲, 13)-성우(省佑)·수정(秀靜)·성윤(成昀)·수경(秀暻, 14)을, 셋째 상좌 정봉(12)은 명효(明曉)·명준(明俊)·성훈(成訓, 13)을 각각 문하로 두어 계보를 이어오고 있다.

---

259) 혜옥의 행장은 하춘생(1998), 『깨달음의 꽃』1, pp.195~206을 참고할 수 있다.

문오문하 제11대 항렬의 셋째인 지부는 주화(周和, 12)에게, 주화는 문성(文成, 13)에게, 문성은 법일(法一)·주원(周園)·법인(法忍)·월명(月明, 14)에게 법맥을 전승했다. 이들 제14대손인 4명 가운데 맏이인 법일의 문도가 크게 번성해 낮은 항렬임에도 불구하고 문중을 대표하는 문도 가운데 하나로 자리매김했다. 만허당(滿虛堂) 법일(1904~1991)260)은 후사(後史)를 기약할 길이 없을 정도로 폐허가 되어 있던 방장산 대원사를 일신해 오늘날 견성암·내원사·석남사·윤필암·지장암 등지와 함께 한국불교의 대표적인 비구니 참선도량으로 거듭나게 한 인물이다.

법일(14)은 회하에 행원(行願)·성우(性牛)·행돈(行敦)·행석(行錫)·진홍(眞弘)·행욱(行旭)·자현(自顯)·행련(行蓮)·지형(智亨)·서지(西至)·계정(戒靜)·종재(宗齋)·도정(道正)·도행(道行)·수현(修賢)·도문(道文, 15) 등 16명을 제자로 배출했다. 이들 제15대손 가운데 행원(15)은 묘혜(妙慧)·영주(榮珠)·영호(榮浩)·진전(眞典)·영운(暎芸)·대경(大鏡)·대영(大瑛)·광오(光悟)·묘현(妙玄)·묘인(妙仁)·묘명(妙明)·현주(玄宙, 16)에게, 성우(15)는 영진(榮眞)·영현(瑛玄)·경덕(京德)·도경(度見)·정법(正法)·정수(精修)·지오(知五)·덕황(德煌)·서종(瑞宗)·혜정(慧淨)·혜성(慧星)·혜종(慧宗)·법관(法觀, 16)에게, 행돈(15)은 영안(潁岸)·기현(奇玄)·지욱(志旭)·기영(奇影)·등현(登玄)·기원(奇圓)·조벽(照璧)·청원(靑圓, 16)에게, 행석(15)은 대희(大喜)·장진(長眞)·정원(定源)·성원(性圓)·성훈(性勳)·지향(志香)·정문(精文)·정현(精玄, 16)에게, 진홍(15)은 지환(至環)·지공(知空)·지운(知雲, 16)에게, 행욱(15)은 종호(宗昊)·종진(宗珍)·종주(宗主, 16)에게, 자현(15)은 요원(了源, 16)에게, 행련(15)은 상윤(常允)·현도(賢度, 16)에게, 지형(15)은 명수(明修)·대방(大放, 16)에게 각각 법맥을 전해주었다. 이들 제16대손의 세계를 이은 17대손으로는 지만(智滿)·지효(智曉)·원지(原志)·지명(智明, 이상 묘혜상좌)·경원(鏡圓, 영주상좌)·혜연(慧演)·혜문(慧門)

---

260) 법일의 행장은 하춘생(1998), 『깨달음의 꽃』1, pp.249~262를 참고할 수 있다.

・능혜(能慧, 이상 진전상좌)・무연(無緣)・무구(無垢)・무일(無一)・무애(無碍)・무운(無雲)・시운(示雲, 이상 대경상좌)・선혜(善慧, 광오상좌)・자명(慈明, 묘현상좌)・보근(寶根, 玄宙상좌)・원경(圓鏡)・원조(圓照)・원문(圓門)・원도(圓道, 이상 영진상좌)・보명(寶明, 영현상좌)・경진(慶眞, 대희상좌)・관정(冠定)・수정(秀定, 이상 長眞상좌) 등이 배출되어 세계를 계승하고 있다. 문중 제14대 항렬의 둘째인 주원(14)은 병수(秉秀)・혜진(慧眞)・혜명(慧明)・정안(正眼, 15)-도연(度延)・태준(太俊)・설현(設法, 이상 병수상좌)・현주(玄主, 혜진상좌)・서운(瑞雲, 정안상좌, 16)으로, 셋째인 법인(14)은 정성(定星)・정수(正守, 15)-묘희(妙喜)・진성(眞性, 이상 정성상좌)・묘정(妙正, 정수상좌, 16)으로, 넷째인 월명(14)은 선덕(善德)・보성(寶成)・선준(禪駿, 15)-무견(無見)・혜원(慧圓, 이상 선덕상좌, 16)으로 각각 세계를 이어오고 있다.

문오문하 제11대 항렬의 넷째인 경수는 승덕・진화(12)를 제자로 두었다. 문오문하 제11대 항렬의 다섯째인 도여(道如)는 제자로 8명을 배출했는바, 성춘(性春)・덕광(德光)・광우(光雨)・성운(性芸)・태영・묘정(妙淨)・법상(法常)・법운(法雲, 12)이 그들이다. 문중 제12대가 되는 이들의 세계는 성준(12)-성인(止忍)・선주(善住)・성각(正覺, 13)-혜조(慧照)・청민(靑岷, 이상 정인상좌, 14), 덕광(12)-영진(永眞)・본각(本覺)・법모(法模)・정현(淨玄, 13)-성주(性珠)・성해(性海)・종해(宗海)・상경(相鏡, 이상 법모상좌, 14), 광우(12)-선탄(禪誕, 13), 성운(12)-덕총(德總, 13), 묘정(12)-덕룡(德龍)・현일(玄一, 13), 법상(12)-혜공(慧空, 13), 법운(12)-선묵(禪黙, 13)으로 계승되고 있다. 문오문하 제11대 항렬의 여섯째인 태연은 법전(法典, 12)-성심(誠心, 13)으로, 문오문하 제11대 항렬의 일곱째인 도명은 광일(光日)・법안(法眼, 12)-상명(常明)・일여(一如)・일진(一眞)・일성(一性, 이상 광일상좌, 13)으로, 문오문하 제11대 항렬의 여덟째인 태령은 혜덕(慧德, 12)으로, 문오문하 제11대 항렬의 아홉째인 막내 도운은 경현(景玄)・수현(修玄)・여

수(麗水, 12)-자문(慈門)·보문(普聞)·우진(友珍, 이상 경현상좌, 13)-묘선(妙善, 자문상좌, 14)으로 계보를 잇고 있다.

(2) 우영계통의 세계

계민문중이 계민 이후 단일문손으로 세계를 이으며 계맥을 전승해오는 과정에서 그 법맥이 처음 세 갈래로 갈라져 전파되기 시작한 것은 제7대손에 이르러서다. 문중 제1대 파제(마하빠자빠띠 고따미)-제2대 계민-제3대 승운-제4대 학천-제5대 보련-제6대 복증에 이르러 정공·우영·원공이 제7대손으로서 이후의 세계가 번창하면서 오늘에 이르고 있다. 문중 제7대 항렬의 첫째인 정공계통의 세계는 앞에서 살펴본 바와 같다.

정공과 함께 계민문중의 한 계통을 이루고 오늘날까지 세계를 이어오고 있는 인물이 우영이다. 권말부록의 「계민문중 세계도」4에 의하면 제7대 항렬의 둘째인 우영은 단일제자 도삼(8)에게 법맥을 전수했다. 도삼도 또한 단일제자 종문(9)에게, 종문도 단일제자 덕상(德相, 10)에게, 덕상도 단일제자 봉련(奉蓮, 11)에게 법맥을 상전하며 계맥을 이었다.

우영계통의 세계는 문중 제11대 봉련에 이르러 문하에 벽운(碧雲)·벽안(碧眼)·벽성(碧星, 12) 등 3명을 제자로 두면서 비로소 세계의 번창을 보았다. 제12대 항렬의 첫째인 벽운(12)은 혜길(慧吉, 13)-인성(印星, 14)-세진(世珍, 15)으로 법계를 계승해오고 있다. 제12대 항렬의 둘째인 벽안(12)은 혜언(慧彦)·혜진(慧珍)·혜윤(慧允)·혜원(慧諼, 13)[261] 등 4명의 법제자를 배출해 우영계통에서는 가장 번성한 세계로 내려오고 있다. 맏상좌 혜언(13)은 운성(芸成)·희성(憘星, 14)을, 둘째 상좌 혜진(13)은 현문(玄門)·현주(玄主, 14)를, 셋째상좌 혜윤(13)은 현철(玄徹)·현경(玄鏡)·현진(玄眞, 14)을 각각 제자로 두어 세계를 계승하고 있다. 제12대 항렬의 셋째인 벽성(12)은 혜민(惠民, 13)에게 사사해 세계를 잇고 있다.

---

261) 혜원은 현재 동국대 불교대학 교수로 재직하고 있다. 불교대학(원)장을 역임했다.

(3) 원공계통의 세계

정공·우영과 함께 계민문중의 한 계통으로 내려오고 있는 제7대 항렬의 셋째인 원공은 단일제자 수일(守一, 8)에게 사사했다. 권말부록의 「계민문중 세계도」5에 따르면 제8대 수일은 염선(念先)·선학(9)에게 법맥을 전하고, 이후 염선의 세계는 관영(寬榮, 10)-원만(圓滿, 11)으로, 선학의 세계는 도장(10)-계운(桂雲, 11)으로 계승되었다.

원공계통은 이들 제11대손에 이르러 원만(11)이 계수(桂樹)·선덕(善德)·영덕(永德, 12)을, 계운(11)이 성림(成林)·지헌(12)을 제자로 두면서 비로소 세계의 번성을 보았다. 원만 문하의 제12대손인 계수는 보현(普賢)·보인(普仁)·보원(普願, 13)을 법제자로 삼아 법맥을 전했으며, 보현(13)은 법홍(法弘)·정관(正觀)·정운(淨雲)·정안(淨眼)·정우(正佑, 14)에게, 보인(13)은 정명(正明, 14)에게, 보원(13)은 정심(淨心)·관현(官現, 14)에게 각각 계맥을 잇고 있다. 선덕(12)은 혜주(慧珠, 13)에게 사사했다.

계운 문하의 제12대손인 성림은 월명(月明)·화정(華禎, 13) 등 2명의 제자를 배출했는데, 월명(13)의 계보는 영원(盈圓, 14)-승헌(乘憲)·지홍(智弘)·주호(宙昊, 15)로, 화정(13)의 계보는 일지(一智, 14)로 이어져 오늘에 이르고 있다.

지금까지 계민문중의 계보를 살펴본 바와 같이 근·현대기로 들어오면서 문중성립의 전기를 제공하고 문도결집을 일궈낸 대표적인 인물은 대체로 제11대손인 성문·금룡·성월·혜옥·명주·영명 등을 중심으로 그들의 법을 계승한 제12대손 수한·태호·태희·광우·태경(이상 성문제자)·일조·영춘·해운·도정·형을(이상 금룡제자)·복석·정인·지형(이상 성월제자)·정헌·인완·정봉(이상 혜옥제자)·혜명·혜일·혜월·혜진(이상 명주제자)·혜안(영명제자) 등을 비롯해 제14대손인 법일과 그의 문손들이다.

특히 금룡의 맏상좌이자 보문종의 제5,6대 종정을 역임한 일조(1910~1990),

성문의 상좌이자 금룡의 건당제자로서 조계종 전국비구니회장 재임 당시인 2003년 서울 강남 수서에 전국비구니회관 법룡사를 개관한 광우(1926~현재), 영명의 제자로서 보문종 제4,5,6대 총무원장과 제7,8,9,10대 종정을 역임한 혜안(1912~2005), 명주의 제자로서 보문종 제7,8,9대 총무원장을 지내고 제11,12대 종정직을 수행하고 있는 혜일(1919~현재), 일제강점기 광우와 함께 남장사 비구니 전문강원에서 동문수학했던 벽안(1925~1995) 등 문중 제12대손을 비롯해 지리산 대원사를 일신한 제14대손 법일(1904~1991)과 그의 제자인 성우·행돈·행석·진홍 등은 모두 계민문중 소속의 대표적인 인물들이다.

〈표4〉 계민문중 개요

초조(개창조)	戒珉
연대(추정)	17세기 중반기[조선 제16대 인조재위(1623~1649) 연보기준]
문중성립	①性文(1895~1974)이 생전 계보발간 立志 ②1991년 3월 4일 1차 문도회의에서 계민문도회 결성 ③2003년 12월 30일 『계민문중계보』 발행
명칭유래	개창조인 조선 제16대 인조의 옹주(추정) 이름 '戒珉'에서 차용
문도회장	光雨(서울 정각사 회주)
대표문도 (괄호안:代數)	•定空계통: 性文(11)-守漢(12)-定輪·正心(13)/泰鎬(12)-正訓·正觀(13)/泰喜(12)-淨德·淨洙(13)/光雨(12)-正惟·正牧(13)/泰鏡(12)-正曉·正璿(13), 金龍(11)-日照(12)-無着·大仁(13)/永春(12)-在根(13)/海雲(12)-宗仁·宗仁(13)/道淨(12)-性喜(13)/炯乙(12)-一雨(13), 慧玉(11)-正憲(12)-法永(13)/仁完(12)-齊哲(13)/正奉(12)-明曉(13), 明珠(11)-慧明(12)-智向·智涉(13)/慧日(12)-智晶·智映(13)/慧月(12)-智環·智文(13)/慧眞(12)-智海·智湧(13), 永明(11)-慧眼(12)-智蓮·智澤(13), 法一(14)-行願(15)-大鏡(16)/性牛(15)-榮眞(16)/行敦(15)-榮岸(16)/行錫(15)-大喜(16)/眞弘(15)-至環(16) •우영계통: 碧雲(12)-慧吉(13), 碧眼(12)-慧彦·慧珍·慧允·慧源(13) •圓空계통: 桂樹(12)-普賢(13)-法弘(14), 成林(12)-月明(13)-盈圓(14)-智弘(15)

3) 법기문중

가) 문중형성과 성격

법기문중(法起門中)은 금강산 신계사 법기암 출신 문도의 결집에서 유래한다. 초조로 모시고 있는 대원(大願)과 그의 법을 이은 2대 충휴를 비롯해 3대 처금(處金)·창섬(昌暹)과 그 이후의 후계법손들이 대체로 금강산에서 각고정진하며 선수행으로 일관해왔다는 사실에 의거하고 있다. 법기문중이 초조로 모시고 있는 대원은 문중본찰의 한 곳인 서울 옥수동 미타사의 연혁에 등장하는 사실(史實)과 관련해, 1827년(순조27)에 쓰인 『종남산미타사무량수전초창기(終南山彌陀寺無量壽殿草創記)』와 1943년 안진호(安震湖)가 편찬한 『종남산미타사약지(終南山彌陀寺略誌)』를 참고하고, 문중계보상의 세계를 역산으로 계산해 연보를 분석할 경우 대체로 18세기 후반기에서 19세기 전반기의 인물로 보인다.

법기문중은 근·현대기를 대표하던 문도들이 초조 이후 선조사들의 법계를 면면히 계승해야 한다는 일념으로 그 성립을 보았다. 1972년 석남사 인홍(仁弘, 9)과 회룡사 도준(道準, 9)을 증명으로 한 문중의 뜻있는 문도들이 주축이 되어 문중회의를 열고 문도단합과 친목을 도모하는 한편, 문중계보를 정리해 시방에 내놓을 것을 결의한 것이 오늘날 법기문중 성립의 단초이다. 문도들은 당시 종가에서 전해 내려온 연원과 각 종손들이 간직해오던 문중관련 자료들을 모아 서로 맞춰 근(根)과 지(枝)를 찾아본 결과 그동안 미처 몰랐던 근원(近遠)간의 선후배·도반들이 같은 문중이며 경향각지 대소사찰로 번성하고 있는 사실을 확인하고 새삼 놀랐던 기억을 회고한다. 첫 문중회의를 개최한 지 12년만인 1984년 12월 20일 마침내 『비구니법기문중계보』를 발행하면서 문중성립을 공식화했다. 10년 후인 1994년 9월 20일 문중계보 증보판을 발행한데 이어 2008년 9월 15일 3차 개정증보판을 발행해 1,2차 간행 당시 수록하지 못했던 문도들을 모두 등재했다.

법기문도회는 문중성립의 근간을 마련해준 계보발간에 즈음해 "요즘 사문들 간에 스승의 은혜와 고마움도, 제자의 대견함과 자랑스러움도, 문중의 화목과 단합도 점차 시들어간다"는 현실 앞에 "우리 문중만이라도 옛날 인연 맺을 때의 마음을 되살려 서로가 도모하고 격려한다"[262]는 취지를 밝혔다. 나아가 "문중의 후예들로 하여금 선과 계율을 위주로 한 사상을 잇고 가일층 정진하여 한국 비구니계의 주축이 될 수 있는 현인이 많이 배출되기를"[263] 서원하는 다짐도 잊지 않았다.

나) 문중계보와 분파현황

법기문중은 제3대 항렬의 사형인 처금과 사제인 창섬 대에 이르러 계통-계열의 분파를 이루면서 번성하기 시작해 현재 제13대손까지 배출했다. 대전 보문산 복전암·서울 숭인동 청룡사·경남 울산 석남사·서울 옥수동 미타사(금수암) 등 4개 계열로 나뉘어 세계를 잇고 있다. 처금은 청룡사·석남사·미타사(금수암) 계열의 선조사이고, 창섬은 복전암 계열의 선조사이다. 『법기문중계보』는 복전암계열의 선조사인 창섬계통의 세계를 먼저 배치하고, 청룡사·석남사·미타사계열의 선조사인 처금의 세계를 계열순서대로 서술하고 있다. 본 저술도 이를 따랐다.

(1) 창섬계통의 세계: 복전암계열

(가) 복전암과 문중인연

창섬계통 복전암계열의 원찰인 보문산 복전암은 행정구역상 대전광역시 중구 석교동에 위치한 전통사찰이다. 창건연대는 대웅전 주불인 관음상 복장의 연기(年記)를 상고하건대 조선 현종(재위 1659~1674) 때인 1669년경으로 추정하고 있으나, 그 이후 200여 년간의 역사는 알 길이 없다. 원래 신묘암이라는 작은 암자였는데 1943년 정도익 화상이 중창했다고 전하며,

---

262) 『법기문중계보』(1994), p.10.
263) 『법기문중계보』(1994), p.7.

6.25한국전쟁 당시인 1951년에 문중 제8대손인 경순(景順, 1925~현재)이 주지로 부임한 이후 암자이름을 지금의 복전암으로 바꿨다. 1954년 3창한 뒤 원통선원을 짓고 고봉경욱(古峰景昱, 1890~1961)을 조실로 초빙해 비구니선원을 개원했다. 1985년에는 원통선원을 제외한 모든 건물을 헐고 현재 규모로 대웅전·삼성각·종각·요사·취사실·일주문 등을 신축해 도량을 일신하는 등 일생동안 불사에 심혈을 기울여 일신중창한 원력에 힘입어, 지금은 30여 명의 비구니가 상주하는 대전지역 최대의 암자로 성장했다.

일설에 따르면, 보문산 동편에 마애여래좌상이 있는데 그 아래에 오래전부터 신묘사(神妙寺)라는 절이 있었다고 한다. 어느 날 마애불 정상에 있던 큰 바위가 굴러 떨어져 절이 파괴되었다. 이를 본 당시의 고승 학조등곡(學祖燈谷, 1432~1514)[264]이 원래 절이 있던 자리보다 아래쪽에 터를 잡아 새로 암자를 짓고 신묘암이라고 했는데, 지금의 복전암이 그곳이다. 학조대사는 대중과 신도들에게 신묘사의 관음불상과 함께 마애불을 정성껏 모시도록 당부했다고 한다. 이후 마애여래좌상은 복전암의 주불인 관음불상과 함께 지금까지 대중의 섬김을 받으며 유명한 기도처로서 영험을 보이고 있다고 전한다.

복선암은 1989년 전통사찰로 지정받았으며, 이듬해인 1990년 5월 28일 마애여래좌상이 대전광역시 유형문화재 제19호로 지정되어 오늘에 이르고 있다.

---

264) 학조화상은 조선전기의 고승으로, 세종의 한글창제 비밀프로젝트를 수행한 것으로 알려진 혜각존자(慧覺尊者) 신미(信眉)대사의 제자이다. 1464년(세조 10) 속리산 법주사 복천암에서 왕을 모시고 스승인 신미대사와 함께 대법회를 열었으며, 1467년(세조 13) 금강산 유점사를 중창했다. 봉선사에 머문 후 김천 직지사에 주석 중이던 1488년(성종 19) 인수대비의 명으로 해인사를 중수하고 진관사·대자사·낙산사를 중수했다. 1500년(연산군 6)에는 왕비 신씨의 명으로 해인사 고려대장경 3부를 인행하여 발문을 지었다. 1514년(중종 9) 그의 부도(등곡화상탑)가 속리산 복천암과 김천 직지사에 세워졌다. 2004년 충북 유형문화재 제13호에서 보물 제1418호로 승격되었다.

(나) 복전암계열의 문중세계

창섬계통 복전암계열의 문중세계는 권말부록의 「법기문중 세계도」1~5에 전거하고 있다. 이에 따르면 창섬계통의 세계를 잇고 있는 복전암계열은 제6대손에 이르러 성기(成基)·만보(萬寶)·치해(致海)·현국(玄國)265)의 문파로 나뉘어 문중을 형성하고 있다. 창섬 이후 제4대 유증(有曾)과 제5대 봉적(奉寂)에 이르기까지 단일제자로 내려오다가 제6대 성기·만보·치해·현국 대에서 성기의 법을 계승한 계행(戒行)·보광(普光)·도학(道學)·원각(圓覺)·성공(7), 만보의 법을 계승한 상종(相宗, 7), 치해의 법을 계승한 도원·원만(7), 현국의 법을 계승한 경화(璟華, 7) 등이 배출되면서 이들의 후계법손들에 의해 비로소 복전암계열의 문중이 번성하기 시작했다. 성기문하의 계행(7)은 자현(慈賢)·보간(普間, 8)에게, 보광(7)은 혜법(慧法, 8)에게, 도학(7)은 복전암을 일신한 경순(景順)·성일(性一)·유법·정관(正觀)·정환(8)에게, 원각(7)은 정화(淨華, 8)에게, 성공(7)은 도현(道玄, 8)에게 각각 법을 전했다. 만보문하의 상종(7)은 계택(桂宅)·대운(大雲, 8)에게, 치해문하의 원만(7)은 선복(8)에게, 현국문하의 경화(7)는 법성(法性, 8)에게 각각 사사하면서 문보를 계계승승 이어오고 있다.

창섬계통 문중 제8대손 가운데 특히 종가의 맏형인 자현(1896~1988)266)은 도봉산 원통사 및 자현암과 서울 성북구 돈암동 보현사·서울 서초구 염곡동 자룡사 등을 창건하고 재단법인 보현회를 설립해 일찍이 무의탁 어린이·청소년교화와 노인복지에 앞장선 불교계 선지식이었다. 자현은 또한 1979년 4월 보현사 경내에 '중앙불교승가학원'을 개설해 승려교육에 남다른 선견지명을 보였는데, 4년제 정식 학부와 석·박사 대학원과정의 조계종립대

---

265) 현국의 세계는 『법기문중계보』에 수록되어 있지 않다. 법기문중 미타사(금수암)계열과 미타사 산내암자에 대한 좀 더 정확한 계보를 확인해가는 과정에서 현국의 증법손이 되는 미타사 정수암 주지 상덕이 소속문중과 세계를 확인해준 내용에 따라 창섬계통 복전암계열에 배대했음을 밝힌다.

266) 자현의 행장은 하춘생(2001), 『깨달음의 꽃』2, pp.159~172를 참고할 수 있다.

학인 지금의 중앙승가대학교의 전신이 된 것을 말한다. 자현은 본래 서른한 살 때인 1926년 4월 문중 제6대인 성기를 은사로 출가했으나, 얼마 후 그때까지 상좌가 없던 계행의 법을 잇도록 하라는 은사의 요청에 따라 성기의 맏상좌인 계행의 제자로 건당함으로써 문중 제8대 항렬 가운데 최고 어른이 되었다.

현재 창섬계통을 대표하고 있는 세계는 대체로 제9대손과 그 이후의 법손에 해당한다. 문중 제9대손의 인물로는 제6대 성기에서 분파된 법손으로 자현(8)의 법을 계승한 혜향(慧香)·성해(性海)·무상(無常)·자경(慈慶)·대원(大願, 9)을 비롯해 보간(8)의 제자 혜문(慧文, 9), 혜법(8)의 제자 청파(淸波, 9), 36명에 이르는 경순(8)의 상좌 법진(法眞)·법성(法性)·명원(明圓)·법일(法一)·보현(普賢)·법찬(法贊)·성원(性源)·보관(普觀)·보상(寶常)·보안(寶眼)·보운(普云)·보명(普明)·보림(寶林)·보천(普天)·보중(普中)·보공(普空)·보련(普蓮)·보성(普誠)·보월(寶月)·보여(普如)·보영(普榮)·보인(普仁)·보장(寶藏)·보춘(普春)·보적(普寂)·보타(普陀)·보일(普日)·보견(普見)·보혜(普慧)·보주(普舟)·보우(普雨)·보유(普惟)·보담(普潭)·보행(普行)·보길(普吉)·윤성(潤星, 9), 성일(8)의 제자 혜눌(慧訥, 9), 유법(8)의 제자 해안(海眼, 9), 정관(8)의 제자 보경(寶鏡, 9), 정화(8)의 제자 진우(鎭宇)·진성(眞性)·진오(眞悟, 9), 도현(8)의 제자 향림(香林, 9) 등을 들 수 있다. 만보의 법손으로는 계택(8)의 제자 창일(昌一)·영주(英珠)·창선(昌善)·법경(法敬)·홍주(洪舟, 9), 대운(8)의 제자 지연(知衍, 9)[267] 이 있다. 치해의 법손으로는 선복(8)의 제자 성오(性悟)·지현·법령·지원 (9)이 대표적이다. 현국의 법손으로는 법성(8)의 제자 상덕(常德)[268]·종일

---

267) 지연(1947~현재)은 현재 서울 월계동 기원사 주지이다. 1975년부터 30회 이상 국내외 꽃꽂이 작품전시회를 개최하고, 1988년에는 전국불교꽃꽂이회를 창립하는 등 서울 보문동 미타사 탑골문중의 보명(寶明)과 함께 불교계 꽃예술을 저변화시킨 인물이다.
268) 상덕은 1953년 서울 옥수동 미타사 정수암으로 출가하고 1980년부터 이곳의 주지를 맡고 있다. 동국대 승가학과 졸업이후 행정대학원과 불교대학원을 수료했으며, 지연과 함께 전국불교꽃꽂이회를 창립하고 회장을 역임했다. 불교·원불교·천주교 등 3대 종교

(宗一, 9)이 법계를 잇고 있다.

창섬계통 문중 제10대에 해당하는 인물은 자현문하의 혜향(9)에게 사사받은 명식(明植)·수영·영제(永濟)·명주(明珠)·수현(修賢)·연화(蓮華, 10)와 자경(9)에게 득도한 수현(修賢)·수영(修榮)·수정(修禎)·수인(修忍, 10), 혜법문하의 청파(9)에게 사사받은 계정(戒定)·계성(戒性)·보성(普成)·계수(戒修, 10) 등을 들 수 있다. 경순문하인 법진(9)의 제자 영주(暎珠)·범선(梵船, 10), 법성(9)의 제자 동조(東照)·동원(東源)·동민(東敏)·동훈(東勳)·동환·동준(10), 명원(9)의 제자 성범(性梵)·지범(地梵)·인범(忍梵, 10), 법일(9)의 제자 성관(性觀)·혜정(慧政)·수경(修鏡)[269]·현주(賢住, 10), 보현(9)의 제자 성천(性泉)·현성(玄性)·성공(性空)·현월(玄月)·현화(玄華, 10), 법찬(9)의 제자 성환(性煥, 10), 성원(9)의 제자 오경(悟鏡)·오선(悟禪)·오성(悟惺)·요경(了鏡)·세경(世鏡, 10), 보관(9)의 제자 윤경(允鏡)·서경(瑞鏡)·구경(究鏡)·다경(茶經, 10), 보상(9)의 제자 다성(茶性)·문성(文性)·성호(性昊, 10), 보운(9)의 제자 성해(性海, 10), 보천(9)의 제자 성운(性雲, 10) 등도 모두 창섬계통 문중10대로서 문보를 이어가고 있다. 성일문하인 혜눌(9)의 제자 선용(10)과 유법문하인 해안(9)의 제자 성본(性本, 10)을 비롯해 정화문하인 진우(9)의 제자 덕현(德賢)·명본(明本)·영주(永周, 10), 진성(9)의 제자 지휴(志休)·지범(趾梵)·혜거(慧居)·지현(智鉉, 10), 진오(9)의 제자 민성(敏性, 10)과 도현문하인 향림(9)의 제자 원종(元宗)·지원(志元)·성엽·심행(沈行)·정심(正心, 10)도 모두 창섬계통 문중

여성수도자모임인 삼소회에 적극 가담해 종교화합에 앞장섰으며, 현재 옥수종합사회복지관 관장·서울 불교사회복지관장회 회장·성동복지협의체 대표위원·성동사암연합회 회장 등을 수행하며 불교의 대사회적 역할에 남다른 열정을 쏟고 있다. 그 공로로 조계종 총무원장상·포교대상·성동구청장상·보건복지부장관상·법무부장관상·서울경찰청장상·경찰청장상 등을 수상했다. 제자로는 수현·수진·수인을 두고 있는데, 수진이 현재 총무원 문화국장의 소임을 맡고 있다.

[269] 삼선승가대학 학감을 지낸 수경은 대한불교조계종 출범이후 총무원의 첫 비구니 문화부장으로 부임했던 탁연의 뒤를 이어 제32대 총무원장 지관체제 후반기인 2007~2009년간에 비구니로서 두 번째 문화부장을 역임했다.

10대의 인물들이다. 이들 문중10대의 인물들은 모두 창섬-유증-봉적-성기의 법을 받은 계행·보광·도학·원각·성공의 법손들이다.

이와 함께 창섬계통 문중 제10대로서 법기문중계보를 계승한 인물로는 계택문하에 창일(9)의 제자 성우(成宇)·성옥(聖玉)·성열(成烈)·성인(成仁)·성관(成觀)·성현(成賢)·성진(成眞)·성욱(成煜, 10), 창선(9)의 제자 희정(熙庭, 10), 법경(9)의 제자 성수(成洙, 10), 홍주(9)의 제자 길상(吉祥, 10)이 있고, 대운문하에 지연(9)의 제자 성보(成保)·성안(成安)·상현(祥峴)·현담(玄湛)·상은(相恩, 10)이 있다. 계택과 대운문하 문중10대의 인물들은 창섬-유증-봉적-만보의 법을 이은 상종의 법손들이다. 또한 선복문하에는 성오(9)의 제자 수업(受業)·수련(修蓮)·수정(修精)·수공(修空)·수범(修梵, 10), 법령(9)의 제자 유관(唯寬)·보근·진우·법민(10), 지원(9)의 제자 자안(10)이 있다. 선복문하 문중10대의 인물들은 창섬-유증-봉적-치해의 법을 계승한 원만의 법손들이다. 법성문하는 상덕(9)의 제자로 수현(修賢)·수진(修眞)·수인(修仁, 10)이 있는데, 이들은 창섬-유증-봉적-현국의 세계를 이은 경화의 법손들이다.

창섬계통 문중 제11대손으로서 성기-계행-자현-혜향의 법손자인 해만(海滿)·진협(眞協)·해복(海福)·해륜(海崙)·해련(海蓮)·해인(海印)·해성(海成)·해조(海照)·해강(海綱, 이상 명식상좌)·해현(海賢)·성운(聖雲)·해능(海能, 이상 명주상좌), 성기-보광-혜법-청파의 법손자인 지학(志學)·지명(志明, 이상 계성상좌), 성기-도학-경순-법진의 법손자인 선명(禪明, 영주상좌)·성경(性經, 범선상좌), 성기-도학-유법-해안의 법손자인 영진(永珍)·영선(永禪)·석지(碩智, 이상 성본상좌), 성기-원각-정화-진우의 법손자인 원홍(圓弘, 덕현상좌), 성기-성공-도현-향림의 법손자인 자인(慈仁, 원종상좌)·자형(지원상좌) 등이 세계를 잇고 있다. 역시 문중 제11대로서 만보-상종-계택-창일의 법손자인 형민(亨珉)·형근(亨根, 이상 성우상좌)·형구(亨九)·형법(亨法, 이상 성관상좌)·형기(亨基)·형진(亨眞, 이상 성현상좌)·형전(亨典, 성진상좌) 등과 치해-원만-선복-성오의 법손자인 현찬(賢讚)·현종·현성(賢性)·현일(賢一)·현정(賢定)·석진(石珍, 이상 수업상좌)·경무·동현(東炫)·영덕(永德)·영암(永岩, 이상 수련상좌)·응선(應善)·도윤(道允, 이상 수정상좌)·법종(法宗, 수공상좌)·여진(如眞)·여연(如然, 이상 수범상좌), 치해-원만-선복-법령의 법손자인 묘성(妙星)·종명(宗明, 이상 유관상좌)·국전(보근상좌)·법정·법안(진우상좌), 치해-원만-선복-지원의 법손자인 정임·묘정(이상 자안상좌) 등이 선조사들의 유훈을 받들면서 문보를 계승하는 가운데 수행교화에 앞장서고 있다.

　창섬계통 문중 제12대손과 그 이후의 세계로는 성기파의 해인(11)이 도융(度融)·도일(度日, 12)을 제자로 배출한 것 외에는 치해파의 후계손들이 대체로 번성한 모습을 보이고 있다. 현재 현찬(11)이 인공(印空)·운여(雲如)·우진·탄민(呑珉)·청운(靑雲, 12)-정모(淨模, 인공상좌)·송운(淞雲, 운여상좌, 13)으로, 현종(11)이 심우·중원(中原, 12)으로, 현성(11)이 원광(垣光)·원학(圓學, 12)으로, 현일(11)이 지행(智行)·삼서(三瑞)·정원(12)으로, 현정(11)이 혜경(慧鏡, 12)으로, 응선(11)이 희견(12)으로, 법종(11)이 심인(心印)·해운(海雲)·해안(海眼, 12)으로, 묘성(11)이 희덕(喜德, 12)으로, 종명(11)이 은진(恩盡, 12)으로, 묘정(11)이 지운(12)으로 각각 법계를 계승해오고 있다.

(2) 처금계통의 세계

　창섬과 함께 법기문중의 계통을 형성하고 있는 인물로 처금이 있다. 처금은 창섬의 사형으로, 법기문중 4개 계열 가운데 복전암계열을 제외한 청룡사·석남사·미타사 등의 3개 계열의 선조사로 추앙받고 있는 인물이다.

(가) 청룡사계열
①청룡사와 문중인연

　먼저 청룡사계열은 서울 종로구 숭인동 청룡사(靑龍寺)에 기반을 두고 있는 처금의 후손일파이다. 청룡사는 도선국사(道詵國師, 827~898)의 유언에 따라 922년(고려 태조5) 태조왕건의 명으로 창건하고 비구니 혜원(慧圓, 851~938)을 주석하게 한 데서 연원을 찾는다. 청룡사는 혜원이 초대주지를 역임한 이후 만선(萬善, 996~1060)·지환(知幻, 1261~1312)·법공(法空, 1471~1538)·예순(禮順, 1587~1657)[270]·묘담(妙湛, 1776~1837)·수인(守仁, 1779~1838)·처금(處金, 생몰미상)·등확(登㸁, 생몰미상)·계흔(桂昕, ?~1889)·정기(正基, ?~1923)·창수(昌洙, 1842~1910)·금전(錦典, 1869~1921)·상근(祥根, 1872~1951)·윤호(輪浩, 1907~1996) 등 줄곧 비구니가 대를 이어 중창을 거듭해온 서울 시내 대표적인 전통사찰이다.

청룡사는 고려말 공민왕이 시해된 이후 왕비였던 혜비 이씨가 출가한 사찰이며, 1398년(조선 태조7)에는 왕자의 난에 의해 계비인 신덕왕후 강씨의 소생인 왕자 방번(芳蕃)·방석(芳碩)이 모두 죽게 될 때 강비의 소생인 경순공주가 이곳에 와서 비구니가 되었다. 특히 1456년(조선 세조2) 단종의 비인 정순왕후 송씨가 이곳에 머무르며 날마다 동망봉(東望峰)에 올라 단종이 귀양 가서 승하한 영월 쪽을 바라보며 울었다고 전해지는 사찰이다.[271] 1771년(영조 47) 영조가 경내에 '정업원구기(淨業院舊基)'라는 비석을 세우고 '동망봉(東望峰)'이라는 진필표석을 세워 단종을 애도했는데, 절 이름이 한때 정업원이라 불린 것은 그 때문이다. 정업원구기는 현재 서울시 유형문화재 제5호로 지정되어 있다. 지금의 청룡사는 문중 제8대손인 윤호(輪浩)가 1951년 주지로 부임한 이후 모두 새롭게 일신한 것이다.

청룡사의 역사성에서 알 수 있는 바와 같이 18세기 후기~19세기 중기를 살았던 인물로 추정되는 생몰미상의 처금이 바로 법기문중 청룡사·석남사

---

270) 각주82와 같은 인물이다.
271) 정순왕후 송씨의 출가법명은 허경(虛鏡)으로 알려져 있다. 18세(1457) 때 청룡사로 출가해 82세(1521)에 생을 마감할 때까지 65년간 이곳에서 일념정진했다. 1698년(숙종24) 노산군이 단종으로 추복(追復)되면서 비로소 정순왕후로 추복되었다. 1771년(영조47)에 '정업원구기'라는 사적비가 세워졌다.

·미타사계열의 선조사로 추앙받고 있는 처금과 동일한 인물이라는 사실을 확인할 수 있다. 이 처금은 등황(登蟥)·등위(登違)·의첨(義沾) 등 세 명의 법제자를 두었는데, 등확은 청룡사계열, 의첨은 석남사·미타사계열의 중시조가 되었다.

②청룡사계열의 문중세계

권말부록에 제시한 「법기문중 세계도」6에 의거하면 법기문중 청룡사계열의 법맥은 처금-등확-계혼 대에 이르러 정기(正基)·창수(昌守)·상용(6) 등 3명의 제자를 두면서 이들의 후손들에 의해 문중의 번성을 보기 시작했다. 청룡사계열 제6대손인 이들 3인 중 특히 창수에게 사사받은 제7대손인 금전(錦典)·상근(祥根)·금하(錦河)의 후손들이 번창하면서 오늘날 청룡사계열의 문도 대다수를 차지하고 있다. 청룡사계열의 세계를 확장시킨 창수는 금전과 상근의 친가 모친이다. 창수의 법손들을 살펴보면 다음과 같다.

창수의 맏상좌 금전(7)은 경화(徑化)·종원(鐘元, 8)을 제자로 두었는데, 경화의 법을 이은 문중 제9대손인 탄행(坦行)이 다시 혜선(慧禪)·법성(法性)·혜능(慧能)·혜봉(慧峰, 10) 등 4명에게 세계를 잇도록 당부했다. 혜선(10)이 성만(性万, 11)에게 사사했다.

창수의 둘째 상좌 인월당(印月堂) 상근(7)[272]은 일생을 대의(大義)에 살고 소절(小節)에 굴하지 않는 성품으로 근검절약과 빈병구제에 헌신했던 인물로 이름이 높다. 신심이 견고하고 공익심이 투철하여 불전의 법요의식과 각단의 예경승사(禮敬承嗣), 어려운 범패는 물론 가람수호에도 남다른 원력을 지녔던 비구니로 전해온다. 상근은 윤호(輪浩)·대용(大用)·보현(普賢)·보성(寶成)·보완(寶玩)·만성(滿性)·윤여(輪如, 8) 등 7명의 제자를 두면서 청룡사계열 문도 가운데 가장 번성한 세계를 형성했다. 상근의 법을

---

272) 상근은 만해와 용성 등 일제강점기 독립인사들의 뜻을 받들어 독립자금을 마련해주는 등 독립운동의 숨은 공로자다. 그의 행장은 하춘생(1998), 『깨달음의 꽃』1, pp.223~234를 참고할 수 있다.

계승한 문중 제8대 적손인 윤호273)는 오늘날 청룡사의 위용을 바로 세운 주인공이다. 세납 24세 때 당대의 비구선승 만공으로부터 '백련(白蓮)'이라는 법호와 함께 인가를 받았으며, 37세 때 다시 당대의 비구고승인 한암으로부터 '묘각(妙覺)'이라는 법호와 함께 인가의 징표인 법게(法偈)를 수지했다. 윤호는 그의 유업을 받들어 청룡사를 호지해오고 있는 진우(眞愚)·진홍(眞弘)·진문(眞門)·진경(眞鏡)·진적(眞寂)·진공(眞空, 9) 등 6명의 제자에게 법을 전했다. 사제 보현의 상좌였던 경선(鏡先, 9)이 윤호의 위패 상좌가 되어 유지를 이어가고 있다.274) 진우(9)는 혜묵(慧黙)·일여(一如, 10)에게, 진문(9)은 성도(誠道, 10)에게, 진공(9)은 현종(10)에게 각각 청룡사파의 문보를 이어가도록 했다. 상근의 넷째 상좌 보성(8)은 응명(應明)·도준(道準, 9)에게 법을 전하고, 응명(9)의 법은 혜인(慧仁)·선혜(善慧, 10)로, 선혜(10)의 법은 성근(成勤)·성원(性圓, 11)-자운(慈允, 성근상좌, 12)으로 각각 전해졌다. 법기문중 청룡사 법맥의 제9대손인 도준(1900~1992)275)은 6.25한국전쟁으로 전소한 도봉산 회룡사를 중창해 천년고찰의 위엄을 다시 세우고 선원을 개설해 제방의 비구니납자들을 제접한 유래를 남긴 인물이다. 도준은 혜주(慧珠)·혜수(慧修)·혜장(慧藏)·혜상(慧相)·혜율(慧律)·혜명(慧明)·혜월(慧月, 10) 등 7명의 제자를 두었으나, 지금은 혜주(慧珠)·혜수(慧修)·혜장(慧藏)·혜상(慧相)이 유지를 계승하고 있다. 도준(9)의 법손자인 능현(能賢)·성견(性見)·성범(性梵)·성타(性陀, 이상 혜주상좌)·법련(法蓮, 혜장상좌, 11) 등이 법기문중 제11대손으로서 청룡사 법맥을 계계승승하고 있다. 상근의 다섯 째 상좌 보완(8)은 성민(性敏)·진운(眞雲, 9)에게 법을 전했으며, 성민(9)이 재현(載賢)·재문(載文)·효봉(曉逢)·재석(載錫)·재만(載晚, 10) 등 5명을 제자로 삼아 세계를 이었다. 이

---

273) 윤호의 행장은 하춘생(2001), 『깨달음의 꽃』2, pp.105~119를 참고할 수 있다.
274) 경선의 득도사와 위패사자(位牌師資)의 관계는 본인의 증언에 따른 것이다.
275) 도준의 행장은 하춘생(2001), 『깨달음의 꽃』2, pp.173~185를 참고할 수 있다.

가운데 효봉(10)이 제자로 규정(11)을 두고 있다.

창수의 셋째 상좌 금하(7)는 도찰(道察)·하련(河蓮, 8)에게 법을 전하고, 도찰은 광성(光性)·법운(法雲, 9)을, 하련은 혜은(慧隱)·혜문(慧文)·혜륜(慧輪)·혜산(慧山)·혜각(慧覺, 9)을 제자로 두었다. 도찰문하의 광성(9)은 해원(海圓)·법지(法知)·해득(海得)·석담(石潭, 10) 등 4명의 제자를 두었고, 해원(10)이 현우(賢于)·현욱(玹旭, 11)을, 법지(10)가 성호(聖浩, 11)를, 해득(海得, 10)이 선경(善慶)·재욱(在旭)·치운(峙雲)·선구(善九)·선오(善悟, 11)를 제자로 삼아 계보를 이어가도록 했다. 법운(9)은 수진(修眞)·수인(修仁)·수정(修淨, 10)에게 사사했다. 하련문하의 혜은(9)은 현소(賢昭)·보우(普雨)·경선(敬禪)·무공(無空)·여정(如靜, 10)에게, 혜문(9)은 법농(法農, 10)에게, 혜륜(9)은 덕인(德仁, 10)에게, 혜산(9)은 일공(一空, 10)에게 각각 법을 전해주었다.

창수의 사형인 정기는 재봉(在奉, 7)에게 법을 전했으나 당대에서 세계를 마쳤고, 창수의 사제인 상용의 법계가 법기문중 청룡사 법맥으로서 일정한 번성을 보았다. 상용(6)의 법을 전해 받은 문중 제7대손인 정업(淨業)이 덕순(德順)·부흥(富興)·이순(伊順)·올연(兀然, 8) 등 4명의 제자를 두면서 이로부터 다수의 후손이 배출되었다. 덕순(8)이 성탁(性卓)·명호(明昊)·보화(普化, 9)에게, 부흥(8)이 응화(應化, 9)에게, 이순(8)이 대성(大星, 9)에게, 올연(8)이 선경(善經, 9)에게 각각 법을 전하면서 세계를 계세승승하도록 한 것이다. 문중 제8대손인 덕순문하의 성탁(9)은 응일(應日)·혜천(惠川)·대용(大用, 10)-승찬(僧燦, 11, 응일상좌)으로 세계를 이었으며, 명호(9)는 지원(只圓, 10)을, 보화(9)는 고경(古鏡)·진타(眞他, 10)를 각각 제자로 두었다. 역시 제8대손인 이순문하의 대성(9)은 덕운(悳雲)·재범(在梵, 10)에게 법을 전했다.

이상에서 살펴본 바와 같이 법기문중 청룡사계열은 크게 처금-등확-계흔-창수-금전·상근·금하의 세계를 계승한 경화·윤호·보성·보완·도찰·

하련(8)-탄행·진우·진홍·진문·응명·도준·성민·광성·법운·혜은·혜문(9)-혜선·혜묵·선혜·혜주·혜장·재현·효봉·해원·법지·해득·현소·법농(10) 등과 처금-등확-계흔-상용-정업계통을 계승한 덕순·부흥·이순·올연(8)-성탁·명호·보화·응화·대성(9)-응일·지원·고경·덕운(10) 등의 세계에서 알 수 있듯이 그들의 법계는 현재 문중 제8, 9, 10대에 이어 11, 12대로 계승되면서 오늘날 청룡사 법맥의 일정한 구도를 형성하고 있다.

(나) 석남사계열

①석남사와 문중인연

법기문중 제3대손의 맏형인 처금을 선조사로 추앙하고 있는 또 다른 일파는 석남사계열의 법맥이다. 석남사계열은 처금의 법제자 3인, 즉 등확·등위·의첨(4) 가운데 셋째인 의첨의 두 제자 지환(智幻)과 영심(永沈) 중 지환의 법맥을 잇고 있는 계파이다. 법기문중 4개 계열 가운데 가장 큰 문도를 형성하고 있다.

석남사(石南寺)는 울산광역시 울주군 상북면 덕현리 가지산 동쪽 기슭에 위치한 조계종 제15교구본사 통도사의 말사이다. 가지산(迦智山)을 일명 석면산(石眠山)이라고도 하는데, 이 산의 남쪽에 있다고 해서 석남사라고 지었다는 이야기가 전한다. 신라 제41대 헌덕왕(재위년도 809~826) 때 우리나라 최초로 중국 남종선을 들여와 가지산문의 개조가 된 도의(道義)선사가 산문을 개산하기 전 설악산 진전사에 들어가 제자를 기르며 때를 기다리면서 영산명지를 찾던 중, 3년 만에 가지산에서 법운지(法雲地)[276]를 발견하고 절을 창건하니 석남사가 바로 그곳이다. 824년의 일이다. 창건 이후 여러 차례 중건중수를 거듭하다가 1592년 임진년 조일전쟁 때 전소된 이래

---

[276] 법운지는 『화엄경』 52위, 즉 보살이 수행해야 할 52단계에서 제41~50위에 해당하는 십지(환희지·이구지·발광지·염혜지·난승지·현전지·원행지·부동지·선혜지·법운지) 중 가장 높은 열 번째 경지를 일컫는다. 대법우를 내리는 지위를 나타내는 말로서, 많은 공덕으로 많은 이들에게 대비심 같은 존재가 된 경지를 말한다.

수차례 중수를 거듭하다가 다시 6.25 한국전쟁으로 폐허가 되어 고찰의 모습을 찾아볼 수 없었으나, 1957년 문중 제9대손인 인홍(仁弘)이 주지로 부임하면서 40여 년에 걸쳐 대웅전·극락전·청화당을 비롯해 각 부속시설과 심검당선원·정수선원 등을 중창하고 신축하는 등 사찰의 면모를 일신해 오늘에 이르고 있다. 석남사가 비구니 수도처로서 자리매김한 것은 이때부터다. 지금은 조계종 종립특별선원으로서 그 위상을 자랑하고 있다.

② 석남사계열의 문중세계

권말부록의 「법기문중 세계도」7에 따르면 법기문중 석남사 법맥은 제5대손인 지환(智幻)이 부영(扶榮)·본연(本然)·마하(摩訶, 6) 등 3명의 제자를 두었는데, 맏이인 혜담당(慧潭堂) 부영(6)이 문하에 상근(祥根)·성오(性悟)·성행(性行)·심공(心空)·대원(大願)·경담(鏡潭)·정안(正眼)·법운(法雲, 7) 등 8명의 상좌를 두고, 둘째 본연(6)이 유일(唯一)·대원(大願)·견성(見性)·자광(慈光)·법명(法明, 7) 등 5명의 상좌를 두면서 문중번창의 계기를 조성했다. 문중 제6대에 이르러 석남사 법맥의 문도가 비로소 성하기 시작한 것이라고 할 수 있다.

부영문하의 석남사계열 제7대손으로 문보에 이름을 올린 8명의 제자 가운데 첫째·둘째·셋째인 상근·성오·성행은 세계를 잇지 못한 반면, 넷째 심공이 정자(淨慈)·만선(萬善)·만법(萬法)·백월(白月)·정법(正法)·길상(吉祥, 8) 등 6명에게, 다섯째 상좌 대원이 원명(圓明)·응민(應旼)·혜해(慧海, 8) 등 3명에게, 여섯째 상좌 경담이 성타(性陀)·철혜(哲慧)·법순(法純, 8) 등 3명에게, 일곱째 상좌 정안이 덕진(德眞)·신원(信元, 8) 등 2명에게, 막내인 여덟째 상좌 법운이 혜우(慧遇)·일룡(一龍)·혜원(慧院, 8) 등 3명에게 각각 법을 전하면서 문도의 확산을 보았다. 본연계통으로 역시 문중 제7대손인 유일은 자선(慈善, 8)에게, 대원(7)은 법선(法船, 8)-혜도(慧道)·영담(影潭, 9)에게, 견성(7)은 법조(法照, 8)-묘관(妙觀)·혜승(慧

勝, 9)에게 각각 세계를 전해주었다.

석남사계열 심공문하의 문중 제8대손으로서 종가의 맏이격인 정자는 원심(圓心)·인홍(仁弘)·인성(仁成)·혜명(慧溟)·일휴(一休)·묘혜(妙慧)·지원(智元)·대원(大圓)·선도(善道, 9) 등을 제자로 두었으며, 문중 제9대손이 되는 이들 9명으로부터 제10, 11, 12, 13대로 이어지는 석남사 법맥의 실질적인 번성이 이루어졌다.

정자의 맏상좌 원심(9)은 법성(法性)·명철(明哲)·성안(成安)·경련(鏡蓮)·만각(萬覺)·청호(淸晧)·정화(正華, 10) 등 7명의 제자를 두었다. 문중 제10대손이 되는 이들의 세계는 각각 제11, 12대로 계승되면서 현재까지 문보를 면면히 이어오고 있다. 법성(10)의 세계는 보현(普賢)·영진(泳眞, 11)-정율(征燏, 普賢상좌, 12)로, 명철(10)의 세계는 광수(光秀, 11)-원조(圓照, 12)로, 성안(10)의 세계는 호관(好觀)·효성(曉星)·효문(曉門, 11)-대우(大愚)·대현(大玄)·대훈(大薰)·대인(大仁)·상윤(祥允, 이상 호관상좌)·혜범(慧梵, 효성상좌)·묘원(妙圓)·원종(圓宗)·종묵(宗黙, 효문상좌, 12)으로, 경련(10)의 세계는 진오(眞悟, 11)-원욱(圓旭)·원정(圓淨)·원명(圓明)·원혜(圓慧, 12)로, 정화(10)의 세계는 수정(授正, 11)-지광(智光)·지성(智性)·지인(智仁)·지현(志賢)·지명(志明)·현진(賢震, 12)으로 각각 계승되고 있다.

정자의 둘째 상좌인 원허당(圓虛堂) 인홍(1908~1997)[277]은 묘경(妙瓊)·진관(眞觀)·철마(鐵馬)·묘영(妙英)·정화(正華)·법희(法希)·백졸(百拙)·법용(法涌)·불필(不必)·도문(道門)·원광(圓光)·혜주(慧珠)·법상(法常)·법운(法雲)·삼인(三印)·도연(道淵)·현욱(玄旭)·정심(正心)·명훈(明薰)·도욱(道旭)·정각(正覺)·현학(玄學)·현지(玄智)·정기(正機)·무진(無盡)·대법(大法)·수덕(修德, 10) 등 27명에게 법을 전하고, 이들 27명의 제자들로부터 도합 160여 명의 상좌와 100여 명의 법손들이 배출되어 법기문중에

---

277) 인홍의 자세한 행장은 하춘생(2001), 『깨달음의 꽃』2, pp.41~57을 참고할 수 있다.

서 가장 융성한 문도를 자랑하고 있다. 인홍은 1987년 조계종 전국비구니회 총재로 추대되어 한국 비구니승가의 상징적 존재로 추앙받았으며, 지금까지도 후학들로부터 선과 교를 원융하며 한국 비구니계의 정체성을 확립시킨 큰 스승으로 숭앙받고 있다. 권말부록의 「법기문중 세계도」7-1에 따라 인홍의 법손들을 일별하면 다음과 같다.

인홍의 맏상좌 묘경(10)은 현각(玄覺)・혜근(慧根)・혜정(慧貞:도혜)・명종(明宗, 11) 등 4명을 제자로 삼아 이후 대월(大月)・대륜(大侖)・공원(空圓)・천주(千珠)・대훈(大訓)・대오(大悟, 이상 현각상좌)・도정(道淨)・종찬(宗燦)・일하(一河)・중문(中門, 이상 혜근상좌)・공성(空性)・서해(瑞海)・서수(瑞秀, 이상 혜정상좌, 12)-상후(祥吼)・도우(鍍宇, 이상 대월상좌)・등해(等海, 대륜상좌)・수범(秀範)・수종(秀宗, 이상 도정상좌)・원홍(元弘, 종찬상좌, 13)으로 세계를 이어오고 있다.

인홍의 둘째 상좌 진관(10)은 재호(在昊)・영우(英雨)・현주(玄珠)・계호(戒昊)・서혜(書慧)・연욱(克旭)・정호(淨皓)・성인(聖仁)・두진(斗珍)・정문(正門)・법륜(法輪)・법해(法海)・도희(道喜)・성진(性眞)・효성(孝性)・각성(覺性)・지호(志昊)・법우(法雨)・혜원(慧圓)・무애(無碍)・지수(志首, 11) 등 21명의 제자를 배출했으며, 이후 이들의 세계는 윤진(允珍, 재호상좌)・일법(一法)・명수(明秀)・일녕(一寧)・일목(一目)・천봉(千峰)・서원(瑞元, 이상 영우상좌)・성문(成門)・기석(耆石)・성조(性照)・성종(成宗)・성범(成範, 이상 계호상좌)・응찬(應讚, 연욱상좌)・보원(普圓, 정호상좌)・법완(法完, 이상 성인상좌, 12)-무행(無行)・혜월(慧月, 일법상좌, 13)로 계승되고 있다.

인홍의 셋째 상좌 철마(10)는 법인(法印)・정견(正見)・명달(明達)・현빈(玄賓)・대지(大智)・팔중(八中, 11) 등 6명을 제자로 두었고, 11대손인 이들로부터 공곡(空谷)・천수(千手, 이상 법인상좌)・중삼(中三, 명달상좌) 등 12대손이 배출되었다.

인홍의 다섯째 상좌 정화(10)는 법일(法日)・진각(眞覺)・우관(佑觀, 11)

등 3명을 제자로 배출했다.

　인홍의 여섯째 상좌 법희(10)는 법안(法眼)・도헌(道憲)・명각(明覺)・현관(玄關)・현산(玄珊)・명관(明觀)・명덕(明德)・정혜(正慧)・정수(正受)・일공(一空)・원산(元山)・일엽(一葉)・일아(一雅)・구요(九蕘)・일각(一覺)・공인(空印)・청강(淸江)・천안(千眼)・중신(中信)・지우(智牛)・진수(眞修)・선현(禪炫)・서하(瑞霞, 11) 등 23명을 상좌로 삼았으며, 이들의 법계는 지담(智潭, 도헌상좌)・중원(中元, 명각상좌)・중도(中道, 현관상좌)・선타(禪陀, 현산상좌)・수휴(修休, 정혜상좌)・무위(無爲, 정수상좌)・유성(有惺, 구요상좌) 등 12대손으로 이어졌다.

　인홍의 일곱째 상좌 백졸(10)은 법열(法悅)・현명(玄明)・도관(道觀)・현소(玄昭)・팔장(八藏)・정혜(淨慧)・공초(空超)・천륜(千輪)・천안(千眼, 11) 등 9명의 제자를 배출했으며, 이들 가운데 법열만이 상좌로 등원(登元, 12)을 두었다.

　인홍의 여덟째 상좌 법용(10)은 현공(玄空)・대성(大成)・현찬(玄贊)・일초(一超)・일실(一實)・구상(九相)・일현(一玄)・정일(淨一)・일돈(一頓)・일소(一笑)・석마(石馬)・공아(空阿)・천우(千雨)・천륜(千輪)・중실(中實)・중수(中守)・지산(智山)・진원(眞源, 11) 등 18명의 제자를 받아들였다. 이들의 세계는 서상(瑞常)・지엄(智嚴)・유신(有信, 이상 현공상좌)・중선(中禪)・선적(禪寂)・동원(東圓, 이상 대성상좌)・유중(有重, 일초상좌)・보원(普願, 석마상좌, 12)으로 계승되고 있다.

　인홍의 아홉째 상좌 불필(10)은 도융(道隆)・도현(道炫)・도명(道明)・명조(明照)・대안(大安)・대일(大日)・대원(大圓)・대주(大珠)・원욱(元旭)・진종(眞宗)・일구(一句)・일태(一太)・일경(一慶)・일옥(一玉)・천경(千鏡)・선호(禪虎)・영근(瑛瑾)・천광(千光)・지광(智光)・육청(六淸)・중안(中安)・중정(中定)・만봉(萬峰)・선정(禪定)・무념(無念)・삼봉(三峰, 11) 등 26명의 상좌를 두었다. 이후 도융(11)은 중밀(中密)・현광(玄光, 12)에게, 도현(11)

은 지욱(智旭, 12)에게, 도명(11)은 육행(六行)・중천(中天)・중아(中阿)・진묵(眞黙)・현석(玄釋)・진호(眞虎)・삼광(三光)・삼현(三玄)・무주(無周)・유마(惟摩, 12)에게, 명조(11)는 지공(智空)・선해(禪海, 12)에게, 대안(11)은 중제(中際)・현봉(玄峯, 12)에게, 대일(11)은 서경(瑞鏡, 12)에게, 대주(11)는 무문(無門)・유찬(有贊)・수등(修燈)・수범(修汎, 12)에게, 진종(11)은 무준(無俊, 12)에게, 일옥(11)은 혜가(慧迦, 12)에게, 천경(11)은 서담(瑞潭)・선유(禪瑜)・서림(瑞林)・무인(無印)・유일(唯一)・수인(受印, 12)에게 각각 세계를 잇도록 당부했다.

인홍의 열 번째 상좌 도문(10)은 명진(明珍)・명오(明悟)・팔공(八功)・정만(淨滿)・일원(一源)・석등(石燈)・공지(空智)・천연(千然)・중관(中觀)・중본(中本)・중봉(中峰)・지상(智象)・진공(眞空)・진감(眞鑑)・선담(禪潭)・서담(瑞潭)・유강(有康)・혜본(慧本)・혜준(慧準, 11) 등 19명의 제자를 양성했다. 이 가운데 맏이 명진(11)이 중화(中華, 12)를 제자로 두고 있다.

인홍의 열한 번째 상좌 원광(10)은 도림(道琳)・보현(普賢)・대기(大機)・구과(九果)・일대(一大)・천문(千文, 11) 등 6명을 제자로 배출했으며, 중정(中定, 도림상좌)・중유(中有)・지현(智玄, 이상 보현상좌, 12)이 법계를 계승했다.

인홍의 열두 번째 상좌 혜주(10)는 동주(東珠)・도준(道晙)・대선(大禪, 11)-유상(有常, 동주상좌)・진표(眞表, 도준상좌)・진토(眞土, 대선상좌, 12)로 세계를 이어오고 있다.

인홍의 열세 번째 상좌 법상(10)은 법광(法廣)・도원(道垣)・여정(麗靜, 11)으로, 열네 번째 상좌 법운(10)은 도선(道瑄)・일정(一定)・팔경(八敬, 11)-심진(尋珍, 도선상좌)・심근(尋根, 일정상좌, 12)으로, 열다섯 번째 상좌 삼인(10)은 현진(玄眞)・정오(正悟)・대연(大淵)・천선(千船, 11)-혜강(慧江, 현진상좌)・승무(承茂, 대연상좌, 12)로, 열여섯 번째 상좌 도연(10)은 정관(正觀)・정림(正林)・중인(中因)・선문(禪門, 11)으로, 열일곱 번째 상좌 현욱(10)은 대민(大泯)·일승(一乘)·대준(大準, 11)으로 각각 세계를 전했다.

인홍의 열여덟 번째 상좌 정심(10)은 문하제자로 도수(道秀)·도각(道覺)·명선(明禪)·일선(一禪)·성혜(性慧)·석경(石鯨, 11) 등 6명을 두었고, 이들 중 도수(11)가 천해(千海)·불연(佛緣)·수현(修玄, 12)에게, 도각(11)이 성주(性珠)·성련(性蓮)·동안(同安)·동준(同準, 12)에게 각각 사사했다.

인홍의 열아홉 번째 상좌 명훈(10)의 세계는 진철(眞徹)·진락(眞樂)·진성(眞性, 11)-현강(玄康, 진철상좌, 12)으로, 스무 번째 상좌 도욱(10)의 세계는 서광(瑞光, 11)으로 각각 이어졌다. 인홍문도의 법계현황이 이상과 같다.

정자의 셋째 상좌인 인성(9)은 현묵(炫黙)·도민(道敏, 10)에게 법을 전했다. 현묵(10)이 문하에 14명의 제자를 두었는데, 영운(靈雲)·영호(永晧)·명지(明智)·일도(一道)·정원(正圓)·일중(一中)·일산(一山)·석우(石牛)·공해(空海)·천성(千聖)·천림(千林)·서선(瑞仙)·진법(眞法)·무용(無用, 11) 등이 그들이다. 영운(11)이 정호(精晧)·천조(千照)·서태(瑞太)·명찬(明燦)·호선(浩仙)·자우(慈友)·지안(志岸)·효종(孝宗)·무현(無現)·유원(有原)·유진(有進)·혜수(慧首)·수원(修源, 12) 등 13명의 제자를 배출했으며, 이 가운데 정호(12)가 남오(南吾, 13)에게 세계를 잇고 있다. 현묵의 눌째 상좌 영호(11)도 도성(道星)·도우(度遇, 12)에게 법계를 부촉했다. 도민(10)은 단일제자 천월(千月, 11)에게 법을 전했다.

정자의 넷째 상좌인 혜명(慧溟, 9)은 정윤(晶允)·도천(道泉, 10)-천지(千智)·중안(中安)·중성(中聖)·지수(智首, 이상 정윤상좌, 11)로, 정자의 다섯째 상좌인 일휴(9)는 대혜(大慧)·대오(大悟, 10)-정현(淨玄)·천도(千道)·서초(瑞初)·정민(正旻)·정법(正法, 이상 대혜상좌)·지월(智月, 대오상좌, 11)로, 정자의 여섯째 상좌인 묘혜(9)는 상오(尙悟, 10)로, 정자의 여덟째 상좌인 대원(9)은 현문(玄門)·현오(玄悟, 10)로 각각 세계를 계승했다.

문중 제8대 항렬의 둘째인 만선은 육년(六年, 9)을 제자로 삼아 문중 제9대로서의 세계를 이어가도록 당부했으며, 육년(9)은 학수(鶴壽)·본각(本覺,

10)278)에게 법맥을 전해주었다. 학수(10)가 선덕(善德)·덕현(德玄, 11)을, 본각(10)이 효공(曉空)·덕효(德曉)·효범(孝梵)·효욱(曉昱)·효장(曉暲)·효은(曉垠, 11)을 상좌로 삼아 세계를 잇고 있다.

문중 제8대 항렬의 셋째인 만법도 법련(法蓮, 9)만을 제자로 두었으며, 법련(9)의 세계가 혜성(慧星)·봉인·성진(性眞, 10)-보장(寶藏, 11)으로 이어져 오늘에 이르고 있다. 문중 제8대 항렬의 넷째인 백월은 보훈(寶薰)·홍율(弘律, 9)에게 법맥을 전했다. 이후 보훈(9)의 세계는 광문(洸汶)·정민(正珉)·정주(政週, 10)로, 홍율(9)의 세계는 성일(性日)·지원(智圓, 10)-현랑(玄朗)·구편(九遍)·천행(千行)·선운(11, 이상 지원상좌)-무등(無登, 현랑상좌, 12)으로 이어졌다.

문중 제8대 항렬의 다섯째인 정법은 대각(大覺)·홍인(弘仁)·대오(大悟, 9) 등 3명에게 법을 전했으며, 대각(9)의 법은 묘관(妙觀)·묘선(妙禪)·묘혜(妙慧, 10)가, 홍인(9)의 법은 진성(眞性)·정우(10)가, 대오(9)의 법은 혜광(慧光, 10)이 각각 계승하고 있다.

문중 제8대 항렬의 여섯째인 길상은 원오(圓悟)·묘안(妙眼, 9)에게 법계를 이었으며, 원오(9)가 정명(正明)·현수(玄修)·정진(正眞)·현도(玄道)·정각(正覺)·정관(正觀, 10) 등 6명의 제자를 두었다. 이 가운데 정명(10)이 무상(無常)·무용(無用)·무빈(無彬, 11)에게, 현수(10)가 혜능(慧能, 11)에게 각각 세계의 계승을 당부했다. 심공문하의 문중 제8~13대손의 세계현황이 그와 같다.

정자의 스승인 심공의 사제로서 문중 제7대손인 대원문하도 석남사계열의 주요한 법맥구도를 형성하고 있다. 대원의 맏상좌 원명(8)은 당대에서 세계를 마쳤으나, 둘째 상좌인 응민(1923~1984)279)이 묘행(妙行)·묘성(妙

---

278) 본각은 현재 중앙승가대학교 불교학과 교수로 재직 중이다. 지난 2000년 한국비구니연구소를 개원하면서 소외되어왔던 비구니 연구에 일대 전기를 마련했다.
279) 응민은 평생 누더기 한 벌로 여여하게 살다가 몸소 '생사가 둘이 아니다'는 열반의 묘상을 보여주고 이승을 마감한 인물이다. 생전에 응민의 수범적인 구도행각이 널리 알려지면서 친가·외가를 통틀어 48명의 가족이 출가의 법연을 맺은 일은 지금도 교단안팎에서 기연으로 회자되고 있다. 그에 따르면 만공의 막내 상좌인 법진(法眞)이 부친이고,

性)·묘안(妙岸)·묘현(妙現)·묘적(妙寂)·묘웅(妙雄)·묘견(妙見)·묘일(妙一)·은성(恩成)·묘진(妙眞)·정은(靜隱)·관우(觀愚)·동명(東明)·지현(智顯, 9) 등 14명의 제자를 두고, 손상좌로 정위(精偉, 묘행상좌)·태윤(太允)·현유(玄有)·장윤(壯允, 이상 묘성상좌)·영문(令門, 묘안상좌)·대용(大用, 묘현상좌)·동진(童眞, 묘적상좌)·자현(묘웅상좌)·불원·성진(이상 묘견상좌, 10) 등을 배출하면서 세계의 번성을 가져왔다. 대원의 셋째 상좌인 혜해(8)도 법념(法念)280)·명진(明眞)·장주(長主)·법우(法友)·일념(一念)·법경(法鏡)·일미(一味)·법원(法原, 9) 등 8명의 제자를 배출해 세계를 계계승승해오고 있다. 대원문하의 문중 제9,10,11대가 되는 이들 모두 현재 경향각지에서 스승의 유지를 계승하며 비구니승가의 면면을 일궈가고 있는 인물들이다.

  문중 제7대손인 경담문하의 맏상좌 성타(8)는 탄형(呑炯)·석현(昔玄)·근우(根宇)·석운(石雲)·종진(悰晉)·청호(靑昊)·원해(圓海)·근행(勤行)·윤호(潤浩)·종원(宗圓, 9) 등 10명의 제자에게 법을 전했다. 경담의 셋째 상좌 법순(8)은 계환(戒環, 9)281)에게 법을 사사했으며, 계환(9)이 현수(賢修)·현진(賢眞, 10)으로 세계를 잇고 있다.

  문중 제7대손인 성안문하의 덕신(8)에서는 선인(善忍)·상명(尙明)·신법(善法, 9) 등 3명이 배출되었으며, 선인(9)이 지행(智行)·봉혜(奉慧)·묘행(妙行)·월전(月田, 10) 등 4명을, 상명(9)이 창덕(昌德)·월현(月現)·형우(亨雨)·문도(文道)·동호(東浩)·원전(圓田)·지성(志性)·지담(智潭)·법

    비구니 묘리법희를 은사로 출가한 성호(性浩)가 모친이다. 바로 아랫 남동생은 만공의 손상좌 도오(道悟)이며, 비구율사였던 일타(日陀)가 두 번째 남동생이다. 비구니 대영의 둘째 상좌인 쾌성(快性)은 막내 여동생이다. 응민의 자세한 행장은 하춘생(1998), 『깨달음의 꽃』1, pp.167~180을 참고할 수 있다.
280) 법념은 현재 법기문도회 회장이다. 사제(師弟) 일념이 주지로 있는 경주 흥륜사에 한주로 주석하고 있다.
281) 계환은 동국대 불교대학 교수로 재직하고 있다. 불교대학(원)장을 역임하고, 2013년 1월 16일부로 중앙도서관장의 보직을 발령받았다.

전(法典)·홍승(泓昇)·해인(海印, 10) 등 11명을, 선법(9)이 대주(大珠, 10)를 각각 문도로 들였다. 이들 제10대손으로부터 희유(希有, 지행상좌)·동진(同津)·동우(東雨, 이상 묘행상좌)·삼근(三根)·혜성(慧晟)·삼현(三玄, 이상 창덕상좌)·명주(明珠, 월현상좌)·순형(徇亨, 문도상좌)·해성(海成, 동호상좌) 등의 11대손들이 배출되어 세계를 면면히 잇고 있다. 덕진의 사제인 신원(8)은 도만(道滿)·대능(大能, 9)에게 사사했으며, 대능(9)이 연진(演眞)·법인(法忍)·효성(孝性, 10)에게 법맥을 전해주었다.

문중 제7대손인 법운문하의 혜우(8)는 경보(鏡寶)·연봉(蓮峰)·법영(法英)·법정(法淨)·자혜(慈惠)·법룡(法龍)·행덕(行德)·지운(智雲)·청우(淸雨)·법성(法成, 9) 등 10명을 제자로 두었고, 이들 가운데 연봉(9)이 정오(正悟, 10)에게, 법영(9)이 경민(憬敏)·성오(性悟)·성인(性仁, 10)에게, 행덕(9)이 지혜(至慧, 10)에게 각각 세계를 이었다. 혜우의 사제인 일룡(8)은 자성(慈城)·소현(小賢)·자영(慈映, 9)에게 사사했으며, 소현(9)이 정윤(正允)·하윤(下允, 10)을, 자영(9)이 법원(法圓)·원만(圓滿, 10)을 제자로 삼아 법계를 계승하고 있다.

문중 제6대손인 본연문하의 맏상좌 유일(7)의 세계는 자선(慈善, 8)으로, 둘째 상좌 대원(7)의 세계는 법선(法船, 8)-혜도(慧道)·영담(影潭, 9)으로, 셋째 상좌 견성(7)의 세계는 법조(法照, 8)-묘관(妙觀)·혜승(慧勝, 9)으로 계승되어 지금에 이른다. 넷째 상좌 자광(7)과 다섯째 상좌 법명(7)은 세계를 잇지 못했다. 문중 제6대손인 마하도 당대에서 세계를 마감했다.

이상에서 법기문중 석남사계열의 세계를 살펴본 바와 같이 오늘날의 석남사법맥은 문중 제8,9,10대손으로 대표되는 정자·만선·응민·혜해·성타·법순·덕진·혜우(8), 원심·인홍·육년·묘행·법념·탄형·계환·선인·상명·법영(9), 묘경·진관·법희·백졸·법용·불필·도문·원광·현묵·본각·정위·지행·창덕·정오·경민(10) 등을 중심으로 그 후손들이 계계승승하고 있는 사실을 알 수 있다.

(다) 미타사(금수암)계열

①미타사(금수암)와 문중인연

처금을 선조사로 추앙하고 있는 법기문중 3개 계열 중 미타사(금수암)계열이 있다. 미타사계열은 서울시 성동구 옥수동에 위치한 미타사 금수암에 연원을 두고 있는 계파이다. 본절인 미타사는 사세가 번성했을 때 경내전각이 9동66칸이나 되었다고 하며, 지금도 사찰규모와는 다르게 금수암을 비롯해 대승암·칠성암·금보암·정수암·용운암·관음암 등 7개의 부속암자를 두고 있을 정도로 그 위세가 만만치 않다. 토굴암이 있었으나 영숙이 주지로 있던 10여 년 전에 더 이상의 세계를 잇지 못함에 따라 소멸했다. 금수암·칠성암·정수암이 법기문중에 속하고, 금보암·용운암은 기타 미타사 문중으로 별립해 있다.

『법기문중계보』에 따르면 법기문중의 계파를 형성하고 있는 미타사 금수암은 신라 선덕여왕 7년(638년)에 법기문중 초조인 대원이 처음 창건불사에 착수했으나 불사 중 입적하자 그의 제자 충휴가 건립불사를 모두 마쳤다고 전한다. 하지만 1943년 안진호가 편찬한 『종남산미타사약지』에 따르면 미타사는 19세기 초반에 무량수전을 처음 지은 사실이 가장 오래된 기록이다. 1827년(순조27)에 쓰인 『종남산미타사무량수전조장기』를 보면, 1824년 3월 비구니 대원이 무량수전을 짓기 시작했는데, 3년 만에 갑자기 입적하자 그의 상좌 환신(幻信)이 뒤를 이어 1827년에 불사를 완성하고 사찰의 모습을 일신했다고 한다. 『종남산미타사약지』에 의하면 1884년(고종21)에 비구니 봉적(奉寂)과 취희(就羲) 등이 대방을 새로 짓고, 1897년(고종34)에 비구니 만보(萬寶)가 칠성전 개금중수와 불화를 조성했다는 기록을 확인할 수 있다. 또한 1911년 비구니 원만(圓滿)과 묘정(妙定)이 화주를 해 중종을 조성하고, 1915년 치해(致海)가 괘불을 조성하고, 1918년 조상종(趙尙鍾)이 전경각(全敬覺) 등 여섯 비구니와 함께 양주군 별내면 산곡리의 토지 2,689평을 매입했다는 기록도 볼 수 있다. 『종남산미타사약지』에 보이는 대원은 법기문중 초조이고, 봉적과 만보·치해 그리고 상종(尙鍾:相宗)은 앞에서 살펴본 바와 같이 모두 복전암계열의 법계를 이어온 인물들이다.282)

조선시대로 들어와서는 19세기 초반기에 처금이 주지로 부임해 요사 등 경내전각을 일신하고, 처금의 제자와 법손인 의첨-영심-부영이 대를 이으면서 무량수전을 비롯한 사찰전반을 중수했다. 근대기로 들어와서는 부영의 맏상좌 보함(普咸)을 비롯해 묘운(妙雲)-경호(景浩)로 이어지는 법손들이 주지로 부임하면서 사찰을 일신하고 비구니 현인들을 많이 배출했다.

그후 60여 년의 세월이 흐르면서 사찰전체가 퇴락해가자 현 주지 창길 (昌吉)이 큰 원력을 세우고 중창불사를 위한 정진에 들어간 끝에 옛 명성을 다시 찾게 하니 1976년 4월 15일이다. 이러한 연유로 미타사 대중은 지금의 금수암이 있게 한 주인공으로 창길을 손꼽는데 주저하지 않는다.

②미타사(금수암)계열의 문중세계

미타사(금수암)계열의 법맥은 처금의 셋째 상좌인 의첨(4)의 두 제자 지환·영심(5) 가운데 영심의 세계이다. 권말부록의 「법기문중 세계도」8에 전거해서 세계를 살펴보면, 영심은 유일한 은상좌로 부영(6)을 두었는데, 부영(6)은 영심의 사형이면서 석남사계열의 세계를 형성한 지환을 법사로 모신 인물이다. 『법기문중계보』에 따르면 부영은 처음에는 위로 의첨의 두 번째 제자인 영심을 은사로 모셨는데, 나중에 지환을 법사로 건당한 것이 아닌가 싶다.

영심을 노사(老師)로 모신 부영의 제자로는 보함(普咸)·상윤·치홍(致弘)·선담(仙曇, 7) 등 4명이 있고, 보함(7)은 묘운(妙雲)·묘진(妙眞)·승화(8) 등 3명에게 법을 전했다. 보함항렬은 미타사계열 제7대이고, 묘운항렬은 제8대이다. 문중 제9대손인 경호(景浩)·덕문(德文)·자인(慈仁)·자현(慈賢)은 모두 묘운의 법을 전해 받았다. 경호(9)는 창길(昌吉)·지현(智賢, 10)에

---

282) 각주231 참조.

게, 덕문(9)은 명수(明殊, 10)에게 세계를 계승하도록 부촉했다.

문중 제10대손인 창길은 명선(明善, 11)에게, 창길의 사제 지현(10)은 혜정(慧貞)·영수(映隋, 11)에게, 창길의 사촌법제인 명수(10)는 법주(法冑)·법천(法泉, 11)에게 각각 법을 전해주었다.

이상으로 미타사계열의 계보를 정리하면 대원(1)-충휴(2)-처금(3)-의첨(4)-영심(5)-부영(6)-보함(7)-묘운(8)-경호·덕문(9)-창길·지현(이상 경호상좌)·명수(덕문상좌, 10)-명선(창길상좌)·혜정·영수(지현상좌)·법주·법천(이상 명수상좌, 11) 등이 세계를 계승하며 오늘에 이르고 있다.

〈표5〉 법기문중 개요

초조(개창조)	大願
연대(추정)	18세기 후반기[제8대 慈賢(1896~1988), 제9대 仁弘(1908~1997)의 연보 기준]
문중성립	①1972년 문중회의 개최해 문중계보 정리발행 결의 ②1984년 12월 20일『비구니법기문중계보』발행 ③1994년 9월 20일 문중계보 증보판 발행 ④2008년 9월 15일 문중계보 개정증보판 발행
명칭유래	금강산 신계사 법기암 출신 문도의 결집에서 유래
분도회상	法念(경수 홍륜사 한수)
대표문도 (괄호안:代數)	• 昌暹계통: 慈賢(8)-慧香(9)-明植(10)-海滿(11), 景順(8)-法眞(9)-暎珠(10)-禪明(11)/法一(9)-修鏡(10), 桂宅(8)-昌一(9)-成宇(10), 大雲(8)-知衍(9)-成保(10),法性(8)-常德(9)-修眞(10), 선복(8)-性悟(9)-受業(10)-賢讚(11)(이상 복전암계열) • 處金계통: 祥根(7)-輪浩(8)-眞愚(9)-慧黙(10)-寶成(8)-道準(9)-慧珠(10)-能賢(11)/寶玩(8)-性敏(9)-曉逢(10)-규정(11), 道察(8)-光性(9)-海圓(11)(이상 청룡사계열), 圓心(9)-法性(10)-普賢(11), 仁弘(9)-妙瓊·眞觀·鐵馬·法希·百拙·法涌·不必·道門·圓光(10)-玄覺·戒昊·法印·道憲·法悅·玄空·道隆·明珍·道琳(11), 六年(9)-本覺(10-曉空(11), 應旼(8)-妙行(9)-精偉(10), 慧海(8)-法念(9), 性陀(8)-呑炯(9), 法純(8)-戒環(9)-賢修(10)(이상 석남사계열), 昌吉(10)-明善(11)(미타사계열)

4) 삼현문중

가) 문중형성과 본찰인연

삼현문중(三賢門中)은 18세기 중반기 인물로 추정되는 염평(念平, 제1세)과 만선(萬善, 제2세)을 개창조로 모시고 있는 동학사 미타암·해인사 삼선암·사불산 윤필암 등 3개 암자 출신 문도의 결집에서 유래한다. 이와 함께 삼현문중은 제2세 만선 대에서 네 갈래로 갈라지는데, 대종가인 지성(智性)계통, 중종가인 복탄(福坦)계통, 소종가인 계관(戒觀)계통, 그리고 대가 끊어진 복찬(福贊)계통이 그것이다. 세계를 잇지 못한 복찬을 제외한 3종가의 문손이 지금까지 14세손에 이르도록 그 뿌리가 튼실하게 이루어져 명실상부한 문중으로 자리매김한 사실과 관련해, 각 문중 종가의 선조사가 되는 지성·복탄·계관을 삼현(三賢)이라고 일컫는데서 문중명칭을 차용했다.

동학사 미타암은 1600년대부터 존속되어온 산내암자로, 초기당시부터 비구니들이 주석하며 정진해오던 도량으로 전한다. 근대기에 접어들어 한국불교사상 최초로 비구니 선맥을 중흥시킨 묘리법희(妙理法喜, 1887~1975)[283]가 겨우 네 살 되던 해 이곳에 맡겨져 삼현문중 제7세인 귀완(貴完)을 은사로 출가득도한 이후 비구니 선풍의 부흥을 예고했던 뜻 깊은 도량이다. 현재 암주로 주석하고 있는 운달(雲達)이 1993년 개축하여 오늘에 이르고 있다.

해인사 삼선암은 대한불교조계종 최초의 비구니전계사였던 정행(淨行, 1902~2000)[284]이 세납 10세 때인 1911년 이곳에서 삼현문중 제7세인 성학(性學)을 은사로 수계득도한 이후 금강산과 오대산 등지에서 안거수선하고 1962년부터 삼선암에 안착한 이래 40여 년간 비구니 선풍과 지율정신을 드높였던 곳이다. 1893년에 자홍이 창건한 뒤로 1904년에 보찬(普讚)과 지종(智鍾)이 일신 중건했는데, 후손들은 보찬과 지종을 삼선암의 실질적인 창

---

283) 법희의 행장에 관해서는 하춘생(1998), 『깨달음의 꽃』1, pp.25~39와 조영숙(1997), 『법의 기쁨 사바세계에 가득』(서울: 민족사)을 참고할 수 있다.
284) 정행은 조계종 단일계단 비구니별소계단 전계대화상을 역임한 비구니율사로 유명하다. 그의 행장은 하춘생(2001), 『깨달음의 꽃』2, pp.23~39를 참고할 수 있다.

건주로 보고 있다. 그 후 정행의 첫째 상좌 혜운(慧雲)과 셋째 상좌 혜안(慧眼) 등이 스승의 납자제접의 원력을 받들어 요사(1957)·인법당(1961)·칠성각(1963)·선원(1981) 등을 확장증축하고, 1995년에 선불장과 후원요사를 새로이 건립하는 등 삼선암의 면모를 일신하면서 문도의 번창을 이뤘다. 지종은 정행의 노스님이고, 보찬은 계민문중 제11대손인 성문의 은사이다.

사불산 윤필암은 경북 문경시 산북면 전두리에 위치한 비구니전문선원이다. 수덕사 견성암·오대산 지장암과 함께 국내 3대 비구니선원이다. 일제강점기인 1935년 본공(本空, 1907~1965)이 입승으로 주석한 이후 당시 비구니납자라면 대다수가 이곳에 방부를 들이지 않는 이 없을 정도로 비구니선방으로서의 명성을 드날리며 오늘에 이르고 있다. 문중성립에 공헌한 법희(法喜)·인정(仁貞)을 비롯해 덕수(德秀)·재윤(在允)·보인(寶磷) 등도 모두 이곳 출신의 문도들이다. 윤필암은 고려 우왕6년(1380)에 각관(覺寬)이 창건한 작은 암자로 알려져 왔으나, 그 이전에 의상대사의 이복동생인 윤필(閏筆)이 이곳에 머물렀다고 해서 '윤필암'이라고 불렸다고 한다. 1645년 서조(瑞祖)와 탁잠(卓岑)이, 1765년 야운(野雲)이, 1806년 종백(宗伯)이, 1885년 창명(滄溟)이 각각 중건했으며, 1980년대 초 모든 건물을 다시 새롭게 지어 비구니전문도량으로 일신했다.

삼현문중의 성립과 관련해서는 1960년 경 문중 제9세인 수옥(守玉, 1902~1966)[285]이 어른 스님들의 기억을 더듬어 1쪽 창호지에 문중계보를 정리한 바 있는데, 이를 토대로 1975년 3월 수덕사에서 법희·정행·인정 등이 문중회의를 개최했다. 문도들은 당시 "문중의 단합과 친목, 앞으로 나아가야 할 지침, 문중계보의 정리·출간 등을 결의"[286]했다. 수옥이 창호지에 정리해 배포했던 문중계보를 보강해 이듬해인 1976년 4월 7일 마침내 『비구니 염평 삼현문중계보』를 발간하게 된 것은 문도들의 그 같은 노정의

---

[285] 수옥은 법희의 제자로서 금룡·혜옥과 함께 근·현대기 비구니 3대 강백으로 이름 높은 인물이다. 그의 행장은 하춘생(1998), 『깨달음의 꽃』1, pp.207~220을 참고할 수 있다.
[286] 『삼현문보』, p.3.

결실이었다. 삼현문중은 그 후 문중계보를 보완해 실로 30여 년 만인 2008년 5월 12일(음4.8)에 개정판을 발행하고, 곧이어 2008개정판에서 부득이한 사정으로 누락되었던 문도들을 재수합해 이듬해인 2009년 3월 30일 개정증보판을 다시 발간했다. 이 개정증보판은 1976년 초판에서 세계선상의 법명만을 나열한 방식을 대폭 보강해 최대한 확인된 문도들에 한해서 세계와 함께 법명·법호·생년월일·사미니계 수지년도와 계사 및 수계사찰·비구니계 수지년도와 계사 및 수지사찰·입적여부 등의 사항을 수록하고 있다.

이상의 내용과 같이 오늘날 삼현문중을 있게 한 대표적 인물로는 근대기 이후 한국불교사상 초유의 비구니 선맥을 일으킨, 비구니계의 샛별과도 같은 법희와 한국 비구니승가의 최초 전계스승이 된 정행을 단연 으뜸으로 손꼽는다. 법희는 출가이후 한평생 납자의 본분사를 드날리더니, 만년에는 덕숭산 수덕사 견성암 비구니총림원장으로 주석하면서 오늘날 비구니계의 동량이 된 수많은 후학들을 지도하는 등 한국 비구니사에 큰 족적을 남긴 비구니 선사이다. 정행은 세납 81세인 1982년 10월부터 1993년 11월까지 조계종 제3, 4, 5, 6, 8, 9, 10, 11, 13, 16, 19회 단일계단 비구니 별소계단 전계대화상을 역임하며 비구니계 수계의식을 주도함으로써 최초 비구니 전계사로서 비구니교단의 지율체계를 확립하는데 일대 공헌한 율사이다. 법희는 문중의 초조인 염평-제2세 만선의 넷째 상좌인 계관 이후 수한(修閑)-원열(元悅)-경전(敬典)-귀완(貴完)의 법을 계승한 문중 제8세이고, 정행은 문중의 초조인 염평-제2세 만선의 둘째 상좌인 복탄 이후 유성(有性)-준기(俊基)-지종(智鍾)-성학(性學)의 법을 이은 문중 제8세이다.

문중계보를 처음을 정리해 오늘날 문도회 발족과 문중형성의 불씨를 당겼던 수옥도 문중성립의 핵심일원이다. 다만, 수옥은 1970년대 문도회 발족과 문중형성 논의를 본격화하기에 앞서 일찍 입적함으로써 문중성립의 계기만을 제공한 인물로서 이름을 남겼다. 법희·정행과 함께 삼현문중 발족을 위한 문도회의를 주관했던 인정(1899~1978)도 문중을 대표하는 빼놓을 수 없는 인물이다. 인정은 문중 제6세인 경전의 7명의 제자 가운데 셋째인 대은(大恩)의 법을 계승한 도길(道吉)의 제자로서 문중 제9세이다. 인정의 노스님인 대은이 법희의 은사 귀완의 바로 윗 사형이기도 해 문중항렬로 인정은 법희의 조카 상좌가 된다. 삼현문중의 계보를 살펴보면 다음과 같다.

나) 문중계보와 분파현황

(1) 지성계통의 세계

삼현문중의 초조 염평은 유일한 제자 만선에게 법을 전했는데, 오늘날 문도들은 염평과 만선을 문중의 개창조로 보고 있다. 권말부록에 제시한 「삼현문중 세계도」1에 의하면 문중 제2세로 추앙받고 있는 만선이 문하에 지성·복탄·복찬·계관(3) 등 4명의 제자를 두면서 셋째 상좌인 복찬을 제외한 지성·복탄·계관계통의 세계가 대대로 법손들을 배출하면서 문중을 형성한 사실을 알 수 있다.

만선의 첫 번째 제자이자 문중 제3세 항렬의 맏형인 지성은 국주(國珠)·세문(世文)·가심(佳諶)·가운(佳雲, 4) 등 상좌 4명을 두었고, 첫째 상좌 국주(4)만이 제자 쾌웅(快雄, 5)에게 사사해 세계를 잇도록 했다. 쾌웅(5)의 법은 혜원(慧元)·태민(泰敏, 6)에게 이어지고, 혜원(6)의 법이 선유(善宥)·선학(善學, 7)에게 계승되었으며, 선유(7)의 법이 영순(永淳)·순일(順日)·대일(大一, 8)에게 전해졌다.

문중 제8세로서 일정한 문도를 형성한 영순은 원정(源貞)·성호(性浩, 9)를 제자로 문보에 올렸는데, 두 제자 모두 지금까지 후손을 배출해 영순의 계보를 이어오고 있다. 문중 제9세인 원정이 보현(寶炫)·혜련(慧蓮, 10)에게 사사했으며, 보현(10)이 법춘(法春)·효수(孝守)·장하(長夏, 11)-동신(東信)·동민(東民)·동주(東住)·동오(東吾)·동은(東恩)·동유(東侑, 이상 법춘상좌)·진우(眞佑, 효수상좌)·성빈(成彬)·도융(道融, 이상 장하상좌, 12)에게 세계를 계승했다. 역시 문중 제9세인 성호가 종성(鍾聲)·종수(鍾修)·종덕(鍾德, 10)에게 사사하고, 종성(10)은 동진(東震)·동찬(東讚, 11)-도업(道業, 동진상좌, 12)에게, 종수(10)는 동옥(東玉)·해공(海空, 11)에게, 종덕(10)은 동조(東照, 11)-덕혜(德惠)·지견(知見, 12)에게 각각 법을 전해줌으로써 세계를 계계승승해오고 있다.

(2) 복탄계통의 세계

문중 제2세인 만선의 두 번째 제자 복탄(3)은 유성(有性, 4)을 유일하게 제자로 두고, 유성(4)도 오직 준기(俊基, 5)에게만 법맥을 전해주었다. 준기(5)는 문하의 법상좌로 해훈(海訓)·지종(智鍾)·유한(宥漢, 6)을 두었는데, 이들로부터 복탄계통의 각 문중계열이 형성되어 이들의 법손인 문중 제8세에 이르러 문도의 급속 번창을 보기 시작했다.

(가) 해훈계열

권말부록에 제시한「삼현문중 세계도」2에 따르면 해훈(6)의 법은 전오(典悟, 7)에게, 전오(7)의 법은 행관(行觀, 8)에게 전해졌으며, 행관(8)이 혜진(惠眞)·혜전(惠典)·혜련(惠蓮, 9) 등 3명의 제자를 두면서 문중세계의 번영을 불러왔다.

행관의 맏상좌 혜진(9)의 세계는 이후 자민(慈珉)[287]·랑천(朗天, 10)으로 이어졌다. 자민(10)의 세계는 지현(志衒)·대영(大暎)·재응(在應)·보연(輔衍)·선주(善住)·상규(常主)·영운(嶺雲)·진우(辰祐)·지선(知宣)·계현(季泫)·성운(星雲)·지오(志悟)·진각(眞覺)·영조(暎照)·인욱(仁旭, 11) 등 15명의 상좌로 계승되었으며, 12세손으로 경석(卿碩, 지현상좌)·호연(昊衍, 대영상좌, 12)이 문보에 이름을 올렸다. 랑천(10)의 세계는 삼휴(三休)·삼오(三悟)·동조(東照, 11) 등 3명의 상좌로부터 진원(眞圓, 삼휴상좌)·정문

---

287) 자민은 천안 연대선원 회주이며, 현재 삼현문도회 회장이다.

(正門, 동조상좌, 12)으로 전승되었다.

　행관의 둘째 상좌 혜전(惠典, 9)의 세계는 단일제자 능인(能忍, 10)이 계승해 그의 제자 혜성(慧成)·대원(大圓)·성화(性和)·영화(榮花)·성봉(聲奉)·성호(聲護)·성법(聲法)·성보(聲寶)·성귀(聲貴)·성가(聲家)·성민(聲民, 11) 등 11명에게 전승했으며, 인행(仁行, 혜성상좌)·태희(泰熙, 성봉상좌)가 12세손으로서 그 세계를 잇고 있다.

　행관의 셋째 상좌 혜련(9)은 행선(行禪)·복전(福田)·의종(義宗, 10)을 제자로 삼아 계맥을 전했다. 행선(10)은 성원(性圓)·성화(性和, 11)에게 사사했으며, 성원의 세계는 서연(瑞然)·형관(亨冠, 12)으로, 성화의 세계는 태설(太雪)·일현(一玹)·일문(一文, 12)-진관(眞寬, 태설상좌)·명지(明智)·명행(明行, 이상 일현상좌, 13)으로 각각 이어졌다. 복전(10)은 석운(石雲, 11)-유영(裕永, 12)으로 그 세계를 이었으며, 의종(10)의 계맥은 주일(周一, 11)-정묵(正黙)·서현(瑞炫)·서림(瑞林, 12)으로 계승되었다.

(나) 지종계열

　권말부록에 제시한 「삼현문중 세계도」3에 의거해 지종계열의 세계를 살펴보면 지종(6)은 성학(性學)·봉선(奉詵, 7)을 제자로 삼아 각각 법을 전해주었다. 다시금 성학(7)은 정행(淨行)·정명(正明)·정공(淨空)·정수(淨修, 8)에게, 봉선(7)은 도성(道成)·성환(成煥)·수월(水月)·해월(海月)·성월(性月)·덕월(德月)·정명(正明, 8)에게 계맥을 전했다. 이들 문중 제8세로부터 다수의 문도들이 배출되어 문중번성의 기반을 이루었다.

　문중 제7세인 성학의 맏상좌 정행(8)은 혜운(慧雲)·혜일(慧日)·혜안(慧眼)·혜련(慧蓮)·혜정(慧晶)·영헌(暎憲)·혜성(慧性)·혜명(慧明)·혜공(慧空)·혜선(慧善)·혜등(慧燈, 9) 등 11명의 직상좌에게 법을 계승하도록 부촉함으로써 오늘날 법희문도와 함께 삼현문중을 대표하는 문보를 형성했다. 정행의 계보를 이은 문중 제9,10세와 그 후손들의 세계를 일별하면 다음과 같다.

정행의 맏이인 혜운(9)은 경인(敬仁)・경법(敬法)・경주(敬柱)・경호(敬鎬)・경심(敬心)・경준(敬俊)・경희(敬喜)・경덕(敬德)・경봉(敬峰)・경륜(敬輪)・경식(敬植)・경수(敬洙, 10) 등 12명의 제자를 배출했다. 이후 경인(10)의 세계는 일능(一能)・일초(一超)・일선(一禪, 11)-선주(善主)・현우(玄愚)・현오(玄悟)・현욱(玄煜)・선광(善光)・현효(玄曉)・현명(賢明)・선경(善庚)・현문(玄門)・선재(善財, 이상 일초상좌, 12)로, 경법(10)의 세계는 일성(一星)・일수(一修, 11)-현무(玄無)・현진(賢眞, 이상 일성상좌)・현견(炫見)・대호(大晧)・철영(哲榮)・기흥(氣興, 이상 일수상좌, 12)으로, 경주(10)의 세계는 동현(東鉉)・동욱(瞳郁)・동언(東彦)・동화(東和)・동찬(東溪, 11)-지장(地藏, 동현상좌, 12)으로, 경호(10)의 세계는 일현(一賢)・정원(正源)・일경(一鏡, 11)-희경(熹京)・연경(蓮慶)・형문(亨門)・희정(熹廷, 이상 일현상좌)・희상(熹尙)・희법(熹法, 이상 정원상좌)・종현(宗玄)・명현(明賢)・성현(性玄, 이상 일경상좌, 12)으로 각각 계승되었다. 경심(10)은 일광(一光)・일진(一眞, 11)을, 경준(10)은 일륜(一輪)・일청(一淸)・일국(一國)・일훈(一訓, 11)을, 경희(10)는 일진(一眞)・일지(一志)・일법(一法)・일정(一正, 11)을, 경덕(10)은 일오(一悟)・대오(大悟)・성오(性悟, 11)를 각각 상좌로 삼아 법을 전해주었다. 경봉(10)은 일문(一文, 11)-윤성(閏成, 12)으로 그 세계를 이었으며, 경륜(10)은 일홍(一弘, 11)에게 사사했다.

정행의 둘째 상좌 혜일(9)은 지선(志先)・정우(正佑)・경선(敬宣)・경율(敬律)・법라(法羅)・초의(草衣, 10) 등 6명의 제자를 두었다. 이들의 세계는 이후 정우(10)-고진(古眞)・법도(法度)・명오(暝悟)・원경(圓鏡, 11)으로, 경선(10)-일권(一權, 11)-자명(慈明)・종민(宗敏)・자민(慈敏)・적운(積耘, 12)으로, 경율(10)-견조(見照, 11)로, 초의(10)-유정(有正)・영명(靈明, 11)으로 각각 전승되었다.

정행의 셋째 상좌 혜안(9)은 경옥(敬玉)・경도(敬道)・경현(敬賢)・경훈(敬訓)・경륜(暻輪)・경욱(敬旭)・경관(敬寬)・경각(敬覺)・경일(鏡日)・경진

(敬眞)·경담(鏡潭)·경호(鏡湖)·경문(京門)·경재(敬宰)·경오(鏡悟)·재각(在覺)·민광(玟光, 10) 등 17명의 제자를 문보에 올렸다. 경옥(10)의 세계는 선오(先晤)·저현(慈賢)·자혜(慈慧, 11)로, 경도(10)의 세계는 일진(壹珍)·중현(中玹, 11)으로 경현(10)의 세계는 이정(梨貞)·명적(明寂)·일묵(一黙)·일휴(一休)·만성(滿成)·일화(一和, 11)로, 경훈(10)의 세계는 일홍(一弘, 11)으로, 경륜(10)의 세계는 일우(日雨)·일조(日照)·일관(日觀)·일암(一巖)·웅호(雄豪)·영원(靈原, 11)으로, 경욱(敬旭, 10)의 세계는 종음(宗音, 11)으로, 경각(10)의 세계는 효성(曉星, 11)으로 각각 전해졌다.

정행의 여섯째 상좌 영헌(9)은 재호(在晧)·학수(學洙, 10)에게, 일곱째 상좌 혜성(9)은 경수(敬修)·경진(敬進)·경민(敬敏, 10)에게, 여덟째 상좌 혜명(9)은 경해(敬咳, 10)에게, 아홉째 상좌 혜공(9)은 경허(敬虛, 10)에게 각각 법을 사사하고 세계를 계승했다.

정행의 사제인 정명(8)은 혜경(慧敬)·혜진(慧眞)·혜안(慧雁, 9)을 제자로 삼아 계맥을 이었다. 이후 혜경(9)의 세계는 경화(敬華, 10)로, 혜진(9)의 세계는 경훤(敬田)·경식(敬植, 10)-일찬(一贊)·일승(一乘)·일공(一空)·일상(一相)·일오(一悟)·일관(一觀, 이상 경훤상좌, 11)으로, 혜안(9)의 세계는 경련(敬蓮)·경봉(敬奉, 10)으로 각각 전승되었다. 역시 정행의 사제인 정공(8)도 혜상(慧祥, 9)-인덕(仁德)·정원(定圓, 10)-보은(甫垠, 인덕상좌, 11)으로 세계를 잇고 있다. 정수(8)는 혜명(慧明, 9)에게 사사했다.

문중 제7세인 봉선은 도성·성환·수월·해월·성월·덕월·정명(8) 등 7명을 상좌로 두었는데, 이 가운데 셋째 상좌 수월과 다섯째 상좌 성월의 세계만이 지금까지 전해오고 있다.

수월(8)은 문하에 보현(普賢)·도명(道明)·만오(晩悟, 9)를 두었고, 보현(9)이 묘희(妙希)·덕인(德仁)·선근(善根)·수덕(守德)·수인(守仁, 10)을, 도명(9)이 성심(聖心, 10)을 상좌로 삼았다. 이후 묘희(10)의 세계는 상일(祥日)·명신(明信)·혜안(慧眼)·혜릉(慧陵)·혜광(慧光)·상현(相賢, 11)-선해(禪海)・종근(宗勤)・종성(宗盛, 이상 상일상좌, 12)으로, 덕인(10)의 세계는 도심(道心, 11)-소현(韶現, 12)으로, 선근(10)의 세계는 혜원(慧元, 11)으로, 수덕(10)의 세계는 지련(池蓮, 11)으로, 성심(10)의 세계는 정수(頂修, 11)로 각각 계승되었다.

성월(8)은 영명(永明)・도명(道明)・혜명(慧明)・보명(普明)・성명(性明)・묘명(妙明)・해공(海空)・원명(圓明)・보인(普仁)・현명(賢明, 9) 등 10명의 제자를 배출했다. 이들이 다시 후손들을 꾸준히 배출해 세계를 면면히 이어오고 있는바, 영명(9)은 법홍(法洪)・선근(善根, 10)-상진(相眞, 법홍상좌, 11)으로, 도명(9)은 법안(法眼, 10)으로, 혜명(9)은 송묵(松黙, 10)으로, 보명(9)은 법일(法一, 10)-무영(無影, 11)으로, 성명(9)은 남홍(南洪, 10-벽담(碧淡, 11)으로, 묘명(9)은 법행(法行, 10)으로, 해공(9)은 성천(性天, 10)-명완(明完, 11)으로, 보인(9)은 회선(會善)・선행(善行)・법현(法賢)・덕인(德仁)・법련(法蓮, 10)-선용(銑容)・상덕(祥德)・묘주(妙注, 이상 회선상좌)・탄성(誕聖)・일성(一聖, 이상 선행상좌)으로, 현명(9)은 법준(法俊, 10)-명일(明一, 11)-지현(智玄, 12)으로 각각 계맥을 이었다.

(다) 유한계열

권말부록「삼현문중 세계도」4에 의하면 복탄계통 유한계열은 9세손까지 단일제자로 내려오다가 10세손에서 다수의 문도가 형성되었다. 즉, 유한(6)은 지명(智明, 7)에게, 지명(7)은 성화(性華, 8)에게, 성화(8)는 계전(戒典, 9)에게 세계를 이었고, 계전(9)이 문하에 법진(法禛)・성진(性眞)・도의(道義, 10)를 제자로 두게 되면서 다수의 후손이 배출되었다. 이들 중 법진(10)만이 상좌를 두고 세계를 잇고 있는데, 그의 세계는 지공(智空)・운공(雲空)・인성(仁晟)・선봉(先㖉)・형진(亨眞)・도우(渡愚)・도성(渡性)・현인(玄忍)・지현(志炫)・호경(浩鏡)・선오(禪悟, 11)-정명(淨明, 인성상좌, 12)으로 전해졌다.

(3) 계관계통의 세계

 삼현문중을 형성하고 있는 문도 중 제3세 계관계통의 법맥을 이어오고 있는 인물들이 가장 많다. 계관은 초조 염평과 함께 개창조로 추앙받고 있는 제2세 만선의 네 번째이자 막내상좌로서, 앞서 살펴본 지성·복탄과 함께 삼현(三賢)으로 추앙받는 선조사이다. 계관의 법은 단일제자 수한(修閑, 4)이 잇고, 수한의 법도 단일제자 원열(元悅, 5)이 계승했다. 원열은 경전(敬典)·경흡(敬洽)·만수(萬壽)·선민(善敏, 6) 등 4명의 제자를 두었으나, 경전의 세계만이 그의 법을 이어 오늘날까지 번창하고 있다.

 문중 제6세인 경전은 윤식(允植)·법밀(法密)·대은(大恩)·귀완(貴完)·대연(大衍)·성일(聖一)·종현(宗賢, 7) 등 7명의 제자를 두었다. 이들 중 윤식·법밀의 법계는 당대에서 단절되었고, 대연은 정심(淨心)을 제자로 두었으나 더 이상 세계를 잇지 못했다. 계관계통의 법맥은 경전의 일곱 제자 가운데 대은·귀완·성일·종현 등 4명의 문하에서 수많은 후손들이 배출되어 삼현문중에서 가장 융성한 세계를 형성했다. 이들은 각각의 계파를 이룬 가운데 오늘날까지 법맥을 상전해오고 있다.

(가) 대은계열

 권말부록의 「삼현문중 세계도」5에 의하면 계관계통 제7세 항렬인 대은(7)은 앞에서 구명한 바와 같이 삼현문도 결집에 앞장섰던 인정(仁貞)의 노스님이다. 문하에 도상(道祥)·도길(道吉)·도홍(道弘)·도현(道玄)·도학(道學)·윤옥(潤玉)·혜안(慧眼)·대월(帶月)·도선(道善)·혜일(慧日)·견성(見性, 8) 등 11명의 제자를 배출했다. 문중 제8세인 이들 11명 중 도길이 2명의 제자를 두고 도학·윤옥·혜안·도선·견성 등 5명이 각 1명씩의 후계제자를 배출했다. 도길(8)이 인정(仁貞)·응함(應咸, 9)을, 도학(8)이 자훈(慈熏, 9)을, 윤옥(8)이 봉업(奉業, 9)을, 혜안(8)이 응준(應俊, 9)을, 도선(8)이 보하(寶河, 9)를, 견성(8)이 대오(大悟, 9)를 각각 제자로 삼아 법맥을 전한 것이 그것이다.

　문중성립에 일정한 역할을 담당했던 문중 제9세인 인정은 지현(智玄)·봉민(奉敏)·성우(惺牛)·지관(智觀)·동성(東城)·혜문(慧門)·지성(智成)·보현(普賢)·현진(玄眞, 10) 등 모두 9명의 제자에게 사사했다. 인정의 법을 계승한 이들의 세계를 일별하면 다음과 같다.

　인정의 맏상좌 지현(10)은 문하에 현주(玄周)·청룡(靑龍)·운달(雲達)·견성(見星)·보련(普蓮)·진운(眞雲)·명성(明星)·평산(平山)·운조(雲照, 11) 등 9명의 상좌를 두었다. 이후 현주(11)의 세계는 행덕(行德)·동묵(東黙)·정타(定陀, 12)로, 청룡(11)의 세계는 정화(淨華, 12)로, 운달(11)의 세계는 벽상(碧常)·시화(始華)·우림(牛林)·진공(眞空)·유곡(遊谷)·철우(哲祐)·금어(金魚)·우성(宇晟)·다래(茶來)·부동(不動)·수초(守初)·계명(鷄鳴)·현수(玄守)·동성(東星, 12)-세명(世明, 유곡상좌)·상묵(象黙, 우성상좌, 13)으로, 견성(11)의 세계는 법선(法先)·동원(東圓)·동건(東建)·정원(廷原, 12)으로, 평산(11)의 세계는 여명(如明, 12)-해주(海住, 13)로 각각 전승되었다.

　인정의 둘째 상좌 봉민(10)은 귀영(貴榮, 11)만을 제자로 삼았는데, 귀영(11)이 지담(知潭)·지인(知仁)·지명(知明, 12) 등 3명에게 계맥을 전했다.

　인정의 셋째 상좌 성우(10)는 도용(道蓉)·진욱(眞旭)·청조(靑照)·적조(寂照)·도선(道宣)·벽안(碧眼)·정운(淨雲)·명안(明岸)·칠엽(七葉)·일봉(一棒)·원행(圓行, 11) 등 11명의 상좌를 두었다. 도용(11)이 법경(法鏡)·법승(法昇)·준오(晙午)·대일(大逸)·대원(大圓, 12)으로, 진욱(11)이 석산(石山)·법능(法能)·인성(仁誠)·계원(桂元)·석원(碩) 12-대관(大官, 인성상좌, 13)으로, 청조(11)가 법전(法典)·정련(淨蓮)·지은(知垠)·지욱(志旭)·상욱(相旭)·돈오(敦晤)·혜근(慧根)·혜남(慧南)·지성(志誠, 12)-길주(吉主, 정련상좌, 13)로, 적조(11)가 선월(禪月)·구연(九淵)·성봉(聖峰)·현소(賢昭)·명공(明空, 12)으로, 벽안(11)이 도은(導隱)·한산(漢山)·철은(徹隱,

12)으로, 정운(11)이 일진(一眞)·유진(惟眞)·원재(源載, 12)로 각각 세계를 이어오고 있다.

인정의 넷째 상좌 지관(10)은 10명의 제자 요명(了明)·묘광(妙硔)·묘연(妙然)·상조(常照)·성수(性樹)·보해(普海)·상은(常恩)·청엽(淸葉)·법진(法進)·상현(常炫, 11)에게 법맥상전을 부촉했다. 요명(11)은 상준(相俊)·지형(知炯)·상일(相一)·상욱(相煜)·자연(慈衍)·혜능(慧能)·일견(一見)·정일(正一)·혜민(慧敏, 12)-여정(如淨, 지형상좌, 13)에게, 묘광(11)은 상진(相振, 12)에게, 묘연(11)은 상우(相愚)·법유(法俞)·법제(法制, 12)에게, 상조(11)는 법연(法演)·법정(法靜)·법장(法杖)·법송(法松, 12)에게, 성수(11)는 법해(法海)·덕하(德下)·선우(禪宇)·선정(禪定)·선진(禪進)·선각(禪覺)·선명(禪明)·선묵(禪黙)·선효(禪曉)·선엽(禪葉, 12)에게, 보해(11)는 성묵(性黙, 12)에게, 청엽(11)은 정도(正道, 12)에게 각각 법을 전했다.

인정의 다섯째 상좌 동성(10)의 세계는 부현(富賢)·광현(廣賢)·송월(松月, 11)-무애(無碍)·대해(大海)·현성(玹成)·범견(梵見, 이상 부현상좌, 12)으로 계승되었다. 여섯째 상좌 혜문(10)은 법성(法性, 11)을 제자로 두었고, 여덟째 상좌 보현(10)은 법민(法旻)·정일(淨一, 11)을 제자로 삼아 계맥을 이었다.

인정의 아홉 번째 막내 상좌인 현진(10)은 상훈(常熏)·일오(一悟)·대선(大禪)·민철(民撤, 11) 등 4명에게 법을 사사했고, 상훈(11)이 혜공(慧空)·정수(正修)·법장(法長)·법열(法熱)·법인(法印)·법전(法田)·법정(法定)·법지(法智)·법룡(法龍)·법각(法覺, 12)-동산(東山)·경산(徑山, 이상 혜공상좌, 13)으로 법계를 전승했다. 또, 일오(11)는 법수(法守)·법초(法礎, 12)에게, 대선(11)은 도명(道明)·도문(道門, 12)에게 각각 법을 전했다.

인정의 법제인 응함(9)은 덕문(德門)·덕수(德秀)·묘련(妙蓮)·법운(法運)·덕관(德寬, 10) 등 5명을 제자로 두었다. 이후 덕문(10)의 세계는 순업(順業, 11)-문성(聞性, 12)으로, 덕수(10)의 세계는 현진(玄眞)·현초(賢草)·고헌(杲軒)·성곡(星谷)·보광(普光)·효봉(孝奉)·홍은(弘恩)·계성(桂星, 11)-원학(圓學)·성한(晟閒)·원종(圓鐘)·명정(明正, 이상 현진상좌)·보현(普賢, 현초상좌)·진환(進煥, 고헌상좌)·지우(至佑)·목우(睦佑, 이상 성곡상좌)·도원(度源)·금선(金宣, 이상 보광상좌)·설범(說梵)·명공(溟空, 이상 효봉상좌, 12)으로 각각 계승되었다. 덕문과 덕수는 본가의 친자매간이다.

인정과 사촌지간의 같은 항렬인 문도로서 자훈·봉업·응준·보하·대오(9)가 있다. 자훈(9)은 춘만(春滿)·춘오(春悟, 10)에게 법계를 이었는데, 춘만(10)이 은복(隱福)·덕운(德雲, 11)에게 사사하고, 덕운(11)의 세계가 혜진(慧眞)·혜일(慧一)·혜공(慧空, 12)-묘선(妙禪)·원정(圓靜, 이상 혜진상좌, 13)으로 계승되었다.

봉업(9)은 여섯 명의 제자를 배출했다. 뇌묵(雷黙)·혜선(慧善)·법장(法莊)·선주(善周)·정관(正觀)·희정(喜淨, 10)이 그들이다. 문중 제10세인 이들로부터 후손세계가 다수 배출되어 현재 13세손까지 번영을 누리고 있다.

봉업의 맏상좌 뇌묵(10)은 혜운(慧耘)·혜릉(慧陵)·혜향(慧香)·혜송(慧松)·불퇴(不退, 11) 등 5명을 상좌로 삼았고, 혜운(11)이 우연(牛然)·우담(牛淡)·우경(牛鏡)·우관(牛觀)·우건(牛乾, 12)을, 혜릉(11)이 우덕(愚德)·우석(愚席)·우진(愚眞, 12)을, 혜향(11)이 우하(愚荷, 12)를 각각 제자로 배출했다. 봉업의 둘째 상좌 혜선(10)의 세계는 도경(道慶, 11)-동준(東俊)·우성(愚惺, 12)-사유(思惟, 동준상좌, 13)로 이어졌다.

봉업의 셋째 상좌 법장(10)은 보현(普賢)·법현(法賢)·원경(圓鏡, 11)을 문하에 두고서 법계가 단절되지 않도록 당부했다. 이후 보현(11)의 세계는 혜장(慧莊)·재화(在和)·유화(有和, 12)-성련(性連)·성자(性子, 이상 혜장상좌)·진원(眞圓)·진경(眞經, 이상 재화상좌, 13)으로, 원경(11)의 세계는 선영(禪英)·선제(禪濟)·선오(禪悟, 12)-지환(智幻)·지석(智碩, 이상 선영상좌)·지우(智宇, 선제상좌, 13)로 각각 계승되었다.

봉업의 넷째 상좌 선주(10)는 묘웅(妙雄)·묘각(妙覺, 11)에게 사사했다.

다섯째 상좌 정관(10)은 현수(賢修)·성덕(性德)·성각(性覺)·보원(普元, 11)에게 계맥을 전하고, 이 가운데 성덕(11)이 지현(志炫)·선재(善財)·서현(瑞賢)·동현(東賢)·도륜(度侖, 12)-만경(滿憬, 선재상좌, 13)으로 세계를 계승했다.

봉업의 여섯째 상좌 희정(10)은 단일제자 효복(孝福, 11)을 두었는데, 효복(11)이 관공(觀空)·선공(善空)·원공(圓空, 12)에게 사사하고, 다시금 관공(12)이 원상(圓相)·원묵(圓黙)·수근(秀根)·원문(圓門)·원명(圓明)·원허(圓虛)·여진(如眞)·원조(圓朝)·일련(一蓮)·원성(圓性, 13)을, 선공(12)이 탄휴(呑休)·탄응(呑應)·문수(文殊)·보성(普性, 13)을 각각 상좌로 삼아 세계를 이었다.

인정·봉업과 같은 항렬인 응준(9)은 승호(昇昊)·명욱(明旭, 10)을 제자로 삼았으며, 승호(10)가 상명(祥明)·혜연(慧衍, 11)-청아(靑牙, 상명상좌, 12)로, 명욱(10)이 정우(靜佑)·경원(庚圓)·일송(一淞)·정수(正修, 11)-승안(昇安)·태유(太有)·동찬(東燦, 이상 정우상좌)·선경(先炅)·지응(知應)·성윤(成潤)·원정(圓貞)·동우(東宇, 이상 경원상좌, 12)로 각각 법계를 전했다.

역시 문중 제9세 항렬인 보하(9)는 재석(在錫)·재윤(在允)·재영(在英, 10)을 문하에 누고 세계를 잇도록 당부했다. 재석(10)은 선혜(善惠)·일진(一眞, 11)을 상좌로 들였는데, 선혜(11)의 세계는 효민(曉敏)·효승(曉勝)·효전(曉典)·효은(曉隱)·덕원(德圓, 12) 등 5명 제자들에게, 일진(11)의 세계는 지수(智首)·범오(凡奧)·법인(法仁)·범수(凡修)·범주(凡周)·범도(凡道)·태엄(太儼)·범지(梵智)·범효(梵曉)·범경(梵敬)·범승(梵勝)·범중(梵重)·범수(凡修)·범찬(凡讚)·범우(凡愚)·동효(東曉)·범서(凡瑞, 12) 등 17명의 상좌들에게 계계승승되어 오늘에 이르고 있다. 재윤(10)의 세계는 동헌(東憲, 11)-지선(志鮮)·효선(曉善, 12)으로 전해졌다.

대오(9)는 문하에 영진(映珍)·성련(成蓮)·원담(圓潭)·도정(道正, 10) 등 4명의 제자를 두었다. 이 가운데 영진(10)이 송준(松峻)·지운(志耘, 11)에

계, 원담(10)이 일연(一衍)·정호(正昊)·영혜(英蕙, 11)-인목(仁牧)·인덕(仁德)·인욱(仁昱)·인호(仁淏)·인벽(仁碧)·인공(仁空, 이상 일연상좌)·소윤(昭潤, 영혜상좌, 12)에게 각각 세계를 계승해오고 있다.

(나) 귀완계열

삼현문중 계관계통 제7세 항렬인 귀완은 정행과 함께 삼현문중을 대표하는 법희(法喜)의 스승이다. 권말부록의「삼현문중 세계도」6에 의거해 세계를 살펴보면 귀완(7)은 법희(法喜)·혜오(慧悟)·정각(正覺)·유덕(有德)·법안(法眼)·법선(法善)·법진(法眞, 8) 등 7명에게 각각 법맥을 전수했다. 문중 제8세인 이들 7명에게서 후손들이 번창해 문중의 대표성을 갖게 되었다고 보아도 무방할 정도로 문보가 화려하다.

귀완의 맏상좌 법희(8)는 춘일(春一)·영명(靈明)·수옥(守玉)·영호(永浩)·도원(道圓)·장용(粧湧)·혜능(慧能)·정화(貞和)·수찬(守贊)·원성(圓成)·도일(道一)·상륜(相侖)·도전(道全)·정운(淨雲)·무생(無生)·금목(金目)·현성(賢性)·월덕(月德, 9) 등 모두 18명의 직제자를 두어 이들과 후계 손들이 번성함으로써 삼현문중의 여타 문도 가운데 가장 큰 세계를 형성했다. 법희(8)의 법맥을 계승한 후계 손들의 세계를 일별하면 다음과 같다.

먼저 대자유인으로 이름난 당대 비구고승인 춘성(春城)의 소개로 법희와 사자(師資)의 인연을 맺은 이후 '그림자 상좌'로 불릴 만큼 일생동안 은사를 어버이 섬기듯 지극정성 보필했던 제자가 영명(9)이다. 그는 문하에 종현(宗玄)·지해(智海)·지선(智善)·무정(武靜)·종식(宗植)·벽상(碧常, 10) 등 6명의 제자를 두고 세계를 이었다. 종현(10)이 대웅(大雄)·승묘(勝妙)·선종(善宗)·대선(大善)·무등(無等)·상운(祥雲)·종율(宗律)·지성(智惺)·운영(雲榮)·선영(善榮)·선래(善來)·벽공(璧控)·무견(武見)·주영(周榮, 11) 등 14명의 상좌를 두고서, 원각(圓覺)·원중(圓仲)·원세(圓世)·원준(圓俊)·원우(圓友)·원융(圓融, 이상 대웅상좌)·정범(精梵, 선종상좌)·진일

(眞一)・육통(六通, 이상 대선상좌)・대현(大鉉)・정진(定進, 이상 무등상좌)
・묘진(妙珍, 종율상좌)・혜장(慧藏, 선영상좌)・문수(文殊)・성민(性旼, 이
상 선래상좌, 12) 등 12대손으로 계계승승 세계를 이어갔다. 지해(10)의 법
계는 일지(逸智)・공인(空印, 11)-진공(眞空)・정헌(正憲)・수형(修亨)・현공
(玄空)・성훈(性勳)・선문(善門)・진정(眞正, 이상 일지상좌, 12)으로, 지선(10)
의 법계는 진원(眞源)・묘진(妙珍, 11)으로, 종식(10)의 법계는 혜견(慧見)・
우진(宇眞)・지율(智律)・경율(暻律, 11)-청수(靑修)・청명(靑明)・청목(靑目)・
청원(靑園, 이상 혜견상좌, 12)으로 각각 계승되었다.
  법희의 뛰어난 제자로서 근・현대기 비구니 3대 강백의 한분이 바로 수
옥(1902~1966)이다. 그의 문하에서는 9명의 수제자들이 배출되었는데, 자
호(慈毫)・자윤(慈允)・자장(慈藏)・도련(道鍊)・자산(慈山)・자광(慈光)・향
엄(香嚴)・평타(平陀)・덕겸(德謙, 10) 등이 그들이다.
  수옥의 맏상좌 자호(10)는 단일제자 승혜(勝慧, 11)를 두었고, 그의 상좌들
인 원과(圓果)・법과(法果)・현과(玄果)・도과(道果, 12)가 세계를 잇고 있다.
  수옥의 둘째 상좌 자윤(10)은 혜등(慧燈)・혜철(慧哲)・혜원(慧源)・혜안
(慧眼)・혜오(慧悟)・혜천(慧泉)・혜묵(惠默, 11) 등 7명을 제자로 삼았다.
이후 혜능(11)의 세계는 호경(浩憬)・현도(賢度)・도응(道應)・영휴(暎休)・
담영(淡映)・도훈(道勳)・고원(古苑)・효광(孝光)・상지(祥知)・지웅(志雄)・
지항(芝巷)・적인(寂印, 12)-희용(喜用, 호경상좌)・시명(是明, 현도상좌)・
준룡(俊龍)・진허(眞虛, 이상 도응상좌, 13)로, 혜철(11)의 세계는 지상(誌
上, 12)으로, 혜천(11)의 세계는 서진(西眞, 12)으로 전해졌다.
  수옥의 셋째 상좌 자장(10)은 지환(知煥)・승우(承祐)・성인(聖仁)・성공
(性功, 11) 등 4명을 제자로 배출했다. 지환(11)은 정현(正賢)・정욱(正旭,
12)에게, 승우(11)는 정문(正文)・정민(貞旼)・정효(貞孝)・석운(釋云)・정완(定琓,
12)-명안(明安)・명주(明周)・명진(明眞, 이상 정문상좌)・종인(宗忍)・효근
(效根)・효인(效忍, 이상 정민상좌)・수인(修因)・종호(琮晧, 이상 석운상좌,

13)에게, 성인(11)은 원경(圓鏡)・정묵(貞默, 12)-혜준(慧俊, 원경상좌, 13)에게, 성공(11)은 정봉(正奉)・정암(正岩)・정우(定宇)・윤화(潤化, 12)-수현(秀玄)・능혜(能慧, 이상 정봉상좌, 13)-법전(法田)・자인(慈仁, 이상 수현상좌, 14)에게 각각 법계를 계승했다.

수옥의 넷째 상좌 도련(10)은 보학(寶鶴)・화룡(和龍)・진성(眞晟)・청공(青昪)・진현(眞現)・성묵(性默)・혜오(慧晤)・진홍(眞弘)・상우(箱釪, 11) 등 9명의 제자를 문하에 두었다. 문중 제11세인 이들 가운데 화룡이 영민(盈旻, 12)에게, 진성이 석우(昔愚)・고경(稿景)・석준(昔準)・석인(昔忍)・우경(又經)・우상(又晌, 12)에게, 혜오가 대공(岱空, 12)에게 각각 세계를 이었다.

수옥의 다섯째 상좌 자산(10)의 세계는 인성(印星)・지면(智面, 11)-경보(京寶)・각주(覺柱, 이상 인성상좌, 12)로 전승되었다.

수옥의 여섯째 상좌 자광(10)은 지견(智堅)・지동(知烔)・지성(智星)・담연(湛然)・지일(智逸)・지은(知恩)・현우(現祐)・도경(道京)・혜근(惠勤)・보선(普禪)・인성(印城)・무관(無觀)・송묵(松默)・휘묵(輝默)・행원(行圓)・하담(夏潭, 11) 등 16명의 제자에게 법맥상전을 당부했다. 지견(11)이 효전(曉典)・효탄(曉呑)・효암(曉庵)・효몽(曉夢, 12)에게, 지동(11)이 탄호(呑湖)・탄공(呑空, 12)에게, 지일(11)이 일원(一源, 12)에게 현우(11)가 진산(眞山, 12)에게 각각 계맥을 전했다.

수옥의 일곱째 상좌 향엄(10)도 지우(知愚)・지관(知冠)・지수(旨首)・지택(智澤)・지도(智道)・도준(度俊)・지율(知律)・지황(知滉)・정심(精深)・지덕(旨德)・지융(知融)・지태(知泰)・행준(行俊)・지월(知越)・지현(知炫)・중현(中玄)・금문(金門)・지의(知宜, 11) 등 18명의 상좌를 배출했다.

수옥의 여덟째 상좌 평타(10)는 법일(法日)・원각(圓覺, 11)에게, 아홉째 상좌 덕겸(10)은 삼호(三昊)・성원(性源)・혜준(惠準)・용현(蓉現)・혜정(惠情, 11)에게 세계를 계승했다.

법희의 넷째 상좌 영호(9)는 인물과 재능이 뛰어나고 부지런하여 대중의 사랑을 한 몸에 받았으나 안타깝게도 세납 24세의 젊은 나이에 입적한 인물이다. 그래도 그는 생전에 한 명의 후계손을 남겼으니 혜일(慧日)이다. 혜일(10)은 성혜(星慧)·성련(誠蓮)·지우(智優)·혜광(慧光)·상현(想現, 11) 등 5명의 제자를 두었고, 이들로부터 12대손이 되는 동효(東曉)·현종(現鍾)·종범(宗範)·인성(忍性, 이상 성혜상좌)·혜경(惠敬)·수해(修海)·현능(玄能, 이상 성련상좌)·무관(無觀, 혜광상좌, 12) 등이 배출되어 영호의 법맥을 면면히 계승하고 있다.

법희의 다섯째 상좌 도원(9)[288]은 남자의 본분사를 일생의 업으로 소화하며 삼각산 승가사의 옛 명성을 구현했던 인물이다. 그의 세계는 두 명의 제자 성택(性澤)·성수(性修, 10)와 그들의 후계손인 아용(兒恿)·종호(宗昊)·우일(宇日)·상오(常吾, 이상 성택상좌)·정우(廷宇, 성수상좌, 11)-일총(一總, 종호상좌)·행담(幸潭, 우일상좌)·도연(度淵, 상오상좌, 12)으로 전승되었다.

법희의 여섯째 상좌 장용(9)의 세계는 혜성(慧性, 10)-지영(智永)·지선(智宣, 11)-경조(耕照, 지선상좌, 12)로 이어졌다.

중국 남종선의 개창조 육조혜능의 이름을 받고 수계한 법희의 일곱째 제자 혜능(9)은 성관(性觀)·성욱(性郁)·성주(性柱)·성인(性印)·지명(智明)·정각(正覺)·효철(曉徹, 10) 등 7명을 제자로 들였다. 이후 성관(10)의 세계는 지웅(智雄)·지범(志梵)·범석(梵石)·지송(志松)·지석(知錫)·지상(智象, 11)-윤상(潤相)·윤성(潤晟)·윤호(潤浩)·균재(均宰, 12)로, 성욱(10)의 세계는 지효(知曉)·지묵(志黙)·지공(志公)·선과(禪果)·선일(禪逸)·지휴(知休)·선형(禪亨)·선우(禪佑)·선고(禪杲)·선명(禪明, 11)으로, 성주(10)의 세계는 지운(智運)·지수(智手, 11)로, 성인(10)의 세계는 지문(智文, 11)으로, 지명(10)의 세계는 법림(法林)·묘성(妙性)·성일(性一)·혜송(慧松, 11)-정견(正見)·대원(大願, 이상 성일상좌, 12)으로, 효철(10)의 세계는 지

---

288) 도원의 행장은 하춘생(2001), 『깨달음의 꽃』2, pp.241~250을 참고할 수 있다.

훈(志勳, 11)으로 이어져 지금에 이르고 있다.

덕숭산 정혜사의 이름을 차용해 수원에 정혜사를 세우고 교화활동에 전념했던 법희의 여덟째 상좌 정화(9)는 법공(法空)·덕연(德蓮)·지한(智閑)·지인(智印)·목윤(苜玧)·수현(首賢)·동현(東玹)·은공(恩工)·경민(庚愍)·희운(希耘, 10) 등 열 명의 상좌를 배출했다. 이들의 세계는 성현(聖炫)·성준(成埈)·성언(成彦, 이상 법공상좌)·지호(址昊)·혜준(惠俊, 이상 덕연상좌)·초우(草宇, 지한상좌)·도경(到俓, 목윤상좌, 11) 등이 계승해 문중 제11세손으로서 문보에 이름을 올렸다.

법희의 아홉째 상좌 수찬(9)은 문하에 현득(現得)·법전(法典)·초원(超圓)·동민(東旻)·동석(東錫)·혜남(慧南)·성호(性澔)·보광(寶光, 10) 등 8명의 제자를 두었다. 이들의 법을 전해 받은 11세손 이하 후계법손들을 일별하면 지성(智成, 현득상좌)·정혜(靜慧)·성암(性岩)·효암(曉岩)·자화(自和)·정범(正凡)·영빈(永彬)·정묵(定黙)·영제(映霽, 이상 법전상좌)·벽혜(碧慧)·원중(圓中)·길상(吉祥, 이상 초원상좌)·현관(玄貫)·경덕(炅德, 이상 동민상좌)·경산(炅山, 동석상좌, 11)-종원(宗圓, 정혜상좌, 12) 등이다. 법희의 열 번째 상좌 원성(9)의 세계는 현주(玄珠)·범륜(凡輪, 10)-자선(慈善, 범륜상좌, 11)으로 계승되었다.

오늘날 승가사의 사격을 크게 융성시킨 법희의 열두 번째 상좌 상륜(9)은 정호(精皓)·정엽(精葉)·정공(精公)·계현(戒賢)·명엽(明曄)·현담(炫潭)·정현(精玄)·진묵(鉁黙)·현암(鉉庵)·진황(振煌)·현봉(玄奉)·현무(玄務)·운서(雲棲)·현규(玄圭)·현오(玄悟)·현수(玄修)·현성(玄性)·현산(玄山)·현각(玄覺, 10) 등 19명의 상좌를 배출했다. 정호(10)는 자항(慈航)·자용(慈容)·형석(衡錫)·효원(曉垣)·승진(承眞)·우진(愚晉, 11)에게, 정엽(10)은 태연(兌衍, 11)에게, 정공(10)은 청운(靑雲)·수경(水鏡, 11)-일오(日悟, 청운상좌, 12)에게, 명엽(10)은 혜조(惠照, 11)에게 각각 법맥을 전승했다.

법희의 열세 번째 상좌 도전(9)은 자행(慈幸, 10)-정은(禎恩, 11)으로, 열

네 번째 상좌 정운(9)은 인벽(仁蘗, 10)-성진(性眞)·성원(性圓)·묵신(黙信)·대용(大溶, 11)으로, 열다섯 번째 상좌 무생(9)은 진여(眞如)·일법(一法)·선각(善覺, 10)-가행(加行)·영심(永深)·영재(永才)·법인(法印, 이상 진여상좌)·지용(智容)·보현(普賢, 이상 선각상좌, 11)으로, 열여섯 번째 상좌 금목(9)은 정오(定悟)·선혜(禪慧, 10)로, 열일곱 번째 상좌 현성(9)은 도영(道永)·정우(正祐, 10)-혜명(慧明)·원명(原明, 이상 도영상좌)·동곡(東谷)·혜봉(慧峰)·동원(東圓)·담원(潭圓, 이상 정우상좌, 11)으로, 열여덟 번째 막내상좌인 월덕(9)은 법성(法性, 10)-정원(正圓)·은성(恩成)·경인(鏡印, 11)으로 각각 세계를 이었다.

귀완의 둘째 상좌 혜오(8)는 성진(性眞)·정법(正法)·성림(性林, 9)에게 법맥을 전승했다. 성진(9)은 문하에 성현(性賢)·성련(聖蓮)·자하(慈瑕)·성만(性滿, 10)을 두었다. 성현(10)의 세계는 현주(現珠)·현근(現根, 11)-적인(寂仁, 현주상좌)·정운(淨雲)·정암(淨庵)·정섭(淨燮)·정효(淨曉, 이상 현근상좌, 12)-선중(禪中, 적인상좌, 13)으로, 성련(10)의 세계는 정수(正修)·자훈(慈訓)·혜조(慧照, 11)로 각각 계승되었다. 성림(9)은 법원(法源, 10)에게 사사했다.

귀완의 셋째 상좌 정각(8)은 보인(寶仁)·법우(法宇)·지도(智道, 9)를 상좌로 두었다. 맏상좌 보인(9)은 성근(性根)·성진(性眞)·도선(道宣)·성오(性悟)·성영(性瑩)·지성(知性)·성준(性俊)·성륜(性侖, 10) 등 8명을 제자로 삼았는데, 이로부터 다수의 후계손이 배출되었다. 성근(10)이 문하에 상덕(常德)·상현(尙玄)·지안(志岸)·서현(敍炫)·도완(到完, 11) 등 5명의 후계승을 두었고, 상덕으로부터 후손의 번성을 보았는데 명조(明照)·자목(慈穆)·혜명(慧明)·영빈(永彬)·명석(明錫)·명경(明鏡)·호련(昊璉)·명관(明觀)·명연(明衍)·명허(明虛)·명율(明律)·명광(明廣)·명행(明行)·명열(明悅)·명수(明修, 12) 등 15명의 상좌가 배출된 것이 그것이다. 성진(10)은 인화(忍和, 11)에게, 도선(10)은 현등(玄燈)·태경(太經, 11)에게, 성오(10)는 상목(常睦)·정목(定睦, 11)에게 각각 세계를 전했다. 정각의 둘째 상좌 법우(9)는 석천(石泉, 10)-정범(禎凡)·수진(守眞, 11)에게, 셋째 지도(9)는 효정(曉淨, 10)에게 각각 법계를 이었다.

귀완의 넷째 상좌 유덕(8)의 세계는 마하(摩訶, 9)-보영(甫映, 10)까지 단일손으로 내려오다가 보영(10)의 문하에 아선(阿仙)·대운(大蕓)·혜도(慧度)·영성(永晟)·영재(永在)·영명(永命)·관수(寬修)·경윤(鏡允)·경수(鏡首)·덕인(德仁, 11) 등 10명의 제자가 배출되어 문도의 번성을 보았다.

귀완의 다섯째 상좌 법안(8)은 일봉(一奉)·지광(智光, 9)에게 사사했으며, 일봉(9)은 성각(性覺, 10)에게, 지광(9)은 정묘(靜妙, 10)-벽상(碧常)·지우(智牛)·지밀(智密, 11)에게 세계를 이었다.

귀완의 여섯째 상좌 법선(8)은 원심(圓心, 9)을, 일곱째 상좌 법진(8)은 묘관(妙觀, 9)을 각각 제자로 두었으나 더 이상 후계를 잇지 못했다.

(다) 성일계열

권말부록의「삼현문중 세계도」7에 의하면 계관계통 제7세 항렬의 여섯째인 성일은 도명(道明)·선행(善行, 8)에게 계맥을 전했다. 성일계열의 세계는 문중 제8세인 도명이 동림(東林)·법륜(法輪)·성하(惺荷)·성지(性智)·성태(性泰)·석련(石蓮, 9) 등 6명의 상좌를, 선행(善行, 8)이 관성(觀成)·명성(明星)·명인(明仁, 9) 등 3명의 상좌를 두면서 문도의 번창을 보게 되었다.

도명의 맏상좌로서 성일계열의 종손이 되는 동림(9)은 묘정(妙精)·정광(定侊)·진안(眞岸)·묘진(妙眞)·묘향(妙香)·묘수(妙首, 10) 등 6명의 제자를 배출했으며, 묘정(10)이 상덕(象德)·상효(相孝)·봉주(奉柱)·각우(覺牛)·덕주(德柱)·정현(靖炫, 11)에게, 정광(10)이 지우(智愚)·도환(到奐, 11)에게, 진안(10)이 혜능(慧能)·혜등(慧燈, 11)에게 각각 법을 전했다.

도명의 둘째 상좌 법륜(9)은 단일제자로 승원(承園, 10)을 두었고, 셋째 상좌 성하(9)는 명선(明禪)·명오(明悟)·명관(明寬)·활공(活空, 10)을 상좌로 삼아 세계를 잇도록 부촉했다. 이들 중 명오(10)의 세계가 원만(圓萬)·호석(祜釋)·지정(智靖, 11)으로, 명관(10)의 세계가 동준(東準, 11)으로 계승되었다.

도명의 넷째 상좌 성지(9)는 상문(相門)·덕신(德信)·혜원(慧圓, 10)에게 법을 사사했다. 상문(10)은 경화(庚和)·경원(庚爰, 11)을, 덕신(10)은 원봉(圓峰)·지안(智眼, 11)을, 혜원(10)은 원영(元暎)·계영(桂暎)·민영(旻泳, 11)을 각각 제자로 삼아 법계를 이었다.

도명의 다섯째 상좌 성태(9)는 명법(明法)·육문(六文)·청우(淸牛)·성문(成文)·현문(現文, 10) 등 5명의 제자를 문하에 두었다. 이 가운데 명법(10)이 동주(東柱)·성원(誠元)·동곡(東谷)·동범(東範, 11)에게 법계를 당부했으며, 육문(10)은 문하에 무려 40명의 제자를 두어 문도 번성을 자랑하고 있다. 범준(凡準)·영조(永照)·무진(戊震)·경호(曔護)·원경(元景)·대원(大圓)·선각(禪覺)·정암(正岩)·다우(茶雨)·벽암(碧菴)·보덕(寶德)·대운(大耘)·경원(京遠)·선휴(禪休)·정현(正現)·석우(昔牛)·자응(慈應)·소현(素顯)·자선(自琁)·효운(洘芸)·지엄(智嚴)·도연(道然)·현상(炫尙)·자연(自然)·재원(才原)·자원(自原)·종원(淙源)·종밀(淙密)·진용(珍勇)·도운(道耘)·향일(向日)·도영(度榮)·무상(無相)·지상(智常)·상우(常佑)·현중(玄中)·보관(普觀)·중원(中源)·현진(炫珍)·동운(東芸, 11) 등이 그들이다. 이 가운데 범준(11)이 정묵(正黙)·정우(正友, 12)를, 무진(無震, 11)이 선우(禪宇)·현행(賢行, 12)을 상좌로 두고 세계를 이어가고 있다.

성일의 둘째 상좌 선행(8)은 관성(觀成)·명성(明星)·명인(明仁, 9)에게 사사했으며, 그의 세계는 명성(9)이 계승했다. 명성(9)은 삼형(三衡, 10)을 제자로 두었고, 삼형(10)의 법계가 수주(秀柱, 11)로 계승되어 지금에 이르고 있다.

(라) 종현계열

권말부록의「삼현문중 세계도」8에 의하면 종현은 계관계통 제7세 항렬의 막내이다. 종현의 세계는 8세 선해(善海)-9세 정업(正業)-10세 성탄(性坦)까지 단일손으로 내려오다가 성탄의 문하에 다수의 후계손이 배출되면서 문도번성을 불러왔다.

성탄(10)은 혜명(慧明)·진민(眞旻)·만법(萬法)·혜성(慧星)·묘엄(妙嚴)·혜중(慧重, 11) 등 여섯 명의 제자를 두었다. 이후 이들의 세계는 혜명(11)-자원(慈圓, 12)으로, 진민(11)-자홍(慈洪)·정환(精晥)·자경(慈暻, 12)-법영(法永)·법민(法悶, 이상 정환상좌, 13)으로, 만법(11)-승문(承文, 12)-선법(禪法)·선원(善元)·선견(禪見)·선각(禪覺, 13)으로, 묘엄(11)-자현(慈賢)·자우(慈雨, 12)로 각각 계승되었다.

〈표6〉 삼현문중 개요

초조(개창조)	念平(제1세), 萬善(제2세)
연대(추정)	18세기 중반기[제8세 法喜(1887~1975)·淨行(1902~2000)의 연보 기준]
문중성립	①1960년 경 守玉이 1쪽 창호지에 문중계보 정리 ②1975년 3월 수덕사에서 法喜·仁貞·淨行 등이 문중회의 개최 ③1976년 4월 7일『삼현문중계보』발행 ④2008년 5월 12일(음4.8) 문중계보 개정판 발행 ⑤2009년 3월 30일 문중계보 개정증보판 발행
명칭유래	동학사 미타암·해인사 삼선암·사불산 윤필암 등 3개 암자 출신 문도의 결집과 문중종가 3조사인 智性·福坦·戒觀을 3賢이라고 이른데서 유래함
문도회장	慈珉(천안 연대선원 회주)
대표문도 (괄호안:世數)	•智性계통: 永淳(8)-源貞(9)-寶炫(10)/性浩(9)-鍾聲(10) •福坦계통: 淨行(8)-慧雲(9)-敬仁(10)/慧日(9)-正佑(10)/慧眼(9)-敬玉·敬道(10), 行觀(8)-惠眞(9)-慈珉(10) •戒觀계통: 法喜(8)-靈明(9)-宗玄(10)/守玉(9)-慈毫·慈允·慈藏·慈光·香嚴(10)/道圓(9)-性澤·性修(10)/相侖(9)-精晧·精葉·精公·鉉庵(10), 道吉(9)-仁貞(9)-智玄(9)-奉敏·惺牛(10)/應咸(9)-德門·德秀(10), 道明(9)-東林(9)-妙精/性泰(9)-明法·六文(10), 奉業(9)-雷黙(10), 正業(9)-性坦(10)

5) 수정문중

가) 문중형성과 본찰인연

수정문중(水晶門中)은 속리산 법주사 수정암 출신 문도의 결집에서 유래한다. 개창조로 모시고 있는 제1대 관선(觀先)과 제2대 능행(能行) 이후 문중의 세계를 이어온 문도들이 대체로 수정암에서 출가득도하거나 그 계통을 이어온 내력에 따른 것이다.

수정문중의 종문본찰이 된 수정암은 법주사 입구에 위치한 비구니 선방이다. 신라 진흥왕 14년(553)에 의신조사(義信祖師)가 본절인 법주사를 창건하면서 함께 건립한 암자로서, 현재 남아있는 10여개 암자 중 그 역사가 가장 높다. 창건 이후의 기록이 전하지 않아 아쉬움을 던져주고 있으나, 일제감정기인 1914년 수정문중 제6대인 장태수(張泰守)가 극락전 등을 중창하고, 그 후 선방과 요사 등을 중건하는 등 중수를 거듭하면서 오늘에 이르고 있다.

문중성립은 1960년대 말 7대손인 쾌유(快愈, 1907~1974)[289]가 사숙 태수(泰守)와 함께 수정암 계보의 기초를 작성하면서 그 계기를 마련했다.[290] 이를 토대로 1972년경 『수정문중계보』를 발행했는데, 이는 비구니계 각 문도회 가운데 문중계보를 가장 먼저 발간한 사례이다. 쾌유의 사숙인 태수는 일제강점기 수정암을 중창한 장태수를 말한다.

수정문도회는 그 후 입적한 문도와 새로 입문한 문도들로 인해 문중이 일로번성함에 따라 1990년 음력 9월 15일(쾌유의 기일전날) 수정암에서 문중회의를 열고 문중계보 재정리와 재발행을 결의했다. 1992년 9월 마침내 『수정문중계보』의 증보판을 발행하면서 그 세계를 구체화하니, 오늘날 수정문중의 면면이 비로소 세간에 드러났다.

이에 따르면 제7, 8, 9대손이 문중성립의 중심문도라고 할 수 있다. 7대손

---

[289] 쾌유의 행장은 하춘생(2001), 『깨달음의 꽃』2, pp.121~138을 참고할 수 있다.
[290] 하춘생(2001), 『깨달음의 꽃』2, pp.131~133.

과 8대손은 문도결집의 실질적인 동기를 부여한 세계이며, 9대손 이하는 오늘날 비구니승가의 중추가 되고 있는 인물들의 세계이기 때문이다. 초대부터 제6대까지의 문도는 다만 법명만 구전상승되어 세계를 확인해주고 있을 뿐 행적을 거의 알 수 없다.

수정문중은 18세기 중반기 인물로 추정되는 초조 관선이 유일한 제자 능행에게 법을 전하고, 제2대 능행이 응운(應雲)·정안(正眼)·상학(上學) 등 3명의 제자를 두고, 제3대 항렬의 맏이인 응운이 10명의 상좌를 두면서 비로소 문중세계를 형성할 수 있는 단초를 마련했다. 응운의 상좌로서 문중 제4대에 해당하는 재일(載日)·자흡(慈洽)·도원(道圓)·덕진(德津)·실상(實相)·변홍(辯弘)·묘흥(妙興)·대전(大轉)·대흔(大欣)·대순(大順) 가운데 맏상좌 재일계통과 막내 상좌 대순계통이 일로번성하면서 오늘날의 수정문중을 형성하기에 이른 것이다.

나) 문중계보와 분파현황

(1) 재일계통의 세계

재일계통의 세계는 청언(淸彦)·오봉(悟奉)·봉정(奉政)·법선(法善) 등 4명의 제자가 문중 제5대손으로서 각기 계파를 형성한 가운데 후계법손들을 확대해갔다. 각 계파별로 법맥상승의 현황을 살펴보면 다음과 같다.

(가) 청언계열

권말부록의 「수정문중 세계도」1에 의하면 문중 제5대손 청언의 계열은 태석(太錫)·태용(泰容, 6)의 세계로 분파되어 계승되었다.

태석(6)의 세계는 선혜(善慧, 7)-정행(淨行, 8)-성경(性鏡)·보관(普觀)·보현(普賢)·유심(唯心)·보철(普哲)·보영(普英)·보명(普明, 9)으로 이어졌다. 이후 제9대손의 셋째인 보현의 세계가 법일(法一)·법인(法印)·법진(法珍)·법해(法海)·법능(法能)·법은(法恩, 10)-오련(悟蓮)·덕원(德圓, 이상 법일상좌)·효봉(曉峯)·효건(傚健)·효민(曉敏, 이상 법인상좌)·지민(知民, 법진상좌, 11)으로 이어지고, 넷째인 유심이 봉일(峰一, 10)을, 여섯째인 보영이 법연(法然, 10)을 제자로 두면서 세계를 계승해오고 있다.

태용(6)의 세계는 선진(善眞)·선홍(善洪, 7)의 계보로 나뉘어 계승되었다. 문중 제7대인 선진이 월혜(月慧, 1895~1956)291)에게 사사하고, 문중 제8대인 월혜가 묘엄(妙嚴)·묘전(妙典)·묘희(妙熙)·혜관(慧觀)·원각(圓覺)·정수(精修)·상운(祥雲)·각진(覺眞)·고견(古見)·대은(大恩)·묘공(妙珙, 9) 등 11명의 제자를 두게 되면서, 이들로부터 후손이 번성해 가장 큰 문도를 형성함으로써 오늘날 수정문중을 대표하고 있다. 「수정문중 세계도」 1-1에 의거해 월혜문하의 세계를 따라가면 다음과 같다.

월혜문하의 맏형인 묘엄(1931~2011)292)은 일운(一耘)·진상(眞常)·도명(道明)·현우(玄牛)·상율(尙律)·자연(自然)·상광(常光)·시문(始聞)·설오(說吾)·정원·정명(10) 등을 제자로 두고 법맥을 전승했다. 둘째인 묘전(9)은 도성(道性)·도경(道敬)·성총(聖叢)·선정(禪定)·성학(聖學)·현승(玄勝)·정안(正眼)·법륜(法輪)·상등(常等)·심원(心圓, 10) 등 10명을 상좌로 삼았다. 셋째인 묘희(9)는 준현(俊玄)·민홍(敏弘)·송우(松雨, 10) 등 3명의 제자를 배출했다. 넷째인 혜관(9)은 진기(眞機, 10)에게, 다섯째인 원각(9)은 현웅(玄雄)·정견(正見)·일경(一耕, 10)에게, 여섯째인 정수(9)는 상적(常寂, 10)에게, 일곱째인 상운(9)은 지성(志誠)·일법(一法, 10)에게, 여덟째인 각진(9)은 선주(禪周)·선철(禪哲)·보현(普賢, 10)에게, 아홉째인 고견(9)은 성오(性悟, 10)에게, 열 번째인 대은(9)은 도민(道敏)·도정(道頂, 10)에게, 열한 번째인 묘공(9)은 지운(智雲, 10)에게 각각 세계를 이어 오늘에

---

291) 월혜는 빼어난 용모를 자랑하던 여성이었다. 눈썹 위에 성냥개비 3개가 올라앉을 정도로 준수한 미모를 간직하고 있었던 그녀는 1936년, 당시 젊은 수좌였던 청담의 법문을 듣고 발심 출가한 이후 무소유의 본분을 실천한 청풍납자로서 이름을 남겼다. 월혜의 자세한 행장은 하춘생(1998), 『깨달음의 꽃』1, pp.105~118을 참고할 수 있다.
292) 각주103과 같음.

이르고 있다.

　제10대손 가운데 묘엄의 맏상좌 일운(10)²⁹³⁾이 문하에 여공(如空)·여항(如恒)·여법(如法)·여원(如願)·여진(如眞)·여심(如心)·여명(如明)·여덕(如德)·여안(如安)·여학(如學)·여홍(如弘)·여행(如行)·여정(如靜)·여웅(如雄)·여릉(如楞)·여오(如悟)·여문(如聞)·여준(如準)·여훈(如薰)·여연(如然)·여향(如香)·여림(如林)·여등(如燈)·여견(如見)·여은(如恩)·여담(如潭)·여혜(如慧)·여선(如禪)·여륜(如輪)·여몽(如夢)·여송(如松)·여허(如虛)·여주(如住)·여거(如居)·여서(如瑞)·여청(如靑)·여형(如型)·여광(如光)·여벽(如碧)·여찬(如讚)·여욱(如旭)·여금(如今)·여초(如初)·여친(如親)·여엽(如葉)·여평(如平)·여천(如泉)·여영(如影)·여응(如應)·여옥(如玉)·여하(如下)·여아(如我, 11) 등 52명의 제자를 배출해 가장 번성한 문도를 자랑하고 있다. 이들 가운데 첫째~여섯째 상좌인 여공·여항·여법·여원·여진·여심 등 6명은 일운이 대만 유학 당시 배출한 대만 출신의 제자들이고, 14번째 상좌 여웅은 이탈리아 출신이다. 일운의 손상좌인 문중 제12대손으로는 여행의 제자 정오(精悟, 12)가 있다. 묘엄의 여섯째 상좌 자연(10)은 묘엄 입적 후 봉녕사 주지를 맡아 사제 정원(10)과 정명(10)을 재무와 회계로, 상좌 하연(11)을 교무로 두고 사찰운영에 만전을 기하고 있다.

　묘전문하의 도성(10)은 현인(玄印)·본연(本然)·원진(元眞, 11)을, 도경(10)은 본원(本源, 11)을 후계제자로 배출했다. 원각문하의 현웅(10)도 선열(禪悅)·선경(善鏡, 11)을 제자로 삼아 세계를 잇고 있다. 각진문하의 선주(10)는 정욱(淨煜)·정민(淨民)·정구(淨丘, 11)에게, 선철(10)은 능륜(能輪)·능인(能忍, 11)에게 각각 세계의 전승을 당부했다.

　선진의 사제인 선홍(7)은 보우(普雨, 8)-적광(寂光, 9)으로 세계를 이었으나, 더 이상의 후손을 배출하지 못했다.

---

293) 일운은 현재 경북 울진의 불영사 주지이며, 2012년 9월 19일 출범한 조계종중앙종회 비구니연구회 회장직을 겸하고 있다. 문하의 제자 52명의 명단을 확인해주었으며, 제자와 관련된 이하의 내력은 필자가 보강 취재한 내용이다.

Ⅳ. 근·현대 비구니의 문중형성과 계보현황 _ 199

(나) 오봉계열

권말부록의 「수정문중 세계도」2에 따르면 수정문중 제5대손인 오봉의 계열은 직제자인 두전(斗典)과 문석이 문중 제6대를 형성한 이후 계보를 이어오고 있다.

두전(6)의 세계는 그의 사법제자인 문중 제7대손 윤형(允亨)이 계주(季珠)·성유(性裕)·대관(大觀)·호명(護明)·수성(修性)·월진(月眞, 8) 등 6명의 상좌를 배출하면서 이들로부터 후손이 번창해 오늘에 이르고 있다.

윤형문하의 맏형인 계주(8)는 보인(普仁)·자인(慈仁)·자원(慈元)·장대(藏大)·자련(慈蓮)·자득(慈得, 9) 등 6명의 제자에게 법을 전했다. 이들 가운데 자인(9)의 세계는 선래(善來)·선진(善振, 10)으로, 자원(9)의 세계는 선오(禪悟)·수법(修法, 10)으로, 장대(9)의 세계는 선광(善光)·은호(恩浩)·정문(淨文)·정완(靜完, 10)으로 각각 계승되었다.

윤형문하의 셋째인 대관(8)은 일하(一下)·일우(一牛)·일휴(一休)·일원(一元, 9) 등 4명의 제자를 배출했다. 일하(9)의 세계는 대원(大原)·혜관(慧觀, 10)으로, 일우(9)의 세계는 도륜(道輪)·법운(法雲)·도성(道成, 10)으로, 일휴(9)의 세계는 지문(智文)·지원(智圓)·인광(仁光)·지상(智常)·운월(雲月)·지인(智仁)·지백(智白, 10)-보명(普明)·원명·현명(玄明, 이상 지문상좌)·광법(光法)·광용(廣鎔)·연탁(이상 지원상좌, 11)으로, 일원(9)의 세계는 지해(智海)·지현(智玄, 10)-총지(摠持, 智海상좌, 11)로 계보를 이어오고 있다. 윤형문하의 넷째인 호명(8)은 원만(圓滿, 9)에게, 다섯째인 수성(8)은 선재(善才, 9)-현준(賢俊, 10)에게 각각 법맥을 전했다.

오봉계열의 윤형문도는 그렇듯 다수의 문손들이 배출되면서 청언계열의 증법손인 월혜문도를 비롯해 뒤에 서술하는 봉정계열의 법손인 쾌유문도와 대순계통의 증법손인 보성문도와 함께 수정문중을 대표하고 있다.

두전의 사제인 문석(6)의 세계는 단일제자인 문중 제7대손 지선(智善)이 법형(法衡)·법원(法元)·법상(法相)·법전(法田, 8) 등 4명의 상좌를 배출해 세계를 잇고 있다. 법형(8)의 세계가 철진(哲辰)·보안(保安)·철안(哲眼, 9)-혜초(慧超)·무아(無我, 이상 철진상좌)·탁명(卓明)·경현(景眩, 이상 보안상좌, 10)으로, 법원(8)의 세계가 삼성(三省)·삼명(三明, 9)으로, 법상(8)의 세계가 혜원(慧元)·진성(眞晟, 9)-부련(富蓮, 혜원상좌, 10)으로, 법전(8)의 세계가 정연·정현·임대(9)로 각각 계승되어 지금에 이른다.

(다) 봉정계열

수정문중 제5대손 봉정은 같은 항렬 중에서 가장 많은 제자를 두었다. 문중 제6대손이 되는 태수(泰守)·유성(宥成)·유묵(宥黙)·상완(尙完) 등 4명의 제자들이 각각의 일파를 형성해 법맥을 계세승승해오고 있는 것이 그것이다. 권말부록에 제시한「수정문중 세계도」3에 의거해 봉정계열의 세계를 살펴보자.

봉정의 맏상좌인 태수(6)는 문하에 경오(敬悟)·정념(正念)·갑준(甲俊)·성길(性吉)·정춘(定春, 7) 등 5명을 제자로 두었다. 태수문하 둘째인 정념(7)이 보훈(普訓)·월인(月印, 8)에게 법을 전했는데, 보훈(8)의 세계는 이후 법순(法順, 9)-심원(心源, 10)으로, 월인(8)의 세계는 지정(智頂, 9)-성우(性牛)·관법(觀法)·오인(吾印, 10)-주현(周玄, 性牛상좌, 11)으로 각각 계승되었다. 태수문하 셋째인 갑준(7)은 단일제자 보관(普觀, 8)에게 사사했고, 보관(8)이 법희(法喜)·일성(日成)·법해(法海, 9)-성경(晟鏡)·지윤(志潤)·지광(志光, 이상 법희상좌, 10)-현우(玄宇)·석재(昔才, 이상 성경상좌, 11)로 세계를 이었다. 태수문하 넷째인 성길(7)은 보원(普圓)·보웅(普雄, 8)-정민(定旻, 보원상좌, 9)으로 세계를 계승했다. 태수문하 다섯째인 정춘(7)은 보안(普眼, 8)에게 법맥을 전했으며, 보안(8)은 영수(榮修)·정혜(正慧)·영주(榮珠, 9) 등 3명의 제자를 배출했다. 영수(9)가 수현(修賢)·수일(修一)·법여(法如)·혜성(慧性)·혜운(慧芸)·묘각(妙覺)·선행(善行, 10) 등 7명을 상좌로 삼았는데, 이들 가운데 수현(10)이 재호(在浩)·지선(智善)·동조(東照)·진아(珍雅, 11)에게, 혜운(10)이 적조(寂照, 11)에게 세계를 이어오고 있다.

　봉정의 둘째 상좌인 유성(6)은 쾌유(快愈)·보월(普月, 7)을 제자로 두어 법을 잇도록 했다. 문중 제7대인 쾌유는 성련(性蓮)·혜욱(慧郁)·성천(性天)·성원(性圓)·성법(性法)·자선(慈善)·성오(性悟)·성관(性觀)·성정(性正)·화엄(華嚴)·성각(性覺, 8) 등 11명의 제자를 배출해 문도의 번성을 이루었다. 쾌유문하의 맏형인 성련(8)은 일홍(一弘)·일륜(一輪)·진원(眞源)·희선(喜善)·현선(賢善)·명선(明善)·범일(梵日, 9)-정오(正悟)·정준(正準, 이상 일홍상좌)·보정(普淨)·진송(眞松)·석준(錫駿, 이상 일륜상좌)·진일(眞一)·진묘(眞妙, 이상 희선상좌)·지용(智勇)·지명(智明)·성원(成圓, 이상 현선상좌)·원각(圓覺)·대엽(大葉)·원일(圓一, 이상 명선상좌, 10)로 세계를 이었다. 쾌유문하의 둘째인 혜욱(8)은 승일(勝日, 9)로, 쾌유문하의 셋째인 성천(8)은 청운(淸雲)·청우(淸雨)·혜송(慧松)·귀산(歸山, 9)-자용(自勇, 청운상좌, 10)으로, 쾌유문하의 넷째인 성원(8)은 덕화(德和)·남운(南雲)·기형(奇亨, 9)으로, 쾌유문하의 여섯째인 자선(8)은 운봉(雲峰)·운정(雲淨)·운경(雲敬, 9)으로, 쾌유문하의 여덟째인 성관(8)은 덕일(德一)·덕삼(德三)·만오(晩悟)·덕성(德成, 9)으로, 쾌유문하의 아홉째인 성정(8)은 현문(玄們)·일능(一楞)·효문(曉門, 9)으로 법세를 전승했다. 이들 쾌유문도는 청언계열의 증법손인 월혜문도를 비롯해 오봉계열의 법손인 윤형문도와 뒤에 서술하는 대순계통의 증법손인 보성(普聖)문도와 함께 수정문중을 대표하는 문도이다. 쾌유의 사제인 보월(7)의 세계는 혜융(慧融, 8)-해소(解笑, 9)로 전해졌다.

　봉정의 셋째 상좌인 유묵(6)은 유일한 제자 혜원(慧遠, 7)에게 법을 전해주었다. 혜원(7)이 소령(昭靈)·혜정(慧定, 8)에게, 소령(8)이 삼원(三元, 9)에게 사사했다.

　봉정의 넷째 상좌인 상완(6)은 지선(智先)·선근(善根, 7)을 제자로 두었으나, 7대손에서 세계를 마감했다.

(라) 법선계열

　수정문중 제5대손 법선의 계열은 제6대 도현(道賢)-제7대 혜옥(慧玉)으로 계승되었다. 혜옥(7)은 지윤(智閏)·계정(戒定, 8)을 제자로 두었고, 이들 중 지윤의 세계가 중화(重和)·원공(圓空)·중안(重岸)·동은(東恩, 9)-청안(靑眼, 원공상좌, 10)으로 전해지면서 세계를 잇고 있다. 법선계열의 세계는 권말부록의 「수정문중 세계도」3에서 확인할 수 있다.

(2) 대순계통의 세계

　지금까지 살펴본 수정문중 제4대인 재일계통의 문보와 쌍벽을 이루며 오늘날까지 법계를 전승해오고 있는 법맥으로 대순계통의 세계가 있다. 대순의 문보는 제4대 항렬의 열 번째이자 막내의 계보이지만, 맏형인 재일의 문보와 함께 수정문중의 한 축을 형성하고 있는 세계이다.

　권말부록의 「수정문중 세계도」4에 의거해 대순계통의 세계를 살펴보면, 대순의 법을 만각(萬覺, 5)이 사사받고 만각의 법을 계윤(戒允, 6)이 사사받으면서 문중 제6대까지는 단일제자로 계승되었다. 계윤의 문하로 다수의 후계제자들이 배출되면서 비로소 번성한 세계를 자랑하게 되었는바, 영서(靈犀)·영완(靈完)·보성(普聖)·영선(靈善)·영오(靈悟)·영각(靈覺)·혜일(慧日)·영관(靈觀)·보각(普覺)·영우(靈祐)·보현(普賢)·영희(靈喜)·영덕(靈德)·법화(法華, 7) 등 14명에 이르는 제자가 문중 제7대로서 문보에 이름을 올린 것이 그것이다. 이들 가운데 오늘날까지 세계의 융성을 보이고 있는 문도는 첫째 영서, 셋째 보성, 아홉째 보각이 대표적이다.

(가) 영서계열

　대순계통 제7대 항렬의 첫째인 영서의 법맥은 수인(修仁, 8)으로 이어지고, 수인은 혜근(慧根)·무진(無盡)·혜성(慧性)·상수(祥秀)·법견(法見, 9) 등 5명을 제자로 두어 각각 계맥을 전승하도록 했다.

(나) 보성계열

대순계통 제7대 항렬의 셋째인 보성은 수현(修賢)·수증(修證)·수견(修堅)·수법(修法, 8) 등 4명의 제자를 두었다. 제8대손인 이들 가운데 수현(1940~현재)294)이 지호(智鎬)·지언(智彦)·보운(普雲)·무상(無相)·지해(智海, 9) 등 5명의 상좌를 두고, 수증(8)이 세관(世觀)·영조(永朝, 9) 등 2명의 제자를 두고서 문보를 계승하고 있다.

(다) 보각계열

대순계통 제7대 항렬의 아홉째인 보각은 자원(慈源)·법성(法性)·원봉(圓峯)·법월(法月, 8) 등 4명의 제자를 두었고, 이들 4명의 제자 가운데 맏상좌인 자원(8)이 은륜(恩輪)·은주(恩舟)·은정(恩廷, 9) 등 3명의 제자에게 사사해 법맥을 계승해가도록 했다. 이처럼 영서·보성·보각 등 3명의 세계가 사실상 대순계통의 법손인 계윤의 세계를 지탱해오고 있는 실질적인 문도라고 할 수 있으며, 이 가운데 보성문하가 가장 번창한 모습을 보이고 있다.

이와 함께 대순계통 제7대 항렬의 둘째인 영완이 수근(修根, 8)을, 다섯째인 영오(7)가 순법(順法, 8)을, 일곱째인 혜일(7)이 덕운(德雲)·지명(智明)·수진(修眞, 8)을, 열째인 영우(7)가 태연(太然)·혜주(慧周)·혜선(慧先)·자현(慈賢, 8)을, 열셋째인 영덕(7)이 수진(修進, 8)을 각각 제자로 두었다.

---

294) 수현은 현재 경기도 안양시 안흥사 주지이다. 2011년 음력 2월 20일(양력 3.24) 문중총회에서 수정문도회 회장으로 선출되어 지금에 이르고 있다. 조계종 제11,12,13,14대 중앙종회의원을 비롯해 동학사 주지(1974~1979)·서울 종로구 낙산어린이집 원장(1981~1986)·목동청소년회관 사무국장(1987~1990)·군포매화종합사회복지관 관장(1997~2007) 등을 역임하고, 1990년도부터 현재까지 사회복지법인 연꽃마을 이사직을 수행하는 등 사회복지에 남다른 열정을 보이고 있는 인물이다. 동학사 주지 당시 1500여명에 이르는 강원생들의 학비를 면제해 화제를 불러일으켰으며, 낙산어린이집은 불교계 복지시설의 최초로 전한다.

〈표7〉 수정문중 개요

초조(개창조)	觀先(제1세), 能行(제2세)
연대(추정)	18세기 중반기[제7대 快愈(1907~1974), 제8대 月慧(1895~1956)의 연보 기준]
문중성립	①1960년대 말 快愈가 사숙 泰守와 함께 수정암 계보 기초 작성 ②1972년경 한국 비구니계 최초의 문중계보인『수정문중계보』발간 ③1990년 음력 9월 15일(快愈 기일 전일) 법주사 수정암에서 문중회의를 열고 문중계보 재발행 결정 ④1992년 9월『수정문중계보』증보판 발행
명칭유래	속리산 법주사 수정암 출신 문도의 결집에서 유래
문도회장	修賢(안양 안흥사 주지)
대표문도 (괄호안:代數)	• 載日계통: 月慧(8)-妙嚴(9)--耘(10)/妙典(9)-道性(10)/妙熙(9)-俊玄(10), 季珠(8)-慈仁(9)-善來(10), 普訓(8)-法順(9)-心源(10), 快愈(7)-性蓮(8)--弘(9)-正悟(10), 淨行(8)-普賢(9)-法一・法印(10) • 大順계통: 修賢(8)-智鎬(9), 修仁(8)-慧根(9), 慈源(8)-恩輪(9)

6) 봉래문중

가) 문중연기와 본찰인연

봉래문중(蓬萊門中)295)은 금강산 유점사를 종문의 본찰로 삼고 있다. 남과 북의 왕래가 끊어진 이후부터는 종문의 본찰을 오대산 월정사로 삼아 도제들의 결집을 도모했으나, 최근 남북의 길이 트이고 출가본산을 자유롭게 왕래할 수 있게 되면서 다시 금강산 유점사로 환원했다. 문중의 명칭으로 삼은 '봉래'는 금강산의 여름철 이름을 차용한 것으로, 근대기 비구니

---

295) 필자는 2009. 5. 23에 개최된 한국선학회 춘계세미나에서「비구니 본공의 선풍진작과 법맥상승」제하의 기획발표를 통해 봉래문도회의 문중형성을 1차 고찰한 바 있으며,『한국선학』제23집(서울: 한국선학회, 2009.8) pp.7~41에 같은 제목으로 게재되었다. 한국비구니연구소 창립10주년기념 학술연구논문집『한국 비구니승가의 역사와 활동』pp.291~337의 소절에서도 이에 대한 내용을 약술한 바 있다. 봉래문중의 현황과 계보를 상세히 다루고 있는 본 내용은 당시의 소논문을 대폭 보강하고 보다 심도있게 연구한 내용을 서술한 것이다.

선승으로 유명한 문중 제6세 본공(本空, 1907~1965)[296]의 출가본산이기도 하면서 상노(上老) 스님이 되는 문중 제3세 사득(四得, 1862~1940)이 이곳에서 출가수행한 행적을 기린다는 의미를 담고 있다.

사득은 유산으로 물려받은 친가의 재산을 유점사·장안사·표훈사·신계사·마하연 등 금강산 유수사찰에 아낌없이 헌납해 가람 중흥은 물론 득도암을 창건해 비구니의 수행도량을 확보하는 등 공헌한 행적이 확연하다. 사득의 이러한 공적은 현재 본공의 유일한 생존 상좌인 경희(慶喜, 1931~현재)[297]가 발견한 「금강산유점사열반계안서(金剛山楡岾寺涅槃禊案序)」[298]에 잘 드러나 있을 뿐만 아니라,[299] 경희가 이 자료의 사실을 확인하고자 유점사 출신의 법홍(法弘, 1915~2003, 원효종 종정역임)·덕암(德菴, 1913~2003, 태고종 종정역임)·월하(月下, 1915~2003, 조계종 종정역임) 등을 차례로 찾아가 청취한 증언에 근거하고 있다. 경희는 "이분들은 한결같이 '사득스님은 여느 비구 여럿을 합친 것보다 나은 훌륭한 수행자였으며, 물려받은 유산을 주위에 아낌없이 나눠주고 불사에 보시해 주변의 칭송이 자자했다'

---

[296] 생전의 본공을 일러 대중이 붙여준 이름은 '입승(立繩)스님'이었다. 만공에게 인가를 받은 후부터 제방선원에서 수선안거에 몰두할 때마다 입승소임은 본공의 몫이었기 때문이다. 평생을 선객으로서 구도의 열정을 불사르며 보리를 구하고 중생을 교화하는데 추호의 흐트러짐을 보이지 않았던 본공의 구법이타행의 고매한 삶은 그대로 후학들의 전범이 되어 지금도 면면한 얼을 한국불교사에 고스란히 남기고 있다. 본공의 행장은 하춘생(1998), 『깨달음의 꽃』1, pp.87~101을 참고할 수 있다.

[297] 경희는 본공의 친가 이종조카이다. 대구 서봉사에 주석하며 화성양로원을 운영하는 등 스승의 구법이타행을 계승하고 있다. 현재 봉래문도회 회장이다.

[298] 경희의 증언에 따르면, 20여 년 전 경희가 당시 서울 청룡사 주지 윤호로부터 사득에 대한 기록이 서울 청량사에 있다는 말을 듣고 그 즉시 청량사를 찾아갔는데, 당시 주지 동숙(東淑)이 다락에서 꺼내온 서류뭉치에서 이 문서를 찾아냈다고 한다.

[299] 사득의 친가는 밀양 박씨 집안이다. 친가에서 물려받은 상당한 유산을 가람불사에 시주 헌납했는데, 사득의 이러한 행적은 구전으로만 전해오다가 열반계 동참자 명단을 수록하고 있는 「금강산유점사열반계안서」를 발견하면서 사실을 확인하게 되었다. 1905년 1월에 쓰인 이 문서의 서문에 따르면 당시 유점사 주지는 죽산장섭(竹山長燮), 수좌는 심수(心秀), 서기는 인화(印華)였다. 경희 등 문도들이 2005년 신계사 복원당시 이곳을 찾아 만세루 앞에 있는 '시주표(施主標)' '박사득(朴四得)'이라고 새겨진 공덕비를 확인한 바 있다. 『유점사비구니봉래문중계보』, pp.8~11, pp.31~42, p.60, p.83.

고 증언했다"고 밝히고 있다.300) 「금강산유점사열반계안서」의 전문을 옮기면 다음과 같다.

金剛山楡岾寺涅槃禊案序

梵云涅槃華言滅度非辟支羅漢之緣悟緣諦 而分證有餘也 乃十刹寶王 最後垂範收化還源之圓明寂照也 盖淨法界身本無出沒大慈願力示有生滅 敎中所謂來爲衆生來 去爲衆生去者 此其證也 我本師迦文雙林示滅 洎今駸駸然過千載者三焉則竊惟我曹漂流苦海追到後五百之後 ○而何幸曛蒙戒輝滴霈餘波龜木良遭肯將相喻哉 火宅兒孫生斬長斯敎遠門外了長者藥眛他鄕之醫父何棄恩背恩之若是哉 況仲春望炊孟夏八日 卽吾佛八相始終之時節而今或薙髮被緇者 尙有日月罔辨便伸脚打睡睡空過忘造淨福衣白者奚足論哉 如今儒家子流茍其爺孃之云亡不知魂神墮在何趣尙能茨蘩而薦之犧牲而吿之庶幾先靈之必欲 又況大覺牟尼相好雖藏法身常住匍匐生界者宜其懇竭丹心蒙傾素志攀號貢戀之不暇耳 若以愚拙釀策吿同胞與其盤根於苦坑孰若投種於福田 與其納履乎生死孰若扣鍵於涅槃 墮露添流歸大海 飛塵着簣心貴合高山 然則○此禊案豈非一路涅槃門耶 入此門來莫存懈慢. 光武九年 元月 日 化主謹識. 三綱 僧統 竹山藏燮 首僧 心秀 書記 印華 301)(以下 楡岾寺・長安寺・表訓寺 大衆契員 名單一覽)

범어로 열반이라고 하는 것은 중국어로 하자면 멸도인데, 벽지불이나 아라한이 연기의 진리를 겨우 깨달아서 어느 정도 증득함이 있더라도 여전히 남은 바가 있는 그런 것이 아니다. 그것은 온 세상의 가장 소중한 왕이신 부처님께서 가장 마지막으로 모범을 베푸시고 나서 교화를 거두시고 본원으로 돌아가시며 두루 밝으

---

300) 『유점사비구니봉래문중계보』, p.11.
301) 『유점사비구니봉래문중계보』, pp.31~34.

면서도 교요하게 비추시는 것이다. 무릇 청정한 법계신은 본래 생겨나고 없어짐이 없지만 대자대비의 원력으로써 나고 죽음이 있음을 보이셨다. 가르침 가운데 이른바 '오신 것도 중생을 위하여 오셨음이요, 가신 것도 중생을 위하여 가심이라' 하신 것이 바로 증거인 것이다. 우리의 근본 스승이신 석가모니 부처님께서 꾸시나라에서 열반을 보여주신 것이 지금까지 순식간에 천년을 세 번이나 지난 즉, 꼼꼼히 생각해 보건대, 우리들이 고해에 표류하다가 오백나한의 뒤 끝에 겨우 도달하였으니 석양빛을 겨우 받고 한두 물방울로 겨우 목을 적시며 눈먼 거북이가 어쩌다 나무를 만난 것으로 어찌 행여나 참으로 서로 비유가 될 수 있으리요. 화급한 집 자손이 태어나서부터 이를 기르는 것을 잘라버리니, 교로 말하자면 고향을 떠나 장자를 만난 것이고, 약으로 말하자면 타향에서 의사 아버지를 만난 것인데 어찌 은혜를 버리고 등지는 것이 이와 같은가. 하물며 이월 보름밤과 사월 초파일은 바로 우리 부처님께서 태어나시고 돌아가신 때나, 요즈음 혹시 머리 깎고 먹물 옷을 입은 자들은 오히려 날짜마저 분별하지 못하면서 걸핏하면 다리를 뻗고 졸면서 허송세월하고 있으니 깨끗한 복짓는 것마저 잊어버린 재가신자들이야 어찌 논할 것이 있겠는가. 또한 요즘의 유가의 후손들은 진실로 부모가 돌아가심에도 혼백이 어느 세상에 떨어지는 지도 알지 못하면서 오히려 제수를 바쳐서 부모를 천도하며 희생을 바쳐서 부모에게 고할 수 있기를 바라며 선조의 영혼이 반드시 흠향할 수 있기를 바란다. 또한 하물며 대각 석가모니 부처님께서 상호는 비록 감추셨으나 법신은 항상 머무시어 중생계에 내려오시니 마땅히 열렬한 마음을 간절히 다하고 잡념없는 마음을 경건하게 기울이고 명호를 놓치지 않고 사모하는 마음을 바치는데 쉴 틈이 없어야 하리라. 이에 어리석고 졸렬한 이가 계책을 내어 동포들에게 널리 알리노니 괴로운 구렁텅이에 터를 잡는 것과 복밭에 씨를 뿌리는 것이 어찌 같을 수 있으며 생사에 밭을 들여놓는 것과 열반의 자물쇠를 여는 것이 어찌 같을 수 있겠는가. 떨어진 이슬방울은 시내에 흘러들어 큰 바다로 돌아가고 날아다니던 먼지는 삼태기에 붙어 높은 산에 합쳐지나니 그렇다면 이 열반계 문서가 어찌 열반문으로 들어가는 하나의 길이 아니겠는가. 이 문에 들어왔다고 게으름을 피우지 말라. 광무9(1905)년 1월 일 화주 삼가 씀. 삼강 주지 죽산장섭 수좌 심수 서기 인화.

「금강산유점사열반계안서」의 발견은 봉래문도들이 문중의 중요성을 실감하고 결집에 나선 직접적인 계기를 던져주었다. 선조사들의 행적을 드러내 후학들의 나아갈 지침을 바로 세우기 위해서는 종문의 뿌리를 바로 알아야 한다는 문도들의 생각이 이로써 공론화되었기 때문이다. 앞에서 전문을 살펴본 바와 같이 「금강산유점사열반계안서」는 광무 9년(1905년) 1월에 쓰인 것으로, 이 문서에 기록된 명단을 살펴보면 사득을 비롯한 비구니권속들과 유점사·표훈사·장안사 등 유수사찰의 대다수 대중이 계원으로 참여하고 있는 사실을 확인할 수 있다.[302]

나) 문도결집과 문보발행

문중결성을 위한 첫 작업으로 1987년 3월 25일(음2.26) 본공의 기일에 즈음해 대구 서봉사에서 문중회의를 열고 문중계보를 편찬하기로 결의했다. 승도 모두가 일불제자로서 무슨 계보가 필요하겠냐는 우려도 없지 않았으나 한 그루의 나무에도 근(根)·간(幹)·지(枝)·조(條)의 흔적이 있듯이 종문의 뿌리를 찾고 법맥을 이어가야 한다는 소명에 뜻을 모은 것이었다.

문중계보를 편찬하기 위한 원력은 그 입지만으로도 도제들의 나아갈 지침이 되었고 문도간의 단합과 친목을 도모하는데 적잖은 효과를 가져왔다. 문도회장 경희(慶喜)를 수장으로 하여 본공과 사득을 문중계보의 기준으로 삼아 세간의 직·방계 존·비속에 해당하는 사자관계와 사형사제간의 세계

---

[302] 『유점사비구니봉래문중계보』, pp.34~42.

를 확인하는 작업에 착수했다. 마침내 2008년 초 『유점사비구니봉래문중계보』를 발간하고 법맥상전의 기틀을 다진 봉래문중의 탄생을 시방에 알리니 문도결집을 발원한 지 20년 인고의 결실이었다.

봉래문중은 크게 최선(最善)계통과 최상(最祥)계통으로 분파되어 세계를 이어오고 있다. 최선과 최상은 봉래문중이 초조로 모시고 있는 인물이다. 최선은 사득(1862~1940)의 노스님이고, 최상은 사득과 같은 항렬인 태전(泰典, 1859~1935)의 노스님이다. 사득은 세납 26세 때인 1887년 금강산 유점사에서 세묵(世黙)을 은사로 출가한 이래 15하안거를 성만하고 1940년 세납 79세 법랍 53세로 입적했다. 태전은 세납 29세 때인 1887년 태묵(太黙)을 은사로 출가한 후 13하안거를 성만하고 1935년 세납 77세 법랍 48세로 입적했다. 사득과 태전의 생몰연대를 기준으로 문중초조인 최선과 최상의 생몰연대를 추정할 경우 19세기를 살다간 인물로 볼 수 있겠다.

다) 문중계보와 분파현황
(1) 최선계통의 세계

봉래문중의 문도 다수의 세계는 최선계통에 해당한다. 권말부록에 제시한 「봉래문중 세계도」1에 의하면 최선은 세묵에게, 세묵은 사득에게 법맥을 전했다. 사득의 제자는 만성(萬性, 1870~1935)이고 만성의 제자는 상운(祥雲, 1879~1943)이다. 상운이 본공에게 법맥을 전승했는데, 봉래문중은 사실상 이로부터 문도번성의 기틀을 세웠다고 볼 수 있다. 본공과 같은 항렬로 본심(本心, 1946~1983)·본진(本眞)·본연(本然)이 있는데, 이들도 모두 상운을 은사로 득도수계했다.

이상의 문보에 기초해 봉래문중 형성의 전기를 제공했던 최선계통 제6세인 본공항렬까지의 세계를 정리하면, 최선(1)-세묵(2)-사득(3)-만성(4)-상운(5)-본공·본심·본진·본연(6)으로 법맥을 전승해왔다. 이를 보면 문중 제5세까지 단일법맥으로 이어오다가 제6세에 이르러 4명의 제자가 배출되었고, 이들이 각각의 계파를 형성한 가운데 세계를 계승해오고 있는 사실을 알 수 있다.

(가) 본공계열

최선계통의 본공계열은 봉래문중에서 최대 문도를 자랑하고 있는 계파이다. 오늘날 문중성립의 전거가 마련된 것도 앞서 설명한 바와 같이 본공계열의 문도에 의해 이루어졌다고 볼 수 있다.

최선계통 제6세인 본공은 문하에 법열(法悅)·선행(善行)·경희(慶喜)·도안(道眼)·유심(唯心)·무주(無住)·지홍(知弘)·현오(賢悟)·현성(賢性)·자호(慈浩, 7) 등 10명의 법상좌를 두었다. 이들 10명의 제자들이 각각 다수의 상좌를 배출함으로써 마침내 문중번영의 기반을 형성했다.

본공의 맏상좌 법열(7)은 명호(明浩)·명녕(明寧)·도호(渡昊)·성우(性盂)·성오(性悟, 8) 등 5명을 제자를 두었다. 이들 가운데 명녕(8)이 대원·도경·지눌(9) 등 3명의 상좌를 배출했으며, 성우(8)가 지성(至誠)·지훈(至焄)·현성(賢晟)·현담(賢潭, 9) 등 4명의 상좌에게 세계를 이었다.

본공의 둘째 상좌 선행(7)은 명성(明星)·명권(明權)·명심(明心, 8) 등 3명의 제자를 두었는바, 본공의 셋째 상좌이자 현재 봉래문도회장인 경희문도와 함께 본공계열에서 가장 큰 문도를 자랑하고 있다. 선행문하 제8세 항렬의 맏이인 명성(1931~현재)303)이 문하에 수광(秀光)·유광(琉光)·도광(度光)·혜광(慧光)·묘광(妙光)·선광(善光)·진광(眞光)·연광(蓮光)·정광(定光)·미광(彌光)·보광(普光)·운광(雲光)·주광(珠光)·현광(玄光)·월광(月光)·지광(智光)·송광(松光)·희광(希光)·일광(日光)·은광(殷光)·원광(圓光)·서광(瑞光)·여광(如光)·윤광(允光)·인광(印光)·세광(世光)·등광(燈光, 9) 등 27명을, 둘째 명권(8)이 성광(性光)·능광(能光)·법광(法光)·재광(才光, 9) 등 4명을, 셋째 명심(8)이 도선(道禪)·도민(道玟, 9) 등 2명

---

303) 각주102와 같음.

을 제자로 배출하면서 문도의 급성장을 가져오게 된 것이다. 선행의 법손이 되는 이들의 세계는 명성의 문손으로서 수광(9)-상현(祥現)·주현(柱賢)·선욱(善旭)·수현(修賢, 10)-석천(釋泉)·석문(釋文)·지원(智圓, 이상 상현상좌)·보상(普祥, 수현상좌, 11), 유광(9)-선진(先眞)·법진(法珍, 10), 도광(9)-예진(禮盡)·묘진(苗診)·선보(善普)·백경(10), 혜광(9)-무견(10), 진광(9)-운현(芸賢, 10), 연광(9)-혜진(慧眞)·목진·수진(10), 정광(9)-성법(10), 미광(9)-범준(帆俊)·현준(炫俊, 10), 지광(9)-원혜(10), 서광(9)-현승·현수(10)로 이어오고 있다.

본공의 셋째 상좌 경희(7)는 문하에 명순(明諄)·정문(精文)·정관(靜觀)·명전(明傳)·명엽(明葉)·명연(明淵)·명인(明印)·명허(明虛)·용안(龍眼)·명범(明梵)·명음(明音)·명봉(明峯)·명안(明眼)·명효(明曉, 8) 등 14명을 배출하고 선행문도와 함께 본공계열의 문도를 대표하고 있다. 명순(8)은 동유(東唯, 9)에게, 정문(8)은 설봉(雪峰)·지원·설송·설엽·법운·설해(9) 등에게, 정관(8)은 법진(法眞, 9)에게, 명전(8)은 동화(東和)·동호(東昊, 9)에게, 명연(8)은 동건(東健, 9)에게, 명인(8)은 동산(東山)·동현(東玄)·동진(東眞, 9)에게 각각 계맥을 전해주었다. 법손의 세계는 각각 설봉(9)-석담·석림·석민·자훈·자인·자경·자성·자광·자운(10), 설엽(9)-혜진(10), 법진(9)-종견(宗見, 10)으로 계승되고 있다.

본공의 넷째 상좌 도안(7)은 명원(明圓)·명길(明吉)·해운(海雲, 8) 등 3명에게 법을 전했다. 명원(8)은 보성(普晟)·진우(眞宇)·진성(眞成)·진호(眞昊, 9)를, 명길(8)은 일효(一曉)·지효(知曉)·정효(靜曉, 9)를, 해운(8)은 종명(宗明)·종주(宗周)·능희(能熙)·종륜(宗輪)·성호(聖護)·종훈(宗訓)·종민(宗珉, 9)을 각각 제자로 삼았다. 이후의 세계는 보성(9)-현빈(玄牝)·현소(玄素, 10), 지효(9)-송벽(松碧)·송운(松雲)·송욱(松昱)·송월·송현(松玄, 10), 종명(9)-우송(宇淞)·성소(性素, 10), 종주(9)-승우(承佑)·도우(度佑)·경련(景蓮, 10), 능희(9)-우원(雨園)·도공(到恭)·도원(道園)·성원(成

圓, 10), 종륜(9)-지완(知宛, 10)으로 계맥을 잇고 있다.

본공의 다섯째 상좌 유심(7)은 단일제자 명륜(明倫, 8)에게 사사했으며, 명륜(8)은 동운(東耘)·쾌현(快炫)·지유(志有, 9)를 제자로 두었다.

본공의 여섯째 상좌 무주(7)는 문하에 명우(明又)·명혜(明慧)·명진(明進)·운암(芸庵)·명필(明必, 8) 등 5명의 제자를 배출했다. 이들 가운데 명우(1937~현재, 8)304)가 준영(準永)·향원(香苑)·지륜(知倫)·석구(昔龜)·경관(鏡觀)·정래(正來)·지완(芝垸)·혜원(慧圓)·정운(定芸)·경연(鏡然)·성원(晟源)·지관(芝寬)·지원(知原, 9) 등 13명의 상좌를 두면서 문도의 번영을 누리고 있다. 명혜(8)는 법능(法能, 9)을, 명진(8)은 현욱(玄郁)·현묵(玄黙, 9)을 상좌로 두었다.

본공의 일곱째 상좌 지홍(7)은 정찬(靜撰)·효정(曉頂, 8)에게 법을 사사했다. 정찬(8)은 혜주(慧周)·선담(宣潭)·은성(恩聖, 9)에게, 효정(8)은 정행(正行)·자행(滋行)·도경(道炅, 9)에게 각각 세계를 잇도록 했다.

본공의 여덟째 상좌 현오(7)와 아홉째 상좌 현성(7)은 상좌를 두지 않았으며, 막내인 열 번째 상좌 자호(7)가 혜진(慧珍, 8)에게 세계를 이었다.

(나) 본심계열

본심계열도 세계를 형성한 가운데 오늘에 이르기까지 그 계맥을 이어오고 있다.

본공의 사제인 본심(6)은 문하에 혜선(慧禪)·묘련(妙蓮)·보현(普賢)·묘혜(妙慧, 7) 등 4명의 제자를 두고 법맥의 사자상승을 부촉했다. 본심의 첫

---

304) 명우는 2011년 10월 17일 개최된 조계종 전국비구니회 총회에서 제10대 회장에 선출되어 11월 21일부터 4년 임기에 들어갔다. 현재 서울 화곡동 성심사 주지이며, 7·8·9·10대 중앙종회의원을 역임했다. 전국비구니회 제10대 회장선거는 그간의 추대형식을 벗어나 두 명의 후보가 출마한 가운데 유례없는 경선으로 진행되어 교단안팎의 지대한 관심을 불러일으켰다. 전국의 비구니 1,400여명이 참석해 선거에 임하는 등 전국비구니회 역사상 처음 치러지는 경선에 뜨거운 열기를 보여줌으로써 비구니승가의 진면목을 보여주었다는 평가를 받았다.

째 상좌 혜선(7)은 재성(齋性)·지성(智盛)·다정(茶鼎)·현응(玄應)·연담(蓮淡, 8) 등 5명을 상좌로 삼아 세계를 계승했다. 이들 중 맏이인 재성(8)만이 시주(是舟)·허주(虛舟, 9)를 상좌로 배출했다. 둘째 상좌 묘련(7)은 우인(佑引, 8)-기성(9)으로 세계를 이었다. 셋째 상좌 보현(7)은 법선(法宣)·해은(海恩, 8)에게 법맥을 전했는데, 법선(8)이 도원(度圓)·성구(誠具)·정탄(淨坦)·정명(淨明, 9) 등을, 해은(8)이 지우(智宇)·지환(智煥)·지경(智鏡)·지관(智冠, 9) 등을 제자로 두면서 본심계열의 문도번영을 가져왔다. 넷째 상좌 묘혜(7)는 문하를 두지 않았다. 이후 본심계열의 세계는 도원(9)이 종민(宗旻)·지담(志潭)·종법(宗法)·성견(性見, 10)에게, 정탄(9)이 석민(10)에게, 정명(9)이 석도(昔度, 10)에게, 지우(9)가 정휴(10)에게 각각 법맥을 전했다.

(다) 본연계열

본연계열도 지금까지 세계를 이어오고 있다. 본공의 막내 사제인 본연(6)은 성호(性浩)·보덕(保德, 7)에게 법맥을 전해주었고, 성호(7)가 학봉(鶴峯)·학천(學泉)·법광(法光, 8) 등 3명의 제자를 두고 계보를 이어가도록 당부했다.

이밖에 본공의 셋째 사제인 본진(6)은 세계를 잇지 못하고 당대에서 단절되었다.

(2) 최상계통의 세계

최상계통은 최선계통과 함께 봉래문중을 형성하고 있는 계파로서, 세계상으로는 최상이 최선의 사형이 된다. 권말부록에 제시한 「봉래문중 세계도」2에 의거해 최상계통의 세계를 살펴보면 최상은 태묵에게, 태묵은 태전(泰典)에게 법맥을 전했다. 태전의 법맥을 전해 받은 상좌는 이름을 알 수 없고,

손상좌가 선혜(善慧)와 선일(善一)이다. 선혜(1871~1952)는 제자로 본현(本賢, 1891~?)과 본견(本堅)을 두었고, 선일(?~1953)은 단일제자 성진(性眞)에게 법맥을 계승했다. 이들 본현·본견·성진이 곧 최선계통 제6세인 본공과 같은 항렬의 문도들로서, 이후의 후손들이 번성하면서 최상계통의 세계를 이어오고 있다.

최상계통 제6세까지의 세계를 정리하면 최상(1)-태묵(2)-태전(3)-?(4)-선혜·선일(5)-본현·본견·성진(6)으로 계맥을 전해왔음을 알 수 있다. 문중 제4세까지 단일법맥으로 이어오다가 제5세에 이르러 2명의 제자가 배출되었고, 이들이 각각 계파를 형성한 가운데 세계를 계승해오고 있다.

(가) 선혜계열

최상계통의 선혜계열은 문중 제5세인 선혜의 후손들이 계계승승해오고 있는 세계이다. 선혜는 문하에 2명의 후계승을 배출했는데, 본현과 본견이 그들이다. 이들은 모두 최선계통의 본공과 같은 항렬인 문중 제6세에 해당한다.

선혜의 법제자 가운데 사형인 본현(6)의 세계는 혜진(慧眞, 7)-문성(門星, 8)으로 계승되었다. 사제인 본견의 세계는 최상계통에서 가장 많은 문도 수를 배출해 최상계통의 문중을 대표하고 있다. 본견(6)은 문하에 길상(吉祥)·성법(性法)·성륜·성광(7) 등 4명의 제자를 두었다. 본견의 맏상좌 길상(7)은 보안(普眼)·현근(玄根)·주화(周和)·보문(普門)·보현(普賢, 8)에게, 본견의 둘째 상좌 성법(7)은 현철(玄哲)·명안(明眼)·현각(玹覺)·정운·리련·정암(亭岩)·호묵·현종(玄宗)·현원(玄圓, 8)에게, 본견의 셋째 상좌 성륜(7)은 지현·원경(8)에게 각각 법맥을 전하고 문중번영과 사자상승을 부촉했다. 본견의 세계는 이후 보안(8)이 순지(巡祉, 9)에게, 현철(8)이 능주(能硃, 9)에게, 명안(8)이 보영(普暎)·선주(9)에게, 정암(8)이 혜조(慧朝)·주오(周五, 9)에게, 호묵(8)이 원타(圓陀, 9)에게 계승하면서 오늘에 이르고 있다.

(나) 선일계열

　최상계통의 세계를 잇고 있는 또 하나의 계파는 선일계열이다. 문중 제5세인 선일은 성진(6)에게 법맥을 전해주었고, 성진(6)이 혜종(慧宗)·대하(大河)·혜안(慧眼)·법화(法華)·자인(慈仁)·보명(普明, 7)을 제자로 두면서 오늘날까지 그 세계를 이어오고 있다.

　최상계통 제6세인 성진(1896~1983)은 최선계통 제6세인 본공이 1937년 개설한 오대산 지장암선원을 오늘에 이르기까지 존립케 한 주인공이다. 성진은 지장암선원이 6.25한국전쟁으로 폐허가 되자 휴전 후 10여 년간 이곳에서 토굴을 짓고 수행하다가 1961년 조카 상좌이자 본공의 셋째 상좌인 경희와 함께 재건불사에 착수해 오늘의 지장암선원을 일구었다.305) 지장암선원은 현재 기린선원(麒麟禪院)306)이라는 이름으로 오늘날 수덕사 견성암·사불산 윤필암과 함께 비구니 3대 선원의 위상을 자랑하는 곳이다.

　성진의 법손으로는 혜종(7)의 제자 정안(淨岸)·준민(俊旼, 8)과 혜안(7)의 제자 정엽(淨葉)·정운(淨雲, 8)이 있다. 정안(8)이 문하에 지훈(地熏)·지용(地湧)·지륜(地輪)·지광(地光)·지현(地賢)·해만(海曼)·지욱(地煜)·지우(地雨)·지중(地中)·지도(地導)·지경(地經)·지범(地凡)·지성(地成, 9) 등 다수의 상좌를 배출해 최상계통의 세계를 계계승승하고 있다.

---

305) 『유점사비구니봉래문중계보』, pp.180~181.
306) 오대산 지장암선원은 월정사 산내암자인 남대 지장암에 개설된 비구니선원이다. 1937년 본공이 처음 개설한 이후 6.25한국전쟁 때 소실된 것을 성진과 경희가 재건했으며, 1996년 경희의 일곱째 상좌 명인이 도감소임을 맡으면서 선원명칭을 '기린선원'이라고 명명했다. 비구니 수선납자들의 수행면모를 가늠할 수 있는 기린선원의 청규를 살펴보면 다음과 같다. ①지대방에서는 묵언한다. ②반살림 등산과 자유정진을 하지 않는다. ③개인적 포행은 지장암 입구 다리와 선원 산쪽 텃밭 중부리 개울을 넘지 못한다. ④안거 중에 사무실과 월정사 및 산내암자를 출입하지 못한다. ⑤텔레비전, 신문, 잡지 등을 보지 못한다. ⑥안거 중 정진시간은 오전 3시부터 오후 10시까지로 한다. ⑦입방자는 구족계 수지자로서 3안거 이상 성만한 자라야 한다. ⑧정하지 아니한 규범은 선원규범 교본에 의한다. ⑨안거 중 청규를 위반한 자는 자진 퇴방한다.

〈표8〉 봉래문중 개요

초조(개창조)	最善・最祥
연대(추정)	19세기 전반기[제3세 四得(1862~1940), 제6세 本空(1907~1965)의 연보 기준]
문중성립	①1987년 3월 25일 本空 기일에 서봉사에서 문중회의 열고 계보발간 결의 ②2008년 3월『유점사비구니봉래문중계보』발행.
명칭유래	제3세 四得과 제6세 本空 등이 금강산 유점사에서 득도・수행한 행적을 기린다는 의미에서 금강산의 여름명칭을 차용
문도회장	慶喜(대구 서봉사 회주)
대표문도 (괄호안:世數)	•最善계통: 本空(6)-法悅(7)-明寧・性盃(8)/善行(7)-明星・明權(8)/慶喜(7)-明譚・精文・靜觀・明印(8)/道眼(7)-明圓・明吉・海雲(8)/無住(7)-明又(8) •最祥계통: 本堅(6)-吉祥(7)-普眼(8), 性眞(6)-慧宗(7)-淨岸(8)/慧眼(7)-淨葉(8)

7) 육화문중

가) 문중명칭과 본찰인연

육화문중(六和門中)은 문보의 계통을 이루고 있는 부여 외산 무량사 무진암(사형)과 마곡사 영은암(사제) 출신 문도들이 화합을 도모한다는 취지로 결집한데서 문중의 유래를 찾고 있다. 문중초조의 법맥이 제3세에 이르러 사형계통과 사제계통으로 분파되었는바, 사형인 월심(月心)계통이 무진암을 종문의 본찰로 삼아 세계를 이어오고, 사제인 월한(月閒)계통이 영은암을 종문의 본찰로 삼아 세계를 계승해오고 있는 현실에 비춰 문도결집의 당위와 명분을 살려 문도 간 화합을 도모할 수 있는 명칭으로 '육화(六和)'를 차용하게 된 것이다.

무진암은 충남 부여군 외산면 만수리 만수산 무량사 입구에 있는 비구니 수행처이다. 무량사로 향하다가 왼쪽 3백 미터쯤에 매월당(梅月堂) 김시습(金時習, 1435~1493)의 부도가 있고 안쪽으로 좀 더 들어가면 무진암이 보이는데, 어지간한 단위사찰의 규모를 자랑하고 있다.『무량사약지』를 보면 우진(宇振)이 1941년 부속암자인 도솔암을 중건한 기록이 있는데, 사형계통으로 내려오고 있는 문중세계가 무진암과 도솔암 등 무량사를 중심으로 이루어져왔음을 알게 해준다. 우진은 제3세 항렬의 맏형인 월심계통의 문중 제10세손이다. 본절인 무량사는 조선 세조 때 매월당이 수양대군의 왕위찬탈 이후 세상을 피해 은둔생활을 하다가 입적한 곳으로 유명하다. 국보급 보물 5점과 충남지방문화재 8점 등 다수의 불교문화유산을 소장하고 있으며, 그 중 매월당의 진영과 부도가 역사적 시사성을 더해준다.

영은암은 조계종 제6교구본사인 마곡사 가는 길에 몇 미터 못 미쳐 두 갈래로 갈라지는 지점에서 왼쪽으로 잠시 오르다보면 만나게 되는 마곡사 부속암자이다. 오래 전부터 비구니수행처로서 이름을 드날렸는바, 근·현대기 비구니 고승으로 이름난 선경(禪敬)과 그의 은사 명덕(明德) 등 적지 않은 문도들이 이곳에서 출가한 이력을 갖고 있다. 선경은 제3세 항렬의 막내인 월한계통의 문중 제11세이다.

나) 문중형성과 성격

문중성립과 관련해서는 1980년 경 일부 문도들이 문중계보를 정리하자는데 공감하고 1983년 11월 말 서울 마포 석불사에서 문중대표들이 회합해 계보간행에 의견을 모은 데서 그 단초를 찾을 수 있다. 당시 생존자로서 문중을 대표하던 대영(大英)·진오(眞悟)·선경(禪敬)·법진(法眞)·대행(大行) 등을 문중계보의 기준으로 삼아 직·방계 존·비속관계의 세계를 상세히 정리하고, 생존하고 있는 노스님들의 기억을 더듬어 선대의 자취를 확인하고 기록해갔다. 마침내 1984년 3월『육화문중계보』를 발행하고 문중을 공식 출범시켰다. 육화문중은 다시 2002년 4월『육화문중계보』개정증보판을 발행하고, 그간 번창한 문도와 초판 간행 당시 자료수집의 한계로 누락되었던 문도들을 모두 수록했다.

육화문중은 18세기 초·중반기 인물로 상정된 상월당(霜月堂) 국인(國仁)을 초조로 모시고 제2세 신암당(信庵堂) 보학(普學)과 함께 개창조로 삼았다. 보학은 월심(月心)·여학(廬鶴)·월한(月閒) 등 3명의 제자에게 법을 부촉했는데, 이들 제3세에 이르러 문중세계는 월심계통, 여학계통, 월한계통으로 분파되었다. 이들은 각각 문도번성을 통해 세계를 형성하며 법맥을 계계승승 전승해왔는바, 현대기에 이르러 육화문중이 성립되는 실질적인 기원을 이루었다.

세 갈래로 나뉘어 법맥을 전승한 제3세 항렬 가운데 오늘날 가장 번성한 세계는 마곡사 영은암을 본찰로 삼고 있는 월한계통이다. 맏형인 월심계통이 꾸준히 번성하고 있으며, 둘째인 여학계통도 명맥을 유지하며 오늘에 이르고 있다.

다) 문중계보와 분파현황
(1) 월심계통의 세계

충남 부여 무량사 무진암을 본사로 삼고 있는 제3세 항렬의 맏형인 남암당(南庵堂) 월심은 문하에 영신(永信)·계윤(戒允)·정첨(正添)·우유(優有, 4) 등 4명을 제자로 두었다. 문중 제4세가 되는 이들 4명은 구체적인 행장을 남기고 있지는 않으나, 후손들에 의해 구전으로 전승되어오고 있는 자취 가운데 문중 제1,2,3세의 경우처럼 당호를 남기고 있는 점이 특징이다. 영신의 당호는 추월당(秋月堂), 계윤의 당호는 지월당(智月堂), 정첨의 당호는 선암당(禪庵堂), 우유의 당호는 의성당(義城堂)이라는 문중계보의 기록이 그것이다. 문중의 적손으로서 월심계통의 세계를 잇고 있는 문도는 대체로 7세손까지 이러한 당호를 남기고 있다.

권말부록의 「육화문중 세계도」1에 의하면 월심계통 가운데 지금까지 법맥을 전하고 있는 세계는 맏형인 추월당 영신(4)의 계보이다. 월심문하 둘째인 지월당 계윤(4)은 청련당(靑蓮堂) 선흡(善洽, 5)-운허당(雲虛堂) 의담(義談, 6)까지, 월심문하 셋째인 선암당 정첨(4)은 연월당(蓮月堂) 선채(善菜, 5)-운유당(雲遊堂) 의형(義亨, 6)까지만 세계를 전하고 있다. 월심문하 넷째인 의성당 우유(4)는 당대에서 세계를 마감했다.

월심계통 맏형인 추월당 영신(4)은 경월당(鏡月堂) 선진(善眞, 5)에게 법을 전했고, 선진(5)은 운성당(雲城堂) 의종(義宗, 6)과 영암당(靈岩堂) 의준(義俊, 6)에게 각각 법맥을 전승했다. 문중 제6세손의 사형인 의종(6)은 혜원당(慧圓堂) 도직(道直, 7)에게 법맥을 전해주었고, 도직(7)은 유금(有今, 8)에게, 유금(8)은 묘련(妙蓮)·묘인(妙仁)·묘은(妙銀, 9)에게 세계를 계승했다. 문중 제6세손의 사제인 의준(6)의 세계는 지능(智能, 7)-도원(道圓, 8)-성인(性仁, 9)으로 계승되었다. 이들 문중 제9세손들이 각각의 계파를 형성하면서 이로부터 무량사 무진암을 종문의 본찰로 삼고 있는 월심계통의 문도가 비로소 번성하기 시작했다.

  (가) 묘련계열

육화문중 월심계통은 제9세손에 이르러 각각의 계파를 형성한 가운데 계보를 이어오고 있다. 문중 제6세손의 사형인 의종의 세계를 잇고 있는 법손 유금의 문하 맏형인 묘련(9)은 도원(道圓)·고송(枯松, 10)에게 법을 전했다. 도원(10)은 대선(大善, 11)에게 사사했고, 대선(11)의 세계는 이후 용성(龍成, 12)-효탄(曉呑)·일철(一喆, 13)로 계승되었다. 고송(10)은 법천(法泉, 11)을 제자로 두었다.

  (나) 묘인계열

유금문하 둘째인 묘인(9)은 우진(宇振)·충공(充空)·우법(宇法)·우일(宇日, 10) 등 4명의 제자를 배출했는데, 문중 제10세가 되는 이들에 의해 문중번성에 일대 전기를 맞았다.

묘인계열의 맏형 우진(10)은 대혜(大慧)·대행(大行)·대림(大林, 11) 등 3명을 제자로 삼아 법을 계승하도록 당부했다. 우진의 맏상좌 대혜(11)는 정원(正圓)·정근(正根)·정욱(正旭)·보광(普光)·수일(守一)·정우(正宇, 12) 등 6명의 상좌에게 세계를 이었고, 이들 가운데 정원(12)이 일문(一門)·탄준(吞準)·지아(芝雅, 13)에게, 정근(12)이 탄우(吞宇, 13)-정암(靜巖, 14)에게, 정욱(12)이 현경(賢炅, 13)에게, 보광(12)이 법륜(法輪, 13)에게, 수일(12)이 동조(東照)·현석(賢晳)·현서(賢瑞, 13)에게, 정우(12)가 무비(無比, 13)에게 각각 법을 전해주었다.

　우진의 둘째 상좌 대행(1926~현재)은 육화문중의 여타문도 가운데 가장 많은 상좌를 배출함으로써 문도번성에 크게 공헌했다. 현재 한마음선원 회주인 대행은 1950년 오대산 상원사에서 출가한 이후 강원도와 경기도 일대에서의 만행을 마치고 당대 비구강백으로 유명한 탄허(吞虛)에게 사미니계와 비구니계를 수지했다. 1971년 경기도 안양시 석수동에 대한불교회관을 건립하고 1973년 한마음선원으로 개칭한 이래 국내 경향각지와 미국·아르헨티나·캐나다·독일·태국 등 해외각지에 지원을 개원해 국내안팎에서 대중포교에 헌신해오고 있다. 문하에 혜원(慧圓)·혜초(慧超)·혜수(慧秀)·혜솔(慧率)·혜봉(慧峰)·혜중(慧中)·혜선(慧禪)·혜도(慧道)·혜동(慧東)·혜종(慧鍾)·혜안(慧眼)·혜월(慧月)·혜계(慧戒)·혜묘(慧妙)·혜정(慧井)·혜양(慧洋)·혜지(慧智)·혜근(慧根)·혜능(慧能)·혜량(慧量)·혜향(慧香)·혜제(慧制)·혜연(慧然)·혜성(慧成)·혜덕(慧德)·혜룡(慧龍)·혜진(慧辰)·혜찬(慧燦)·혜거(慧巨)·혜해(慧海)·혜관(慧觀)·혜문(慧門)·혜자(慧慈, 12) 등 국내외 100명이 넘는 다수의 제자를 배출해 국가·지역과 사상·종교를 뛰어넘어 한마음의 공생·공심·공용·공체·공식하는 도리를 전하도록 부촉하고 있다. 우진의 셋째 상좌 대림은 상좌를 두지 않았다.

　묘인계열 둘째인 충공(10)은 문하에 대현(大賢)·대영(大英)·대련(大蓮)·남석(南碩, 11) 등 4명을 제자를 두었다. 이 가운데 대영이 정심(正心)·학수(鶴秀)·정법(正法, 12)에게 세계를 이었다.

　묘인계열 셋째인 우법(10)은 정덕(正德)·정오(正悟)·정인(正印, 11)등 3명에게 법을 전해주었다. 정덕(11)은 지철(志徹)·묘정(妙淨, 12)-설우(雪牛)·송암(松巖, 이상 지철상좌)·성목(成穆)·범우(梵牛, 이상 묘정상좌, 13)-

종율(宗律, 설우상좌, 14)에게, 정오(11)는 법해(法海)·묘성(妙性, 12)-응진(應眞)·응민(應泯, 이상 법해상좌, 13)에게, 정인(11)은 명준(溟俊)·숭신(崇信)·도운(度雲)·도성(度誠)·도신(度信)·도강(度江, 12)-종산(宗山, 숭신상좌)·종수(宗秀, 도운상좌, 13)에게 각각 계보를 이었다.

묘인계열 넷째인 우일(10)은 대홍(大弘, 11)-정수(正修, 12)-일장(一藏, 13)으로 세계를 이어오고 있다.

(다) 묘은계열

유금문하 셋째인 묘은(9)은 성호(性昊)·성각(性覺, 10)에게 법을 전했다. 성호(10)의 세계는 혜정(慧定, 11)-인성(忍晟, 12)으로, 성각(10)의 세계는 공관(空觀)·공일(空一, 11)로 전해져 오늘에 이르고 있다.

(라) 성인계열

월심계통 문중 제6세손의 사제인 의준의 증법손 성인(9)은 인화(忍和, 10)에게 법을 전했다. 인화(10)는 법천(法泉, 11)에게 사사했으며, 법천(11)이 연강(槤江)·진성(眞性, 12) 등을 제자로 두면서 세계의 번성을 기약했다.

(2) 여학계통의 세계

문중초조 이래 처음 분파되기 시작한 제3세 항렬의 둘째가 여학이다. 권말부록의 「육화문중 세계도」2에 따르면 여학계통은 정원(正圓, 4)-덕한(德韓, 5)-법전(法典, 6)-묘종(妙鍾, 7)-홍념(鴻念, 8)-만선(萬善, 9)-순태(順泰, 10)-연호(蓮湖, 11)까지 단일법맥으로 전해오다가, 제11세손 연호가 문하에 대원(大原)·무문(無門)·진우(眞愚)·무위(無爲, 12) 등을 제자로 두면서 세계의 번성을 모색했다. 대원(12)은 보성(甫誠, 13)에게, 무문(12)은 영조(靈照)·화륜(和倫, 13)에게, 진우(12)는 단경(起景, 13)에게 각각 법을 전해주었다.

(3) 월한계통의 세계

월심계통과 함께 육화문중의 성립배경이 되는 계통의 하나가 월한계통이다. 권말부록에 제시한「육화문중 세계도」3~9에 의거해 계열별로 계보현황을 살펴보면 월한계통의 문중세계를 상세히 이해할 수 있다.

월한은 문하에 제4세가 되는 낙성(樂成)·덕현(德現)·행명(行明) 등 3명의 제자를 배출해 법맥을 전승했다. 이후 낙성(4)의 법은 금첨(錦添, 5)이, 덕현(4)의 법은 지순(智順, 5)이, 행명(4)의 법은 도삼(道森, 5)이 각각 이어받아 제5세가 되었다. 이들 5세손 가운데 오늘날 육화문중을 대표하는 가장 많은 문도 수를 확보하고 있는 계보는 지순과 도삼의 세계이다.

금첨(5)은 봉흔(奉忻)·천식(千識)·도학(道學)·취흔(取忻)·취윤(取允)·치안(治安)·처진(處眞)·취장(取長, 6) 등 8명의 상좌를 배출했다. 맏상좌 봉흔(6)이 이진(理眞, 7)에게 사사했으나, 금첨의 세계는 둘째 상좌 천식(6)에게 사사받은 해초(解超, 7)의 법계만이 현재까지 내려오고 있다.

지순(5)은 상림(尙林)·자은(慈隱, 6)에게, 도삼(5)은 보함(普含)·정민(定敏, 6)에게 법을 전해 이후의 후계법손들이 더욱 번성하는 전기를 마련했다. 상림(6)이 유활(有活)·성일(盛日)·봉우(奉宇, 7)에게, 자은(6)이 정섬(淨贍)·보운(普雲, 7)에게, 보함(6)이 계흔(啓欣)·혜엽(慧葉, 7)에게, 정민(6)이 기용(掎用, 7)에게 각각 법맥상승을 부촉했는데, 문중 제7세가 되는 이들로부터 각각의 계파가 형성되면서 비로소 문중번성의 물꼬를 틀 수 있었기 때문이다. 후계법손들이 숲을 이루듯 다수 배출되면서 문도결집을 통한 문중형성의 기틀을 세우게 된 것은 이로부터다.

(가) 해초계열

월한계통의 종손인 해초(7)는 돈임(頓恁)·만호(滿湖, 8)에게 법을 전했다. 돈임은 상좌 복선(福善, 9)만을 배출하고 더 이상의 세계를 잇지 못했으나, 만호가 응법(應法, 9)에게 법을 전해주면서 종손으로서 명맥을 유지해오고 있다. 해초계열의 법맥은 응법 이후 인숙(仁肅, 10)-순희(順喜, 11)-진우(眞宇)·정련(貞蓮, 12)-제범(濟帆)·수홍(受烘, 이상 진우상좌, 13)으로 전해져 오늘에 이르고 있다.

(나) 유활계열

계파를 형성해 세계를 더욱 확충하기 시작한 문중 제7세손 가운데 특히 유활의 세계는 유활의 유덕을 기리기 위해 문중 제11세인 담연당(湛然堂) 선경(禪敬, 1904~1996)[307]이 계통을 별도로 세운 가운데 문중 속의 문중인 「유활문중」을 형성하고 오늘날까지 비구니 선가종풍을 이어오고 있다.[308]

유활(7)의 법맥은 창문(昌文, 8)-인우(仁友, 9)-명덕(明德, 10)-선경(禪敬, 11)-법연(法演)·만수(晚水)·정훈(正訓)·명기(明機)·도강(度江, 12)-화일(和一, 법연상좌)·진원(眞圓)·남산(南山)·서산(西山)·동초(東草, 이상 만수상좌, 13)-탄음(呑音)·관호(官祜, 이상 화일상좌)·원광(圓光, 진원상좌)·묘성(妙性, 서산상좌)·도정(道淨)·원정(圓淨, 이상 동초상좌, 14)으로 전승되었다.

명덕(10)은 선경(11)과 함께 영신(永信)·법진(法振)·법명(法明)·법일(法一, 11)에게도 사사했는데 그 세계를 살펴보면, 영신(11)의 세계는 순형(笋亨, 12)-화정(和靜)·태운(泰運)·묘상(妙相, 13)-청기(淸圻)·도기(到圻)·의현(意賢)·도선(到宣)·운적(耘迹, 이상 화정상좌)·지현(智賢, 태운상좌, 14)으로 계승되었다. 법진(11)의 세계는 혜성(惠性)·명원(明源)·성화(性和)·혜철(慧哲)·혜광(慧光, 12)-지본(知本)·지수(知首, 이상 혜성상좌)·도일(度一)·영화(怜和)·도현(度現)·도우(度禹, 이상 명원상좌)·선재(善財)·수현(修賢)·무등(茂等, 이상 성화상좌)·화웅(和雄)·화완(和完, 이상 혜

---

307) 선경은 천성산 내원사에서 납자를 제접할 당시 국내 비구니납자들은 물론 외국인 출가자들도 다투어 제자로 입문할 정도로 수행경지가 높았던 근·현대기 대표적인 비구니 고승이다. 선경의 행장은 하춘생(1998), 『깨달음의 꽃』1, pp.119~140을 참고할 수 있다.
308) 하춘생(1998), 『깨달음의 꽃』1, p.123.

광상좌, 13)-담연(湛然)·담현(湛炫)·담소(湛沼, 이상 지본상좌, 14)로 전승되었다. 법명(11)의 세계는 종수(宗秀)·종학(宗學, 12)-화진(和眞)·화형(和炯, 이상 종수상좌, 13)으로 전해졌다.

창문(8)의 제자 인우(9)는 명덕(10)과 함께 재공(在空, 10)을 제자로 두었다. 재공(10)의 법은 이후 하경(荷景, 11)이 전해받고, 하경(11)의 법은 성호(性晧)·석산(昔山, 12)-운선(雲禪)·법선(法禪)·자량(慈亮)·자원(慈圓)·자은(慈隱)·자일(慈一, 이상 성호상좌)·서현(西賢, 석산상좌, 13)으로 전해졌다.

유활(7)은 적장자인 창문과 함께 창전(昌典)·희운(稀雲, 8)을 제자로 삼아 법손이 더욱 번성하도록 부촉했다. 창전(8)의 계맥은 재봉(在鳳)·성옥(性玉)·태화(泰華, 9)-성현(聖賢)·성관(聖觀, 이상 재봉상좌)·명성(明星, 성옥상좌)·명함(明含, 태화상좌, 10)-지웅(知雄, 성현상좌)·묘법(妙法, 명성상좌)·대원(大願, 명함상좌, 11)-원주(圓珠, 12, 대원상좌)로, 희운(8)의 계맥은 자명(自明, 9)-도선(道善)·인화(仁華)·성윤(性允)·일휴(一休, 10)-덕련(德蓮, 도선상좌)·성덕(盛德)·경호(庚浩, 이상 일휴상좌, 11)-성인(性忍, 덕련상좌)·지오(智悟)·지각(智覺)·지용(智湧)·지후(智厚, 이상 성덕상좌)·제선(帝宣, 경호상좌, 12)-일련(一蓮, 제선상좌, 13)으로 전해져 지금에 이르고 있다.

(다) 성일계열

월한계통의 세계를 형성하고 있는 문중 제7세로서 유활과 함께 당해문중을 더욱 번성케 한 인물이 성일(盛日)이다. 성일(7)이 태권(太權)·태주(太柱, 8)에게 계맥을 부촉했는데, 이들의 후손세계가 확장되면서 문도들이 급속 확충되기에 이른 것이다.

성일의 맏상좌 태권(8)은 무염(無染, 9)을 단일제자로 두었고, 무염(9)이 요인(要印)·만덕(萬德, 10)을 제자로 삼아 세계를 잇도록 당부했다. 이후 요인(10)의 세계는 법주(法宙, 11)-혜전(慧田, 12)으로, 만덕(10)의 세계는 성호(性昊, 11)-지현(知玄)・종현(宗玄)・진구(珍具)・영석(英昔)・형구(亨具)・주현(周玄)・태영(兌暎)・송현(松玄)・우신(又信)・견법(見法)・명신(明信)・고경(古鏡, 12)으로 각각 계승되었다.

성일의 둘째 상좌 태주(8)는 대영(大英)・대현(大玄)・종수(宗修)・정화(正化)・적멸(寂滅)・대용(大容, 9) 등 6명의 제자에게 계맥을 전수했다. 태주의 맏상좌 무위당(無爲堂) 대영(1903~1985)[309]은 후학들로부터 근・현대기 인욕과 정진보살의 화현으로 추앙받았던 인물이다. 은법상좌로서 정원(正源)・쾌성(快性)・보경(寶鏡)・쾌종(快宗)・탄성(呑性)・정덕(正德)・정안(淨眼, 10) 등 7명에게 법맥을 전해주었다. 이들 가운데 정원(10)의 세계는 경산(景山)・재연(在淵)・자호(慈毫, 11)-해어(解於)・성아(成阿)・기나(杞娜)・성은(成銀)・경민(京旼)・궤선(机琁, 이상 경산상좌)・용화(龍華, 재연상좌, 12)로 이어졌다. 쾌성(10)의 세계는 행원(行源)・행심(行深)・행훈(行勳)・행통(行通)・행오(行吾)・행범(行梵)・행법(行法)・행도(行度, 11)-염홍(拈弘, 행원상좌, 12)으로 전해졌다. 보경(10)의 세계는 대해(大海, 11)로, 탄성(10)의 세계는 지천(智泉, 11)으로, 정덕(10)[310]의 세계는 지성(智性, 11)-성법(成法, 12)으로 각각 이어오고 있다.

태수의 둘째 상좌 대현(1916~1963)은 1956년 2월 동학사 주지로 부임해 2년여 동안 동학사가 오늘날의 비구니전문강원으로 자리매김하는 외호역할에 공헌했으나 병환으로 세수 48세 법랍 35세로 일찍 입적했다. 대현(9)은 명오(明悟)・응화(應和, 10)에게 사사했으며, 맏상좌 명오(10)가 지만(智滿, 11)-혜정(慧靜, 12)에게 세계를 잇고 있다.

태주의 셋째 상좌 종수(9)는 화륜(和倫)・계봉(戒奉, 10)을 제자로 두었고, 다시 화륜(10)이 동희(東熙)・능연(能然)・동필(東必)・경덕(炅德)・동권(東

---

309) 대영의 자세한 행장은 하춘생(1998), 『깨달음의 꽃』1, pp.141~153을 참고할 수 있다.
310) 정덕은 서울 월계동 인과선원 주지이다. 자비의 전화・사회복지법인 성라실버타운・조계종 불교상담개발원 등의 대표직을 수행하며 대중상담교화에 앞장선 공로로 조계종포교원장 공로패 등을 수상했다.

權, 11)을, 계봉(10)이 정혜(定慧, 11)를 각각 상좌로 삼아 세계를 이었다.

태주의 넷째 상좌 정화(9)는 정효(靜曉)·혜복(慧福, 10)에게 법을 전하고, 정효가 보성(寶成)·명주(明宙, 11)에게 사사했다.

태주의 다섯째 상좌 적멸(9)은 정호(正浩)·균제(均提, 10)를 제자로 두었으나, 여섯째 막내 상좌인 대용(9)은 후손을 두지 않았다.

(라) 봉우계열

월한계통의 세계를 형성하고 있는 문중 제7세 유활의 또 한명의 사제로서 봉우가 있다. 봉우(7)는 경순(鏡筍, 8)에게 법을 전하고, 경순(8)은 도원(道元)·도성(道成, 9)에게 사사했다. 도원(9)은 동섬(東譫, 10)-종덕(宗德, 11)으로 세계를 계승했다. 도성(9)은 단일제자 수인(修仁, 10)을 두었는데, 수인이 대원(大圓)·도율(度律, 11)에게 법을 사사했다. 이후 대원(11)의 세계는 성용(性勇)·성소(性昭)·한선(漢禪, 12)-해득(海得)·법정(法正, 이상 성용상좌, 13)으로, 도율(11)의 세계는 현욱(玄郁)·효탄(曉呑)311)·법기(法幾)·진원(眞源, 12)-소휴(昭休)·성묵(性墨)·보운(普雲, 이상 현욱상좌)·지성(志性, 효탄상좌)·여하(如何, 법기상좌, 13)로 각각 전해오고 있다.

(마) 정섬계열

정섬(7)계열의 법맥은 재운(在運, 8)-성탄(聖誕, 9)까지는 단일세계로 전승되었다. 성탄(9)이 보윤(普潤)·덕은(德隱)·덕일(德日, 10) 등 3명의 제자를 배출했으며, 보윤(10)이 지호(知昊, 11)에게, 덕은(10)이 성주(星柱, 11)에게 각각 법을 전했다.

---

311) 운문승가대학 강사인 효탄은 조계종 출범이후 비구니로서 첫 문화부장을 지낸 탁연과 두 번째 수경의 뒤를 이어 제33대 총무원장 자승(慈勝)체제 전반기인 2009~2011년간에 역대 세 번째 비구니 문화부장을 역임했다.

(바) 보운계열

　보운(7)은 2명의 제자인 귀만(貴滿)·귀부(貴富, 8)를 문하에 두었다. 귀만(8)의 세계는 법선(法善, 9)-성안(聖眼, 10)-선덕(善德, 11)으로 계승되어 오다가, 선덕(11)이 영복(英福)·오일(悟一, 12)을 배출하면서 영복(12)이 세창(世昌)·세진(世進)·지연(至然, 13)-선혜(善慧)·선성(善性)·선행(善行)·견허(見虛, 이상 세창상좌, 14)에게, 오일(12)이 승우(勝愚, 13)에게 법맥을 전하며 오늘에 이르고 있다.

　귀부(8)는 용일(龍一)·묘인(妙仁, 9)에게 법을 전해주었는데, 용일의 세계만이 지금까지 계승되고 있다. 용일(9)은 문하에 법해(法海)·영우(靈雨)·재덕(在德)·봉흠(奉欽)·대원(大願)·보현(普賢)·명호(明昊, 10) 등 7명의 상좌를 배출했다. 이들 제10세손으로부터 보운계열의 문손이 급속 번창했다.

　용일문하의 둘째 상좌 영우(10)는 혜명(慧明)·혜안(慧眼)·혜선(慧善)·혜법(慧法)·혜만(惠滿, 11) 등 5명의 제자를 배출했다. 이후 혜명(11)의 세계는 법련(法蓮)·법준(法俊)·니련(泥蓮)·설호(雪皓, 12)-보영(普暎)·묘순(妙洵, 이상 법준상좌)312)·정범(瀞梵, 니련상좌)·석문(昔門)·우일(宇一)·효정(曉定, 이상 설호상좌, 13)-자홍(慈洪, 보영상좌)·대원(大元)·동곡(東谷)·진상(眞常, 이상 묘순상좌)·대엽(大葉, 석문상좌)·대우(大愚, 우일상좌, 14)로 계승되었다. 혜안(11)의 세계는 법령(法靈, 12)-성업(聖業)·현진(玄眞)·선중(善中, 13)-지응(智應)·지견(知見)·원돈(元頓)·용훈(龍勳, 이상 성업상좌, 14)으로 전승되었다. 혜선(11)의 세계는 보화(普華, 12)-수진(修眞, 13)-동일(童逸, 14)로 이어졌다. 혜법(11)의 세계는 효천(曉天, 12)-명성(明星)·수련(修蓮)·수법(修法)·수인(修仁)·수완(修完, 13)-계준(桂俊)·계현(戒炫, 이상 명성상좌, 14)으로 계승되었다. 혜만(11)은 성정(性靜, 12)을 단일제자로 두었다.

　용일문하의 넷째 상좌 봉흠(10)은 법운(法雲, 11)-원일(元一, 12)로, 용일

---

312) 묘순은 현재 비구니전문강원 중의 하나인 서울 동선동 삼선승가대학 학장이다.

문하의 다섯째 상좌 대원(10)은 혜성(慧星)·법신(法信, 11)으로, 용일문하의 여섯째 상좌 보현(10)은 원성(願成)·성수(性修)·무염(無染, 11)-송묵(松黙)·휘묵(輝黙)·인묵(仁黙, 이상 무염상좌, 12)으로 세계를 전했다.

용일문하의 일곱째 상좌 명호(10)는 문하에 성주(睲珠)[313]·옥호(鈺毫)·봉완(鳳完, 11)를 두었다. 성주(11)가 승철(承徹, 12)에게, 옥호(11)가 청우(靑雨)·만우(滿雨)·우엽(雨葉)·승영(升瀛)·현택(顯澤)·법성(法成)·묘법(妙法)·범준(梵準)·병주(昞柱, 12)-혜담(慧潭, 우엽상좌, 13)에게, 봉완(11)은 대희(大喜)·법희(法喜, 12)-서오(徐吾, 대희상좌, 13)에게 각각 세계를 전함으로써 문보를 계계승승해오고 있다.

(사) 계흔계열

계흔(7)은 정화(貞華)·법심(法心)·법능(法能)·승복(僧福, 8) 등 4명의 제자를 배출하고 문보를 계계승승하도록 당부했다.

계흔문하의 맏형인 정화(8)는 영선(永善)·상운(相雲, 9)에게 계맥을 전했다. 영선(9)은 상용(常湧)·도문(道門)·초암(草庵)·월광(月光)·본성(本性, 10) 등 5명의 제자에게 세계를 부촉했는바, 상용(10)이 동욱(東郁)·동소(東昭, 11)에게, 도문(10)이 무주(無住)·무염(無染, 11)에게 각각 법맥을 전했다. 상운(9)은 덕화(悳化, 10)에게 사사했다.

계흔문하의 둘째인 법심(8)은 보현(普賢)·천일(天日)·만오(晚悟)·세청(世淸)·도명(道明, 9) 등 5명의 상좌를 배출했다.

법심의 첫째 상좌인 보현(9)은 덕진(德眞, 10)에게, 덕진(10)은 연경(蓮敬)·법천(法天, 11)에게 세계를 이었다.

법심의 둘째 상좌인 문중 제9세 묘령당(妙靈堂) 천일(1912~1977)[314]은

---

313) 성주는 충남 온양 백련암 주지이다. 대한불교조계종 승려증에는 승주(勝柱)로 등재되어 있으며, 현재 육화문도회 회장이다.
314) 천일은 비구 운문과 함께 교계 최초로 어린이법회를 결성한 인물이다. 명쾌한 통찰력과 지혜를 갖춰 어려운 시기마다 필요한 선지식으로 평가받았던 비구니이다. 천일의 자세

법진(法眞)·법수(法守)·법선(法宣)·법인(法印)·법운(法雲)·법륭(法隆)·법륜(法輪, 10) 등 7명의 직상좌들을 문보에 올렸고, 이들 제10세손을 비롯한 후계손들이 번성함으로써 대표문도로 자리매김하는 전기를 마련했다. 천일의 손상좌로서 제11세 인물로는 혜원(慧圓)·혜용(慧湧)·묘각(妙珏)·성도(成道)·혜문(慧門)·혜주(慧周)·태화(泰和)·원묘(圓妙)·원각(圓覺, 이상 법진상좌)·혜광(慧光)·혜윤(慧允, 이상 법수상좌)·혜성(慧聲)·혜련(慧蓮)·영주(永周)·동은(東恩)·지요(知堯)·혜인(慧仁, 이상 법선상좌)·혜영(慧英)·혜언(慧彦, 이상 법인상좌)·혜민(慧敏)·월용(月容)·혜명(慧命, 이상 법운상좌, 11) 등이 있으며, 천일의 증법손이 되는 제12세손으로는 현각(玄覺)·소이(이상 혜원상좌)·주봉(혜용상좌)·지성(知性)·경륜(暻輪)·일미(一彌)·돈경(暾坰, 이상 묘각상좌)·반야(般若, 성도상좌)·정행(正行)·정은(禎恩)·서용(瑞龍)·정묵(汀黙, 이상 혜광상좌)·재훈(在訓, 혜윤상좌)·정허(正虛)·정석(正碩, 혜성상좌)·무진(無盡)·무량(無量, 혜련상좌)·호탄(虎坦, 영주상좌)·정국(正國, 동은상좌)·진월(眞月)·청강(晴剛, 혜영상좌)·무공(無空)·정욱(正昱, 이상 혜민상좌)·정현(正玄, 월용상좌, 12) 등이 있다. 천일의 세계는 현재 13세손까지 번성하고 있는바, 여초(如草)·여등(如等, 이상 경륜상좌)·승현(承賢)·수관(修觀)·여산(如山, 이상 일미상좌)·수완(修完)·수현(修玄)·수암(修巖)·일양(溢洋, 이상 정행상좌)·진본(眞本, 정은상좌, 13)이 그들이다.

법심의 셋째 상좌인 만오(9)는 법안(法眼, 10)에게, 법안(10)은 일화(一花, 11)에게 계맥을 전했다. 법심의 넷째 상좌인 세청(9)은 진성(眞性, 10)을, 진성(10)은 혜정(慧靖, 11)을 제자로 배출했다. 법심의 다섯째 상좌인 도명(9)은 문하에 만화(萬華)·원묵(元黙)·수현(修賢)·수성(修性, 10) 등 4명의 제자를 배출해 계맥을 전했다. 이후 만화(10)의 세계는 덕성(德性)·덕명(德明, 11)-견휴(見休, 덕성상좌, 12)로, 원묵(10)의 세계는 경월(鏡月,

---

한 행장은 하춘생(2001), 『깨달음의 꽃』2, pp.187~198을 참고할 수 있다.

11)로, 수현(10)의 세계는 동안(東岸)·재오(才奧)·선진(善眞, 11)으로, 수성(10)의 세계는 도우(道佑, 11)로 계승되었다.

계흔문하의 셋째인 법능(8)은 영명(永明, 9)에게 법맥을 전했다. 영명(9)의 세계는 이후 화진(華眞, 10)-선정(善定, 11)-도련(道蓮, 12)까지 단일법맥으로 이어오다가 13세손에 이르러 무학(無學)·지용(智用)·원운(圓雲, 13) 등 3명이 법을 전해 받아 세계를 계승했다.

계흔문하의 넷째인 승복(8)은 도경(度慶)·보원(普元)·대휘(大輝, 9)를 제자로 배출했고, 보원(9)이 정광(正光)·초련(草蓮, 10)에게 세계를 이었다.

(아) 혜엽계열

혜엽(7)은 유일한 제자 금률(錦律, 8)에게 법을 전수했고, 금률은 진오(眞悟)·도근(道根)·진경(眞鏡)·대휴(大休)·도명(道明, 9) 등 5명의 상좌를 배출했다. 이들 가운데 진오가 문중성립 당시 문도를 대표했다.

금률의 맏상좌 진오(1904~1994)[315]는 90평생을 삼보와 청정계율을 수지하며 부처님 법에 스스로 목욕하다가 열반경계에 오른 인물이다. 부처님께서 사자를 비유하시어 눕는 법을 가르쳐 주셨으니, 진오는 그 말씀을 지켰다. 90노구에도 새벽녘에는 빨리 자리에서 일어나 거닐거나 좌선하여 마음 속의 장애되는 법을 깨끗이 버렸으니, 수행자로서의 자유로운 삶은 이미 해탈을 넘어서고 있었다. 그리고 마음으로써 열반에 들었다. 납자들의 한결같은 찬탄설은 진오의 선지(禪智)가 이미 경지에 이르렀음을 가늠케 한다. 진오는 문하에 희선(喜善)·법륜(法輪)·보원(普願)·현웅(玄雄)·성운(性雲)·묘혜(妙慧)·수정(修淨, 10) 등 7명의 제자를 두어 세계를 잇도록 했으며, 아울러 대표문도로서 문중화합에 앞장설 것을 부촉했다. 진오의 법손이 되

---

315) 진오는 입적(1994.음1.26) 후 비슬산 수도암에 세워진 부도탑 개막식(1999.음3.9) 때, 생전의 구도시절 오대산 방한암 회상에서 함께 정진했던 비구 동성으로부터 '송월당(松月堂)'이란 당호를 추증 받았다. 진오의 행장은 하춘생(2001), 『깨달음의 꽃』2, pp.91~103을 참고할 수 있다.

는 제11세 인물로는 계연(啓然)·의현(義賢)·원공(圓功, 이상 희선상좌)·향희(香希, 법륜상좌)·적연(寂然, 보원상좌)316)·명성(明星, 현응상좌)·지민(智敏)·혜공(慧空, 이상 성운상좌)·지용(知容)·지명(知明, 이상 묘혜상좌)·각현(覺現)·묘주(妙珠)·묘의(妙義, 이상 수정상좌, 11) 등을 손꼽을 수 있다. 계연(11)의 상좌 지안(智眼, 12)이 진오의 세계를 잇고 있다.

금률의 둘째 상좌인 도근(9)은 법천(法泉)·법총(法聰)·법수(法首)·법성(法性, 10)을 제자로 삼아 법을 전했다. 문중 제10세가 되는 이들도 각각 상좌를 두고 세계를 계승했는데, 법천(10)은 원인(圓仁)·원표(圓表)·원찬(圓璨)·원택(圓澤)·원홍(圓弘, 11)에게, 법총(10)은 원증(圓證)·원관(圓觀)·원진(圓眞)·원묵(圓黙, 11)에게, 법수(10)는 원해(圓海, 11)에게, 법성(10)은 원민(圓敏, 11)에게 각각 법을 사사했다. 12세손으로 현우(玄宇, 원인상좌)·석호(石虎, 원표상좌)·지윤(智允, 원택상좌)이 있다.

혜엽계열에서는 또, 제9세 항렬의 셋째인 진경(9)이 태일(泰日, 10)을, 넷째인 대휴(9)가 법룡(法龍, 10)을 각각 제자로 두면서 세계를 이었다.

(자) 기용계열

기용(7)은 도흡(道洽)·대섭(大燮, 8)을 제자로 두고 문보가 단절되지 않도록 부촉했다. 기용문하 제8세 항렬의 사형인 도흡은 재홍(在弘)·두은(頭恩)·대원(大圓, 9) 등 3명에게 세계를 잇도록 당부했다. 9세손인 이들은 각각 재홍(9)이 종안(宗岸)·일안(一岸)·범덕(梵德, 10)을, 두은(9)이 혜경(慧京)·자현(慈玹, 10)을, 대원(9)이 범학(梵學, 10)을 제자로 삼아 계보를 이어갔다.

재홍의 맏상좌 종안(10)은 광련(光蓮)·성관(性觀)·효경(曉暻)·기성(岐星)·벽숭(碧崇)·지후(志厚)·보경(寶鏡)·성희(性喜)·자장(11) 등 9명의 제

---

316) 적연은 봉녕사 금강율원에서 2007년 5월 묘엄으로부터 율맥을 전해 받은 첫 제자이다. 봉녕사승가대학 학감을 지내고 현재 금강율원[금강율학승가대학원] 율원장직을 수행하고 있다.

자를 두었다. 이후 광련(11)은 혜등(慧燈)·시견(是見)·묘진·향도(12)에게, 성관(11)은 현희(玄熙)·현도(玄道)·상지(常智)·대현(大鉉)·대영(大暎)·법송(法松, 12)에게, 효경(11)은 심원(尋源)·상현(12)에게, 기성(11)은 희윤(僖允, 12)에게, 지후(11)는 묘상(妙祥, 12)에게, 보경(11)은 상화(12)에게, 성희(11)는 선유(12)에게 각각 세계를 이었다. 현도(12)가 태인(13)을 상좌로 두고 있다. 재홍의 둘째 상좌 일안(10)의 세계는 만호(萬皓, 11)-경환(曔歡)·혁담(赫淡, 12)으로, 재홍의 셋째 상좌 범덕(10)의 세계는 법인(法忍, 11)-지종(知宗, 12)으로 계승되었다.

두은의 맏상좌 혜경(10)은 명오(明悟, 11)를 제자로 두었고, 명오(11)가 범신(凡)·승종·종익(宗翼, 12)-도현(到玄)·도경(到鏡)·도윤(到潤, 이상 범신상좌, 13)으로 세계를 계승했다. 두은의 둘째 상좌 자현(10)은 일오(一悟, 11)에게, 일오(11)는 성원(性圓, 12)에게 사사하고, 이후 성원(12)의 세계는 승수(昇修)·승영(昇永)·승지(昇志)·승범(昇範)·승혜(陞慧)·승륜(昇輪, 13)-지영(知英)·동효(東曉)·지선(智禪, 이상 승수상좌)·정엽(靜葉, 승영상좌, 14)으로 계계승승되어 지금에 이르고 있다.

대원의 단일제자 범학(10)은 도원(道元)·정노(正老, 11)에게 법을 사사했다. 도원(11)의 법계는 덕환(德桓)·명환(明桓, 12)으로, 정노(11)의 법계는 지원(智遠)·여정(如淨, 12)으로 이어졌다.

기용문하 제8세 항렬의 사제인 대섭은 봉선(奉善, 9)-덕화(德化, 10)-혜연(慧然, 11)까지 단일제자로 법맥을 이어왔다. 제12세손에 이르러 정오(精悟)·영조(靈照)·현종(賢宗, 12) 등 3명의 제자가 배출되었고, 이후 정오(12)는 보인(普印, 13)-향적(向寂, 14)에게, 현종(12)은 윤호에게 각각 세계를 계승했다.

〈표9〉 육화문중 개요

초조(개창조)	國仁(제1세), 普學(제2세)
연대(추정)	18세기 초·중반기[제9세 眞悟(1904~1994)·天日(1912~1977),제11세 禪敬(1904~1996)의 연보기준]
문중성립	①1980년 경 계보정리 공감대 형성 ②1983년 11월 말 마포 석불사에서 문중대표 회합, 계보간행 의견 일치 ③1984년 3월『육화문중계보』발행 ④2002년 4월『육화문중계보』개정증보판 발행
명칭유래	부여 외산 무량사 무진암(사형)과 마곡사 영은암(사제) 출신 문도들이 화합을 도모한다는 취지로 결집한데서 유래
문도회장	睲珠(온양 백련암 주지)
대표문도 (괄호안:世數)	• 月心계통: 大慧(11)-正圓(12)-一門(13), 大行(11)-慧圓·慧超·慧秀·慧率(12) • 廬鶴계통: 蓮湖(11)-大原·無門·眞愚·無爲(12) • 月開계통: 大英(9)-正源·快性·呑性·正德(10), 天日(9)-法眞(10)-妙珏(11)-曝輪(12), 眞悟(9)-喜善(10)-啓然(11)/普願(10)-寂然(11), 大玄(9)-明悟(10)-智滿(11), 禪敬(11)-法演·晚水·正訓·明機·度江(12), 明昊(10)-睲珠(11), 慧明(11)-法俊(12)-妙洵(13), 度律(11)-曉呑(12)

8) 실상문중

가) 문중형성과 번성

실상문중(實相門中)은 초조 실상(實相)과 제2세 순동(順同)이 금강산 마하연에서 심인(心印)을 밝히며 오래 주석하다가 덕숭산으로 남하한 뒤 수덕사 견성암에서 죽비타성(竹篦他成)한 행적에 문중기원을 두고 있다. 제3세 의선(義善, ?~1923)[317]을 문하에 두면서 의선의 세계를 이은 제자 13명으로부터 비로소 문도의 수가 번성하니, 오늘날 실상문도의 주공의지처(做工意志處)를 의선에 두고 있는 배경이다.

---

317) 의선은 근대고승으로 추앙받고 있는 만공월면의 친가 모친이다.

문도결집과 관련해서는 문중 제5세손인 용인 화운사 선원장 지명(智明)이 뜻을 세우고, 역시 5세손인 서울 구기동 연화사 주지 명수(明洙)가 발기해 1992년 3월 1일(음1.27) 화운사에서 첫 모임을 가짐으로써 실상문도회의 발족을 공식화했다. 실상문도회는 첫 회동을 시작으로 매년 정기모임을 개최하면서 1994년 5월 2일(음3.22) 범어사 대성암에서 문도총회를 개최하고 임원을 선출하는 등 문중의 조직체계를 갖추어 오늘에 이르고 있다. 문도회 발족직후 문중계보편찬위원회를 구성해『실상문도계보』의 발행을 추진했고, 마침내 2003년 부처님오신날인 음력 4월 초파일에『실상문도계보』를 시방에 내놓으면서 실상문중을 공식 성립시켰다.

실상문중은 초조 실상이 단일제자인 순동에게 법을 부촉한 뒤 견성암에서 입적하고, 제2세 순동이 역시 단일제자인 의선에게 부촉하고 음력 6월 24일 견성암에서 입적했다. 제3세인 의선이 문하에 제4세가 되는 성수(性修)·도덕(道德)·성각(性覺)·성윤(性允)·만성(萬性)·상정(常淨)·성욱(性旭)·혜장(慧藏)·각원(覺圓)·응주(應住)·정원(淨源)·만혜(萬慧)·두룡(頭龍, 4) 등 13명의 제자를 배출하면서 비로소 후계법손들의 번성을 가져오니 문중성립의 기원을 의선에 두고 있는 까닭이다.

나) 문중계보와 분파현황

실상문중은 수덕사 견성암·경기도 용인 화운사·서울 구기동 연화사·충북 음성 미타사·범어사 대성암을 종문의 본찰로 삼아 이들 다섯 계통으로 분파·전승되어 각각 의선 이후의 세계를 이어오고 있다.

(1) 견성암계통의 세계

(가) 견성암과 문중인연

수덕사 견성암은 한국 최초의 비구니선원이다. 1916년 1월 만공월면(滿空月面, 1871~1946)이 처음 선원을 개설한 이래 1920년 비구니 도흡이 정혜사 동쪽에 초가로 건물을 지은 직후 다시 함석집으로 개축했으며, 1940년 대중의 원력과 만공의 지원에 힘입어 기와집으로 개축했다. 그 후 만공이 생존 시 견성암 자리가 비구니 수행도량으로서는 지대가 높고 협소하다며 수덕사 서쪽 산 중턱에 터를 잡아놓았는데, 1965년 음력 11월 19일 그곳에 선원 기공식을 갖고 지하층 1백 평 지상1층 1백50평 지상2층 법당이 들어서있는 지금의 석조건물을 낙성하니 오늘날 비구니 제일선원이 된 견성암 비구니총림원의 연기배경이 그와 같다.

견성암은 이후 1986년 당시에 도감을 맡고 있던 수련(修蓮)과 재무 효명(曉明) 등이 선방본당에 기와를 얹고 본당 왼쪽에 서선당(西禪堂) 요사를 짓고서 지금에 이르고 있다. 1928년 무진년 1회 방함록에 원주 법희(法喜), 1930년 경오년 5회 방함록에 도감 성수(性修)·원주 법희(法喜)라고 만공의 친필로 기록되어 있는 사실로 보아 견성암은 선원개설 초창기부터 비구니 선원이었던 것으로 보인다.[318]

만공이 근대기 비구니 선풍진작에 남다른 열의를 보이고, 비구니 다수가 만공으로부터 선지(禪旨)를 배우게 된 배경은 만공의 친가모친이 수덕사에서 순동을 은사로 득도수계하고 '의선'이라는 법명을 수지하게 된 사실이 일정하게 작용했던 것으로 볼 수 있다. 권말부록의 「실상문중 세계도」1에 의하면 의선의 제자 13명 가운데 맏형인 성수를 비롯해 여섯째 상정·일곱째 성욱·여덟째 혜장·열 번째 응주계열의 세계가 견성암 계통을 계승하고 있다.

(나) 성수계열의 문중세계

의선의 맏상좌 성수(4)는 문하의 제자로 혜권(慧權)·봉전(奉典, 5)을 두었고, 봉전의 세계가 번성해 오늘에 이르고 있다.

성수문하 첫째 상좌인 혜권(5)은 원일(元日, 6)에게 사사하고, 제6세인

---

[318] 『실상문도계보』 pp.7~8.

원일의 법은 근성(根成)·정담(政潭, 7)이 전해 받았다. 근성(7)의 세계는 묘담(妙潭, 8)이, 정담(7)의 세계는 진명(眞明, 8)이 각각 계승했다.

성수문하 둘째 상좌인 봉전(5)은 신관(信寬)·정관(正觀)·법안(法眼, 6) 등 3명의 제자를 배출했으며, 신관·정관이 후계손들을 배출해 세계를 이었다. 제6세 항렬의 맏이인 신관은 효명(曉明)·근홍(根紅, 7)에게 법을 전했다. 효명(7)은 봉안(鳳眼)·지상(智常)·정견(正見)·동진(東眞, 8)-진묵(眞嘿, 봉안상좌, 9)으로 세계를 계승했으며, 근홍(7)은 보학(寶鶴)·무구(無垢)·용범(龍範, 8) 등 3명을 제자로 두었다. 제6세 항렬의 둘째인 정관은 지연(智然:慧明)·자련(慈蓮)·경선(慶禪)·도문(道文)·덕송(德松)·도학(道鶴, 7) 등 6명의 제자를 배출했다. 이들 6명 가운데 첫째인 지연(7)이 혜문(慧門)·원경(源鏡)·수원(修源)·향엄(香嚴)·청송(靑松, 8)을, 넷째인 도문(7)이 거봉(巨峰)·봉우(峰佑)·봉원(峰源)·영웅(映雄, 8)을 제자로 삼아 세계를 잇도록 부촉했다.

이상에서 살펴본 견성암계통 성수계열을 요약하면 문중 제3세 의선 이후 성수(4)-혜권(5)-원일(6)-근성(7)-묘담(8)/정담(7)-진명(8), 성수(4)-봉전(5)-신관(6)-효명(7)-봉안(8)/근홍(7)-보학(8), 성수(4)-봉전(5)-정관(6)-지연(혜명, 7)-원경(8)/도문(7)-거봉(8) 등의 세계로 분파·계승되고 있다.

(다) 상정계열의 문중세계

견성암계통을 잇고 있는 계열 가운데 성수계열과 함께 문도가 번성한 세계는 상정계열이다. 제4세인 상정은 소림(昭林)·지환(知幻)·요연(了然, 5)에게 법맥을 전했으며, 제5세인 소림에게서 혜인(慧印)·혜성(惠星)·정엽(靜葉)·오성(悟星)·송파(松坡)·지융(知融)·일선(一禪)·효원(曉圓)·효현(曉玄)·원성(圓性, 6) 등 10명의 상좌가 배출되었다. 문중 제6세인 이들 10명 가운데 맏형인 혜인이 현호(玄昊)·현암(玄岩)·현송(玄松)·선휴(善休, 7) 등 4명을, 둘째인 혜성(6)이 호준(昊準, 7)을, 여섯째인 지융(6)이 호정

(昊靜, 7)을 제자로 두고 있다. 제5세 항렬의 둘째인 지환은 보희(普熙, 6)에게 계맥을 전했다. 제5세 항렬의 셋째인 요연은 성일(聖日, 6)을 배출하고, 성일(6)은 종승(宗承)·지윤(志潤, 7)을 제자로 두고 있다.

이상의 견성암계통 상정계열을 정리하면 상정(4)-소림(5)-혜인(6)-현호(7)/혜성(6)-호준(7)/지융(6)-호정(7)의 세계를 비롯해 상정(4)-지환(5)-보희(6)와 상정(4)-요연(5)-성일(6)-종승·지윤(7)의 세계로 이어오고 있다.

(라) 성욱·혜장·응주계열의 문중세계

견성암계통의 세계를 잇고 있는 또 다른 문도로는 의선의 일곱째 제자인 성욱의 계열이 있다. 성욱(4)의 세계는 원경(圓鏡, 5)-효성(曉星, 6)-수진(守珍, 7)으로 이어오고 있으며, 수진(7)이 선오(禪悟)·대현(大玄, 8)을 제자로 두고 있다.

의선의 여덟째 제자 혜장의 계열도 견성암계통의 세계이다. 제4세 혜장은 등명(燈明, 5)에게 법을 전했고, 제5세 등명이 자인(慈忍)·정호(汀晧, 6)에게 세계를 잇도록 했다. 제6세 자인은 견신(見信)·석우(昔祐)·정광(廷光)·지윤(知潤, 7)을 제자로 두고, 역시 제6세인 정호도 현황(玄晃)·서현(西玄)·도원(道圓)·도형(度亨, 7)에게 세계를 잇도록 부촉했다.

의선의 열번째 제자인 응주의 계열도 견성암계통으로서, 제4세 응주는 보석(寶石, 5)을 제자로 두었다.

(2) 화운사계통의 세계: 도덕계열

(가) 화운사와 문중인연

경기도 용인 화운사는 1938년 2월 20일 우암(又岩) 차재윤(車載潤)이 법당 15평 선방 12평 요사 20평 규모로 창건한 절이다. 우암은 이후 덕 있는 출가수행자를 찾던 중 충남 서산 개심사 주지로 있던 실상문중 제5세손인 지명(智明)을 참배하고 주지수락을 간청했다. 지명이 1957년 3월 주지로 부임하고, 맏상좌 혜준(慧俊)과 함께 화운사를 일신하여 종문의 본찰로 삼게 된 연기가 그와 같다. 지명은 1962년 10월 조계종에 등록을 마치고 1973년 3월 재단법인 인가와 함께 1백91평의 대강당을 준공했다. 1977년 11월 대웅전 증개축, 1980년 종무소 증개축, 1986년 요사 신축에 이어 1987년 3월 22평에 불과하던 선원을 1백4평으로 증개축한 뒤 1988년 하안거를 기해 선원을 개원319)함으로써 비구니 선풍진작의 의지처로서 화운사의 문을 활짝 개방했다. 의선의 두 번째 제자 도덕계열이 화운사계통으로 내려오고 있다.

(나) 도덕계열의 문중세계

권말부록에 제시한「실상문중 세계도」2에 따르면 문중 제4세 도덕은 문하에 대원(大願)・지명(智明)320)・법우(法宇)・성인(性仁)・인성(仁性, 5) 등 5명의 제자를 배출했다. 제5세가 되는 이들 중 지명의 세계가 가장 번성한 가운데 문중을 대표하고 있다.

지명(5)은 혜준(慧俊)・혜인(慧仁)・효범(孝范)・혜림(慧林)・혜돈(慧頓)・혜완(慧完)・혜주(慧柱)・혜도(慧道)・혜설(慧設, 6) 등 9명을 제자로 두고 법맥을 계승하도록 당부했다. 제6세인 이들 9명 가운데 맏상좌 혜준(6)이 선오・성기(性紀)・선일(禪壹)・선경(先烱)・견진(見珍, 7) 등 5명의 제자를 배출하고, 둘째 혜인(6)이 수견(修見, 7)을, 셋째 효범(6)이 의종(意宗, 7)을, 넷째 혜림(6)이 성수(成秀, 7)를, 다섯째 혜돈(6)이 묘향(妙香, 7)을, 일곱째 혜주(6)가 선우(善牛, 7)를 각각 제자로 두었다. 지명의 종손인 제7세 선오가 2명의 상좌 도현(道現)・보우(寶牛, 8)를 배출한 가운데 세계를 이어오고 있다.

지명과 함께 도덕의 법을 전해 받은 문중 제5세 항렬의 셋째인 법우는 제자로 지용(智用)・호명(護明, 6)을 두었다. 지용(6)이 성학(性學)・성정(性靜,

---

319)『실상문도계보』p.28.
320) 지명은 경기도 용인 화운사 선원장이다. 현재 실상문도회 회장이다.

7)을 배출했으며, 성학(7)이 원휴(元休, 8)를, 성정(7)이 선일(禪一)·경한(景閒, 8)을 상좌로 삼아 세계를 이었다. 문중 제5세 항렬의 넷째인 성인은 수진(守眞)·보명(普明, 6)에게 법계를 이었고, 보명(6)이 현덕(賢德)·현오(絢澔)·현문(玄文)·현도(賢道, 7) 등 4명의 제자를 두고 세계를 계승해오고 있다. 도덕의 첫째 상좌 대원과 다섯째 상좌 인성은 당대에서 세계를 마감했다.

이상의 화운사계통 도덕계열을 정리하면 도덕(4)-지명(5)-혜준(6)-선오(7)-도현·보우(8)의 세계를 비롯해 도덕(4)-법우(5)-지용(6)-성학·성정(7)-원휴·선일·경한(8)의 세계와 도덕(4)-성인(5)-보명(6)-현덕·현오·현문·현도(7)의 세계로 분파 계승되고 있다.

(3) 연화사계통의 세계

(가) 연화사와 문중인연

연화사는 서울 종로구 구기동 삼각산 자락에 위치한 그리 크지 않은 절이다. 본래 1967년 화운사 계통의 문중 제5세인 성인이 20평 남짓한 와토굴(瓦土窟)에서 수행하던 중 보다 절다운 면모를 갖춘 선도량을 조성하겠다는 원력을 세우게 되면서 성인과 같은 항렬인 제5세손 명수가 3백4평을 증여함으로써 법당 35평 요사 1백90평 창고 5칸 온실 등을 갖춘 절을 창건하니 연화사이다.321) 권말부록에 제시한「실상문중 세계도」3에 의거하면 의선의 13제자 가운데 셋째 성각계열과 넷째 성윤계열이 연화사 계통에 해당한다.

(나) 성각계열의 문중세계

문중 제4세 성각은 성월(性月)·보관(普觀, 5) 등 2명을 제자로 두었다. 제5세 항렬의 사형인 성월은 혜홍(慧弘)·혜묵(慧黙)·혜각(慧覺)·혜일(慧一, 6) 등 4명을 문하에 두어 세계를 잇도록 했으며, 사제 보관(5)은 혜정(慧定, 6)을 제자로 두고 있다.

321)『실상문도계보』p.40.

(다) 성윤계열의 문중세계

문중 제4세 성윤은 명수(明洙)·명종(明鍾)·지인(指仁, 5) 등 3명에게 부촉했는데, 이들 제5세 항렬의 맏형인 명수의 세계가 문중을 대표하고 있다. 명수(5)는 혜조(慧照)·혜영(慧英)·혜일(慧日)·혜욱(慧郁)·혜성(慧性)·혜오(慧晤)·혜근(慧漌, 6) 등 7명에게 법을 사사했으며, 이들 중 맏상좌 혜조(6)가 운아(芸芽)·두운(豆耘)·덕운(德耘)·계운(誡耘, 7)을 상좌로 두고 있다. 제5세 항렬의 둘째인 명종은 성준(性俊)·혜진(慧眞, 6)에게 세계를 이었으며, 성준(6)은 대용(大用, 7)에게, 혜진(6)은 선일(禪日)·선후(禪厚, 7)에게 계맥을 잇고 있다. 제5세 항렬의 막내인 지인은 현진(玄眞, 6)을 제자로 두었다.

이상의 연화사계통을 정리하면 성각계열은 성각(4)-성월(5)-혜홍(6)과 성각(4)-보관(5)-혜정(6)의 세계로, 성윤계열은 성윤(4)-명수(5)-혜조(6)-운아·두운·덕운·계운(7)과 성윤(4)-명종(5)-성준(6)-대용(7)/혜진(6)-선일·선후(7)와 성윤(4)-지인(5)-현진(6)의 세계로 전해오고 있다.

(4) 미타사계통의 세계: 만성계열
(가) 미타사와 문중인연

미타사는 충북 음성군 소이면 비산리 가섭산 중턱에 자리 잡은 중부권 유일의 비구니선방이다. 630년 처음 창건되었다고 하나 확실치 않으며, 이후 중창과 중수를 거듭하다가 1723년 화재로 전소되었다. 문중 제6세인 명안(明岸)이 운수행각 중 절터를 발견하고 사찰복원의 대원력을 세운 지 14년 만인 1979년 법당을 비롯해 선원과 요사를 완공한 뒤 1981년부터 미타사선원을 개원해[322] 비구니선원으로서의 면모를 일신했다. 미타사가 종문의 본찰로서 문중의 계통을 이루며 세계를 면면히 이어오게 된 것은 이처럼 명안이 미타사를 복원해 선대로 계통을 연계한 연유에 따른 것이다. 명안의 노스님

---
322) 『실상문도계보』 p.48.

이 되는 만성계열의 세계로 전해져 오늘에 이르고 있는 배경이 그와 같다.

(나) 만성계열의 문중세계

권말부록의 「실상문중 세계도」4에 의하면 의선의 다섯째 제자인 문중 제4세 만성(1897~1975)[323]은 만공회상인 수덕사 견성암에서 출가와 깨달음을 얻고 운수행각에 오른 지 10여 년째 되는 1956년 범어사 대성암에 입승으로 부임해 납자제접에 들어가면서 오늘날 대성암선원을 있게 한 주인공이다. 일생을 오로지 선리탐구에 정진한 바, 경허와 만공의 사자관계에 비견될 만큼 묘리당 법희의 뒤를 이어 한국불교의 비구니선맥을 정립시킨 인물로 이름이 높다.[324] 현행(賢行)과 삼현(三現)을 법제자로 삼아 법맥을 전승함으로써 오늘날 실상문중을 대표하는 핵심문도로 자리매김했다.

만성문하의 첫째 제자인 현행(5)은 명안(明岸)·명관(明官)·명선(明仙)·명지(明志)·명상(明尙)·돈오(頓悟, 6) 등 상좌 6명을 배출했다. 문중 제6세 항렬인 이들 가운데 맏상좌 명안이 19명의 상좌를 배출하면서 문도번성의 기틀을 조성했다. 문중 제7세가 된 19명의 제자는 희원(喜圓)·희찬(喜粲)·희성(喜性)·희문(喜文)·허응(虛應)·희운(喜雲)·수진(秀眞)·희경(熹鏡)·정범(正梵)·청곡(靑谷)·희묵(喜黙)·희철(希喆)·희유(希有)·석진(昔眞)·재홍(才弘)·희권(熹權)·희공(希空)·동찬(東燦)·석호(釋護, 7) 등이다. 이들 중 첫째 희원(7)이 효섭(曉燮)·법농(法農)·원상(元常)·효찬(曉燦)·동엽(東曄)·보선(菩禪, 8) 등 6명을 제자로 두었고, 둘째 희찬(7)이 우림(祐林, 8)을, 다섯째 허응(7)이 효림(孝林, 8)을, 일곱째 수진(7)이 송백(松栢, 8)을, 여덟째 희경(7)이 현담(玄潭, 8)을 각각 상좌로 삼아 법계를 잇고 있다. 제9세손으로는 법농의 제자 도우(道雨)·도광(道光)이 있다. 제6세 항렬

---

323) 만성은 법희에 이어 근대 한국비구니 선맥을 정립시킨 인물로 알려져 있다. 만성의 행장은 하춘생(1998), 『깨달음의 꽃』1, pp.53~66을 참고할 수 있다.
324) 하춘생(1998), 『깨달음의 꽃』1, p.56.

의 둘째인 명관은 혜근(慧根, 7)-지윤(智允, 8)으로 세계를 이었고, 제6세 항렬의 셋째인 명선은 능산(能山, 7)을 상좌로 두고 있다.

만성문하 둘째 제자인 삼현(5)은 일법(一法, 6)에게 법을 전했고, 일법은 상호(霜浩)·상민(相旼, 7)을 제자로 두고 있다.

이상의 미타사계통 만성계열을 정리하면 만성 이후 현행(5)-명안(6)-희원(7)-효섭·법농(8)/희찬(7)-우림(8)/허응(7)-효림(8)/수진(7)-송백(8)/희경(7)-현담(8)의 세계, 현행(5)-명관(6)-혜근(7)-지윤(8)의 세계, 현행(5)-명선(6)-능산(7)의 세계와 삼현(5)-일법(6)-상호·상민(7)의 세계로 전해오고 있다.

(4) 대성암계통의 세계

(가) 대성암과 문중인연

범어사 대성암은 신라 선덕여왕 때 의상(義湘)이 창건한 것으로 전해오나 확실치 않고, 다만 1987년 2월 중수불사 중 발견된 상량문에 의하면 1680년 백암당(白巖堂) 준영(俊英)이 초창하고 1734년 월조당(月照堂) 극존(克存)이 중창하고 1789년 낙성당(洛城堂) 취규(就奎)가 3창하고 1839년 2월 26일 울암당(蔚岩堂) 경의(敬儀)가 4창했다.

의선의 다섯째 제자인 문중 제4세 만성이 수덕사 견성암에서 수행정진하다가 만공으로부터 법인가를 받은 후 1946년 만공이 입적하자 운수행각에 오른 지 10여년이 되던 해인 1956년 대성암 입승으로 부임해 비구니 수선납자를 제접하면서 비로소 비구니선방으로서 대성암의 이름을 드날리게 되었다. 1909년 10월 1일 당시 암주 찬훈(讚勳)이 대중 16인으로 동안거를 결제한 것이 선원으로서 시초이다. 당시 처음 명칭은 대성선사(大聖禪社)였으며, 대성암선원은 만성이 입승으로 부임하면서 붙여진 이름이다.

대성암 계통 가운데 가장 번성한 문도인 정원계열의 문중 제5세인 자행(自洐)이 1977년 당시 목조건물 4채 중 2채를 다시 지은 후 1987년 2월에 기존의 노후한 건물을 헐고 도량을 넓혀 중창기공식을 가진 뒤 1991년 10월에 낙성했다. 지금의 대방인 각해선림(覺海禪林)과 지장전·요사채 등 입구(口자)형의 건물이 들어선 것은 이때다. 이를 대성암 5차 중창으로 보고 있다.

권말부록에 제시한 「실상문중 세계도」5에 의하면 대성암계통은 의선의 13제자 가운데 아홉째 각원계열·열한 번째 정원계열·열두 번째 만혜계열·열세 번째 두룡계열의 세계이다. 정원계열이 대성암계통을 대표하고 있다.

(나) 정원계열의 문중세계

대성암계통에서 문도가 가장 번성한 세계는 정원계열이다. 정원(4)은 자행(自滓)·철우(哲佑, 5)에게 법맥을 전했다.

정원문하의 첫째인 자행(5)은 15명의 상좌를 두어 세계를 잇도록 함으로써 문도를 대표하고 있다. 문중 제6세가 되는 15명의 상좌는 주현(周炫)·성공(性空)·범준(凡準)·선혜(禪惠)·선정(禪井)·휴정(休靜)·묵제(黙濟)·법견(法見)·법정(法定)·지일(智一)·법성(法性)·청원(淸元)·대우(大愚)·대의(大義)·수현(守玄, 6) 등이다. 이 가운데 첫째 상좌 주현(6)이 경언(曝彦)·유상(有祥)·진욱(珍昱, 7)을, 둘째 상좌 성공(6)이 재오(再悟)·인서(仁瑞)·도안(到岸)·정호(定昊)·묘성(妙星)·묘준(妙俊)·녹연(祿然, 7)을, 넷째 상좌 선혜(6)가 보후(甫厚, 7)를 각각 상좌로 두고 세계를 이어가도록 당부했다.

정원문하의 둘째인 철우(5)는 삼홍(三弘, 6)을 법제자로 삼아 법맥을 전승했다.

이상으로 정원계열을 정리하면 정원(4)-자행(5)-주현(6)-경언(7)/성공(6)-재오(7)/선혜(6)-보후(7)의 세계와 정원(4)-철우(5)-삼홍(6)의 세계로 이어오고 있다.

(다) 각원·만혜·두룡계열의 문중세계

의선의 아홉째 제자인 각원(4)은 동현(東玄)·경수(京秀, 5)에게 사사했다. 제5세로 문중세계를 이은 동현은 정은(靜隱)·수근(守根, 6)을, 경수(5)는 정우(靜遇, 6)를 제자로 삼았다. 의선의 열두 번째 제자인 만혜(4)는 계선(戒禪, 5)을 제자로 두었다. 의선의 13제자 중 막내인 두룡(4)은 광민(匡敏)·명수(明守)·법정(法定)·마야(摩耶, 5) 등을 제자로 삼아 법을 전했다. 이들 중 명수(5)가 정심(正心)·명심(明心, 6)에게, 법정(5)이 보경(寶鏡, 6)에게 각각 세계를 계승했다.

이상 정리하면 각원계열은 각원(4)-동현(5)-정은(6)/경수(5)-정우(6)의 세계로, 만혜계열은 만혜(4)-계선(5)의 세계로, 두룡계열은 두룡(4)-광민(5/명수(5)-정심(6)/법정(5)-보경(6)의 세계로 전해오고 있다.

〈표10〉 실상문중 개요

초조(개창조)	實相(제1세), 順同(제2세), 義善(제3세)
연대(추정)	19세기 중반기[제3세 義善(?~1923)의 연보기준]
문중성립	①화운사 선원장 智明의 입지와 연화사 주지 明洙의 발기원력으로 문도결집 공감대 형성 ②1992년 3월 1일(음1.27) 화운사에서 문도결집을 위한 첫 회동 ③1994년 5월 2일(음3.22) 범어사 대성암에서 문도총회 개최하고 임원선출. ④문도총회 이후『실상문도계보』발행 추진 ⑤2003년 음4월 초파일『실상문도계보』발행
명칭유래	문중의 초조인 實相의 이름에서 유래
문도회장	智明(경기도 용인 화운사 선원장)
대표문도 (괄호안:世數)	• 견성암계통: 性修(4)-慧權(5)-元日(6)-根成(7)-妙潭(8)/奉典(5)-信寬(6)-曉明(7)-鳳眼(8)/正觀(6)-智然(7)-源鏡(8), 常淨(4)-昭林(5)-慧印(6)-玄昊(7), 性旭(4)-圓鏡(5)-曉星(6)-守珍(7)-禪悉(8), 慧藏(4)-燈明(5)-慈忍(6)-見信(7), 應住(4)-寶石(5) • 화운사계통: 道德(4)-智明(5)-慧俊(6)-선오(7)-道現·實牛(8)/法宇(5)-智用(6)-性學(7)-元休(8)/性仁(5)-普明(6)-賢德(7) • 연화사계통: 性覺(4)-性月(5)-慧弘(6), 性允(4)-明洙(5)-慧照(6)-芸芽(7)/明鍾(5)-性俊(6)-大用(7) • 미타사계통: 萬性(4)-賢行(5)-明岸(6)-喜圓(7)-法農(8)/明官(6)-慧根(7)-智允(8), 三現(5)--法(6)-霜浩(7) • 대성암계통: 淨源(4)-自淬(5)-周炫(6)-曝彦(7)/性空(6)-再悟(7), 覺圓(4)-東玄(5)-靜隱(6), 萬慧(4)-戒禪(5), 頭龍(4)-匡敏(5)

9) 보운문중

가) 문중명칭과 본찰인연

보운문중(普雲門中)은 초조인 보운당(普雲堂) 윤함(允咸), 2대손인 금강당(金剛堂) 선유(善有), 3대손인 심월당(心月堂) 정엽(靜燁)이 금강산 신계사 보운암에서 오래 주석하며 수행한 행적을 기린다는 의미에서「보운문중」이라고 이름했다. 초조인 윤함은 주석암자명을 차용해 당호를 보운이라고 칭했다.

신계사 보운암은 강원도 고성군 외금강 창대리 금강산에 있는 암자이다. 신라 법흥왕 15년(528)에 본절인 신계사를 창건한 보운조사(普雲祖師)가 건립했다. 암자 이름은 이에 따른 것이다. 1905년 5월에 불타고 2년 후인 1907년 석호가 중건했다.

보운암은 근대기 대선사요 강백인 축원진하(竺源震河, 1861~1925)가 학업성취 후 1886년(고종23) 처음으로 불교의 가르침을 설해 대강백으로서의 행장을 시작했던 곳이며, 근대기 조선불교조계종 초대종정을 역임한 한암중원(漢岩重遠, 1876~1951)이 수행 중 보조지눌의『수심결』을 읽고 첫 깨달음을 얻은 후 구도의 길에 나섰던 곳으로 유명하다. 근·현대기 비구고승으로 1962년 통합종단 출범당시 초대종정을 역임한 효봉학눌(曉峰學訥, 1888~1966)도 1925년에 이곳에서 당시 금강산도인으로 이름난 석두(石頭)화상을 은사로 득도수계했다.

본절인 신계사는 보운암 건립 9년 전인 법흥왕6년(519)에 개산되었으며, 유점사·장안사·표훈사와 함께 금강산 4대 사찰로 유명하다. 『여지도서』 고성군조에 따르면 당초 11개의 전각을 거느린 대가람이었다. 대웅전을 중심으로 그 정면에 삼층석탑, 그 동쪽에 칠성각·대향각·극락전, 그 서쪽에 나한전·어실각, 그 남쪽에 만세루와 좌우로 향로전과 최승전 등을 배치하고 여타 부속건물을 두었다고 한다. 6.25한국전쟁 때 불타 전소하고 삼층석탑만 남아 있던 것을 2004년 11월 남측 조계종과 북측 조선불교도연맹이 현대아산(주)과 공동으로 대웅전을 복원하고, 2007년 10월 명부전을 비롯한 11개 전각을 재건했다.

나) 문중형성과 탄생배경

보운문중이 탄생한 배경은 1984년 9월 27일(음력 9월 3일) 당시 문도를 대표하던 문중 제6대손인 성월당(性月堂) 수인(守仁, 1899~1997)[325]의 생일에 문도들이 모여 매년 음력 2월 20일을 정례 회동일자로 정하고 모일 때마다 권속들의 이름을 정확하게 적어오기로 약속하는 등 문보작성의 기초를 닦기 시작하면서 비롯되었다. 그 이듬해인 1985년 음력 2월 20일(양력 4월 9일) 진주 미륵암에서 제1차 문중회의를 개최한데 이어 수인의 기억을 더듬어 기록하고 의문 생기는 사실(史實)을 찾아 계보작성에 들어가기로 결의한 지 1년 6개월여 만인 1986년 8월 마침내 『보운문중계보』 발간작업에 착수하면서 문중의 태동을 공식화했다.

보운문중은 이처럼 근·현대기를 수놓았던 대표적 비구니고승인 수인을 문보의 기준으로 삼아 세간의 직·방계와 존·비속관계에 해당하는 사자간(師資間)과 사형사제간의 문도들이 결집하면서 탄생하게 된 것이다.

보운문중의 명칭을 차용하게 된 동기를 부여한 제1,2,3대 고옹사(高翁師) 가운데 문중연기를 던져준 실질적인 인물은 수인의 상노스님이 되는 제3대손 정엽(靜燁, 1839~1913)이다. 정엽은 1839년 함안 조(趙)씨 집안에서 출생한 이후 언제 출가했는지는 확실치 않으나 출가이후 신계사 보운암에서 오랫동안 주석하며 수행정진했던 것으로 수인은 회고한다. 1913년 4월 18일 사시에 경남 밀양 표충사 대원암에서 세수 75세로 입적했다. 이때 수인의 세수 15세였으며, 축발득도한 지 5년 후의 일이다. 정엽이 입적한 표충사 대원암은 정엽이 개축한 이래 오늘날까지 비구니선방으로 내려오고 있

---

325) 수인은 광복이후 대표적인 비구니전문강원으로 자리매김한 운문사를 실질적으로 중창한 인물이다. 수인의 자세한 행장은 하춘생(2001), 『깨달음의 꽃』2, pp.75~88을 참고할 수 있다.

는 산내암자로서, 소장하고 있는 조왕탱과 칠성탱이 각각 경남 문화재자료 제430호, 제431호로 지정되어 있다.

보운문중은 초조 윤함이 제2대 선유에게 법을 전하고 선유가 제3대 정엽을 법제자로 삼아 법맥을 전수하면서 문중의 기틀을 세웠다. 정엽은 부성(富盛)·정인(正仁, 4)을 통해 계맥을 계승해가도록 부촉했는바, 이들 제4대손으로부터 부성계통과 정인계통으로 나뉘어 각각의 세계를 이으며 문중 번성의 전기를 마련했다. 함월당(含月堂) 부성이 행민(幸敏)·원석(元碩)·정호(淨浩, 5) 등 3명의 제자를 배출하고, 정인이 선진(宣進)·용법(龍法, 5) 등 2명의 제자를 배출하면서 이들로부터 후학들이 계계승승 번창함으로써 문도결집과 문중번영을 통한 불일증휘와 법륜상전의 보살도 실천을 서원할 수 있게 되었기 때문이다.

다) 문중계보와 분파현황

(1) 부성계통의 세계

권말부록에 제시한 「보운문중 세계도」에 의하면 정엽의 법상좌로서 문중 제4대가 된 부성은 행민·원석·정호(5) 등 3명에게 법맥을 전수했다. 부성 분하 맏형인 정신당(靑神堂) 행민(5)이 단일제자 수인(6)에게 사사하고, 행민의 사제들인 원석(5)이 영신(永信, 6)에게, 정호(5)가 정천(淨天, 6)에게 각각 법을 전하면서 문도번성의 기운을 밝게 했다.

부성계통 제6대손으로서 보운문중을 성립시킨 실질적인 인물인 수인은 문하에 창법(昌法)·성우(性雨)·영옥(永玉)·혜엽(慧燁)·덕만(德挽, 7) 등 5명의 제자를 배출했다.

수인문도의 적장자로서 제7대 항렬의 맏형인 창법(1918~1984)[326]은 당대의 비구고승이 '도인'이라고 칭할 만큼 선객의 위엄을 간직했던 인물이

---

326) 창법의 자세한 행장은 하춘생(2001), 『깨달음의 꽃』2, pp.215~227을 참고할 수 있다. 다만 필자가 취재당시 확인한 내용에 따르면, 창법의 실제 생년월일은 1918.2.24(음)인데 호적상에는 1911.11.20, 조계종 승적상에는 1911.11.27.로 기록되어 있다.

다. 근·현대기 비구니사에서 가장 처절한 용맹정진의 구도자로 이름을 남기고 있는 실상문중 제4세 만성과 가장 오랫동안 수행정진의 인연을 맺은 바, 6·25 한국전쟁 와중에서도 만공회상인 서산 간월도 간월암에서 석화(石花)로 육신의 명을 이으며 수행의 끈을 놓지 않았던 일화를 남기고 있다. 근·현대기 대표적 비구고승의 한분인 전강(田岡)으로부터 '혜전(慧田)'이라는 당호와 함께 법게(法偈)를 수지한 창법은 명희(明熙)·신원(信原)·휴철(休哲, 8) 등 3명의 제자에게 법맥을 전했으며, 명희(8)가 경조(鏡照, 9)에게, 신원이 지성(知性)·성화(城華, 9)에게 각각 법을 사사해 오늘에 이르고 있다.

수인의 둘째 상좌인 성우(7)327)는 순행(順行)·상영(象瑛)·혜광(慧光)·능진(楞眞)·지안(智眼, 8) 등 5명을 상좌로 두어 세계를 계승했으며 상영(8)의 법은 자빈·일조(一照)·현조(現照, 9)가, 혜광(8)의 법은 원법(圓法, 9)이, 능진(8)의 법은 도현(道賢, 9)이 각각 전해 받았다.

수인의 셋째 상좌인 영옥(7)은 묘전(妙全)·일원(一圓, 8) 등 2명을 제자로 두었는데 묘전(8)의 세계는 지송(知松)·탄호(呑昊)·지공(知空)·현욱(玄旭, 9)으로, 일원(8)의 법은 송탁(松卓, 9)으로 각각 계승되었다.

수인의 넷째 상좌인 혜엽(7)은 현덕(賢德)·종성(宗星)·수환(修還)·현원(玄元)·현성(玄星, 8) 등 5명의 제자에게 법맥을 전했으며, 현덕(8)이 지웅(智雄, 9)에게, 수환(8)이 성효(成曉)·능학(能學)·능행(能行)·능인(能印)·능고(能杲, 9)에게, 현원(8)이 연화(蓮花)·연각(然覺, 9)에게, 현성(8)이 소공(昭空, 9)에게 각각 세계를 이었다.

수인의 다섯째 상좌인 덕만(7)은 도명(度明, 8)을 제자로 배출해 문보를 이어가도록 당부했다. 수인의 법맥은 이렇듯 법손들에 의해 계계승승되어 지금에 이르고 있다.

---

327) 성우는 현재 생존해 있는 수인문도 가운데 최고어른으로, 소임(보직)을 두지 않은 보운 문도회를 사실상 대표하고 있다. 부산 서운암에 주석하고 있다.

수인과 같은 항렬의 사촌사제인 영신(6)은 송우(松友)·도훈(道勳)·성주(性柱, 7)를 제자로 삼아 법맥을 전승했다. 영신문도의 맏상좌 송우(7)는 은섬(隱蟾, 8)에게, 둘째 상좌 도훈(7)은 효준(曉俊)·휴상(休相)·연호(蓮湖)·정완(珵莞)·운해(雲海, 8) 등에게, 셋째 상좌 성주(7)는 혜현(惠眩, 8)에게 각각 세계를 계승했다. 수인의 또 다른 사촌사제인 정천(6)은 자홍(慈弘, 7)을 단일제자로 두었으나, 이후의 세계는 더 이상 계승되지 못했다.

　수인의 회고에 따르면, 문중 제3,4,5대손인 정엽-부성-행민 등 3대 화상은 사대(四大)가 장대하고 성품이 본래 늠름할뿐더러 불철주야 정진의 끈을 놓지 않은 헌헌장부(軒軒丈夫: 외모가 준수하고 풍채가 당당한 남자)와 같았다고 한다. 정엽이 어느 날 꿈을 꾸었다. 동녘을 향해 절을 하고 있는데 둥근 보름달이 동산에 우뚝 솟아오르더니 점점 자신에게 다가오는지라 장삼폭에 달을 안고 방으로 들어왔다. 그 꿈을 꾼 지 며칠 뒤 마산 신도의 집을 방문하는 일이 있었는데, 중년의 보살이 초등학교 5,6학년 정도의 여식과 함께 바느질삯으로 살아가고 있는 집안이었다. 평소 보살의 불심이 돈독해 스님들이 믿고 일감을 맡기는 곳이었다고 한다. 정엽이 그들 모녀를 보고 생각 끝에 보살에게 "따님을 부처님 제자로 삼읍시다"라고 청하니 보살은 크게 놀라는 기색도 없이 "본인의 의사에 맡길 따름입니다"라고 말하는 것이었다. 정엽이 여식에게 출가의 뜻을 물으니 마음이 동하는 듯싶었다. 마침 그날 동행한 스님이 있었는데 정엽이 여식에게 물었다. "출가의 뜻이 있거든 나와 여기 이 스님 중 마음 가는 분께 절을 올려라"고 하니 여식이 정엽에게 절을 올렸다. 그 후 여식을 데리고 절로 돌아와 삭발수계하고 제자로 삼으니, 바로 문중 제4대손으로서 수인의 노스님이 되는 부성이다.[328]

---

[328] 수인의 회고담으로 소개한 이 내용은 필자가 수인의 행장을 취재할 당시 수인의 손상좌인 대전 보현정사 주지 명희(2008년 입적)가 직접 수기한 '수인노사(守仁老師)의 말씀'이라는 메모노트에 의거해 정리한 것이다. 필자는 당시 명희로부터 수기노트의 사본을 건네받아 보관하고 있다.

덕이 높아 후학들로부터 신실한 공경을 받았다고 전하는 부성은 경남 마산 출신으로 본성은 배(裵)씨이다. 1864년에 태어나 열두 살 되던 해인 1875년에 정엽을 은사로 출가득도한 이래 60여 년간 참선·간경·염불 등 삼학에 힘쓰다가 1938년 4월 초하루에 경남 밀양 표충사 대원암에서 입적했다. 세수 75세 법랍 64세였다. 수인의 세납 40세 때였다.

수인의 득도사인 문중 제5대손인 행민은 1868년 경북 경주에서 경주 김씨 자손으로 태어났다. 17세 때인 1884년 부성을 은사로 모시고 출가득도했다. 운문사 청신암에서 선풍을 드날리다가 1934년 4월 12일 사시에 입적했다. 세수 67세 법랍 51세였다. 수인의 세납 36세 때였다.

행민은 인물이 수려했다. 젊었을 적에 탁발을 나가면 동네 청년들이 뒤따라와 거동에 불편한 경우가 한두 번이 아니었다. 한 겨울 얼음웅덩이에 숨어 청년들을 따돌린 적도 있었다. 수행에 있어서는 엄격하기 그지없었다. 좌선할 때에는 누구도 주위를 지나다니지 못할 정도였으며, 안거수선하기를 백척간두 진일보의 정신으로 용맹정진했다. 반면 평소에는 자비심으로 넘쳐났다. 여름산림 때에 미타경을 독송한 횟수로 콩을 삶았다가 눈 내리는 겨울에 산에 뿌려 꿩의 먹이가 되도록 했는가하면, 큰스님이든 객승이든 걸인이든 대중이 절을 찾아오면 직접 음식을 데워 공양을 대접하는 정성을 보였다. 하루는 수인의 꿈에 은사 행민이 두 사람의 지게꾼을 부르더니 "법당에 모셔놓은 화엄경 1질을 서울 가는 정거장에 갖다 놓아라."고 하는 것이었다. 3일 후 행민이 입적했다. 수인이 다시 꿈을 꾸었는데 법당 앞 신돌이 굴러 허공에 떨어졌다. 그날 오전 사시에 행민이 입적했다. 수인은 은사 행민이 다겁의 수행공덕으로 선신이 옹호하는 가운데 화엄경을 모시고 피안에 들었다고 믿고 있다.[329]

---

329) 앞의 각주와 같다.

(2) 정인계통의 세계

보운문중 제3대손인 정엽의 또 한명의 제자로 정인이 있다. 「보운문중세계도」에 의하면 부성의 사제인 정인(4)은 문하에 선진·용법(5) 등 2명의 제자를 두어 법맥을 전하도록 부촉했다. 이에 선진(5)의 세계는 혜오(慧悟, 6)-묘관(妙觀, 7)으로, 용법(5)의 세계는 정연(定然, 6)-자혜(慈慧)·자광(慈光, 7)으로 각각 계승되었다.

〈표11〉 보운문중 개요

초조(개창조)	允咸(초조), 善有(제2대), 靜燁(제3대)
연대(추정)	19세기 전반기[제3대 靜燁(1839~1913), 제6대 守仁(1899~1997)의 연보 기준]
문중성립	①1984년 음력 9월 3일 守仁의 생일에 문도들 정례회동 결의 (음력 2월 20일) ②1985년 음력 2월 20일 진주 미륵암에서 1차 문중회의 개최하고 계보발간 결의 ③1986년 8월『보운문중계보』발행(가제본) ④2008년『보운문중계보』발행(묶음집)
명칭유래	초조 允咸의 당호와 초조를 비롯한 제2대 善有와 제3대 靜燁이 주석 수행한 금강산 신계사 보운암의 명칭을 차용함
문도회장	부산 시운암에 주석하고 있는 性雨가 사실상 문도를 대표하고 있다.
대표문도 (괄호안:代數)	• 富盛계통: 昌法(7)-明熙(8)-鏡照(9)/信原(8)-知性·城華(9), 性雨(7)-順行(8)/象瑛(8)-자빈·一照·賢照(9)/慧光(8)-圓法(9)/楞進(8)-道賢(9)/智眼(8), 永玉(7)-妙全(8)-知松·呑昊·知空·玄旭(9)/一圓(8)-松卓(9), 慧燁(7)-賢德(8)-智雄(9)/宗星(8)/修還(8)-成曉·能學·能行·能印·能昊(9)/玄元(8)-蓮花·然覺(9)/玄星(8)-昭空(9), 德挽(7)-度明(8)(이상 守仁문하), 松友(7), 道勳(7)-曉俊·休相·蓮溴·珵莞(8), 性柱(7)-惠昡(8)(이상 永信문하), 慈弘(7, 淨天문하) • 正仁계통: 慧悟(6)-妙觀(7, 宣進문하), 定然(6)-慈慧·慈光(7, 龍法문하)

10) 일엽문중

가) 문중연기와 종문본찰

일엽문중(一葉門中)은 근대기 신여성운동을 주도하며 여성개화운동에 앞장선 여류문인으로서 만공회하에 귀의득도한 후 40여 년간 수행교화에 큰 족적을 남긴 김일엽(金一葉, 1896~1971)[330]의 유풍을 기리고 있는 문중이다. 일엽과 그의 효상좌 경희(慶喜)가 만년에 주석했던 수덕사 환희대를 종문의 본찰로 삼아 법제자들의 수선정진을 촉(促)하고 있다. 일엽문중과 환희대의 연기관계를 살펴보면 다음과 같다.

1927년 추석을 앞둔 어느 날 밤, 정혜사 소림초당에 주석하고 계시던 만공선사께서 완월(玩月)하시던 중 덕숭산 비원(秘苑)이라고 일컬어진 환희대 도량에 이르시어 "좋고 좋도다! 참으로 환희로운 터로다"라고 찬탄하셨다. 그해 10월, 그 터에 간단한 초옥을 짓고 「환희암」으로 명명한 후 비구니스님 세분이 정진하며 사셨는데, 오랜 세월이 지나는 동안 초옥이 퇴락해 1942년 새로 기와를 올린 암자를 짓고 상량식을 거행했다. 이후 몇몇 스님들이 이 곳에 거처하며 정진했으나, 만공스님 입적 후에 돌보는 사람이 없어 비게 되자, 서산에 살던 김국평이라는 만공스님의 신도가 이 암자를 지을 때 크게 시주했다는 연고로 자신의 소유권을 주장하기에 이르렀다. 그러자 노환으로 대중처소에 머물기 어려우셨던 김일엽 스님을 모시기 위해 손상좌인 월송스님이 대한불교조계종 총무원의 고문변호사로 계시던 황해진(黃海振) 변호사를 통해 법적인 절차를 밟아 김국평 씨에게 소정의 대금을 지불하고 환희대를 인수했다. 그 이후 김일엽 스님께서 대중처소에서 열반하시려는 뜻에 따라 1970년 견성암선원으로 이거(移居)하실 때까지 만10년을 환희대에 주석하시며 제자들과 함께 정진하셨다.

---

[330] 일엽의 행장은 하춘생(1998), 『깨달음의 꽃』1, pp.67~86을 참고할 수 있다.

1966년 덕숭총림 수덕사 제2대 방장을 지내신 벽초선사께서 환희대 고가(古家) 옆 객실채를 신축해주셨다. 1971년 김일엽 스님 입적 이후 손상좌 월송스님을 위시한 문도들이 힘을 모아 유고문집을 간행하고 1973년에는 환희대 앞뜰에 김일엽 스님을 기리는 5층 추모석탑을 건립했다. 1978년 월송스님과 정진스님은 김일엽 스님의 기념도량을 정비해 환희대 원통보전과 요사채 보광당·난야 등의 창건불사를 시작했다. 덕숭총림 수덕사 제3대 방장이신 원담선사의 지도아래 많은 불자들의 도움으로 1984년 원통보전과 보광당의 낙성식을 봉행했다. 2007년 12월(음력 11월) 정진·월송 스님의 불사공덕을 기리는 이니보탑(二尼寶塔)을 건립했다.[331]

일엽문중이 종문의 본찰로 삼고 있는 환희대의 역사·유래와 일엽문중과의 연기관계가 그와 같다. 일엽은 1928년 금강산 서봉암에서 이성혜(李性慧)를 은사로 출가한 뒤 그해 10월 15일 선학원에서 만공문하로 다시 득도 수계한 인물이다.[332] 만공과의 이러한 인연으로 일엽 자신은 오늘날 조계종 비구승가의 대표문중인 덕숭문중에 속하는 인물로 분류되기도 한다. 후학들이 1974년 일엽의 문집 『미래세가 다하고 남도록』(상·하2권) 발간을 계기로 문도회를 결성한 뒤 일엽의 유덕을 기리면서 오늘에 이르고 있다.

문도회는 일엽의 입적 30주기를 맞아 2001년 1월 그의 문집 『일엽선문』을 새롭게 출간했다. 이 문집은 1974년 발간한 『미래세가 다하고 남도록』의 내용을 간추려 일엽이 입산 후에 쓴 글들만을 모아 다시 펴낸 것이다. 문도회는 2010년 12월 비영리재단 김일엽문화재단(이사장 월송)을 공식 출범시켰다. 일엽에 대한 연구와 기념사업을 보다 전문적이고 내실 있게 추진해 일엽의 사상과 유지를 계승·발전시키겠다는 취지에서다. 김일엽문화재단은 △일엽의 사상과 업적을 유지·계승·발전시키기 위한 추모·기념사

---

331) 수덕사 환희대 다음카페(http://cafe.daum.net/hwanheedae) 참고.
332) 하춘생(1998), 『깨달음의 꽃』1, pp.75~76.

업(김일엽문학관 설립) △일엽의 문학사상 및 선사상 연구·교육·학술 활동 및 지원(학술회의 개최) △불교문학예술과 여성문학의 창작 및 활동 지원 (김일엽문학상 제정 및 시상) △도제양성 및 사회봉사·복지활동(장학금 지원) 등을 주요사업으로 정하고 이의 원만한 추진을 위한 활동에 들어갔다.

나) 문중계보와 분파현황

일엽의 문보는 비구니문중을 구성하고 있는 문도 가운데 단일문도로는 단연 으뜸이다. 문집 『일엽선문』에 수록된 직상좌와 손상좌만 126명에 이르는 바, 수록되지 않은 법손은 이루 헤아리기 어렵다.

권말부록의 「일엽문중 세계도」에 의하면 일엽은 문하에 일광(日光)·만정(萬淨)·도안(道岸)·도성(道成)·경희(慶喜)·법성(法性)·정행(淨行)·법륜(法輪)·숭원(崇園)·도선(道善)·해관(海觀, 2) 등 11명을 제자로 배출했다.[333] 이로부터 법손의 번성이 이루어졌는데, 일광(2)은 지우(至牛)·성주(性珠)·태헌(3)을, 만정(2)은 인성(仁性)·광선(光善, 3)을, 도안(2)은 정진(淨眞)·정현(3)을, 도성(2)은 자인(慈仁)·자용·자우(慈宇)·자적(慈寂)·자정(慈淨)·자경(3)을, 경희(2)는 월송(月松)·우석·혜일·일법(一法)·보원·영록(3)을, 법성(2)은 흥륜(興輪)·흥석(興石)·흥주(興珠)·흥민(興珉)·흥준·흥선·흥연·흥수·흥운(3)을, 정행(2)은 정문(正門, 3)을, 도선(2)은 현우(賢愚, 3)를 각각 제자로 삼아 세계를 계승했다.

일엽3세 이후의 세계를 살펴보면, 일광(2)의 제자 지우(3)가 원만(圓滿)·송원(松原)·홍진(洪珍)·능현(能賢)·태원(太源)·현문(炫門)·선일(禪一, 4)에게, 성주(3)가 동현·현탁·현조(4)에게 사사했다. 도안(2)의 제자 정진(3)은 명정·단응(檀應)·경운(曔云)·보일(寶一)·경완(景完)·증보(曾寶)·구소(求昭)·성도(成到, 4)-현오(명정상좌)·도연(度洑, 단응상좌)·나모(那牟, 경

---

333) 일엽문중 세계도는 문도회가 정리한 계보가 없어 필자가 직접취재로 확인한 자료에 의거해 정리했다. 본문서술은 그에 따른 것이다.

완상좌, 5)에게, 정현(3)은 소정(4)에게 각각 법을 전했다. 도성(2)의 제자 자인(3)은 종실(宗實)·종일·목조·지응·동오·동연·동주·지범·동묵·동묘·동범(4)-지민(智敏)·지명(智明)·윤서(允瑞)·득연(得燃, 이상 종실상좌, 5)으로 세계를 계승했다. 경희(2)의 제자 월송(3)은 취련(翠蓮)·취분·무영(無影)·단호(旦浩)·효천(曉昑)·범마(梵嘛)·청오(淸悟)·청화(靑和)·유성(宥性)·서해(西垓)·증문(曾問)·증용(曾容)·증심(曾心)·증완(曾完)·증휘(曾輝)·명진(明珍)·현재(玹材)·무여(無餘)·무이(無二)·현의(玹宜)·문성(聞晟)·구선(求善)·고경(古庚)·만성(晩成)·조은(早垠)·일연·조현(早玄)·경문(炅紋)·길주(佶住)·명법(明法)·진여(辰如, 4)-행오(취련상좌)·서우(瑞又, 청오상좌)·내하(來何)·인하(仁何, 이상 증용상좌)·우보(雨報, 증완상좌, 5) 등 현재까지 31명의 상좌와 5명의 손상좌를 배출해 일엽문도가 번성하는 실질적인 전기를 제공해주었다. 월송의 사제인 우석(3)은 동진·혜진(4)에게, 혜일(3)은 상휴·초운·건우(4)에게 계맥을 이었다. 법성(2)의 제자 홍륜(3)은 은일·무진·지묵·혜묵·인묵(4)에게 법맥을 전해주었다.

〈표12〉 일엽문중 개요

초조(개창조)	一葉
득도사	1928년 금강산 서봉암에서 李性慧를 은사로 출가 1928년 서울 선학원에서 滿空문하로 건당
연대(추정)	근·현대기[一葉(1896~1971)의 연보]
문중성립	1974년 일엽의 문집『미래세가 다하고 남도록』발간을 계기로 문도회 결성
명칭유래	초조인 一葉의 이름에서 유래
문도회장	덕숭산 수덕사 환희대에 주석하고 있는 月松이 사실상 문도를 대표하고 있다.
대표문도 (괄호안:世數)	一葉(1), 慶喜(2)-月松(3)-翠蓮·旦浩·淸悟·曾容·曾完(4)/ 우석(3)-동진·혜진(4)/혜일(3)-상휴·초운·건우(4), 道岸(2)-淨眞(3)-명정·檀應·景完(4), 日光(2)-至牛(3)-圓滿(4), 道成(2)-慈仁(3)-宗實(4), 法性(2)-興輪(3)-은일(4)

11) 보문종문중

가) 보문종과 문중연기

보문종문중(普門宗門中)은 서울시 성북구 보문동에 위치한 탑골승방 보문사를 총본산으로 삼아 1972년 4월 20일 창종한 세계유일의 비구니종단인 대한불교보문종의 창종주역인 설월당(雪月堂) 긍탄(亘坦, 1885~1980)[334]의 세계를 말한다.

보문종은 조계종과 별도의 독립적인 비구니종단으로 분류되나, 양 종단의 사정이나 교단정서상 비구니승가의 구성원으로서 상호교류하고 있는 실정을 감안해 비구니문중의 일원으로 포함시켰다. 보문종은 마하빠자빠띠 고따미를 종조로 삼고 신라 때의 비구니로 알려진 법류(法流)를 중흥조로 삼고 있다.[335]

보문사에는 조선후기부터 불려온 '탑골승방'이라는 별칭이 있다. 탑골승방은 서울의 낙산 아래 동망봉(東望峯)[336]을 경계로 청룡사·미타사 등 비구니 도량이 군집해 있어 생긴 이름이다. 보문사는 조선시대 탑골승방이라고 불렸던 옥수동의 드뭇개승방(미타사), 석관동의 돌곶이승방(청량사), 숭인동의 새절승방(청룡사)과 함께 비구니들이 거처하는 성 밖의 4대 비구니 사찰 중 하나이다. 조선조 제5대 왕인 단종의 비 정순왕후와 연관된 동망봉과 청룡사·미타사가 이웃해 있어 이곳이 왕비와 후궁들의 기도처였음을 짐작할 수 있다.[337]

---

334) 긍탄은 탑골승방 보문사가 세계유일의 비구니종단인 보문종 총본산으로서의 위상을 정립할 수 있게 한 실질적인 주인공으로서, 비구니계의 영원한 어머니로 추앙받고 있는 인물이다. 긍탄의 행장은 하춘생(1998), 『깨달음의 꽃』1, pp.235~247을 참고할 수 있다.
335) 대한불교보문종 홈페이지 www.bomunsa.or.kr
336) 수양대군의 왕위찬탈 이후 단종과 자형인 정종(鄭悰, ?~1461)이 유배당하자 단종의 비 정순왕후가 시누이가 되는 경혜공주와 함께 출가해 비구니가 되었는데, 그곳이 서울 숭인동의 청룡사다. 동망봉은 정순왕후가 단종의 유배지인 영월 쪽을 바라보면서 단종을 그리워했다고 하는 낙산의 돌산 봉우리를 말한다. 청룡사 위쪽에 위치해 있다.
337) 대한불교보문종 홈페이지 www.bomunsa.or.kr

보문종이 창종된 1972년 전후의 교단상황은 1962년 3월 25일 공식출범한 통합종단을 둘러싸고 비구 측과 대처승 측의 대립으로 매우 혼돈스러운 시기였다. 긍탄과 은영은 당시 보문사가 그 소용돌이에 휘말릴 위험에 처하자 어느 쪽에도 가담하는 것을 거부하기로 결심하고 비구니의 독립적인 권리와 능력을 인정받기 위한 방안을 강구했다. 재단법인 대한불교보문원을 설립하고 비구니와 여성의 권익과 위상을 높여 사회발전에 공여한다는 목적으로 마침내 비구니만으로 구성된 종단을 출범시키기에 이르니, 대한불교보문종의 창종 연기가 그와 같다.

1972년 창종 당시 초대 종정에 설월당 긍탄이, 초대 총무원장에 보암당(寶庵堂) 은영(恩榮, 1910~1981)[338]이 취임하면서 보문종문중은 이후 보문종의 창종 주역인 긍탄과 은영을 중심으로 세계를 형성하며 오늘에 이르고 있다. 현재 보문종은 긍탄의 세계를 계승하고 있는 문도와 오늘날 종단의 총림격인 전주 정혜사와 인연 있는 계민문중의 명주(明珠)·일조(日照)·혜안(慧眼)·혜일(慧日)·지환(智環) 등의 세계를 잇고 있는 문도들을 중심으로 운영되고 있다.

나) 문중계보와 분파현황

권말부록에 제시한 「보문종문중 세계도」에 의하면 문중 초조라고 할 수 있는 긍탄은 문하에 은영(恩榮)·명오(明悟)·확철(確鐵)·은각(恩覺)·은강(恩岡)·은득(恩得)·은진(恩眞, 2) 등 7명의 제자를 두고 문중의 계계승승을 부촉했다.[339]

긍탄의 맏상좌 은영은 9명의 상좌를 두었는데, 법준(法俊)·법훈(法訓)·법송(法松)·대원(大圓)·법관(法觀)·법춘(法春)·법종(法綜)·상륜(常輪)·

---

[338] 은영은 은사 긍탄과 함께 보문종을 창종해 교단내분으로 위기에 처했던 보문사를 수호하고 복지사업에 앞장설 수 있게 한 원력보살이다. 은영의 자세한 행장은 하춘생(1998), 『깨달음의 꽃』1, pp.263~275를 참고할 수 있다.

[339] 보문종문중 세계도는 문도회가 정리한 계보가 없어 필자가 직접취재로 확인한 자료에 의거해 정리했다. 본문서술은 그에 따른 것이다.

법신(法信, 3) 등이 그들이다. 이들 가운데 법준·법훈·법송·법관·법종·법신 등은 보문사에서 스승의 유훈을 계승했으며, 대원은 독립해 경기 의정부 대각사에서 종단의 사찰유지에 만전을 기했다. 법춘은 미국 시카고에 불심사를 창건해 교화활동을 펼쳤고, 상륜은 일본 오사카에서 포교활동에 전념하는 등 법춘과 상륜은 일찍부터 해외포교에 눈을 돌렸다.

문중 제4세로 문보에 올린 은영의 법손으로는 법준(3)의 상좌 덕현(德賢)·도명(道明)·지성(智性)·청민(靑敏)·선하(仙霞)·덕호(德浩, 4), 법훈(3)의 상좌 유광(有光)·경선(敬善, 4), 법송(3)의 상좌 인권(仁權)·인전(仁典)·성덕(聖德, 4), 대원(3)의 상좌 인구(仁求)·설연(雪蓮, 4), 법관(3)의 상좌 금타(錦陀)·현명(賢明, 4), 법춘(3)의 상좌 혜광(慧光)·혜인(慧印, 4), 법종(3)의 상좌 현진(賢眞)·현문(賢門)·현재(賢在)·현수(賢秀)·현해(賢海, 4), 법신(3)의 상좌 성능(聖能, 4)이 있다.

이후 덕현(4)의 세계는 진우(眞雨)·진상(眞常)·진호(眞浩)·진환(眞煥)·진양(眞陽, 5)-상연(相淵, 진우상좌)·해만(海滿, 진상상좌)·능견(能見, 진호상좌)으로, 도명(4)의 세계는 진아(眞雅, 5)로, 지성(4)의 세계는 진전(眞全, 5)으로, 청민(4)의 세계는 송묵(松黙)·송엽(松葉, 5)으로, 선하(4)의 세계는 진일(眞一)·정원(正源)·성원(成源)·자문(慈門, 5)으로, 덕호(4)의 세계는 진홍(眞弘, 5)으로, 유광(4)의 세계는 무공(無空, 5)으로, 경선(4)의 세계는 진언(眞言, 5)으로, 인권(4)의 세계는 도인(度忍, 5)으로 각각 계승되었다.

궁탄의 둘째 상좌로서 보문사를 평생 떠나지 않았던 명오(2)는 제자로 순형(順馨)·법민(法旼, 3)을 두었다. 순형(3)이 인태(仁太)·인성(仁成, 4)에게 사사하고, 현재 보문사 주지로서 문중세계를 계승하고 있는 인태(4)가 지원(志元, 5)-수행(修行)·원덕(原德, 6)으로 계맥을 이어오고 있다. 인성(4)은 하담(夏擔, 5)을 제자로 두고 있다. 순형의 사제인 법민(3)의 세계는 지봉(智逢)·지범(智範, 4)이 계승하고 있다.

긍탄의 셋째 상좌인 확철(2)은 은우(恩佑)·현성(玄成, 3)을, 긍탄의 넷째 상좌인 은각(2)은 법일(法一, 3)을, 긍탄의 여섯째 상좌인 은득(2)은 법정(法定, 3)을 각각 상좌로 삼았으나 이후의 후계제자를 두지 않았다.

〈표13〉 보문종문중 개요

초조(개창조)	亘坦
득도사	1891년 보문사에서 世長을 은사로 출가
연대(추정)	근·현대기[亘坦(1885~1980)의 연보]
문중성립	①1971년 재단법인 대한불교보문원 설립 ②1972년 4월 20일 대한불교보문종 창종
명칭유래	총본산인 보문사와 종단의 명칭을 그대로 차용
대표문도 (괄호안:世數)	亘坦(1), 恩榮(2)-法俊(3)-德賢(4)-眞雨(5)/法訓(3)-有光(4)-無空(5)/法松(3)-仁權(4)-度忍(5)/大圓(3)-仁求(4)/法觀(3)-錦陀(4)/法春(3)-慧光(4)/法綜(3)-賢眞(4)/法信(3)-聖能(4), 明悟(2)-順馨(3)-仁太·仁成(4)/法旽(3)-智逢·智範(4)

12) 기타문중

한국의 비구니문중은 이밖에도 청수사(靑修寺) 계보로 대표되는 두옥(斗玉)문중과 세등선원(世燈禪院) 계보로 대표되는 봉완(奉琓)문중을 비롯해 서울 청량사문중·서울 보문동 미타사 탑골문중·서울 옥수동 미타사문중 등 대표인물 내지 단위사찰 중심으로 독립세계를 이어오고 있는 문중이 산일(散逸)해 있다.340) 이들은 별도로 독립적인 문중을 형성하지 않았거나, 문중계보를 확인해주는 전거가 없어 초조(개창조)는 물론 이후의 구체적인 세계를 알 수 없다는 점에서 앞에서 논구한 문중과는 그 개념을 달리하는 계보들이다. 기타문중으로 포섭해 일별한 까닭은 그 때문이다.

---

340) 기타문중은 『한국비구니명감』(한국비구니연구소, 2007)에 수록된 비구니들을 필자가 분석 평가한 내용, 하춘생(1998/2001)의 『깨달음의 꽃』 1,2권과 전국비구니회(2007)가 발행한 『한국 비구니의 수행과 삶』 등을 참고하고, 필자가 직접 취재한 내력에 의거해 정리한 것이다.

두옥문중은 조계종 승단정화운동이 한창이던 1956년 전국비구니계의 추천으로 조계산 선암사 주지를 역임한 광호(光毫, 1915~1989)341)와 제주 관음사를 창건하고 법화사를 중창하는 등 제주불교를 중흥시킨 인물로 이름 높은 봉려관(蓬廬觀, 1865~1938)342)의 세계가 대표적이다.

1950년대 당시 광호의 선암사 주지역임은 동화사 주지를 역임한 계민문중의 성문(性文)과 함께 교구본사주지로 비구니가 부임한 대표적인 사례이다. 광호는 선암사 주지역임 이후 동학사 주지로 부임해 강당을 복원하는 등 동학사가 오늘날 비구니전문강원으로서 자리매김하는데 중요한 계기를 제공했다. 1923년 세수 불과 9세 때 운문사 청신암에서 혜원(慧圓)을 은사로 출가한 이후 1983년 조계종 전국비구니 금강계단 존증아사리와 1985년 조계종 전국비구니회 고문 등을 역임하고 1989년 1월 8일 세수 75세 법랍 66세로 입적했다.

광호는 문하에 법인(法印)·법희(法喜)·법능(法能)·능인(能忍)·법공(法空)·진우(眞佑)·법영(法暎)·보은(報恩)·법열(法悅)·법운(法雲)·묘현(妙玄)·보관(普觀) 등 12명을 상좌로 두었다. 법손자로는 지형(志炯)·지훈(志訓)·상욱·상경·지명(志明)·원만·현경(이상 법인상좌)·상운(법희상좌)·상용(법능상좌)·상진·상일·지연(이상 능인상좌)·진성(辰性)·지성(知聲, 법공상좌)·지은(진우상좌)·선덕(善德, 보은상좌)·선웅(법열상좌) 등이 세계를 잇고 있다.

광호의 장법손인 김천 청암사승가대학장 지형(志炯, 1947~현재)343)이 도업(道業)·도림(道林)·보련(普蓮)·도겸(道謙)·도현(道玄)·길장(吉藏)·명준(明俊)·명오(明悟)·도유(道逾)·도성(道成) 등을, 부산 부곡동 보덕사 주지 지훈(志訓, 1947~현재)이 도영(道暎)·자선(慈善)·수암(守岩)·휴담

---

341) 광호의 행장은 하춘생(1998), 『깨달음의 꽃』1, pp.155~165를 참고할 수 있다.
342) 봉려관의 행장은 혜전(2007), 「봉려관 스님과 제주불교의 중흥」,『한국 비구니의 수행과 삶』, 서울, 전국비구니회, pp.343~366을 참고할 수 있다.
343) 각주166과 같음.

(休潭)·범견(梵見) 등을 제자로 배출하고 세계를 계승하고 있다.

광호의 은사인 혜원은 광호와 함께 인선(仁善)을 상좌로 삼았는데, 인선은 성환(性環)·성각(性覺)·법련(法蓮)·법명(法明) 등 4명을 배출했고, 이 가운데 성환이 종열(宗悅)·종우(宗雨)에게 사사했다.

봉려관은 1865년 6월 14일 제주시 화북리에서 부친 순흥 안(安)씨 치복과 모친 평산 신(申)씨 사이 차녀로 태어나 이름을 여관(廬觀)이라고 하였다. 35세가 되는 1899년 심(心)출가의 인연을 맺고 한라산 중턱에 있는 동굴(현재 관음사 경내의 해월굴)에 기거하면서 주력정진에 매진하던 중 백의관음보살의 현몽에 따라 43세 때인 1907년 정미년 음력 12월 8일에 해남 대흥사에서 유장(宥藏)을 은사로, 청봉화상을 계사로 삭발수계했다. 1908년 정월 5일 제주로 돌아와 주민들의 불교에 대한 몰이해 속에서도 포교정진의 일념을 놓지 않았으며, 마침내 이듬해인 1909년 한라산 북쪽 아미산에 관음사를 창건하고 이후 계속해서 원당봉 불탑사와 시내 중심가에 관음사 포교당인 대각사를 창건했다. 한라산 남쪽에는 중문 법정산 법정사와 법화사를 중창하고, 제주서부지역인 한림면 고산리 월성사와 제주동부지역인 구좌면 김녕리 백련사 등을 창건했는가 하면, 바른 불법홍포를 위해 당시 조선불교대회 법사인 이회명(1866~1951)을 초청해 순회포교를 하면서 불교의 취지를 강연하는 등 수시로 법회를 열었다.344) 봉려관은 뿐만 아니라 1925년 12월 25일 제주불교협회 창립을 비롯해 이회명과 함께 제주불교부인회와 제주불교소녀단 등을 창설하는 등 200여 년 이상 무불경지(無佛境地)로 계속되어온 제주불교의 옛 명성을 재건하는데 헌신하다가 1938년 5월 29일 세수74세 법랍31세로 입적했다.345)

---

344) 혜전(2007), 「봉려관 스님과 제주불교의 중흥」, 앞의 책, pp.349~357.
345) 봉려관의 주요 행장과 관련해서는 『한국비구니명감』 및 제주도 한라산 관음사에 봉안된 행적비(2012.7.17.제막)의 간단한 이력과 혜전(2007)이 발표한 논문의 상세한 내용이 일정한 차이를 보이고 있다. 본 저술은 봉려관의 출생과 불교인연에 대해서는 혜전의 논문을, 주요 행장과 입적연도에 대해서는 『한국비구니명감』과 혜전의 논문을 함께 참고했다. 「제주도한라산법화사니사봉려관비명병서」에 의하면 봉려관은 을축년(1865) 6월

봉려관은 민기(1)-재준(2)-우청(3)-두옥(4)-유장(5)-봉려관(6)으로 계승된 세계를 이었다. 후손세계는 화선·대지월·성혜·길만·원만(7)-인하·인명(8, 이상 화선상좌)-법련·법현(9, 이상 인하상좌)-혜전·지호·수호(10, 이상 법현상좌)-대효·은영·의현·재효(11, 이상 혜전상좌)으로 계승되어 오늘에 이르고 있다.[346]

이상의 두옥문중에 속하는 광호와 봉려관의 계보는 민기(1)-재준(2)-우청(3)-두옥(4)에 이르러 두옥이 유장·성수·경윤·법신(5) 등 4명의 제자를 두면서 유장의 세계가 봉려관과 그 이후의 법손으로 계승되었고, 경윤이 혜원(6)을 제자로 두면서 혜원이 문하에 광호·인선(7)를 배출하면서 그 세계를 이었다. 이에 따르면 봉려관과 광호는 숙질간(叔姪間)이 되는 셈이다.

봉완문중은 대전 탄방동에 소재한 세등선원과 대한불교보문종 보문사 탑골방에 연기관계를 두고 있는 세등(世燈, 1926~1993)[347]의 은사 봉완(奉琓)의 계보이다. 세등은 서울 정각사 회주인 광우(光雨)와 함께 1968년 2월 조계종 전국비구니회의 전신인 우담바라회의 결성과 1972년 4월 긍탄·은영과 함께 세계유일의 비구니종단인 보문종 창종에 직접적인 역할을 담당했던 인물이다. 1972년 10월 대전시 탄방동에 세등선원을 창건하고 1988년 11월 재단법인 세등선원을 설립해 남자제접에 들어가는 한편, 법인산하에 등불유치원과 등불어린이집을 설립해 대중교화의 원력을 현실 속에 실천했다. 그의 세계는 복형-봉완-세등·재운·경화·경희·재호-의선(儀先)·광우(光雨)·수인(修印)·능환(能煥)·혜정(慧淨)·지견(芝見)·광이(光二)·법주(法珠)·상득(相得, 이상 세등상좌)·묘현·경은(이상 재은상좌)·혜명·묘관·혜공·혜원(이상 경희상좌)-명호(혜명상좌) 등으로 계승되고 있다.

서울시 동대문구 청량리동에 위치한 청량사문중은 자영(慈英)이 상길(相

14일 태어난 것으로 기록되어 있는바, 본 저술도 이를 따랐다. 입적연도와 관련해 관음사의 행적비에는 1936년 세수 71세 법랍 37세로 수록되어 있다.
346) 혜전(2007), 「봉려관 스님과 제주불교의 중흥」, 앞의 책, p.365.
347) 세등의 행장은 하춘생(2001), 『깨달음의 꽃』2, pp.199~212를 참고할 수 있다.

吉)과 묘길(妙吉)을 제자로 두면서 전해오고 있는 계보를 비롯해 원삼(元三)-혜관(惠寬)·혜명(惠明)·혜일(惠一)-보덕(혜관상좌)·법등(法燈, 혜명상좌)·광현(光玄)·성현(性賢, 이상 혜일상좌)의 세계와 재언-해은(海恩)-성법(性法)의 세계이다. 상길은 동희(東熙)348)·동근(東根)·자연·계진 등에게 사사했으며, 동희가 도윤(導允)·도법(導法)에게, 동근이 은진(恩盡)에게 각각 계맥을 전해 오늘에 이른다. 묘길은 동숙(東淑)349)-혜전(蕙田)·정관(靜觀)·혜담(蕙潭)·혜등(慧燈)으로 세계를 잇고 있다.

　서울 보문동 미타사 탑골문중은 탑골승방으로 전해오는 내력에 의해 붙여진 명칭이다. 경삼(敬三)-유명(有明)-지순(芝順)-원호(元胡)·보명(寶明)·송현·나원의 세계가 이에 해당한다. 원호(1946~현재)가 법주(法珠)에게 사사했으며, 보명(1954~현재)이 경륜(經輪)을 제자로 삼아 세계를 이었다. 보명은 1988년 「한국불교연화꽃꽂이회」와 1990년 「한국불교비구니꽃꽂이회」를 창립해 불교와 꽃예술의 접목을 통한 대중교화방안을 처음 실천한 인물이다.

　서울 옥수동 미타사문중은 금수암·칠성암·정수암 등의 산내암자가 법기문중으로 분류된 것과 달리 부속암자계보로 내려오고 있는 문중이다. 금보암의 계보인 내오(大悟)-새호(亲豪)-절은(徹恩)·광후(光厚)-싱우(광후상좌)의 세계와 용운암의 계보인 대성(大性)-문수(紋秀)-법련(法蓮)·법래·법우(法牛)·불퇴(不退) 등의 세계가 그것이다.

---

348) 동희는 중요무형문화재 제50호 영산재 기능전수자로서, 신촌 봉원사의 중요무형문화재 제50호 기능보유자였던 박송암(朴松巖)에게 사사받았다.
349) 동숙은 봉래문중의 성립기반을 제공해준 봉래문중 제3세 사득의 내력이 수록된 「금강산유점사열반계안서(金剛山楡岾寺涅槃稧案序)」를 청량사에 보관하고 있다가 이 문서의 행방을 찾아온 봉래문도회장 경희에게 이를 전해준 인물이다.

V. 근·현대 비구니 문중형성의 의의와 전망

1. 비구니 문중형성의 의의와 한계

지금까지 한국 근·현대 비구니의 세계형성과 문중성립, 그를 통한 사자상승의 인연관계를 살펴보았다. 우리는 이 과정에서 석가모니 부처님 재세시 곡절의 시련을 거치며 마침내 일궈낸 여성출가와 그 이후 전개된 비구니사에서 수많은 여성출가자들의 성성한 수행가풍은 늘 존재해왔음을 알 수 있었다. 불교교단사의 흐름이 비구중심으로 내려오면서 비구니들의 행적을 의도적으로 방치해온 바 없지 않으며, 더욱이 사자상승의 법맥계통에서는 비구니를 아예 소외시킨 편파적 역사와 다름 아니었다는 사실도 확인할 수 있었다.

비구만이 향유해왔던 법맥상전은 불멸 이후 인도에서는 물론이거니와 대승불교권인 중국과 한국에서조차 지속되어온 불교교단의 오랜 관행이자 불문율이었다. 이는 한국의 비구니승가가 오늘날 세계적으로도 유례를 찾아볼 수 없을 정도로 그 위상이 높은 까닭에 대해 의아해하는 사람들이 많다[350]는 현실성과는 또 다른 이율배반적인 현상이 아닐 수 없다. 비구니승가의 활로를 개척했던 근대기 이름 높은 비구니들의 전통승풍은 후학들의 문도결집으로 더욱 빛을 발하고, 그 결과 오늘날 독자적인 문중을 형성한 가운데 비구니의 위상강화는 물론 교단 안팎에서의 역할과 기능을 다하고 있는 현실을 보면 더더욱 그렇다. 근·현대기 비구니의 독립적인 세계형성과 문중성립이 던져준 현재적 가치를 여기에서 찾을 수 있다.

---

350) 해주(2007), 「한국 근·현대 비구니의 수행」, 앞의 책, p.162.

1) 비구니 위상증대와 문중형성 의의

　한국 근·현대기 비구니사의 전개는 격동의 역사만큼이나 매우 역동적인 모습을 보여준다. 불교수용 이래 국가적 불교에 기반한 고려시대와 숭유억불의 조선시대를 지나오면서 그림자처럼 계승되어온 비구니 계맥의 행적이 수면 위로 부상하기 시작한 것이 바로 이 시기라고 할 수 있기 때문이다. 비구니 스스로의 역사적 자각과 주체적 사고를 토대로 마침내 세계(世界) 유일의 독립적 승가체계를 갖추면서 잇단 전문선원 개설을 통한 선풍호지와 전문강원교육을 통한 강맥전승 등 활발발한 행적을 남기고 있는 사실이 그의 반증이라고 하겠다.[351]

　율장에 명시된 비구니의 이부승(二部僧) 구족계 수계의식제도가 복원된 (1982.10) 이후 전문율원 개설을 통한 계율수학(戒律修學)이 보편화된 것도 현대사에서 보여준 비구니승가의 특징적 변화라고 할 수 있다. 일제강점기 급속도로 확산된 승려대처식육에 따른 근대기 교단정화의 태동적 움직임에 있어서 비구니들의 역할과 광복이후 현대기 불교정화운동과정에서 보여준 비구니들의 활동상도 오늘날 조계종단의 위상정립에 적잖은 영향을 끼친 주요한 요소라고 할 것이다.[352]

　한국의 비구니승가가 이처럼 근·현대기를 거치며 지율(持律)과 지선(持禪)과 지혜(持慧)의 조직적인 삼학체계를 갖추고 괄목할만한 성장을 이룬 것은 한국불교사를 넘어 전체 불교통사적 차원에서도 매우 기념비적인 일이라고 할 수 있다. 출가교단을 반분하는 비구니승가의 이 같은 독립적 위상정립은 지금도 여전히 상좌부 전통에 따라 사미니는 반드시 비구를 은사로 모셔야 하는 남방불교권의 성차별 현실과는 다르게 비구니승가의 계맥이 생생히 살아 숨 쉬고 있다는 반증이며, 역사 속에 잠재된 비구니들의 가행정진 수행력이 수면 위로 급부상하면서 교단사의 한 축으로 자리매김했

---

351) 하춘생(2010), 「근·현대 비구니사의 전개와 문중확립」, 앞의 책, pp.292~293.
352) 하춘생(2010), 「근·현대 비구니사의 전개와 문중확립」, 앞의 책, p.293.

음을 보여주는 실례라고 할 수 있다.353) 한국 근·현대기를 수놓았던 비구니들의 구법행각과 그들이 터득한 성성적적(惺惺寂寂)한 경지에 갈음하여 비구니의 문중형성과 법맥상승 관계를 고찰하는데 본 연구의 기본취지를 둔 까닭이 여기에 있다.

이에 한국 근·현대 비구니의 문중형성이 던져준 가치와 교단사적 의의를 일별하면 다음의 몇 가지로 정리할 수 있겠다.

첫째, 비구만의 전유물로 여겨왔던 사자상승의 법맥구도가 비구니에게도 엄연히 존재해왔다는 역사적 사실(史實)을 비로소 시방에 드러낸 점을 들 수 있다. 이 같은 사실은 본문 제Ⅲ장에서 이미 고찰한 바 있는 강학(講學)과 전계(傳戒) 등을 통한 사법전등(嗣法傳燈)의 엄연한 사실(史實)과, 수선(修禪)전통에 의한 선풍호지 활동이 은상좌연(恩上佐緣)의 사자(師資)관계를 이어오는 속에서 면면히 계승되어온 사실(史實) 등이 그 반증이라고 할 것이다. 문중형성은 바로 그러한 비구니승가의 역사성과 역동성을 갈음하는 결정체로 이해할 수 있다.

둘째, 문중의 현실적 측면에서 바라본 비구승가의 위세와 견주어 비구니승가의 비등한 면모를 확인시켜준 일대사가 아닐 수 없다는 점에서 비구중심의 교단운영체제에 일정한 변화를 추동하고 있다는 사실이다. 현하 조계종단에 존립하고 있는 비구니문중은 본문 제Ⅳ장에서 고찰한 바와 같이 10여 개에 이른다. 문중현황을 통해 출가양중의 거의 절반을 차지하고 있는 비구니승가의 수적 규모가 만만치 않음도 확인한 바 있다. 비구니승가의 이러한 현실은 경허성우(鏡虛惺牛)와 용성진종(龍城震鍾)을 태두로 하는 덕숭·범어 등 양대 문중을 위시해 연백문중과 통도사·송광사·동화사를 본산으로 하는 몇몇의 독립문중이 건재하고 있는 비구문중과 비교하더라도 결코 소외될 수 없는 위세를 나타낸다. 이는 곧 교단 내 모든 분야에서의 비구중심 교단운영체제에 변화를 주지 않고서는 불교의 미래를 논할 수 없다

---

353) 하춘생(2010), 「근·현대 비구니사의 전개와 문중확립」, 앞의 책, pp.293~294.

는 인적구도가 형성되었음을 말해준다.

셋째, 비구니승가의 독립적 위상을 확보함으로써 비구니 스스로의 자긍심 고취는 물론 비구니의 면모에 대한 곡해 내지 차별적 시각에 일정한 교정을 촉(促)하는 중대 계기로 작용했다는 사실을 간과할 수 없다. 문중형성은 곧 당해 집단의 독립성을 의미한다고 볼 수 있다. 독립성 확보는 곧 당해 집단의 위상강화와 직결된다. 비구니승가의 자긍심을 드높이는 이 같은 위의확립은 앞에서 구명한 바와 같이 선·교·율의 전등계보에서도 여실히 확인할 수 있다. 비구니를 단지 여성이라는 틀에 가두고 역할과 기능을 제한하는 차별적 교단운영행태를 시정하겠다는 당위론적 문제의식의 발로가 문중형성으로 나타났다고 보는 이유가 그것이다.

넷째, 문도결집에 따른 비구니승가의 역량강화와 그를 통해 불교의 대사회적 역할을 강화할 수 있는 필요충분조건을 구축한 점이다. 오늘날 한국사회는 산업화시대를 거쳐 정보화시대로 접어들면서 다변화와 거대화라는 급변의 소용돌이 속으로 들어왔다. 이러한 사회변화는 그동안 출가중심의 수행제일주의 정서 속에서 무시되어온 종교적 이타행과 대사회적 역할 등의 과제가 새로이 제기된 것을 말하며, 종교집단도 그에 걸맞은 공동체로 확장·선환하지 않으면 노태될 수 있다는 사실을 말해준다. 비구니의 문숭형성은 문도 간 결집을 통한 논의의 구조를 마련했다는 점에서 교단 내·외적 역할을 모색할 수 있는 전기가 될 것으로 본다.

다섯째, 교단 내 비구니와 관련된 차별적 과제해결에 있어서 비구니 스스로의 의식구조 개선문제를 '문도회'라는 공론의 장으로 상정해 풀어갈 수 있는 분위기를 조성했다는 점이다. 강조하건대, 교단 내 출가양중의 불평등 관계를 풀어가는 일은 전적으로 비구니 스스로의 몫이다. 비구니는 위상정립의 주체이면서 동시에 의식개혁의 대상이라는 엄연한 현실을 심각하게 받아들여야 하는 이유는 그 때문이다. 각 단위문중별 문도회에 비구니들의 사고의식을 고양시킬 수 있는 교육시스템을 갖춰 후학교육에 매진하는 모습을 보인다면 문중에 대한 부정적 시각을 일소할 뿐더러, 족벌 내지 파벌 개념이 아닌 공동체의 총화로 자리매김할 수 있을 것이다.

여섯째, 대중공의를 회복해 출가본연의 승풍을 진작하고 시대성을 대변하는 조직적 마인드 형성을 통해 한국불교의 희망을 담보하는 '마지막 보루'로서의 기대감을 드높였다는 사실이다. 문중의 보편적 정의는 족벌개념이 강한 게 분명하다. 힘의 조직화, 파벌의식의 발로, 이해관계의 조직체 등 부정적 이미지가 강한 것도 부인할 수 없다. 하지만 이를 불교공동체 개념으로 수용한다면 의미는 전환될 수 있다. 승가(僧伽:Saṅgha)라는 개념이 화합공동체를 의미하고, 화합공동체라고 함은 역설적으로 갈등구조가 클 수밖에 없는 인적자원들이 무작위로 집단화된 현실적인 문제의 대안으로 수용된 용어라고 할 수 있다. 유의할 것은 그러한 역설적인 정의를 현실 속에서 어떻게 실현하는가의 문제이다. 대중공의를 회복하고 일불제자로서의 출가정신을 진작하는 일이 그것이다. 문중의 위의가 승가의 그러한 개념과 다르지 않을 수 있다는 점과 함께, 시대를 선도하는 종교적 역할을 승가와 문중이 시의적절하게 분담할 수 있는 여건과 구조를 형성하는 일이 매우 유의미할 것이다. 한국불교의 마지막 보루로서의 비구니승가에 거는 희망이 그와 같다.

이상에서 살펴본 내용처럼 근·현대 비구니의 문중형성은 석가모니 부처님 재세 시 비구니승가의 성립과 견줄 정도의 기념비적인 일로서 교단사적 의의가 매우 크다고 할 수 있다. 비구니의 문중형성이 던져주는 이 같은 가치와 의의를 통해 우리가 주목할 점은, 역설적으로 비구니 스스로의 자문을 요구받는 역사적 교훈일 수 있다는 사실이다. 즉, ①비구니의 문중형성이 상징하는 현재적 가치와 의의가 지고함에도 불구하고 여전히 존재하고 있는 출가양중의 구조적인 모순에 대한 순응적인 자세를 비롯해 ②선조사들의 뿌리를 찾고 맥을 이어나가야 할 막중한 책임을 절감하는 사고의식이 비구니승가 전체로 확산되고 있지 못한 점 ③당해 문중의 제한된 구성원 내지 비구니승가 안에서만 비구니문중을 이해하거나 교감하고 있는 점, 그러다보니 ④승가문중은 오로지 비구문중만이 존재하는 것처럼 각인된 교단 현실 등은 근·현대 비구니의 문중형성이 던져주는 당위적 가치와는 별개로 비구니문중의 또 다른 현재적 위상을 대변한다고 볼 수 있다.

물론 비구니승가의 이러한 내부적 동향은 비구니문중의 현황을 일별하고 그의 전반을 구명하게 된 본 연구의 취지와 가치를 갈음하는 배경일 수 있다. 그럼에도 불구하고 문도결집을 통한 비구니의 문중성립을 지켜보면서 우려되는 바 없지 않은 것도 사실이다. 힘의 조직화를 통한 종권과 이해관계에 촉각을 두고 있는 오늘날 비구문중의 부정적인 모습을 결코 강 건너 불구경의 대상으로만 치부할 수 없는 교단현실 때문이다. "선대 스승들의 유훈을 받들어 수행과 교화에 힘쓰고, 선조의 기일이나 탄신일을 맞아 지손들의 조우를 촉하며, 이를 통해 사자간의 인연과 법맥을 보존하고 수행에 피차 탁마하기를 바란다."는 소박하면서도 비구니승가의 체계정립을 위한 다부진 결의를 다졌던 문도결집 당시의 초발심을 잃지 않는 경책이 다시금 필요한 시점인 것이다.

2) 비구니 문중형성의 한계와 과제

불교는 인류의 큰 스승인 석가모니 부처님의 출가정신으로부터 시작되었다고 해도 과언이 아니다. 부처님의 출가를 '크나큰 방기(放棄)' 라고 말하는 까닭은 현세의 영화를 던져버리고 왕가의 권세도 뒤로 하였기 때문이다. 뿐만 아니라 지중(地中)과 공중(空中)에 산처럼 쌓인 재보(財寶)에도 마음을 두지 않고 오직 구도의 열정으로 칠흑 같은 머리카락을 자르고 분소의(糞掃衣)를 입은 거리의 수행자가 되어 일생을 무소유의 삶에 자족하였기 때문이다.[354]

---

354) 중촌원(1969), 『원시불교』1, 「ゴータマ ブッダ」, 동경, 춘추사, p.78. ; 본각(2007), 「비구

불교는 그렇듯 부처님의 출가정신으로 비롯되었고, 출가는 '버림'을 본질로 삼고 있다. 어떠한 버림과도 견줄 수 없는 '크나큰 버림'으로부터 비로소 불교는 출발했으며, 출가행각은 그로부터 시작되고 있는 것이다. 이는 곧 공동체의 구도정신을 근간으로 청정성을 담보하고 있는 승가(Saṅgha)의 수행주의와 그 맥을 같이 한다고 볼 수 있다. 족벌 내지 파벌을 의미하는 문중에 대한 세간의 개념이 출가교단의 기본정신과 병립될 수 없다는 강한 메시지로 이해해도 무방한 것은 그 때문이다.

비구니의 문중형성을 바라보는 시각이 출가교단은 물론 비구니승가의 일각에서조차 곱지 않은 것은 그 같은 불교의 근본정신과 배치된다는 원칙적 논리가 앞서기 때문이다. 아울러 작금의 비구니승가의 내면을 들여다볼 경우 문중형성에 따른 부정적인 모습을 전면 배제할 수 없는 현실도 곱지 않은 시각을 더욱 부채질 하고 있는 것이 사실이다. 일찍이 비구문중을 통해 학습한 바와 같이 비구니 스스로 문도회 내지 문중의 개념을 족벌 내지 힘의 조직화를 의미하는 파벌 개념으로 이해하면서 비구니승가를 더욱 분열시키고 집단이기의식만을 고착시킬 우려가 없지 않다는 이유에서이다.

그렇다고 비구니의 문중형성이 던져주는 부정적 시각을 경계할 수 있는 당위가 전혀 없는 것은 아니다. 인도에서 부처님 재세 시 초기 비구니승가가 성립한 이후 오늘날 한국불교에 이르기까지 의도적으로 소외되었던 비구니승가의 지난한 역사성을 살펴볼 때, 근래 들어 비로소 나타난 문중형성의 교단사적 의의를 전면 부정할 수 없을 뿐더러 교단사 흐름에 새로운 전기를 제공해준 것만은 분명한 사실이기 때문이다.

바로 이 같은 이중성이 내재된 교단현실에서 비구니의 문중형성이 던져주는 일정한 한계가 내재되어 있음을 확인할 수 있다. 문중형성이 지니는 한계는 현실적으로 반드시 해결하고 가야 할 현안과제와 다르지 않을 터이다.

니승가의 출가정신에 대한 고찰」, 『세주묘엄주강오십년기념논총』, 수원, 봉녕사승가대학, p.307에서 재인용.

첫째, 비구니문중이 형성된 시기와 그 배경에 대한 곱지 않은 시각과 관련해 문중개념의 전환이 필요하다는 점이다. 한국의 비구니문중은 본 연구의 주제에서도 알 수 있듯이 근·현대기를 수놓았던 비구니 고승들을 중심으로 현대기에 들어서면서 비로소 성립되었다. 당해문도들이 문중형성에 실질적인 전기를 제공했던 근·현대 비구니 고승들의 생신일이나 기일에 모여 선조사들의 유지를 받들고 우의를 다지며 정기적인 회동의 필요성을 절감하면서 문도회를 결성하게 된 것이 마침내 문중형성으로 이어진 것이다. 각 문도회를 중심으로 『문중계보』를 발행하고 문중성립을 수면 위로 공식 드러내기 시작한 시기가 대체로 1970년대 전후로부터 최근에 이르기까지로 확인되고 있다. 전항에서도 살펴본 바와 같이 이 시기는 우리 사회 전반적인 변화와 함께 여성학이 도입되고 페미니즘의 기운이 본격화되었으며, 1980년대부터는 페미니즘 물결이 급류를 타던 때이다. 여권신장에 대한 사회적 인식이 확산되면서 비구중심의 불교교단에서도 서서히 비구니들의 목소리가 높아져 교단 내 성차별 논쟁이 급속 확산되던 시기가 이즈음인 것이다. 비구니들의 문도결집과 문중형성이 이러한 시대적 조류와 무관하지 않다는 점에서, 17~18세기 조선사회에 불기 시작한 족보편찬과 문중의식 강화라는 사회적 현상이 비구승단에도 그대로 반영되어 법통과 법맥구도의 형성 내지 문중성립으로 나타난 이른바 '사조(思潮)의 편승'이라는 성격을 벗어나지 못하고 있다는 지적은 그 때문이다. 특히 1970년대 이후는 본격적인 산업화와 함께 전통사회가 점차 해체되던 시기라는 점에서 혈연·지연·학연에 의존하는 전근대적 연고의식의 배경이 되는 '가족주의'와 그 확장인 '유사 가족주의'의 발로라고 할 수 있는 출가양중의 문중형성을 부정적 경향으로 보는 것은 당연한 비판일 수 있다는 것이다.

둘째, 비구니의 문중형성이 사회적 현상을 반영한 '사조의 편승'이라는 성격규정은 문중형성이 승가의 분열을 조장하거나 집단이기의 전형으로 비쳐질 수 있다는 점에서 공동체 의식 확산의 문제이다. 문중활동이 당해 문도회의 이기를 추구하기보다 문중상호간의 활발발한 교류를 통해 전체 비구니의 교단 내 위상정립과 대사회적 활동 강화를 모색하는 방향으로 설정되어야 하는 이유는 그 때문이다. 현재 비구니승가를 대변하는 전국비구니회의 체제정립과 그를 통한 비구니 전체의 역할강화 및 위상정립도 그로부터 가능할 것이다.

셋째, 비구니의 문중형성에 대한 교단 안팎의 부정적 시각을 벗고 일불제자로서 참다운 출가정신을 어떻게 구현할 수 있는가의 해답을 찾는 일이다. 문중 형성 이전에도 역사 속의 비구니는 엄연히 존재하고 있었고, 그들의 출가정신은 시대를 관통하며 오늘에 이르고 있음을 부정할 수 없다. 산업화시대를 거치며 사찰에도 경제적 개념과 물질적 작용이 확장되면서 그에 따른 은상좌 간의 결집력이 점차 강화되는 계기가 문중형성으로 나타났다는 일각의 지적은 어느 정도 개연성 있는 분석이다. 문중형성이 오히려 출가본연의 가치와 불가의 고유한 수행정신을 훼손하고 문중간의 갈등을 조장해 비구니승가의 화합을 파하는 배경으로 작용해선 안 되는 이유이다.

넷째, 각 문도회가 발행한 『문중계보』가 정치(精緻)하지 못한 면도 지나칠 수 없는 명제이다. 기존에 발행된 『문중계보』를 분석해보면 수록내용이 은상좌연에 기반한 단순한 족보형식의 세계와 행장의 약술에 그치거나, 심지어 주요 문도들에 대한 행장조차 없이 법명만을 나열하고 있는 경향도 없지 않다. 『문중계보』의 이러한 편집방식은 후손들에게 세계선상의 법명만을 남기는 우를 범함으로써 선조사들의 삶과 공적과 시대적 역할을 계승할 수 없는 문제점을 안겨준다. 법맥상전의 사자상승 관계가 뚜렷하지 못한 아쉬움은 물론이고, 이를 통해 비구니승가의 발자취와 교단사적 의의 등을 조명하기란 불가능하다는 과제를 던져주고 있는 것이다.

다섯째, 『문중계보』를 정치하게 정리하지 못하는 것은 문중 내지 문중형성의 한계를 대변해주는 단면일 수 있다. 그것은 또한 문중의 특징적 가치와 성격, 세계선상의 인물들의 역사성 등을 선명하게 구명하는 일이 일정한 한계에 부딪칠 수밖에 없는 근원적 배경이기도 하다. 전항에서 살펴본 바와 같이 비구니의 문중형성이 1970년대 산업화와 페미니즘의 기운이 일기 시작하던 사회적 현상과 맞물려 하나의 '붐' 현상으로 일어난 시대적 배경도 『문중계보』가 정치하게 발행되지 못한 원인일 수 있다. 『문중계보』를 시방에 내놓는 일은 문중연구의 사료적 가치를 부여받는 일이 전제되어야 한다. 비구문중이 문도를 비롯해 법통・법맥의 사법(嗣法)관계와 그들의 행적을 각종 저술이나 비문에 기록하고 상량문・중창기・영당기 등에도 남기는 등 다양한 작업을 통해 계계승승해오고 있는 저간의 사실(史實)에 비하면 비구니문중의 전등 사료를 하루빨리 정립할 필요가 있다.

비구니의 문중 형성이 갖는 한계와 과제의 일면들이 이상에서 살펴본 바와 같다. 비구니문중의 그러한 한계는 곧, 본 연구 작업이 비구니의 문중연구와 관련한 당위적 동기부여로서 그 소임을 다하고 보다 더 진전된 연구 성과를 향후과제로 남겨놓을 수밖에 없는 까닭이기도 하다.

3) 한계극복을 위한 합리적 모색

비구니의 문중형성이 던져준 한계를 극복하고 직면한 과제를 해결하는 일은 당해 문중은 물론 비구니승가의 위상정립과 직결되는 문제라고 할 수 있다. 문중성립을 공식화함으로써 문중을 파하는 일은 어떤 형태로든 불가능할 것이기 때문이다. 이미 형성된 문중의 당위적 가치와 긍정적인 역할을 찾아야 함은 물론 출가본연의 정신을 회복하기 위한 방안마련과 불교발전을 위한 적극적인 행보에 나서야 하는 것은 이젠 시급하고도 필요불가결한 일이 된 것이다. 그의 합리적 대안을 몇 가지 측면에서 살펴보면 다음과 같다.

첫째, 비구니의 문중형성이 '사조(思潮)의 편승'이라는 오해와 화합공동체를 저해하는 '집단이기' '족벌' '파벌'의 전형이라는 시각을 불식시키는 일이다. 이를 위해서는 당해 문중에 속한 문도끼리만의 교류를 넘어선 문중 간 상호교류를 활성화할 수 있는 기획프로젝트를 공유하는 일이 필요하다.

이러한 문중상호연계시스템은 자파문도의 이해관계를 떠나 비구니의 위상정립과 대사회적인 역할은 물론 일불제자로서의 출가정신을 회복하기 위한 방안마련을 대중공의로 풀어가는 합리적인 창구가 될 수 있다.

둘째, 각 문도회가 추존한 당해문중의 초조 내지 개창조를 비롯해 세계를 형성하고 있는 주요 인물들에 대한 사실적(史實的)인 행장을 구체적으로 밝혀내는 일이다. 당해 문도회 내지 전국비구니회 산하에 비구니문중연구에 천착할 수 있는 학문적 시스템을 가동하고 인적자원을 확보해 학술적 탐구를 지속할 수 있는 여건마련이 요구된다. 문중 대 문중이 서로 연계해 공동으로 학문연구시스템을 상설가동하고 공동세미나를 정기적으로 개최하는 것도 좋은 방안일 수 있다.

셋째, 비구니문중의 토대를 형성하고 있는 은상좌연의 세계방식을 지율(持律)·지선(持禪)·지혜(持慧)의 삼학체계로 세분화해 법맥상전의 신빙성을 확보하고 그들의 사상성을 구명하는 작업도 간과할 수 없는 명제이다. 이 또한 전항의 대안마련이 선결조건일 것이다. 지금 이후의 후손세계들부터라도 삼학체계에 의한 계맥이 뚜렷한 경우는 법계관계를 더욱 분명히 하고, 은상좌연에 포섭된 사자관계일 경우는 상좌의 수행정도와 그 경계를 구분해 어느 상좌에게는 선을, 어느 상좌에게는 교를, 어느 상좌에게는 율을 전수하는 등의 삼학체계를 수립해 법을 사사하는 방식의 전형을 정립할 필요가 있다.

넷째, 각 문도회의 『문중계보』에 수록된 문도들의 약술된 행장(일부는 법명만 나열하고 있음)을 구체화해 『문중계보』를 보다 더 정치(精緻)하게 발행하는 일이다. 문중을 형성한 취지가 문도결집을 통한 상호교류와 화합을 토대로 세계를 계승하는 일인 만큼 문중활동을 수면 위로 드러내는 일은 불가피하다. 필자가 근대 비구니 고승들의 행장을 취재할 당시 겉으로 드러내는 일을 꺼려했던 일부 비구니 후학들의 사고유형이 여전히 존재하는 바 없지 않겠으나, 문중형성이 던져주는 불가피한 면을 부정할 수 없다면 보다 적극적인 문보 편찬을 통해 문도들의 행장을 구체적으로 남겨놓는 일은 후학들을 위한 소명일 수 있기 때문이다. 물론 이 또한 학문적 연구시스템에 의한 사실성(史實性)이 확보되어야 한다는 전제가 따른다.

다섯째, 비구니의 역할증대를 모색한다는 차원에서 비구니의 현황파악을 자세히 해나갈 필요가 있다. 비구니들의 교육과 수행, 지계와 봉사 등 각 부분마다 도달되어 있는 비구니들의 공부를 점검해 더욱 심화시키고 각각의 역할을 증대시키기 위해 체계적인 파악시스템을 마련355)할 수 있는 행정체계를 각 문도회별로 갖추는 것도 문중에 대한 부정적 시각을 극복하는 좋은 방안일 수 있다.

여섯째, 각 문도회와 전국비구니회를 연계한 위상정립시스템을 구축해 비구니의 역할과 기능을 극대화하는 방안을 모색하는 일이다. 비구니가 중심되어 한국 여성불자들의 에너지를 활용하고, 여성불자들이 불교발전에 이바지할 수 있도록 신행의 구심점356)으로서 비구니가 자리매김할 필요가 있는 것이다. 이러한 방안을 현실화할 수 있다면 각 단위문중의 특색 있는 저력이 전국비구니회로 일원화될 수 있으며, 나아가 재가불자 다수를 차지하고 있는 여성불자들의 신행지표를 제시함은 물론 비구니승가의 무한한 가능성을 담보할 수 있을 것이다.

비구니문중과 관련해 이상의 몇 가지 과제해결을 위한 합리적 대안을 모색했다. 이를 현실 속에 구현할 수 있다면 문중연구를 통한 비구니의 위상정립은 물론 교단 안팎에서 비구니의 역할과 기능을 보다 확대해 불교와 인류사회발전에 공헌할 수 있는 전기를 마련할 수 있을 것이다. 현대기에 들어서서 형성되기 시작한 비구니문중에 대한 부정적 시각을 극복하고 긍정적 의의를 더욱 극대화할 수 있는 비구니승가의 고민이 필요할 때이다.

---

355) 해주(2003), 「비구니교단의 현황과 전망」, 『비구니』(2003.8.1), 대한불교조계종 전국비구니회 회보, p.27.
356) 해주(2003), 「비구니교단의 현황과 전망」, 앞의 책, p.27.

교단 역사상 처음으로 '비구니연구소'를 설립해 비구니 관련 모든 데이터를 뱅크화 하고 학문적 연구토대를 제공한 중앙승가대학교 교수 본각(本覺)의 사자후를 들어보자.

"요즈음 불교계의 현실은 승려의 노후를 걱정하는 말들로 가득하다. 사찰의 주지는 부잣집 자식인양 상주(常住)의 물건을 독식하고, 힘없고 곤궁한 승려는 외로움과 생활고에 시달리고 있다. 개인사찰을 건립해 생활이 안정된 몇몇 승려들은 안온에 빠져 귀족처럼 행세하는 것이 오늘날 승가의 현실이다. 더욱이 출가정신을 망각한 일부 승려의 세태는 속인보다 더 속된 생활로 향락에 빠져 있어 낯 뜨겁고 안타깝기만 하다. 조선조 500년의 모진 고난을 버텨온 한국불교가 불교의 근본정신을 망실하고 사찰이 세속에 물들어 삶을 영위하기 위한 생활수단의 장으로 전락해버린 상황에서, 불조의 참다운 가풍을 확립하는 일은 그 무엇보다도 대단히 중요하고 시급한 문제이다. 부처님의 위대한 가르침 그대로 비구·비구니승가가 크나큰 방기(放棄)와 함께 욕락과 갈애를 끊어버리고 대자유인 열반을 얻는 출가의 근본정신을 더욱더 철저히 구현해야 할 것이다." [357]

비구니의 문중형성이 주는 교단사적 의의와 현실적인 희망 이면에서 비구니승가를 오히려 분열시켰다는 일부 비구니들의 자조 섞인 비판이 없지 않은 것은 오늘날 비구니문중의 또 다른 자화상이요 속앓이일 수 있다. 비구문중을 통한 학습효과도 그렇거니와 비구니문중에 대한 안팎의 부정적 시각을 극복하는 일이 문중형성의 의의와 전망을 더욱 증장시킬 수 있다는 진언을 간과해선 안 되는 이유가 여기에 있다.

---

357) 본각(2007), 「비구니승가의 출가정신에 대한 고찰」, 앞의 책, pp.339~341.

2. 비구니승가의 현재 위상과 비판적 검토

불교는 기본적으로 계급 또는 신분차별이나 성적차별을 인정하지 않는다. 석가모니 부처님은 이에 대한 차별 없이 만인에게 평등을 설했으며, 단지 비구·비구니·우바새·우바이로 받아들였다. 부처님에게는 계급도 신분도 남성도 여성도 중요한 것이 아니었다. 이 같은 사상은 제자들에게도 그대로 이어졌다. 부처님의 시자 아난다가 당시 천민이었던 마팅가의 소녀로부터 평온한 마음으로 물을 받아 마셨다는 일화도 그렇거니와, 부처님이 성도 후 고향인 까삘라왓투를 방문해 500인의 석가족 청년들을 출가시켰을 때 비교적 하위에 속하는 카스트출신의 이발사 우빨리가 아침 일찍 출가하고 다음날 귀족청년들이 출가하자, 부처님이 그들로 하여금 교단의 선배로서 우빨리에게 예배하게 했다는 일화는 불교의 카스트제도에 대한 생각을 잘 보여준다.358) 부처님께는 신분차별성이나 남녀차별성도 보이지 않으며, 여러 율전에서 전하는 바와 같이 교단 내 서열은 오직 법랍 순에 따르고 있음을 반증해주는 대목이다.

그런데도 역사 속의 비구니는 「팔경계법」과 '여인은 성불할 수 없다'는 이른바 「여인오장설」,359) 그에 따른 「변성남자성불설」360)과 「정법기간 오

---

358) 신성현(1995), 「율장에 나타난 남녀차별의 문제」, 『불교학보』32, 동국대 불교문화연구원. p.251.
359) 『불설초일명삼매경』권下, 『대정장』15, p.541中. 이 경전은 여인오장설에 대한 이유를 다음과 같이 구체적으로 설명하고 있다. 첫째, 제석(帝釋)이 될 수 없다. 그 까닭은 용맹스럽고 욕심이 적어야 남자가 될 수 있는데, 여러 가지 악의 교태가 많기 때문에 여인이 된 것이니 하늘의 제석이 될 수 없다. 둘째, 범천(梵天)이 될 수 없다. 그 까닭은 청정한 행을 받들어 더러운 때가 없으며 4등심(等心)을 닦고 4선(禪)을 닦아야 범천에 오르게 되는데, 음행을 멋대로 하면서 절제가 없었기 때문에 여인이 된 것이니 범천이 될 수 없다. 셋째는 마천(魔天)이 될 수 없다. 그 까닭은 10선(善)을 완전히 갖추고 삼보를 존경하며 양친을 효도로써 섬기고 어른과 노인에게 겸손하게 순종해야 하는데, 경솔하고 교만하고 온순하지 못하며 바른 가르침을 헐뜯고 시샘했기 때문에 여인이 된 것이니 마천이 될 수 없다. 넷째, 전륜성왕(轉輪聖王)이 될 수 없다. 그 까닭은 보살의 도를 행하고 중생을 자비로이 여기며 3존(尊)과 선성(先聖)과 사부(師父)를 받들어 공양해야 전륜성왕이 되어 4천하를 주관하고 백성들을 교화하며 널리 10선을 행하고 도덕을 존

백년 감소설」 등의 불교계율에 의해 마치 출가교단의 죄인인 양 몸을 사려 왔던 경험을 갖고 있다. 교단 내 이 같은 여성차별361)의 문제가 제기된 것은 대체로 불멸직후 결집을 주도한 대중의 보수적 성향에서 기인한 것으로 볼 수 있다.362) 부처님이 입멸에 즈음해 아난다에게 이르기를 "소소계(小

> 숭하며 법왕이 되어 가르치게 되는데, 숨은 교태가 여든네 가지나 있고 청정한 행이 없었기 때문에 여인이 된 것이니 성제(聖諦)가 될 수 없다. 다섯째, 붓다(Buddha)가 될 수 없다. 그 까닭은 보살의 마음을 행하여 모든 중생을 가엾이 여기고 대자대비로써 대승의 갑옷을 입으며, 5음을 녹이고 6쇠를 없애며, 6도를 넓히면서 깊은 지혜의 행과 공(空)·무상(無相)·무원(無願)을 환히 알고 3해탈문을 초월하며, 아(我)와 인(人)이 없고 수(壽)도 없고 명(命)도 없음을 알며, 본래부터 없다는 것과 불기법인(不起法忍)을 분명히 알며, 온갖 것은 마치 요술과 같고 허깨비와 같으며 꿈과 같고 그림자·파초·거품더미·아지랑이·번갯불·물속의 달과 같다고 분별하며, 5처(處)는 본래 없고 3취(趣)라는 생각이 없어야 붓다가 될 수 있는데, 색욕과 더러운 생각(婬情)과 숨은 교태에 집착하여 행동과 말과 뜻이 달랐기 때문에 여인이 된 것이니 붓다가 될 수 없다. 이 다섯 가지 일에는 모두 근본과 본말이 있다. 이밖에 『증일아함』권38(『대정장』2)에 여인오장설과 관련해 다음과 같은 이야기가 수록되어 있다. 모니라는 여인이 보장여래에게 수기를 청하면서 수기를 주지 않으면 자살하겠다고 극단적인 발언을 서슴지 않았으나, 보장여래는 수기를 줄 수 없을뿐더러 여인의 몸으로는 제석·범천·마천·전륜성왕·붓다 등 다섯 가지는 될 수 없다고 말했다는 것이다. 『중본기경』(『대정장』4)·『오분율』(『대정장』22)·『법화경』「제바달다품」(『대정장』9)·『대지도론』권9(『대정장』25) 등의 불전에서도 여인오장설을 언급하고 있으나 이 불전들에는 구체적인 이유가 명시되어 있지 않다.

360) 변성남자성불설을 주장하고 있는 대표적인 경전은 다음과 같다.
  ① 『대반야경』(『대정장』7, p.833下).
  ② 『법화경』(『대정장』9, p.35下).
  ③ 『화엄경』(『대정장』9, p.606上).
  ④ 『대보적경』(『대정장』11, P.414上).
  ⑤ 『이구시녀경』(『대정장』12, p.96上).
  ⑥ 『대집경』(『대정장』13, p.217下).
  ⑦ 『약사여래본원경』(『대정장』14, p.401下).
  ⑧ 『무소유보살경』(『대정장』14, p.694中~下).
  ⑨ 『무극보삼매경』(『대정장』15, p.507中).
  ⑩ 『보여래삼매경』(『대정장』15, p.518中).
  ⑪ 『대승보운경』(『대정장』16, p.283中).
  ⑫ 『금광명최승왕경』(『대정장』16, p.415中).
  ⑬ 『불승도리천위모설법경』(『대정장』17, p.797中).
  ⑭ 『대승불사의신통경계경』(『대정장』17, p.928上).
361) 불교교단에서의 남녀차별 문제에 대한 포괄적인 내용은 신성현(1995), 「율장에 나타난 남녀차별의 문제」(앞의 책, pp.243~260)를 참고할 수 있다.

小戒)는 승가가 원하면 버려도 좋다"고 유촉하셨다.363) 하지만 불멸 후 제1차 결집을 주도한 두타제일의 마하깟사빠와 500비구들은 아난다가 전하는 소소계가 무엇인지 모른다는 이유로 "부처님에 의해 제정된 계율은 모두 지키고 새로운 계율제정은 행하지 않는다"는 원칙을 정하고 율장을 결집했다.364) 불멸 이후의 교단을 이끌었던 비구의 50% 이상이 바라문 출신이고 다수의 인물이 상류계급인 크샤트리아 출신이었다는 점에서 신분차별은 물론 여성차별의 요소가 이들에 의해 율장에 수록된 것으로 충분히 유추해볼 수 있는 정황이다. 마하깟사빠가 첫 결집 당시 여성출가를 중재했다는 이유로 아난다를 문책365)한 것도 그러한 배경에서 자행된 것으로 볼 수

---

362) 불멸직후 마하깟사빠가 주도한 제1차 결집에 설법제일 뿐나, 밀행제일 라훌라, 사리뿟따의 수제자인 교범바제 등이 동참하지 않았다. 특히 뿐나는 마하깟사빠가 결집을 주도했다는 소식을 듣자 "나는 부처님으로부터 직접 가르침을 받았으므로 내가 배운 바대로 행하겠다"며 결집을 인정하지 않았다고 한다. 『사분율』(『대정장』22)은 뿐나가 일곱 가지 조항을 스스로 정해놓고 실천한 사실을 전하고 있다. 일곱 가지 조항은 다음과 같다.
①비구의 처소에 식량을 저장해도 좋다.
②사원에서 음식을 만들어도 좋다.
③비구가 손수 요리해도 좋다.
④시주하는 사람이나 정인(淨人: 절에서 일하는 사람)이 없으면 손수 음식을 준비하고, 정인을 구해 그 사람에게 받은 것으로 한다.
⑤손수 열매를 따도 괜찮다.
⑥물속에 있는 연뿌리와 같은 음식은 연못물을 정인으로 생각하고 먹는다.
⑦정인이 없으면 과일 등은 씨앗을 제거한 다음 먹는다.
이상의 일곱 가지 조항은 우빨리가 암송한 현전하는 계율보다 훨씬 개방적인 계율을 부처님의 가르침으로 보고 있다는 것을 의미한다. 이러한 사실들을 감안하면 불멸 후 불교교단은 인도 전래의 수행전통에 충실한 보수세력에 의해 장악된 것으로 보인다. 이들에 의해 교단 내 여성차별의식이 심화되어 「팔경계법」과 같은 계율이 제정된 것으로 유추해볼 수 있는 여지가 큰 이유이다.
363) 『남전』7, p.142. ; 『장아함』권4, 『대정장』1, p.26上.
364) Vin. vol. II, p.284. ; 『남전』4, p.430. ; 『사분율』권54, 『대정장』22, p.967中. ; 『마하승기율』권32, 『대정장』22, p.492中~下. ; 『오분율』권30, 『대정장』22, p.191中~下. ; 『십송율』권60, 『대정장』23, p.449中. ; 『근본설일체유부비나야잡사』권39, 『대정장』24, p.405中.
365) 불멸직후 제1차 결집을 주도한 마하깟사빠는 아난다의 허물을 제기해 문책하게 되는데, 그 내용은 불전에 따라 5조목에서 11조목에 이른다. 이해를 돕는 차원에서 가장 많은 11조목을 살펴보면, ①여성을 출가시킨 죄(율장 비구니건도;사분율) ②부처님께 1겁 더 세상에 머물도록 청하지 않은 죄(장부열반경) ③부처님 앞에서 따로 설한 죄(비나야잡

있다. 어쩌면 부처님의 진의, 즉 불교의 본의는 이때부터 일정한 방향을 상실해 왜곡되기 시작했다고 평가할 수 있다.

한국 비구니의 경우에는 불교계율도 그렇거니와 오랜 유교적 관습에 물든 탓인지 오히려 출가이력이 높을수록 남성에 대한 여성의 종속성을 당연시해왔다. 교단의 구조적인 모순에 대한 문제의식을 느끼기보다는 순리로 받아들임으로써 비구니 스스로의 위상정립을 위한 노정에 적잖은 문제점을 야기했던 것이다.

주지하다시피 비구니는 비구와 다르지 않는 출가수행자이면서 여성이라는 신분에 갇혀 있는 이중적 구조를 갖고 있다. 불교사에서 적지 않은 비구니들이 대체적으로 소극적인 사고방식과 폐쇄적인 행동을 보인다는 지적을 받아온 까닭은 그 때문이다. 「팔경계법」「여인오장설」「정법기간 오백년 감소설」 등의 계율을 내세우며 비구니들의 적극적인 행보를 옥죄는 교단상황이 비구니를 부당한 원죄자로 만들어버린 것이다. 석가모니 부처님이 앞장서 교단 내 신분차별과 성차별을 타파하고 인격평등을 구현한 사실은 물론이거니와, 일체중생 실유불성(一切衆生 悉有佛性)으로 상징되는 불교의 평등주의와 상구보리 하화중생(上求菩提 下化衆生)으로 상징되는 불교의 구세주의와도 전면 배치되는 교단의 구조적인 모순의 역사가 그와 같다.

그렇다면 교단 내 여성차별의 현상이 유독 「팔경계법」이나 「여인오장설」

샤가섭경) ④부처님의 법의를 밟은 죄(비나야잡사) ⑤부처님이 물을 찾았는데 주지 않은 죄(열반경) ⑥소소계를 묻지 않은 죄 ⑦부처님의 음장상(陰藏相)을 여인에게 보인 죄(마하승기율;비나야잡사) ⑧여인들이 부처님의 발을 더럽히게 한 죄(장아함 유행경) ⑨아난다에게 음욕·노여움·어리석음 등 세 가지 허물이 있다는 죄 ⑩부처님께 공양을 세 번 청하지 않은 죄(사분율) ⑪아난다가 비제자 30명을 환속시킨 죄 등이다. 이 가운데 ①⑦⑧ 세 조목은 여성차별성과 직접 연관이 있으며, ⑥⑨ 등은 ①과 관련있는 내용으로 볼 수 있다. 더욱 중요한 사실은 11조목을 관통하고 있는 내용은 오히려 아난다의 개방적인 사고방식을 알려주고 있다는 점이다. 마하깟사빠의 아난다 문책에서 얻을 수 있는 교훈은 불멸 후 교단을 장악한 마하깟사빠를 중심으로 한 보수세력들이 진보세력의 대표자라고 할 수 있는 아난다의 문제를 집중 제기함으로써 보수세력의 정통성 확보와 진보세력의 영향력을 약화시키려는 의도성을 엿볼 수 있다는 것이다. 교단 내 여성차별도 이러한 분위기의 연장선에서 이해할 수 있다고 하겠다.

등에 의거한 때문일까? 출가양중은 물론이고 재가양중의 어느 누구도 그 물음에 온전히 그렇다고 인정하지 않는 현실 또한 부인할 수 없다. 단지 「팔경계법」이나 「여인오장설」 등의 불교계율이 교단 내 여성차별의 근원적 원인이라고 본다면, 부처님이 누누이 가르친 본성평등은 도대체 어떻게 이해해야 하는가에 의구심을 가질 수밖에 없기 때문이다.

교단 내 성차별이 부처님의 진의와는 무관하다는 사실은 많은 경전을 통해서 거듭거듭 확인할 수 있다. 93인의 여성출가자가 최고경지인 아라한과를 증득한 사실을 기록한 『장로니게(Therīgāthā)』를 비롯해 뛰어난 비구니 50인에 대해 부처님이 직접 찬탄하는 장면을 볼 수 있는 『증일아함』 「비구니품」,[366] 마하깟사빠의 부인인 밧다까삘라니가 마하빠자빠띠 고따미에게 구족계를 수지하고 범행을 닦아 아라한과를 얻는 광경을 설하고 있는 『불본행집경』 「발타라부부인연품」,[367] 아라한과를 얻고 삼명육통과 8해탈을 구족한 보주(寶珠)·선애(善愛)·백정(白淨)·수만(須漫) 등의 비구니 이야기를 담고 있는 『찬집백연경』 「비구니품」,[368] 부처님이 장자의 아들들의 성차별적 행위를 단호히 거부하고 여성들에게 평등법문을 설하고 있는 『불설중본기경』 「도나녀품」,[369] 부처님이 마하빠자빠띠 고따미와 야소다라, 그리고 학무학(學無學) 비구니 6천인에게 수기한 사실을 수록하고 있는 『법화경』 「권지품」,[370] 대승경전 다수가 여인의 변성남자성불설을 주장하고 있는 반면에 비구니 내지 여성[371]이 그대로 선지식이 되어 선재동자를 일깨우고 있는 『화엄

---

366) 『증일아함』권3 「비구니품」, 『대정장』2, pp.558下~559下.
367) 『불본행집경』권47 「발타라부부인연품」, 『대정장』3, pp.870中~873下.
368) 『찬집백연경』권8 「비구니품」, 『대정장』4, pp.238中~243中.
369) 『불설중본기경』 「도나녀품」, 『대정장』4, pp.161中~162上.
370) 『법화경』권4 「권지품」, 『대정장』9, p.36上.
371) 『화엄경』 「입법계품」에서 선재동자가 법을 구하는 53선지식 가운데 휴사우바이(休捨優婆夷)·자행동녀(慈行童女)·구족우바이(具足優婆夷)·부동우바이(不動優婆夷)·사자빈신비구니(師子頻申比丘尼)·파수밀다여인(婆須蜜多女人)·구파녀(瞿波女)·마야부인(摩耶夫人)·현승우바이(賢勝優婆夷)·유덕동녀(有德童女) 등 비구니를 포함해 다수의 여성들이 등장하고 있다.

경』「입법계품」,372) 장엄화(莊嚴華)라는 마왕과 무량한 천신들이 여인의 몸으로 중생을 제도하겠다는 서원을 세우고 당래작불(當來作佛)의 수기를 받는 내용을 담고 있는『대집경』「수기품」,373) 남녀차별 내지 분별이 단지 환상에 지나지 않는다는 것을 가르쳐주고 있는『유마경』「관중생품」374) 등 적지 않은 경전의 내용이 그것이다.

비구승가는 물론이고 비구니승가조차도 교단 내 여성차별적 정서에 순응해온 까닭에 대해 불전에 나타난 내용을 전거로 삼기보다는 인류사가 보여주고 있는 관습적인 남존여비사상이 보다 더 근원적인 원인이라는 사실을 상기할 필요가 있다고 강조하는 것은 그 때문이다. 시공간을 초월한 인류사의 관습적인 남존여비사상은 그 뿌리가 워낙 깊다보니 지금도 여전히 여성계 일각에서는 스스로 남녀간의 차별을 심각한 문제점으로 여기지 않는 현상을 낳고 있는 게 사실이다. 19세기 영국의 철학자이자 논리학자인 J.S 밀 (Mill, John Stuart: 1806~1873)은 일찍이 "지금까지 남성은 여성을 강요된 노예(a forced slave)가 아니라 자발적인 노예(a willing slave)로 길들이는 문화만을 창조해 왔다"고 주장한 바 있다. 인류사가 보여준 여성차별의 근본이 어디에 있는가를 단적으로 보여주는 명언이다.

서구의 여성운동은 바로 그러한 문제점의 자각에서 시작되었으며, 남녀 간의 차별을 여성 스스로 인정하도록 조장해온 책임의 일단이 종교계에도 있다고 성토했다. 여성들은 자신들의 억압적인 현실에 어떠한 방식으로든 저항하면서 인권평등의 원칙을 끊임없이 천명해왔으며, 급기야 1848년 세계 여성지도자들이 미국 뉴욕에 모여 "모든 남성과 여성은 평등하다. 그러므로 자유와 행복을 누릴 수 있는 권리가 여성에게도 있다. 여성은 누구에게도 종속될 수 없다"는 내용의 남녀평등을 위한 행동강령을 선언하기에 이르

---

372) 『화엄경』권67 「입법계품」, 『대정장』10, p.363上~下.
373) 『대집경』권21 「수기품」, 『대정장』13, pp.148上~149中.
374) 『유마경』「관중생품」, 『대정장』14, pp.547下~548下.

니, 그것이 바로 인류역사에 한 획을 그은 '세니카폴스 선언문(Seneca Falls Declaration)'이다.375)

세니카폴스 선언문은 단지 선언적 의미를 넘어서 실질적인 여성인권신장의 불씨로 작용했다. 남녀평등구현을 위한 여성인권운동(Women's Rights Movement)이 전 세계로 확산된 것이 이로부터이며, 마침내 1893년 뉴질랜드가 세계 최초로 여성에게 선거권을 부여한데 이어 1902년 오스트레일리아가 세계 두 번째로 여성에게 선거권을 부여했다. 1918년 캐나다와 영국, 1920년 미국이 여성참정권을 인정하게 된 것도 그의 여파였다. 그 후 1970년대까지 세계 100여 개국이 넘는 나라에서 여성선거권을 허용했으며, 과거 생각할 수도 없었던 여성의 인권신장이 가능했던 배경은 여성들의 자발적인 문제의식과 자신들의 억압적인 현실에 대해 어떤 방식으로든 저항해 온 결과였다.

19세기에서 20세기를 장식한 세계여성들의 이러한 인권운동은 단순한 여권신장을 넘어서서 진정한 평화와 평등을 실현하기 위한 인간해방운동의 개념으로 확산되었다. 유엔(UN)이 1975년부터 향후 10년간을 '세계여성의 해'로 정한 것은 다름 아닌 여성의 인간적 해방을 의미하는 것이었다. 그

---

375) 1840년 영국 런던에서 세계 노예제 반대운동 대표자들의 회의가 있었는데, 여성 참석대표들에게는 발언할 기회를 주지 않았을 뿐만 아니라 여성대표들에게 회의장에 들어와 앉는 것조차 금지했다. 이 때 대표로 참석했던 여성운동가들 중 엘리자베스 캐디 스탠턴(Elizabeth Cady Stanton)과 루크리시아 모트(Lucretia Mott)가 발코니에서 서로 만나 긴 이야기를 나눈다. 1848년 두 사람은 여성운동대표자회의를 소집하는데 주요역할을 했는 바, 미국 뉴욕의 세니카폴스(Seneca Falls)에서 열린 여권회의(Women's Rights Convention)를 주재하게 된 것이다. 이 역사적인 여성회의에서 엘리자베스와 루크리시아는 역사적인 '세니카폴스 선언문(Seneca Falls Declaration)'을 발표하고 남녀평등을 위한 활동강령을 세운다. 가톨릭교회가 이들을 옹호하고 나서 여성참정권을 반대하는 자들과 맞서기도 했는데, 결국 1920년 미국정부가 여성참정권을 인정하기에 이른다. 이 때 중산층 이상의 백인여성과 단체회원들은 "우리들의 동등권 투쟁이 이겼다"고 선언했다. 나아가 선진적인 여성들도 "여성의 투표권 확보는 우리의 투쟁에서 아주 작은 것을 얻은 것이다. 우리들은 아직도 법적인 것 이전에 직업과 종교 내에서 그리고 가정에서 남성의 종속관계로 남아 있다"며 이 모든 것의 쟁취를 위해 투쟁할 것을 천명했다. 이철순(2007), 『당당한 미래를 열어라』, 서울, 삶이보이는창, pp.20~21.

결과 지난 세기 여성의 사회적 역할은 꾸준히 확대되어 왔으며, 비록 구조적인 여성차별이 온전히 사라졌다고 볼 순 없으나 글로벌 정보화 시대에 들어선 작금의 상황은 과거 어느 때보다도 여성의 역할을 요구받고 있는 현실임에 분명하다.

여성의 역할이 강조되고 있는 현실은 한국사회에서도 예외가 아니며, 종교계 특히 불교계라고 해서 간과할 수 없는 일이 되었다. 인류사에서 남녀 불평등 관계를 외면 내지 조장하거나 오늘날에도 여전히 여성차별을 자행하고 있는 집단이 종교계라는 지적에서 자유롭지 못한 현실을 감안한다면 더더욱 불교가 앞장서서 여성의 역할을 확대할 필요가 요구되고 있는 것이다.

교단 안팎의 이러한 요구에 대한 해답은 불교계의 현실을 직시할 경우 어렵지 않게 찾을 수 있다. 교단 내 출가양중의 절반이 비구니이고, 재가양중의 약 80%가 여성으로 집계되고 있는 상황에서 여성의 역할론이 더욱 강조될 수밖에 없는 것은 재론을 필요치 않는다. 이는 역설적으로 여성이 한국불교의 현재요 미래를 담보하고 있다는 사실을 의미하며, 그들의 교단 내·외적 역할을 기대할 수밖에 없는 까닭이다. 물론 현세이익만을 추구하는 저차원적 신앙에 머물러 있는 재가여성들의 보편적 신앙태도가 시급한 해결과제로 지적되고 있으나, 이 또한 출가양중의 역할부재가 그 원인이라는 지적에서 자유롭지 못한 현실이고 보면 비구니의 역할증대가 당위성을 얻는 것은 너무나도 당연한 이치라고 하겠다.

이와 관련해 현하 한국불교교단을 대표하는 대한불교조계종의 종단통계 현황을 살펴보자. 이에 따르면 비구니의 인원수는 출가교단의 거의 50%를 차지하고 있으며, 비구니의 사찰수(922곳)도 비구사찰의 약 40%에 육박한다. 조계종이 최근(2009.5)에 발표한 통계자료집에 의거해 출가양중의 승려수와 사찰수를 살펴보면 〈표14〉〈표15〉와 같다.[376]

---

376) 조계종 홈페이지 www.buddhism.or.kr>종무자료실>종단통계자료 참조.

〈표14〉 대한불교조계종 승려현황 (단위:명)

총 승려수	예비승			승려		
	사미	사미니	소계	비구	비구니	소계
13,860	1,922	1,194	3,116	5,413	5,331	10,744

〈표15〉 대한불교조계종 사찰현황 (단위:곳)

총 사찰수	등록분류		기타사항		
	공찰	사설사암	전통사찰	문화재구역 입장료사찰	해외사찰
2,501	1,035	1,466	704	73	34

이와 함께 한국비구니연구소가 조사한 통계에 따르면 조계종 소속사찰 총 2,501곳 가운데 2010년 4월 기준 비구니의 사찰 수는 총 922곳이다.377) 이를 근거로 교구본사별로 소속된 비구니사찰의 분포현황을 살펴보면 직할 282, 2교구 31, 3교구 6, 4교구 18, 5교구 31, 6교구 40, 7교구 39, 8교구 26, 9교구 59, 10교구 9, 11교구 26, 12교구 66, 13교구 18, 14교구 54, 15교구 37, 16교구 20, 17교구 30, 18교구 18, 19교구 7, 21교구 20, 22교구 20, 23교구 15, 24교구 16, 25교구 34곳이다.

이상의 통계가 말해주는 것은 비구 중심으로만 이루어지고 있는 교단운영이 얼마나 이율배반적인 모순인가를 보여주는 좋은 반증이다. 이러한 통계는 또한, 비구니의 위상강화는 불교발전의 긍정적인 요소이지 결코 부정적인 요소가 아니라는 사실을 부인하고 있는 비구중심사고의 틀을 하루빨리 깨야 한다는 현실적인 근거이기도 하다.

비구니의 현재적 위상을 알 수 있는 정황은 교단 안팎의 다방면에서 어렵지 않게 살펴볼 수 있다. 스스로 자질을 강화하는 속에서 정법구현과 자

---

377) 한국비구니연구소(2010), 『한국 비구니승가의 역사와 활동』(한국비구니연구소 창립10주년기념 학술연구논문집), 「부록」.

비실천이 마치 비구니들만의 고유한 역할인 것처럼 출가자로서 본연의 수행과 사찰운영은 물론 교화방편으로 행하고 있는 교육·인권·복지·문화·생태 등 교단안팎의 모든 분야에서 다양한 행보를 확대해가고 있는 현실이 그것이다.

비구니의 교단적 위상과 사회적 역량은 그렇듯 해를 거듭할수록 높아가고 있다. 비구니의 이러한 고무적인 변화는 교단은 물론 사회적으로도 비구니의 역할을 강조 받고 또한 그러한 역할을 소화할 수 있는 자질과 능력이 어느 때보다도 높게 발휘되는 현상으로 나타나고 있다. 가람수호와 함께 세계형성의 기반이 되고 있는 비구니전문선원을 비롯한 전문강원과 전문율원 등지에서 수선(修禪)과 강학(講學)과 계율호지(戒律護持)에 전념하고 있는 모습[378]이 그 첫째이다. 또한 학부 내지 학위과정인 동국대를 위시해 중앙승가대와 주요 종립대학에서, 또는 유학승의 신분으로 외국의 대학 등지에서 교학연구에 정진하고 있는 것도 한국 비구니들의 다부진 모습의 일면이다.

흔히 외전교육으로 지칭하는 비구니의 사회적 고학력화 현상은 무릇 어제오늘의 일이 아니다. 출가여성의 대학졸업자 비율이 해를 거듭할수록 높아지고 있는 사실은 근래 종립대학의 학부와 대학원 졸업생현황을 보면 명확히 알 수 있는바, 2011년 기준 동국대와 중앙승가대 졸업생이 1천2백여 명에 이르고 석·박사과정을 졸업한 비구니가 5백여 명을 웃돈다는 수치가 그 반증이다. 사미니계 수지이후 소정의 내전교육을 마치고 외전에 눈을 돌리는 비구니의 학력변화는 출가본연의 수행·교화와 함께 교단의 종무행정과 사회적 역할을 모두 소화할 수 있는 자질과 능력이 충분하다는 전제를 말해준다.

그럼에도 불구하고 우리는 여전히 비구니의 역할론을 거론하게 될 경우 비구의 보조적 존재로서 그 가치를 폄하 당하거나 현안과제를 강제 받고

---

[378] 제III장 2~4절 참고.

있는 현실을 부인할 수 없는 것도 사실이다. 비구니들을 여전히 '여성'의 틀과 '한계성'으로 치부해버리는 저간의 정서를 그대로 답습하고 있는 현실이 그것이다. 교단 내 성차별을 극복하는 일이 우선될 때 비로소 한국불교 중흥은 가능할 수 있다는 당위적 명제를 시급히 해결해야 한다는 주장이 설득력을 얻는 것은 그 때문이다.

왜인가? 교단안팎의 모든 분야에서 출가자로서의 기본정신이자 가치인 수행과 교화분야에서 남다른 역량을 발휘하고 있음에도 불구하고 그러한 현실적 문제에 직면하게 되는 궁극적 원인은 비구에 비해 차별적 요소가 당연한 진리처럼 제도화되고 또 그렇게 인식되고 있기 때문이라고 파악할 수 있다.

교단 내 그와 같은 구조적인 모순의 만연을 조장하는 근원은 남녀 간의 차별적인 정서순응이 첫 번째 이유일 것이나, 그 또한 모순된 제도의 개선을 통해 일정한 변화를 모색할 수 있다는 점에서 먼저 검토해야 사항이 바로 출가양중의 지위를 차별적으로 규정하고 있는 종단의 모든 법령을 개정하는 일이다. 대한불교조계종의 「종헌」[379]에 명시된 각 자격요건을 살펴보면 출가양중의 차별적 요소를 어렵지 않게 확인할 수 있다. 「종헌」의 관련 조항 원문을 한글로 변환해 옮기면 다음과 같다.

제6장 종정
제20조 종정은 아래의 자격을 구비하고, 행해가 원만한 **비구**이어야 한다.
1. 승납 45년 이상 2. 년령 65세 이상 3. 법계 대종사

---

[379] 대한불교조계종의 「종헌」은 총 24장 140조로 구성되어 있다. 전문(前文)과 부칙을 두고 있다. 이 「종헌」은 1962년 통합종단 출범당시 비구(하동산측)와 대처승(국성우측) 양측의 합의에 의해 설치된 「불교재건비상종회」에서 제정(3.22)·공포(3.25)한 종헌을 승계한 것이다.

제7장 원로회의
제26조 ①원로회의는 17인 이상 25인 이내의 승납 45년, 년령 65세, 법계 대종사급의 **원로비구**로 구성한다.

제9장 총무원 제1절 총무원장
제53조 ①총무원장의 자격은 승납 30년 년령 50세 법계 종사급 이상의 **비구**로 한다.

제10장 교육원 제1절 교육원장
제59조 ①교육원장의 자격은 승납 30년, 년령 50세, 법계 종사급 이상의 학덕을 겸비한 **비구**로 한다.

제11장 포교원 제1절 포교원장
제67조 ②포교원장의 자격은 승납 30년, 년령 50세, 법계 종사급 이상의 학덕을 겸비한 **비구**로 한다.

제12장 호계원
제73조 ③호계위원의 자격은 승납 25년, 년령 45세, 법계 3급 이상의 율장과 청규 및 법리에 밝은 **비구**로 한다.
제74조 ②호계원장의 자격은 승납 30년, 년령 50세, 법계 종사급 이상의 **비구**로 한다.

제13장 법규위원회
제80조 ④법규위원의 자격은 승납 25년, 년령 45세 법계 대덕 이상의 법리에 밝은 **비구**로 한다.

종단운영의 기본 틀과 전거를 담고 있는 「종헌」을 보면 이처럼 종단기구의 주요 교역직 종무원 이상의 자격을 모두 '비구'로 한정하고 있다. 현재 시점의 「종헌」에 적시된 이 같은 내용을 보더라도 교단내부의 모든 규정에서 비구승 우위의 제도적 장치를 마련해 놓고 비구니를 의도적으로 소외시켜온 저간의 사정을 어렵지 않게 유추해볼 수 있는 것이다.380)

제도는 속성상 시대의 흐름을 반영해 제정하는 것이 통례이다. 제도의 완성이란 있을 수 없다는 것은 곧 시대에 따라 언제나 변할 수 있다는 전제를 의미한다. 오늘날 대승을 강조하면서 지키지도 못하는 소승의 계율을 고집하는 이유도 사회적 변화를 추동하기는커녕 시대의 변화마저 거부하는 지극히 수구적인 자세임을 제고할 필요성이 제기되는 것도 그 때문이다.

이와 관련해 근래 들어 불교학자들을 비롯한 뜻있는 불교인사들을 중심으로 교단 내 성차별의 부당성을 천명하고 있는 사례가 확산되고 있는 현상은 그나마 다행한 일이다. 하지만 현실적으로 전혀 개선될 여지가 없어 보이는 것도 사실이다. 교단내적상황의 변화를 보다 진전시킬 수 있는 여건마저도 미흡하기 짝이 없을뿐더러 비구중심의 교단운영이 불교발전에 역효과를 내고 있다는 성토는 무성하지만, 정작 사적인 공간에서 양심 있는 출가중 조차도 공식적인 자리에서만큼은 강 건너 불구경하듯 하고 있기 때문이다.

'비구니는 위상정립의 주체요, 동시에 의식개혁의 대상'이라는 냉담한 현실을 직시해야 하는 이유는 그 때문이다. 거듭 제기하는 주장인바 비구니는 출가즉시 성을 초월한 수행자일 뿐이다. 비구니 스스로 「팔경계법」「여인오장설」「변성남자성불설」 등에 갇힌 사고유형을 탈피하지 않고서는 출가본연의 진정한 가치를 구현할 수 없을뿐더러 교단 내 성차별 현상을 해소하는 일은 더더욱 요원할 수밖에 없다는 명제를 간과해선 안 된다.

---

380) 대한불교조계종의 종헌종법상에 나타난 비구니의 지위를 통해 비구니승가가 처한 상황과 문제점을 분석하고 그 해결책을 모색한 논문으로 전해주(1999), 「한국 비구니승가의 현황과 전망」,(『종교교육학연구』제8권, 서울, 한국종교교육학회, pp.325~342). ; 탁연(2012), 「교단 내 비구니승가의 위상정립을 위하여」(「자성과 쇄신불사를 위한 비구니승가의 위상과 역할」, 전국비구니회 및 중앙종회 비구니 의원 공동주관 토론회, 2012. 2. 28)를 참고할 수 있다.

오늘날 우리는 다원화된 종교의 공존시대에 살고 있다. 종교시장 또는 종교백화점이라고 불리는 현실과 급변하는 현대사조에 부응하기 위한 불교의 사회적 역할은 필요불가결한 명제이다. 특히 여성의 역할이 확대되고 있는 한국현실에 비춰볼 때 교단안팎의 모든 분야에서 요구받고 있는 비구니의 역할증대는 결코 간과해선 안 될 절체절명의 과제라고 할 수 있다. 교단 내 성차별에 대한 극복과 비구니의 위상정립이 무엇보다도 시급한 현안이 아닐 수 없는 소이가 여기에 있다.

3. 비구니승가의 위상정립방안과 전망

비구니승가가 석가모니 부처님의 가르침에 입각해 스스로의 위상을 정립하기 위해서는 주요한 내·외적 요건 몇 가지를 충족시켜야 한다. 거듭 주창하는 현실적 명제로서 '비구니는 위상정립의 주체요 의식개혁의 대상'이라는 동시적 과제를 잊어서는 안 된다는 사실이다. 궁극적으로는 교단을 구성하고 있는 사부대중의 차별 없는 평등심 구현과, 교단의 생명이라고 할 수 있는 승가화합과 청정심 회복이 문제를 풀어가는 핵심일 것이다. 이에 비구니승가에게 주어진 현실적인 문제제기를 통해 역할과제를 점검하고 그에 따른 위상정립방안을 제시하면 다음 몇 가지로 정리할 수 있다. 이는 곧 비구니승가의 미래를 전망할 수 있는 주요한 명제가 될 것이다.

첫째, 교단을 구성하고 있는 출가양중 간의 불평등관계에 대한 비구니 스스로의 의식구조 개선문제이다. 비구니는 위상정립의 주체이면서 동시에 의식개혁의 대상이기도 하다는 엄연한 현실을 심각하게 받아들여야 한다는 제언과, 때문에 부처님의 평등정신을 교단 안팎은 물론 세계인류사회에 구현해야 할 권리와 의무가 비구니에게 주어져 있다는 사실을 깊이 각인해야 한다는 것이다. 유엔이 1975년부터 10년간을 '세계여성의 해'로 정한 이후 우리나라 정부는 1983년 유엔의 '여성에 대한 모든 형태의 차별철폐에 관한 협약'에 서명했으며, 국회는 1987년 남녀고용평등법 제정·1989년 가족법 개정·1993년 12월 성폭력처벌법을 통과시켰다. 우리나라에서도 정치·경제·사회·문화·교육·행정 등 모든 분야에서 여성에 대한 일체의 차별을 철폐하기에 이른 것이다. 이렇듯 우리 사회의 모든 분야에서 이미 오래 전에 성차별제도를 퇴출시켰음에도 불구하고 여전히 만연해 있는 교단 내 구조적인 모순을 개선하기 위해서는 비구니 스스로의 정당하고도 당당한 목소리가 조직적이고도 지속적으로 이루어져야 한다.

둘째, 비구니의 득도수계 시 이부승수계의식(二部僧授戒儀式)으로 진행하는 수계절차를 비구니계단으로 일원화하는 일이다. 율장에 나타난 비구니의 이부승수계의식은 「팔경계법」 등을 위시한 소승계율의 제정경위와 마찬가지로 시대적·지역적 상황에 따른 비구니승가의 보호차원에서 이루어진 절차로 이해하는 것이 부처님의 기본정신에 부합한다고 할 수 있다. 따라서 비구니계단에서 10사(師)를 모시고 수계의식을 치른 후 비구계단에서 비구·비구니 20사(師)를 모시고 다시 수계절차를 밟는 의식 자체가 오늘날에는 성차별의 전형일 수 있다. 더욱이 계율호지와 관련해서는 소승불교는 부처님의 근본정신에 어긋난다고 강하게 비판해온 대승불교, 곧 한국불교가 소승계율에 얽매여 출가양승의 차별성을 당연시 한다는 것은 자기모순의 극치라고 할 것이다. 소승계율에 의해 사미(니)계와 구족계를 수지하고 있는 현실은 비구니의 차별적 위상에만 국한되는 사안이 아닌, 출가양중 스스로도 정체성의 혼란을 자초함으로써 교단 안에서는 물론 사회적 관계에서 적잖은 걸림돌이 될 뿐만 아니라, 때로는 정치권에 약점으로 이용되는 지극히 비현실적인 제도라고 할 수 있다. 비구니의 이부승수계의식을 다른 시각에서 비판하자면 과거 조선왕조가 왕을 옹립하고 중국 황제로부터 승인받아야 비로소 왕으로서의 지위를 부여받는다고 보는 사대(事大)행위와 다르지 않다고 하겠다.

셋째, 비구니의 역할을 강화하기 위한 방편차원에서 교단참정권을 확대하거나 비구와의 형평성을 이루는 일이다. 종단운영의 근간인 「종헌종법」은 물론 종무관련분야의 모든 현장에서 여전히 성차별적 요소가 적용되고 있다는 사실에 강한 문제제기를 통해 개선을 촉구할 수 있어야 한다.[381] 성차별의식도 문제이거니와 이를 제도적으로 명시해 비구니의 역할을 제한하는 행위자체가 불교정신을 위배하는 일이요, 우리 사회의 모든 조직에서 가장 낙후된 집단임을 확인해준다는 사실을 깊이 통찰해야 한다. 부처님 재세 시 여성출가의 허락은 "비구니도 비구와 마찬가지로 사향사과(四向四果)를 증득할 수 있다"는 지극히 당연한 논리에 따른 것이었으며, 실제로 부처님 재세 시와 초기불교에서 사향사과를 증득한 비구니와 우바이의 숫자가 결코 적지 않았던 사실을 알 수 있다.[382] 일체중생 실유불성을 강조한 대승불교에서는 더더욱 출가양중의 차별성을 인정하지 않는다. 따라서 비구니도 비구와 동일하게 종단기구 모든 종무직에 참여할 수 있어야 하며, 법계품수 또한 제한받는 일이 없어야 한다. 불평등한 제도에 묶여 역할을 아예 할 수 없는 것과 역할을 하지 않는 것은 분명 다르다. 역할을 할 수 있는 조건마저 막아놓고서 역할론을 운운하는 행위자체가 어불성설인 것이다. 출가자가 지녀야 할 본질적인 계율보다 현재 시점에서 오히려 더 강한 효력을 지니

---

[381] 대한불교조계종의 「종헌」 내용 중 출가양중의 차별성을 명시하고 있는 대표적인 조항을 거듭 명시하면 다음과 같다.
①종헌 제20조(종정자격): 대종사급 원로비구 ②종헌 제26조(원로의원자격): 대종사급 원로비구 ③종헌 제53조(총무원장자격): 종사급 이상의 비구 ④종헌 제59조(교육원장자격): 종사급 이상의 비구 ⑤종헌 제67조(포교원장자격): 종사급 이상의 비구 ⑥종헌 제73조(호계원장자격): 법계3급 이상의 비구 ⑦종헌 제80조(법규위원자격): 대덕이상의 비구 ⑧ 종회의원_총무원소임자_본사주지 등과 그 외 주요기관·시설장의 자격: 비구 중심의 관습법 적용.

[382] 『법구경 주석서(Dhammapada-Commentry)』에 등장하는 대중을 분석한 통계(Eugene Watson Burlingame, Munshiram Manoharlal Pub. Ltd, New-Delhi, 1999)에 따르면 총 13,087명이 수다원과 이상의 도과를 증득했다[김재영(2001), 『붓다의 대중견성운동』, 「부록」, 안성, 도피안사]. 수다원과 이상의 도과를 얻은 13,087명을 분석하면 비구 8,845명, 비구니 1,617명, 우바새 582명, 우바이 2,043명이다. 최고 경지인 아라한과를 증득한 대중은 총 8,463명으로, 이 가운데 비구 7,334명, 비구니 1,117명, 우바새 10명, 우바이 2명이다. 여성수행자의 경우 아라한과는 비구니가 앞서고 있으나, 수다원과~아나함과는 우바이가 더 많은 수치를 보이고 있는 점이 특이하다.

고 있는 「종헌종법」 등의 시급한 개선을 요구할 수밖에 없는 까닭이 그것이다. 우리나라 헌법은 물론 우리 사회 모든 분야에서 성차별 조항을 이미 오래 전에 삭제한 현실을 감안한다면 대중을 교화하고 선도해야 할 불교가 여전히 성차별의 전형을 보여주고 있는 제도적 차별성은 시대착오일 뿐더러 부처님의 가르침과도 정면 배치된다는 사실을 상기할 필요가 있다. 비구들의 의식구조를 변화시키고 비구니 스스로의 의식개혁을 통해 공히 출가양중의 평등관계를 회복하기 위한 끊임없는 자가진단과 자기실천을 요구하는 것은 그 때문이다.

넷째, '소소계(小小戒)는 폐지해도 무방하다'는 부처님의 유훈에 의거해 불조혜명에 방해가 되는 「팔경계법」 등을 위시한 성차별적 계율을 과감히 폐기시키는 일이다. 세 번째에서 제기한 과제가 현실적인 법령제도개선의 문제라고 한다면, 이는 소승계율을 고집하고 있는 대승교단의 정체성 구현 차원에서 계율의 재정립을 촉구하는 내용이다. 세 번째 과제의 해결이 전제되는 문제일 수 있겠으나, 그에 기대지 않더라도 비구니승가 차원에서 지속적인 문제제기가 필요한 내용이다. 불교교단사에서 남녀불평등에 대해 비구니 스스로 문제제기한 최초의 일은 마하빠자빠띠 고따미가 「팔경계법」을 수시한 얼마 후 석가모니 부처님께 정해날라며 아난다에게 제1경법인 '비구니만백세(比丘尼滿百歲)' 항목의 취소를 요구한 사실, 즉 비구·비구니의 구별 없이 경례(敬禮)·기영(起迎)·합장(合掌)·공경(恭敬) 등의 상하질서를 법랍순서에 따라 세워줄 것을 요청한 일이다.383) 19세기 중반 「세니카폴스 선언문」 발표이후 본격 궤도에 오른 서구의 여성인권운동사와 우리나라 정부가 1983년 유엔의 '여성에 대한 모든 형태의 차별철폐에 관한 협약'에 서명한 이후 일체의 여성차별 관련제도를 개·폐한 사실을 굳이 거론하지

---

383) 비구니승가의 성립초기 마하빠자빠띠 고따미 등 여성출가자들이 「팔경계법」 첫째조항에 불만을 표시하며 그의 취소를 요구한 내용은 Vin. vol. II, p.257.; 『남전』4, p.384.; 『오분율』권29, 『대정장』22, p.186上.; 『근본설일체유부비나야잡사』권30, 『대정장』24, pp.351下~352上 등에 기술되어 있다.

않더라도 교단 내 인권평등구현을 위한 비구니 스스로의 문제제기는 이미 부처님 재세 시부터 있어왔던 정황을 알 수 있다. 그 어느 때보다도 여성의 사회적 역할을 높이 요구받는 작금의 시대에 여성출가에 대한 불합리한 모습을 고집한다는 것은 지극히 교의착오적일 뿐 아니라 시대착오적인 오만에 불과할 따름이다. 시대변화에 따른 사회적 분위기가 남성출가자보다 여성출가자를 더 많이 양산할 수 있다는 주장도 제기되고 있는 현실이고 보면, 부처님의 이상을 실현해가는 노정에 문제가 있는 계율을 과감히 폐기하거나 시대에 맞도록 개선하는 일은 매우 시급한 일이 아닐 수 없다.

다섯째, 교단안팎으로 여성의 역할이 강조되고 있는 현실에서 비구가 갖지 못한 비구니만의 고유한 자질과 특성을 살릴 수 있는 복지·문화·교육(특히 유아·어린이·청소년) 부문의 시설확보·운용에 최소한 1(사찰):1(시설) 시스템을 갖추는 일이다. '사찰에서 재(齋)와 점(占)기능을 제하면 시체'라는 말이 회자된 지 오래이듯 작금의 한국사찰에서는 불교본연의 기능을 찾아볼 수 없을 정도로 불법과 멀어졌다는 성토가 거세다. 문화재구역 입장료사찰은 문화재관람료에 의지해 무위도식하는 형국이요, 대다수 사찰의 재정운용도 부처님이 실천한 법보시와 재보시의 관계정립에 의한 구조는 사라지고 각종 재의식이나 점(占)상담에 의지하고 있는 현실을 부인하기 힘들다. 불교의 본질차원에서 오늘의 한국불교를 가늠할 경우 순기능보다 역기능 현상이 마치 불교인 양 사이비화 되어 있는 현실을 부정할 수 없는 것이다. 비구니만의 사회적 유용성으로 작용할 수 있는 복지·문화·교육 등의 분야에서 사회적 기능을 확대하는 일은 불교본연의 핵심 사상이자 실천과제인 상구보리 하화중생으로 상징되는 구세이념을 현실 속에 구현하는 일과 다르지 않다는 점에서 이의 저변확대를 위한 행보에 비구니의 적극적인 실천을 기대한다.[384]

---

384) 구세이념의 실천과 관련해 이혜숙이 조계종 사회복지재단 2010프로젝트 공동연구책임자로서 '불교계 사회복지시설 및 종사자에 관한 조사'를 공동 수행한 연구결과를 보면, 전체 958개 시설의 인구학적 대상자별 분포는 노인복지시설(40.2%), 영·유아시설

여섯째, 비구니의 수행·교화·교육활동의 합리성과 효율성을 모색하기 위한 방안으로 비구총림과 동일한 기능의 비구니총림을 설립하고, 현재의

(23.9%), 장애인복지시설(9.1%), 아동복지시설(7.4%), 지역사회복지시설(7.0%), 청소년복지시설(4.9%) 순으로 나타났다. 비구니가 좀 더 적극적으로 접근할 수 있는 분야는 대체로 낮은 비율을 보이고 있는 사실을 알 수 있다. 복지시설의 유형별 운영책임자는 절반 이상(58.2%)이 재가불자로 나타났다. 그 다음이 출가자(35.9%)와 무종교인(4.3%) 순이다. 이 또한 내면을 들여다보면 영·유아 및 아동복지시설과 여성·가족복지시설을 운영하는 책임자 중 이 분야에서 고유한 자질과 특성상 장점으로 살릴 수 있는 비구니가 상대적으로 낮은 비율을 차지하고 있으며, 전체 시설에서도 비구니가 가장 낮은 비율을 보였다. 복지활동에 대한 비구니의 보다 큰 관심과 참여가 요구된다. 이의 내용은 다음의 <그림>과 <표>를 참고할 수 있다. 이혜숙(2010), 「불교계 사회복지시설 종사자에 관한 고찰」, 『불교사회복지의 현황과 전망』, 조계종 사회복지재단 창립15주년기념 특별 세미나 자료집, pp.63~85.

<그림> 불교계 사회복지시설 유형별 모집단 현황(2009)

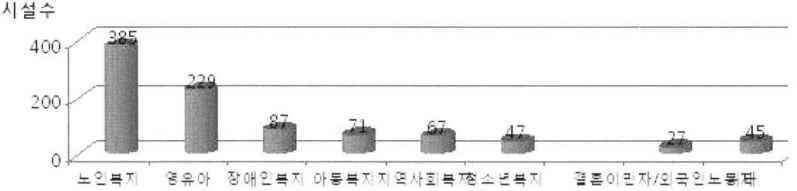

⟨Ⅱ⟩ 조사에 응답한 시설유형별 시설장 현황(2009)   (단위: 개소, %)

	계	지역사회복지	노인복지	아동복지	장애인복지	청소년복지	영유아	여성,가족복지	부랑인및노숙인	결혼이민자외국인노동자	정신보건	난치병요양원
계		100	100	100	100	100	100	100	100	100	100	100
시설수(구성비)	530 (100)	58 (11.0)	216 (40.8)	37 (7.0)	48 (9.1)	27 (5.1)	109 (20.6)	11 (2.1)	9 (1.7)	8 (1.5)	6 (1.1)	1 (0.1)
시설장												
비구(남)	20.8	25.9	25.9	8.1	40.4	29.6	1.8	–	22.2	50.0	16.7	–
비구니(여)	15.1	15.5	17.1	21.6	23.4	18.5	6.4	9.1	–	–	16.7	100
재가불자(남)	25.7	41.4	26.9	35.1	14.9	37.0	11.0	27.3	66.7	25.0	16.7	–
재가불자(여)	32.5	8.6	25.0	29.7	19.2	14.8	73.4	54.6	11.1	12.5	16.7	–
타종교(남)	0.6	–	0.5	–	–	–	–	–	–	–	33.3	–
타종교(여)	0.9	–	0.5	2.7	–	–	1.8	9.1	–	–	–	–
무종교인(남)	1.5	3.5	2.3	–	–	–	–	–	–	12.5	–	–
무종교인(여)	2.8	5.2	1.9	2.7	2.1	–	5.5	–	–	–	–	–

교구본사와 사격(寺格)을 같이하는 비구니본사를 지정하거나 확보하는 일이다. 이는 1968년 2월 전국비구니회의 전신인 우담바라회 발기 당시 발원한 3대 강령 중의 하나였으나 여전히 미해결과제로 남아있는 문제이다. 물론 비구니만의 선원을 비롯한 강원과 율원 등 비구니전문도량을 지정·운용하고 있으나, 이는 비구만의 선원·강원·율원이 독립설치 되어 있는 현실에 견줄 뿐 비구총림과 교구본사의 위상에 비할 바 아니다. 최근 비구총림의 확대지정과 군포교와 관련한 군승단 특별교구 지정도 있었거니와 종합수행도량인 총림과 본사가 비구만의 독점으로 이루어진 현실은 분명 개선의 여지가 크다.

일곱째, 비구니승가 운영전반의 권한과 책임을 지고 있는 전국비구니회의 조직운용시스템을 강화해 비구승가 또는 총무원과 동등한 교섭관계를 형성하는 일이 시급하다. 앞서 제기한 모든 방안의 현실구현은 비구승가와의 동등한 교섭관계에서 가능할 수 있다는 전제에 따른 대안이다. 교단 내 모든 분야에서의 성차별현상은 곧 비구니의 비구승가에의 예속을 의미한다. 이러한 부당한 처사는 가장 현실적으로 눈에 보이는 현상으로서 비구중심의 각종 법령은 물론이거니와, 비구와 동등한 총무원장 선거인단 구성권 및 중앙종회의원 선출권도 없을뿐더러, 중앙종회에서 발언권조차 거의 인정받지 못하고 있는 점과 공식석상에서의 인원동원 내지 거수기 역할에 충실하고 있는 작금의 모습에서 어렵지 않게 확인할 수 있다. 위상정립의 출구라고 할 수 있는 교단 최일선에서의 비구니의 자화상이 이와 같을진대, 교단 내 교섭단체로서의 기능을 확보해 비구승가와 어깨를 나란히 할 수 있는 조직적인 구조를 만들어내는 일이 어찌 급하고 급한 일이 아니겠는가. 전국비구니회 회장단 이하 집행부와 핵심인사들은 비구승가 내지 총무원의 충실한 '협조자'로서가 아니라, 비구니의 정당한 권리회복을 주장할 수 있는 '교섭권자'로서의 당찬 사고와 의지력을 가진 인물로 구성해야 한다고 강조하는 이유는 그 때문이다.

여덟째, 전국비구니회 산하에 독립기구로서 '승가여성차별개선위원회' (가칭)를 상설해 교단 내 성차별과 관련한 지속적인 연구시스템을 구축하는 일이 필요하다. 앞서 제시한 모든 방안에 대한 합리적이고 효율적인 전거를 마련하는 일은 이로부터 가능할 것으로 보기 때문이다. 위원회 사무처는 서울 강남 수서동에 위치한 전국비구니회관 내에 두어도 좋고, 불교교단의 흐름을 순발력 있게 살피고 대처할 수 있는 조계종총무원 주변에 두면 더욱 좋겠다는 판단이다.

이상에서 비구니승가의 현실적인 문제제기와 함께 위상정립방안과 그 전망을 몇 가지 측면에서 제시해보았다. 이에 따르면 비구니는 출가즉시 여성이 아닌 출가수행자로서의 정체성 확립이 요구되며, 그 한편으로 본질적인 성(性)의 정체성이 주는 장점을 살려 교단내부와 우리 사회의 모든 분야에서 고유한 자질과 특성을 살리는 효용성 있는 역할과 권리와 책임을 당당하게 실행할 수 있어야 한다는 당위가 제기되었다. 교단 안팎에서 성에 의한 차별을 극복하고 비구니의 위상을 정립할 수 있는 방안과 출가양중의 요체로서 제기능을 확보해 우리 사회의 긍정적인 변화와 불교중흥의 주역으로 거듭나는 일은 그로부터 가능할 것이다.

Ⅵ. 결론

출가교단은 금욕주의(禁慾主義)의 계율호지를 근본으로 수행하는 공동체이다. 초기교단에서 여성출가는 비구승가의 순일성에 커다란 도전일 수밖에 없었으며, 비구니승가가 환영받지 못한 상황에서 성립되었던 배경이기도 하다.

교단 내 여성차별은 대승불교를 주창하는 한국불교에서도 예외는 아니다. 부처님의 진의를 왜곡하고 있는 「비구니 팔경계법」 등에 집착해 비구니를 폄하하거나, 「종헌」 등을 위시한 교단내부의 모든 규정에서 비구승 우위의 제도적 장치를 마련해 비구니를 의도적으로 소외시키고 있는 저간의 사정이 엄연하다.

여성출가에 대한 차별성을 드러내는 불전의 기록이 적지 않은 것은 사실이나, 그보다 더 중요한 불교의 본질은 부처님이 여성의 출가를 허락했으며 여성도 출가수행하면 최고경지인 아라한과에 오를 수 있다고 밝힌 점이다. 이는 당시 여성들에게 커다란 희망이었으며, 마침내 남성의 예속에서 벗어나 자치적으로 주처(住處: āvāsa)에 정사(精舍: vihāra)를 세우고 비구니승가를 결성해 수행한 결과 많은 비구니들이 사향사과(四向四果)의 도과(道果)를 증득했다. 비구니승가는 비록 비구와 비구니 사이의 엄한 규칙에 의한 조건부 허락으로 성립했으나, 여성출가는 그 자체만으로도 남존여비가 강했던 시대의 남녀가 어깨를 나란히 할 수 있었던, 인류사상 경이적인 일이었다.

교단 내 성차별을 조장해온 「팔경계법」「여인오장설」「정법기간 500년 감소설」 등의 왜곡된 불교여성관을 바로잡아주는 교단초기의 객관적 역사기록은 비구니승가의 위대성을 알려주는 좋은 자료이다. 기원전 4세기 말 인도 마우리아왕조 찬드라굽타왕의 궁정에 파견된 시리아 대사 메가스테네

스(Megasthenes, B.C.350?~B.C.290?)385)는 그의 인도견문기 『인도지(印度誌)』에서 "인도에는 여성철학자들이 남성철학자들과 어깨를 겨루며 난해한 사유의 세계를 당당하게 논의하고 있다"는 기록을 남기고 있다. 일본 불교학자 나까무라 하지메(中村元)는 그의 편저 『니승의 고백(テーリ-ガータ-)』의 발문에서 "이 여성철학자들이 바로 비구니들이며, 비구니교단의 출현은 세계사상사에서 경탄할만한 일로 당시의 유럽·북아프리카·서아시아·동아시아에는 비구니교단과 같은 것은 존재하지 않았던 세계 최초의 일"386)이라고 평가하고 있다.

비구니승가의 위의를 엿볼 수 있는 이러한 내용은 여성수행자가 사향사과의 도과를 증득한 사실과 이에 대한 부처님의 진의를 전하고 있는 다수의 경전을 통해서도 거듭 확인할 수 있다. 『장로니게(Therigāthā)』를 비롯해 『증일아함』「비구니품」,『불본행집경』「발타라부부인연품」,『찬집백연경』「비구니품」,『화엄경』「입법계품」,『법화경』「권지품」,『대집경』「수기품」등 적지 않은 경전이 비구니와 우바이 등 여성수행자가 깨달음을 얻은 경지를 보여주고 있으며, 한결같이 부처님의 찬사가 이어지고 있는 사실을 전하고 있다.

오늘날 한국 비구니승가가 독립적 위상을 확보할 수 있었던 것은 그처럼 초기불교 당시 극심한 남녀차별과 편견 등 온갖 장애를 극복하고 일궈낸 여성의 역사적인 출가와, 초기불교에서는 물론 남·북방으로 불교가 전래된 이후에도 여성수행자가 정진을 통해 남성과 동등하게 사향사과에 도달했던 엄연한 역사성에 토대를 두고 있다고 할 수 있다. 남방불교권 상좌부 전통

---

385) 메가스테네스(Megasthenes)는 고대 그리스의 역사가이자 기원전 4세기 말 시리아 셀레우코스왕조의 사절로서 인도 마우리아왕조에 파견되었다. 수년의 체류기간 중의 견문을 기록한 그의 저서 『인도지』(4권)는 당시의 사정을 전하는 좋은 자료이다. 현재는 산일되었으나, 후대의 스트라본과 아리아노스의 『인도지』의 인용문에 남아 있으며, 마우리아왕조시대의 귀중한 사료로 평가받고 있다.

386) 중촌원(1993), 『니승의 고백』, 일본, 암파문고, 발문. 메가스테네스의 『인도지』 내용도 이 발문에서 재인용한 것이다.

에서는 비구니승가의 독립성과 자율성이 여전히 배제되고 있는 현실이고 보면 한국불교교단이 그나마 여성출가에 대한 부처님의 진의를 일정하게 계승하고 있다고 볼 수 있는 것이다.[387]

한국 비구니승가의 독립적 위상을 말해주는 실제적인 모습은 작금의 교단현실에 잘 나타나 있다. 근·현대기에 들어와 비구니 스스로 지율(持律)·지선(持禪)·지혜자(持慧者)로서의 위의를 확보하고 세계형성의 주체인 문도를 결집해 비구니문중을 확립한 사실에 주목할 필요가 있다. 비구니문중의 확립은 역사 속에서 그동안 비구만의 전유물로 각인된 사자상승의 법맥구도가 비구니에게도 엄연히 존재해왔음을 시방에 드러낸 기념비적인 일로서, 부처님 재세 시 비구니승가의 성립과 견줄 정도로 교단사적 의의가 매우 크다고 할 수 있다. 남·북방의 불교권을 통틀어 비구니의 독립적 세계를 이어오고 있는 승가체계를 갖추고 있는 곳은 한국불교교단이 유일하기 때문이다.

현하 한국 비구니승가를 형성하고 있는 문중은 10여 개로서, 청해·계민·법기·삼현·수정·봉래·육화·실상·보운·일엽문중과 보문종문중이 그것이다. 이들 문중은 각각 초조 내지 개창조를 세워 문중계보를 정리하고 세계를 면면히 이어오고 있다. 이밖에 문보 형성으로 보기에는 미흡하나 대표인물 내지 단위사찰 중심의 독립적 계보를 잇고 있는 두옥문중·봉완문중·청량사문중·미타사 탑골문중(서울 보문동) 등 몇몇의 기타문중도 산재한다. 비구니계의 이 같은 문중현황은 비구문중과 비교해 비등한 면모를 보여주는 좋은 본보기다.

이들 비구니문중의 초조 내지 개창조의 연대기를 고려해 문중기원을 살펴보면 고려 말의 나옹혜근(1320~1376)을 개창조의 계사로 모시고 있는 청해문중이 가장 오랜 역사를 자랑한다. 계민문중은 초조를 조선 제16대 인조(재위년도 1623~1649)의 옹주로 추정해 17세기 중반기를 문중기원으

---

387) 하춘생(2010), 「근·현대 비구니사의 전개와 문중확립」, 앞의 책, p.332.

로 삼고 있다. 일정한 차이는 있겠으나 법기·삼현·수정·육화문중은 18세기를, 봉래·실상·보운문중은 19세기를 각각 문중기원으로 보고 있다. 일엽문중과 보문종 문중은 20세기 근·현대기를 살다간 인물의 세계를 계승하고 있다.

한국 비구니승가는 그렇듯 근·현대기를 지나며 독립적 위상을 확보한 가운데 지율·지선·지혜자로서의 위의와 함께 출가본연의 전통 승풍을 크게 진작하고 있다. 교계 안팎에서 요구받는 시대적 역할과 기능을 회복하기 위한 노정에 선도적인 자질과 역량을 강화하며 한국불교의 희망을 담보함으로써 '한국불교의 마지막 보루'라는 기대가치를 더욱 높게 하고 있는 것이다.

이처럼 비구니의 독립적인 세계형성과 문중성립이 지니는 교단사적 의의와 가치는 결코 작지 않다는 사실을 알 수 있다. 그럼에도 불구하고 비구니문중을 바라보는 교단 안팎의 부정적 시각이 없지 않은 것도 부인할 수 없다. 따라서 문중 형성이 던져주는 한계와 직면과제를 극복하고 해결하는 일은 당해 문중은 물론 비구니승가의 위상정립과 직결되는 문제라는 점에서 합리적인 모색이 요구된다.

첫째, 비구니의 문중형성이 '사조(思潮)의 편승'이며 '집단이기' '족벌' '파벌'의 전형이라는 시각을 불식시키기 위한 문중간의 상호교류와 일불제자로서의 출가정신을 회복할 수 있는 환경조성이 시급하다.

둘째, 각 문중의 초조 내지 개창조를 비롯한 세계선상의 주요 인물들의 사실적(史實的)인 행장과 사상을 구명하는 학문적 연구시스템을 가동하고 인적자원을 확보해 비구니문중에 대한 학술적 탐구를 지속할 수 있는 여건 마련이 필요하다.

셋째, 은상좌연의 사자관계를 지율·지선·지혜의 삼학체계로 세분화하고 법을 사사하는 방식의 전형을 정립해 법맥상전의 신빙성과 사상성을 구명하는 작업도 간과할 수 없는 명제이다.

넷째, 문중형성이 던져주는 불가피한 면을 부정할 수 없다면 보다 적극적인 문보 편찬을 통해 문도들의 행장을 구체적으로 남겨놓는 일은 후학들을 위한 소명일 수 있다는 점에서 각 문도회의 『문중계보』를 보다 더 정치(精緻)하게 발행할 필요가 있다.

다섯째, 각 문중별로 비구니들의 교육과 수행, 지계와 봉사 등 각 부분마다 도달되어 있는 공부를 점검해 더욱 심화시키고 개개인의 역할을 증대시킬 수 있는 체계적인 행정시스템을 설치·운용하는 것도 문중에 대한 부정적 시각을 극복할 수 있는 대안일 수 있다.

여섯째, 각 문도회와 전국비구니회를 연계한 위상정립시스템을 구축해 각 문중의 특색 있는 저력을 전국비구니회로 일원화하고, 비구니는 물론 여성불자들의 에너지를 활용해 이들이 불교발전에 이바지할 수 있는 신행의 구심점으로서 비구니가 자리매김하는 방안을 모색하는 일이다.

비구니의 문중형성이 던져주는 이상의 몇 가지 한계와 직면과제에 따른 대안을 모색해보았다. 이는 곧 역설적으로 비구니의 문중형성이 지니는 긍정적 의의를 더욱 고양시킬 수 있는 비구니승가의 고민이 필요하며, 나아가 우리 시대 여성지도자로서 비구니의 행보가 부처님의 혜명을 오롯이 성취하는 방향으로 나아가도록 불교교단, 특히 출가양중의 한 축인 비구의 더욱 더 깊은 배려가 요구된다는 사실을 말해준다.

하지만 교단현실은 사회적 변화는 물론 내적변화를 진전시킬 수 있는 여건마저 미흡한 실정이다. 비구니들을 단순히 '여성'의 틀과 '한계성'에 묶어버리는 정서가 아직도 강하기 때문이다. 필자는 본 연구를 통해 비구니승가에게 주어진 현실적인 문제와 역할을 점검해 위상정립방안을 제시했던바 요약하면 다음과 같다.

첫째, 교단 내 성차별에 대한 비구니 스스로의 의식구조 개선을 들 수 있다. 비구니는 위상정립의 주체이면서 동시에 의식개혁의 대상이다. 우리 사회의 모든 분야에서 이미 퇴출된 성차별제도가 여전히 만연해 있는 교단의 구조적인 모순을 개선하기 위해서는 비구니 스스로의 정당하고도 당당한 목소리가 조직적이고도 지속적으로 이루어져야 한다.

둘째, 비구니가 득도수계할 때 이부승수계의식으로 진행하는 수계절차를 비구니계단으로 일원화하는 일이다. 비구니계단에서 수계의식을 치른 후 비구계단에서 다시 수계절차를 밟는 의식 자체가 성차별의 전형일 수 있기 때문이다.

셋째, 비구니의 교단참정권을 확대하거나 비구와의 형평성을 이루는 일이다. 비구니도 비구와 동일하게 제반 종무직에 참여할 수 있어야 하며, 법계품수도 제한받는 일이 없어야 한다는 것을 말한다. 차별적인 제도에 묶여 역할을 아예 할 수 없는 것과 역할을 하지 않는 것은 분명 다르다. 역할을 할 수 있는 조건마저 막아놓고서 역할론 운운 자체가 어불성설인 것이다.

넷째, '소소계(小小戒)는 폐지해도 무방하다'는 부처님의 유훈에 의거해 불조혜명에 방해가 되는 「팔경계법」 등을 위시한 성차별적 계율을 과감히 폐기시키는 일이다. 부처님의 이상을 실현하는데 문제 있는 계율은 폐기하거나 시대에 맞도록 개선하는 것이 지극히 당연하기 때문이다.

다섯째, 비구가 갖지 못한 비구니만의 고유한 자질과 특성을 살릴 수 있는 복지·문화·교육(특히 유아·어린이·청소년) 등의 분야에서 최소한 1(사찰):1(시설) 시스템을 갖춤으로써 비구니만의 사회적 기능을 확대해 상구보리 하화중생으로 상징되는 구세이념을 현실 속에 구현하는 일이다.

여섯째, 비구니의 수행·교화·교육활동의 합리성과 효율성을 모색하기 위한 방안으로 비구총림과 동일한 기능의 비구니총림을 설립하고, 현재의 교구본사와 사격을 같이하는 비구니본사를 확보하는 일이다. 최근에 비구총림의 확대지정과 군포교의 전담기구인 군승단을 특별교구로 지정한 사례도 있거니와 총림과 본사를 비구가 독점하고 있는 현실은 분명 문제가 있기 때문이다.

일곱째, 비구니승가를 대표하는 전국비구니회의 조직력을 강화해 비구승가 또는 총무원과 동등한 교섭관계를 형성해야 한다. 이를 위해 전국비구니회는 비구승가 내지 총무원의 충실한 '협조자'로서가 아니라, 비구니의 정당한 권리회복을 주장할 수 있는 '교섭권자'로서의 당찬 사고와 의지력을 가진 인물로 집행부를 구성해야 한다. 이는 앞서 제기한 모든 방안의 현실구현은 비구승가에의 예속이 아닌 동등한 교섭관계에서 비로소 가능할 수 있다는 전제에 따른 대안이다.

여덟째, 전국비구니회의 독립기구로서 '승가여성차별개선위원회'(가칭)를 구성해 비구니에 대한 연구시스템을 상설 가동하는 일이다. 교단 내 여성 또는 비구니와 관련된 문제를 해결할 수 있는 합리적이고 가장 효율적인 방안마련은 이로부터 가능할 것이기 때문이다.

비구니의 위상정립과 관련해 이상의 몇 가지 문제제기와 맞물려 그 방안을 제시했다. 이와 함께 우리가 간과해선 안 될 사안은, 비구니는 출가즉시 여성이 아닌 출가수행자로서의 정체성을 확립해야 한다는 것이다. 한편으로는 본질적인 성(性)의 정체성이 주는 장점을 토대로 교단안팎의 모든 분야에서 고유한 자질과 특성을 살릴 수 있는 효용성 있는 역할과 권리와 책임도 요구된다.

반면에 비구승가는 교단 내 모든 분야에서 성차별적인 요소를 개선해 출가양중의 평등성을 반영하는 작업을 비구의 위기의식으로 느끼기보다 오히려 비구가 앞장서서 과감한 모습을 보여주는데 뜻을 모을 필요가 있다. 그것은 오히려 비구승가의 자기정체성 강화는 물론 부처님의 가르침을 올곧게 구현하는 길로 나아가게 함으로써 한국불교의 미래를 밝게 할 수 있는 지름길이 될 것이다.

근·현대기 비구니의 문중형성과 그 의의를 고찰해 출가본연의 정신과 불법전등의 기치를 드높이고 있는 비구니승가의 현재적 위상을 살펴본 대의가 여기에 있다.

- 사진으로 보는 비구니문중 형성의 주역들 ·········· 309

- 비구니문중 세계도(世系圖)
    1. 청해문중 ·· 331
    2. 계민문중 ·· 341
    3. 법기문중 ·· 355
    4. 삼현문중 ·· 376
    5. 수정문중 ·· 402
    6. 봉래문중 ·· 410
    7. 육화문중 ·· 415
    8. 실상문중 ·· 430
    9. 보운문중 ·· 438
    10. 일엽문중 ·· 440
    11. 보문종문중 ······································ 442

 **일러두기**

1. 사진일람은 한국의 비구니문중을 탄생시킨 근·현대기 비구니고승들의 일면을 수록한 소중한 사료들이다. 문중형성 주역들의 인물사진을 비롯해 그분들이 살았던 당대의 도반들과 문하제자들의 모습, 이름 높았던 비구고승들과의 교류관계 등을 들여다봄으로써 근·현대기를 살다간 대표적 비구니고승들의 역동성을 살필 수 있다.

2. 문중계보를 한눈에 볼 수 있도록 도식화한 문중세계도는 본문 제Ⅳ장에서 구명한 계보현황의 근거자료이다.

3. 문중세계도는 비구니승가의 각 문도회가 발행한 최근년도의 『문중계보』를 참고자료로 삼아 필자가 구명한 계통-계열의 구분에 따라 작성한 것이다. 각 『문중계보』의 최근 발행연도는 다음과 같다.
   『청해문도계보』(1988.음4.8)   『계민문중계보』(2003.12.30)
   『법기문중계보』(2008.9.15)   『삼현문보』(2009.3.30)
   『수정문중계보』(1992.9.15)   『봉래문중계보』(2008.3.28)
   『육화문중계보』(2002.4.30)   『실상문도계보』(2003.음4.8)
   『보운문중계보』(2008.8.)

4. 문중세계도에 수록된 각 문중의 인물 가운데 상기 3항의 『문중계보』에 없는 세계는 졸저 『깨달음의 꽃』(전2권)을 참고자료로 삼고, 필자가 당해문도회 또는 문중에 속한 비구니에게 직접 확인한 바에 따라 보강한 것이다.

5. 전술한 3,4항을 충족하지 못하거나 의거하지 않은 인물은 문중세계도에서 제외되었다. 특히 2000년대 이전에 발행된 『청해문도계보』와 『수정문중계보』에 수록된 문도 현황은 2013년도 1월 현재시점에서 극히 제한적일 수 있다는 점을 밝힌다. 양 문중이 현재 『문중계보』의 개정증보판을 발행하지 않고 있는 관계로 초판간행 이후 배출된 당해 문중의 문도는 특별한 경우를 제외하고 세계도에서 제외될 수밖에 없었던 점을 깊이 양해 바란다.

6. 문도회 차원에서 『문중계보』를 발행하지 않은 일엽문중과 보문종문중의 세계도는 졸저 『깨달음의 꽃』과 필자가 당해 문도회에 직접 확인, 보강한 바에 의거해 작성한 것이다. 당해 문중에 속하면서도 세계도에서는 제외된 인물이 있을 수 있는바 이점도 깊이 양해 바란다.

7. 문중세계도에서 보이는 단위문중별 '계통' '계열' '문파' 등은 복잡한 문중계보를 쉽게 이해할 수 있도록 필자가 구명한 독창적인 구분 방식을 나타낸 것으로, 당해문중의 분파 내지 계파를 의미하는 것은 아니다.

8. 상기 문중에는 속하지 않으나 근·현대 비구니사에서 주요인물로 평가받는 일부 비구니세계는 본문에서 '기타문중'으로 정리했다.

사진으로 보는 비구니문중 형성의 주역들

청해문중

혜춘스님

혜춘스님(맨앞 앉은 분)을 중심으로 비구니 대중이 자리를 함께 했다.

장일스님

장일·혜춘스님 등이 중심이 되어 결성한 청해문도회 회원들이 해인사 보현암에서 제1차 총회를 마치고 기념촬영했다. (1985.10.27).

조계종 전국비구니회장 당시 혜춘스님을 비롯한 간부진들이 종정 성철스님께 신년하례식을 올리고 기념촬영했다(1987).

당대 지계제일 율사인 자운스님을 예방한 후 환담을 나누고 있다. 혜춘스님은 자운스님의 《범망경》 법문을 듣고 발심의 싹을 틔웠다. 가운데가 자운스님, 그 왼쪽 옆으로 인홍·지관 스님. 오른쪽에서 두 번째가 혜춘스님(1982.8).

보현암에서. 혜춘스님을 중심으로 오른쪽이 맏상좌 서용스님, 왼쪽이 둘째상좌 정안스님(1979.5.4).

계민문중

금룡스님

성문스님

혜옥스님

법일스님

성문스님이 1926년 대교과 수료 직후 도반스님들과 함께했다. 왼쪽부터 성문·정행·문오·봉련스님. 동자승은 둘째 상좌 태호스님이다.

법일스님이 1973년 문수기도 회향을 마치고 대중과 함께했다. 앞에서 둘째줄 가운데 안경 쓴 분이 법일스님. 오른쪽 옆은 비구율사 자운스님이다.

법 기 문 중

상근스님

자현스님

인홍스님

도준스님

윤호스님

응민스님

비구니전계대화상 정행스님(앞줄 가운데)을 비롯하여 7증사로 참여한 석남사 인홍스님(앞줄 왼쪽), 교수아사리였던 운문사 명성스님(앞줄 오른쪽), 당시 조계종 전국비구니회장 혜춘스님(뒷줄 가운데) 등이 수계식을 마치고 기념촬영했다(1989).

윤호스님이 해인사 삼선암에 주석하고 있던 정행스님(앞줄 왼쪽)과 함께했다. 뒷줄 오른쪽이 막내상좌 진공스님.

오늘날 조계종 승가교육의 중심도량인 중앙승가대학의 효시는 자현스님이 서울 돈암동 보현사에 개설한 중앙불교승가학원에서 찾는다. 사진은 1979년 4월 14일 중앙불교승가학원 개원식.

도준스님이 희룡사 대웅전을 낙성한 후 은사 보성스님(가운데)을 모시고 맏상좌 혜주(오른쪽)스님과 기념촬영했다(1971).

윤호스님이 오대산 적멸보궁을 참배한 후 방한암(앞줄 왼쪽서 두번째) 스님과 기념촬영했다. 뒷줄 왼쪽에서 세 번째가 윤호스님(1943).

삼 현 문 중

법희스님

정행스님

수옥스님

도원스님

법희스님이 만공스님을 모시고 제자들과 함께 견성암 앞에서(1943). 앞줄 한가운데가 만공스님, 왼쪽이 법희스님이다.

수옥스님이 경봉스님과 내원사에서 기념촬영했다. 앞줄 왼쪽이 경봉스님, 오른쪽이 수옥스님, 뒷줄은 왼쪽부터 법해·본공·진귀·자성·법형·자민 스님(1963.7.14).

정행스님이 경봉스님을 모시고 통도사 극락암에서. 가운데 주장자 드신 분이 경봉스님이고, 앞줄 오른쪽 끝이 정행스님이다(1963.6.15).

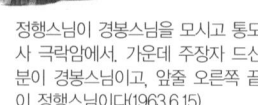

묘리법희스님(오른쪽)이 제자인 수옥스님(왼쪽)·상륜스님(뒷줄)과 함께 했다.

수정문중

월혜스님

쾌유스님

쾌유스님이 모친 계은스님(앉아계신 분)과 함께 수정암에서. 오른쪽에서 세 번째가 쾌유스님이다.

쾌유스님이 5.16이후 수정암을 자주 찾은 육영수 여사와 함께 했다.

봉래문중

본공스님

오대산 지장암에 선방을 개설하고 수년간 수선안거에 들었던 본공스님(앞줄 맨 왼쪽)이 1943년 만공스님(앞줄 가운데)과 함께했다. 오른쪽은 인홍스님, 뒷줄 맨 왼쪽은 선경스님이다.

육 화 문 중

대영스님

진오스님

천일스님

선경스님

대영스님이 범어사에서 개최된 조계종 제2회 구족계 및 제3회 사미(니)수계산림 법회에 비구니로서는 최초로 증명법사로 참여했다(1982.10.15).

진오스님이 경북 문경 김룡사 주지 당시 대중과 함께했다. 앞줄 가운데가 진오스님이고, 오른쪽은 묘엄스님이다.

천일스님(둘째줄 안경쓰신 분)이 마포 석불사를 찾은 고봉경욱스님(앞줄 가운데)과 함께 기념촬영했다 (1957.4.15).

천일스님이 제자들과 천성산 내원사를 찾아 경봉스님과 함께했다(1971.11.9).

선경스님이 내원사에서 입승시절 경봉스님을 모시고 기념촬영했다. 앞줄 가운데가 경봉스님, 왼쪽 옆은 당시 내원사 주지 안혜운스님, 오른쪽 끝이 선경스님, 바로 왼쪽 옆은 정행스님(1972.10).

천일스님이 마포 석불사에서 후학들과 함께.

선경스님과 외국인제자들. 맨 왼쪽이 프랑스 출신 비구니인 마르틴 배철러(性日스님)이다. 우리나라에서 22세에 출가해 10년간(1975~1985) 비구니로 사는 동안 선경스님의 제자로서 모범적인 외국인 수행자로 이름을 남겼다.

실 상 문 중

만성스님

만성스님이 부산 금정산 범어사 동안거 결제를 마친 후 하동산 화상을 모시고 비구니대중과 함께 했다. 뒷줄 오른쪽에서 세 번째가 만성스님이고, 뒷줄 왼쪽에서 두 번째가 창법스님이다(1954).

보운문중

수인스님

창법스님

수인스님(앞줄 오른쪽)이 운문사 주지 당시 조계종종정 고암스님(왼쪽), 강사 제응스님(가운데), 손상좌들과 기념촬영했다.

수인스님(가운데)이 운문사 주지 시절 창법·성우·영옥·혜엽(뒷줄 오른쪽부터) 스님 등 상좌들과 함께했다(1961).

창법스님이 내원사에서 경봉선사와 함께했다. 가운데 앉은 스님이 경봉스님, 뒷줄 왼쪽부터 창법·성우·광호·영오 스님이다.(1966.음7.17.)

일엽문중

일엽스님

수덕사 견성암에서 만공스님과 함께. 앞줄 가운데가 만공스님, 뒷줄 안경 쓴 분이 일엽스님이다.

출가직전 문인시절의 김일엽(뒷줄 안경 쓴 분).

입적 1년 전 부처님오신날 제자들과 함께. 앞줄 왼쪽부터 도선·일엽·경희 스님, 뒷줄 왼쪽부터 용민·월송·정진 스님(1970).

보문종 문중

긍탄스님

은영스님

보문종 본산인 보문사 석굴암 낙성을 기념하여 긍탄스님과 은영스님 등 보문종 대중이 자리를 함께 했다(1972.6).

경주 석굴암을 재현한 보문사 석굴암이 낙성되자 가톨릭 신부와 수녀들이 단체로 참배하고 기념촬영했다.

보문사 석굴암 조성공사 현장에서 포즈를 취한 은영스님(왼쪽).

기 타 문 중

두옥문중 _ 봉려관스님

두옥문중 _ 광호스님

봉완문중 _ 세등스님

광호스님이 조계산 선암사 주지로 부임한 후 구산스님(모자 쓴 분)과 함께했다. 구산스님 왼쪽이 광호스님이다(1956).

세등스님이 전강스님(앉아계신 분) 등과 함께 했다. 뒷줄 왼쪽부터 세등 · 송담 · 재운 · 경순스님.

봉려관 스님의 행적비(제주 관음사, 2012.7.17. 제막).

비구니문중

세 계 도

청해문중 세계도

1. 청해문중_道閑계통_청암사 백련암계열

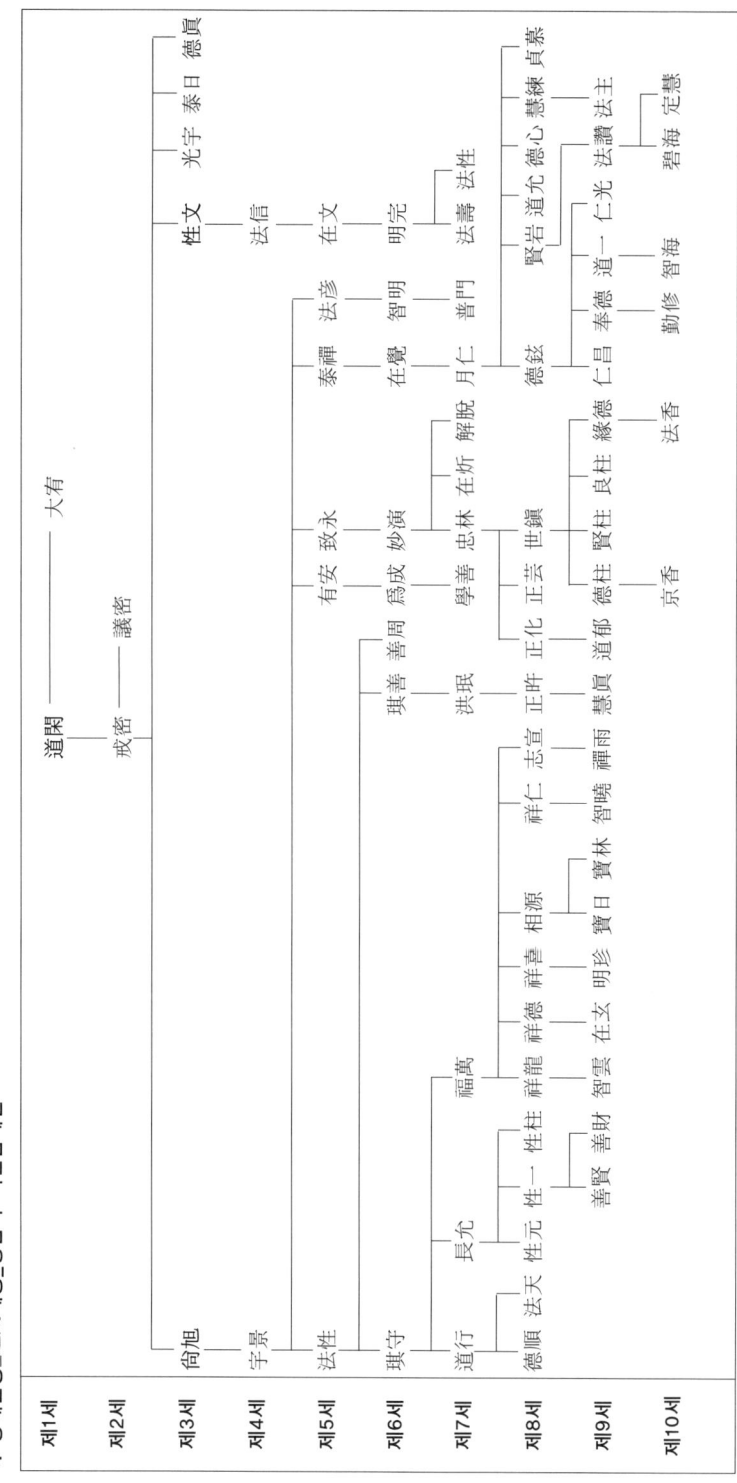

332 _ 한국의 비구니문중

2. 청해문중_道閑계통_석림사계열

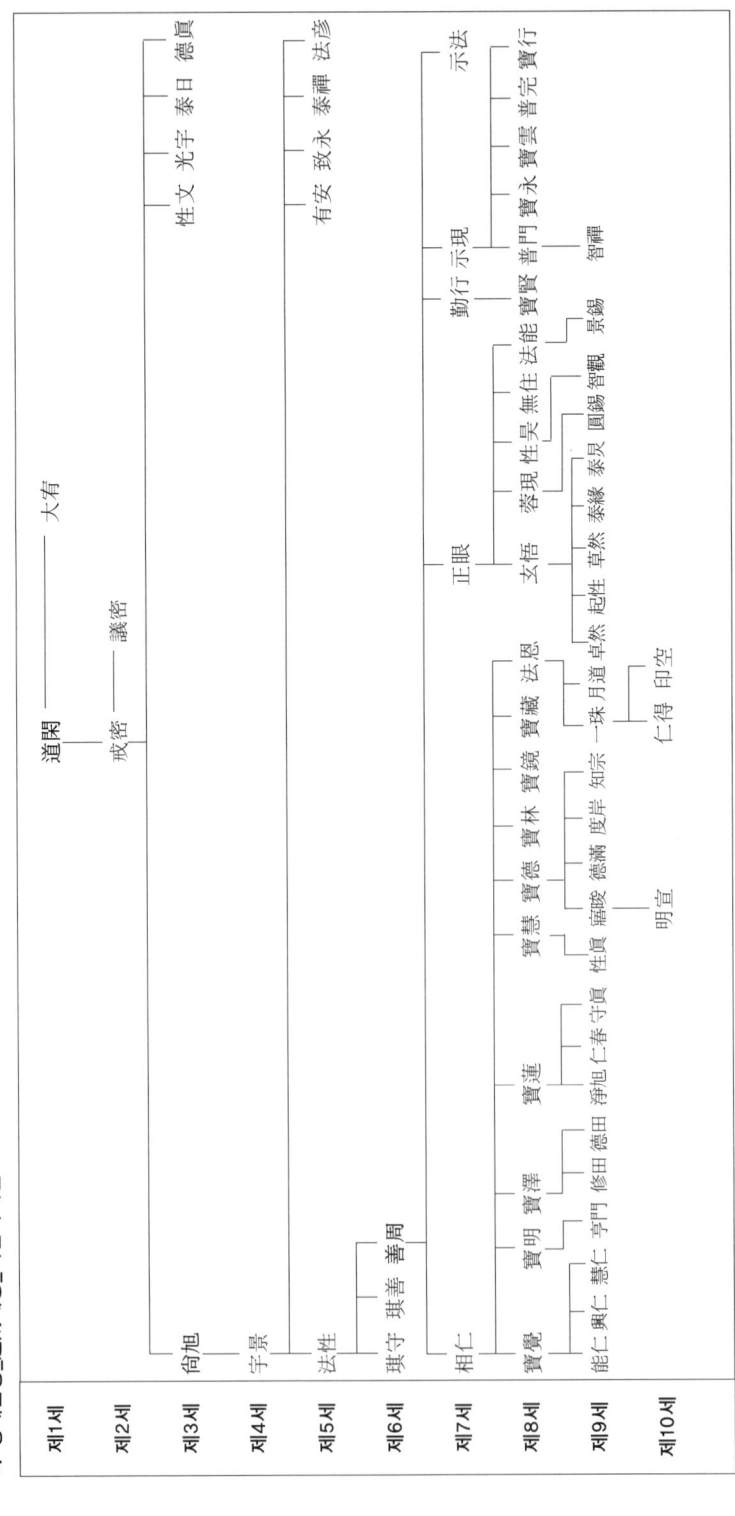

3. 청해문중_道閑계통_東和寺 내원암계열

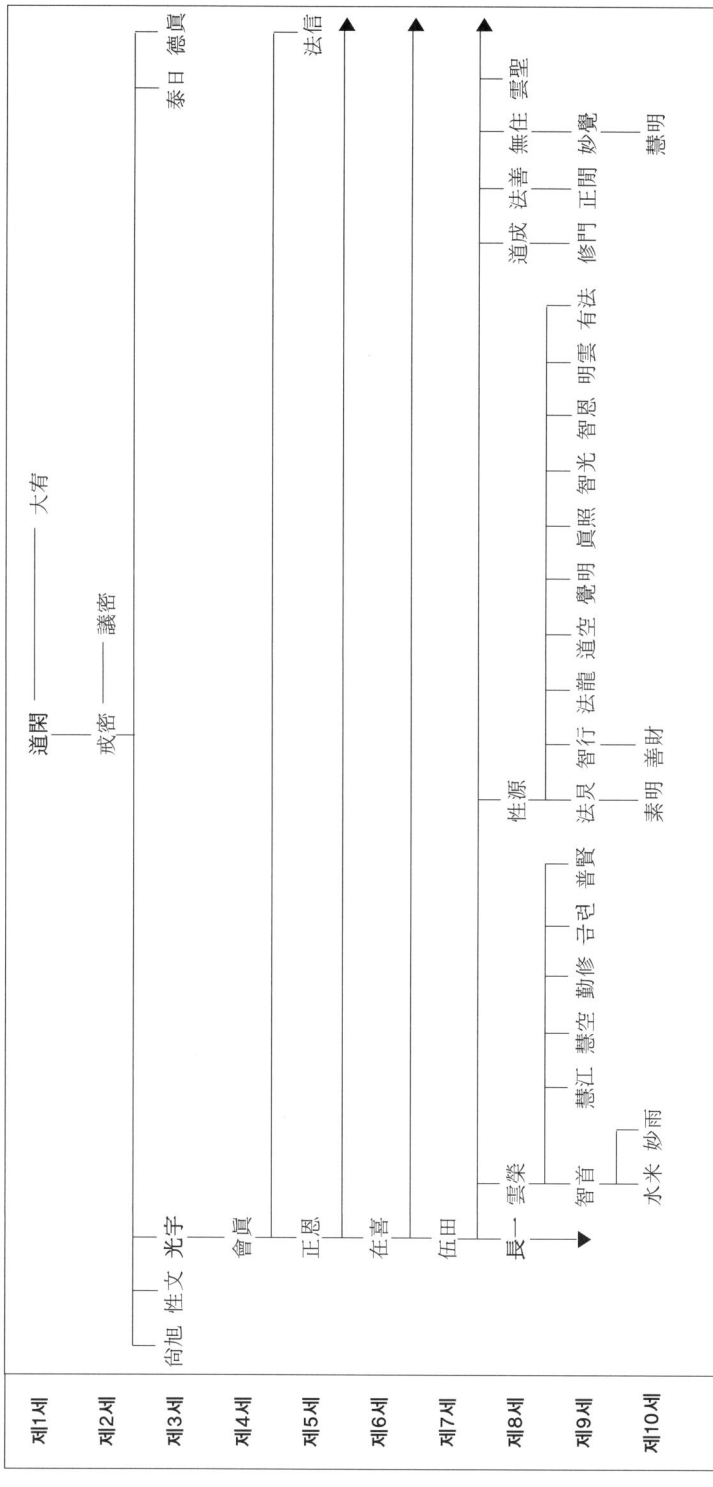

3. 청해문중_道閑계통_동화사 내원암계열

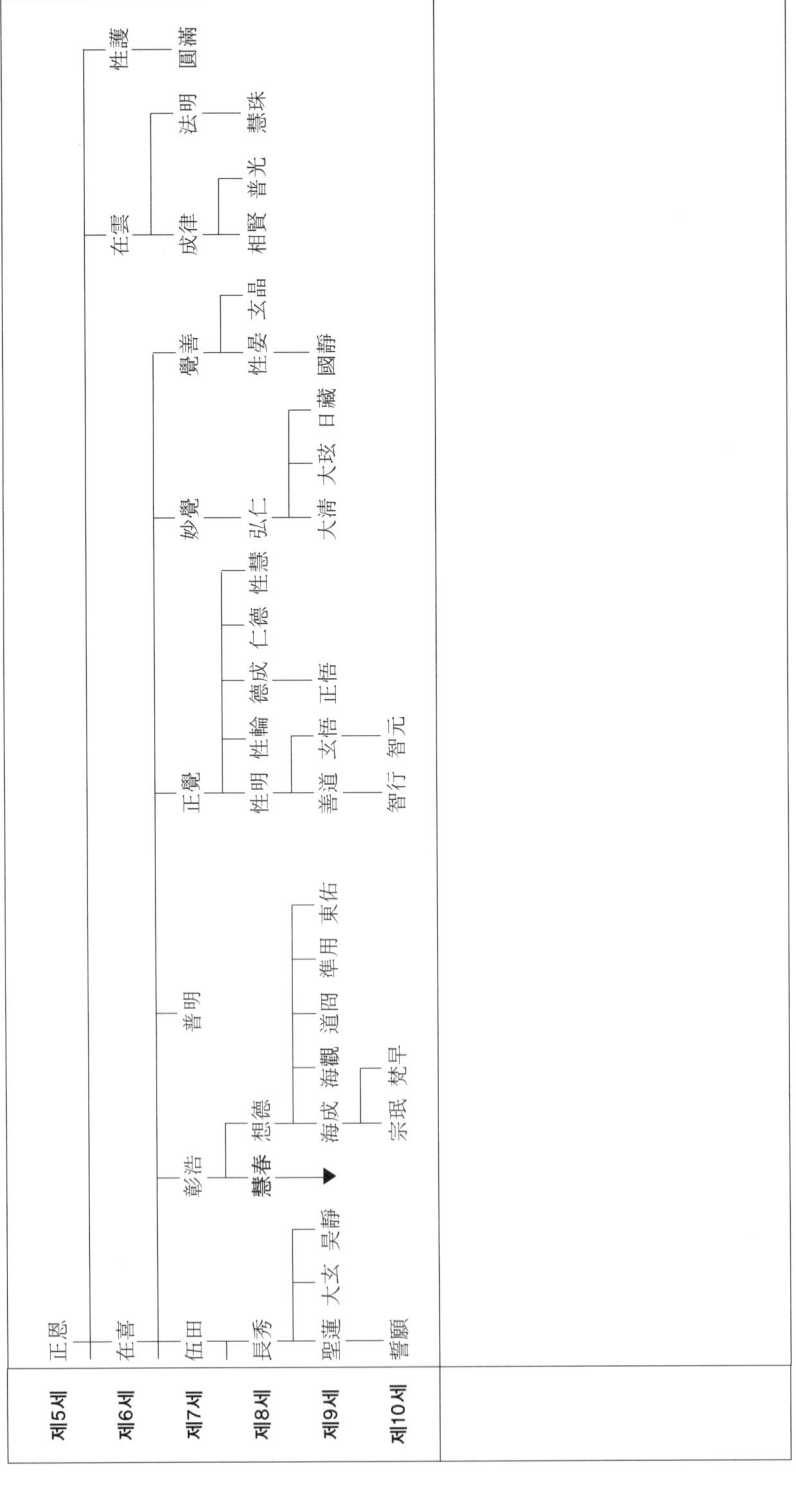

3-1. 청해문중_道閑계통_통화사 내원암계열: 長一세계

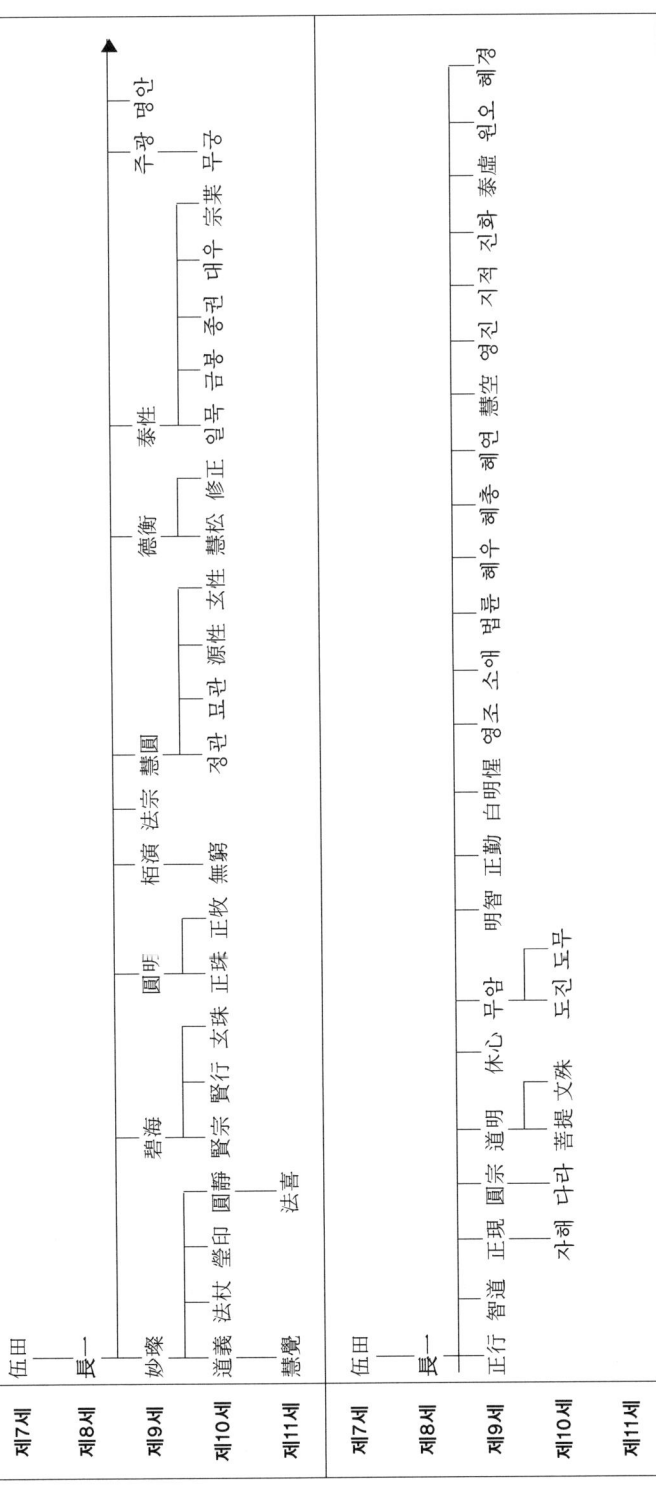

3-2. 청해문중 道閒계통_동화사 내원암계열: 慧春세계

제7세	彰浩							
제8세	慧春							
제9세	瑞庸			正眼				
제10세	昹光	欧卓 徑厚 眞厚 根厚 德現 慈惟 靜孝 曉垣		牛空 禪宗 法水 明禪	正明	普賢 玄雄 宗覺		玄照
				千湖 禪本			本覺 能敦	
				慈弘 禪仁 河閏				法眞
제11세	炫牛 玄頂							天門

제7세	彰浩							
제8세	慧春							
제9세	法眞		玄應	正智	正光 一雲 一如 禪雲 妙蓮 一錫			
제10세	慧門 慧光	智原 東院 東照 禪德 禪明 禪優 素英 禪定 禪燈 道明 觀默 德堤			禪崖 禪洲 三行 宗一 宗光 大光 普明 寂然			
					東曉			
제11세								

4. 청해문중_道閑계통_용흥사계열

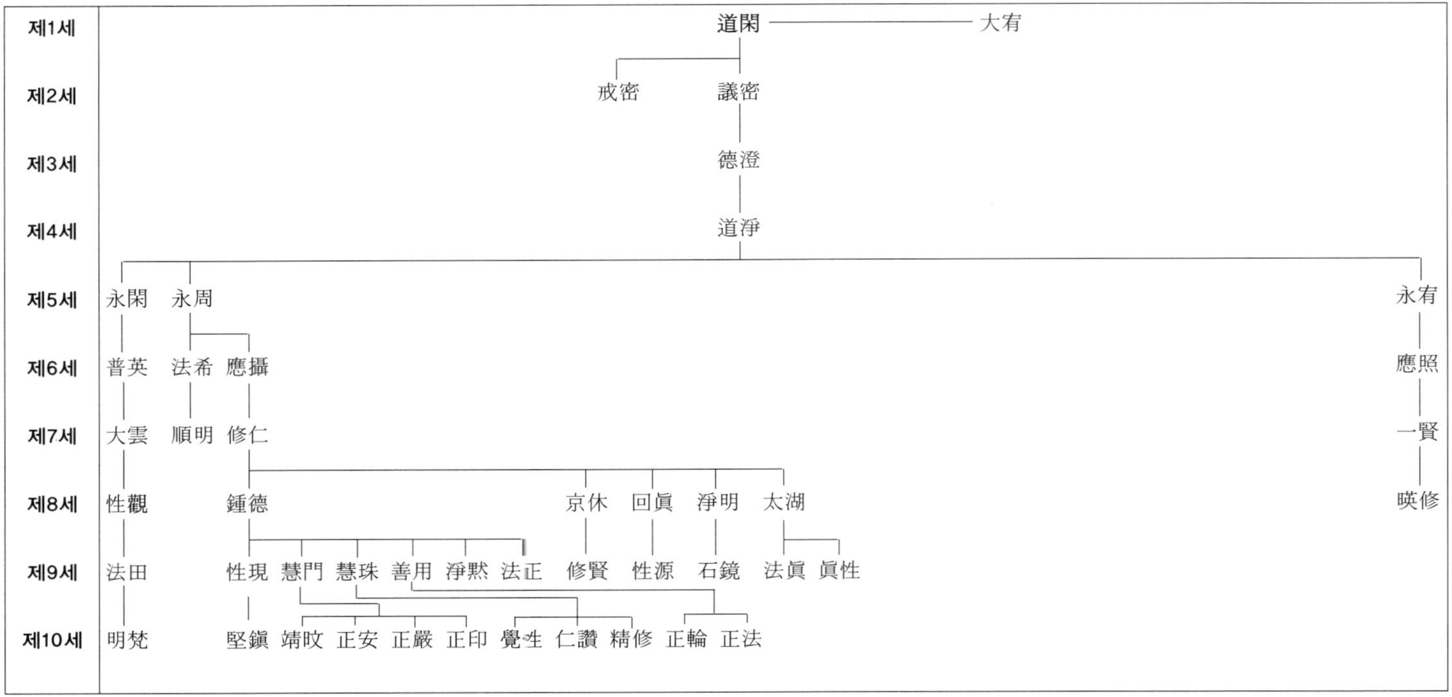

제1세									道閑						
제2세								戒密	讓密						
제3세									德澄						
제4세									道淨						
제5세	永閑	永周													永宥
제6세	普英	法希	應玂												應照
제7세	大雲	順明	修仁												一賢
제8세	性觀	鍾德			京休	回員	淨明	大湖							暎修
제9세	法田	慧門	慧珠	善用	淨黙	修賢	性源	石鏡	法員	眞性					
제10세	明梵	堅鏡	靖旼	正安	正嚴	正印	魔生	仁讚	精修	正輪	正法				

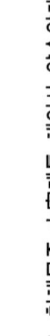

5. 청해문중_大聎계통_해인사 약수암계열

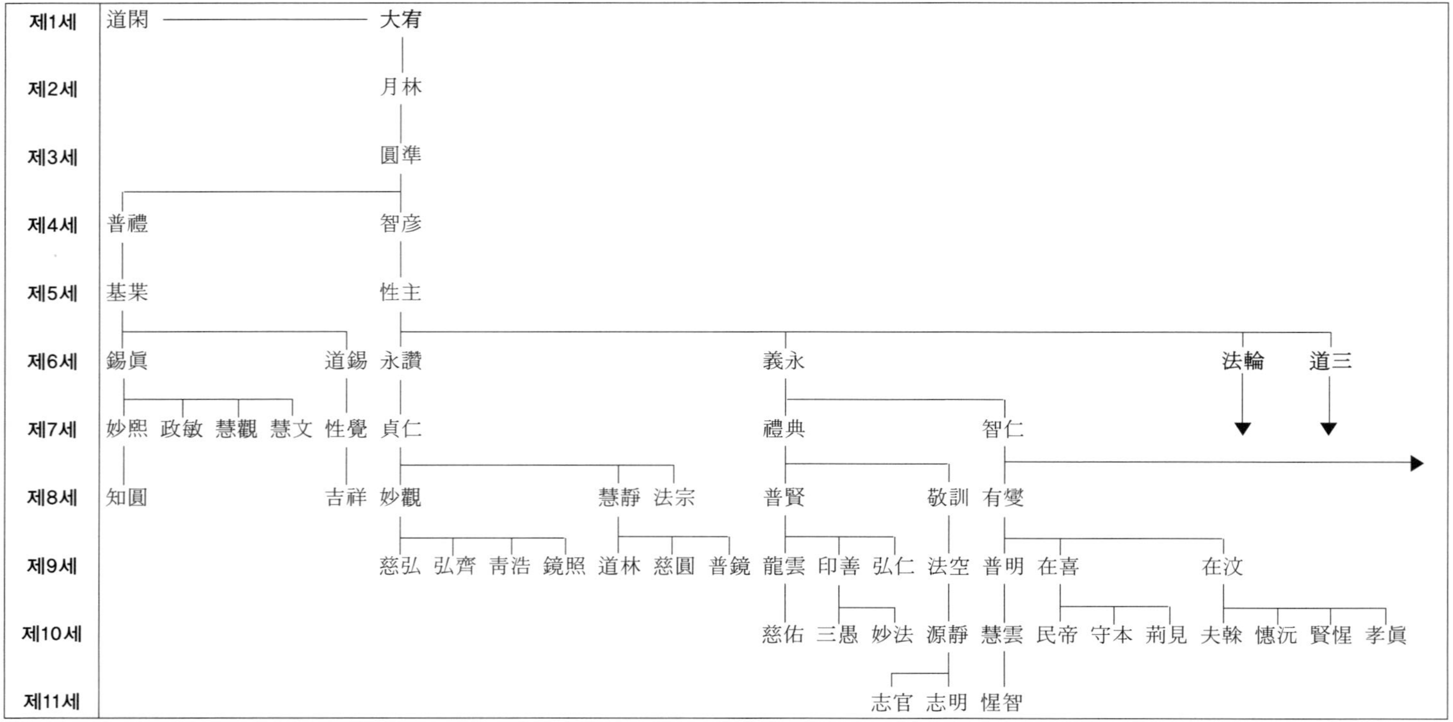

제1세	道閑	大聎
제2세		月林
제3세		圓準
제4세	普禮	智彦
제5세	基業	性主
제6세	錫眞	道錫 永讚 義永
제7세	妙照 政敏 慧觀 慧文	性覺 貞仁 禮典
제8세	吉祥 妙觀	慧靜 法宗 普賢 智仁
제9세	知圓	慈弘 弘齊 菁浩 鏡照 道林 慈圓 普鏡 龍雲 印善 弘仁 法空 普明 敬訓 有愛 法輪 道三
제10세		慈佑 三愚 妙法 慧靜 源靜 慧雲 民帝 守本 荊見 夫榦 憶沅 賢俚 孝眞 在菩 在汝
제11세		志官 志明 俚智

5. 청해문중_大宥계통_해인사 약수암계열

제1세	大宥							
제2세	月林							
제3세	圓準							
제4세	智彦							
제5세	性主							
제6세	義永							
제7세	智仁							
제8세	泰具							
제9세	英佑	松碧	性模	慧然	陀燈	龍雲	性觀	保慶	東陲
제10세	월송	世燈	慧正				海住		能慧

340 _ 한국의 비구니문중

5-1. 청해문중_大肯계통_해인사 약수암계열: 法輪_道三세계

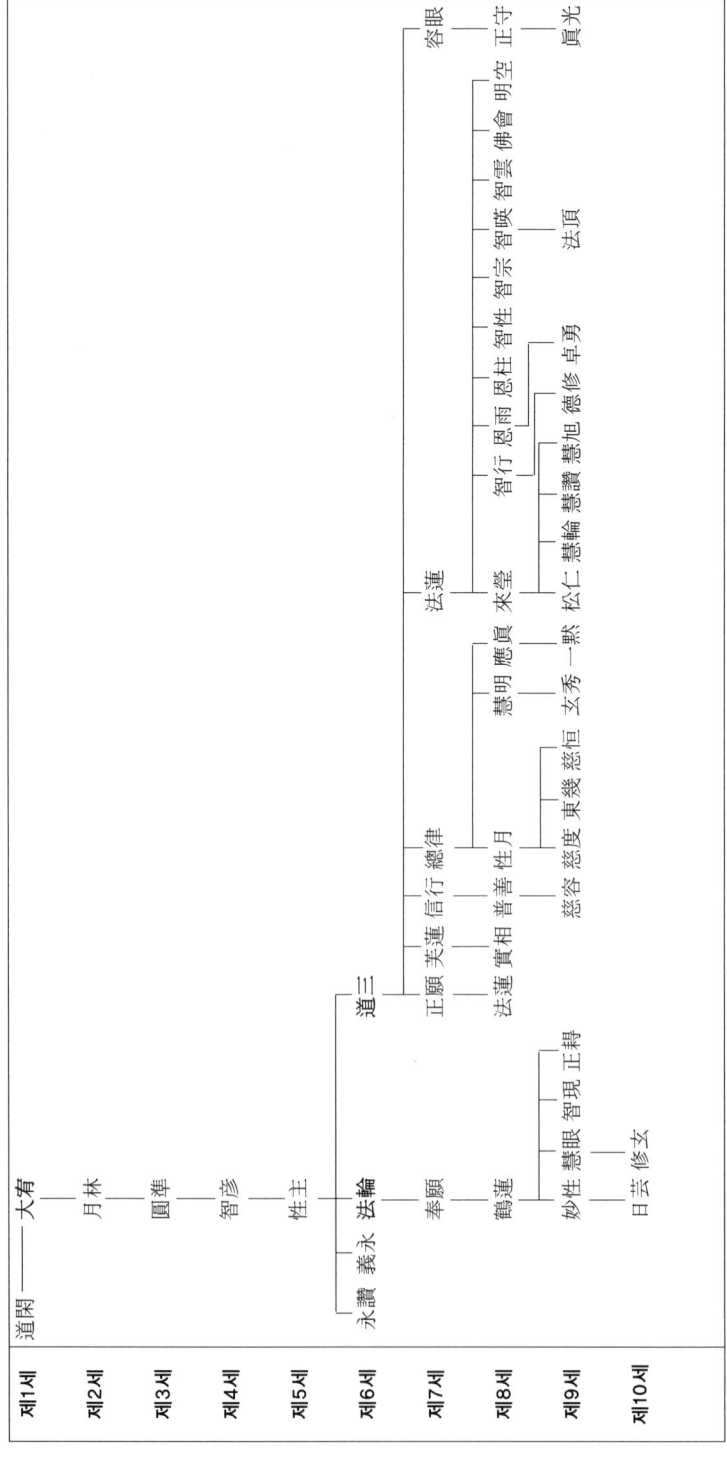

비구니문중 계보도 _ 341

계민문중 세계도

1. 계민문중_定空계통_壯弘계열

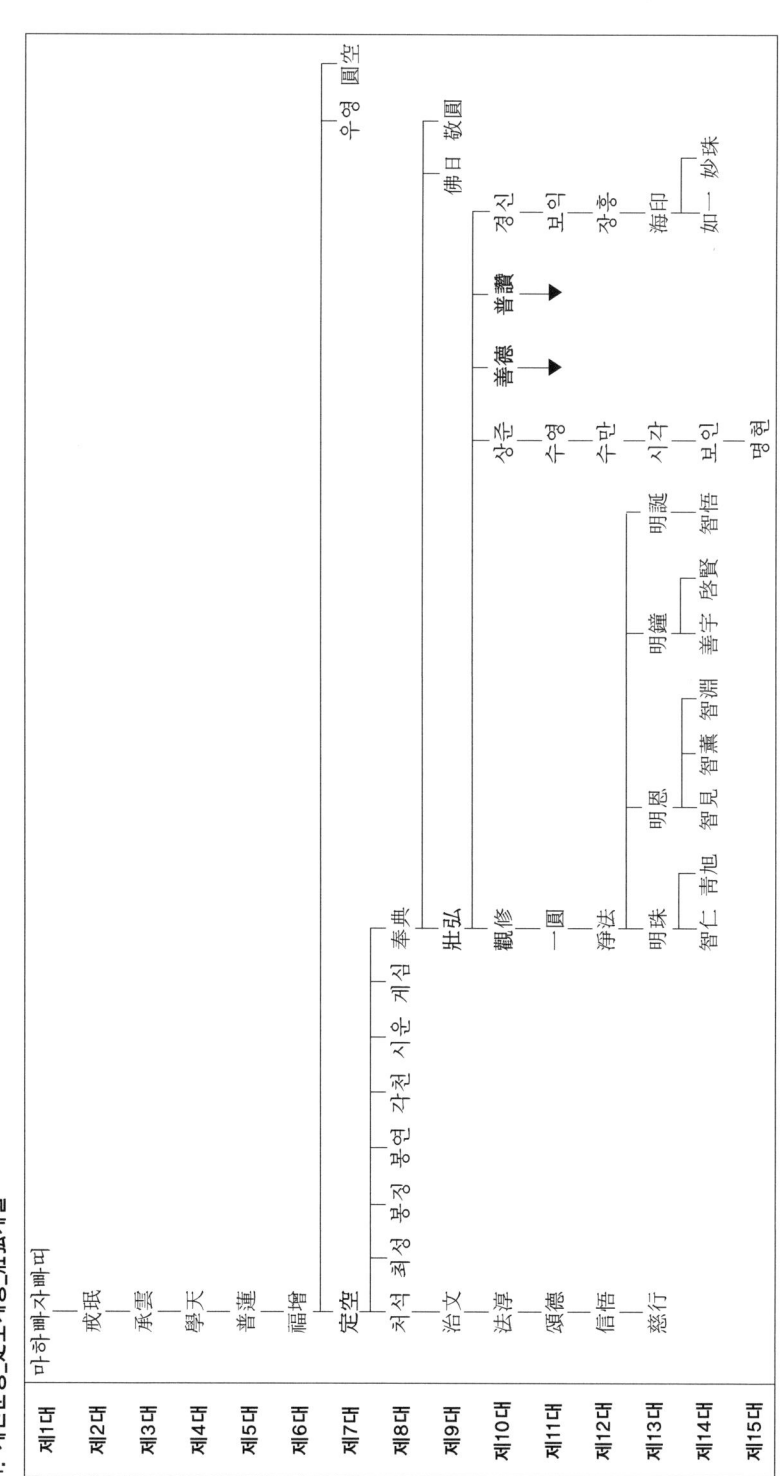

1-1. 계민문중_定空계통_壯弘계열: 善德세계

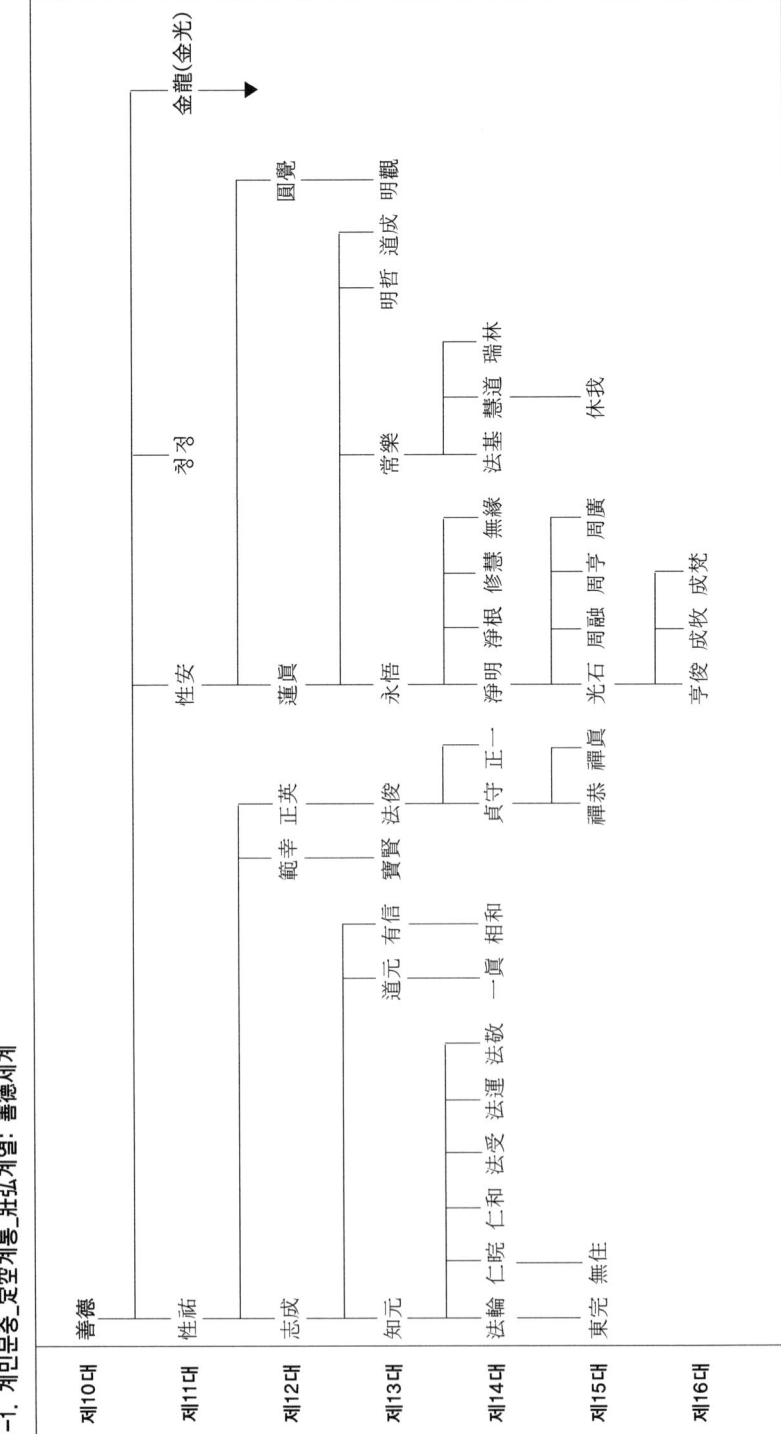

1-1-1. 계민문중_定空계통_壯弘계열: 善德문하 金龍세계

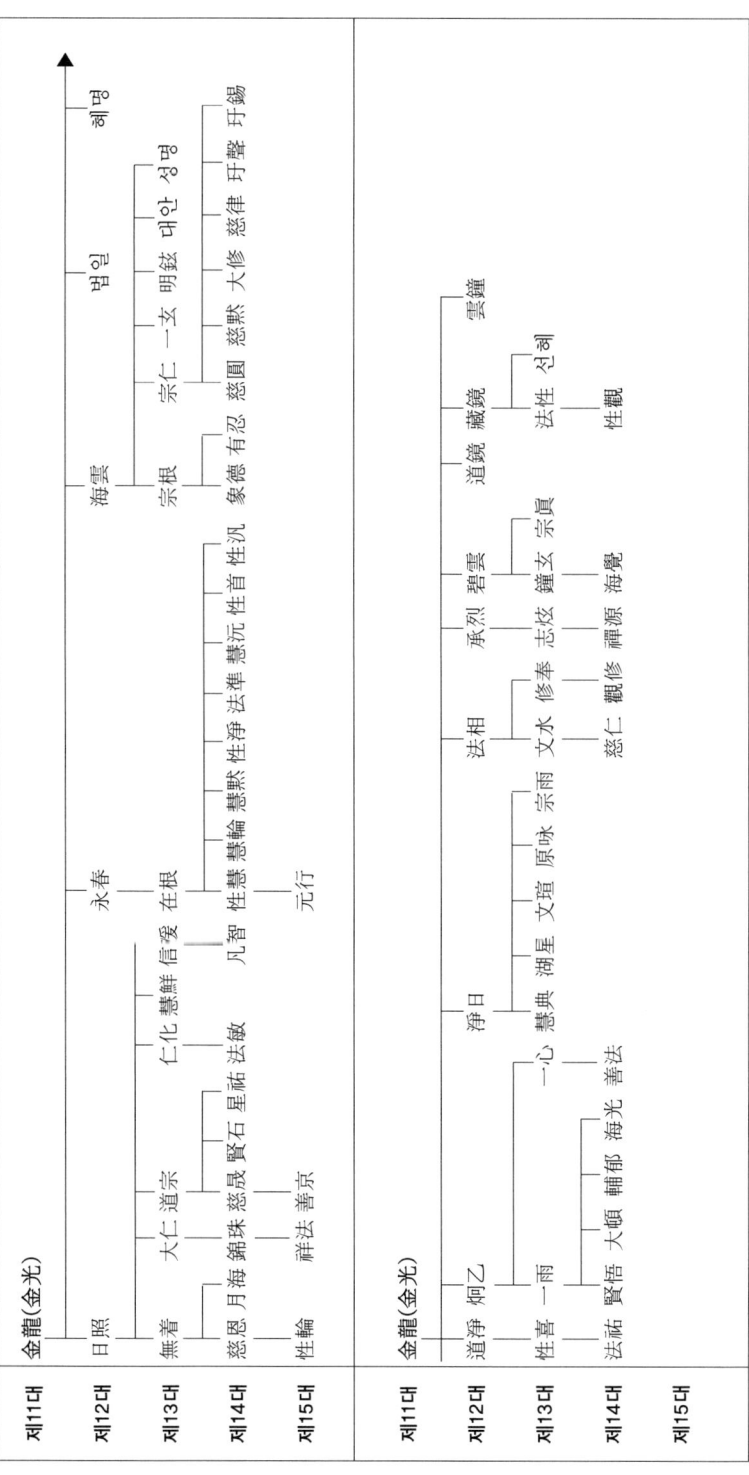

1-2. 계민문중_정공계통_壯弘계열: **普讚세계**

세대	인물
제10대	普讚
제11대	椎文 → 明椎, 椎仁
제12대	泰田, 大道
제13대	大行, 道一, 道原
제14대	自省, 智用, 快賢, 星悟, 泰淵, 泰和, 泰雨, 泰正
제15대	戒宣, 賢修, 賢卓, 賢山, 賢輔, 賢涉, 賢柱, 乘賢, 法惺, 賢明, 賢珍
제16대	東妙

1-2-1. 계민문종_定空계통_壯弘계열: 普讚문하 性文세계

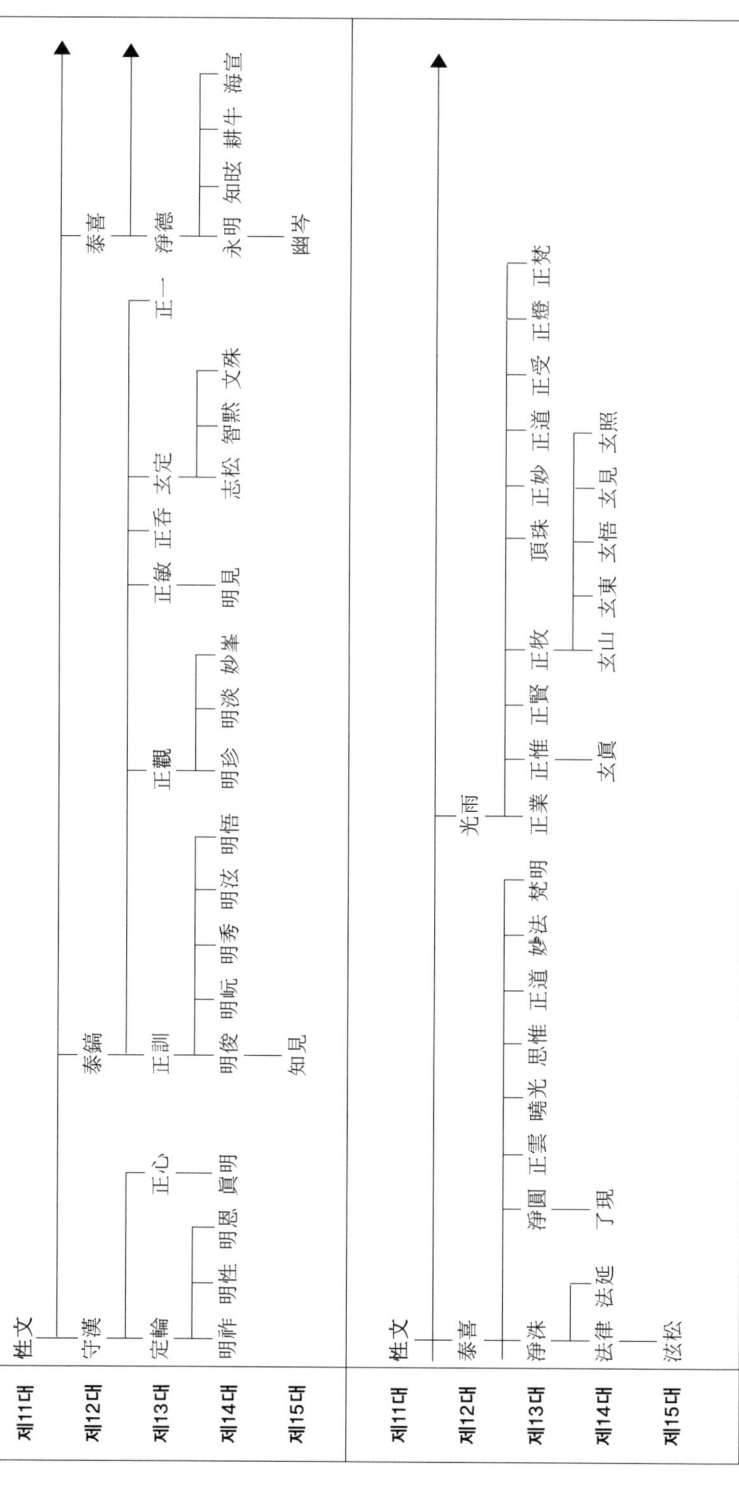

1-2-1. 계민문중_定空계통_壯弘계열: 普讚문하 性文세계

제11대	性文								
제12대	泰鏡								
제13대	正曉	正穡 正法 正卓 正峰 正悟 正錫 正明 正俊 正國 正勳 正員							
제14대	東愍 東周 東園							泰膺 泰鷹 泰仁	正眼 正蓮
제15대										大願 炫曉 炫黙 補靜

제11대	
제12대	
제13대	
제14대	
제15대	

2. 계민문중_定空계통_佛日계열

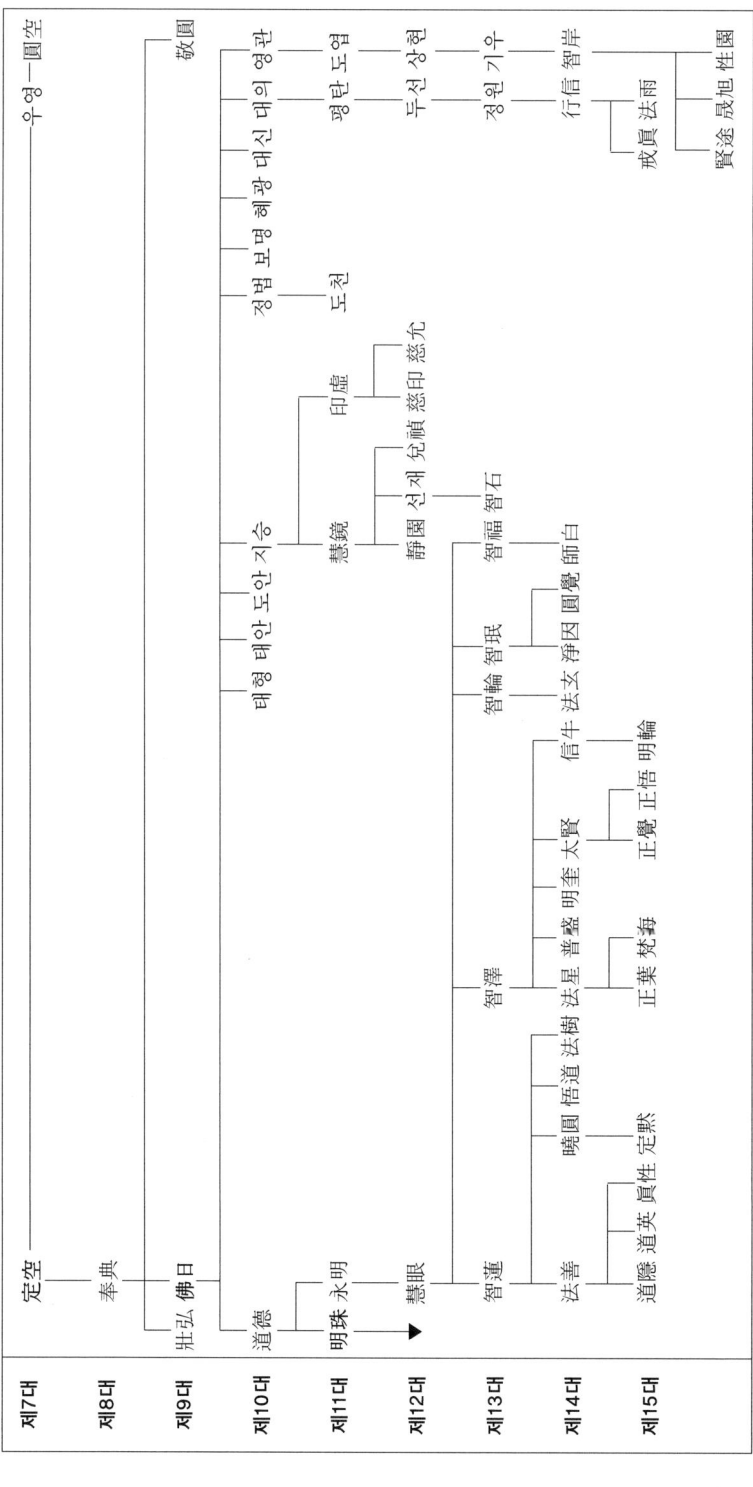

2-1. 계민문중_定空曆_佛日계열: 明珠세계

제11대	明珠
제12대	慧明
제13대	智向
제14대	法修 法空 法蓮 法密 法燈
제15대	(이하 생략)

(인명 한자: 智涉, 智燁, 智觀, 法重, 法攻, 法設, 慧日, 智昌, 智賢, 智映, 智禪, 智覺, 法鏡, 法印, 法참, 慧月, 智環, 智仁, 法增, 法能, 法雲, 法田, 法默, 法種, 法松, 法泉, 法見, 禪悟, 禪珉, 禪悅, 禪彬)

제11대	明珠
제12대	慧月
제13대	智文
제14대	法宇 法晨 法悅 法根
제15대	(이하 생략)

(인명 한자: 智必, 慧眞, 智海, 智通, 智筍, 法條, 法春, 法愍, 法持, 法草, 慧苑, 善行, 慧石, 智享, 先智)

3. 계민문중_定空계통_敎圓계열

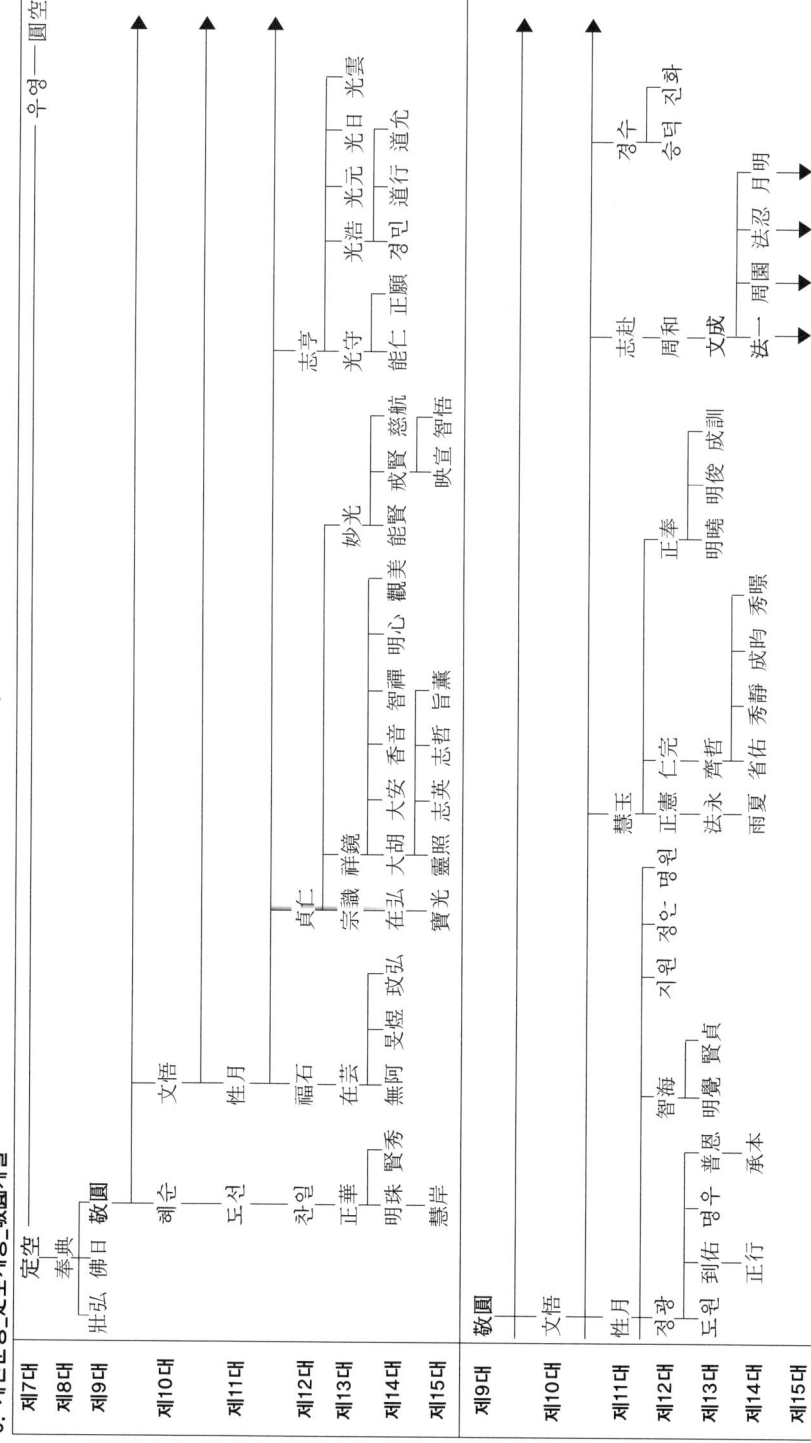

3. 계민문중_定空계통_敬圓계열

제9대	敬圓	
제10대	文悟	
제11대	道如	
제12대	性春 — 德光 — 光雨 性芸 태연 妙淨 — 法常 法雲 태연 道明	
제13대	正忍 — 善住 正覺 永眞 法模 淨玄 — 德誕 德總 — 德龍 玄一 — 慧空 禪默 誠心 常明 一如 一眞 一性 — 法眼 慧德 景玄 修玄 麗水 경옥 泰靈 道雲 — 慈門 普聞 友珍 성관 문장
제14대	慧照 菁峴 — 性珠 性佳 性海 宗海 相鏡 妙善	
제15대		

제9대
제10대
제11대
제12대
제13대
제14대
제15대

3-1. 계민문중_定空계통_敬圓계열: 法一항렬세계

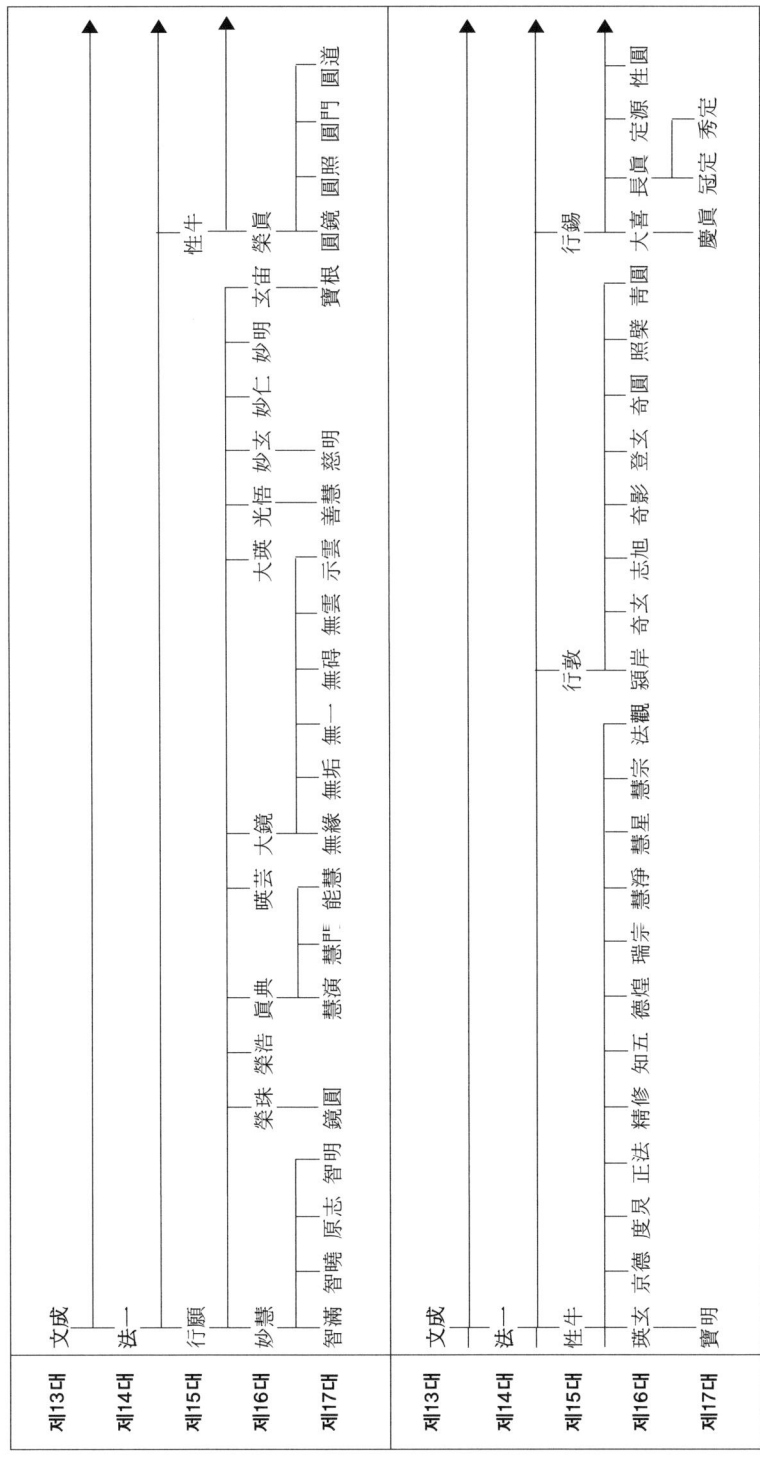

3-1. 계민문중_定空계통_敬圓계열: 法一항렬세계

	제13대	제14대	제15대	제16대	제17대
	文成	法一	行錫	性勳 志香 精文 至環 知空 宗昊 宗珍 宗主 丁源 常允 賢度 明修 大放	眞弘 行旭 自顯 行蓮 智亨 西至 政靜 宗癬 道正 道行 修賢 道文

	제13대	제14대	제15대	제16대	제17대
	文成	周圓	秉秀 慧眞 慧明 正眼	度延 大俊 設泫 玄主 瑞雲	法忍 定星 正守 妙喜 眞性 妙正 月明 善德 寶成 禪鞍 無見 慧圓

4. 계민문중_우영계통

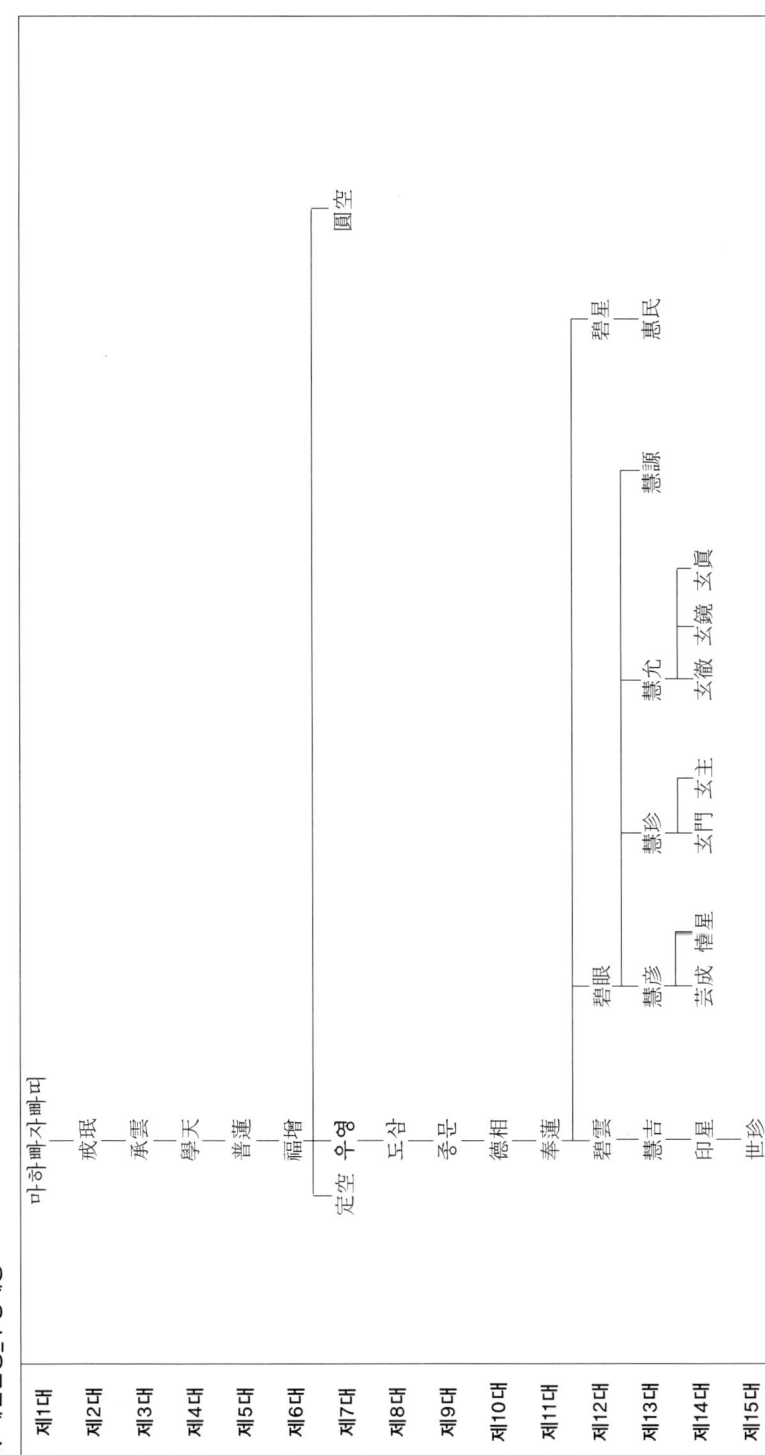

354 _ 한국의 비구니문중

5. 계민문중_圓空계통

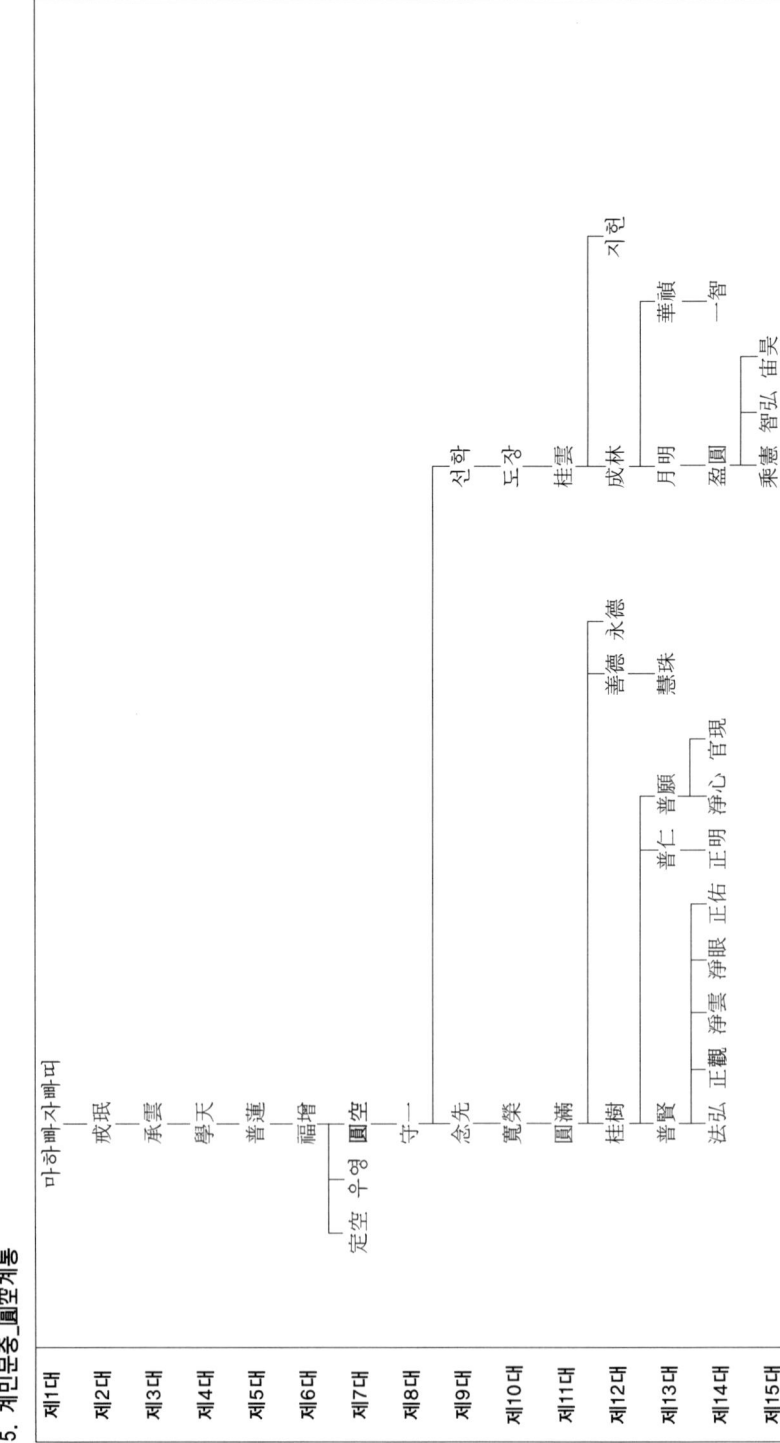

제1대	마하빠자빠띠
제2대	成珉
제3대	承雲
제4대	學天
제5대	普蓮
제6대	福增
제7대	定空 / 우영 圓空
제8대	守一
제9대	念先 / 선하
제10대	寬榮 / 도장
제11대	圓滿 / 桂雲
제12대	桂樹 / 善德 永德 / 成林 / 지천
제13대	普賢 / 慧珠 / 月明 / 華禎
제14대	普仁 普顯 / 盈圓 / 一智
제15대	法弘 正觀 淨雲 淨眼 正佑 正明 淨心 官現 / 乘憲 智弘 宙昊

법기문중 세계도

1. 법기문중_계통-계열-문파 체계도

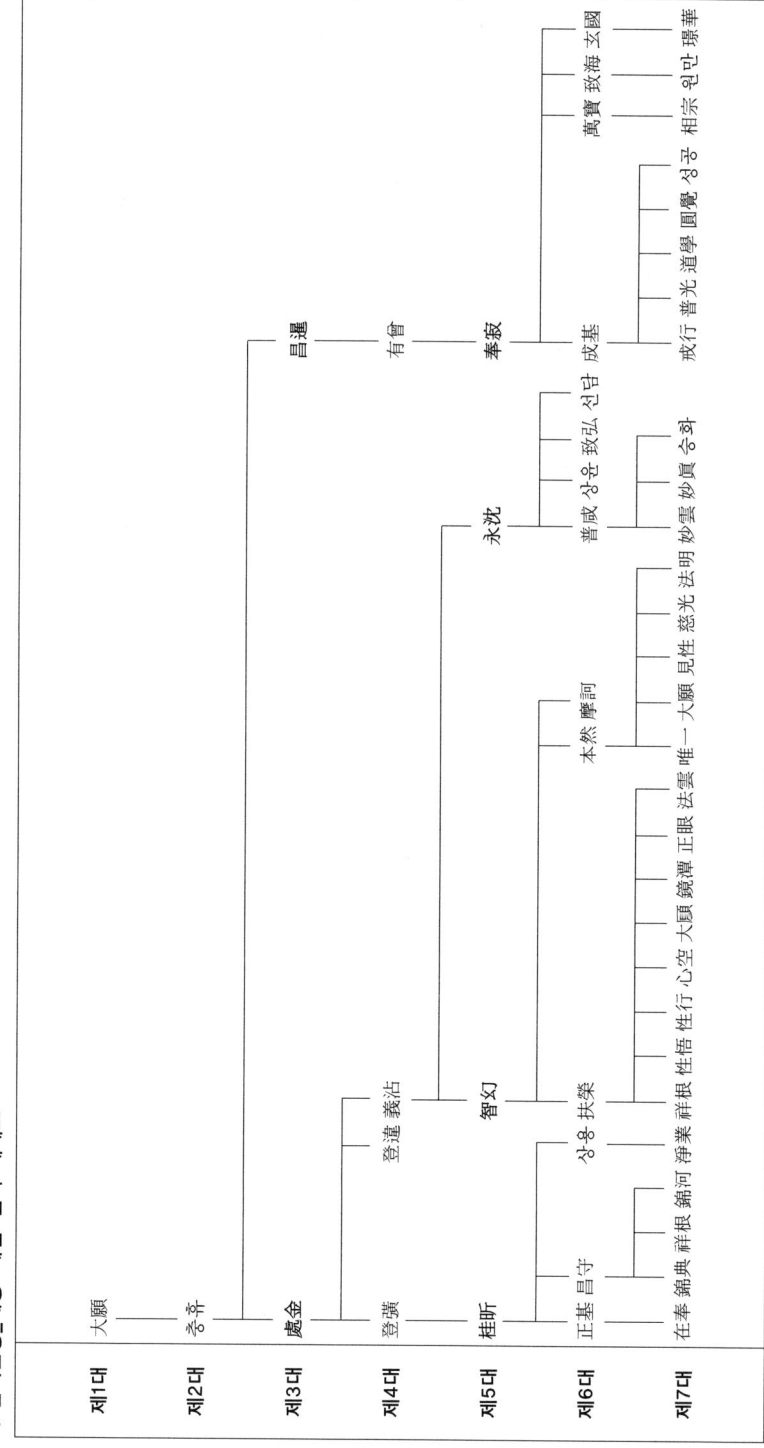

2. 범기문중_昌運계통_북전암계열: 成基문파 세계

제3대	昌運
제4대	有曾
제5대	奉叔
제6대	成基
제7대	成行 → 道學
제8대	慈賢 — 普光 / 景順
제9대	慧香 — 慧法
제10대	明植 — 普聞 / 清波
제11대	海滿・眞協・海福・海脇・海運・海印・海照・海綱 — 수영・永濟・明珠 — 慧文 — 性海・無常・慈慶・大願 — 戒定 — 海賢・聖雲・海能 — 修眞・蓮華 — 修禎 — 成性 — 普成 — 戒修
제12대	度融 度日 — 修榮 — 修忍 — 志學 — 志明

(도표: 成基문파 계보도)

2. 법기문중_昌運계통_복전암계열: 成基문파 세계

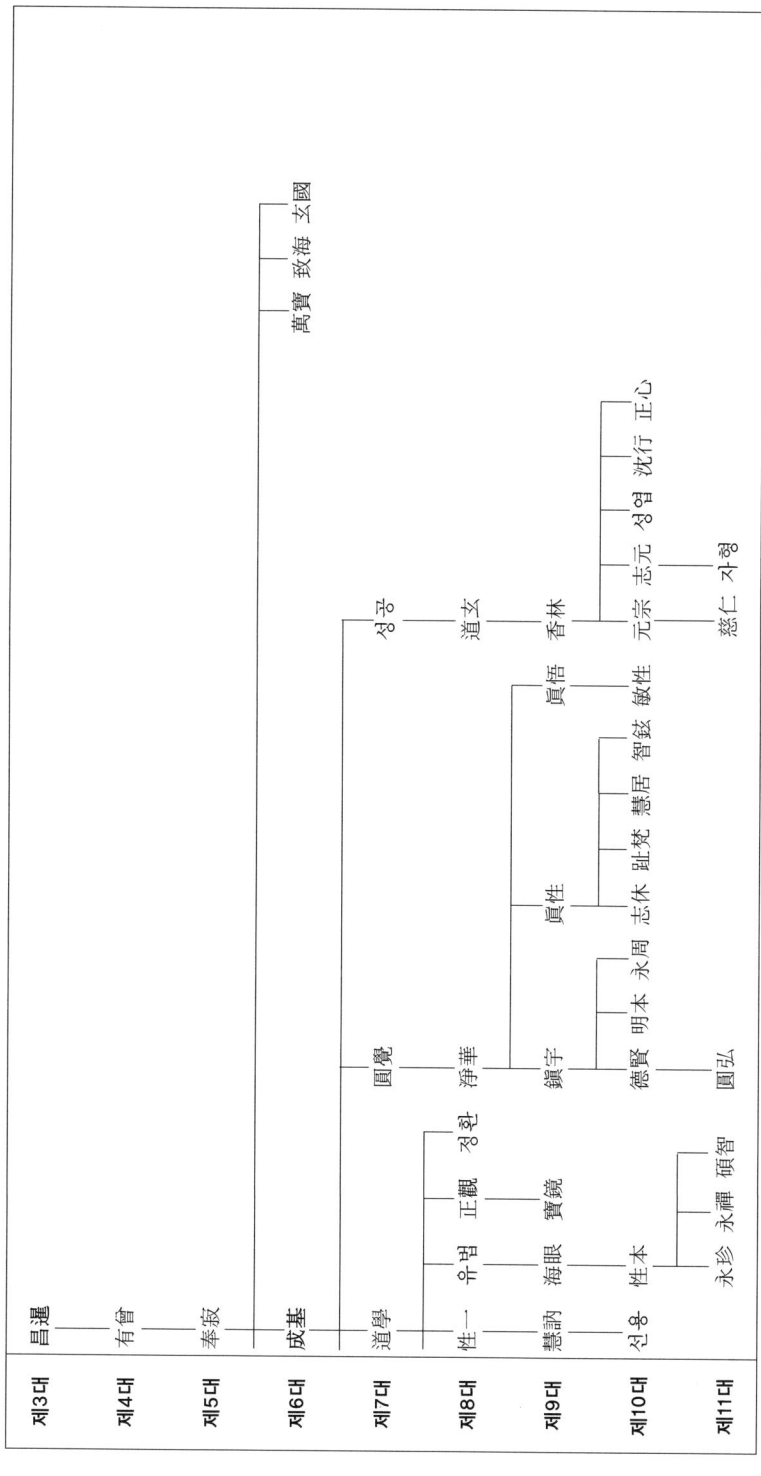

358 _ 한국의 비구니문중

2-1. 법기문중_昌遵계통_북전암계열: 成基문파 景順세계

제6대	成基
제7대	道學
제8대	景順
제9대	法眞 — 明圓 — 法一 — 普賢 — 法贊 性源
제10대	暎珠 梵船 東照 東源 東敏 東勳 등8 등군 性梵 地梵 忍梵 性觀 修鏡 慧政 賢住 性泉 玄性 空 玄月 玄華 性煥 悟鏡 悟禪 悟桂
제11대	禪明 性經

제6대	成基
제7대	道學
제8대	景順
제9대	普觀 — 性源
제10대	丁鏡 世鏡 允鏡 瑞鏡 究竟 茶經 茶性 文性 性昊 寶常 寶眼 普云 普明 寶林 普天 普中 普運 普誠 寶月 普如 普榮 普仁 寶藏 普寂 普陀 普日 普見 普慧 普舟 普慧 普潭 普雨 普吉 潤星
제11대	性海 性雲

3. 범기문중_昌運계통_복전암계열: 萬寶문파 세계

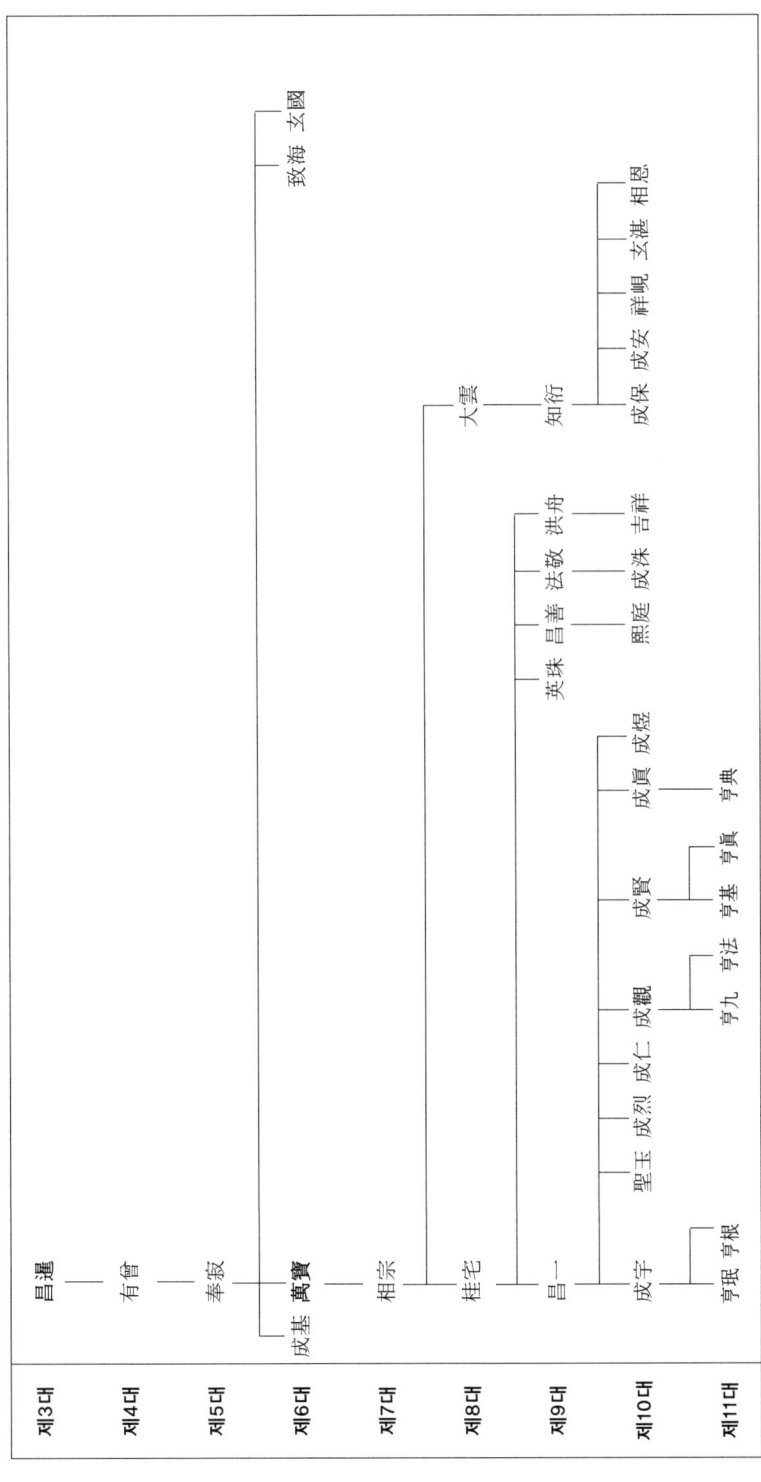

360 _ 한국의 비구니문중

4. 범기문중_昌運계통_복전암계열: 致海문파 세계

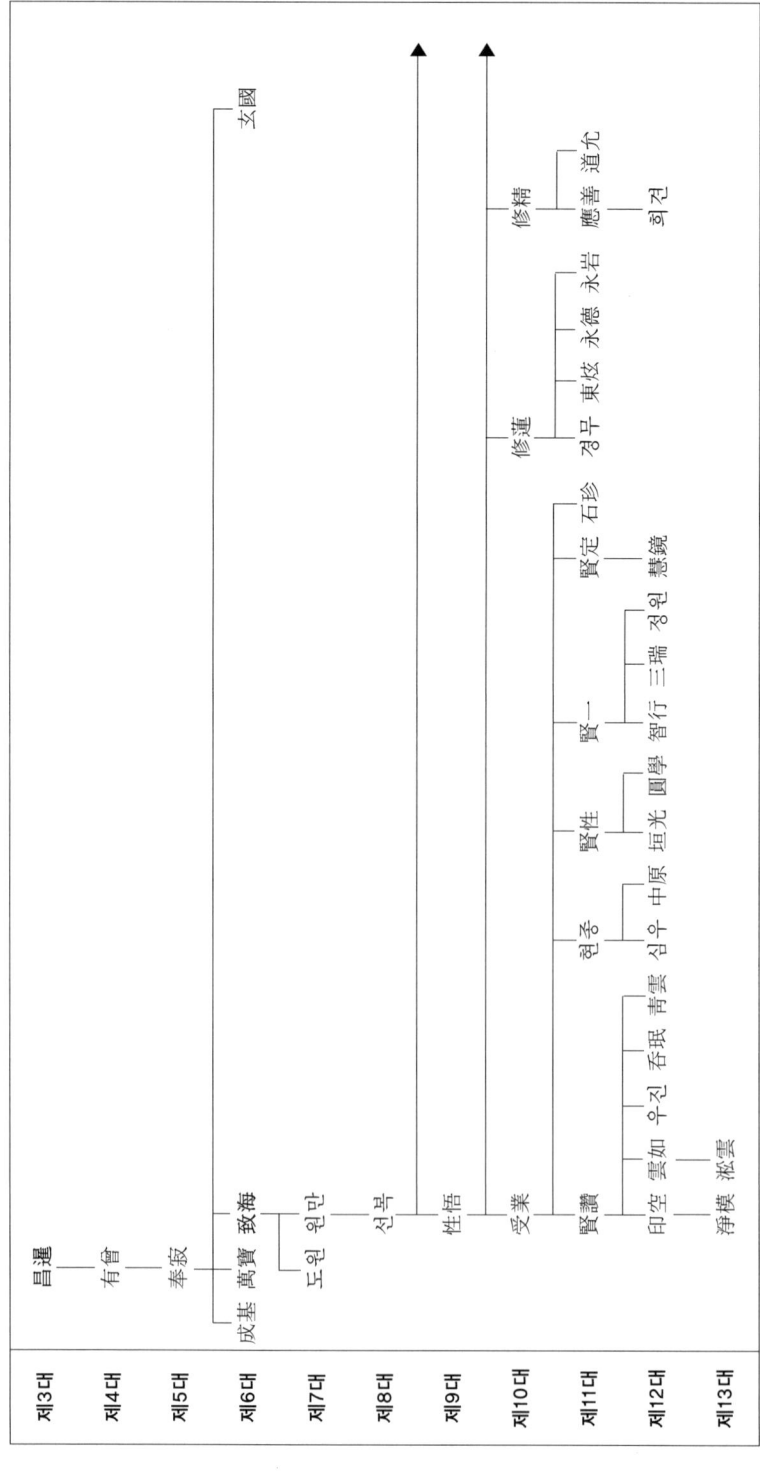

4. 범기문중_昌運계통_복전임계열: 致海문파 세계

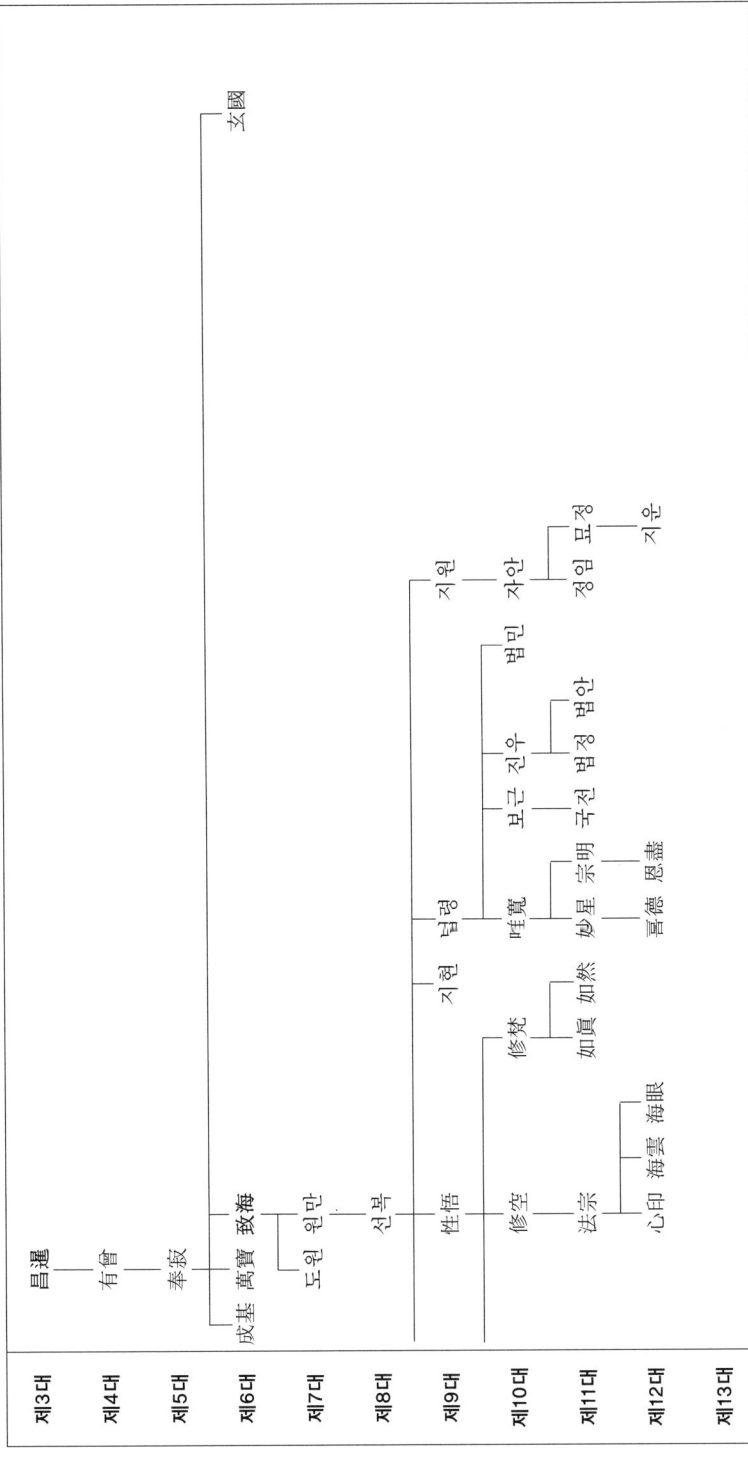

5. 범기문중_昌運계통_복전암계열: 玄國문파 세계

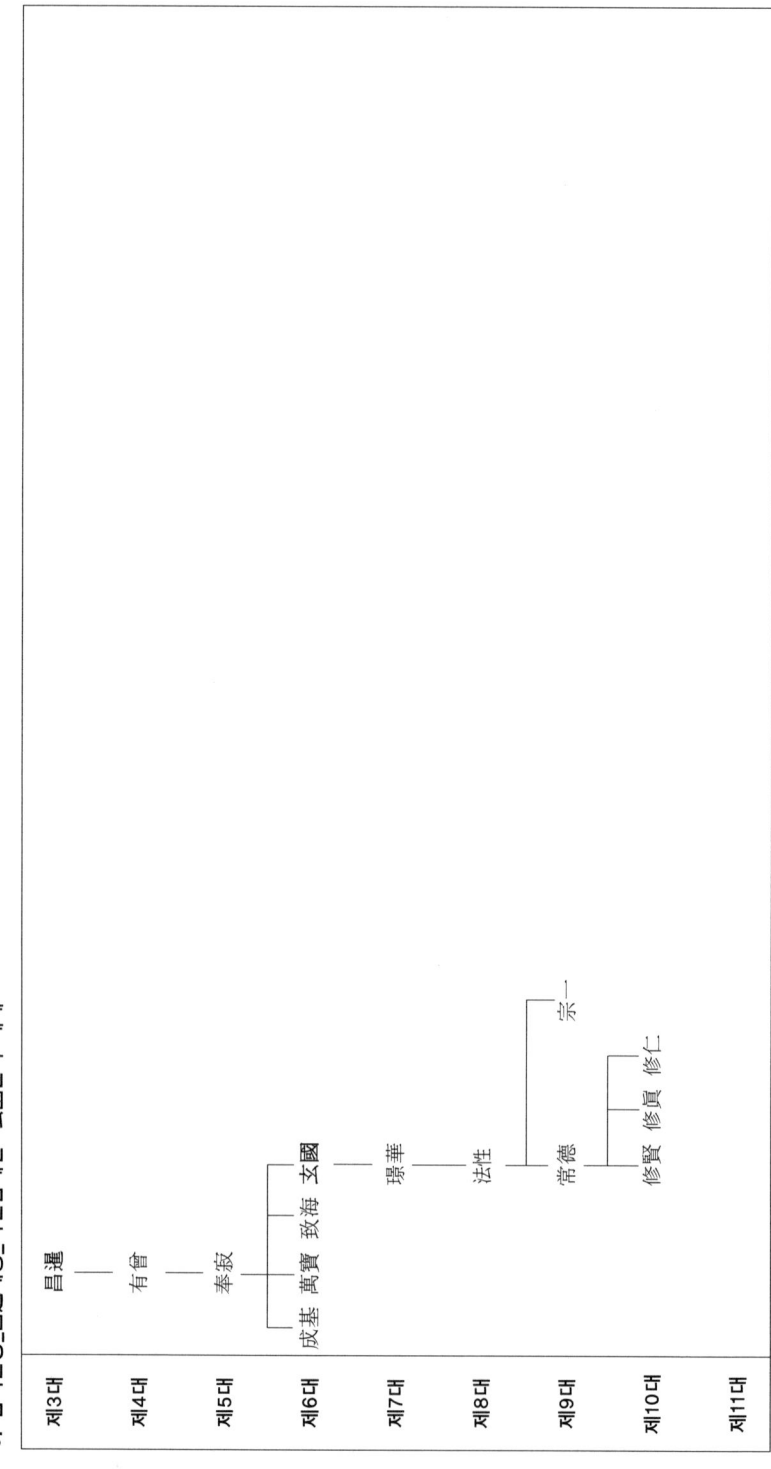

6. 법기문중_處金계통_청룡사계열

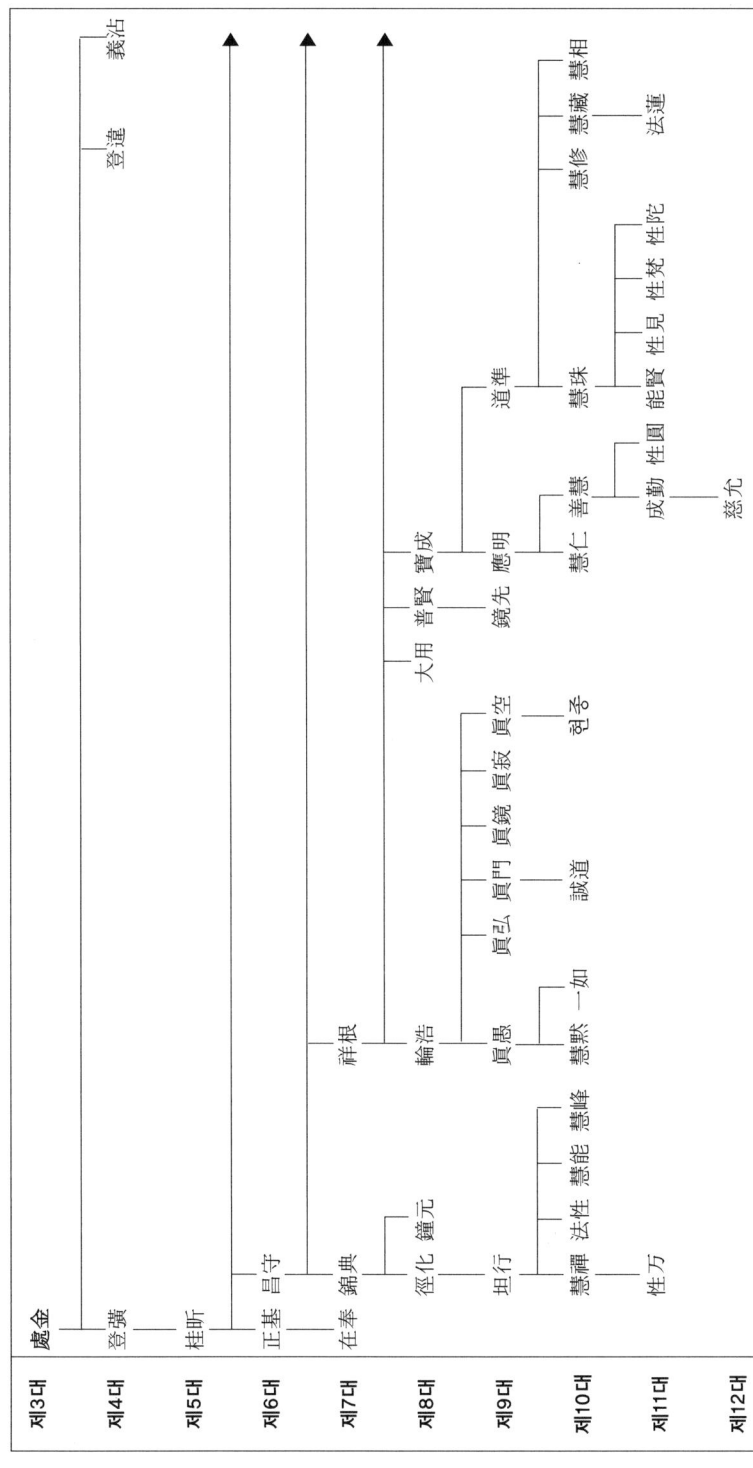

364 _ 한국의 비구니문중

6. 법기문중_處金계통_청룡사계열

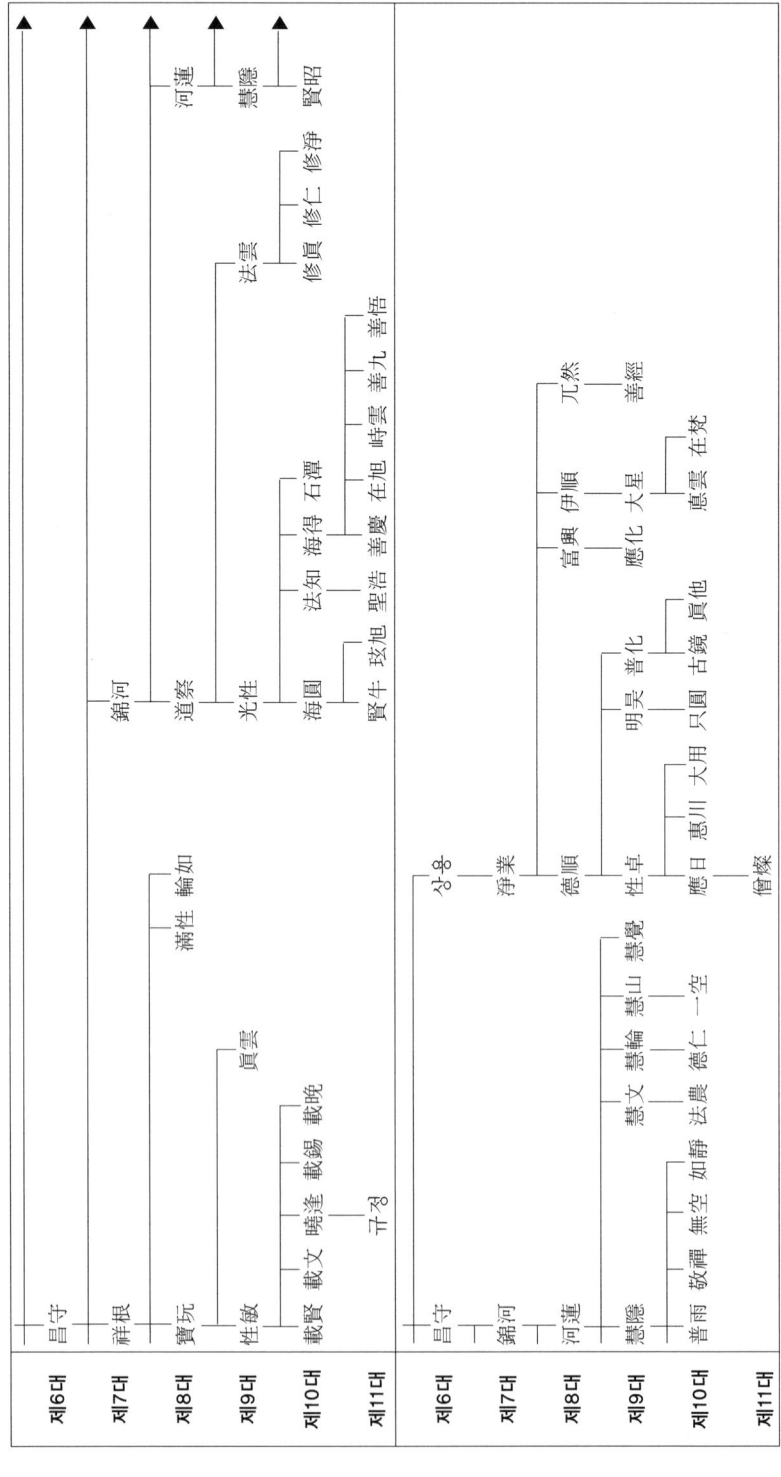

7. 범기문중_處金계통_석남사계열

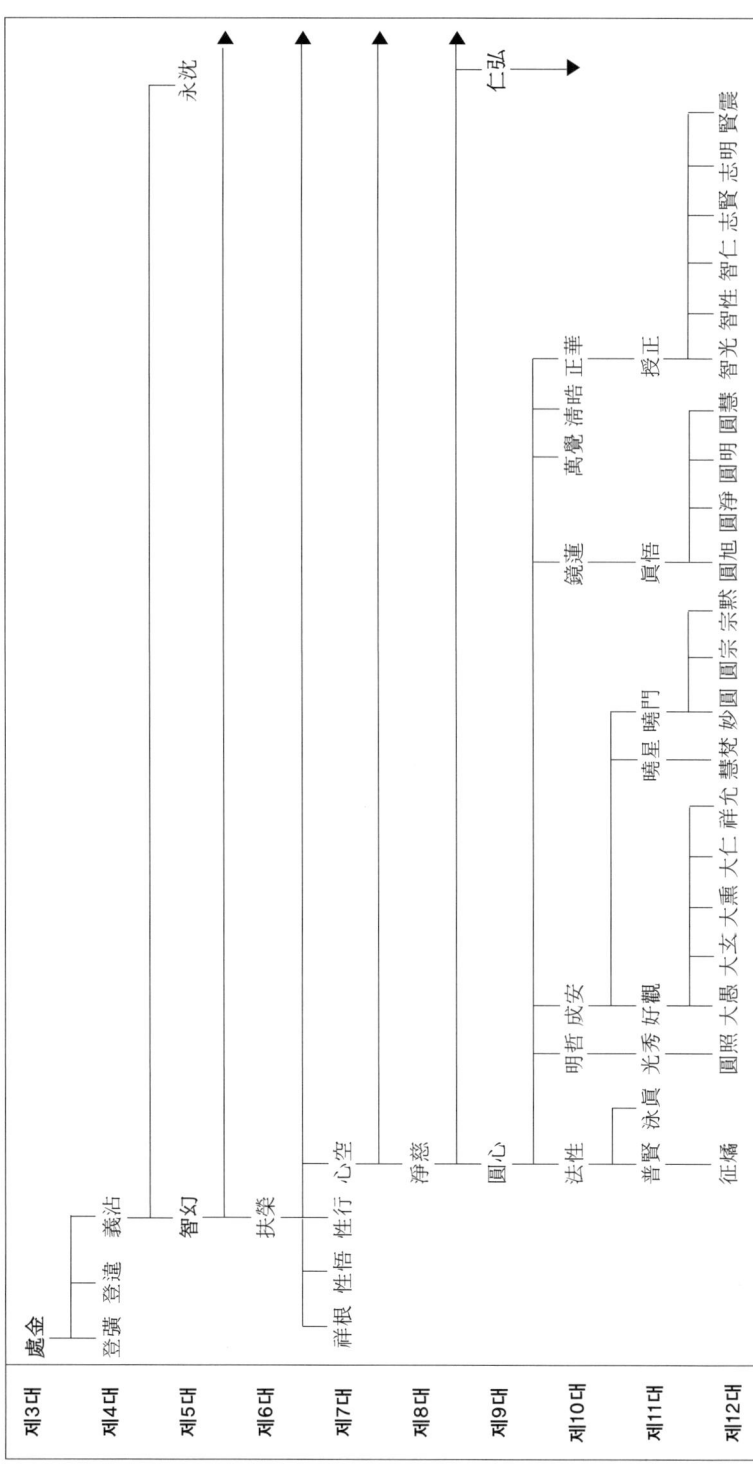

7. 범기문중_處금계통_석남사계열

제7대	心空	
제8대	淨慈	
제9대	仁成	
제10대	炫默	
제11대	靈雲 — 永晧 — 明智 — 一道 — 正圓 — 一中 — 一山 — 石牛 — 空海 — 千聖 — 千林 — 瑞仙 — 眞法 — 無用 — 千月
제12대	精晧 — 千照 — 瑞太 — 明欓 — 慈仙 — 浩友 — 志岸 — 無現 — 有原 — 有進 — 慧音 — 修源 — 道星 — 度遇
제13대	南至	
제7대	心空	
제8대	淨慈	
제9대	慧謨	一休 — 妙慧 — 智元 — 大圓 — 善道
제10대	晶允 — 道泉	大悟 — 尙悟 — 玄門 — 玄悟
제11대	千智 中安 中聖 智晋	淨玄 — 千道 — 瑞初 — 正受 — 正法
제12대		智月 — 道歆

7. 범기문중_處金계통_석남사계열

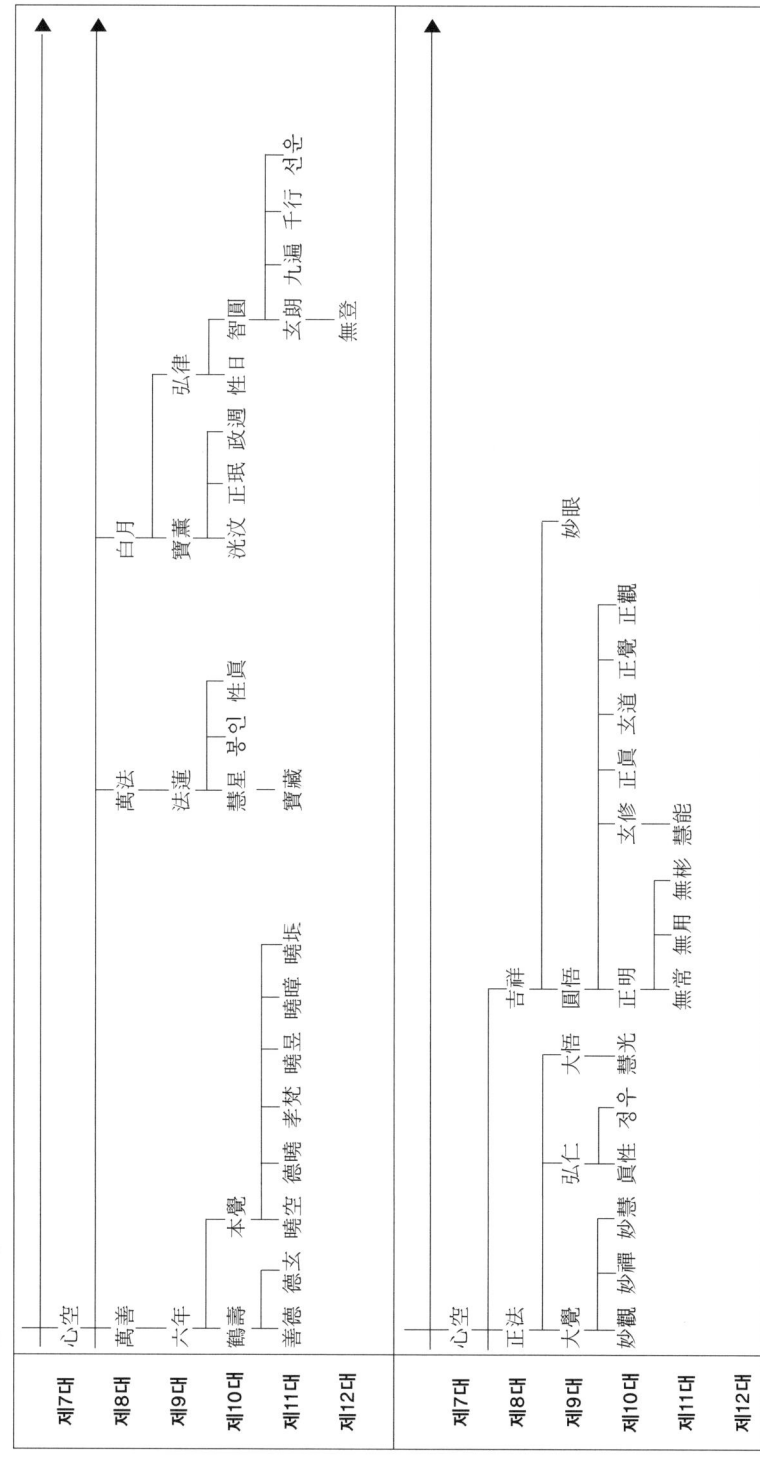

368 _ 한국의 비구니문중

7. 법기문중_處金계통_석남사계열

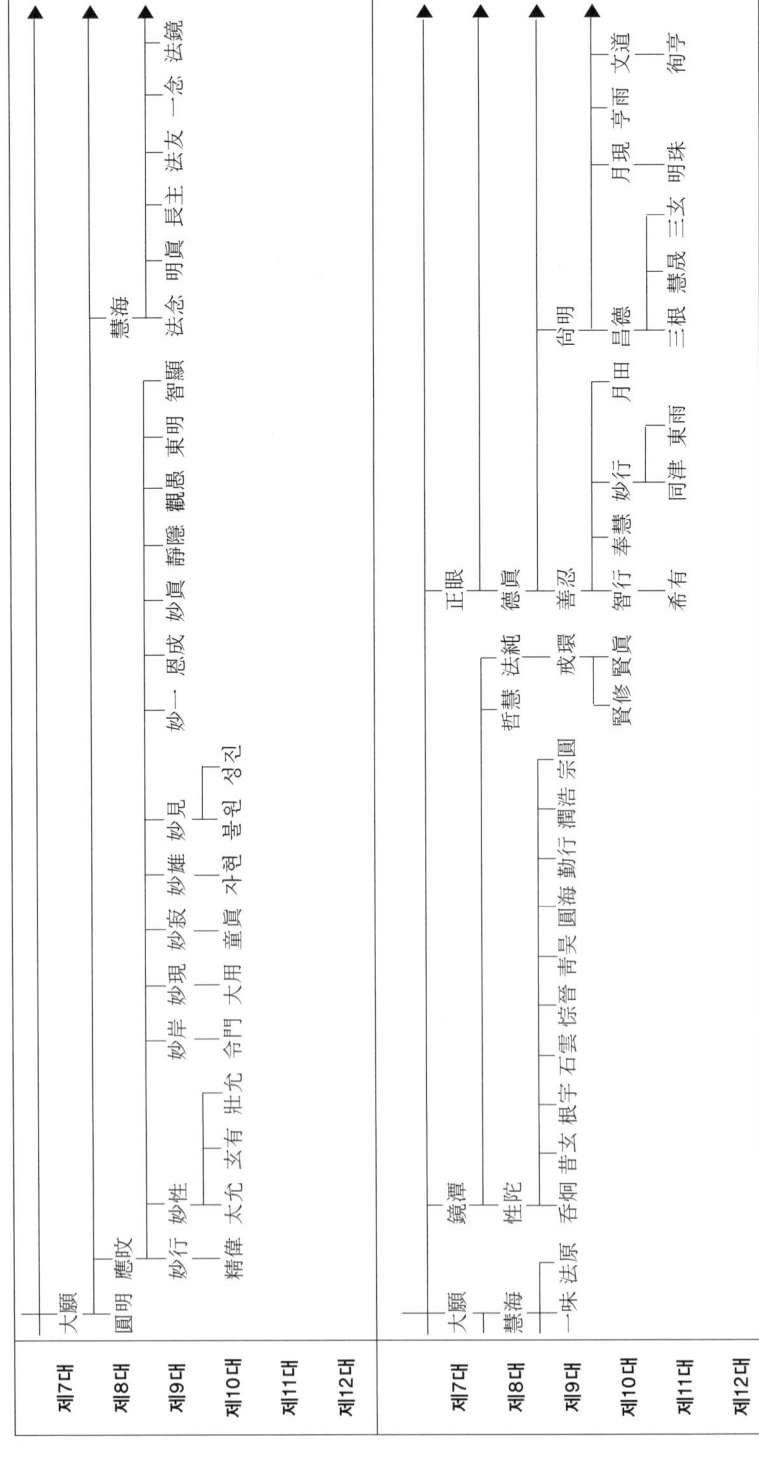

7. 법기문중_處金계통_석남사계열

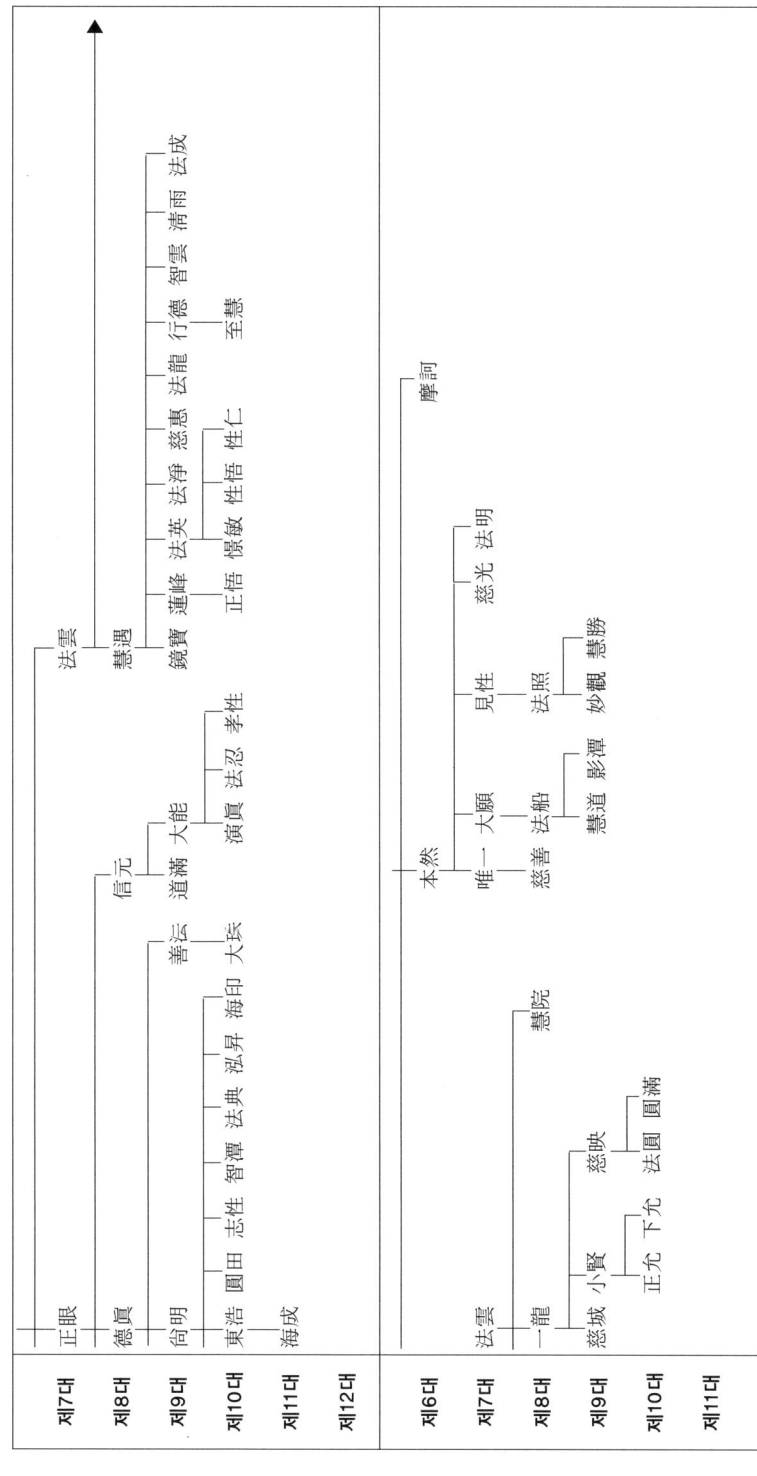

370 _ 한국의 비구니문중

7-1. 법기문중_處金계통_석남사계열: 仁弘세계

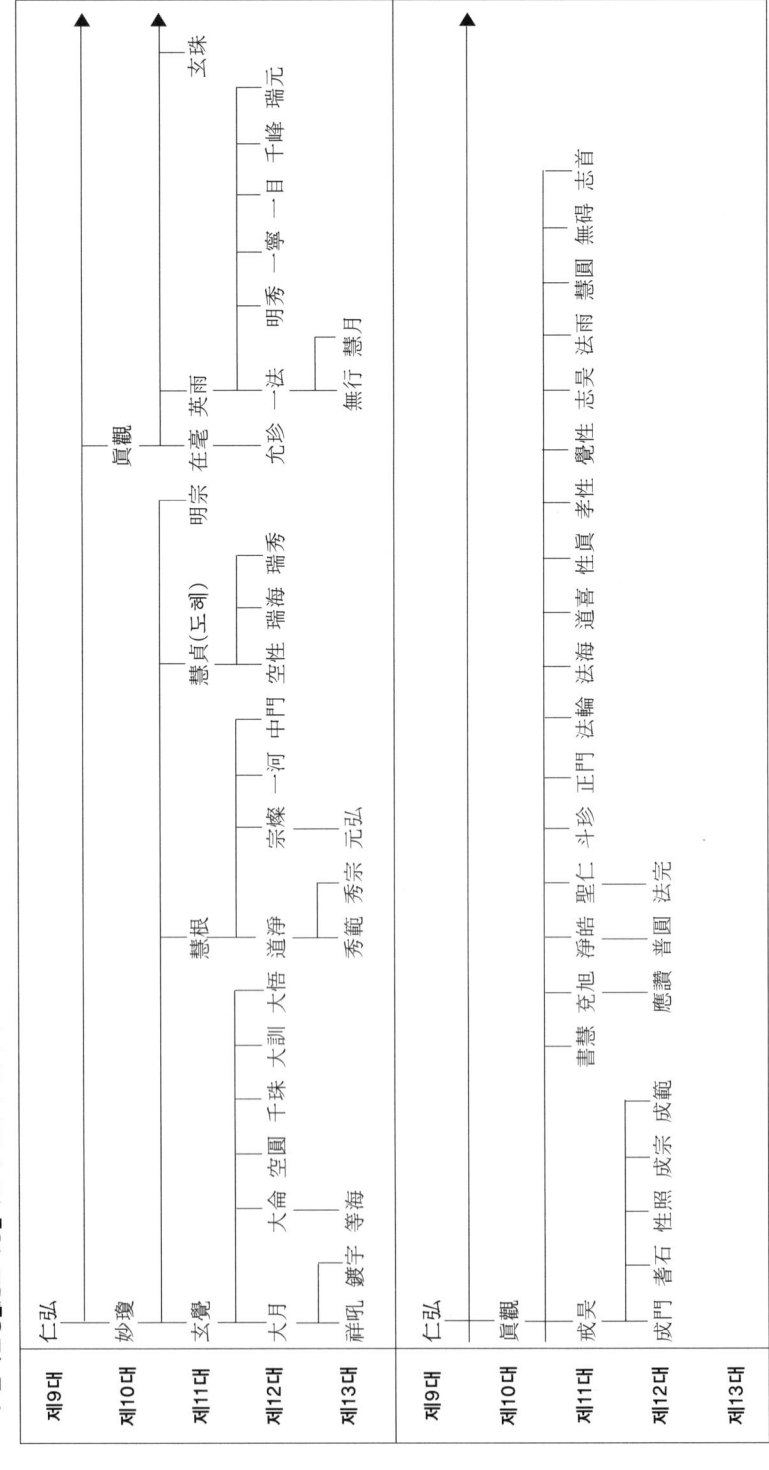

7-1. 범기문중_處金계통_석남사계열: 仁弘세계

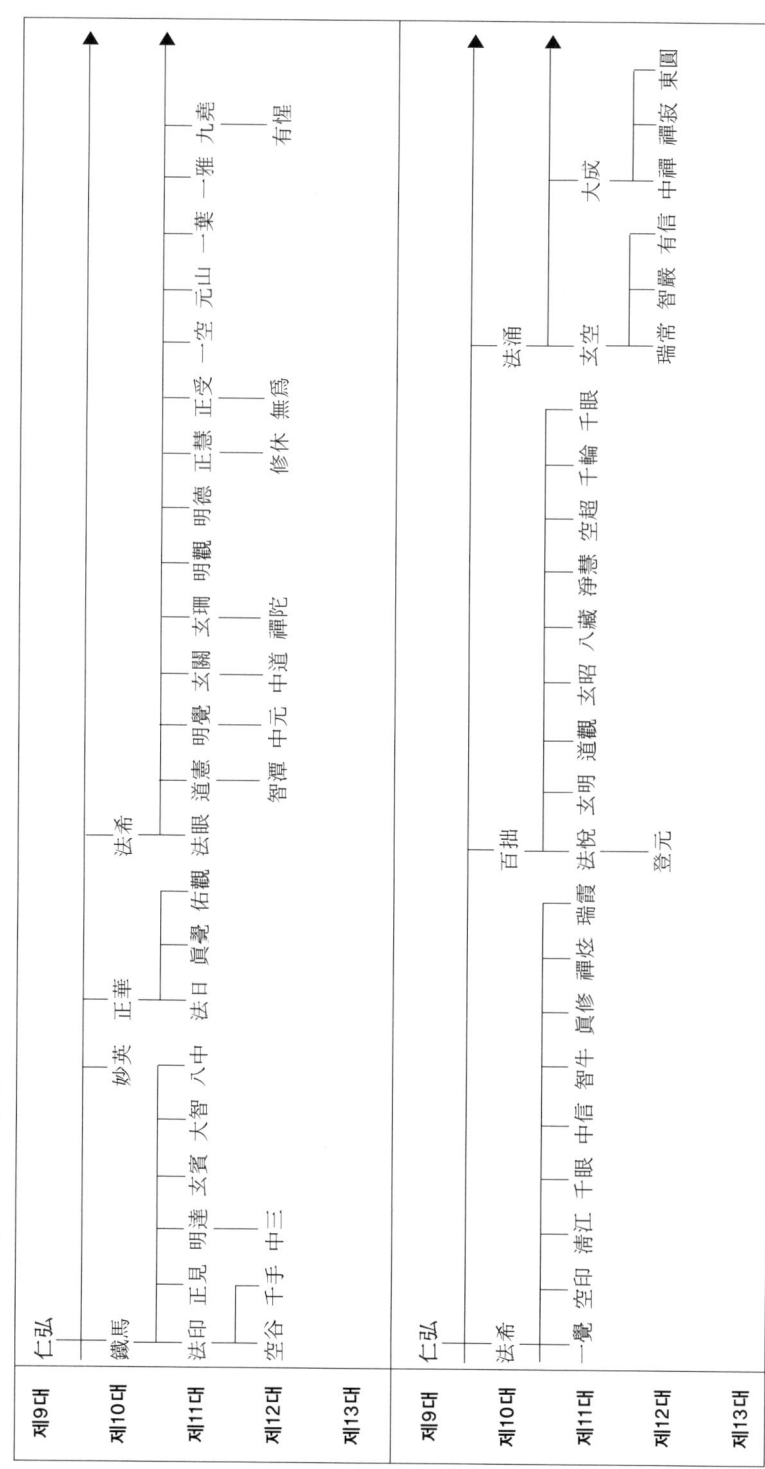

7-1. 범기문중_處金계통_석남사계열: 仁弘세계

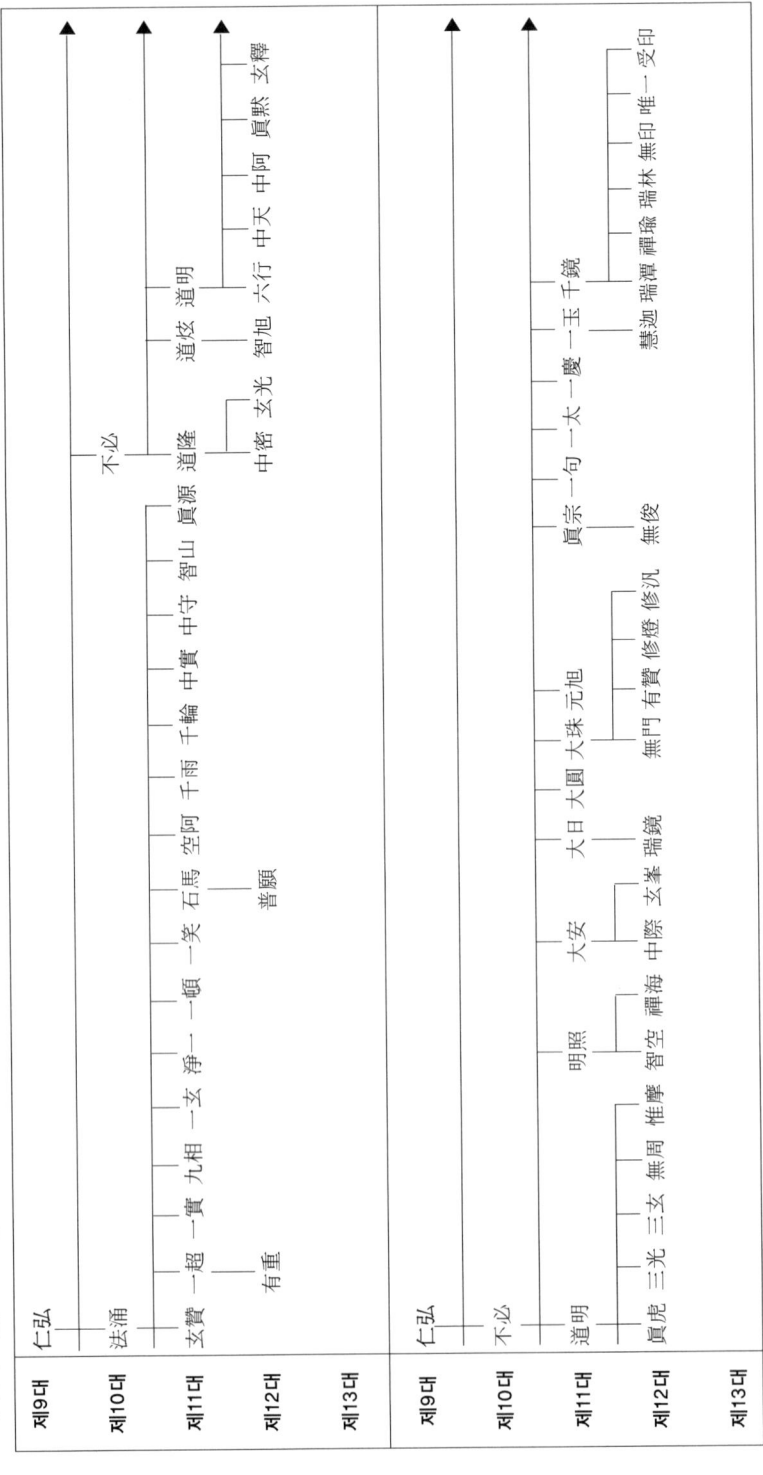

7-1. 범기문중_處金계통_석남사계열: 仁弘세계

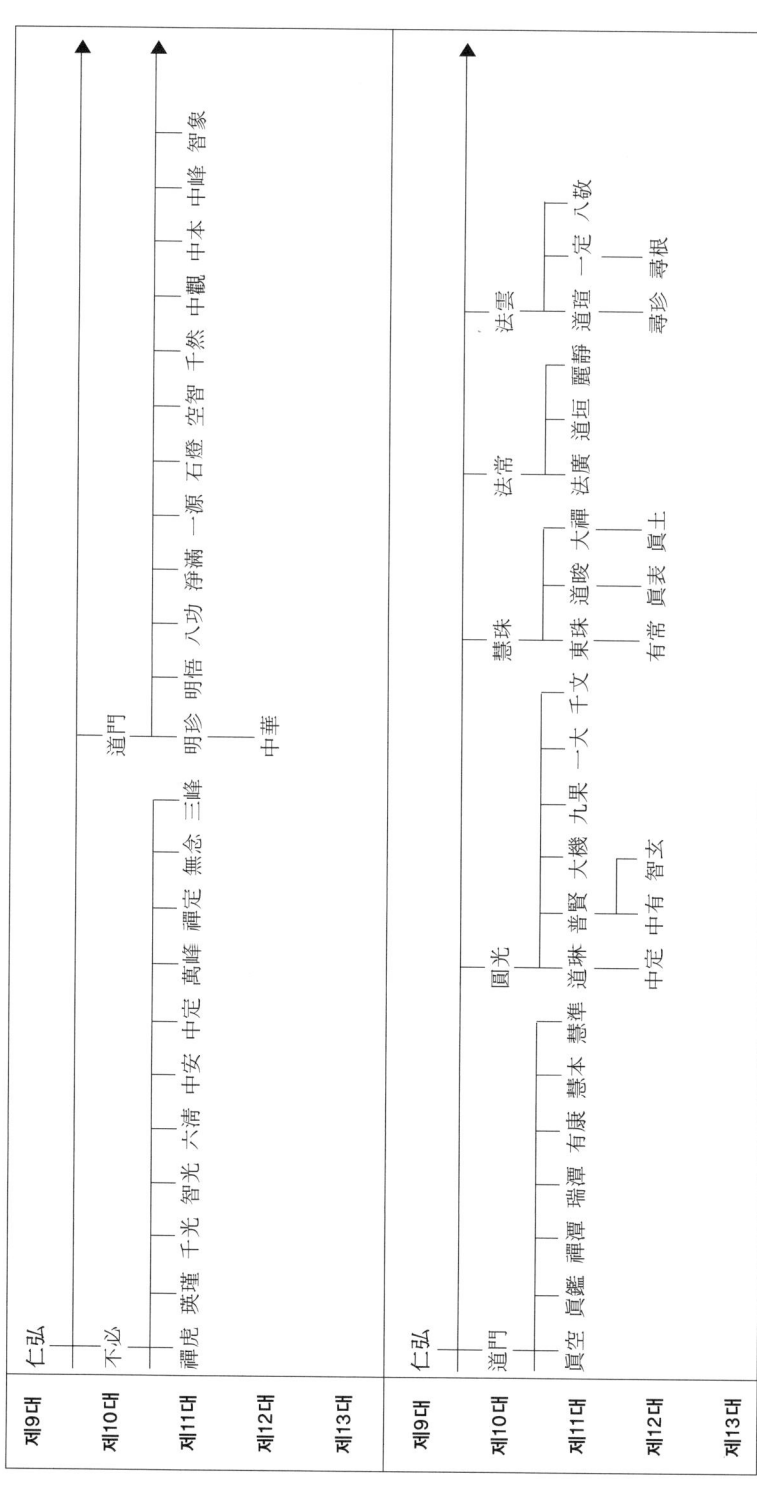

7-1. 법기문중_處金계통_석남사계열: 仁弘세계

	제9대	제10대	제11대	제12대	제13대
	仁弘	三印	玄眞 正悟 大淵 千船	慧江 承茂	
		道淵	正觀 正林 中因 禪門		
		玄旭	大眞 一乘 大準		
			道秀	明禪 一禪 性慧 石鯨	
		正心	道覺		
			千海 佛緣 修玄 性珠 性蓮 同安 同準		

	제9대	제10대	제11대	제12대	제13대
	仁弘	明薰	道旭 正覺 玄學 玄智 正機 無盡 大法 修德		
			瑞光		
		眞徹 眞樂 眞性			
		玄康			

8. 범기문중_處金계통_미타사(금수암)계열

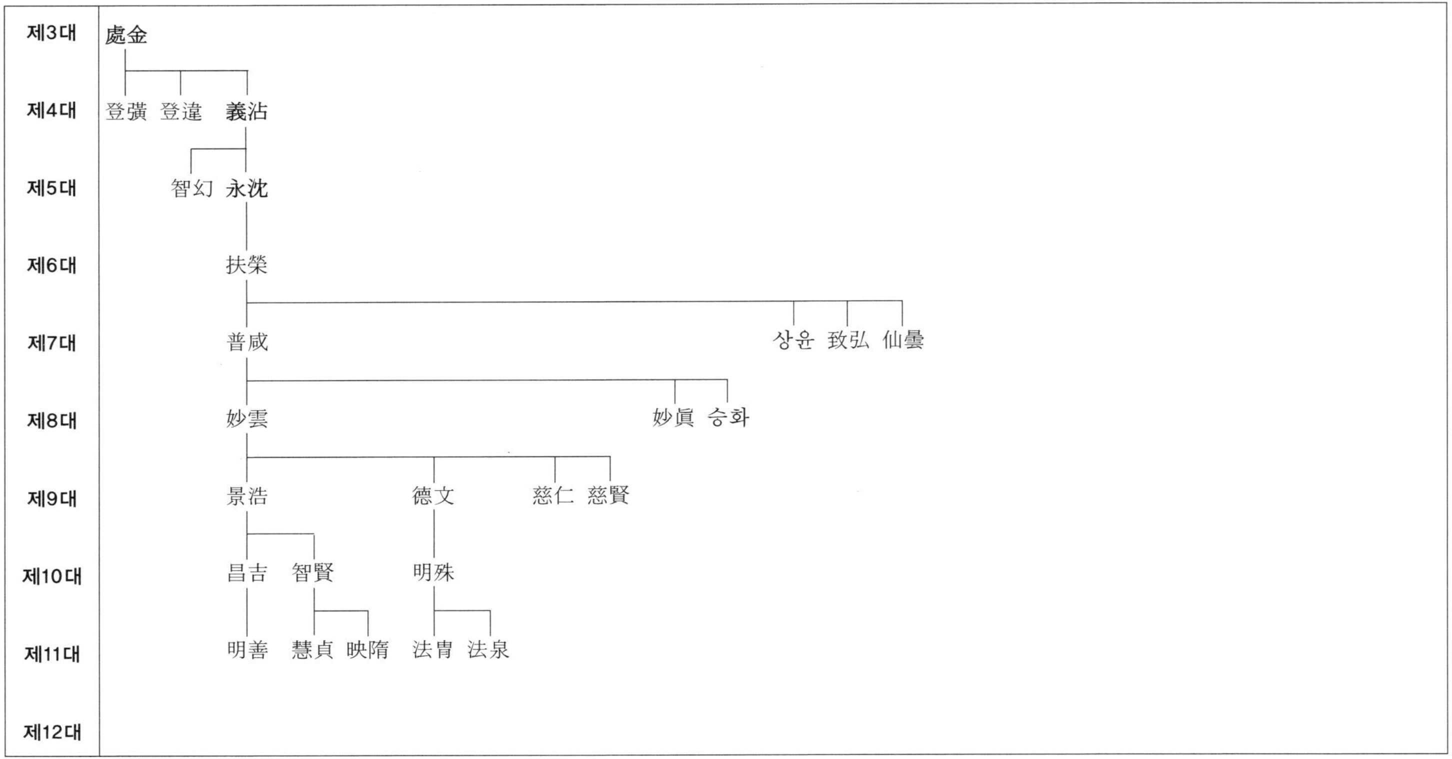

대수	법명
제3대	處金
제4대	登嶺 登達 義洽
제5대	智幻 永沈
제6대	扶榮
제7대	普咸
제8대	妙雲
제9대	景浩 / 慈仁 慈賢 / 상운 致弘 仙臺
제10대	昌吉 智賢 / 德文 / 妙眞 승화
제11대	慧貞 映隋 / 明殊 / 法曺 法泉
제12대	明著

삼현문중 세계도

1. 삼현문중_智性계통

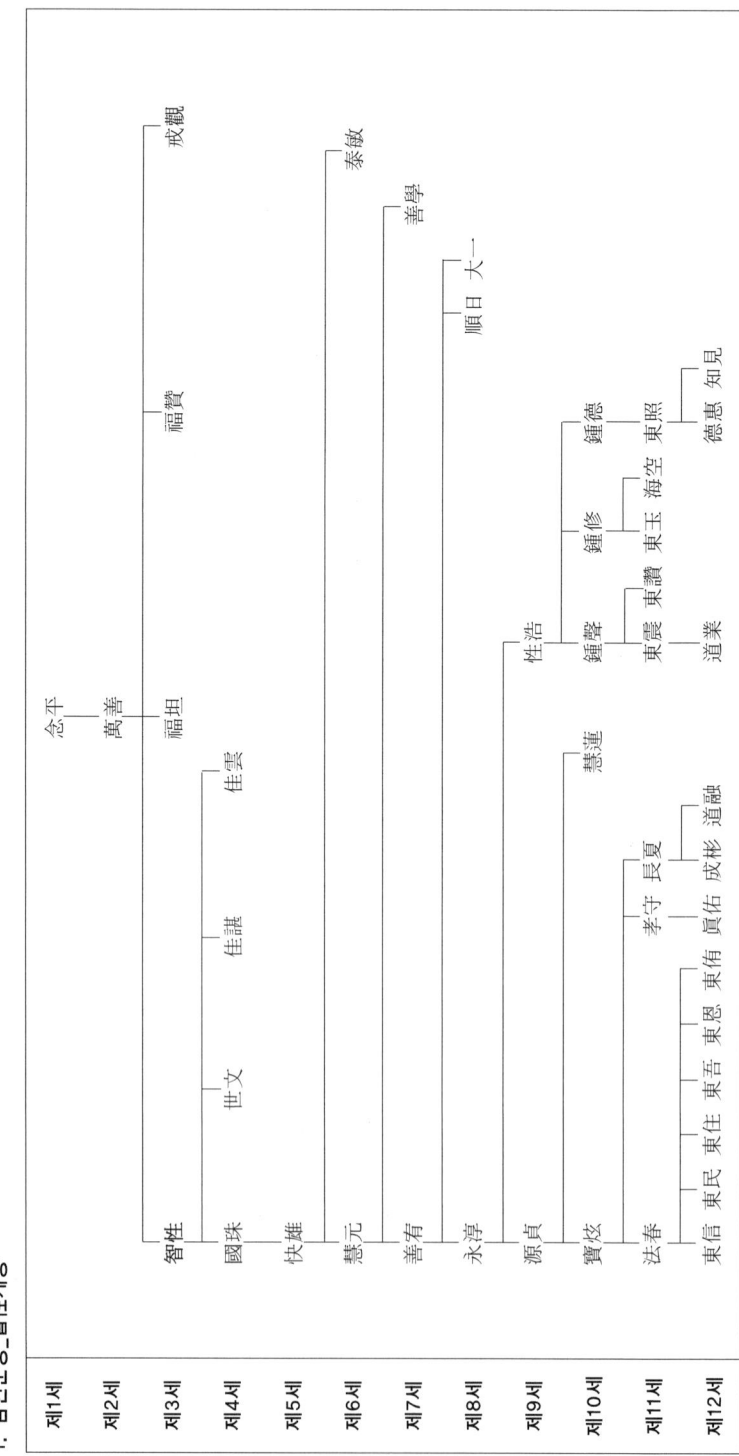

2. 삼현문중_福坦계통_海訓계열

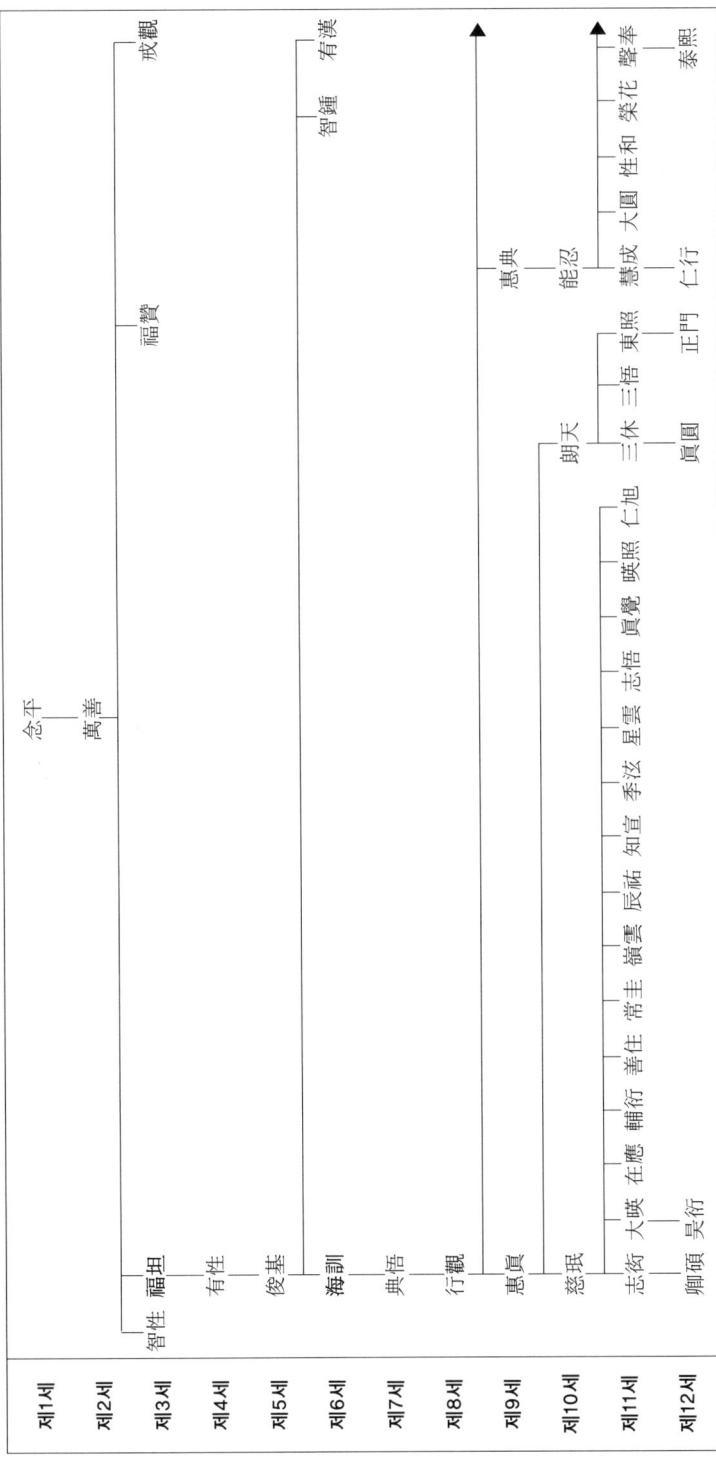

378_한국의 비구니문중

2. 삼현문중_福坦계통_海訓계열

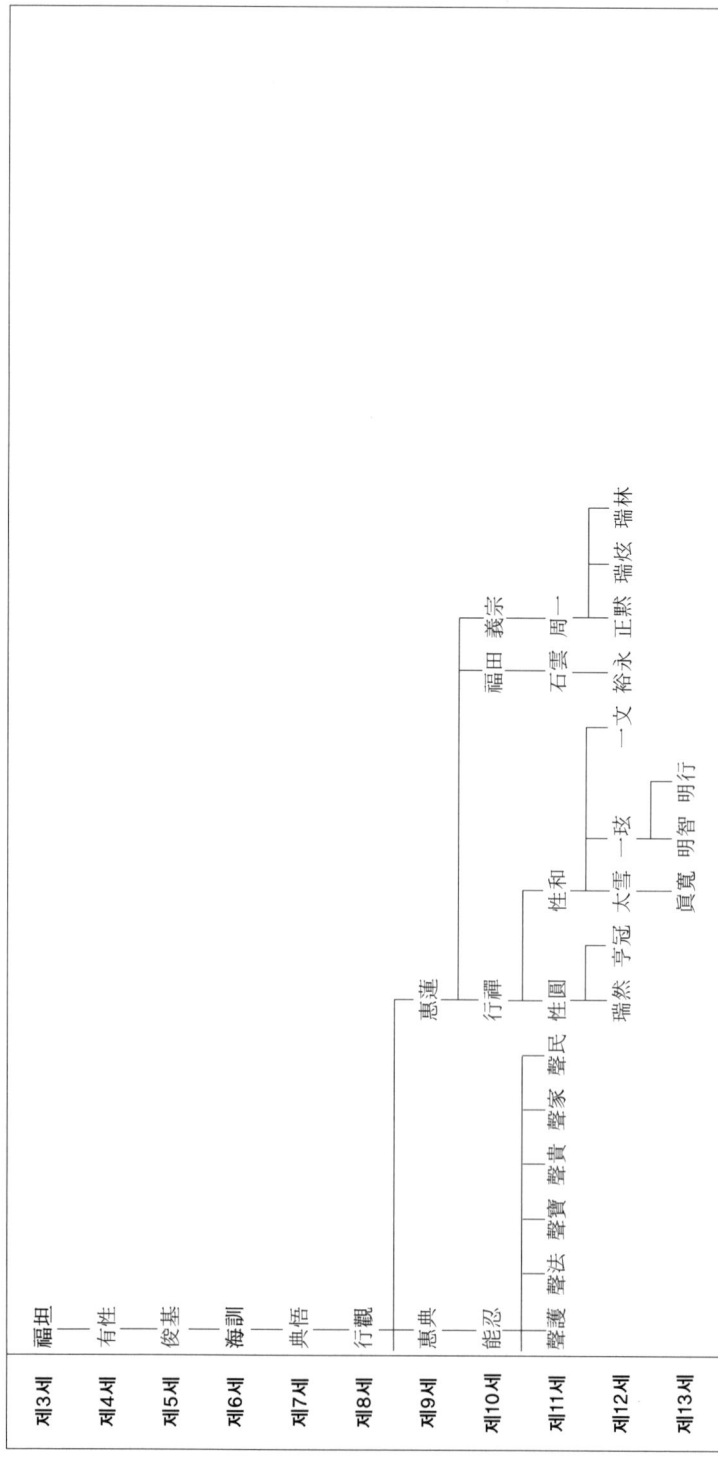

제3세	福坦
제4세	有性
제5세	俊基
제6세	海訓
제7세	典悟
제8세	行觀
제9세	惠典 惠運
제10세	能忍 行禪
제11세	聲護 聲法 聲寶 聲賓 聲家 聲民 性圓 性和
제12세	瑞然 亨冠 太雪 一玹 一文 裕永 正黙 瑞俊 瑞林 義宗
제13세	眞覺 明智 明行 石雲 周一 福田

3. 삼현문중_福坦계통_智鍾계열

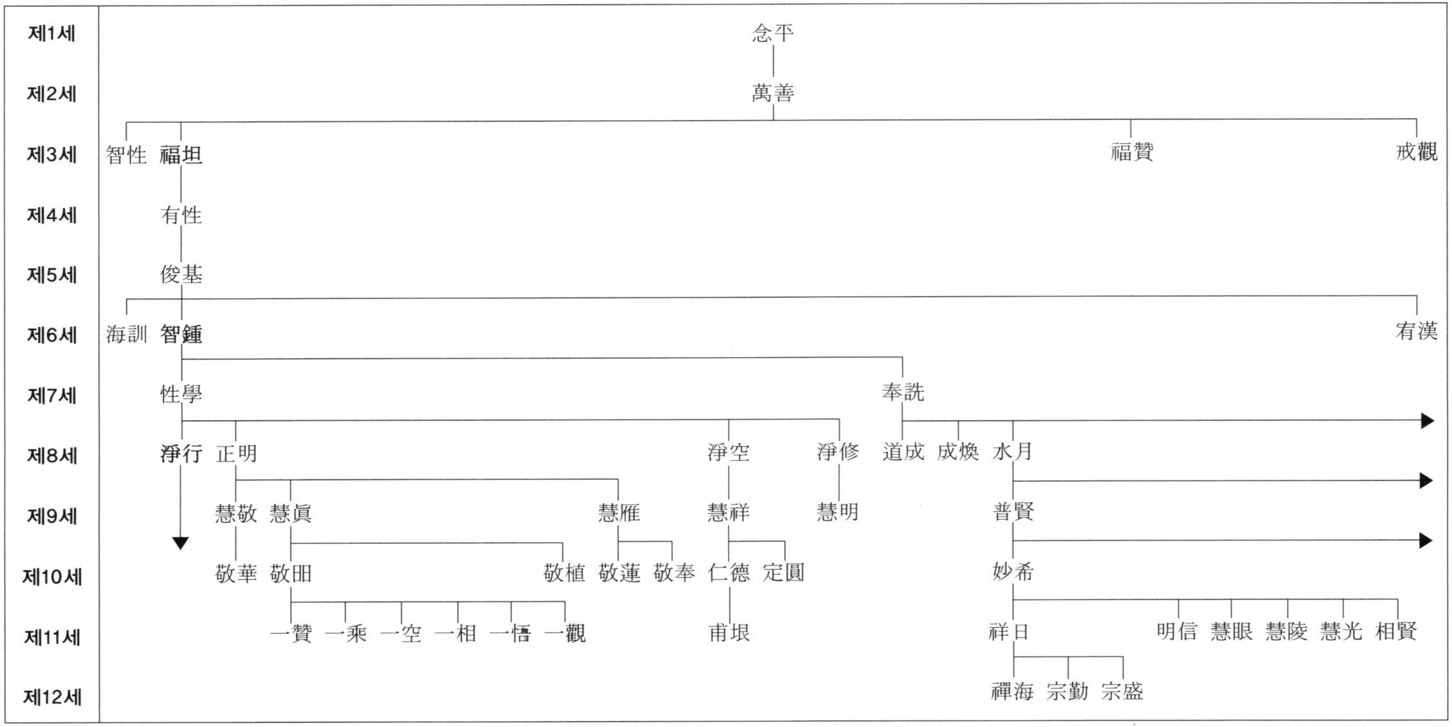

3. 삼현문중_福坦 계통_智鍾 계열

제3세	福坦
제4세	有性
제5세	俊基
제6세	智鍾
제7세	奉訊
제8세	水月　海月　性月　德月　正明
제9세	普賢　道明　晩悟　永明　道明　慧明　普明　妙明　海空　圓明　普仁　賢明
제10세	德仁　善根　守德　守仁　聖心　法洪　善眼　法默　法一　南洪　法行　性天　善行　會善　法賢　德仁　法蓮　法俊
제11세	道心　慧元　池蓮　頂修　相眞　無影　碧淡　明完　誕聖　一聖　明一
제12세	韶現　鈗容　祥德　妙注
제13세	智玄

3-1. 삼현문중_福坦계통_智鍾계열: 淨行세계

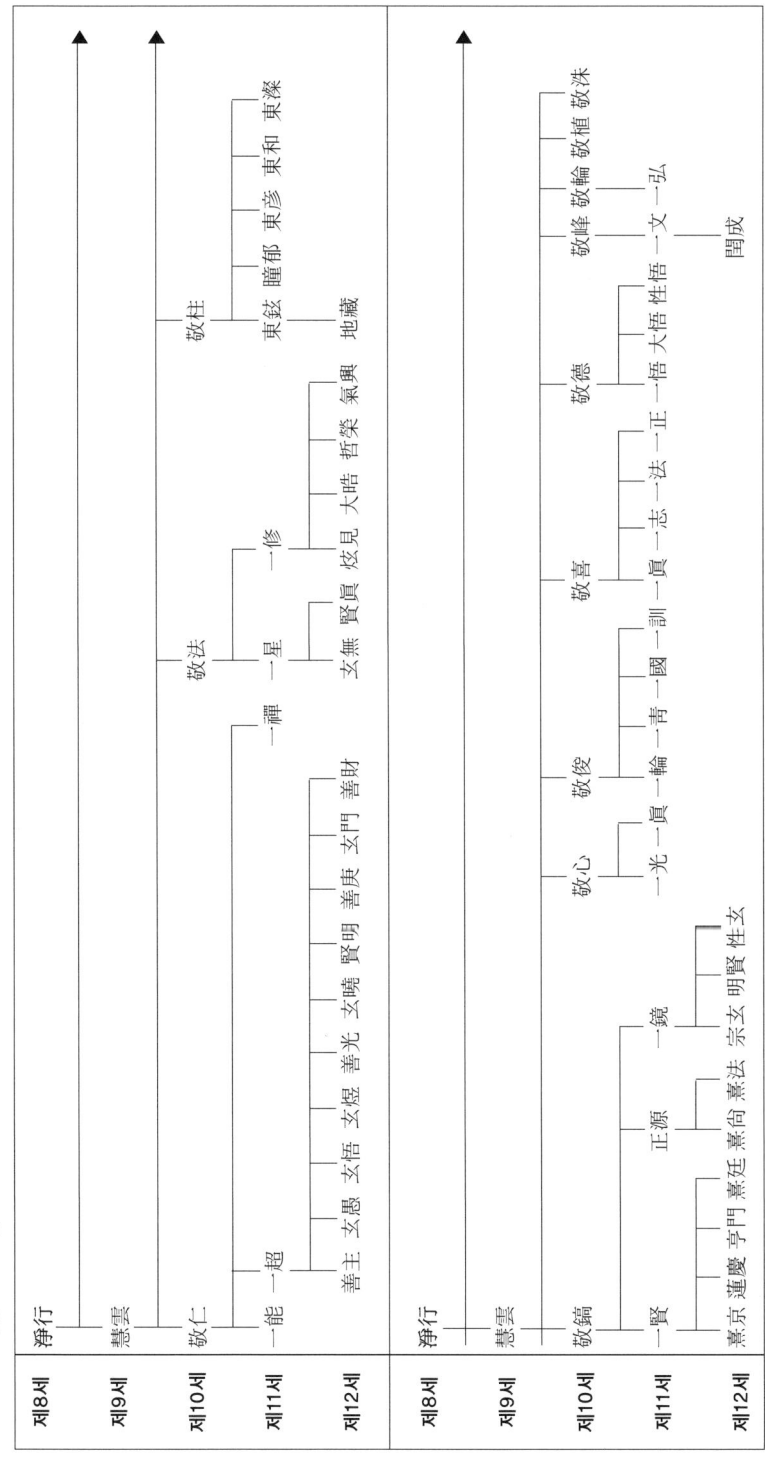

3-1. 삼현문중_福坦계통_智鍾계열: 淨行세계

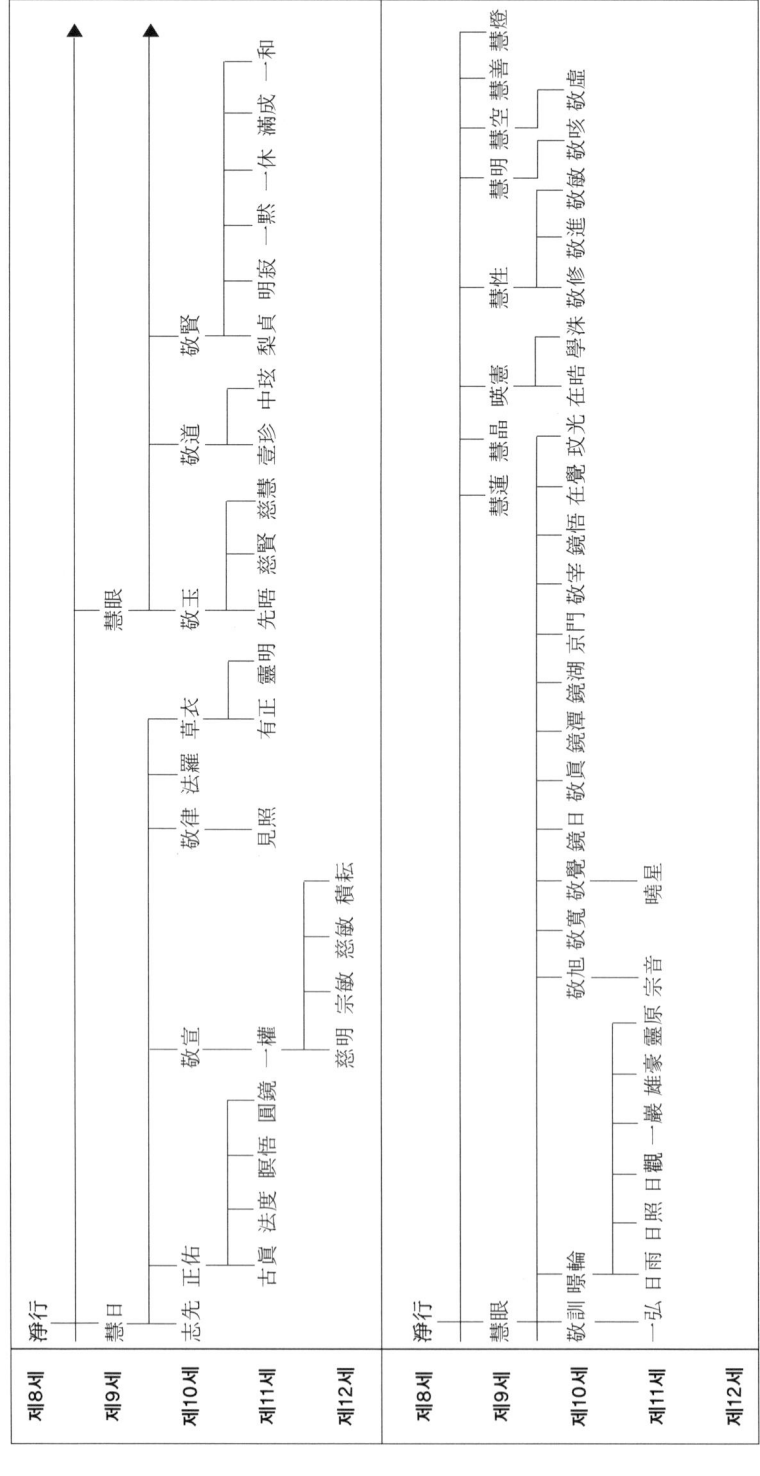

4. 삼현문중_福坦계통_宥漢계열

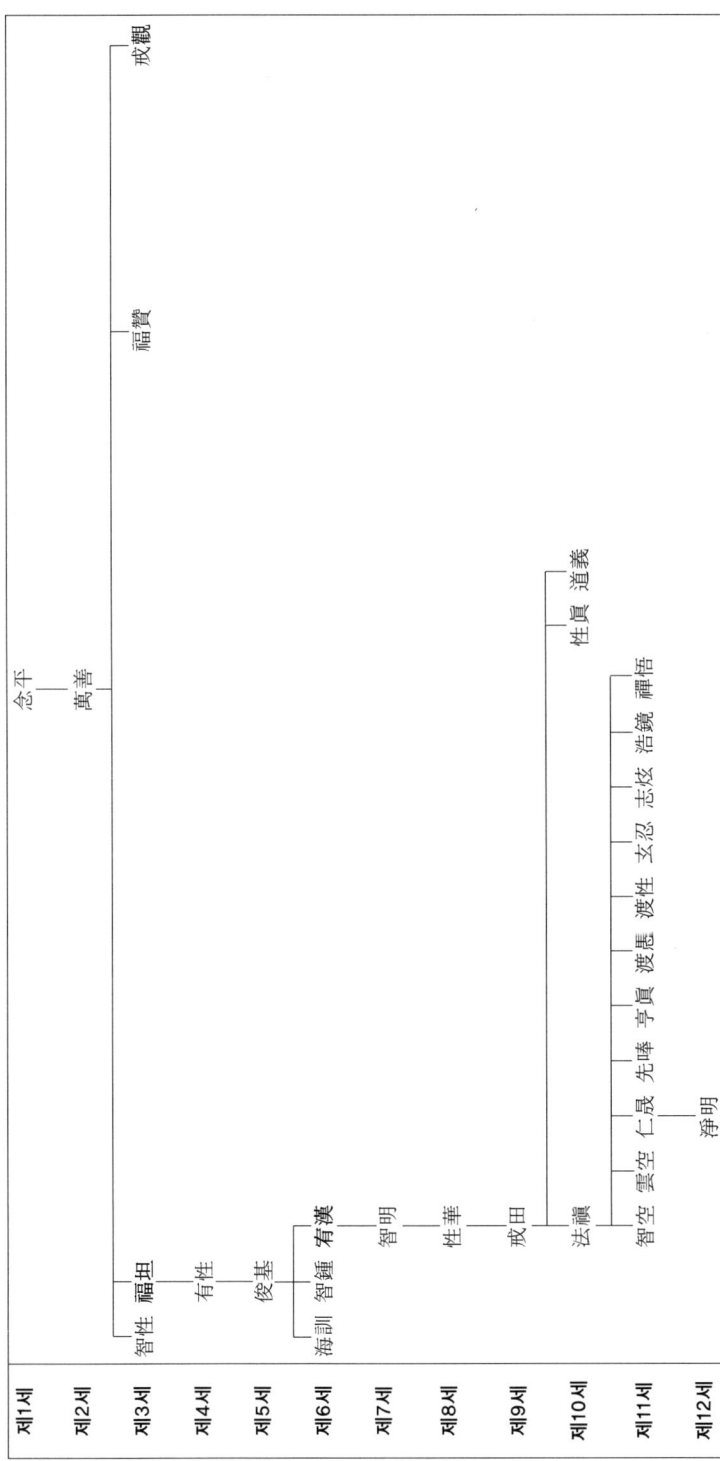

5. 삼현문중_戒觀계통 大恩계열

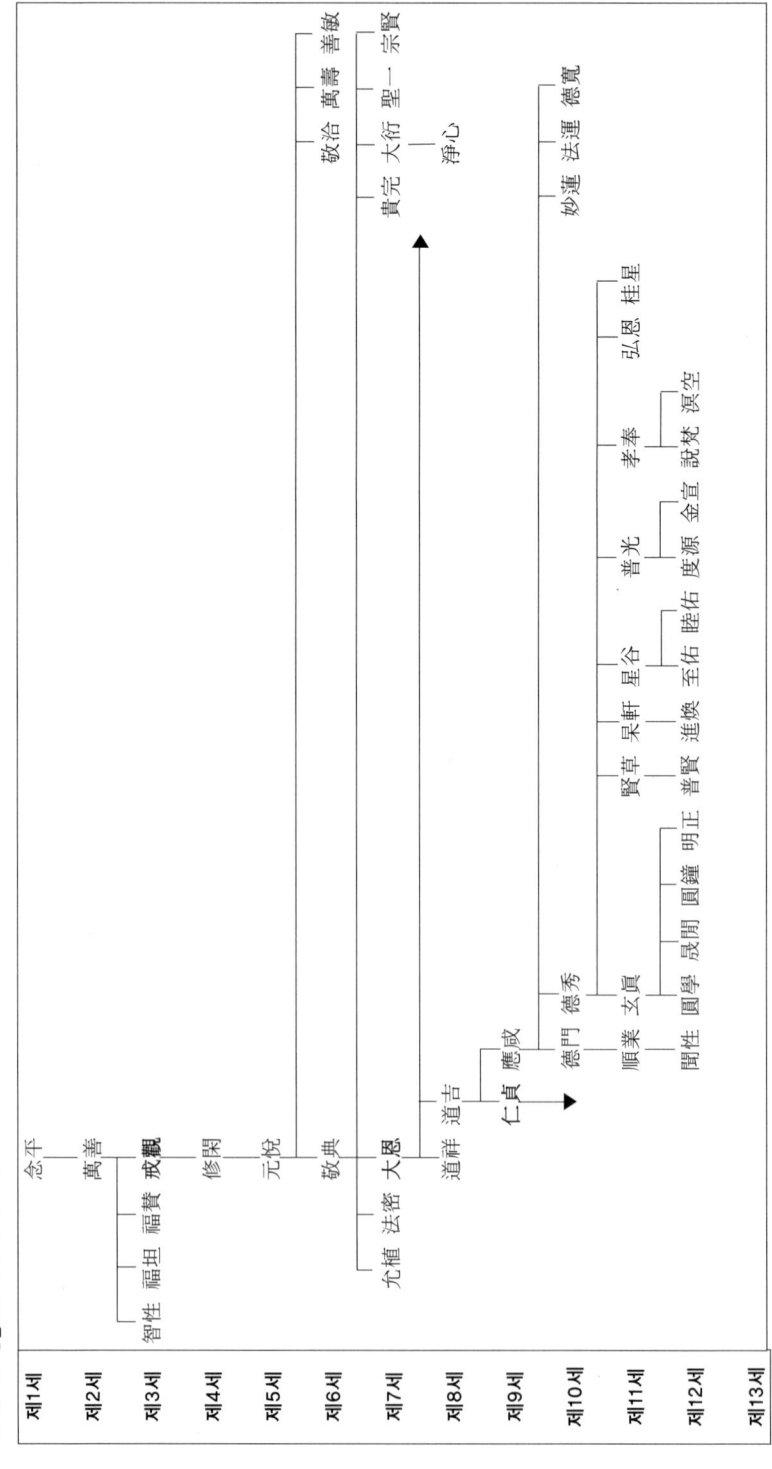

5. 삼현문중_戒觀계통 大恩계열

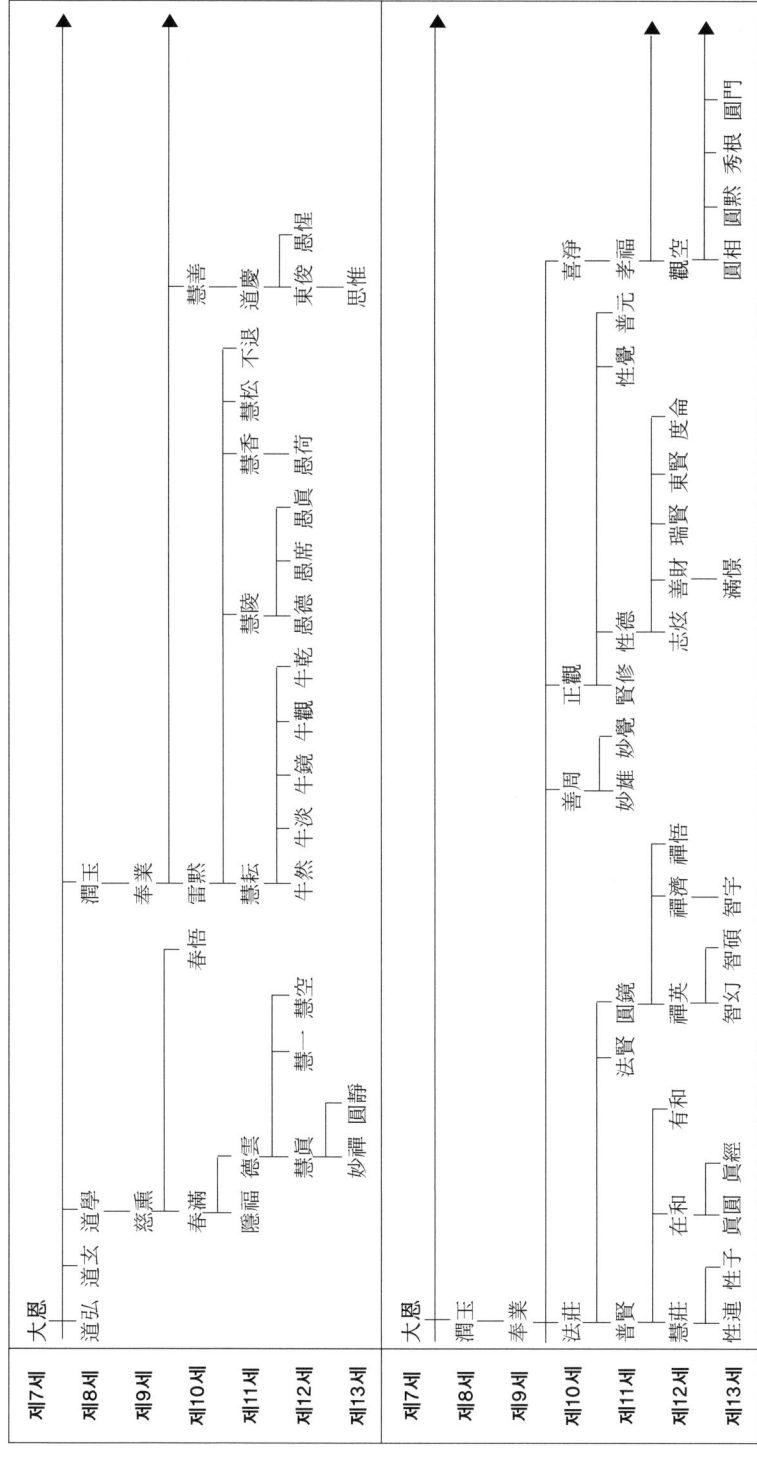

5. 삼현문중_戒觀계통 大恩계열

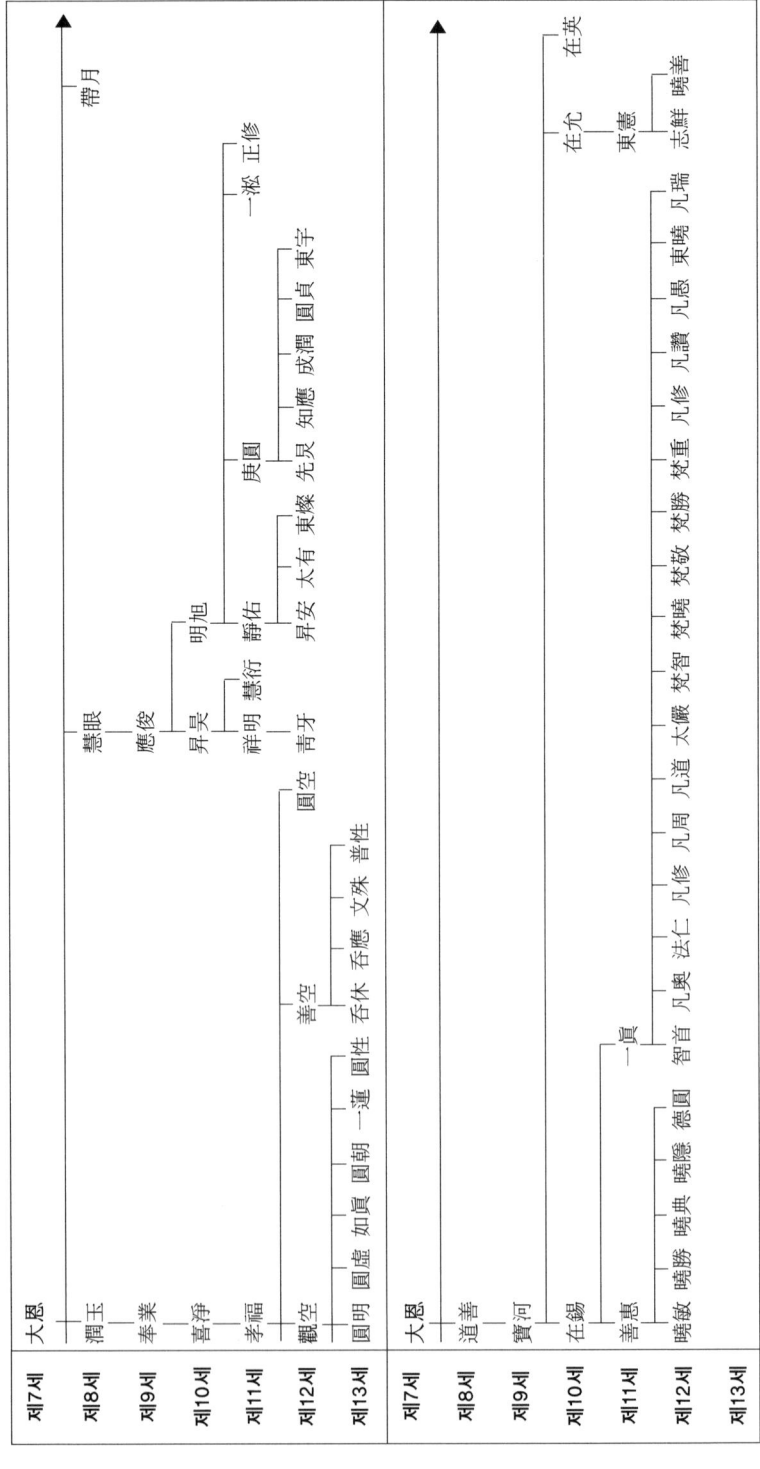

5. 삼현문중_戒觀계통 大恩계열

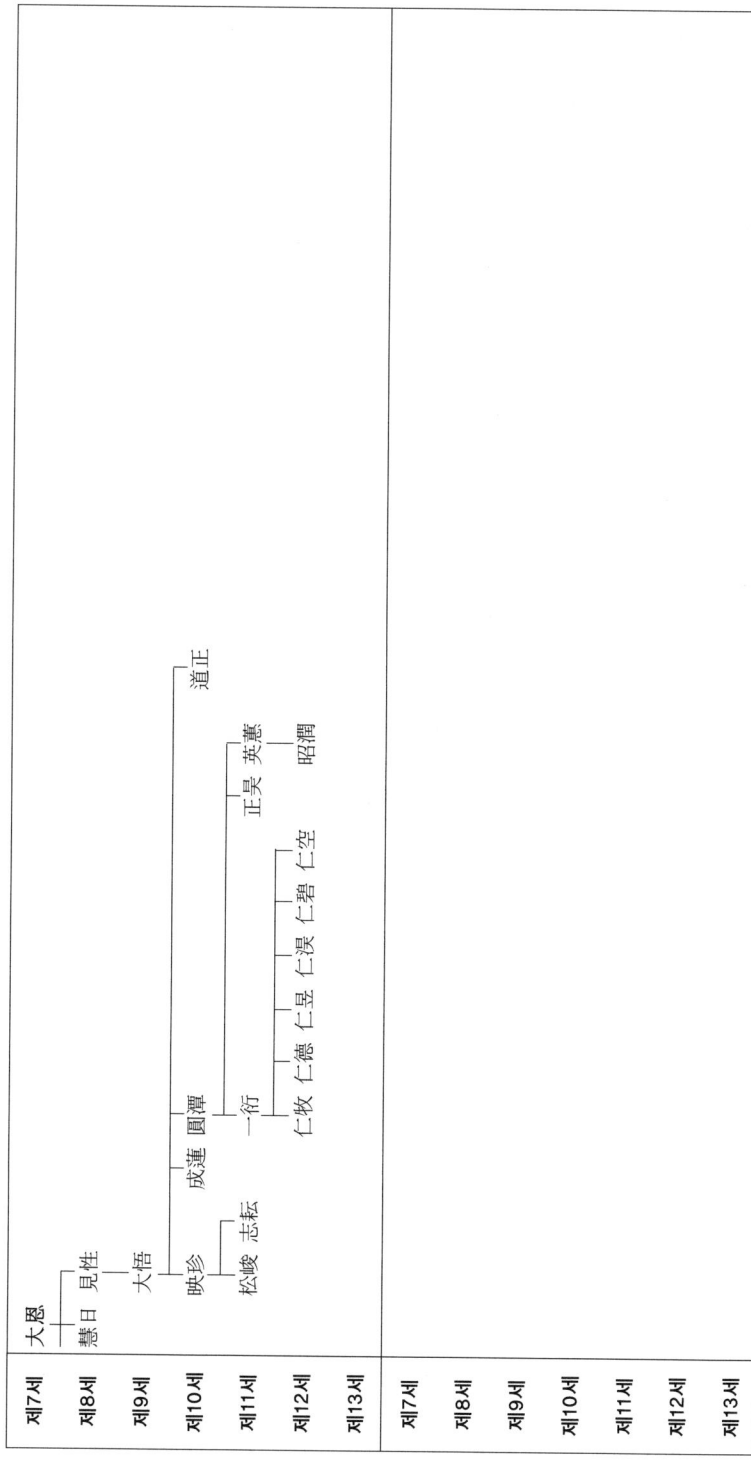

388 _ 한국의 비구니문중

5-1. 삼현문중_戒觀계률_大恩계열: 仁貟세계

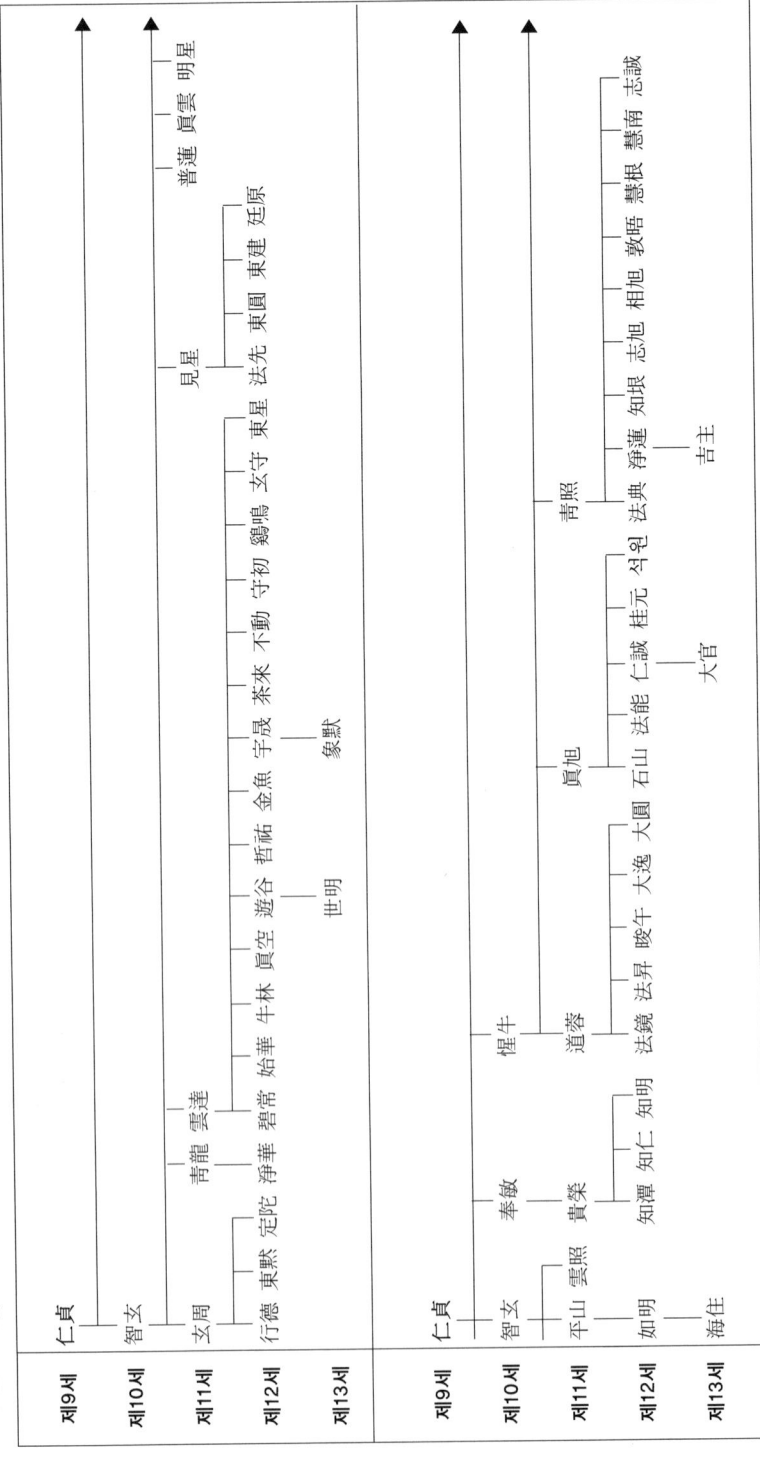

5-1. 삼현문중_成觀계통_大恩계열: 仁賞세계

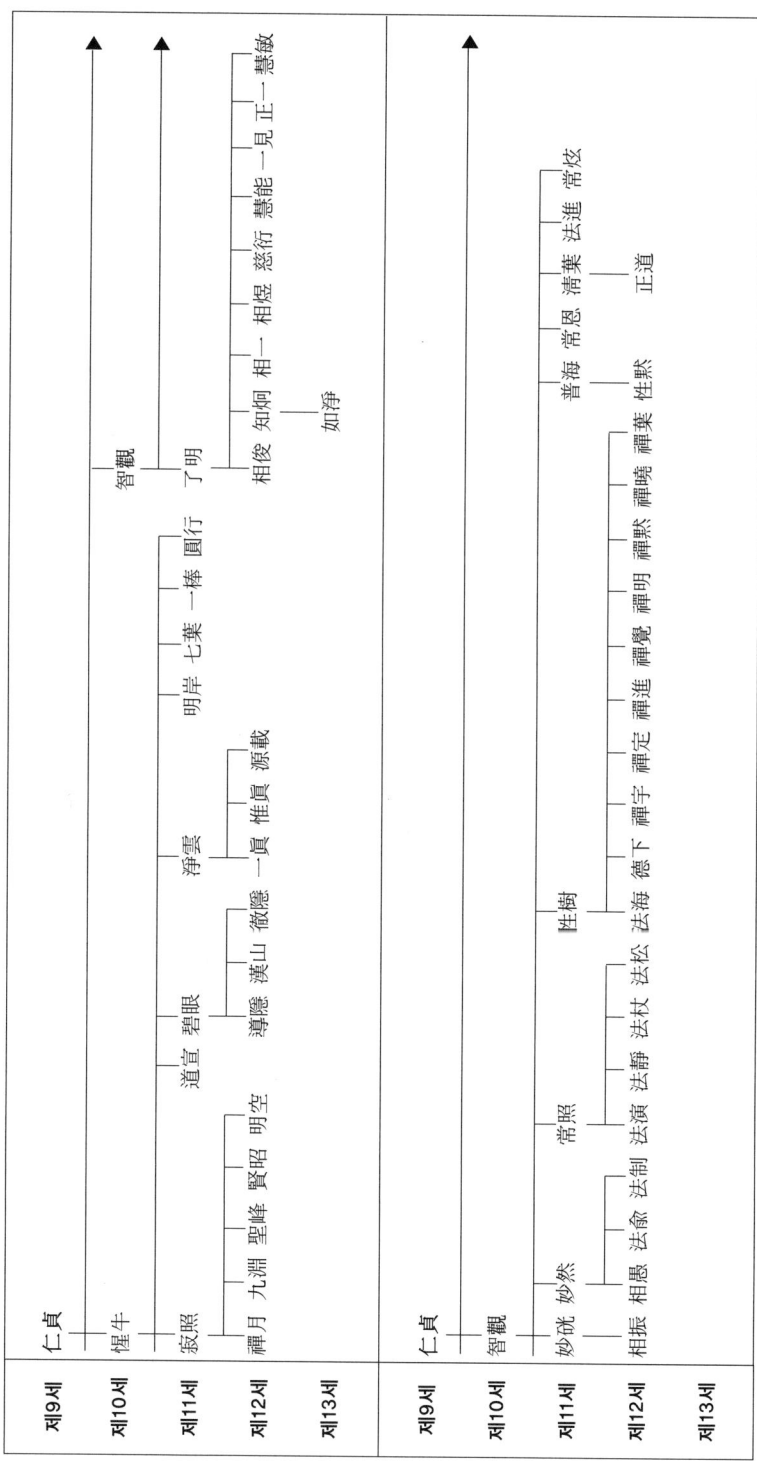

5-1. 삼현문중_戒觀계통_大恩계열: 仁貝세계

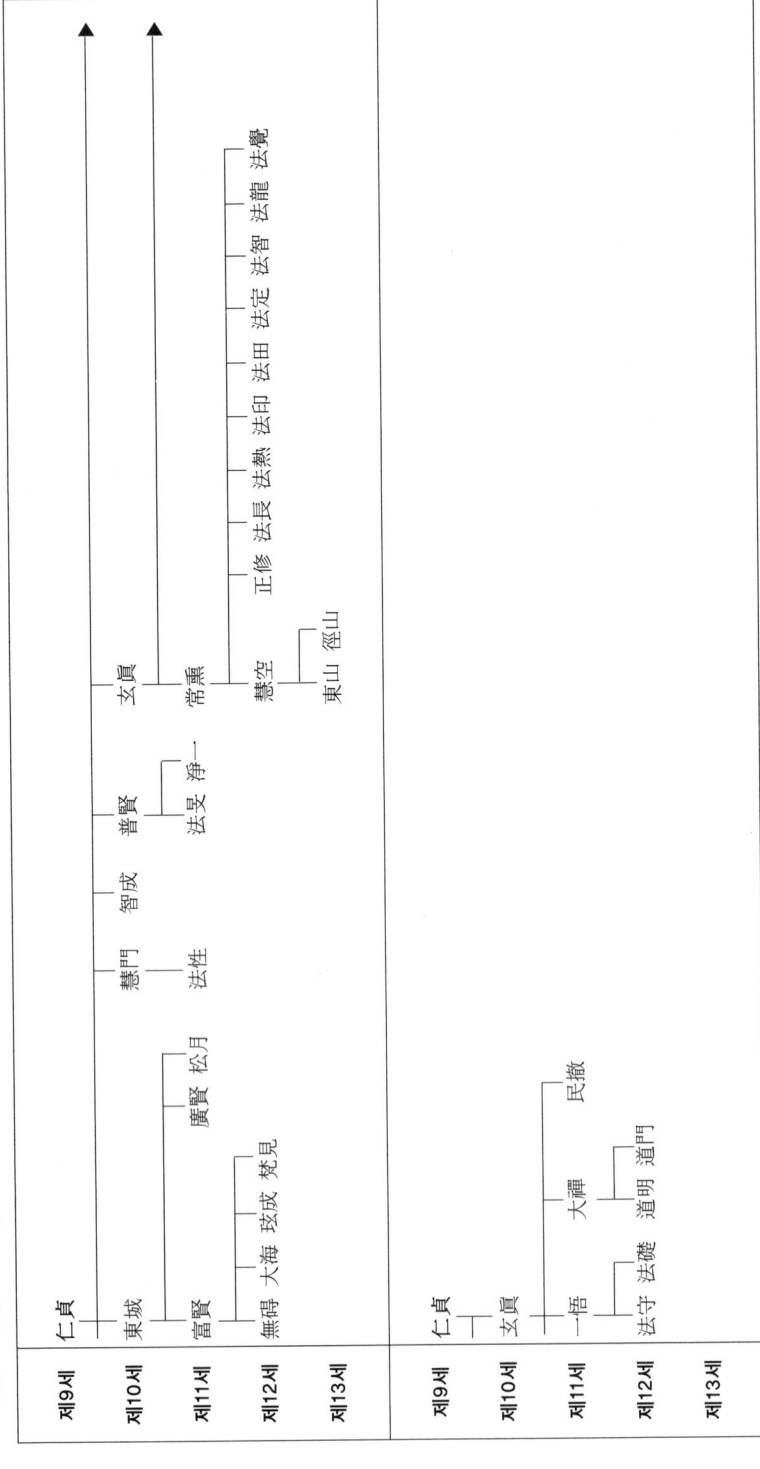

6. 삼험문중_戒觀계릉_貫完계열

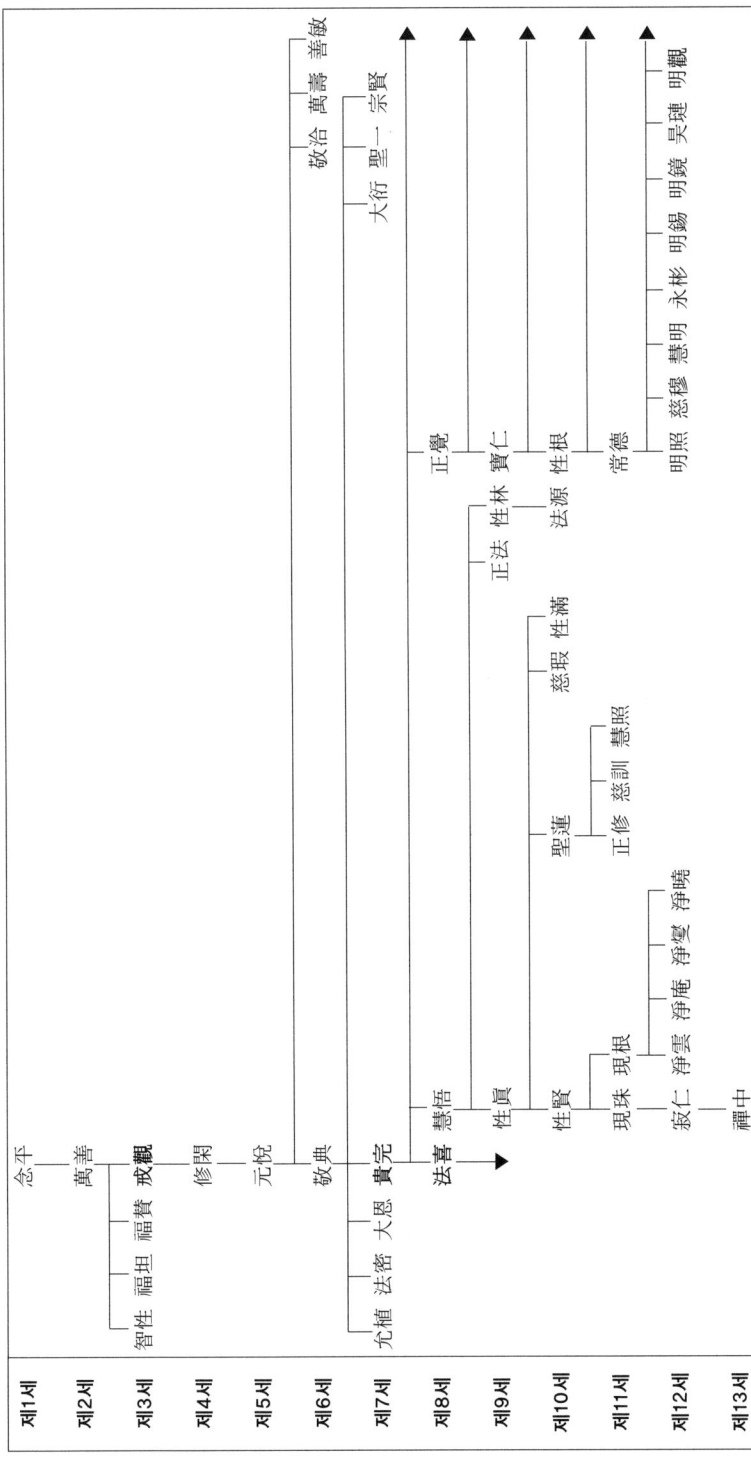

6. 삼현문중_成觀계통_貴完계열

제7세	貴完
제8세	正覺
제9세	寶仁
제10세	性根 — 性眞
제11세	常德 — 尙玄, 志岸, 叙攷, 刹完 / 道言 — 忍和 — 大經 — 常睦 — 定陸 — 性悟 — 性瑩, 知性, 性俊, 性侖 — 法宇, 石泉, 頑凡, 守員 — 智道, 曉淨 ↑ / 甫映 ↑ / 阿仙, 大臺, 慧度, 永晟, 永在 ↑ / 有德 ↑ / 摩訶 ↑
제12세	明衍 明處 明律 明廣 明悅
제13세	明行 明修

제7세	貴完
제8세	有德
제9세	摩訶
제10세	甫映
제11세	永命 寬修 鏡允 鏡首 德仁
제12세	法眼 — 一奉 / 性覺 — 靜妙 / 碧常 / 智密 — 法善, 法眞 / 圓心 / 妙觀
제13세	智光 / 常牛

6-1. 삼현문중 戒觀계통_貴宗계열: 法喜세계

제8세	法喜	法喜
제9세	春一 靈明	靈明
제10세	宗玄	智海
제11세	大雄 勝妙 善宗 大善 祥雲 宗律 善榮 周榮	逸智 智善 武靜 宗植 碧常
제12세	圓覺 圓仲 圓世 圓皎 圓友 圓融 精梵 眞一 六通 大鉉 定進 智惺 雲榮 善榮 妙珍 慧藏 文殊 性旼 璧控 武見	空印 眞源 妙珍 慧見 宇眞 智律 瞭律
제13세		眞空 正懿 修亨 玄空 性勳 善門 眞正 善修 善明 善日 善國
제14세		

394 _ 한국의 비구니문중

6-1. 삼현문중_戒觀계통_貴完계열: 法喜세계

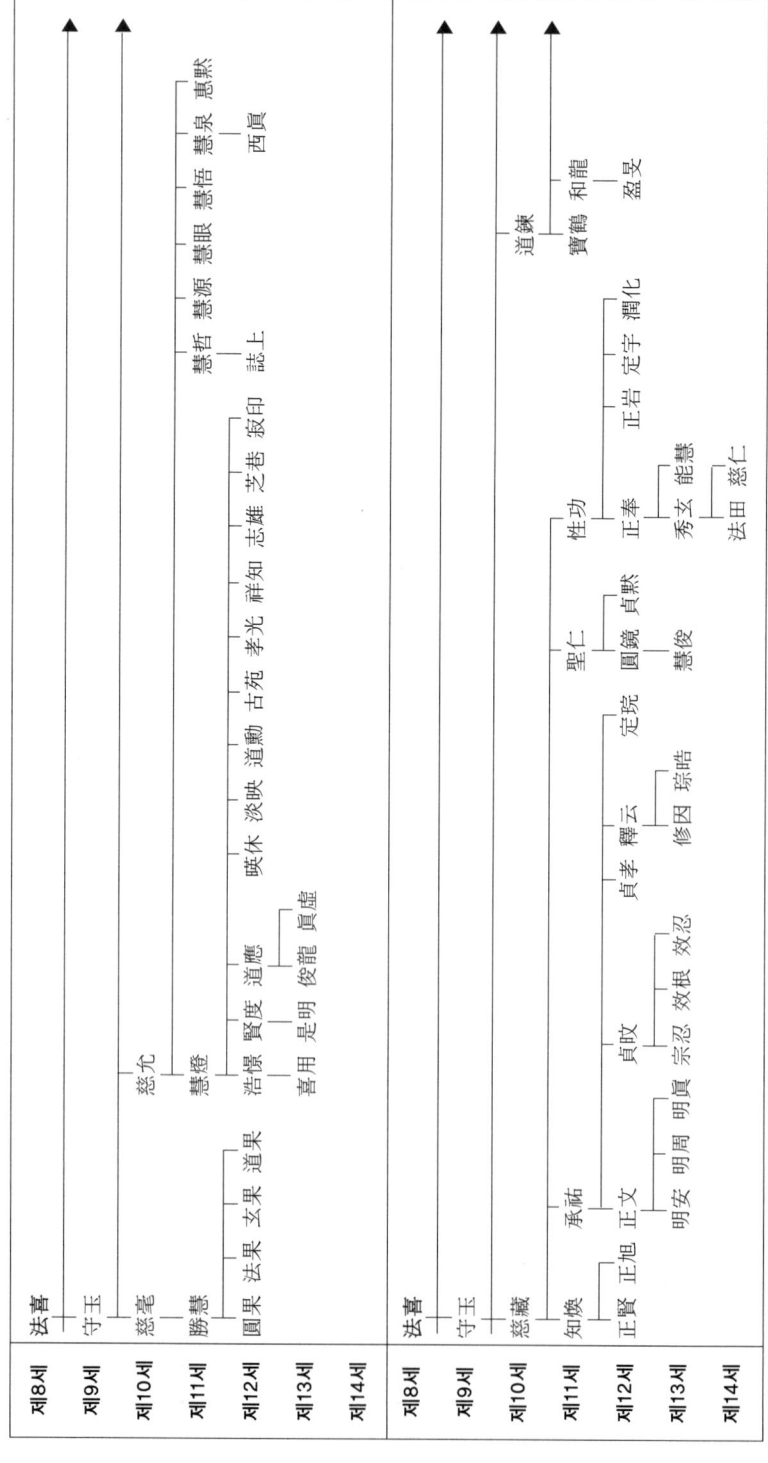

6-1. 삼현문중_戒觀계통_眞完계열: 法喜세계

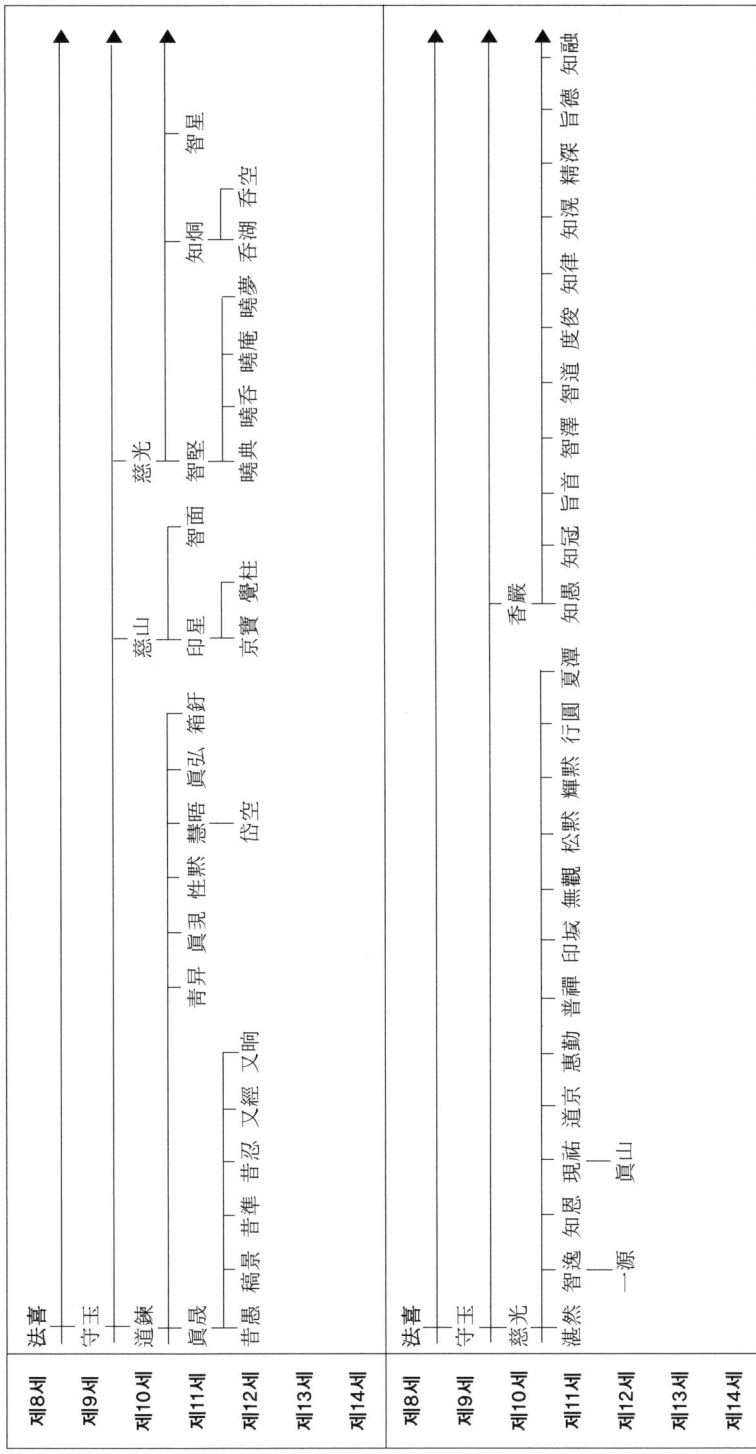

396 _ 한국의 비구니문중

6-1. 삼현문중_成觀계열_貴完계열: 法喜세계

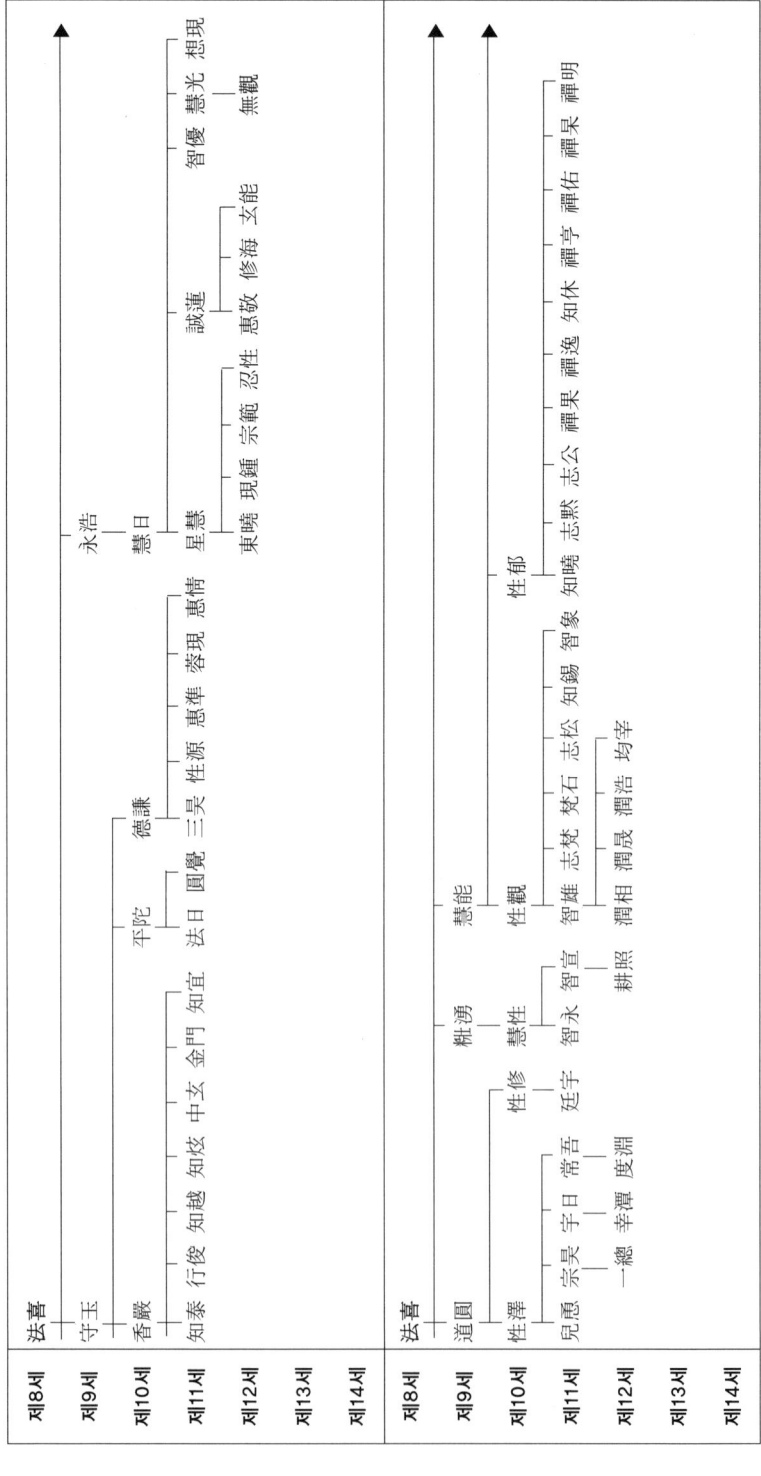

6-1. 상원문중_成觀계통_貴宗계열: 法喜계열

[상단 계보]

- 제8세: 法喜
- 제9세: 慧能
- 제10세: 性柱 — 性印 — 智明
- 제11세: 智運 — 智手 — 智文 — 法林 — 妙性 — 性一 — 慧耘
- 제12세: 正見 — 大願 / 正麗 — 曉徹 — 志勳 / 德蘭 / 智閑 — 智印 — 首玩 — 首賢
- 제13세: 法空 / 聖炫 — 成峻 — 成彦 — 址旻 — 惠俊 — 草宇 / 東玟 — 恩工 — 庚慈 — 希耘
- 제14세: 貞和 / 到徑

[하단 계보]

- 제8세: 法喜
- 제9세: 守賢
- 제10세: 現得 — 法典
- 제11세: 智成 — 靜慧 — 性岩 — 曉岩 — 自和 — 正凡 — 永彬 — 定黙 — 映靈
- 제12세: 宗圓 / 超圓 / 碧慧 — 圓中 — 吉祥 / 玄貫 — 貝德 — 貝山
- 제13세: 圓成 / 東文 — 東錫 — 慧南 — 性潽 — 寶光
- 제14세: 道一 / 玄珠 — 凡輪 / 慈善

6-1. 상현문중_成觀계통_賣完계열: 法喜계제

제8세	法喜															
제9세	相侖															
제10세	精晧				精葉	精公	政賢	明曄								
제11세	慈航	慈客	衡錫	曉梧	承員	愚普	兌衍	青雲	水鏡	慧照						
제12세									日悟							
제13세																
제14세																

제8세	法喜														
제9세	道全	淨雲													
제10세	慈幸	仁慕				無生									
제11세	頎思	性員	性園	黙信	大溶	員如	一法	善覺							
제12세						加行	永深	永才	法印	智答	普賢				
제13세								金日	定悟	禪慧	賢聖	月德			
제14세											道永	正祐	法性			
											慈明	原明	東谷	慧峰	東圓	潭圓	正圓	慈成	鏡印

7. 삼현문중_成觀계통_聖一계열

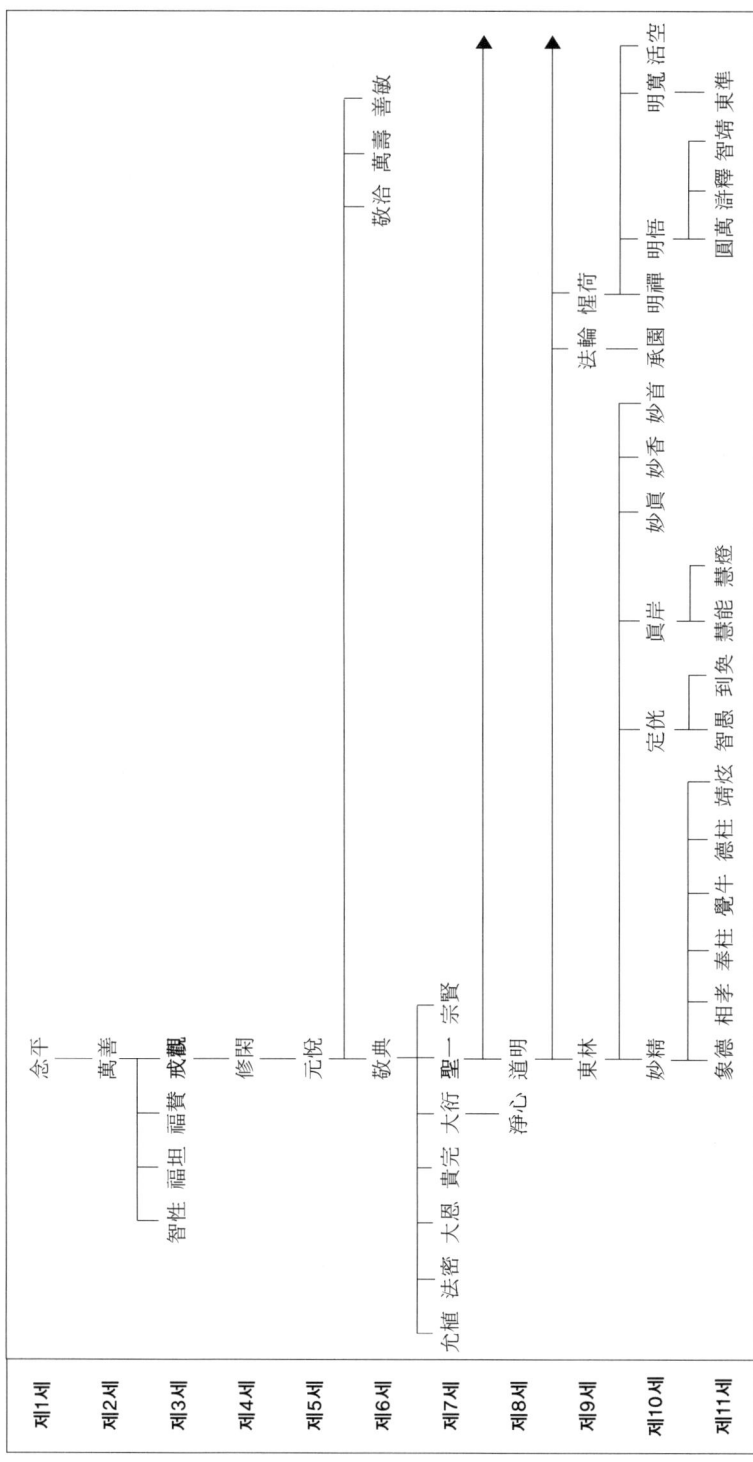

400 _ 한국의 비구니문중

7. 삼현문중_戒觀계통_聖一계열

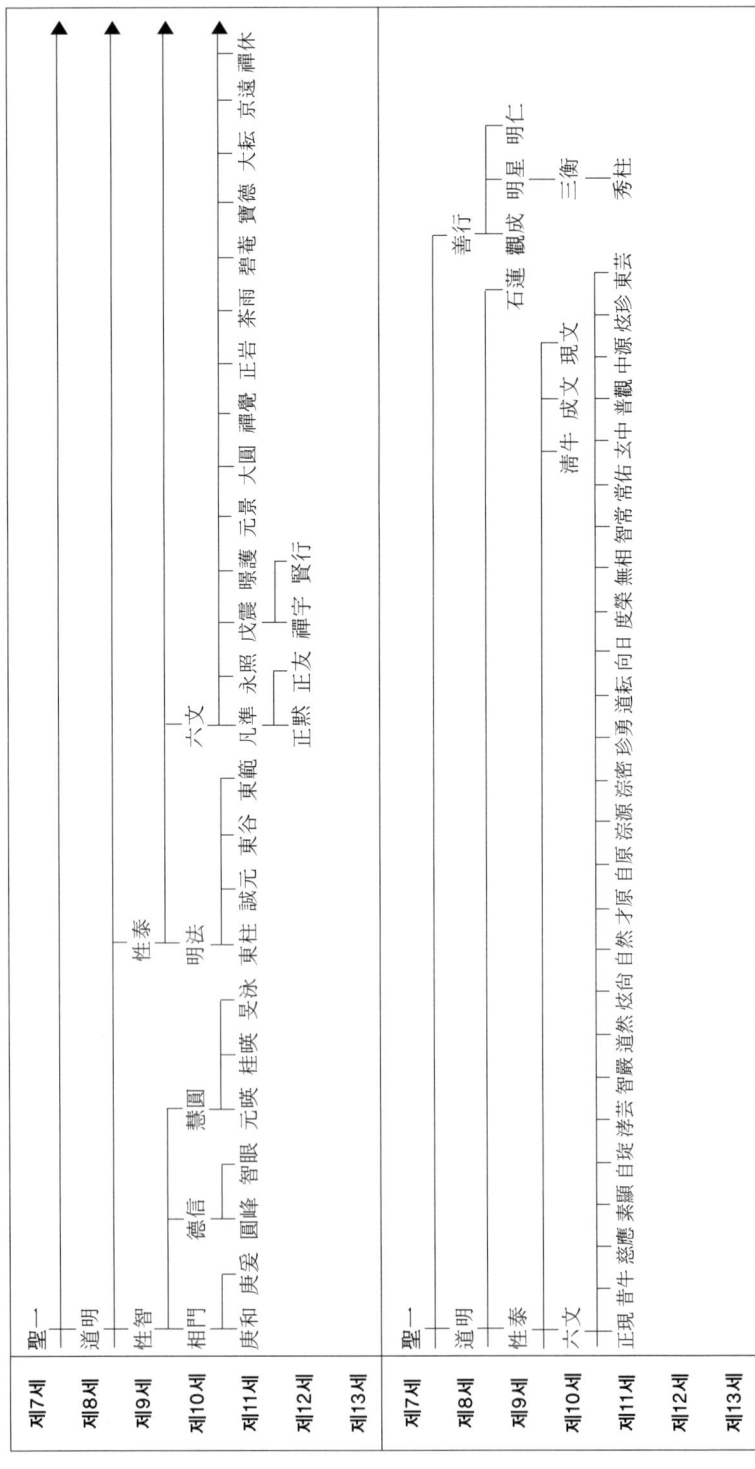

8. 삼현문중_戒觀계통 宗賢계열

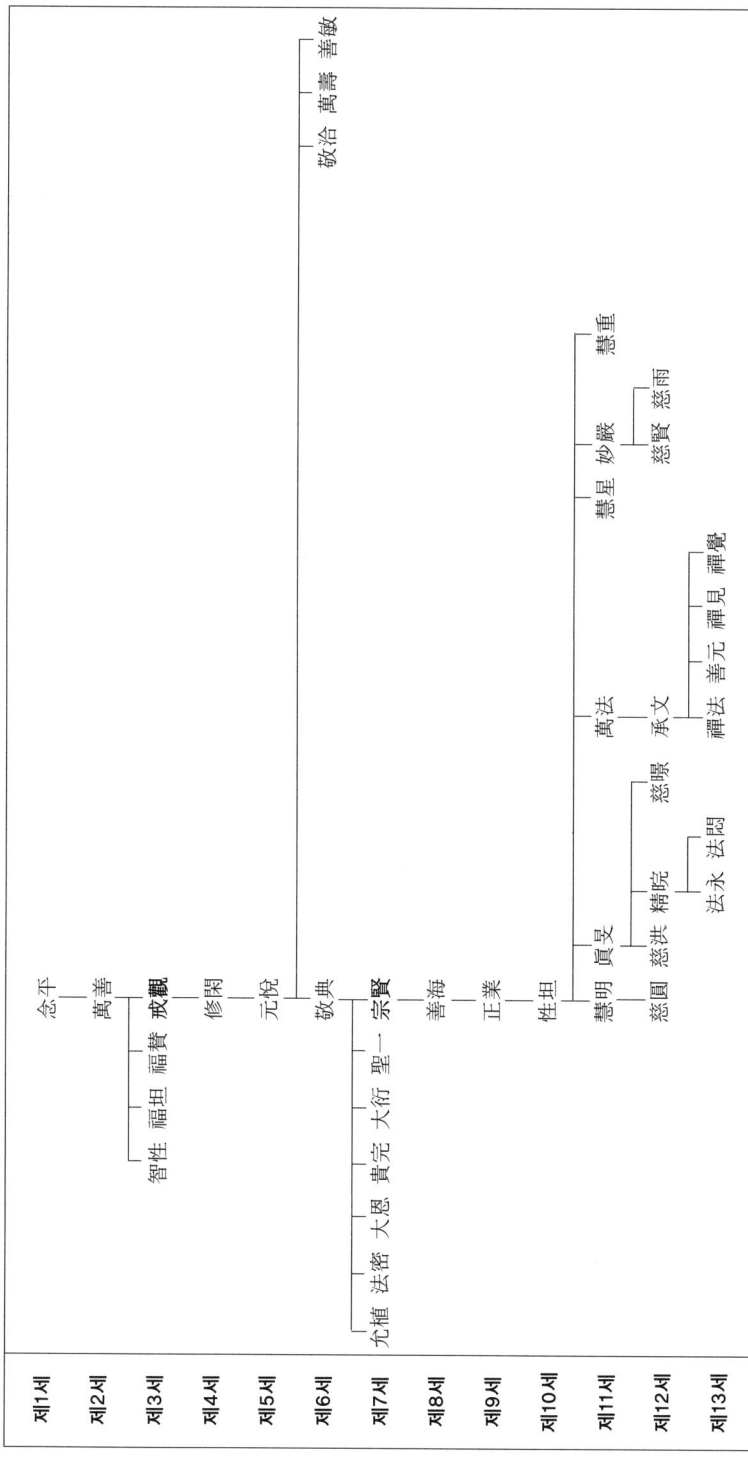

수정문중 계계도

1. 수정문중_載日계통_淸彦계열

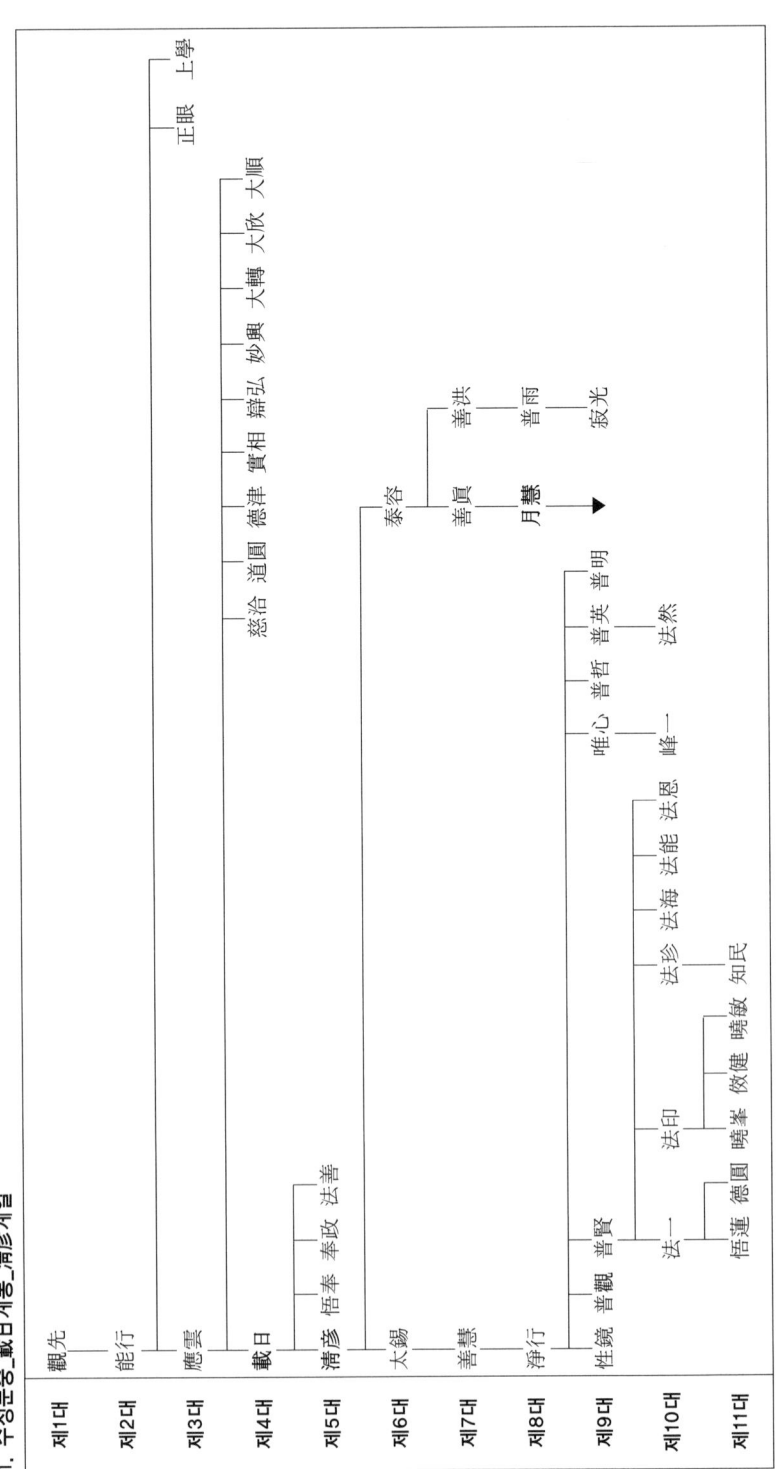

제1대	觀先	
제2대	能行	
제3대	應雲	
제4대	載日	
제5대	淸彦 悟本 奉政 法善	
제6대	大錫	慈洽 道員 德津 寶相 辯弘 妙興 大轉 大欣 大順 正眼 上學
제7대	善慧	泰容 善洪
제8대	淨行	善員 普雨
제9대	性鏡 普觀 普賢	月慧 寂光
제10대	法一 法印	唯心 普哲 普英 普明 峰一 法然
제11대	悟蓮 德圓 曉峯 傚健 曉畝 知民	法珍 法海 法能 法恩

1-1. 수정문중_載日계통_淸彦계열: 月慧세계

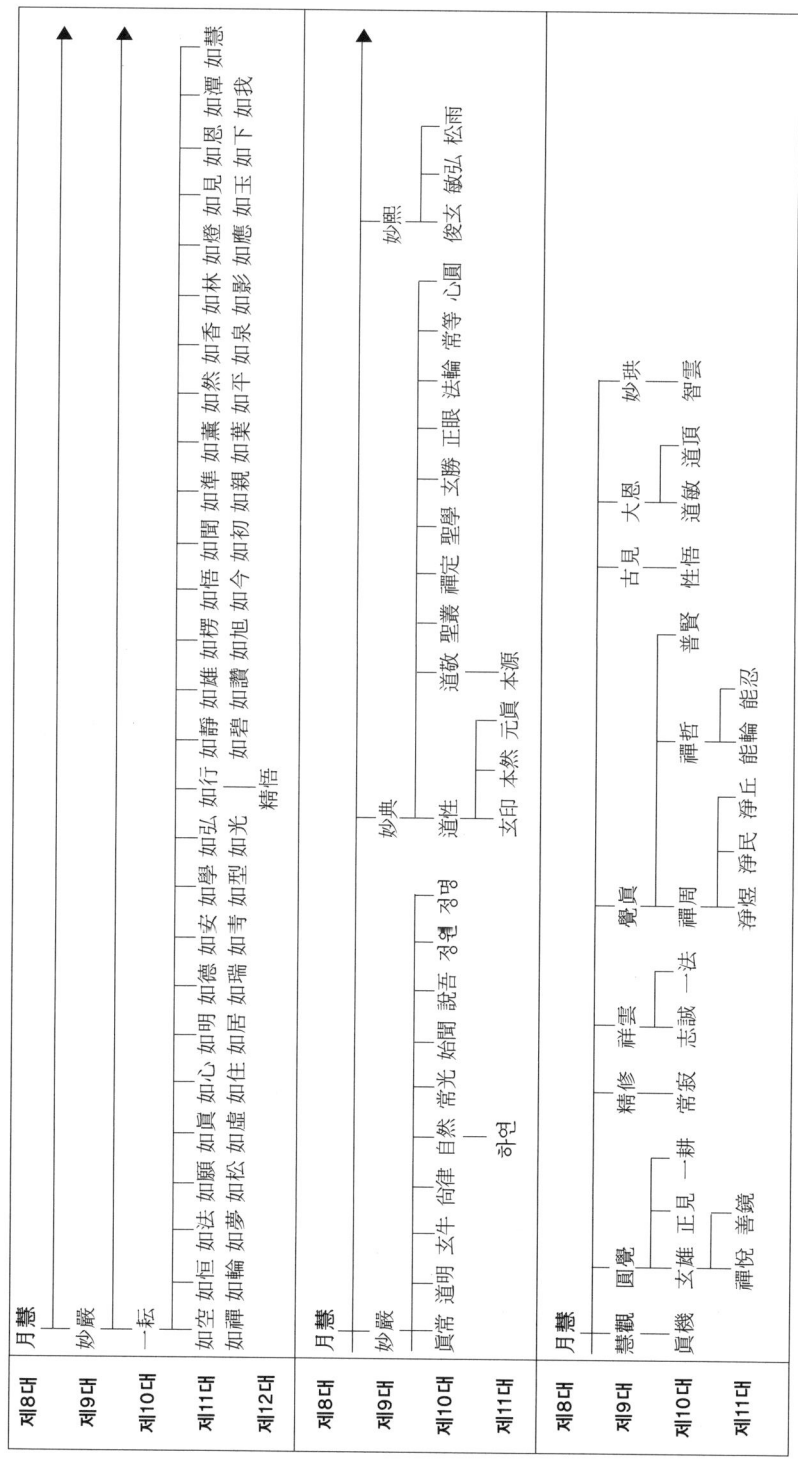

404 _ 한국의 비구니문중

2. 수정문중_戴日계m_梧奉계열

제1대	觀先	
제2대	能行	
제3대	應雲	
제4대	戴日	慈洽 道圓 德律 實相 辯弘 妙興 大轉 大欣 大順 正眼 上學
제5대	淸彦 梧奉 奉政 法善	
제6대	斗典	
제7대	允亨	
제8대	季珠	性裕 大觀
제9대	普仁 慈仁 慈元 藏大 慈蓮 慈得	一下 一牛 一休
제10대	善求 善振 禪悟 修法 善光 恩浩 淨文 靜元	大原 慧觀 道輪 法雲 道成 智文 智圓 仁光 智常 雲月 智仁 智白
제11대		普明 원명 玄明 光法 廣鎔 연덕

2. 수정문중_載日계통_悟奉계열

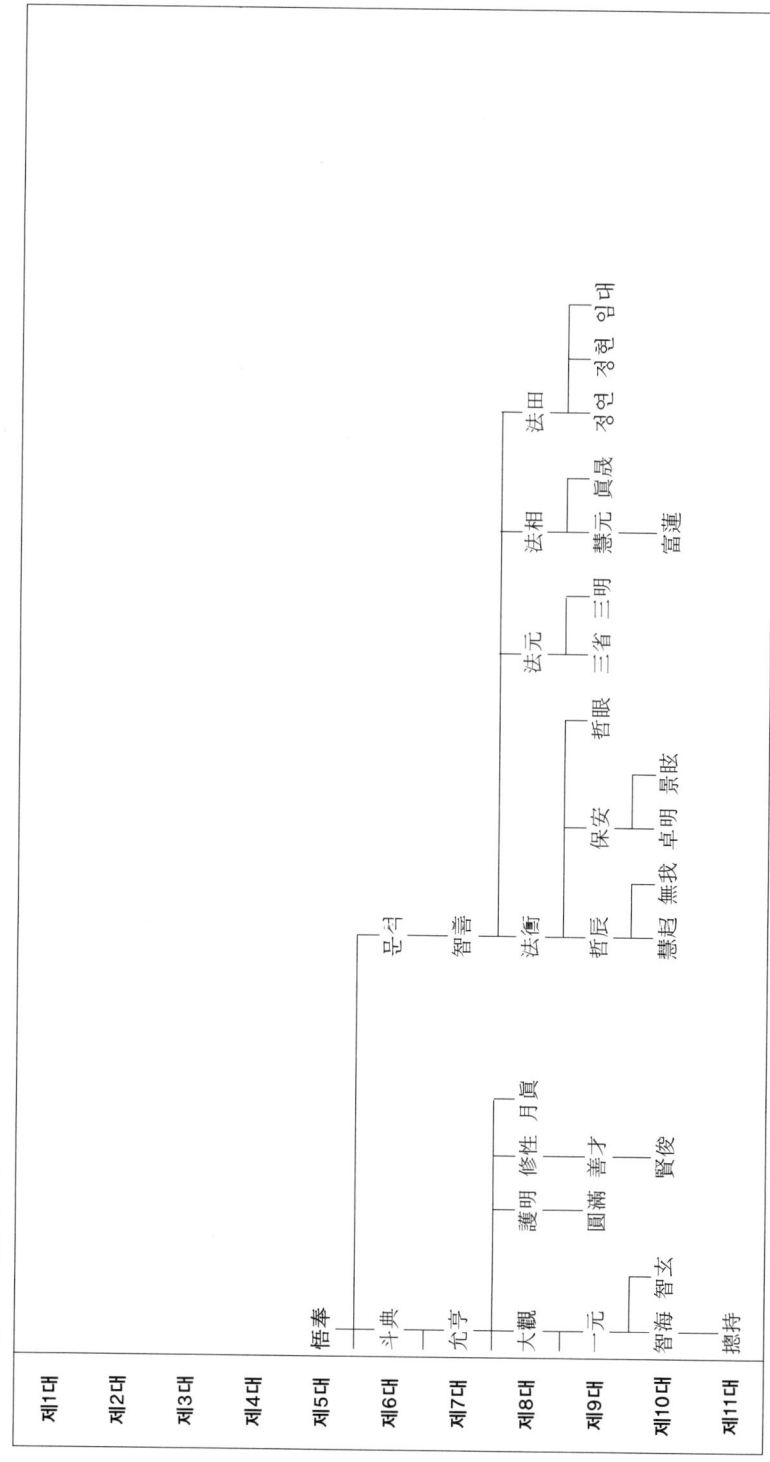

3. 수정문중_載日계통·法喜계열

제1대	觀先
제2대	能行
제3대	應雲
제4대	載日
제5대	淸彦 — 悟奉 — 奉政
제6대	泰守
제7대	敬悟 — 正念
제8대	普訓, 月印
제9대	法順, 智頂
제10대	心源, 性牛, 觀法, 吾印 / 甲俊(定春→慈洽·道圓·德津·實相·辯弘·妙輿·大轉·大欣·大順·正眼·上學) / 普觀(性吉·普眼) / 法喜, 日成, 法海(普雄→榮修·正慧·榮珠) / 晟鏡, 志潤, 志光(修賢→修一·法如·慧性·慧芸·妙覺·善行)
제11대	周玄 / 玄宇, 普才(在浩·智普·東照·珍雅·寂照)

3. 수정묘중_載日계통·奉政·法善계열

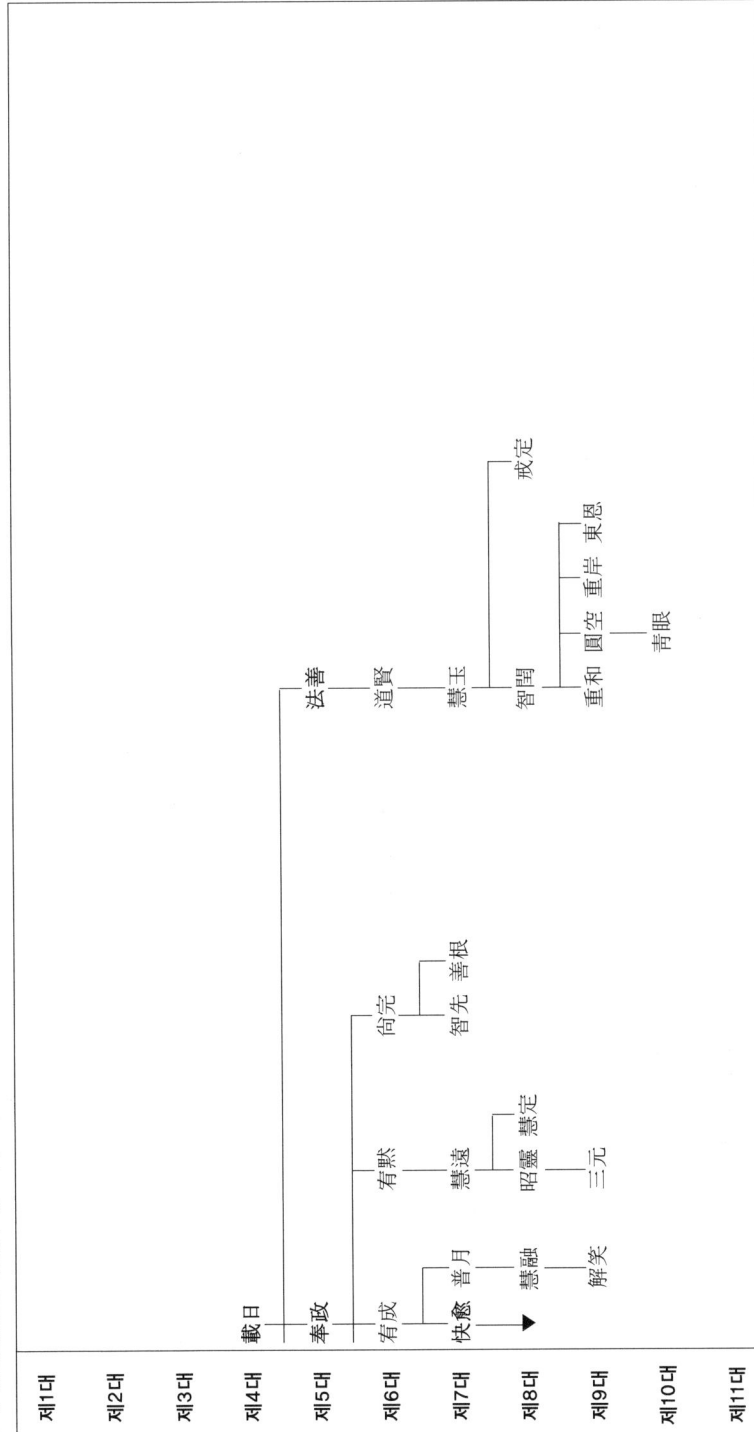

3-1. 수정문중_載日계통_奉政계열: 快愈세계

제7대	快愈
제8대	性蓮
제9대	一弘 一輪 眞源 喜善 賢善 明善 梵日 勝日 性天 慧郁
제10대	正悟 正準 普淨 眞松 鍚駿 眞一 眞妙 智勇 智明 成圓 圓覺 大葉 圓一 自勇 清雲 清雨 慧松 歸山 德和 南雲 奇亨 性圓

제7대	快愈
제8대	性法 慈善 性悟 性觀 性正 華嚴 性覺
제9대	雲峰 雲淨 雲敏 德一 德三 晚悟 德成 玄門 一楞 曉門
제10대	

4. 수정문중_大順계통

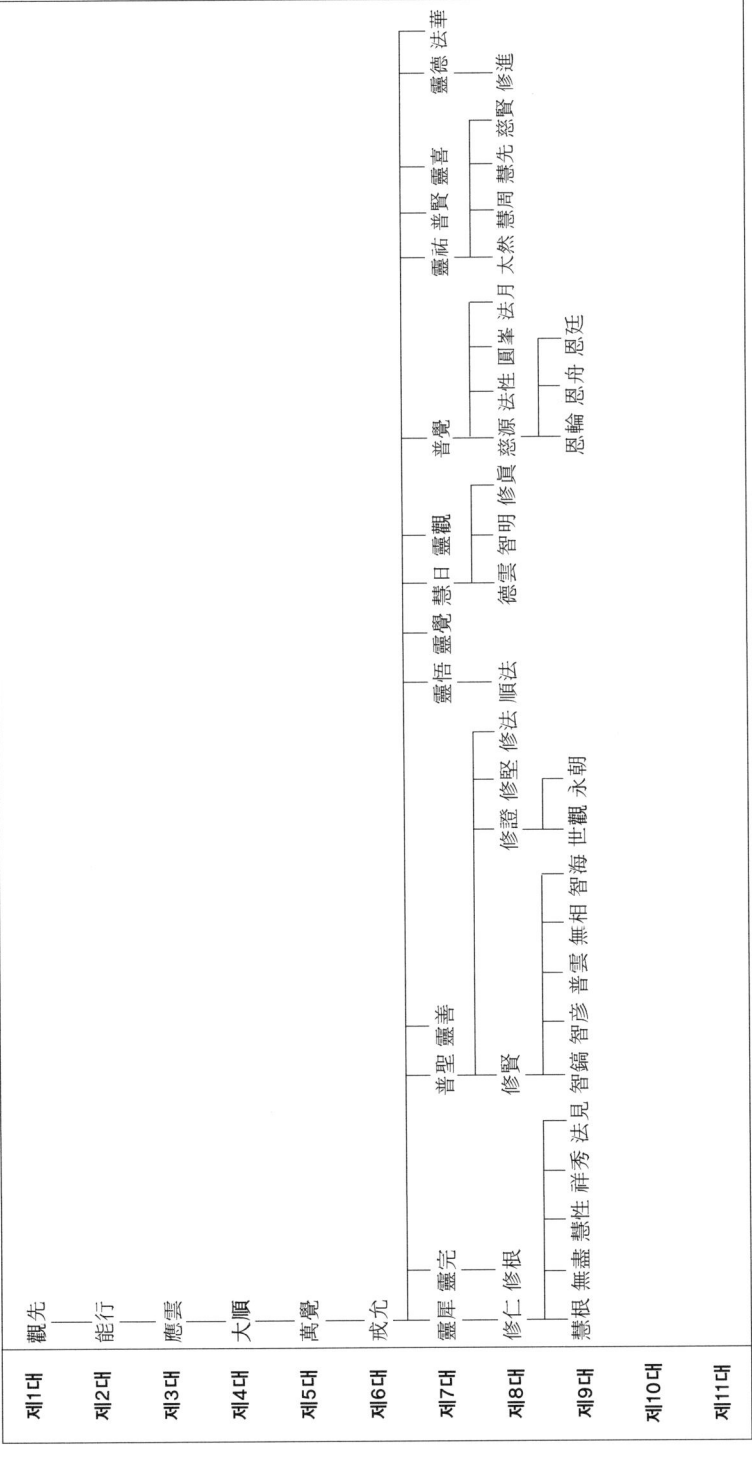

봉래문중 세계도

1. 봉래문중_最善계통_本空항렬 계열

제1세	最善
제2세	世黙
제3세	四得
제4세	萬性
제5세	祥雲
제6세	本空
제7세	法悅 — 善行 — 慶喜
제8세	明浩, 明寧, 性昊 — 明星, 明權 — 明諄, 明心
제9세	性孟, 性梧 — 至誠, 至焄, 賢晟, 賢潭 — 性光, 能光, 法光, 才光, 道禪, 道政, 東唯 — 精文, 雪峰
제10세	내원, 도경, 지능 — 자원 — 지원
제11세	석담, 석림, 석민, 지훈, 자인, 자정, 자성, 자광, 자운, 섬송

1. 봉래문중_最善계통_本空항렬 계열

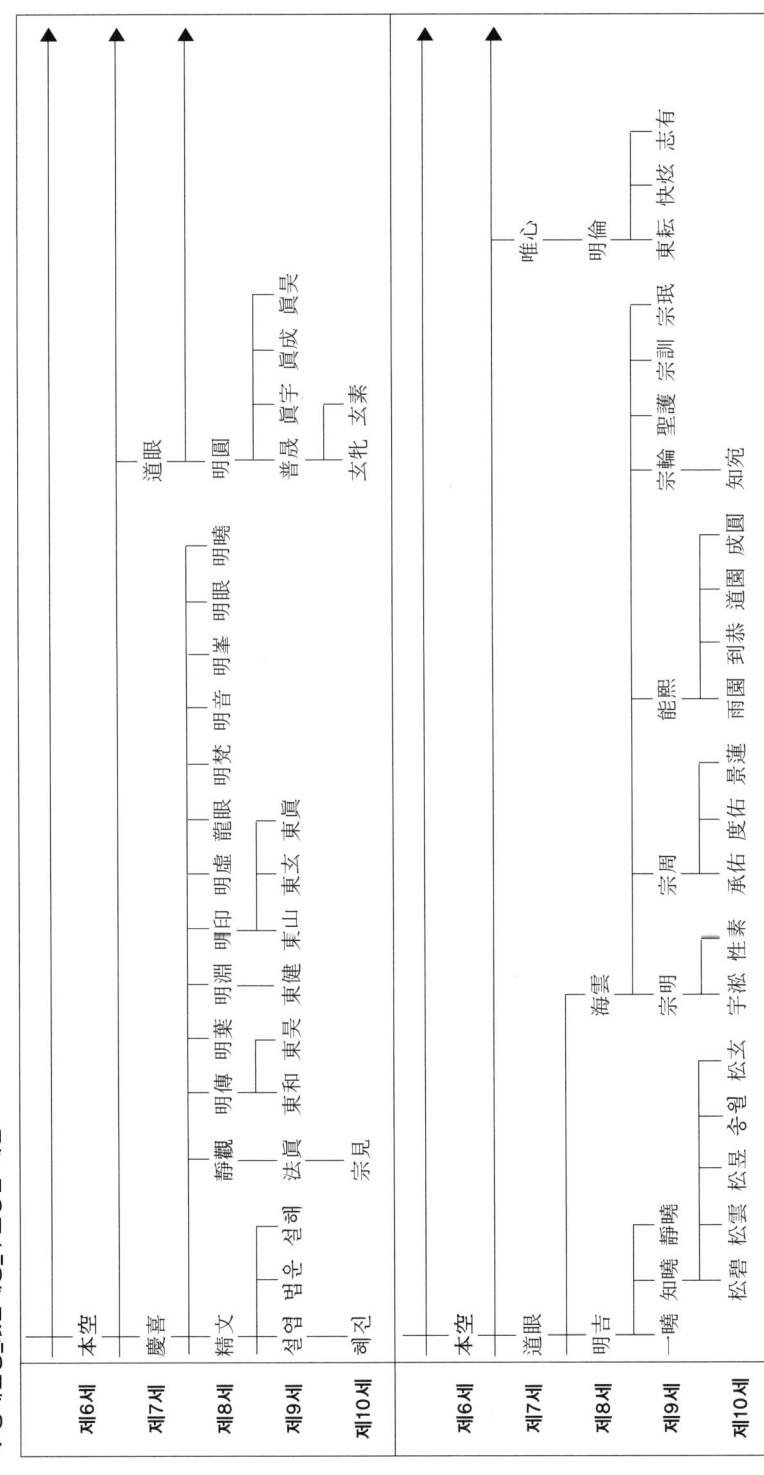

1. 봉래문중_最善계통_本空항렬 계열

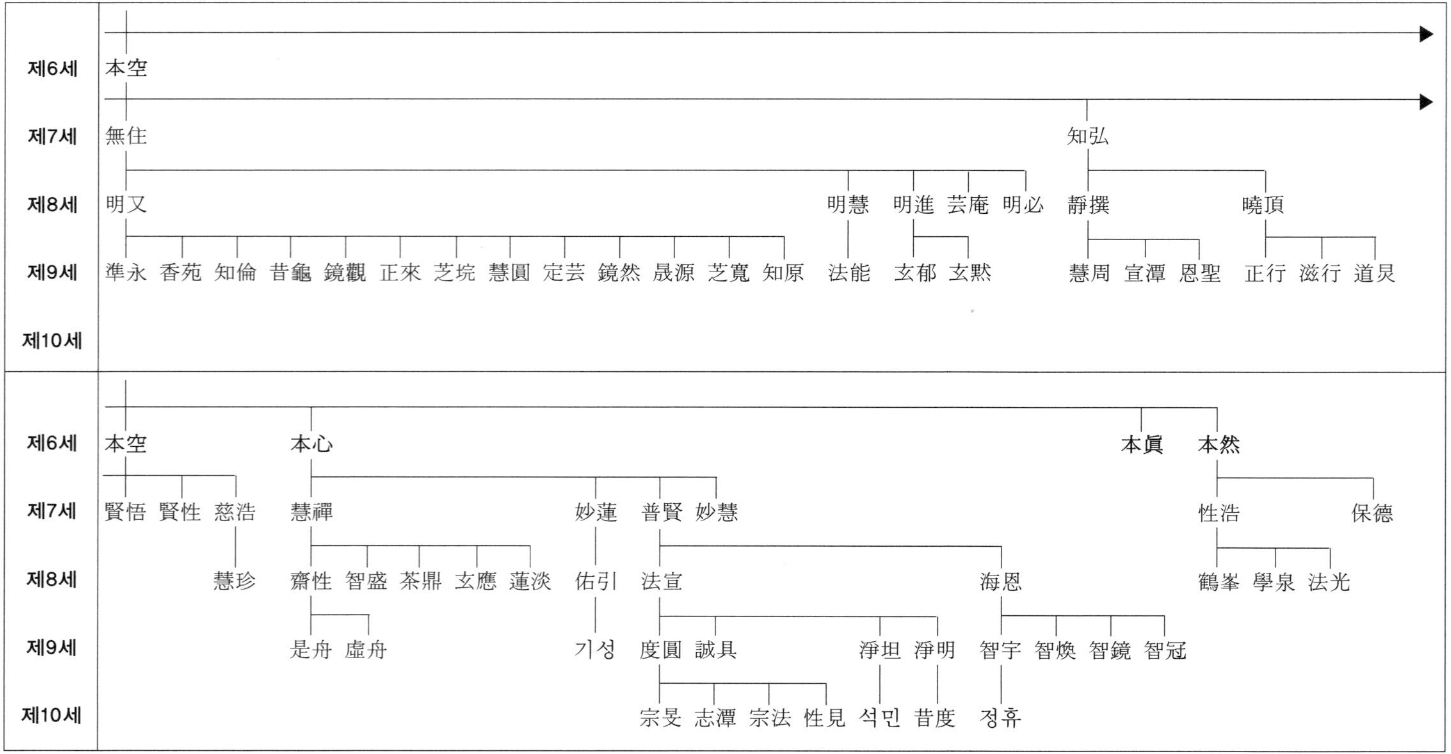

1-1. 봉래문중_最善계통_本空계열: 明星세계

제8세	제9세	제10세	제11세
明星	秀光	桂賢 善旧 修賢	釋泉 釋文 智圓
		琉光 度光 先眞 法彡 禮盛 苗診 善普 백경 무진	普祥
		妙光 善光 眞光 蓮光 慧眞 목진 수진 성범	
		爾光 定光 帆俊 校俊 普光	

제8세	제9세	제10세	제11세
明星	雲光 珠光 玄光 月光 智光 松光 希光 日光 殷光 圓光 端光 如光 允光 印光 世光 燈光	원혜 현승 현수	

2. 봉래문중_最祥계통_善慧항렬 계열

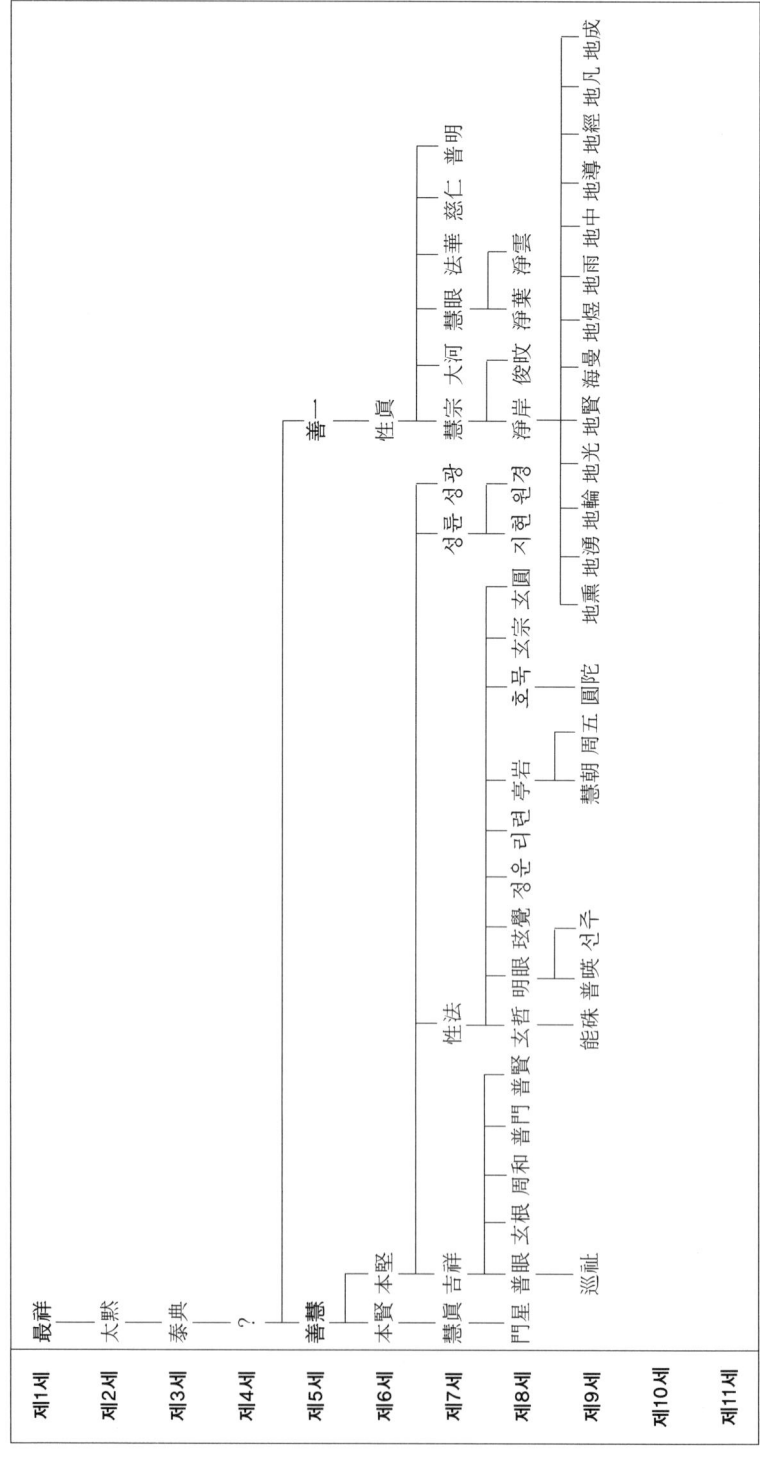

육화문중 세계도

1. 육화문중_月心계통·妙運·妙仁·妙銀·性仁계열

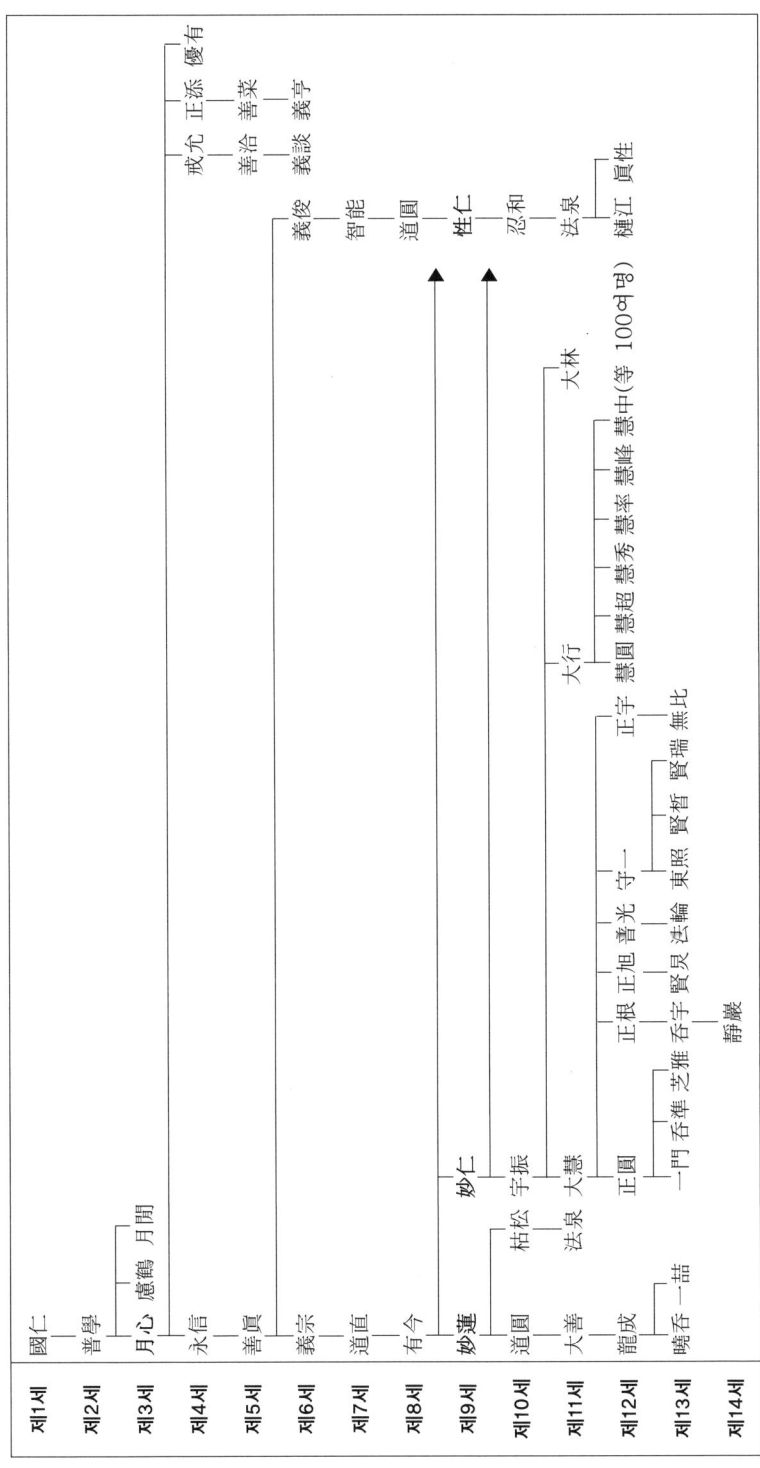

416 _ 한국의 비구니문중

1. 육화문중_月心계통_妙運・妙仁・妙銀・性仁계열

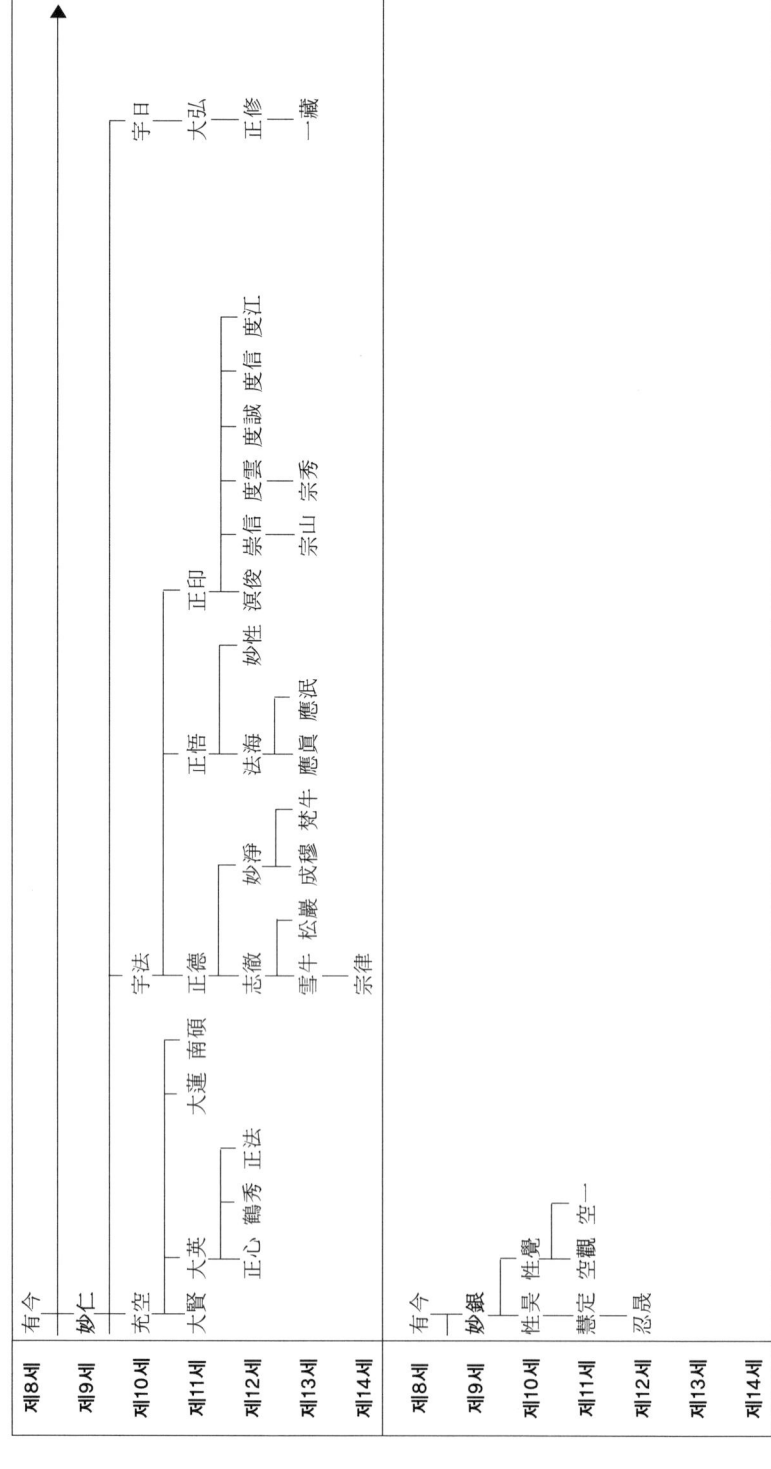

2. 옥회문중_虛鶴계통

제1세	제2세	제3세	제4세	제5세	제6세	제7세	제8세	제9세	제10세	제11세	제12세	제13세	제14세
國仁	普學	虛鶴 月心 月閒 月明	正圓	德琫	法典	妙鍾	鴻念	萬善	順泰	蓮湖	大原 甫誠	無門 靈照 和倫	眞愚 無爲 袒景

418 _ 한국의 비구니문중

3. 육화문중_月閒계통_解超 계열

제1세	國仁
제2세	普學
제3세	月心 慮鶴 月閒
제4세	樂成
제5세	錦添
제6세	奉忻 千識 道學 取忻 取允 治安 處眞 取長
제7세	理眞 解超
제8세	頓悟 滿湖
제9세	福善 應法
제10세	仁肅
제11세	順喜
제12세	眞宇 貞蓮
제13세	濟帆 受烘
제14세	德現 行明

4. 옥화문중_月閒계통_有活계열

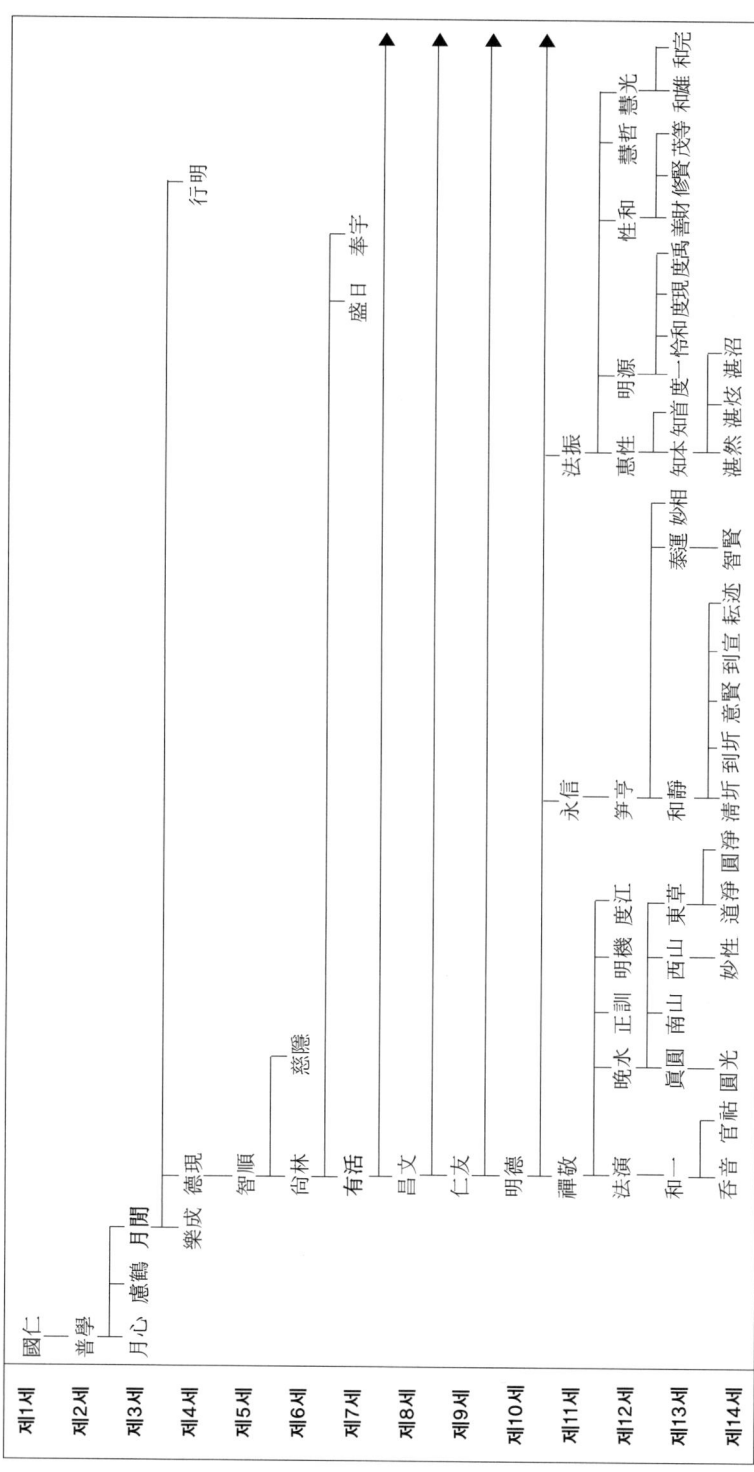

420 _ 한국의 비구니문중

4. 육화문중_月關계통_育活계열

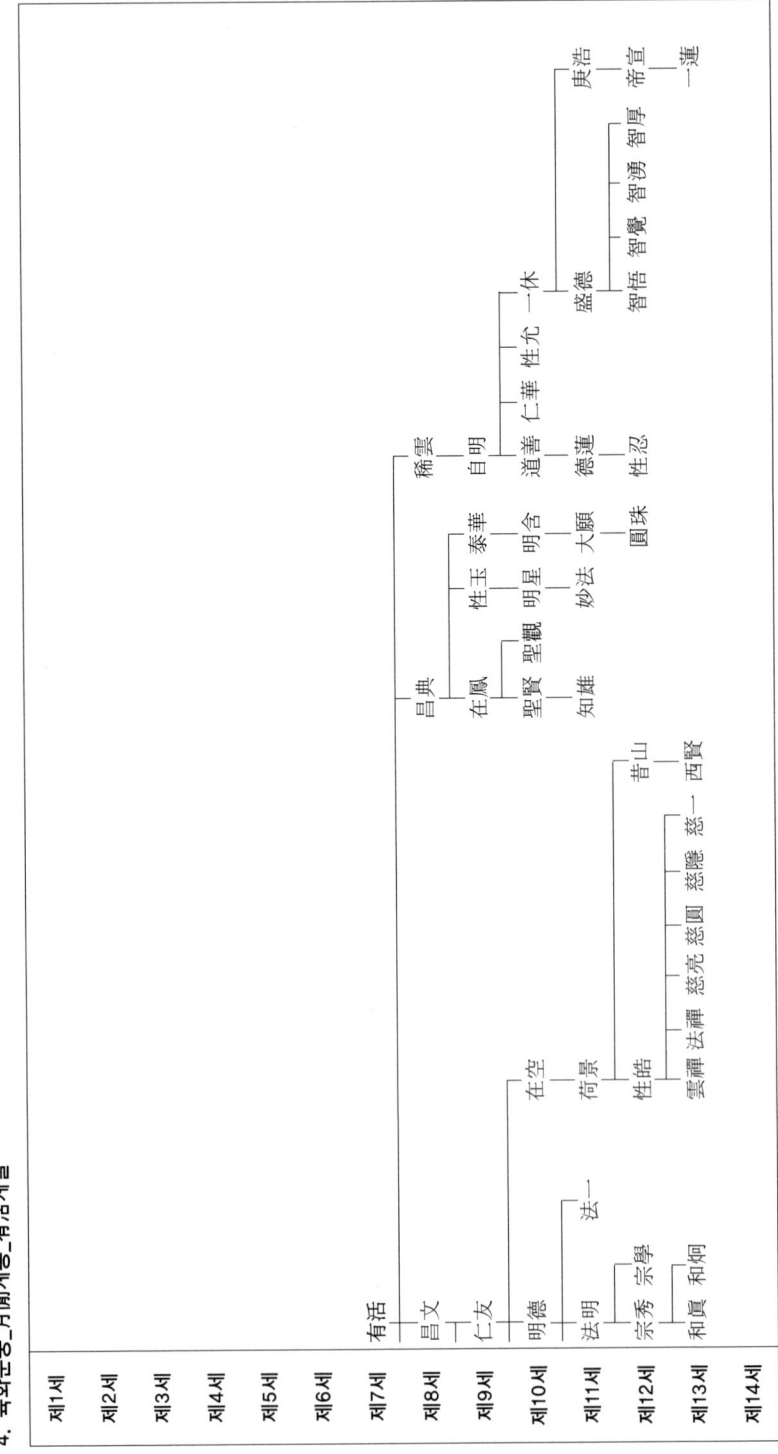

5. 육회문중_月閒계통_盛日 · 奉宇계열

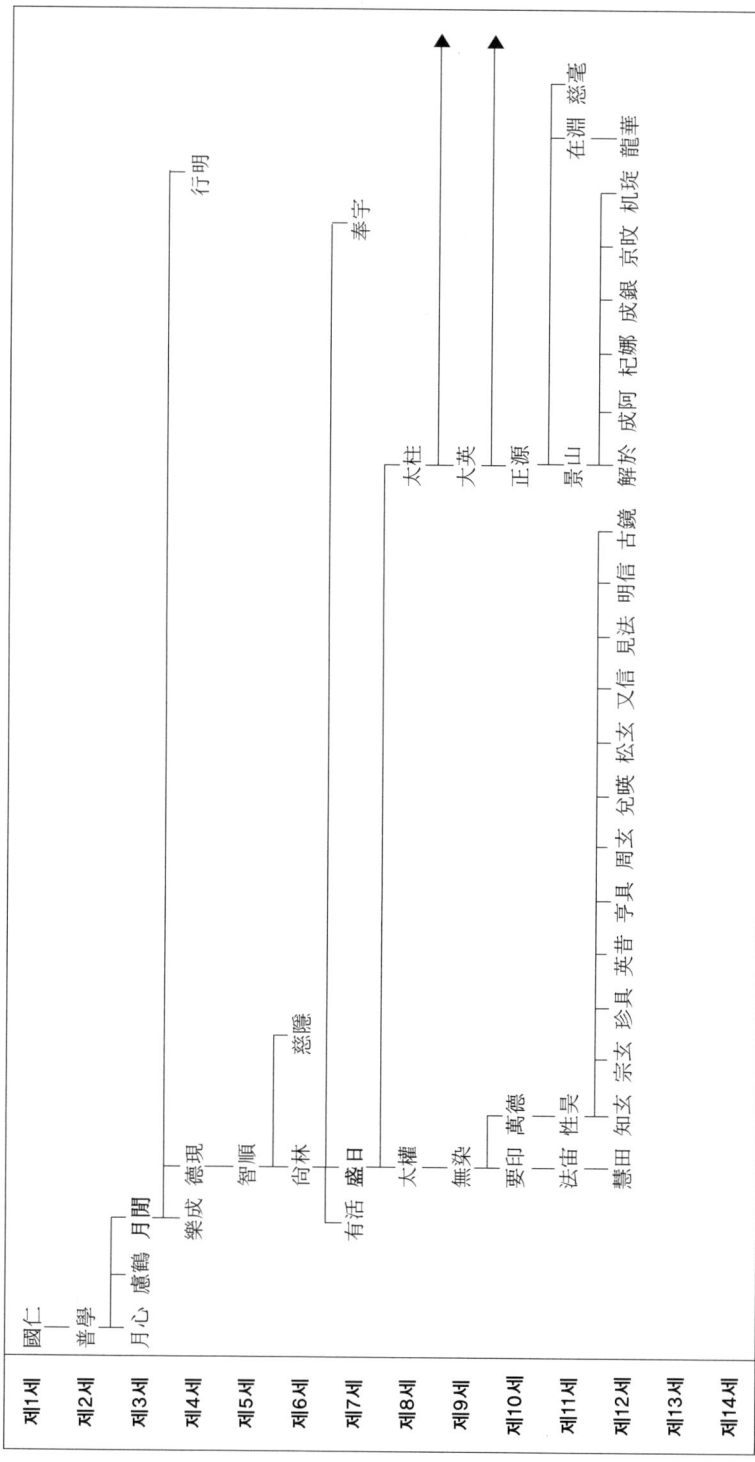

5. 옥화문중_月閒계통_盛日・奉宇계열

盛日

제7세	盛日
제8세	大住
제9세	大英
제10세	快性 — 寶鏡 快宗 吞性 正德 淨眼 大玄
제11세	行源 行勤 行通 行梵 行法 行度 明悟 應和 宗修 正化
제12세	拈弘 — 大海 智泉 智性 成率 能然 東必 見德 東權 定慧 靜曉 叙誠 大容
제13세	成法 慧靜 慧福 慧悟 和倫 明宙 正造 均提

奉宇

제7세	奉宇
제8세	鏡芋
제9세	道元 — 道成
제10세	東譜 — 修仁
제11세	宗德 — 大圓
제12세	性勇 — 度律
제13세	海得 法正 — 昭休 性墨 普雲 曉吞 法幾 眞源 性昭 漢禪 支郁 志性 如何

6. 육화문중_月閑계통·普雲계열

비구니문중 계계도 (family tree diagram showing generations 제1세 through 제14세)

제1세: 國仁
제2세: 普學
제3세: 月心 – 應鶴 – 月閑
제4세: 德現
제5세: 智順
제6세: 尙林 – 慈隱
제7세: 淨瞻
제8세: 任運 – 貴滿 – 普雲
제9세: 聖誕 – 法善 – 貴富
제10세: 普潤 – 德隱 – 德日 – 聖眼 – 龍一
제11세: 知昊 – 星柱 – 善德 – 法海
제12세: 英福 – 悟一 – 慧明 – 靈雨
제13세: 世昌 – 世進 – 至然 – 勝恩 – 法運 – 法俊 – 泥蓮 – 普映 – 妙洵 – 蒲芿 – 雪皓 – 昔門 – 宇一 – 曉定 – 聖業 – 玄眞 – 善中 – 修員 – 慧眼 – 法靈 – 慧善 – 普華 – 慧法 – 曉天 – 慧滿 – 性靜
제14세: 善慧 – 善性 – 善行 – 見虛 – 慈洪 – 大元 – 黃合 – 眞常 – 大葉 – 大愚 – 習隱 – 知見 – 元頓 – 龍勳 – 童逸 – 明理 – 修蓮 – 修仁 – 桂俊 – 戒佼 – 修完

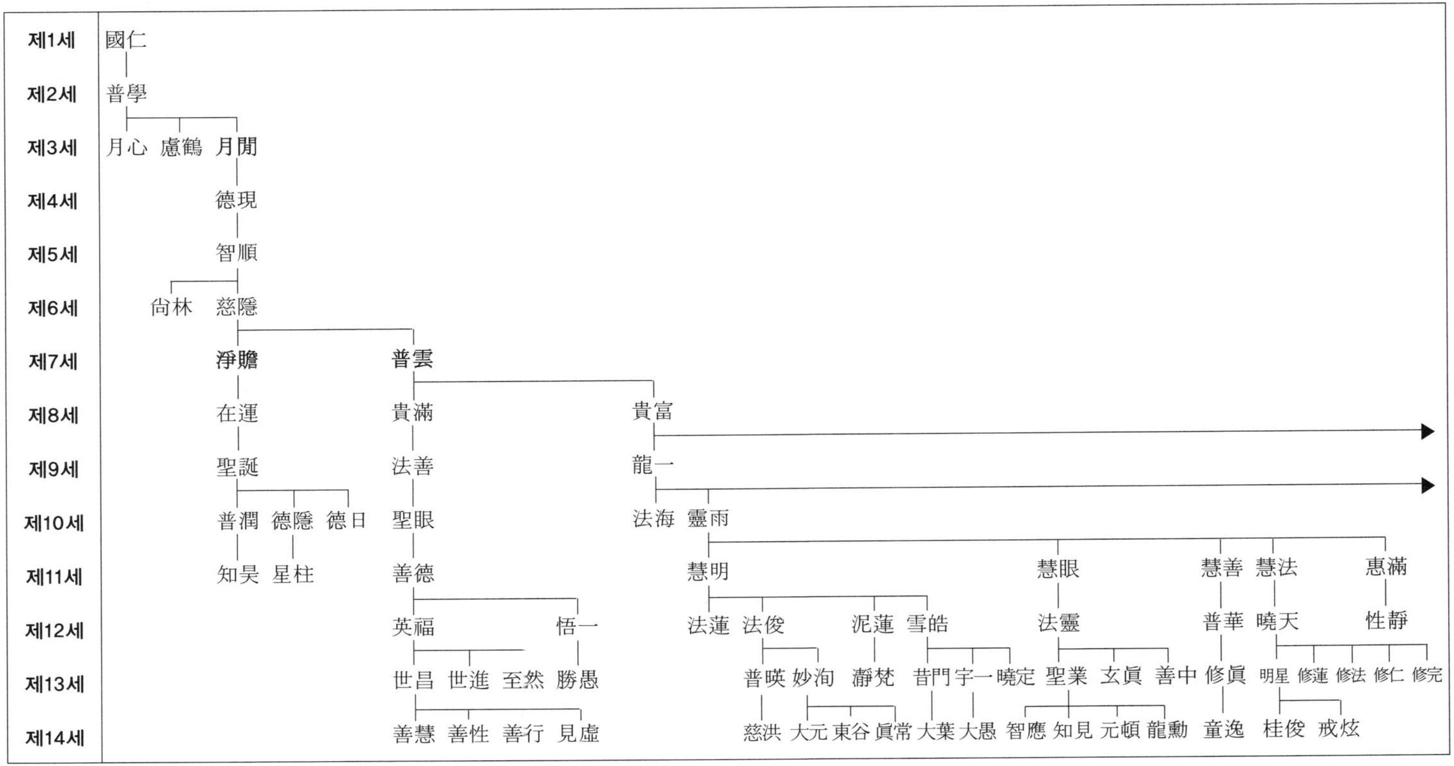

6. 옥화문중_月間계통·普雲계열

제1세		
제2세		
제3세		
제4세		
제5세		
제6세		
제7세	普雲	
제8세	貴當	
제9세	龍一	
제10세	在德　奉欽　大願　普賢　明昊	
제11세	法雲　慧星　法信　性修　無染　睡珠　鈺毫	
제12세	元一　顯成　靑雨　滿雨　雨葉　升瀛　顯澤　法成　妙法　鳳完	
제13세	松默　耀默　仁默　承徹　　　　慧潭　　　　　妙柱　梵準　大喜　法喜　妙仁	
제14세	徐吾	

7. 육화문중_月閒계통_啓欣계열

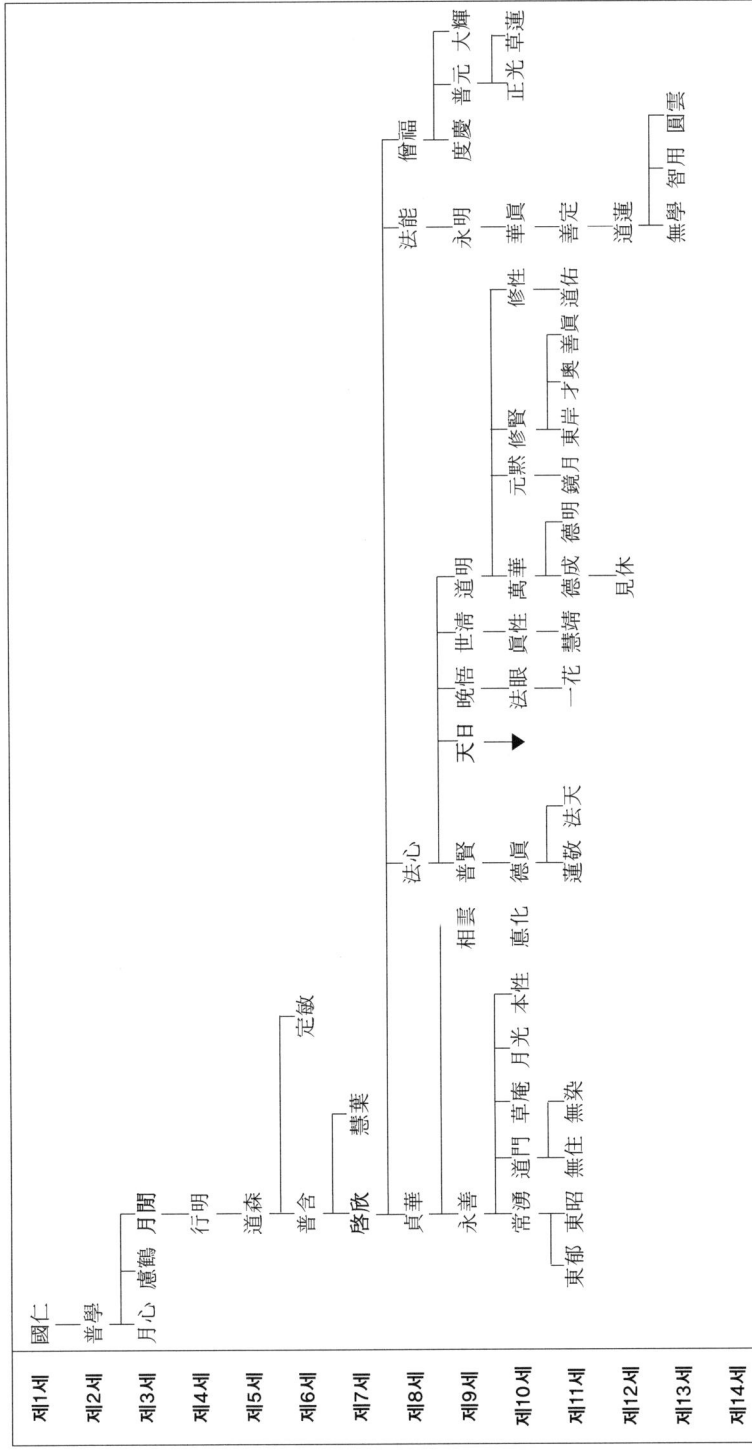

426 _ 한국의 비구니문중

7-1. 육화문중_月閒계통_啓欣계열: 天日세계

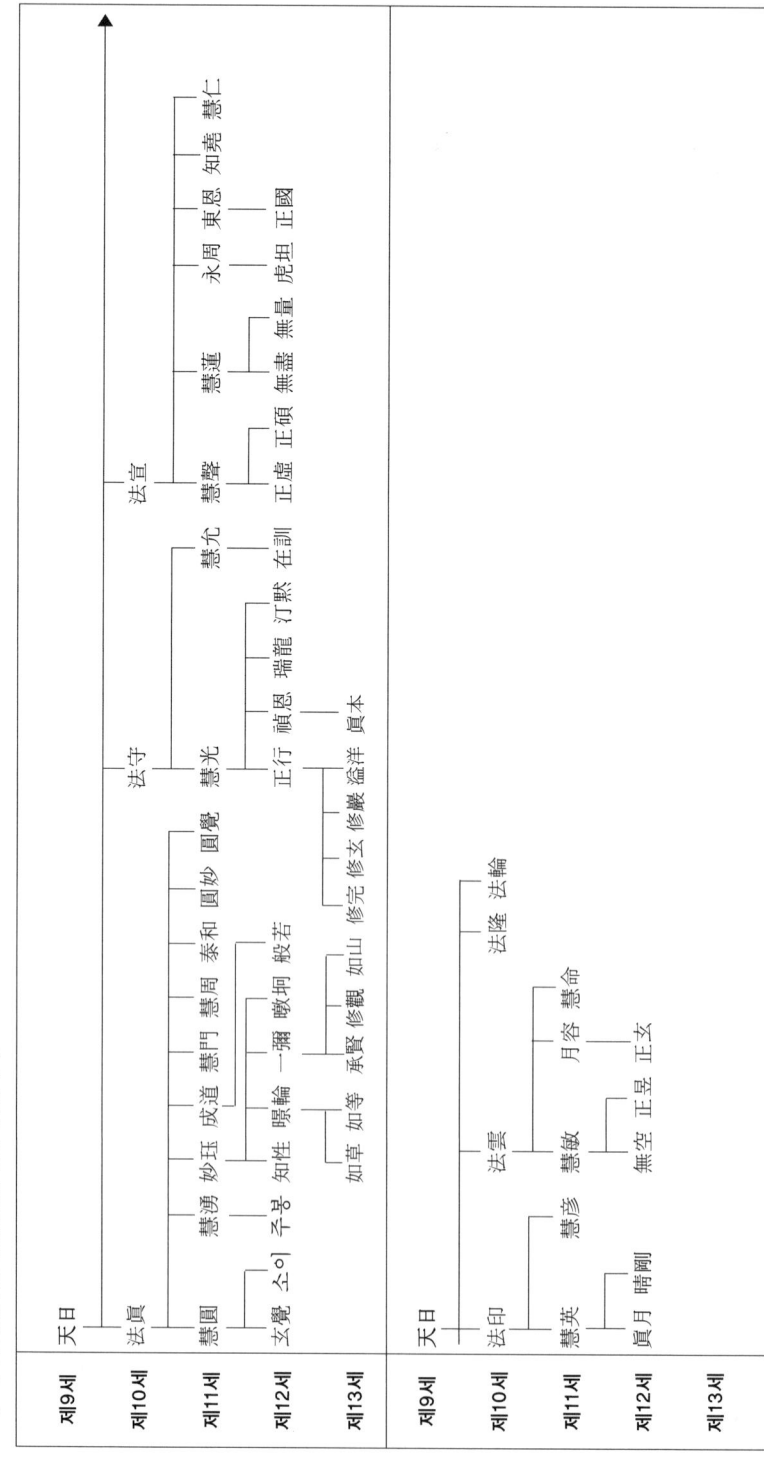

8. 육화문중_月間계통_慧業계열

제1세	國仁
제2세	普學
제3세	月心 憶鶴 月間
제4세	行明
제5세	道森
제6세	普合
제7세	啓欣 慧葉
제8세	銷律
제9세	眞悟 道根
제10세	普善 法輪 普顔 玄雄 性雲 妙慧 修淨 法聰 眞鏡 大休 道明
제11세	啓然 義賢 圓功 香希 寂然 明星 智猷 慧空 覩現 妙珠 妙義 圓仁 圓芙 圓璨 圓澤 圓弘 圓證 圓觀 圓星 圓黙 圓海 圓敏 法音 法性 泰日 法龍
제12세	智眼 玄字 石虎 智允

428 _ 한국의 비구니문중

9. 육화문중_月閑계통_騎用계열

제1세	國仁
제2세	普學
제3세	月心 廬鶴 月閉
제4세	行明
제5세	道森
제6세	普含 定敏
제7세	騎用
제8세	道洽
제9세	在弘
제10세	宗岸
제11세	光蓮 性觀
제12세	慧燈 是見 묘진 향도 玄熙 玄道 常智 大鉉 大暎 法松 尋源 상권 僧允 曉暎 岐星 碧崇 寶鏡 志厚 性喜 자장 妙祥 상화 선유 曉歡 蘇淡 知宗
제13세	泰忍 一岸 萬皓 梵德 法忍
제14세	

9. 옥화문중_月閑계통_騎用계열

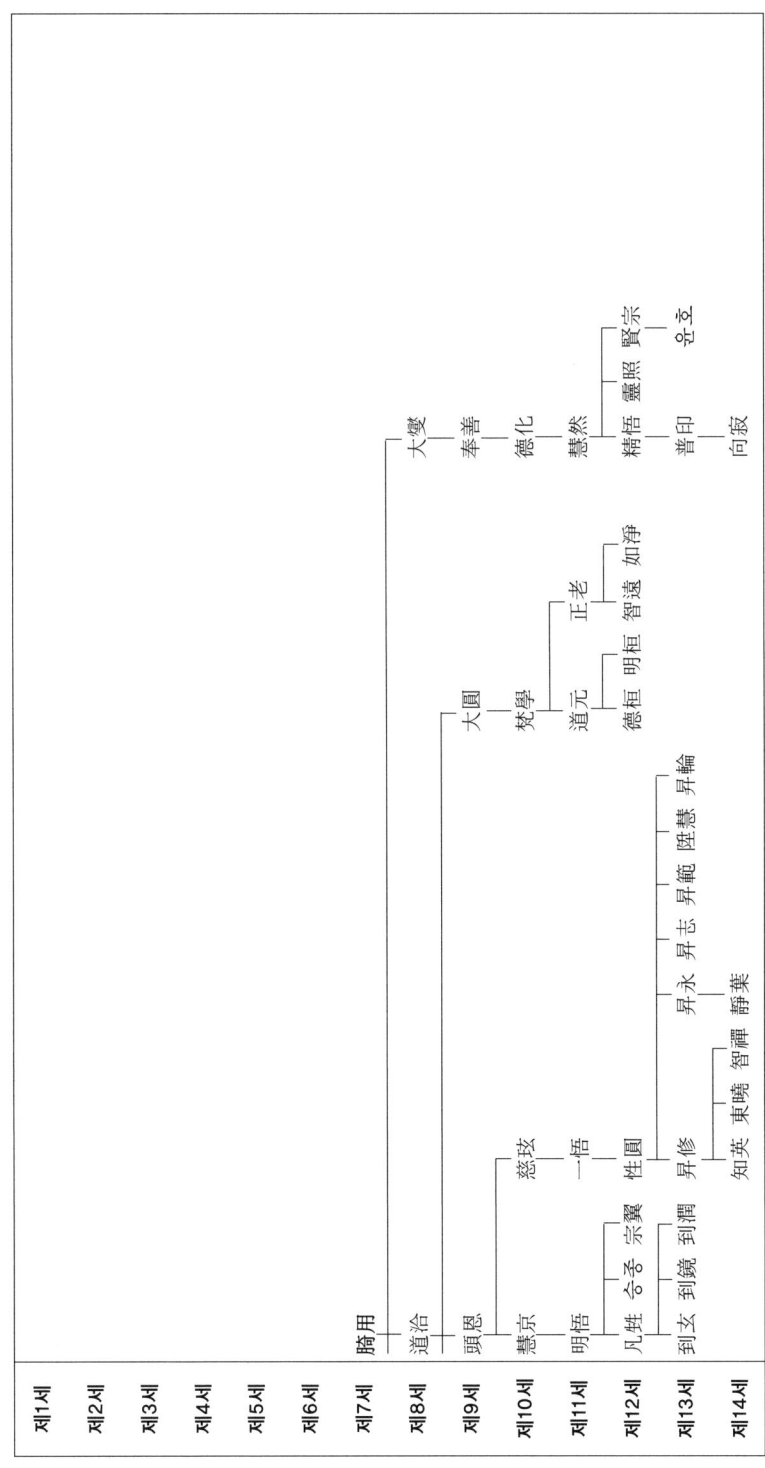

비구니문중 세계도 _ 429

실상문중 계계도

1. 실상문중_건성암계통_性修·常淨·性旭·慧藏·應住계열

제1세	實相
제2세	順同
제3세	義善
제4세	性修
제5세	慧權 — 奉典
제6세	元日 信寬 正觀
제7세	根成 政權 曉明 智然(慧明)
제8세	妙暉 眞明 鳳眼 智常 正見 東眞 根紅 寶鶴 無垢 龍範 慧門 源鏡 修源 香嚴 菁松 慈蓮 慶禪 道文 巨峰 峰佑 峰源 映雄 德松 道鶴 法眼 道德 性覺 性允 萬性
제9세	眞喫

1. 실상문중_건성암계통_ 性修·常淨·性旭·慧藏·應住계열

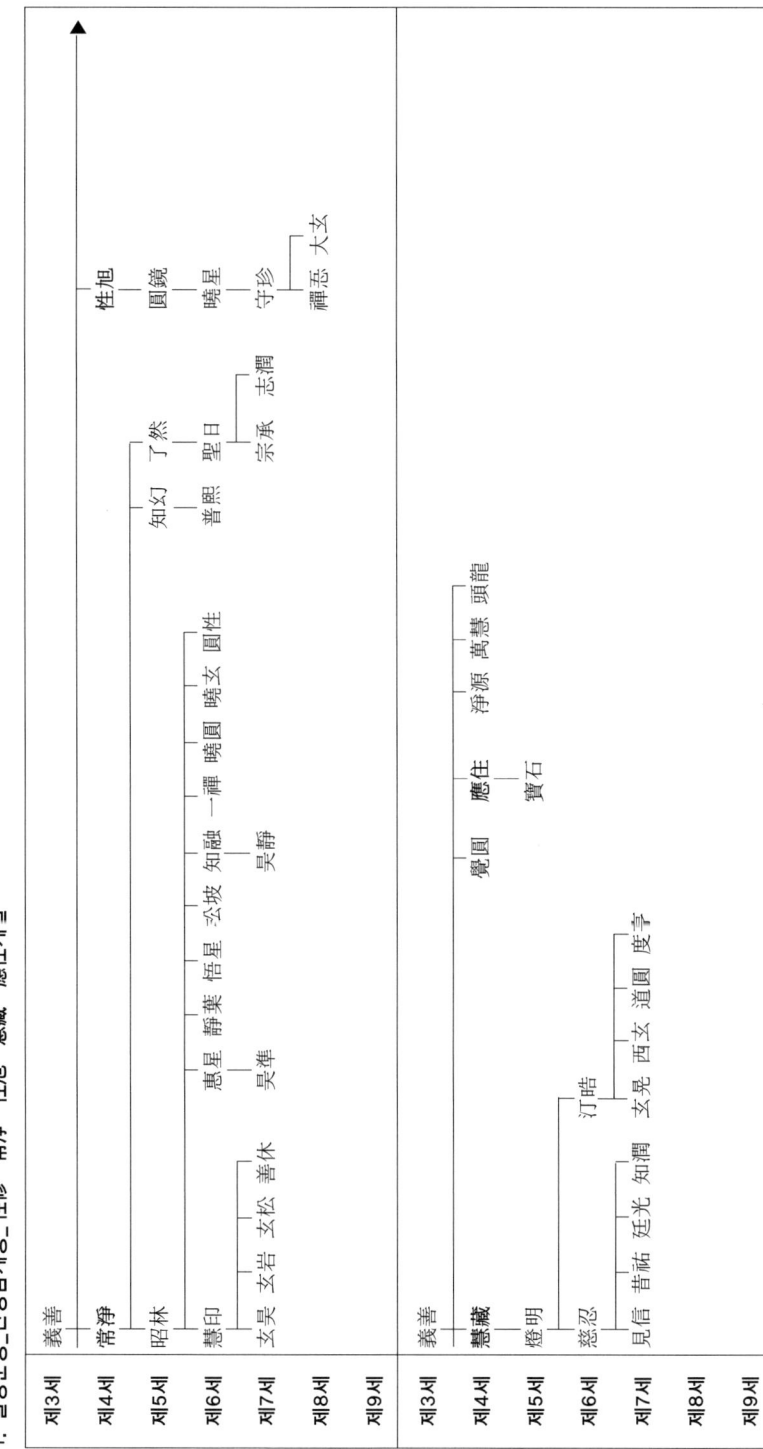

2. 실상문중_화운사계통_道德계열

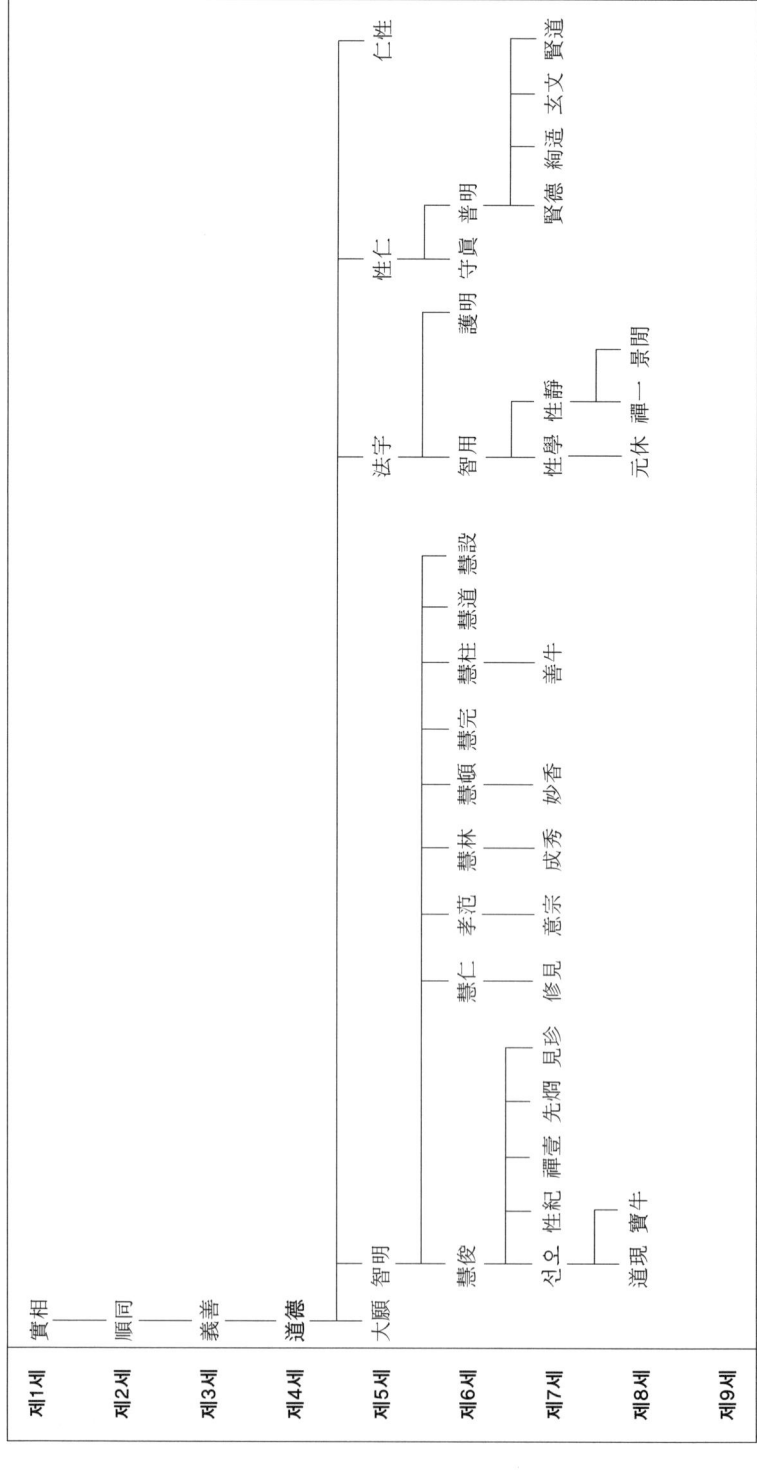

제1세	實相
제2세	順同
제3세	義善
제4세	道德
제5세	大願 智明
제6세	慧俊 — 慧仁, 孝范, 慧林
제7세	심오 性紀 禪堂 先烱 見珍 — 修見, 意宗, 成秀, 妙香 — 慧頓, 慧完, 慧柱, 慧道, 慧敏 — 善牛 — 法宇 — 性仁 — 仁性
제8세	道現 實牛 — 智用 — 護明, 守眞 — 普明 — 賢德, 絢造, 玄文, 賢道
제9세	性學 性靜 — 元休 禪一 景閒

3. 실상문중 연화사계통_ 性覺·性允계열

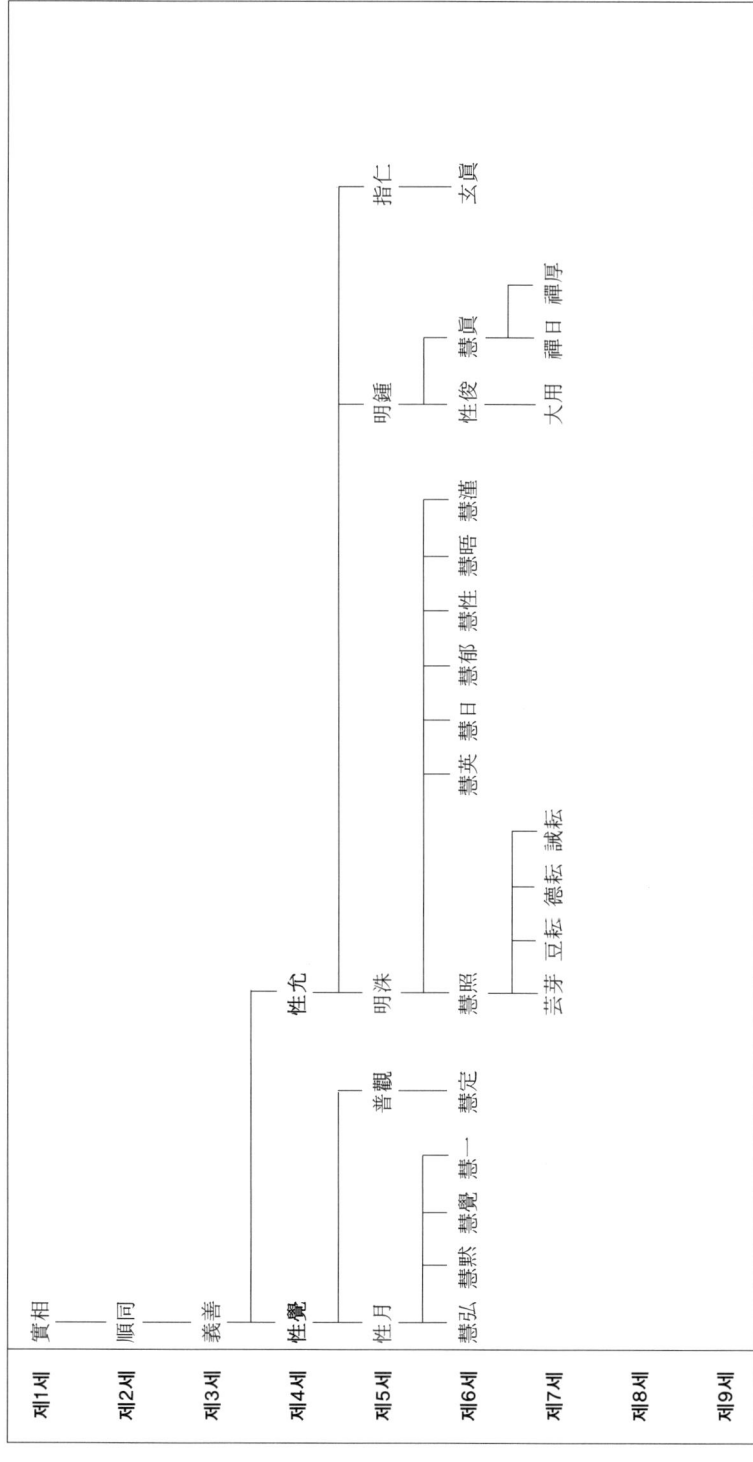

4. 실상문중_미타사계통_萬性계열

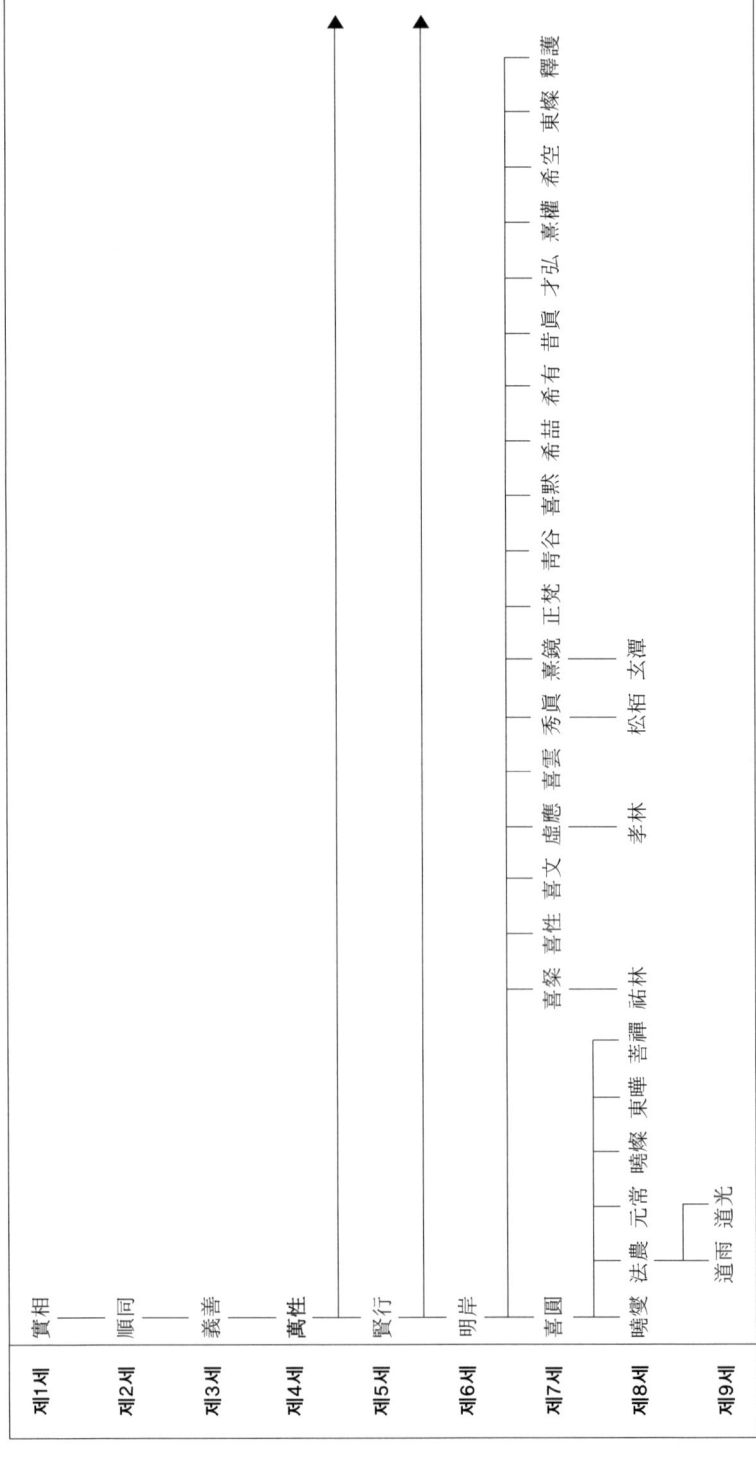

4. 실상문중_미타사계통_萬性계열

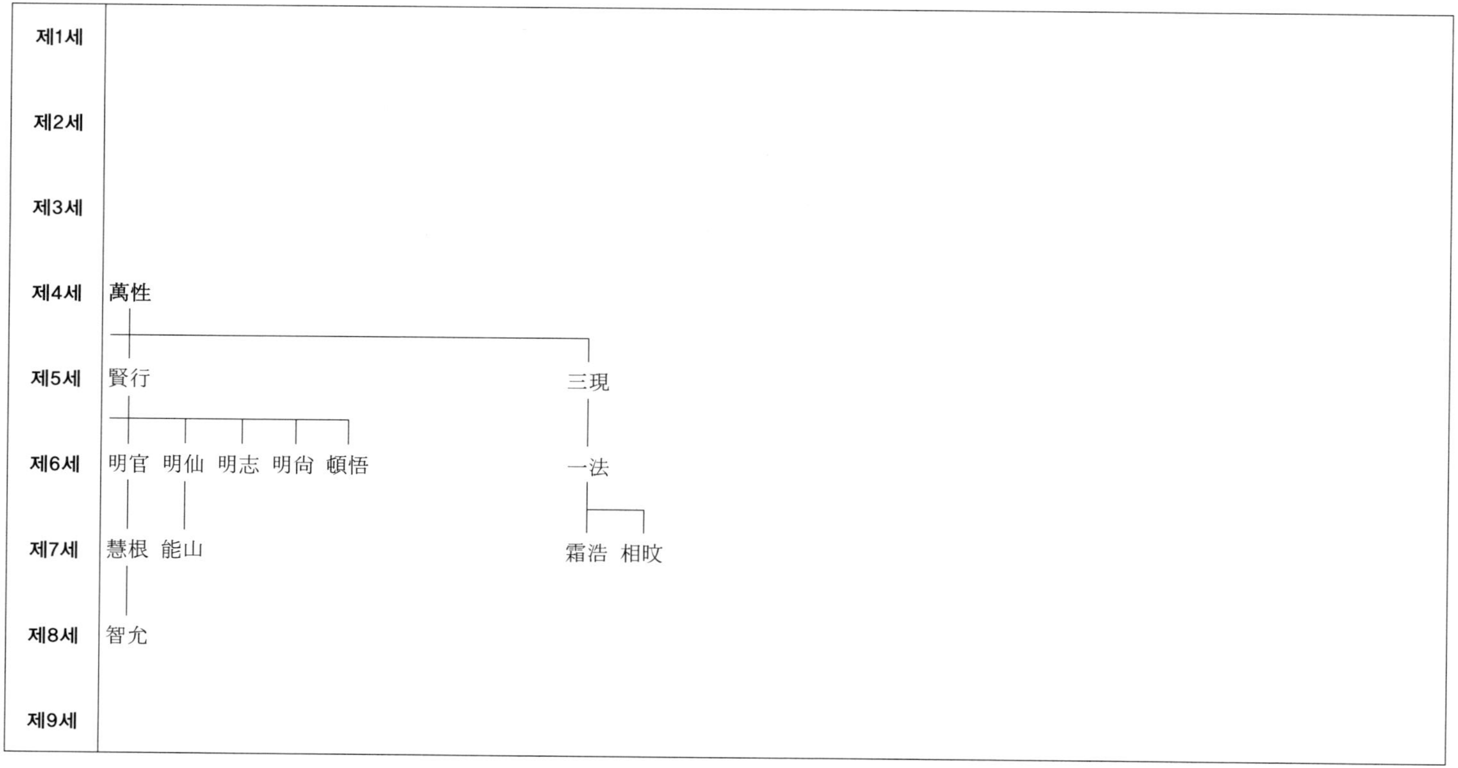

- 제1세
- 제2세
- 제3세
- 제4세: 萬性
- 제5세: 賢行
- 제6세: 明官 明仙 明志 明尙 頓悟 三現
- 제7세: 慧根 能山 一法 ┬ 霜浩
- 제8세: 智充   └ 相咬
- 제9세

436 _ 한국의 비구니문중

5. 실상문중_대성암계통_淨源·覺圓·萬慧·頭龍계열

제1세	質相
제2세	順同
제3세	義善
제4세	覺圓 — 淨源
제5세	東玄 — 京秀, 自淳
제6세	靜隱, 守根, 靜遇 — 周伩
제7세	性空, 凡準
제8세	再悟, 仁瑞, 到岸, 定旲, 妙星, 妙俊, 祿然
제9세	曖修, 有祥, 珍昱 ; 禪惠, 禪井, 休靜, 默淸, 法見, 法定, 智一, 法性, 淸元, 甫厚

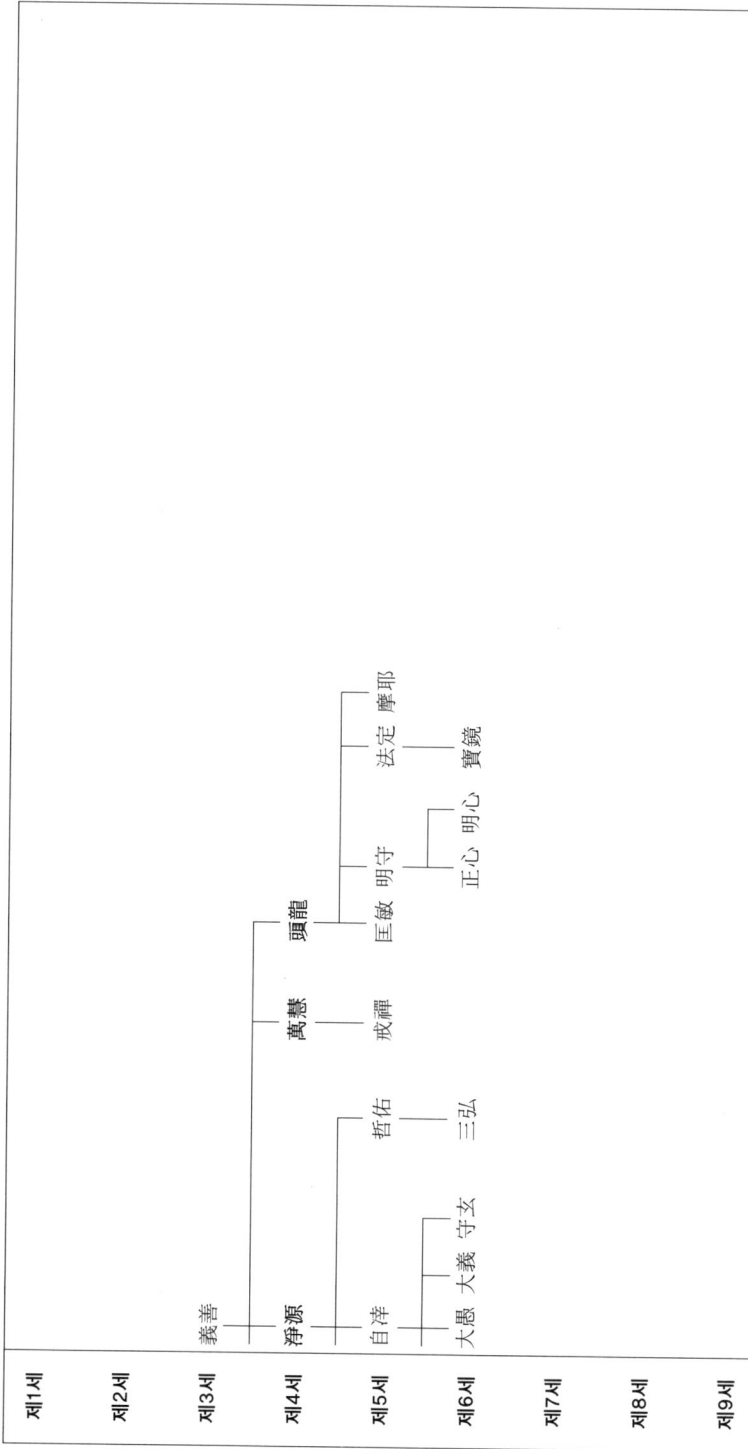

5. 실상문중_대성암계통_淨源・鑒圓・萬慧・頭龍계열

438 _ 한국의 비구니문중

보운문중 세계도

1. 보운문중_富盛·正仁계통

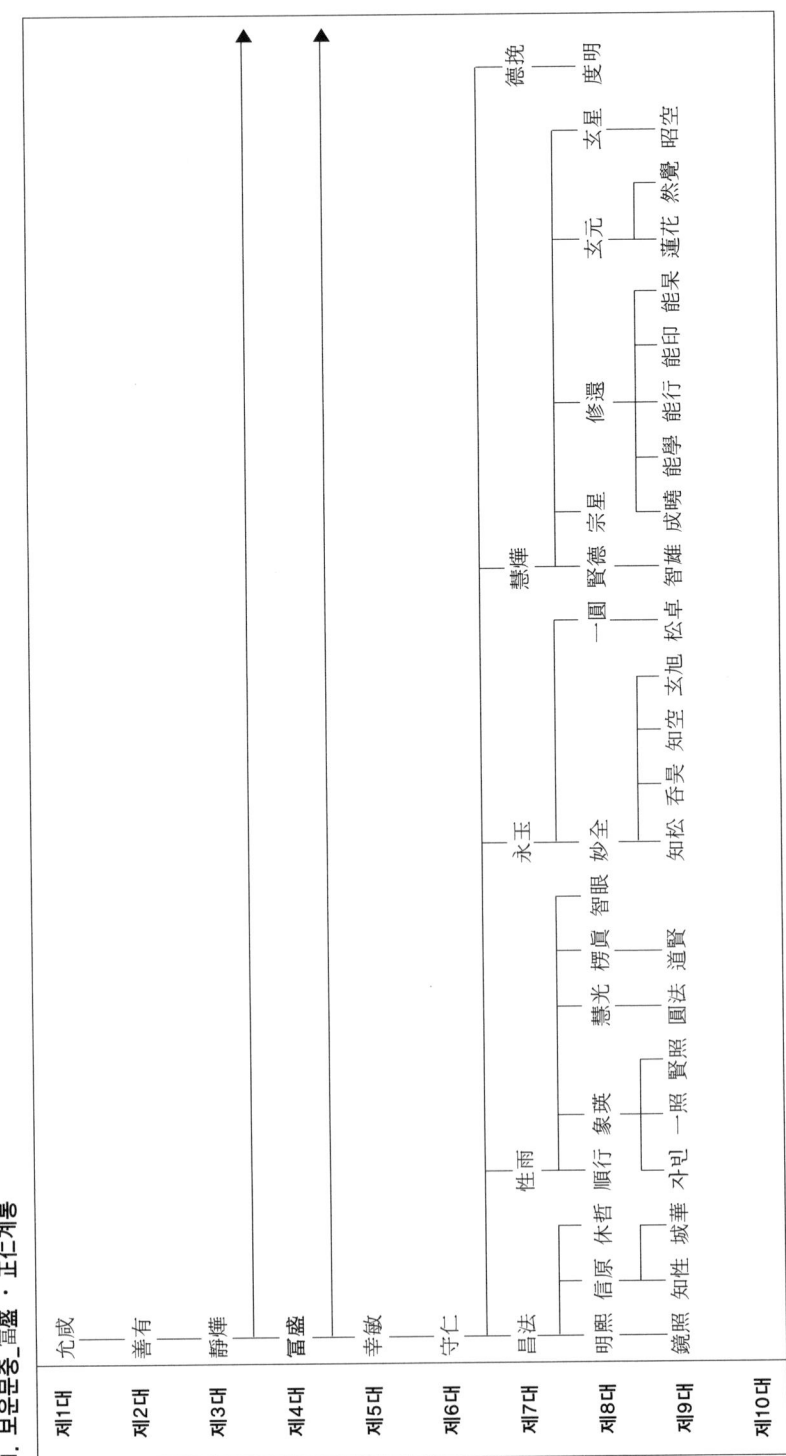

1. 보운문중 · 正仁계통

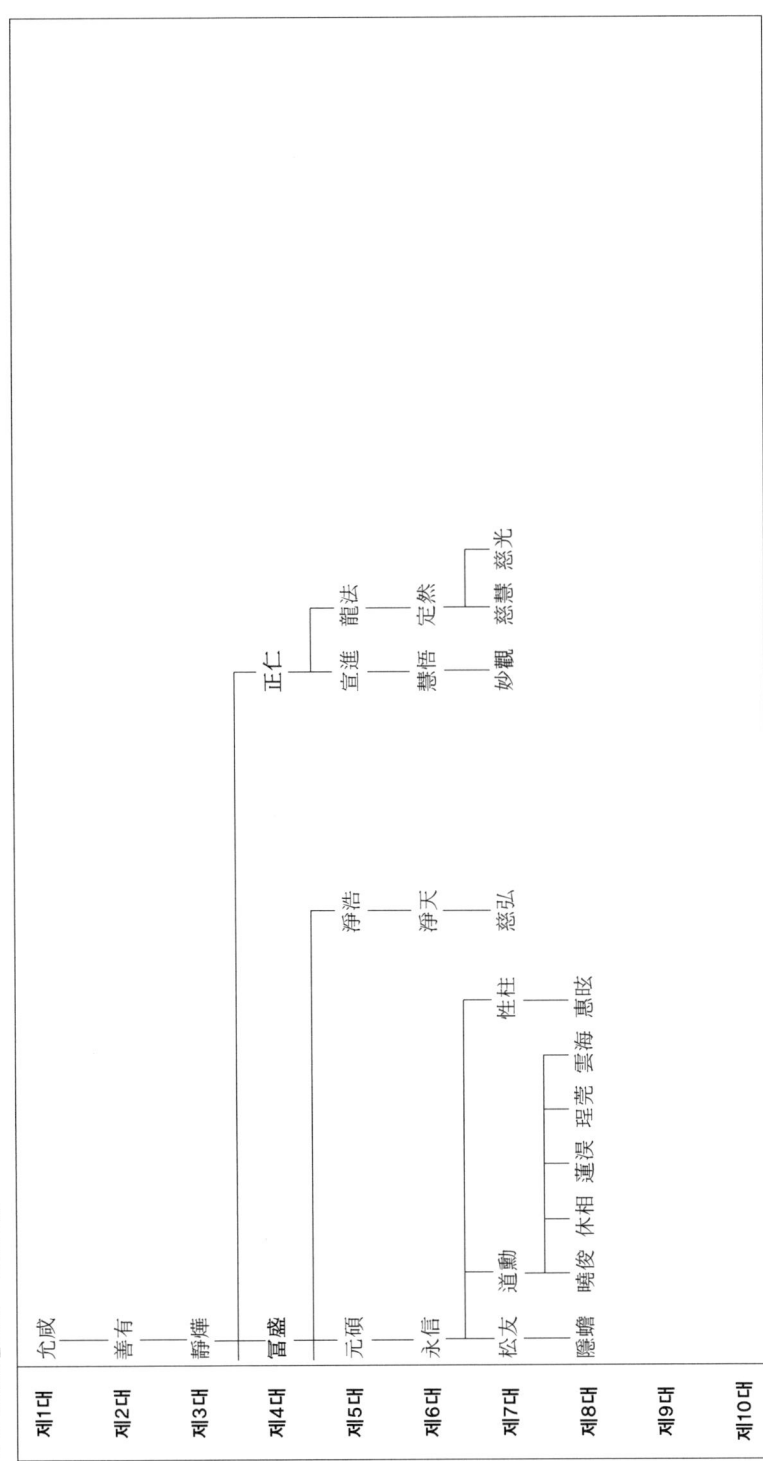

일엽문중 계제도

1. 일엽문중_一葉계통

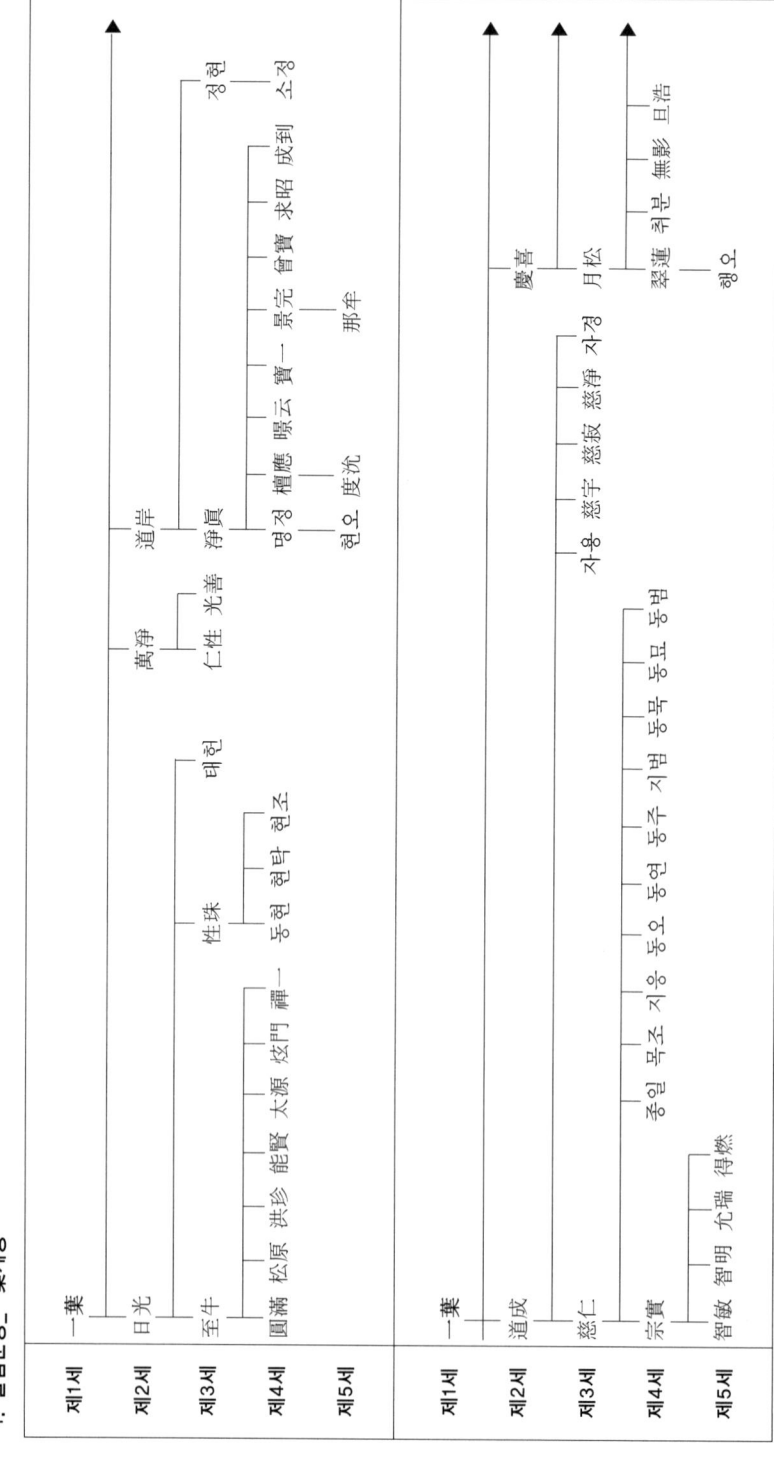

1. 일엽문중_ 一葉계통

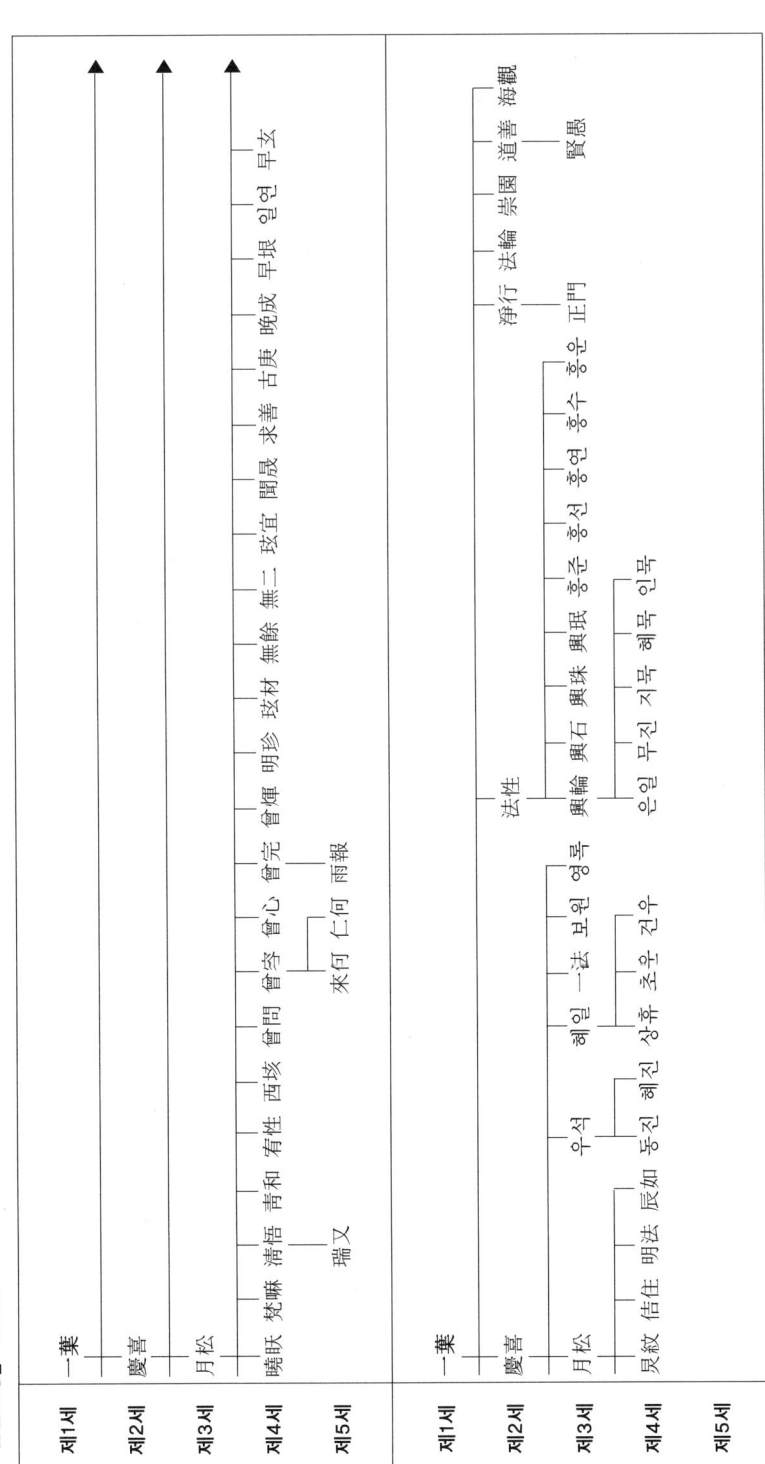

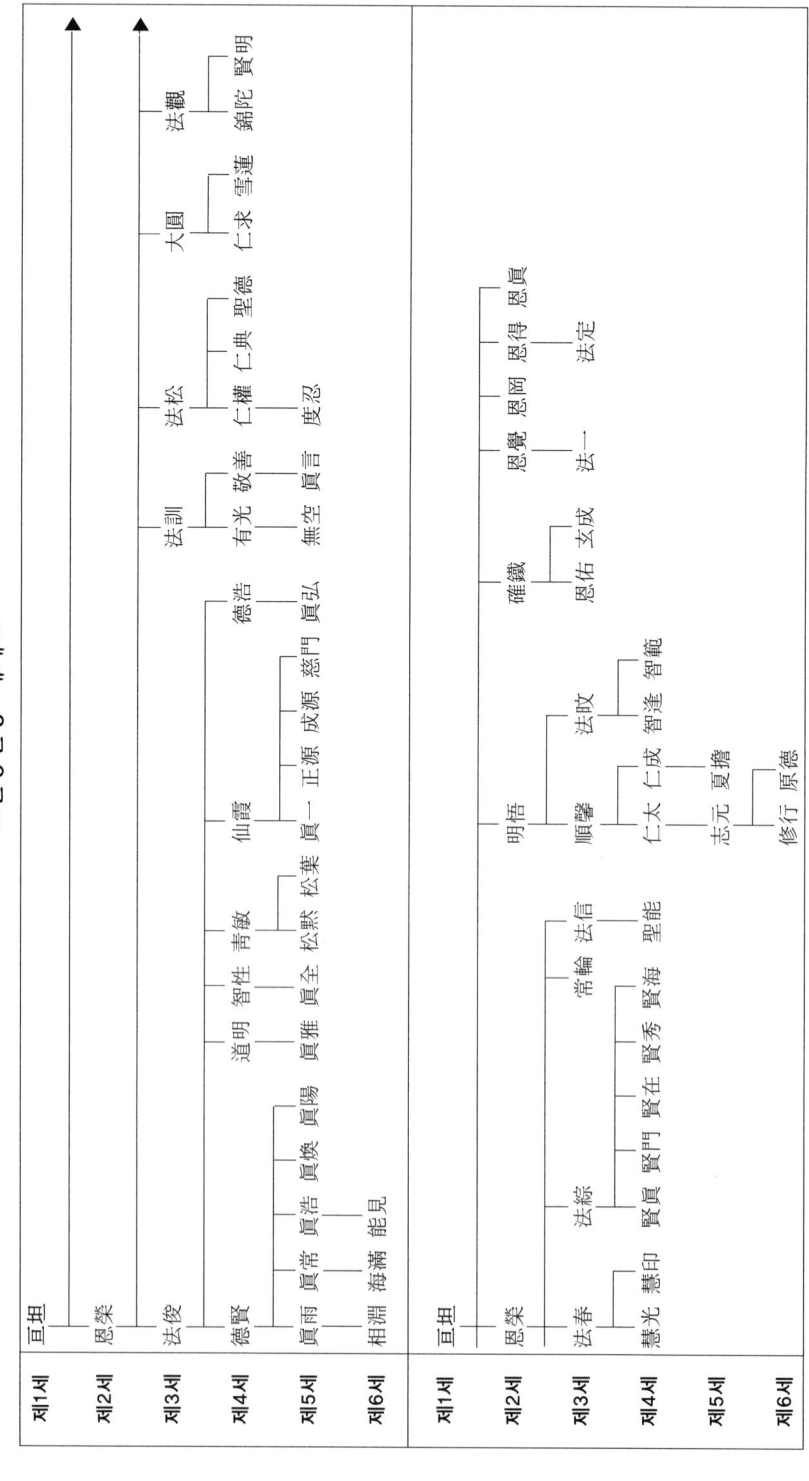

보문종문중 계제도

참고문헌

● 불전류

Vinayapiṭaka(빨리율) vol. I, II, IV
『근본설일체유부백일갈마』(『대정장』24)
『근본설일체유부비나야잡사』(『대정장』24)
『근본설일체유부비나야』(『대정장』23)
『근본설일체유부필추니비나야』(『대정장』23)
『금광명최승왕경』(『대정장』16)
『남전』2, 4, 7, 21
『대반야경』(『대정장』7)
『대보적경』(『대정장』11)
『대승보운경』(『대정장』16)
『대승부사의신통경계경』(『대정장』17)
『대애도비구니경』(『대정장』24)
『대지도론』(『대정장』25)
『대집경』(『대정장』13)
『마가승기율』(『대정장』22)
『만속장』107
『무극보삼매경』(『대정장』15)
『무소유보살경』(『대정장』14)
『법화경』(『대정장』9)
『불설구담미기과경』(『대정장』1)
『불설보여래삼매경』(『대정장』15)
『불설이구시녀경』(『대정장』12)
『불설초일명삼매경』(『대정장』15)

『불승도리천위모설법경』(『대정장』17)
『비구니전』(『한글대장경』277)
『비니모경』(『대정장』24)
『사분비구니갈마법』(『대정장』22)
『사분율』「비구니건도」(『대정장』22)
『선견율비파사』(『대정장』24)
『십송율』(『대정장』23)
『약사여래본원경』(『대정장』14)
『오분율』「비구니법」(『대정장』22)
『유마경』(『대정장』14)
『율이십이명료론』(『대정장』24)
『장로니게(Therigāthā)』
『중본기경』「구담미래작비구니품」(『대정장』4)
『중아함』『구담미경』(『대정장』1)
『증일아함』「비구니품」(『대정장』2)
『찬집백연경』(『대정장』4)
『화엄경』(『대정장』9)

● 사료_자료

『계민문중계보』『고려사』『공사견문록』『당고승전』『동국승니록』『동사열전』『무량사략지』『법기문중계보』『보살계본소』(의적)(『한불전』2)『보운문중계보』『본조고승전』『봉래문중계보』『부상약기』『삼국불법전통연기』『삼국사기』『삼국유사』『삼현문보』『석가여래행적송』(운묵무기)(『한불전』6)『송고승전』『수정문중계보』『실상문도계보』『양고승전』『역대삼보기』『원형석서』『원흥사가람연기』『유점사본말사지』『육화문중계보』『일본서기』『조계진각국사어록』(『한불전』6)『조선왕조실록』『조선총독부통계연보』(1920~1942)『종남산미타사약지』『청해문도계보』『한국금석전문』『한국종교연감』(한국종교사회연구소, 1996~1997)『한국종교총람』(주간종교사, 1973.1.20간) 『해동고승전』

● 사전류

『중국불교인명대사전』(1999), 상해, 상해사서출판사.

● 단행본

고교형(1971), 『이조불교』, 서울, 보련각(영인본).
고산스님 회고록(2009), 『지리산 무쇠소』, 서울, 조계종출판사.
광우스님 대담집(2008), 『부처님 법대로 살아라』, 서울, 조계종출판사.
국죽순일·정우택(2000), 『고려시대의 불화: 해설편』, 시공사.
권상로(1990), 『퇴경당전서』권3, 서울, 전서간행위원회.
_____(1990), 『퇴경당전서』권8, 서울, 전서간행위원회.
김영수(1939), 『조선불교사』, 서울, 중앙불교전문학교.
김영태(1986), 『백제불교사상연구』, 동국대출판부.
_____(1997), 『한국불교사』, 서울, 경서원.
김일엽(2001), 『일엽선문』, 서울, 문화사랑.
김재영(2001), 『붓다의 대중견성운동』, 안성, 도피안사.
담마빨라(2007), 『위대한 비구니:장로니게 주석』, 백도수 역주, 천안, 열린경전 불전주석연구소.
대한불교조계종, 『종단법령집』.
만공문도회(1983), 『만공법어』, 서울, 묘광.
묘엄 구술(2002), 『회색고무신』, 윤청광 엮음, 서울, 시공사.
보창(1885), 『비구니전』, 금릉, 금릉각경처.
봉녕사승가대학선우회(2007), 『세주묘엄주강오십년기념논총』, 수원, 봉녕사승가대학.
불학연구소(1997), 『강원총람』, 서울, 조계종교육원.
_____(2000), 『선원총람』, 서울, 조계종교육원.
_____(2000), 『한국 근·현대불교사 연표』, 서울, 조계종교육원.
성철(1976/1990), 『한국불교의 법맥』, 합천, 해인총림/장경각(증보판).
수야홍원(1972), 『석존의 생애』, 동경, 춘추사.
유몽인(2006), 『어우야담』, 신익철 역, 돌베개,

이능화(1972), 『조선불교통사』(上·下), 서울, 보련각(영인본).
이지관(1997), 『교감역주 역대고승비문-고려편4』, 서울, 가산불교문화
　　　연구원.
　　　(2000), 『한국고승비문총집-조선·근·현대』, 서울, 가산불교문
　　　화연구원.
　　　(2005), 『한국불교계율전통』, 서울, 가산불교문화연구원출판부.
이철순(2007), 『당당한 미래를 열어라』, 서울, 삶이보이는창.
이학종(2006), 『인도에 가면 누구나 붓다가 된다』, 서울, 오래된미래.
전국선원수좌회(2009), 『무자년 동안거 선사방함록』.
　　　　　　　(2009), 『기축년 하안거 선사방함록』.
　　　　　　　(2011), 『경인년 동안거 선사방함록』.
　　　　　　　(2011), 『신묘년 하안거 선사방함록』.
　　　　　　　(2012), 『신묘년 동안거 선사방함록』.
　　　　　　　(2012), 『임진년 하안거 선사방함록』.
정광(1992), 『지증대사비명소고』, 서울, 경서원.
제호입웅(1990), 『중국불교제도사의 연구』, 일본, 평하출판사.
조동종니승사편찬회(1955), 『조동종니승사』, 동경, 조동종니승단본부.
조계종계단위원회(2001), 『단일계단 20년』, 서울, 토방.
조영숙(1997), 『법의 기쁨 사바세계에 가득』, 서울, 민족사.
좌등밀웅(1991), 『초기불교 교단과 계율』, 김호성 옮김, 서울, 민족사.
중촌원(1969), 『원시불교』1, 「ゴータマ ブッダ」, 동경, 춘추사.
　　　(1993), 『니승의 고백』, 일본, 암파문고.
진화(2005), 『속비구니전』, 『중화불교인물전기문헌전서』41, 북경, 선장
　　　서국(영인본).
탄허택성(1972), 『청룡사중창사적비기』, 서울, 청룡사.
평송우사(1932), 『대사』, 명고옥, 파진각서방.
평천창(2003), 『원시불교의 연구:교단조직의 원형』, 석혜능 옮김, 서울,
　　　민족사.
　　　(2011), 『비구니율의 연구』, 석혜능 옮김, 서울, 민족사.

하춘생(1998), 『깨달음의 꽃-한국불교를 빛낸 근세비구니』 1, 서울, 여래.
＿＿＿(2001), 『깨달음의 꽃-한국불교를 빛낸 근세비구니』 2, 서울, 여래.
한국불교승단정화사편찬위원회(1996), 『한국불교승단정화사』.
한국불교학회(1989), 『한국조계종의 성립사적 연구: 조계종 법통문제를 중심으로』, 서울, 민족사.
한국비구니연구소(2007), 『한국비구니명감』, 김포, 비매품.
＿＿＿＿＿＿(2010), 『한국 비구니승가의 역사와 활동』, 김포, 한국비구니연구소 창립10주년기념 학술연구논문집.
한일불교유학생교류회(2011), 『계율연구논문집』, 한국불교연구 논문선집 총서 제1권, 서울, 정우서적.
홍윤식(1995), 『한국불화화기집』 1, 서울, 가람사연구소.
화산수옥(1990), 『화산집』, 양산, 천성산내원사(증보판).
황인규(2011), 『조선시대 불교계 고승과 비구니』, 서울, 혜안.
황현(2006), 『매천야록』, 허경진 역, 파주, 서해문집.
Isabella Bird Bishop(1994), 『한국과 그 이웃나라들』, 이인화 옮김, 서울, 살림출판사.

● 논문류

고익진(1985), 「벽송지엄의 신자료와 법통문제」, 『불교학보』 제22집, 서울, 동국대 불교문화연구원.
김경집(2002), 「근대 원흥사의 창건과 시대적 의의」, 『회당학보』 제7집, 회당학회.
김영미(1999), 「고려시대 여성출가」, 『이화사학연구』 제25·26 합집, 서울, 이화사학연구소.
＿＿＿(2002), 「고려시대 비구니의 생활과 사회적 지위」, 『한국문화연구』 1, 서울, 이화여대 한국문화연구소.
＿＿＿(2010), 「한국 비구니승가의 태동과 전개」, 『한국 비구니승가의 역사와 활동』, 김포, 한국비구니연구소 창립10주년기념 학술연구논문집.

김영태(1985), 「백제의 니중수계와 니승직 관계-일본사료와 신라 및 남조의 사례중심」, 『문산 김삼룡 박사 화갑기념 한국문화와 원불교사상』, 익산, 원광대출판부.

_____(1985), 「조선선가의 법통고-서산 가통의 구명」, 『불교학보』 제22집, 서울, 동국대 불교문화연구원.

_____(2000), 「신라의 여성출가와 니승직 고찰-도유나랑 아니를 중심으로」, 『명성스님 고희기념불교학논문집』, 청도, 운문승가대학출판부.

김응철(1999), 「정업원과 사승방의 역사로 본 한국의 비구니 승가」, 『전통과 현대』 통권7호, 서울, 도서출판 전통과현대.

남도영(1997), 「승가교육사와 강원」, 『강원총람』, 서울, 조계종 교육원.

리영자(1985), 「불교의 여성관의 새로운 인식」(『한국여성학』 창간호, 서울, 한국여성 학회.

박미연(2003), 「승려사회에서의 문중형성」, 영남대대학원 석사학위논문.

박해당(2000), 「조계종 법통설의 형성과정과 문제점」, 『불교평론』3, 서울, 불교평론사.

백도수(2010), 「초기불교 비구니승가와 비구니」, 『한국 비구니승가의 역사와 활동』, 김포, 한국비구니연구소 창립10주년기념 학술연구논문집.

본각(2007), 「비구니승가의 출가정신에 대한 고찰」, 『세주묘엄주강오십년기념논총』, 수원, 봉녕사승가대학.

_____(2007), 「원허당 인홍선사와 비구니승가 출가정신의 확립」, 『한국 비구니의 수행과 삶』, 서울, 전국비구니회.

_____(2010), 「한국 비구니승가의 교육과 법계제도」, 『한국 비구니승가의 역사와 활동』, 김포, 한국비구니연구소 창립10주년기념 학술연구논문집.

석담(2007), 「현대 한국비구니 이부승구족계 수계제도의 부활」, 『세주묘엄주강오십년기념논총』, 수원, 봉녕사승가대학.

세등(2002), 「팔경법의 해체를 위한 페미니즘적 시도」(『성평등연구』 제6집, 가톨릭대학교 성평등연구소.

수경(2007), 「한국 비구니강원 발달사」, 『한국 비구니의 수행과 삶』, 서울, 전국비구니회.
신성현(1995), 「율장에 나타난 남녀차별의 문제」, 『불교학보』 제32집, 동국대 불교문화연구원.
_____(2008), 「비구니 교육에 있어서 수구과정의 변천과 정립」, 『종교육학연구』 제26권, 서울, 한국종교교육학회.
이기운(2001), 「조선시대 정업원의 설치와 불교신행」, 『종교연구』 제25집, 한국종교학회.
이미령(2010), 「초기 중국불교 비구니승가의 성립과 배경-보창의 비구니전을 중심으로」, 『한국 비구니승가의 역사와 활동』, 김포, 한국비구니연구소 창립10주년기념 학술연구논문집.
이봉춘(1997), 「조선후기 선문의 법통고: 경허의 법맥계보를 중심으로」, 『한국불교학』 제22집, 서울, 한국불교학회.
이세열(2000), 「직지와 비구니 묘덕에 관한 연구」, 『중원문화논총』 제4집, 충북대 중원문화연구소.
이수창(2006), 「비구니 팔경법에 대한 고찰」(『불교학연구』 제15호, 서울, 불교학연구회.
이자랑(2006), 「율장을 통해 본 승단과 현대사회의 조화 : 율 제정의 배경을 중심으로」, 『한국불교학』 제45집, 서울, 한국불교학회.
이창숙(1993), 「인도불교의 여성성불사상에 대한 연구」, 서울, 동국대 대학원 박사학위논문.
이향순(2007), 「조선시대 비구니의 삶과 수행」, 『한국 비구니의 수행과 삶』, 서울, 전국비구니회.
이혜숙(2010), 「불교계 사회복지시설 종사자에 관한 고찰」, 『불교사회복지의 현황과 전망』, 조계종 사회복지재단 창립15주년기념 특별세미나 자료집.
전해주(1986), 「비구니교단의 성립에 대한 고찰」, 『한국불교학』 제11집, 한국불교학회.
_____(1999), 「한국 비구니승가의 현황과 전망」, 『종교교육학연구』 제8권, 서울, 한국종교교육학회.

_____(2007), 「한국 근·현대 비구니의 수행」, 『한국 비구니의 수행과 삶』, 서울, 전국비구니회.
정석종·박병선(1998), 「조선후기 불교정책과 원당-니승의 존재양상을 중심으로」, 『민족문화논총』 제18·19 합집, 영남대 민족문화연구소.
조승미(2007), 「근대 중국불교의 부흥운동과 여성」, 『불교와 문화』 창간호, 부산, 동아시아불교문화학회.
조은수(2010), 「한국의 비구니교단에 대한 여성주의적 고찰」, 『불교평론』 42, 서울, 만해사상실천선양회.
종범(1997), 「강원의 교육체계와 개선방향」, 『강원총람』, 조계종교육원.
진광(2007), 「본공당 계명선사의 삶과 수행」, 『한국 비구니의 수행과 삶』, 서울, 전국비구니회.
최병헌(1988), 『조선시대 불교법통설의 문제』, 『한국사론』 19, 서울대 인문대학 국사학과.
최재석(1983), 「조선시대의 문중의 형성」, 『한국학보』 32, 서울, 일지사.
하춘생(2009), 「한국 근·현대 비구니의 강맥전승과 그 의의」, 『한국불교학』 제53집, 서울, 한국불교학회.
_____(2009), 「비구니 본공의 선풍진작과 법맥상승」, 『한국선학』 제23호, 서울, 한국선학회.
_____(2010), 「근·현대 비구니사의 전개와 문중확립」, 『한국 비구니 승가의 역사와 활동』, 김포, 한국비구니연구소 창립10주년기념 학술연구논문집.
한우근(1993), 「정업원과 니승·니사 제한」, 『유교정치와 불교』, 서울, 일조각.
황인규(2008), 「근·현대 비구니와 불교정화운동」, 『불교정화운동의 재조명』, 조계종교육원 불학연구소.
_____(2008), 「조선전기 정업원과 비구니주지」, 『한국불교학』 제51집, 한국불교학회.
_____(2009), 「근대 비구니의 동향과 덕숭총림 비구니들」, 『경허·만공의 선풍과 법맥』, 서울, 조계종출판사.

황정수(태진)(1998), 「경허·만공의 선사상연구-덕숭산문 형성을 중심으로」, 동국대대학원 박사학위논문.
현창호(1961), 「정업원의 치폐와 위치에 대하여」, 『향토서울』11, 서울시편찬위원회.
혜전(2007), 「봉려관 스님과 제주불교의 중흥」, 『한국 비구니의 수행과 삶』, 서울, 전국비구니회.
Ding-hwa Everlyn Hsieh(2004), 「동아시아 대승불교의 팔경법: 중국 비구니승단을 중심으로」, 『2004국제학술대회: 동아시아의 불교 전통에서 본 한국 비구니의 수행과 삶』, 한마음선원.
Nancy J. Barnes(2003), 「아시아의 여성불교인과 비구니교단」, 『평화와 행복을 위한 불교지성들의 위대한 도전: 아시아의 참여불교』, 서울, 초록마을.

● 기고문

김홍균(1998), 「중생 속에 진리 있다: 종단사와 법맥」, 『WIN』(5월호), 중앙일보사.
이규원(1986), 「조계종 문중을 해부한다」, 『월간경향』(11월호), 경향신문사.
조지훈(1980), 「한국불교의 종파변천: 주로 그 법맥과 종파 분합에 대하여」, 『월간불교』103호(7월), 104호(8월), 월간불교사.
최영주(1991), 「불교조계종의 양대법맥: 범어·덕숭문중의 계보」, 『월간중앙』(5월호), 중앙일보시사미디어.
해주(2003), 「비구니교단의 현황과 전망」, 『비구니』(2003.8.1), 대한불교조계종 전국비구니회.

● 기타

「경향신문」 1954.12.15.
「동아일보」(1963.8.12~13, 8.20~21, 8.29~30, 9.19~20)
「불교시보」 제48호(1939.7.1), 제49호(1939.8.1), 제96호(1943.7.15),

서울, 불교시보사.
「운문회보」 제4호(1983.4.15), 청도, 운문사승가대학.
「조선불교총보」 제10호(1918.7.20), 서울, 30본산연합사무소.
「청암」 통권60호(2008겨울호), 통권64호(2009겨울호), 통권68호(2010 겨울호), 김천, 청암사승가대학.
동학사 홈페이지 www.donghaksa.or.kr
보문종 홈페이지 www.bomunsa.or.kr
봉녕사 홈페이지 www.bongnyeongsa.org
소림사 홈페이지 http://sorimsa.or.kr
운문사 홈페이지 www.unmunsa.or.kr
유마사 홈페이지 www.yumasa.com
조계종 전국비구니회 홈페이지 www.kbiguni.org
조계종 홈페이지 www.buddhism.or.kr
청암사 홈페이지 www.chungamsa.org
해인사 포털사이트 http://sanmun.com
환희대 다음카페 http://cafe.daum.net/hwanheedae

찾아보기

ㄱ

가산지관 91
가야깟사빠 24
각원 234, 243, 244
강백 22, 56, 69, 74, 75, 77
강학 15, 22, 57, 70, 73, 80, 103, 266
개심사 82, 237
건당 56, 79, 83, 134, 146, 151, 170, 255
견성암 57, 86, 142, 173, 215, 233, 237, 244
결계십구의 90
겸익 65
경륜 178, 179, 229, 263
경봉용국 77, 82
경산 183, 190, 225
경선 157, 178, 236, 258
경순공주 49, 155
경순 149, 150, 226
경심 178
경원 133, 140, 142, 185, 193

경조 129, 189, 248
경진 83, 143, 179
경허 13, 19, 69, 86, 99, 179, 241
경혜공주 50
경흥 65
경희 178, 205, 210, 252, 262
계관 172, 174, 175, 181, 186
계관계통 175, 181, 186, 192, 194
계민문중 78, 109, 131, 133, 136, 140, 146, 173, 257, 300
계밀 116, 121, 126
계율 16, 22, 31, 41, 57, 65, 90, 105, 148, 265, 279, 289, 298
계택 150, 151, 153
계행 94, 150, 151, 153
계호 83, 162
계환 167, 168
계흔 155, 156, 159, 222, 228, 230
고경 74, 77, 158, 159, 188, 225
고도령 38
고려사 43

고봉 74
고봉경욱 149
고봉태수 80
고산 80
고한희언 99
관선 111, 195, 196
관응 74
광우 56, 76, 79, 116, 121, 125, 134, 137, 143, 262
광호 55, 57, 141, 260, 262
구산선문 13, 19, 84, 85
구하 56, 134
국인 111, 217
국일암 74, 76, 79, 122
국통 41, 65
권상로 77
귀완 172, 175, 181, 186, 191, 192
근행 115, 119, 121, 167
금강율원 57, 58, 92, 93, 94
금계파 13, 86
금광 75, 134
금룡 55, 56, 75, 77, 81, 84, 133, 138, 145, 146
금목 186, 191
금봉지원 77
금전 155, 156, 158
긍탄 55, 112, 139, 256, 259, 262
기린선원 215

기수 115, 117, 118
기용 222, 231
기원정사 25
김시습 120, 216
까뻴라왓투 277
깨달음의 꽃 21

ㄴ

나까무라 하지메 299
나디깟사빠 24
나옹혜근 46, 109, 115, 300
남장사 74, 75, 76, 77, 82, 146
남종선 84, 85, 159, 189
내원사 88, 142
내원암 88, 109, 116, 121, 122, 129
녹야원 23
능행 93, 111, 195, 196, 248

ㄷ

담마딘나 32
담도 51
단호 255, 281
대각사 91, 258, 261
대도유나 41
대서성 41
대성암 67, 234, 241, 242, 243
대순 196, 199, 201, 202, 203

찾아보기 _ 455

대영 55, 57, 142, 176, 217, 220, 225, 232
대용 156, 158, 167, 191, 225, 240,
대우 83, 93, 123, 161, 227, 243
대운병택 79
대원 87, 109, 137, 147, 151, 160, 163, 166, 171, 177, 189, 199, 210, 221, 226, 231, 239, 257,
대원사 87, 142, 146
대유 109, 115, 116, 127, 128
대은 74, 175, 181, 197
대행 138, 217, 219, 220
대현 77, 123, 125, 161, 187, 220, 225, 232, 237
덕문 170, 171, 183
덕수 76, 130, 173, 183, 184
덕숭문중 13, 20, 69, 99, 253
덕암 205
도경 125, 134, 135, 142, 184, 188, 190, 197, 210, 230, 232
도광 210, 211, 241
도덕 133, 138, 139, 234, 237, 239
도문 142, 161, 168, 183, 228, 236
도삼 128, 130, 144, 222
도선 45, 140, 155, 164, 181, 191, 210, 223, 254
도신 84, 221
도연 93, 143, 161, 164, 189, 193, 254

도욱 118, 161, 165
도원 55, 57, 133, 136, 141, 150, 164, 184, 186, 189, 196, 211, 213, 219, 226, 232, 237
도유나랑 41, 65
도의 84, 85, 123, 159, 180
도일 83, 118, 136, 138, 154, 186, 223
도전 186, 190
도준 55, 57, 147, 157, 159, 164, 188
도한 109, 115, 116, 118, 121, 125
도혜[혜정] 58, 93
돈오점수 72, 85
동곡일타 91
동망봉 50, 155, 256
동숙 263
동은 77, 175, 202, 229
동학사 56, 74, 82, 172, 225, 260
동희 225, 263
두룡 234, 243, 244
두옥 259, 262, 300
두타 31, 279
득도사 68, 70, 97, 103, 108, 250
등확 155, 156, 159

ㅁ

마조도일 85
마하깟사빠 279, 281

마하빠자빠띠 고따미 24, 25, 26, 30, 59, 144, 256, 281, 293
마하승기율 32, 62
마하연 205, 233
마힌다 33
만공 13, 19, 57, 86, 112, 157, 235, 241, 252, 253
만보 150, 151, 153, 169, 170
만선 45, 55, 111, 160, 165, 172, 175, 181, 221
만성 55, 57, 156, 179, 209, 234, 241, 242, 248, 255
만수 181, 223
만우상경 77
만혜 234, 243, 244
만화보선 77
멸구자 39
명법 83, 193, 255
명선 83, 121, 124, 165, 171, 193, 201, 241, 242
명성 56, 79, 83, 94, 136, 137, 182, 192, 210, 211, 224, 227, 231
명수 137, 142, 162, 171, 234, 239, 240, 244
명식 152, 153
명안 123, 182, 187, 211, 214, 240, 241, 242
명오 137, 164, 178, 193, 225, 232, 257, 260
명우 141, 212

명주 138, 139, 140, 145, 152, 168, 187, 226, 257
명진학교 73
명훈 161, 165
명희 248
모례 36, 38, 39, 40
모운진언 79
모이 45
묘간 46
묘경 161, 162, 168
묘관 115, 123, 128, 160, 166, 168, 192, 251, 262
묘담 155, 236
묘덕 46
묘련 124, 183, 212, 213, 219
묘리법희 55, 172
묘법 40, 129, 137, 224, 228
묘봉 46, 137
묘순 56, 81, 83, 227
묘신 46
묘엄 56, 58, 80, 83, 92, 93, 194, 197, 198, 203,
묘영 161
묘은 219, 221
묘인 142, 219, 220, 227
묘전 80, 197, 248
묘정 83, 143, 154, 169, 192, 220

찾아보기 _ 457

묘주 40, 138, 180, 231
묘혜 142, 161, 165, 166, 213, 230
묘희 128, 143, 179, 197
무불성관 77
무상정등정각 23, 30
무생 186, 191
무진 161, 193, 202, 216, 229, 255
무진암 216, 217, 218, 219
무착 134, 135
묵호자 39
문수 76, 123, 135, 137, 185, 263
미륵암 246, 251
미타사 82, 147, 154, 169, 234, 256, 259, 263, 300
미타암 172, 194

ㅂ

박세당 119
박한영 79
박훤 44
밧다까삘라니 281
백련암 80, 109, 115, 116, 117, 119
백암성총 72
백운경한 46
백장회해 85
백졸 161, 163, 168
백파긍선 70
범망경 65

범어문중 13, 20, 69, 99
법공 40, 128, 129, 139, 155, 190, 260
법기문중 110, 147, 148, 150, 153, 154, 156, 158, 168, 170, 263
법념 167, 168
법농 158, 159, 241, 242
법랑 84
법룡사 146
법륜 123, 128, 130, 162, 192, 197, 220, 229, 230, 254
법맥상승 68, 69, 86, 196, 222, 266
법명 37, 42, 114, 125, 160, 168, 223, 224, 261
법묘 42
법상 134, 135, 143, 161, 164, 199, 200
법선 52, 122, 123, 139, 160, 182, 186, 192, 196, 202, 213, 224, 227, 229
법성 93, 117, 118, 135, 139, 150, 156, 161, 183, 203, 231, 243, 254, 255
법송 83, 139, 183, 232, 257, 258
법연 69, 113, 137, 183, 197, 223
법용 161, 163
법운 40, 133, 139, 143, 158, 159, 160, 168, 183, 199, 211, 227, 229, 260
법일 55, 57, 87, 134, 135, 142,

145, 151, 162, 180, 188, 196, 223, 259
법장 52, 79, 83, 123, 134, 183, 184
법준 134, 135, 180, 227, 257, 258
법중 88, 139
법종 123, 128, 139, 154, 257, 258
법진 124, 127, 152, 153, 180, 183, 186, 192, 211, 223, 229
법형 199, 200
법훈 257, 258
법희 57, 126, 127, 139, 161, 163, 168, 173, 175, 177, 186, 188, 189, 200, 228, 235, 260
벽송지엄 72
벽안 76, 144, 146, 182
벽암각성 72, 79, 99
벽운 134, 135, 144
변성남자성불설 277, 281, 289
보각 115, 119, 120, 202, 203
보덕사 88, 260
보련 83, 120, 132, 136, 144, 151, 182, 260
보명 120, 124, 125, 129, 133, 138, 140, 143, 151, 180, 196, 199, 215, 239, 263
보문종문중 58, 108, 112, 256, 257, 300
보성 139, 143, 151, 157, 185, 199, 202, 203, 211, 221, 226

보운 58, 108, 121, 151, 152, 203, 222, 226
보운문중 111, 245, 246, 247, 251, 301
보인 76, 138, 145, 151, 173, 180, 191, 199, 232
보조지눌 19, 72, 245
보찬 133, 136, 138, 172, 173
보창 34, 35
보학 111, 188, 217, 218, 236,
보현암 124
보현율원 58, 94
복전암 88, 110, 148, 149, 150, 170
복탄 172, 175, 176, 181
본각 83, 124, 143, 165, 168, 276
본공 55, 57, 87, 173, 205, 208, 210, 212, 214, 215
본심 209, 212
본연 160, 198, 209, 213
본조고승전 41
봉녕사승가대학 56, 81, 82, 83
봉래문중 111, 204, 209, 213, 216
봉려관 56, 57, 260, 261, 262
봉완 228, 259, 262
봉우 50, 222, 226, 236
봉적 150, 153, 169, 170
봉정 196, 200, 201
부도암 87
부상약기 41

부성 247, 249, 250, 251
부용영관 72
부휴선수 13, 72, 99
북종선 84, 85
분소의 269
불교연구회 73
불본행집경 281, 299
불암서옥 63
불영사 88
불일 133, 138, 140, 247
불필 161, 163, 168
비구니전 34, 35, 36
빔비사라왕 24

ㅅ

사교입선 72
사다함 30
사득 205, 208, 209
사마달등 64
사명유정 99
사법사 68, 69, 70, 97, 103
사법전등 68, 97, 99, 100, 108, 266
사분율 24, 27, 61, 66, 90, 91
사신 52
사자상승 13, 58, 68, 89, 97, 98, 99, 132, 212, 214, 264, 266, 272, 300
사향사과 14, 30, 31, 292, 298, 299

삼국불법전통연기 41
삼국사기 39
삼국유사 38, 39
삼문수업 72
삼선승가대학 80, 81, 82
삼선암 87, 136, 141, 172, 173, 194
삼인 161, 164
삼행 124
삼현 58, 108, 164, 168, 172, 181, 241, 242, 300, 301,
삼현문중 111, 136, 172, 174, 175, 176, 177, 181, 186, 194
상가밋따 33
상구보리 하화중생 17, 280, 294, 303
상근 55, 155, 156, 157, 158, 160
상덕 80, 115, 117, 118, 122, 125, 135, 151, 153, 180, 191, 192
상류 186, 190, 257, 258
상봉정원 72
상영 248
상용 156, 158, 159, 228
상인 117, 119, 120
상일 83, 93, 179, 183, 260
상정 234, 235, 237
서광 165, 210, 211
서봉사 208, 216
서봉암 112, 253, 255
서용 124, 229

석가여래행적송 66
석남사 88, 110, 142, 147, 148, 154, 159, 160
석두 245
석림사 109, 116, 119, 120
석불사 217, 233
석현 119, 167
선경 55, 57, 135, 158, 178, 185, 198, 217, 223, 238
선나 58, 93
선덕 124, 133, 134, 143, 145, 166, 227, 260
선사방함록 88, 89
선신 41, 64, 250
선유 111, 164, 175, 232, 245, 247
선일 124, 189, 214, 215, 238, 240, 254
선장 41, 64
선학원 103, 253
선혜 135, 143, 157, 159, 185, 191, 196, 214, 227, 243
성각 128, 185, 192, 201, 221, 234, 239, 240, 261
성기 150, 151, 153, 238
성능복문 83
성덕 185, 224, 258
성련 88, 123, 165, 184, 185, 189, 191, 201
성문 55, 57, 87, 116, 118, 132, 136, 137, 145, 162, 193, 260

성수 135, 153, 183, 189, 228, 234, 235, 236, 262
성우 133, 135, 141, 142, 146, 153, 182, 200, 210, 247, 263
성욱 140, 153, 189, 234, 235, 237
성운 143, 152, 153, 176, 230
성원 94, 115, 117, 122, 123, 127, 140, 142, 151, 157, 177, 193, 201, 212, 232, 258
성윤 141, 185, 224, 234, 240
성인 136, 138, 153, 162, 168, 188, 189, 219, 221, 238
성일 117, 150, 151, 166, 181, 189, 192, 193, 222, 224, 237
성주 117, 127, 128, 143, 165, 189, 226, 228, 238, 249, 254
성진 120, 153, 162, 167, 180, 191, 214, 215
성택 189
성학 52, 83, 172, 174, 177, 197, 238, 239
성효 45, 46, 248
세등 55, 57, 83, 129, 262
세만 87
소나 31
소림사 79
소소계 278, 279, 293, 303
소아마자 64
소요태능 99
소하대은 77

찾아보기 _ 461

속비구니전 36
수경 74, 83, 141, 152, 190
수광 210, 211
수구의식 32, 59, 60
수다원 26, 30
수덕 161, 179, 180
수련 76, 153, 227, 235
수옥 55, 56, 57, 75, 76, 77, 81, 83, 88, 173, 186, 187, 188
수월 13, 86, 177, 179
수인 55, 57, 126, 127, 152, 153, 155, 158, 164, 179, 187, 202, 226, 246, 248, 249, 250
수정문중 111, 195, 196, 200, 202
수찬 186, 190
수현 93, 127, 130, 142, 143, 152, 165, 188, 190, 200, 203, 211, 223, 230
순동 112, 233, 234, 235
순행 248
숭유억불 14, 47, 53, 98, 102, 265
승가사 189, 190
승과제도 43
승록사 44
승열 134, 135
승통 41
시경도승 43
식차마나니계 27
신해 93

실마따 33
실상문중 112, 233, 234, 237, 238, 239, 241, 248,

ㅇ

아굴마 38
아나함 30
아난다 24, 25, 26, 277, 278, 279
아니 41
아도 38, 39
아라한과 26, 31, 281, 298
아반 35
안거 28, 88, 89, 250
안일원 44, 48, 53
안진호 77, 147, 169
야소다라 100, 116, 281
야운 173
약수암 109, 115, 116, 127, 128, 129
양진암선원 88
여덕 198
여인오장설 277, 280, 281, 289, 298
여학 198, 218, 221
여행 198
연담유일 70
연백문중 70, 266
연화사 234, 239, 240
염평 111, 172, 174, 175, 181
영덕 83, 145, 154, 202, 203

영명 93, 137, 138, 139, 145, 146, 180, 186, 192, 230
영서 202, 203
영심 159, 170, 171, 191
영옥 247, 248
영은암 216, 217, 218, 233
영춘 134, 135, 145
영현 142
영호 142, 165, 186, 188, 189
예순 51, 155
오봉 196, 199
오해련 77, 78
와라나시 23
요연 45, 236, 237
용성진종 69, 80, 99, 266
용운 115, 128, 129
용흥사 88, 109, 116, 126
우담바라회 104, 262, 296
우루웰라깟사빠 24
우빨리 277
우영 132, 144, 145
우진 144, 154, 184, 190, 216, 217, 219, 220
운달 172, 182
운묵무기 66
운문사 56, 58, 74, 77, 78, 82, 88, 94, 134, 250, 260
운문 77

운산 83
운영 122, 123, 186
운종 134, 135
운허용하 77
원경 143, 178, 184, 188, 193, 214, 236, 237
원공 132, 144, 145, 185, 202, 231
원광 154, 161, 164, 168, 210, 223
원성 123, 185, 186, 190, 228, 236
원심 161, 192
원형석서 41
원혜 93, 161, 211
원흥사 73
원흥사가람연기 41, 64, 65
월담설제 72
월덕 186, 191
월송 129, 254, 255
월심 216, 218, 219, 221, 222
월저도안 72
월정사 19, 204
월하 205
월한 216, 218, 222
월혜 55, 57, 197, 201
웨살리 24
위봉사 88
유담 119
유마경 42, 282
유마사승가대학 82

찾아보기 _ 463

유섭 129
유안 117, 118
유점사 54, 109, 115, 204, 205, 208, 209, 245
유한 176, 180
유활 111, 222, 223, 224, 226
육문 193
육화문중 111, 216, 217, 219, 222, 233, 301
윤주일 77
윤필암 87, 142, 172, 173, 194, 215
윤함 111, 245, 247
윤호 55, 57, 155, 156, 157, 167, 189, 232
은광 83, 210
은상좌 68, 69, 75, 170, 272
은영 55, 112, 257, 262
응민 55, 57, 160, 166, 168, 221
응주 234, 237
의밀 116, 126
의선 112, 233, 234, 235, 237, 238, 241, 243, 262
의적 65
의천 58, 93
의첨 156, 159, 170, 171
이부승수계의식 33, 35, 42, 63, 67, 291, 303
이사벨라 버드 비숍 53
이성혜 112, 253

이연수 36
이원 37, 42
인수원 48, 49, 53
인순 76
인완 141, 145
인정 173, 175, 181, 182, 183, 185
인태 258
인홍 55, 57, 87, 147, 160, 161, 162, 163, 164, 165
일광 124, 178, 210, 254
일본서기 41,
일연 82, 83, 186, 255
일엽문중 108, 112, 252, 253, 300, 301
일우종수 91
일운 83, 124, 130, 197, 198
일조 78, 134, 145, 179, 248, 257
일초 56, 82, 83, 163, 178
일홍 83, 178, 179, 201
일휴 88, 161, 165, 179, 199, 224
임제 13, 36, 71, 85, 97
입실면수 13, 57, 68, 86

ㅈ

자광 160, 168, 187, 188, 211, 251
자민 176, 178
자수원 48, 49, 53
자연 183, 193, 197, 198, 263

자운성우 67, 90
자윤 140, 157, 187
자장 187, 231
자행 133, 190, 212, 242, 243
자현 55, 142, 150, 151, 152, 153, 167, 170, 194, 203, 231, 232
자호 76, 187, 210, 212, 225
장로니게 31, 281, 299
장용 186, 189
장일 55, 57, 88, 115, 121, 122, 123
장홍 133, 135, 136, 138
정공 132, 133, 136, 138, 144, 177, 179, 190
정안 119, 121, 124, 127, 137, 141, 143, 160, 196, 215, 225
정원 93, 116, 130, 137, 140, 154, 165, 178, 182, 191, 197, 219, 225, 234, 243, 258
정호 162, 165, 186, 190, 226, 237, 243, 247
재문 118, 129, 157
재윤 173, 185
재일 196, 202
적연 58, 83, 93, 124, 231
전강 57, 68, 74, 76, 82, 83, 84, 248
전계 22, 58, 68, 69, 90, 93, 136, 174, 266
전국비구니회 104, 122, 162, 260, 262, 272, 274, 275, 296, 297, 302, 303, 304
전등 71, 73, 85, 100, 108, 114, 267, 273,
전법게 13, 57, 68, 86
정검 35, 36, 63
정관일선 99
정기 155, 156, 158, 161
정덕 137, 220, 225
정목 123, 137, 192
정방 39
정섬 222, 226
정순왕후 50, 155, 256
정심 136, 145, 152, 161, 165, 181, 188, 220, 244
정업원 44, 46, 48, 49, 50, 51, 53, 155
정엽 111, 140, 190, 215, 232, 236, 245, 246, 247, 249, 250, 251
정운 118, 137, 145, 183, 186, 191, 214, 215
정유 52, 137
정인 127, 128, 139, 141, 143, 145, 220, 221, 247, 251
정일 93, 134, 135, 137, 163, 183
정진 94, 137, 166, 187, 225, 253,
정진금양 85
정학녀 32, 60, 62, 63
정행 55, 57, 123, 136, 141, 172, 173, 174, 177, 178, 179, 186, 196, 212, 229, 254

정혜사 82, 138, 190, 235, 252, 257

정화 80, 103, 104, 118, 126, 140, 150, 153, 161, 162, 182, 186, 190, 225, 226, 228

정훈 136, 137, 223

제응 74

조선불교총보 73

조지훈 19

종근 135, 180

종덕 115, 126, 127, 176, 226

종민 45, 125, 178, 211, 213

종실 255

종인 135, 187

종현 88, 135, 178, 181, 186, 194, 225

죽림정사 24

줄탁동시 107

지계 15, 90, 91, 275, 302

지공 84, 94, 142, 164, 180, 189, 248

지관 74, 92, 121, 129, 139, 182, 183, 188, 212, 213

지명 118, 129, 142, 153, 161, 180, 182, 189, 201, 203, 231, 234, 237, 239, 255, 260

지성 71, 130, 133, 161, 167, 172, 175, 182, 188, 190, 191, 197, 210, 213, 215, 225, 226, 229, 248, 258, 260

지연 138, 151, 153, 227, 236, 271

지원동수 77

지장암 87, 142, 173, 215

지종 121, 130, 136, 172, 173 ,174, 176, 177, 232

지증도헌 85

지현 130, 135, 139, 151, 164, 171, 180, 185, 188, 199, 215, 223, 225

지형 76, 80, 139, 141, 142, 145, 183, 260

지혜 17, 31, 32, 41, 103, 107, 108, 124, 168, 265, 274, 301

지환 45, 139, 142, 155, 159, 160, 170, 184, 187, 213, 236, 237, 257

직지 46

진감혜소 126

진관 161, 162, 168, 177

진관사 67

진광 83, 130, 210, 211

진명 136, 236

진오 55, 57, 151, 152, 161, 217, 230, 231

진우 151, 153, 157, 159, 176, 211, 221, 258, 260

진화 36, 123, 143

진홍 142, 146, 157, 159, 188, 258

ㅊ

창길 170, 171

창법 55, 57, 247, 248
창섬 109, 110, 147, 148, 150, 151, 152, 153, 154
창수 155, 156, 158
창일 151, 153
처금 109, 110, 147, 148, 154, 155, 156, 158, 159, 169, 170, 171
천은사 127
천일 55, 57, 228, 229
철마 161, 162
청룡사 45, 50, 52, 110, 148, 154, 155, 156, 157, 158, 159, 171, 256
청수사 259
청암사 58, 74, 79, 80, 82, 94, 109, 115, 116, 117, 119, 131, 260
청언 196, 199, 201
청절사 120
청해문중 109, 116, 117, 120, 121, 122, 124, 126, 127, 130, 300
청허휴정 13, 70, 72, 98, 99
초월동조 77
초전법륜 23
최상 111, 209, 213, 214, 215
최선 111, 209, 210, 213, 214, 215
축원진하 245
춘성 186
춘일 186

충휴 109, 147, 169, 171
취진쌍운 109, 115
치해 150, 151, 153, 154, 169, 170
치흠 119

ㅋ

케마 31
쾌성 225
쾌유 55, 57, 195, 199, 201
키사고따미 31

ㅌ

타불 74
탁연 83, 93, 121
탄성 180, 225
탑골승방 76, 256, 263
태경 121, 136, 137, 145, 191
태고보우 46, 72
태구 115, 128, 129
태수 195, 200
태진 19
태호 76, 136, 145
태희 136, 137, 145, 177
통도사 19, 70, 73, 74, 76, 77, 159, 266

ㅍ

파타차라 31
팔경계법 26, 27, 28, 29, 30, 59, 64, 65, 66, 277, 280, 281, 289, 291, 293, 298, 303
편양언기 72, 99
포살 28, 29

ㅎ

학련 115, 128, 130
학조등곡 149
한암 13, 86, 157, 245
해담 74
해동고승전 39
해운 134, 135, 145, 154, 211
해주 129, 182
해초 222, 223
해훈 176
행돈 142, 146
행민 247, 249, 250
행석 142, 146
행오 83, 225
행원 142, 188, 225
현국 150, 151, 153
현성 123, 129, 152, 154, 183, 186, 190, 191, 210, 212, 248, 259
현암 118, 190, 236
현욱 158, 161, 165, 178, 212, 226, 248

현지 161
현창 38
현학 161
현행 123, 193, 241, 242
형을 134, 135, 145
혜과 63
혜능 13, 84, 85, 97, 156, 166, 183, 186, 189, 192, 220
혜련 76, 118, 175, 176, 177, 229
혜문 124, 127, 142, 151, 158, 182, 220, 229, 236
혜봉보명 75
혜선 41, 51, 64, 135, 156, 159, 177, 184, 203, 212, 213, 220, 227
혜성 82, 142, 166, 168, 177, 179, 189, 194, 200, 202, 220, 223, 228, 229, 236, 237, 240
혜인 130, 139, 145, 173, 177, 178, 181, 187, 215, 227, 257
혜엽 222, 230, 231, 247, 248
혜옥 55, 56, 57, 75, 79, 80, 81, 84, 140, 141, 145, 202
혜운 129, 173, 177, 178, 184, 200
혜원 45, 93, 123, 129, 135, 139, 143, 144, 155, 160, 162, 175, 180, 187, 193, 200, 201, 212, 220, 229, 260, 261, 262
혜월 13, 86, 139, 145, 157, 162, 220

혜인 120, 157, 229, 236, 238, 258
혜일 139, 145, 146, 177, 181, 184, 189, 202, 239, 240, 254, 255, 263
혜장 157, 159, 184, 187, 234, 235, 237
혜정 51, 58, 83, 93, 128, 129, 142, 162, 171, 177, 188, 201, 220, 221, 225, 229, 239, 240, 262
혜조 143, 190, 191, 214, 240
혜종 142, 215, 220
혜주 125, 127, 145, 157, 159, 161, 164, 203, 212, 229, 238
혜준 164, 188, 190, 238, 239
혜춘 55, 57, 88, 115, 122, 123, 124, 125
혜편 41, 64
혜해 160, 167, 168, 220
혜향 151, 152, 153, 184, 220
호경기환 77, 82
호암파 13, 86
화엄보적 84
화운사 82, 234, 237, 238, 239, 244
환신 169
효명 235, 236
희원 45, 241, 242
환희대 252, 253, 255
황벽희운 85

회룡사 88, 147, 157
회암정혜 79
효봉학눌 245
효탄 83, 188, 219, 226
흥륜 83, 94, 254, 255
희양산문 85

하춘생(河春生)

법명은 우성(宇晟), 전남 곡성 태안사에서 청화(淸華)스님께 수지했다.
동국대 불교학과를 졸업하고, 대학원에서 '한국의 비구니 문중연구'로 박사학위를 받았다.
현재 동국대 불교대학 외래교수로 있으며, (사)한국불교학회 법인이사와 동국대 불교학과
동문회 감사를 맡고 있다. 최근 뜻을 같이하는 지인들과 「우성불교학콘텐츠연구소」를
개설하여 불교학 발전과 불교문화 콘텐츠 연구개발에 진력하고 있다.

● 논문
「한국 근·현대 비구니의 문중형성과 그 의의」, 「근·현대 비구니사의 전개와 문중확립」,
「비구니 본공의 선풍진작과 법맥상승」, 「한국 근·현대 비구니의 강맥전승과 그 의의」 등

● 저서
『깨달음의 꽃: 한국불교를 빛낸 근세비구니』(전2권), 『현대불교사의 이해와 실천사상』,
『한국불교현대사』(공저), 『불교상식백과』(전2권/공저) 등

● 역임
(사)한국불교학회 총무이사, 한국불교기자협회 회장, 동국대 총동창회 편집위원,
한국종교언론인협의회 대표의장, 한국종교인평화회의(KCPR) 운영위원 등

한국의 비구니문중

2013년 02월 05일 인쇄
2013년 02월 15일 발행

저 자 하춘생
발행인 이주현
발행처 도서출판 해조음
등 록 2002. 3. 15. 제 2-3500호
　　　 서울시 중구 필동3가 39-17 리엔리하우스 203호
　　　 전화 (02)2279-2343
　　　 전송 (02)2279-2406
　　　 메일 haejoum@naver.com

값 23,000 원

ISBN 978-89-91107-79-3　93220